나눔의집 **사회복지사1급**

강의로 복습하는

기출회독

6영역

사회복지정책론

사회복지교육연구센터 편저

사회복지
전문출판 **나눔의집**

사회복지사1급, 이보다 완벽한 기출문제 분석은 없다!

1회 시험부터 함께해온 도서출판 나눔의집에서는 22회 시험까지의 기출문제를 모두 분석, 그동안 출제된 키워드를 정리하여 키워드별로 복습할 수 있도록 『기출회독』을 마련하였다.

최근 10년간 출제빈도를 중심으로 자주 출제된 키워드는 좀 더 집중력 있게 공부할 수 있도록 '빈출' 표시를 하였으며, 자주 출제되지는 않지만 언제든 출제될 가능성이 있는 키워드도 놓치지 않고 공부할 수 있도록 하였다.

10년간 출제되지 않았더라도 향후 출제가능성이 있다고 판단되거나 다른 키워드와 연계하여 봐둘 필요가 있다고 생각되는 경우에는 본 책에 포함하여 소개하였다.

기출문제를 풀어보는 것으로 그치는 것이 아니라 기출문제를 통해 23회 합격이 가능한 학습이 될 것이다.

키워드별 '3단계 복습'으로 효율적으로 공부하자!

『기출회독』은 키워드별 3단계 복습 과정을 제시하여 1회독만으로도 3회독의 효과를 누릴 수 있도록 구성하였다.

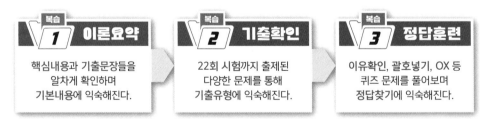

복습 1 이론요약	복습 2 기출확인	복습 3 정답훈련
핵심내용과 기출문장들을 알차게 확인하며 기본내용에 익숙해진다.	22회 시험까지 출제된 다양한 문제를 통해 기출유형에 익숙해진다.	이유확인, 괄호넣기, OX 등 퀴즈 문제를 풀어보며 정답찾기에 익숙해진다.

알림
- 이 책은 '나눔의집'에서 발간한 2025년 23회 대비 『기본개념』(2024년 4월 15일 펴냄)을 바탕으로 한다.
- 8회 이전 기출문제는 공개되지 않은 관계로 당시 응시생들의 기억을 바탕으로 검수 과정을 거쳐 기출문제를 복원하였다.
- <사회복지법제론>을 비롯해 법·제도의 변화와 관련된 기출문제의 경우 현재의 법·제도 내용이 반영될 수 있도록 수정하였다.
- 이 책에서 발생할 수 있는 오류 및 정정사항은 아임패스 내 '정오표' 게시판을 통해 확인할 수 있도록 게시할 예정이다.

기출회독 · 차례

■ 빈출

기출회독 활용맵

들어가기 전에

이 장에서는
각 장마다 학습할 내용을 간략히 소개하였다.

10년간 출제분포도
이 책에서 키워드에 따라 분석한 기출문제 중 10년간 출제문항
수를 그래프로 구성하여 각 장의 출제비중이 얼마나 되는지, 어
떻게 변화하고 있는지 등을 확인할 수 있다.

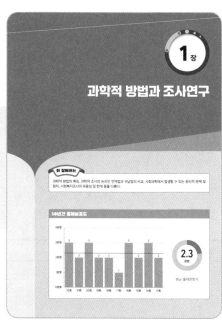

기출 키워드 확인!

이 책은 기출 키워드에 따라 학습하도록 구성하였다. 특히 자주
출제된 키워드나 앞으로도 출제 가능성이 높은 키워드는 따로
'빈출' 표시를 하여 우선 배치하였다. 빈출 키워드는 전체 출제
율과 최근 10개년간의 출제율을 중심으로 하되 내용 자체의 어
려움, 다른 과목과의 연계성 등을 고려하여 선정하였다.

강의 QR코드
모바일을 통해 해당 키워드의 동영상 강의를 바로 볼 수 있다.

10년간 출제문항수
각 키워드에서 최근 10년간 출제된 문항수를 안내하여 출제빈
도를 확인할 수 있도록 하였다.

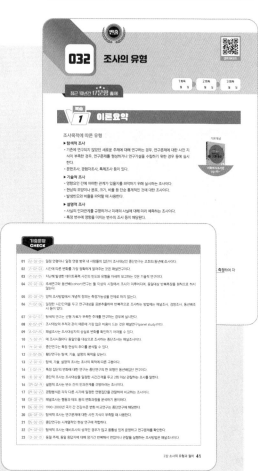

복습 1. 이론요약

요약 내용과 기출문장을 함께 담아 이론을 정답으로 연결하
도록 구성하였다.

이론요약
주요 내용을 간략히 정리하였으며 부족한 내용을 보충할 수
있도록 기본개념서의 쪽수를 표시하였다.

기출문장 CHECK
그동안 출제되었던 기출문제의 문장들 중 꼭 알아두어야 할
문장들을 선별하여 제시하였다.

복습 2. 기출확인

바로 기출문제를 풀어보며 학습한 이론을 되짚어보도록 구성하였다.

기출문제 풀기
다양한 유형의 문제를 최대한 접해볼 수 있도록 선정하였다.

알짜확인!
해당 키워드에서 살펴봐야 할 내용들, 주의해야 할 사항들을 짚어
주었다.

난이도
정답률, 내용의 어려움, 출제빈도, 정답의 혼란 정도 등을 고려하여
3단계로 구분하였다.

응시생들의 선택
5개의 선택지에 대한 마킹률을 표시하여 응시생들이 어떤 선택지들
을 헷갈려했는지 등을 참고해볼 수 있도록 하였다.

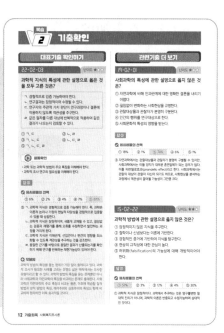

복습 3. 정답훈련

출제빈도와 난이도 등을 고려하여 정답찾기에
능숙해지도록 구성하였다.

이유확인 문제
제시된 문장에서 잘못된 부분을 확인함으로써
헷갈릴 수 있는 부분들을 짚어준다.

괄호넣기 문제
의외로 정답률이 낮게 나타나는 단답형 문제에
대비할 수 있다.

OX 문제
제시된 문장이 옳은 내용인지, 틀린 내용인지를
빠르게 판단해보는 훈련이다.

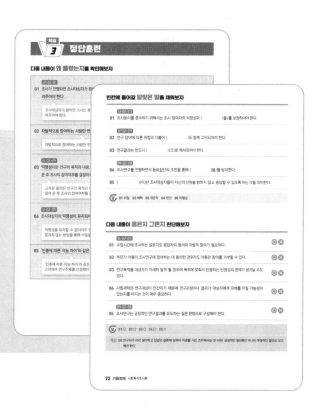

합격을 잡는 학습방법

아임패스와 함께하는 단계별 합격전략

나눔의집의 모든 교재는 강의가 함께한다. 혼자 공부하느라 머리 싸매지 말고, 아임패스를 통해 제공되는 강의와 함께 기본개념을 이해하고 암기하고 문제풀이 요령을 습득해보자. 또한 아임패스를 통해 선배 합격자들의 합격수기, 학습자료, 과목별 질문 등을 제공하고 있으니 23회 합격을 위해 충분히 활용해보자.

기본개념 학습 과정

강의로 쌓는 기본개념

1단계

어떤 유형의, 어떤 난이도의 문제가 출제되더라도 답을 찾기 위해서는 기본적인 개념이 탄탄하게 잡혀있어야 한다. 기본개념서를 통해 2급 취득 후 잊어버리고 있던 개념들을 되살리고, 몰랐던 개념들과 애매했던 개념들을 정확하게 잡아보자. 한 번 봐서는 다 알 수 없고 다 기억할 수도 없지만 이제 1단계, 즉 이제 시작이다. '이렇게 공부해서 될까?'라는 의심 말고 '시작이 반이다'라는 마음으로 자신을 다독여보자.

기본개념 완성을 위한 학습자료

기본개념 강의, 기본쌓기 문제, O X 퀴즈, 기출문제, 정오표, 묻고답하기, 지식창고, 보충자료 등을 아임패스를 통해 만나실 수 있습니다.

실전대비 과정

강의로 완성하는 FINAL 모의고사 (3회분)

4단계

그동안의 학습을 마무리하면서 합격에 대한 확신을 가져보자. 답안카드를 포함하고 있으므로 시험시간에 맞춰 풀어보기 바란다.

강의로 잡는 회차별 기출문제집

학습자가 자체적으로 모의고사처럼 시험시간에 맞춰 풀어볼 것을 추천한다.

기출문제 번호 보는 법

22 - 01 - 25
기출회차 영역 문제번호

'기출회차-영역-문제번호'의 순으로 기출문제의 번호 표기를 제시하여 어느 책에서든 쉽게 해당 문제를 찾아볼 수 있도록 하였다.

기출문제 풀이 과정

2단계

강의로 복습하는 기출회독

한 번을 복습하더라도 제대로 된 복습이 되어야 한다는 고민으로 만들어진 책이다. 기출 키워드마다 다음 3단계 과정으로 학습해나간다. 기출회독의 반복훈련을 통해 내 것이 아닌 것 같던 개념들이 내 것이 되어감을 느낄 수 있을 것이다.
1. 기출분석을 통한 이론요약
2. 다양한 유형의 기출문제
3. 정답을 찾아내는 훈련 퀴즈

강의로 잡는 장별 기출문제집

기본개념서의 목차에 따라 편집하여 해당 장의 기출문제를 바로 풀어볼 수 있다.

요약정리 과정

예상문제 풀이 과정

3단계

강의로 끝내는 핵심요약집

8영역을 공부하다 보면 먼저 공부했던 영역은 잊어버리기 일쑤인데, 요약노트를 정리해 두면 어디서 어떤 내용을 공부했는지를 쉽게 찾아볼 수 있다.

강의로 풀이하는 합격예상문제집

내 것이 된 기본개념들로 문제의 답을 찾아 보는 시간이다. 합격을 위한 필수문제부터 응용문제까지 다양한 문제를 수록하여 정답을 찾는 응용력을 키울 수 있다.

사회복지사1급 출제경향

22회 시험 결과

22회 필기시험의 합격률은 지난 21회 40.70%보다 10%가량 떨어진 29.98%로 나타났다. 많은 수험생들이 3교시 과목을 어려워하는데, 이번 22회 시험의 3교시는 순간적으로 답을 찾기에 곤란할 만한 문제들이 더러 포진되어 있었고 그 결과가 합격률에 고스란히 나타난 듯하다. 이번 시험에서 정답논란이 있었던 사회복지정책론 19번 문제는 최종적으로 '전항 정답' 처리되었다.

22회 기출 분석 및 23회 합격 대책

22회 기출 분석

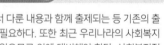

사회복지정책론은 출제 영역의 분포에 있어서 특정 내용에 편중되는 모습을 보였다. 즉, 5장 사회복지정책의 분석틀, 6장 사회보장론 일반, 11장 빈곤과 공공부조제도 이렇게 3개의 장에서 무려 20문제가 출제되었다. 매년 빠지지 않고 출제되었던 사회복지정책의 가치에 관한 문제가 출제되지 않았으며, 국민연금제도, 국민건강보험제도, 노인장기요양보험제도, 산업재해보상보험제도 등 기존에 자주 출제되었던 제도들에 관한 문제도 출제되지 않았다. 주목할 만한 점은 국민기초생활보장제도의 급여에 관한 문제에 있어서 2024년부터 새롭게 개정 시행되는 사항을 묻는 문제가 출제되었다는 것이다. 현재 시행되고 있는 우리나라 사회복지제도의 변화에 관심이 없었다면 틀릴 수밖에 없는 문제이다.

23회 합격 대책

사회복지정책론은 최근 시험에서 지역사회복지론, 사회복지행정론, 사회복지법제론 등에서 다룬 내용과 함께 출제되는 등 기존의 출제영역에 한정되지 않는 모습을 보이고 있기 때문에 관련 과목과 연계하여 학습하는 것이 필요하다. 또한 최근 우리나라의 사회복지 흐름, 시행되고 있는 사회복지 관련 제도들의 세부 내용 및 최신 개정 사항 등도 출제되고 있으므로 이에 대비해야 한다. 사회복지정책론만의 특성인 특정 내용의 편중된 출제분포를 전략적으로 활용하여 3장 사회복지정책 관련 이론과 사상, 5장 사회복지정책의 분석틀, 6장 사회보장론 일반, 11장 빈곤과 공공부조제도의 내용을 집중적으로 꼼꼼하게 학습해야 한다.

22회 출제 문항수 및 키워드

장	22회	키워드
1	1	국가의 사회복지 제공에 대한 필요성
2	1	영국 사회복지정책의 역사
3	3	사회복지의 잔여적 개념과 제도적 개념, 사회복지정책의 발달이론, 에스핑-앤더슨의 복지국가 유형화
4	0	-
5	8	복지다원주의(복지혼합), 사회복지정책의 급여, 보편주의와 선별주의, 사회복지정책의 재원, 사회복지 전달체계 재구조화 전략
6	5	소득재분배, 사회보장기본법상 사회서비스, 우리나라의 사회보험제도, 사회보장의 특성
7	0	-
8	0	-
9	0	-
10	0	-
11	7	빈곤과 소득불평등의 측정, 사회적 배제, 미국의 빈곤가족한시지원(TANF), 국민기초생활보장제도, 우리나라의 공공부조제도, 긴급복지지원제도, 근로장려세제(EITC)

1장

장

사회복지정책 개요

10년간 출제분포도

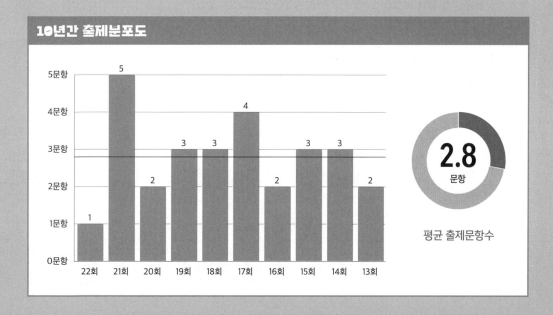

2.8 문항

평균 출제문항수

163 사회복지정책의 가치

강의 QR코드

1회독	**2**회독	**3**회독
월 일	월 일	월 일

★ ★ ★
최근 10년간 **13문항** 출제

복습 1 이론요약

평등

- 수량적 평등, 결과의 평등: <u>모든 사람을 똑같이 취급</u>하여 사람들의 욕구나 능력의 차이와 상관없이 사회적 자원을 똑같이 분배하는 것이다.
- 비례적 평등, 공평, 형평: <u>개인의 욕구, 노력, 능력 및 기여에 따라</u> 사회적 자원을 상이하게 배분하는 것이다.
- 기회의 평등: <u>개인을 동등한 출발선</u>에 서도록 하지만 이후에 발생하는 결과의 불평등은 정당화될 수 있다고 본다.

기본개념

사회복지정책론
pp.24~

효율성

- 수단으로서의 효율성: 여러 가치를 추구하는 여러 정책 중의 하나를 선택할 때 상대적으로 효율적인 수단을 선택하는 것이 바람직하다는 것을 의미한다.
- 목표로서의 효율성: 사회복지정책이 추구하는 목표인 배분적 효율을 의미하는데, 여기서 배분적 효율이란 사회 전체의 효용만족감을 높일 수 있도록 사회적 자원을 배분하는 것을 의미한다.

사회적 적절성

- <u>인간다운 생활을 할 수 있도록 적절한 수준</u>의 급여를 제공하는 것을 의미한다.
- 사회적 적절성과 비례적 평등의 가치는 상충할 수도 있다.

자유

- 소극적 자유: <u>강제가 없을 때 경험하는 자유</u>를 말하며, 타인이나 사회 또는 국가로부터 간섭을 받지 않을 수 있는 자유를 의미한다.
- 적극적 자유: <u>스스로 원하는 혹은 바람직하다고 생각하는 어떤 목적이나 행위를 추구할 수 있을 때 경험하는 자유</u>를 의미한다.

01 (21-06-03) 롤스(J. Rawls)의 정의론에서 제1원칙은 기본적 자유에 대한 동등한 권리이다.

02 (21-06-23) 사회복지정책 급여의 적절성이란 인간다운 생활을 할 수 있는 수준의 급여를 제공하는 것을 말한다.

03 (20-06-02) 적절성은 일정한 수준의 신체적 · 정신적 복리를 제공하는 것을 의미한다.

04 (19-06-07) 비례적 평등은 개인의 능력, 업적, 공헌에 따라 사회적 자원을 분배하는 것을 의미한다.

05 (18-06-02) 적극적 자유의 관점에서 자유의 침해는 개인에게 필요한 자원이나 기회를 박탈당한 것을 의미한다.

06 (17-06-06) 보험료 수준에 따라 급여를 차등하는 것은 비례적 평등으로 볼 수 있다.

07 (17-06-21) 파레토 개선이란 다른 사람들의 효용을 감소시키지 않으면서 어떤 사람들의 효용을 증가시키는 것이다.

08 (16-06-01) 여성고용 할당은 기회의 평등 가치를 추구한다.

09 (14-06-09) 보험수리원칙은 개인적 형평성을 추구한다.

10 (14-06-10) 비례적 평등(proportional equality)은 형평 또는 공평(equity)이라고도 불린다.

11 (13-06-09) 열등처우의 원칙은 형평의 가치를 반영한 것이다.

12 (12-06-13) 빈곤대책의 교육프로그램은 기회의 평등 가치를 추구한다.

13 (11-06-13) 결과의 평등 추구는 부자들의 소극적 자유를 침해할 가능성이 높다.

14 (10-06-04) 비례적 평등 가치를 실현하려면 자원배분 기준이 먼저 정해져야 한다.

15 (09-06-11) 형평은 결과의 평등에 비해 소극적인 재분배 개념이다.

16 (08-06-02) 평등, 생존권 보장, 사회적 적절성, 사회적 연대의식 등은 사회복지정책의 가치이다.

17 (08-06-12) 기회의 평등은 결과를 얻는 과정상의 기회만을 똑같이 주는 것이다.

18 (07-06-01) 드림스타트 프로그램은 기회의 평등을 추구한다.

19 (06-06-02) 사회복지정책의 기본 가치에는 삶의 질 향상, 균등한 기회보장, 사회적 적절성, 인간다운 생활보장 등이 있다.

20 (06-06-03) 사회복지정책을 통해서 빈곤한 사람들이 원하는 바를 할 수 있는 능력을 갖게 하는 것은 적극적인 자유를 의미한다.

21 (05-06-03) 수량적 평등은 재분배를 강조한다.

22 (04-06-02) 수량적 평등은 결과의 평등 또는 절대적 평등이다.

23 (04-06-04) 서비스 부문의 낮은 생산성, 소비자 선택권의 왜곡 등은 평등을 추구하는 사회복지정책의 효율을 저해하는 요인이다.

24 (03-06-02) 국민연금, 산재보험, 고용보험, 건강보험은 공평의 가치가 적용된다.

25 (02-06-01) 연대성, 사회적 형평, 인간의 존엄성, 평등은 사회복지정책이 추구하는 가치이다.

26 (02-06-02) 퇴역군인 우대, 소득비례에 의한 연금 등의 배분은 사회복지정책의 가치 중 공평성에 해당한다.

대표기출 확인하기

사회복지정책의 가치에 관한 설명으로 옳지 않은 것은?

① 소극적 자유는 자신이 원하는 것을 할 수 있는 자유를 강조한다.
② 평등을 추구하는 사회복지정책은 선택의 자유를 제한한다는 비판이 있다.
③ 형평성이 신빈민법의 열등처우원칙에 적용되었다.
④ 적절성은 일정한 수준의 신체적·정신적 복리를 제공하는 것을 의미한다.
⑤ 기회의 평등의 예로 사회적으로 취약한 아동을 위한 적극적 교육지원을 들 수 있다.

▶ **알짜확인**

• 사회복지정책의 주요 가치를 이해해야 한다.
• 사회복지정책의 가치가 적용된 사회복지제도에는 어떠한 것이 있는지 파악해야 한다.

답 ①

✔ **응시생들의 선택**

① 55%	② 16%	③ 8%	④ 18%	⑤ 3%

① 소극적 자유는 타인이나 사회 또는 국가로부터 간섭을 받지 않을 수 있는 자유(무엇으로부터의 자유)를 강조한다. 즉, 강제가 없을 때 경험하는 자유를 의미한다. 반면, 적극적 자유는 자신이 원하는 혹은 바람직하다고 생각하는 어떤 목적이나 행위를 추구할 수 있을 때 경험하는 자유(무엇을 할 수 있는 자유)를 강조한다.

➕ **덧붙임**

사회복지정책의 가치와 관련된 문제는 매년 반드시 출제되는 영역 중 하나이다. 다양한 평등 개념을 묻는 문제, 평등과 자유, 사회적 적절성 등의 가치 전반에 대한 이해를 묻는 문제가 주로 출제되고 있다. 가치에 대한 개념적 내용에 대한 이해뿐만 아니라 각 가치와 이를 구현하는 정책 프로그램을 연결해서 이해할 필요가 있다.

관련기출 더 보기

사회복지정책의 가치에 관한 설명으로 옳은 것은?

① 비례적 평등은 개인의 능력, 업적, 공헌에 따라 사회적 자원을 분배하는 것을 의미한다.
② 적극적 자유는 타인의 간섭 혹은 의지로부터의 자유를 의미한다.
③ 결과의 평등을 달성하기 위해 부자들의 소득을 재분배하더라도 소극적 자유를 침해하지 않는다.
④ 결과가 평등하다면 과정의 불평등은 상관없다는 것이 기회의 평등이다.
⑤ 기회의 평등은 적극적인 평등의 개념이다.

답 ①

✔ **응시생들의 선택**

① 66%	② 9%	③ 5%	④ 3%	⑤ 17%

② 타인의 간섭 혹은 의지로부터의 자유는 소극적 자유이다. 적극적 자유는 스스로 원하는 혹은 바람직하다고 생각하는 어떤 목적이나 행위를 추구할 수 있을 때 경험하는 자유를 의미한다(무엇을 할 수 있는 자유).
③ 결과의 평등 추구를 위해 불평등한 소득분배구조를 개선하고 빈자들에게 더 많은 자원을 배분하기 위해서 누진적인 세금을 확대한다면 이는 빈자들의 적극적 자유를 증진시키는 의미가 있다. 반면에 국가로부터의 개입과 간섭이 증가하므로 부자들의 소극적 자유를 침해할 수 있다.
④ 과정상의 기회만 평등하다면 그로 인한 결과의 불평등은 상관없다는 것이 기회의 평등이다.
⑤ 결과의 평등은 적극적인 평등의 개념이다.

사회복지의 가치 중 '자유'에 관한 설명으로 옳은 것은?

① 자유지상주의 관점에서는 적극적 자유를 옹호한다.
② 소극적 자유 보장을 위해서는 국가의 역할이 많을수록 좋다.
③ 적극적 자유의 관점에서 자유의 침해는 개인에게 필요한 자원이나 기회를 박탈당한 것을 의미한다.
④ 적극적 자유의 관점에서는 임차인의 주거 안정을 위해 임대인의 자유를 제약할 수 없다.
⑤ 개인의 행동에 대한 외적 강제가 없는 상태는 적극적 자유의 핵심이다.

답 ③

✅ 응시생들의 선택

① 17%	② 7%	③ 50%	④ 13%	⑤ 13%

① 자유지상주의 관점에서는 소극적 자유를 옹호한다.
② 소극적 자유 보장을 위해서는 국가의 역할과 개입이 최소한의 상태로 억제되어야 한다.
④ 소극적 자유의 관점에서는 임차인의 주거 안정을 위해 임대인의 자유를 제약할 수 없다.
⑤ 개인의 행동에 대한 외적 강제가 없는 상태는 소극적 자유의 핵심이다.

평등에 관한 설명으로 옳지 않은 것은?

① 보험료 수준에 따라 급여를 차등하는 것은 비례적 평등으로 볼 수 있다.
② 드림스타트(Dream Start) 사업은 기회의 평등을 반영하는 것으로 볼 수 있다.
③ 공공부조의 급여는 산술적 평등을, 열등처우의 원칙은 비례적 평등을 반영하는 것이다.
④ 모든 사람에게 동등한 의료서비스를 제공하는 영국의 국민보건서비스(NHS)는 결과의 평등을 반영하는 것으로 볼 수 있다.
⑤ 비례적 평등은 결과의 평등이다.

답 ⑤

✅ 응시생들의 선택

① 4%	② 2%	③ 15%	④ 12%	⑤ 67%

⑤ 비례적 평등과 결과의 평등은 다르다. 비례적 평등은 개인의 욕구, 노력, 능력, 기여에 따라 사회적 자원을 상이하게 배분하는 것으로, 공평 또는 형평성이라 한다. 반면, 결과의 평등은 수량적 평등 또는 산술적 평등이라고 하며, 모든 사람을 똑같이 취급하여 사회적 자원을 재분배하는 것이다.

사회복지정책이 추구하는 목표와 추진 방법을 연결한 것으로 옳지 않은 것은?

① 형평 – 실업급여
② 적절성 – 최저임금
③ 기회의 평등 – 여성고용할당
④ 적극적 자유 – 최저생활 보장
⑤ 결과의 평등 – 드림스타트(Dream Start)

답 ⑤

✅ 응시생들의 선택

① 8%	② 3%	③ 3%	④ 16%	⑤ 70%

⑤ 아동기의 빈곤이 이후 전 생애의 빈곤으로 이어지는 빈곤의 대물림을 방지하고 아동의 공평한 출발 기회를 보장하기 위해 실시되고 있는 드림스타트 프로그램은 기회의 평등 가치가 반영된 정책이라고 할 수 있다.

사회복지정책의 가치에 관한 설명으로 옳은 것은?

① 결과의 평등 정책보다 기회의 평등 정책은 빈자(貧者)들의 적극적 자유를 증진하는 데 유리하다.
② 적극적 자유는 타인의 간섭이나 구속으로 부터의 자유를 의미한다.
③ 결과의 평등 정책은 부자들의 소극적 자유는 침해하지 않는다.
④ 열등처우의 원칙은 형평의 가치를 반영한 것이다.
⑤ 긍정적 차별(positive discrimination)은 형평의 가치를 저해한다.

답 ④

✅ 응시생들의 선택

① 23%	② 16%	③ 7%	④ 42%	⑤ 12%

① 적극적 자유란 스스로 원하는 혹은 바람직하다고 생각하는 어떤 목적이나 행위를 추구할 수 있을 때 경험하는 자유를 의미한다. 기회의 평등 정책보다 결과의 평등 정책이 빈자(貧者)들의 적극적 자유를 증진하는데 유리하다.
② 타인의 간섭이나 구속으로부터의 자유는 소극적 자유의 개념에 해당한다.
③ 결과의 평등 정책은 부자들의 소극적 자유를 침해할 수 있다. 예를 들어 결과의 평등 추구를 위해 불평등한 소득분배구조를 개선하고 빈자들에게 더 많은 자원을 배분하기 위해서 누진적인 세금을 확대한다면 국가의 개입과 간섭이 증가하므로 부자들의 소극적 자유를 침해할 수 있다.
⑤ 긍정적 차별(positive discrimination)은 기회의 평등 혹은 형평의 가치를 반영한 정책사례라고 볼 수 있다.

난이도 ★★☆

사회복지정책의 가치에 관한 설명으로 옳은 것은?

① 형평(equity)은 결과의 평등을 강조하는 수량적 평등 개념이다.
② 긍정적 차별(positive discrimination)은 평등의 가치를 저해한다.
③ 기회의 평등은 결과의 평등보다 재분배에 적극적이다.
④ 결과의 평등 추구는 부자들의 소극적 자유를 침해할 가능성이 높다.
⑤ 기회의 평등 추구는 빈자들의 적극적 자유를 증진할 수 없다.

답 ④

☑ 응시생들의 선택

① 14%	② 5%	③ 24%	④ 47%	⑤ 11%

① 형평(equity) 혹은 공평은 개인의 욕구, 능력, 기여에 따라 사회적 자원을 상이하게 배분하는 비례적 평등개념이다.
② 긍정적 차별(positive discrimination)은 장애인, 여성, 특정 인종집단 등의 부정적 차별을 시정하기 위한 것으로 일반적으로 기회의 평등 가치를 반영하고 있다.
③ 기회의 평등보다 결과의 평등 개념이 재분배에 적극적인 특성이 있다.
⑤ 적극적 자유란 무엇을 할 수 있는 자유로 복지국가의 발전은 적극적 자유의 개념을 확장시킬 수 있는 기회가 되기도 했다. 차별과 불평등을 교정하여 동등한 출발선을 부여하기 위한 기회의 평등이 적극적 자유를 증진하는 데 기여할 수 있다.

난이도 ★★☆

사회복지정책의 가치에 관한 설명으로 옳은 것은?

① 가치는 사회복지정책의 목표가 아니라 수단이다.
② 비례적 평등 가치를 실현하려면 자원배분 기준이 먼저 정해져야 한다.
③ 보험수리원칙은 결과의 평등 가치를 반영한다.
④ 열등처우원칙은 수량적 평등 가치를 반영한다.
⑤ 적극적 자유는 타인의 간섭이나 구속으로부터의 자유를 뜻한다.

답 ②

☑ 응시생들의 선택

① 22%	② 50%	③ 8%	④ 10%	⑤ 10%

① 사회복지정책의 가치는 정책이 추구해야 할 목표이다.
③ 보험수리원칙은 비례적 평등 가치를 반영한 것이다.
④ 열등처우원칙은 비례적 평등 가치를 반영한 것이다.
⑤ 타인이나 사회 또는 국가의 간섭이나 구속으로부터의 자유는 소극적 자유의 개념에 해당한다.

난이도 ★★☆

다음 중 자유와 평등에 대한 설명으로 옳지 않은 것은?

① 개인들이 자유로운 선택의 기회를 가지는 것은 소극적 자유에 해당한다.
② 자유권은 어떠한 경우에도 제한할 수 없다.
③ 기회의 평등은 가장 소극적인 평등의 개념이다.
④ 사회보험의 소득비례원칙은 공평(equity)을 반영한다.
⑤ 사회복지정책을 통해서 빈곤한 사람들이 원하는 바를 할 수 있는 능력을 갖게 하는 것은 적극적인 자유를 의미한다.

답 ②

☑ 응시생들의 선택

① 8%	② 51%	③ 14%	④ 19%	⑤ 8%

② 헌법 제37조에서는 자유권 제한의 근거를 제시하고 있다.

난이도 ★☆☆

사회복지정책에서 추구하는 가치에 대한 설명으로 틀린 것은?

① 수량적 평등은 재분배를 강조한다.
② 열등처우의 원칙은 형평의 가치에 중점을 둔다.
③ 형평은 공정한 처우를 의미한다.
④ 기회의 평등은 과정상의 기회의 평등을 의미한다.
⑤ 효과성은 최소 자원으로 최대 성과를 내는 것을 의미한다.

답 ⑤

☑ 응시생들의 선택

① 8%	② 6%	③ 2%	④ 6%	⑤ 78%

⑤ 최소 자원으로 최대 성과를 내는 것을 의미하는 가치는 효율성이다.

다음 내용이 왜 틀렸는지를 확인해보자

01 <u>비례적 평등</u> 가치는 재분배를 통한 불평등 완화, 복지국가의 확대라는 전략으로 나타나기도 한다.

> 결과의 평등 가치는 재분배를 통한 불평등 완화, 복지국가의 확대라는 전략으로 나타나기도 한다.

02 불평등의 완화를 위하여 시행하는 재분배 정책은 **결과의 평등보다는 기회의 평등을 추구**하는 것이 바람직하다.

> 불평등의 완화를 위하여 시행하는 재분배 정책은 기회의 평등보다는 결과의 평등을 추구하는 것이 바람직하다.

03 여성 고용할당제는 **결과의 평등**에 해당한다.

> 여성 고용할당제는 여성에게 고용의 기회를 일정 부분 할당하는 것으로 기회의 평등에 해당한다.

`14-06-10`

04 <u>형평성</u>은 인간다운 생활을 할 수 있도록 적절한 급여가 제공되어야 한다는 것이다.

> 인간다운 생활을 할 수 있도록 적절한 급여가 제공되어야 한다는 것은 사회적 적절성이다.

`13-06-09`

05 빈곤대책의 교육프로그램은 **결과의 평등**의 가치를 반영한 것이다.

> 빈곤대책의 교육프로그램은 기회의 평등의 가치를 반영한 것이다.

`10-06-04`

06 <u>적극적 자유</u>는 타인의 간섭이나 구속으로부터의 자유를 뜻한다.

> 타인의 간섭이나 구속으로부터의 자유는 소극적 자유로서 강제가 없을 때 경험하는 자유를 의미한다. 이런 소극적 자유의 개념은 국가의 역할과 개입을 최소한의 상태로 억제하는 것을 강조한다. 반면 적극적 자유는 스스로 원하는 혹은 바람직하다고 생각하는 어떤 목적이나 행위를 추구할 수 있을 때 경험하는 자유를 의미한다.

빈칸에 들어갈 알맞은 말을 채워보자

20-06-02

01 신빈민법의 '열등처우의 원칙'은 (   )의 가치를 반영하고 있다.

17-06-06

02 드림스타트(Dream Start) 사업은 (   )을/를 반영하는 것으로 볼 수 있다.

14-06-10

03 보험수리원칙은 개인적 (   )의 가치를 반영한다.

11-06-13

04 (   )은/는 개인의 욕구, 능력, 기여에 따라 사회적 자원을 상이하게 배분하는 비례적 평등개념이다.

05 (   )은/는 사회 전체의 효용을 높일 수 있도록 사회적 자원을 배분(분배)하는 것으로써 파레토 효율이라고도 한다.

06 (   )을/를 강조하는 사람들은 개인주의적 차원에서 자유를 바라보는 것을 비판하면서 사회적, 집단적 측면에서 자유를 바라볼 것을 주장하며, 국가의 적극적인 개입을 요구하기도 한다.

07 모든 사람을 똑같이 취급하여 사람들의 욕구나 능력의 차이와 상관없이 사회적 자원을 똑같이 분배하는 것을 (   )(이)라고 한다.

08 한국의 대표적인 공공부조제도인 국민기초생활보장제도의 급여기준도 (   )의 가치에 근거한다.

답 **01** 비례적 평등 **02** 기회의 평등 **03** 형평성 **04** 형평 **05** 배분적 효율성 **06** 적극적 자유 **07** 결과의 평등 **08** 사회적 적절성

다음 내용이 옳은지 그른지 판단해보자

01 `19-06-07` 결과가 평등하다면 과정의 불평등은 상관없다는 것이 기회의 평등이다. ◎ ✕

02 `13-06-10` 롤스의 사회정의론은 개인의 자유를 중시한다는 점에서 자유주의적 전통에 속한다. ◎ ✕

03 소극적 자유는 신자유주의자들이 강조하는 가치이다. ◎ ✕

04 한국의 사회보험제도는 적절성의 가치만을 반영하고 있다. ◎ ✕

05 수량적 평등을 위해서는 삶에서의 성공이 운과 출생에 의해서가 아니라 스스로의 재능과 노력에 의해 이루어지게끔 공교육체계를 도입할 수 있다. ◎ ✕

06 인간다운 생활을 할 수 있는 정도의 급여수준이라는 측면에서 비교하면 공공부조에 비해 사회보험이 사회적 적절성의 실현 정도가 상대적으로 높다고 볼 수 있다. ◎ ✕

07 롤스의 사회정의론에서 최소극대화 원칙은 합의 당사자들이 선택할 수 있는 가능한 대안들의 결과 중 최악의 것 중에서 최선을 보장하는 대안을 선택한다는 것이다. ◎ ✕

08 `06-06-03` 기회의 평등은 가장 소극적인 평등의 개념이다. ◎ ✕

09 파레토 개선은 다른 사람의 효용을 줄이지 않으면서 특정 사람의 효용을 높이는 것을 의미한다. ◎ ✕

10 비례적 평등의 가치를 실현하기 위해서는 자원배분의 기준이 우선 정해져야 한다. ◎ ✕

답 01 ✕ 02 ○ 03 ○ 04 ✕ 05 ✕ 06 ○ 07 ○ 08 ○ 09 ○ 10 ○

해설 **01** 과정상의 기회만 평등하다면 그로 인한 결과의 불평등은 상관없다는 것이 기회의 평등이다.
04 한국의 사회보험제도는 적절성의 가치 외에도 다양한 가치를 동시에 반영하고 있다.
05 기회의 평등을 위해서는 삶에서의 성공이 운과 출생에 의해서가 아니라 스스로의 재능과 노력에 의해 이루어지게끔 공교육체계를 도입할 수 있다.

164 사회복지정책의 특성

강의 QR코드

1회독	2회독	3회독
월 일	월 일	월 일

★ ★ ★
최근 10년간 **16문항** 출제

복습 1 이론요약

사회복지정책의 정의 및 범위

- 사회생활을 영위해 나가는 데 필요한 인간의 기본적 욕구를 충족시키거나 사회문제를 해결하기 위한 목적으로 사회복지제도 및 프로그램을 만들고, 가치를 권위적으로 배분하는 활동을 의미한다.
- 사람들의 삶의 질을 향상시키기 위한 정부의 지침이나 계획 혹은 과정과 관련된 것으로 좁게는 사회적 약자들에게 필요한 소득이나 서비스를 지원하는 것이며, 넓게는 사회적 약자뿐 아니라 모든 사람들의 삶의 질에 영향을 미치는 주택, 교육, 조세제도, 노동정책까지 포함하는 포괄적 개념으로 볼 수 있다.

기본개념

사회복지정책론
pp.38~

사회복지정책의 일반적 기능

- **사회를 통합**시키며 정치적으로 안정을 기한다.
- 사회문제 해결과 **사회적 욕구를 충족**시킨다.
- 급여 수급자의 자기결정권과 다양한 소득보장을 통해 개인의 자립과 성장, 재생산을 보장한다.
- 사회구성원 상호 간 삶의 기회가 재분배되는 **사회화의 기능**이 있다.
- 시장에서 배분된 **소득을 다양한 방향으로 재분배**한다.

사회복지정책의 경제성장 촉진 효과

- 노동력의 질을 향상시킴으로써 노동생산성을 제고할 수 있다.
- 빈곤층의 소득과 소비 수준을 높여줌으로써 자신의 노동력의 질을 향상시키기 위해 투자할 수 있는 기회를 넓혀준다.
- 노동공급을 증가시킴으로써 경제성장에 기여할 수 있다.

사회복지정책의 역기능

- 대상자 선정, 전달체계의 수립 등에 드는 과다한 운영비용으로 인한 비효율성이 발생한다.
- 사회복지급여에 의존하여 근로의욕을 상실하고 빈곤에 머무르는 빈곤함정 현상이 발생한다.
- 실업급여 수준이 노동시장에서 받을 수 있는 임금보다 높음으로 인해 일하지 않고 급여를 받는 등 구직동기나 노동동기가 약화될 수 있다.

분배와 성장의 관계에 대한 관점의 차이

▶ (신)자유주의자

- 국가에 의한 지나친 개입, 즉 각종 (재)분배 정책과 제도가 시장의 자율적 조정기능을 방해하여 결국 경제성장을 저해하는 부정적 요소로 작동하고 있다고 본다.
- 국가경제가 성장하면 자연스럽게 국민에게 돌아가는 전체 분배의 몫이 확대되므로 경제성장정책을 우선시해야 한다는 선성장 후분배 논리를 주장한다.
- 복지국가에 부정적이며, 국가의 역할이 작은 '최소한의 정부'를 옹호한다.

▶ 사회민주주의자

- 소득의 재분배가 경제성장을 저해하지 않으며 오히려 성장을 촉진하는 촉매제 역할을 한다고 본다.
- 복지제도를 통해 빈곤과 불평등이 완화되어 국민의 삶의 질이 향상되면 사회적 비용이 줄어들고, 노동조건이 개선되고 노사 간의 합의를 통해 노사문제가 해결되면 노동자들의 근로동기와 업무 효율성이 향상되어 결국 경제성장에 유리하게 작동한다고 주장한다.
- 성장과 더불어 분배정책을 중시하는 복지국가를 적극적으로 지지한다.

기출문장 CHECK

01 (21-06-04) 국민의 생존권 보장, 사회통합의 증진, 개인의 자립성 증진 등을 위해 사회복지정책이 필요하다.

02 (19-06-01) 사회복지정책은 사회통합과 정치적 안정화 기능을 한다.

03 (18-06-06) 4차 산업혁명, 일자리 감소, 소득 양극화 심화 등의 이슈는 '기본소득' 도입의 필요성과 관련되어 있다.

04 (17-06-03) 국가와 지방자치단체는 국가 및 지방자치단체의 사회복지사업과 민간부문의 사회복지 증진활동이 원활하게 연계될 수 있도록 노력하여야 한다.

05 (16-06-15) 사회복지정책은 경제의 자동안정장치(built-in-stabilizer) 기능을 수행한다.

06 (15-06-10) 최근 20년간 우리나라 사회복지정책의 환경변화에 있어서 고용안정성에 대한 정책적 대응의 필요성이 높아졌다.

07 (15-06-17) 최근 10년간 우리나라 사회복지정책의 변화에 있어서 지방자치단체의 자체적인 복지사업이 증가하는 추세에 있다.

08 (15-06-18) 경제정책과 사회복지정책은 서로 상생적인 역할을 할 수 있다.

09 (14-06-01) 개인의 잠재능력 향상, 사회통합은 소득재분배와 함께 사회복지정책의 주된 기능이다.

10 (13-06-04) 사회복지정책의 기능으로 사회통합, 최저생활 유지, 개인의 잠재능력 향상, 소득재분배 등이 있다.

11 (12-06-18) 사회보장제도가 국민경제에 미치는 효과에 있어서 공적 연금이 은퇴준비 필요성을 인식시켜 자발적 저축을 증가시키는 효과가 발생할 수 있다.

12 (10-06-22) 사회복지제도의 본인 부담은 도덕적 해이를 감소시킬 수 있으나 이용자의 서비스 이용을 제한할 수 있다.

13 (09-06-01) 사회복지정책은 국민최저수준을 보장한다.

14 (08-06-01) 사회복지정책의 기능에는 사회통합과 정치적 안정이 있다.

15 (05-06-01) 사회복지정책은 소득재분배를 통한 평등 가치를 실현한다.

16 (05-06-07) 최근 우리나라 사회복지제도 환경의 변화에 있어서 민간 비영리조직의 역할이 증대하고 있다.

17 (04-06-01) 사회복지정책의 일반적 기능으로서 사회통합, 사회정의 확립, 최저생활의 보장, 사회문제의 해결 등이 있다.

18 (02-06-03) 사회복지정책은 인간의 존엄성을 기반으로 한다.

대표기출 확인하기

21-06-04
난이도 ★☆☆

다음 중 사회복지정책이 필요한 이유를 모두 고른 것은?

```
ㄱ. 국민의 생존권 보장
ㄴ. 사회통합의 증진
ㄷ. 개인의 자립성 증진
ㄹ. 능력에 따른 분배
```

① ㄱ, ㄴ   ② ㄴ, ㄷ
③ ㄴ, ㄹ   ④ ㄱ, ㄴ, ㄷ
⑤ ㄱ, ㄷ, ㄹ

알짜확인

- 사회복지정책의 주요 기능에 대해 이해해야 한다.
- 사회복지정책의 경제적 효과에 대해 이해해야 한다.
- 사회복지정책의 역기능에 대해 이해해야 한다.

답 ④

응시생들의 선택

① 15%	② 1%	③ 3%	④ 74%	⑤ 7%

④ ㄹ. 능력에 따른 분배는 사회적 자원이 능력에 따라 상이하게 배분되므로 자본주의 시장에 의한 분배라고 볼 수 있다. 사회복지정책은 시장에서 배분된 소득(일차적 분배)을 다양한 방향으로 재분배하는 기능을 수행한다.

덧붙임

사회복지정책과 관련된 전반적인 사항을 다룬다. 가장 빈번하게 출제되는 내용은 사회복지의 기능에 관한 것이며, 최근 시험에서는 우리나라의 사회복지정책과 관련된 현 상황과 변화에 대한 내용도 다루어지고 있으므로 이에 대비해야 한다.

관련기출 더 보기

19-06-01
난이도 ★☆☆

사회복지정책의 원칙과 기능에 관한 설명으로 옳지 않은 것은?

① 능력에 비례한 배분을 원칙으로 한다.
② 소득을 재분배하는 기능을 한다.
③ 경제의 자동안정화 기능을 한다.
④ 국민의 최저생활을 보장하는 기능을 한다.
⑤ 사회통합과 정치적 안정화 기능을 한다.

답 ①

응시생들의 선택

① 81%	② 2%	③ 11%	④ 1%	⑤ 5%

① 능력에 비례한 배분은 비례적 평등이라 할 수 있으며, 이는 사회복지정책의 가치 중 하나로서 사회복지정책의 원칙이라고 볼 수는 없다.

18-06-06
난이도 ★★☆

최근 논의되는 사회복지정책 이슈들에 관한 설명으로 옳지 않은 것은?

① 생태주의 관점에서는 복지국가의 '성장' 패러다임을 옹호한다.
② 4차 산업혁명, 일자리 감소, 소득 양극화 심화 등의 이슈는 '기본소득' 도입의 필요성과 관련되어 있다.
③ 민달팽이유니온, 복지국가청년네트워크 등은 청년세대운동 조직이 출현한 사례에 해당한다.
④ '마을만들기' 사업은 주민참여형 복지라고 할 수 있다.
⑤ '커뮤니티 케어'는 탈시설화와 관련되어 있다.

답 ①

응시생들의 선택

① 43%	② 37%	③ 5%	④ 1%	⑤ 14%

① 최근 논의되는 사회복지정책의 방향성은 정치경제적 관점에서 복지국가의 '소득주도 성장' 패러다임을 옹호한다.

17-06-03 난이도 ★☆☆

민간의 사회복지에 대한 우리나라 사회복지정책의 내용이 아닌 것은?

① 국가와 지방자치단체는 국가 및 지방자치단체의 사회복지사업과 민간부문의 사회복지 증진활동이 원활하게 연계될 수 있도록 노력하여야 한다.
② 국가와 지방자치단체는 사회복지를 필요로 하는 사람의 인권이 충분히 존중되는 방식으로 사회복지서비스를 제공하여야 한다.
③ 보건복지부장관은 사회복지시설에서 제공하는 사회복지서비스의 최저기준을 마련하여야 한다.
④ 국가나 지방자치단체가 설치한 사회복지시설은 사회복지법인이나 비영리법인에 위탁하여 운영하게 할 수 있다.
⑤ 국가나 지방자치단체는 사회복지법인에 우선하여 사회복지시설을 설치·운영할 수 없다.

답 ⑤

✔ 응시생들의 선택

① 0%	② 1%	③ 6%	④ 2%	⑤ 91%

⑤ 국가나 지방자치단체는 사회복지시설을 설치·운영할 수 있으며, 국가 또는 지방자치단체 외의 자가 시설을 설치·운영하려는 경우에는 보건복지부령으로 정하는 바에 따라 시장·군수·구청장에게 신고하여야 한다. 즉, 국가나 지방자치단체는 사회복지법인에 우선하여 사회복지시설을 설치·운영할 수 있다.

16-06-15 난이도 ★★☆

사회복지정책의 특성에 관한 설명으로 옳지 않은 것은?

① 가치판단적 특성을 가진다.
② 국민의 최저생활을 보장한다.
③ 개인의 자립성을 증진시킨다.
④ 능력에 비례한 배분을 원칙으로 한다.
⑤ 경제의 자동안정장치(built-in-stabilizer) 기능을 수행한다.

답 ④

✔ 응시생들의 선택

① 18%	② 2%	③ 9%	④ 66%	⑤ 5%

④ 능력에 비례한 배분을 원칙으로 하는 것은 자본주의의 분배 원리 중에 하나라고 볼 수 있다. 자본주의의 능력, 업적, 성과에 따른 분배는 자유 경쟁을 강조한다.

15-06-18 난이도 ★☆☆

사회복지정책과 경제정책의 관계에 관한 설명으로 옳은 것을 모두 고른 것은?

ㄱ. 경제정책은 사회복지정책에 영향을 준다.
ㄴ. 사회복지정책은 경제에 영향을 준다.
ㄷ. 경제정책과 사회복지정책은 서로 상생적인 역할을 할 수 있다.
ㄹ. 자본주의 경제체제 유지를 위하여 사회복지정책이 필요하다고 설명하기도 한다.

① ㄱ ② ㄱ, ㄷ
③ ㄴ, ㄹ ④ ㄴ, ㄷ, ㄹ
⑤ ㄱ, ㄴ, ㄷ, ㄹ

답 ⑤

✔ 응시생들의 선택

① 3%	② 7%	③ 1%	④ 1%	⑤ 88%

⑤ 사회복지정책과 경제정책의 관계에 대해서는 상반된 주장들이 있다. 일부 경제학자, 신자유주의자들은 사회복지가 (재)분배를 강조함으로써 전반적으로 경제성장을 저해한다고 주장한다. 하지만 사회복지정책이 항상 경제에 부정적인 영향을 미치는 것은 아니며, 오히려 자동안정화 기능과 자본축적 기능을 통해 경제성장에 긍정적 영향을 미칠 수 있다는 주장도 있다.

14-06-01 난이도 ★★☆

사회복지정책에 관한 설명으로 옳지 않은 것은?

① 사회복지정책은 국민의 복지 증진을 위해 복지국가가 사용하는 수단이다.
② 개인의 잠재능력 향상, 사회통합은 소득재분배와 함께 사회복지정책의 주된 기능이다.
③ 사회복지정책은 사회구성원의 기본욕구를 해결하기 위한 정책이므로 가치중립적이어야 한다.
④ 북유럽국가들의 사회복지정책은 영미권 국가들의 사회복지정책에 비해 보편주의·연대주의적 성격이 강하다.
⑤ 사회복지정책을 통한 결과의 평등 지향은 일부 사회구성원의 소극적 자유를 침해하는 결과를 가져올 수도 있다.

답 ③

✔ 응시생들의 선택

① 3%	② 10%	③ 58%	④ 9%	⑤ 20%

③ 사회복지정책은 자유, 평등, 사회통합, 삶의 질 향상 등의 가치를 추구한다는 점에서 가치지향적, 가치판단적인 특성을 갖는다.

사회보장제도가 국민경제에 미치는 효과에 관한 설명으로 옳은 것을 모두 고른 것은?

ㄱ. 자동안정장치의 기능을 통해 경기 불안정을 조정한다.
ㄴ. 공적 연금이 은퇴준비 필요성을 인식시켜 자발적 저축을 증가시키는 효과가 발생할 수 있다.
ㄷ. 공적 연금이 미래자산으로 인식되어 자발적 저축을 감소시키는 효과가 발생할 수 있다.
ㄹ. 부과방식 공적 연금의 경우 자본축적 효과를 발생시킨다.

① ㄱ, ㄴ, ㄷ
② ㄱ, ㄷ
③ ㄴ, ㄹ
④ ㄹ
⑤ ㄱ, ㄴ, ㄷ, ㄹ

답 ①

✔ 응시생들의 선택

① 14%	② 56%	③ 17%	④ 5%	⑤ 8%

① ㄹ. 부과방식은 적립방식과는 달리 기금을 적립하지 않기 때문에 자본축적 효과를 발생시키지 않는다. 재정운영방식이 적립방식인 공적 연금의 경우에는 기금의 적립을 통해 자본축적 효과가 발생한다.

사회복지정책의 특징에 관한 설명으로 옳지 않은 것은?

① 국민최저수준을 보장한다.
② 가치중립적이다.
③ 시장의 실패를 시정하여 자원배분의 효율화 기능을 수행한다.
④ 사회연대의식에 기초하고 있다.
⑤ 개인의 자립성 증진을 목적으로 한다.

답 ②

✔ 응시생들의 선택

① 2%	② 90%	③ 4%	④ 1%	⑤ 3%

② 사회복지정책은 근거하고 있는 가치에 따라 내용이나 관점이 달라질 수 있으므로 가치중립적이기 어려운 특징을 갖는다.

사회복지정책에 관한 설명으로 옳지 않은 것은?

① 사회복지정책은 자유방임주의에 기초한다.
② 사회복지정책의 기능에는 사회통합과 정치적 안정이 있다.
③ 티트머스(Titmuss)는 조세정책을 사회복지정책의 영역에 포함했다.
④ 사회복지정책이 경제에 미치는 영향으로서 자동안정화 효과가 있다.
⑤ 사회복지정책은 시장에서 배분된 소득을 재분배하는 기능이 있다.

답 ①

✔ 응시생들의 선택

① 74%	② 2%	③ 16%	④ 4%	⑤ 4%

① 사회복지정책은 자유방임주의가 아닌 국가개입주의에 기반하고 있다.

사회복지정책의 특징으로 볼 수 없는 것은?

① 사회정의 실현
② 사회적 욕구의 해결
③ 정부실패에 기반
④ 공동체 의식의 증진과 사회통합
⑤ 소득재분배를 통한 평등 가치의 실현

답 ③

✔ 응시생들의 선택

① 3%	② 7%	③ 82%	④ 4%	⑤ 4%

③ 사회복지정책은 시장실패에 따른 국가개입을 기반으로 발전하였다.

다음 내용이 왜 틀렸는지를 확인해보자

21-06-04

01 사회복지정책은 **국민의 생존권 보장, 사회통합의 증진, 개인의 자립성 증진, 능력에 따른 분배**를 위해 필요하다.

> 사회복지정책은 능력에 따른 분배가 아닌 시장에서 배분된 소득(일차적 분배)을 다양한 방향으로 재분배한다.

02 신자유주의자들은 사회복지정책이 **근로유인과 저축동기를 높인다고 보았다.**

> 신자유주의자들은 사회복지정책이 근로유인과 저축동기를 약화시킨다고 보았다. 신자유주의자들은 국가에 의한 지나친 개입, 즉 각종 (재)분배 정책과 제도가 시장의 자율적 조정기능을 방해하여 결국 경제성장을 저해하는 부정적 요소로 작동하고 있다고 본다.

15-06-17

03 최근 우리나라는 **복지정책 대상의 초점이 극빈층으로 변화**하고 있다.

> 최근 우리나라는 복지정책 대상을 극빈층에서 전 국민으로 그 범위를 점점 확대하고 있다.

15-06-18

04 사회복지정책은 **항상 경제정책에 부정적인 영향을 미치며, 사회복지정책과 경제정책은 서로 상생하는 것이 불가능**하다.

> 사회복지정책이 항상 경제에 부정적인 영향을 미치는 것은 아니며, 오히려 자동안정화 기능과 자본축적 기능을 통해 경제성장에 긍정적 영향을 미칠 수 있다. 사회복지정책과 경제정책은 서로 상생적인 역할을 할 수 있다.

05 사회복지정책은 **소득재분배 기능이 약하다는** 비판을 받는다.

> 사회복지정책은 시장에서 배분된 소득(일차적 분배)을 다양한 방향으로 재분배하는 기능을 수행한다.

14-06-01

06 사회복지정책은 사회구성원의 기본욕구를 해결하기 위한 정책이므로 **가치중립적**이어야 한다.

> 사회복지정책은 자유, 평등, 사회통합, 삶의 질 향상 등의 가치를 추구한다는 점에서 가치지향적, 가치판단적인 특성을 갖는다.

빈칸에 들어갈 알맞은 말을 채워보자

12-06-18
01 사회복지정책은 (   )의 기능을 통해 경기 불안정을 조정한다.

09-06-01
02 사회복지정책은 국민의 (   )을/를 보장한다.

03 사회복지정책의 역기능으로 (   )이 있는데, 이는 사회복지 급여에 의존하여 근로의욕을 상실하고 빈곤에 머무르는 현상을 말한다.

02-06-03
04 경기 후퇴 시 실업자 수가 증가하여 사회복지 지출이 (   )한다.

05 사회복지정책은 사회문제 해결과 (   )을/를 충족시킨다.

 01 자동안정장치 **02** 최저수준 **03** 빈곤함정(빈곤의 덫) **04** 증가 **05** 사회적 욕구

다음 내용이 옳은지 그른지 판단해보자

12-06-18
01 공적 연금이 은퇴준비 필요성을 인식시켜 자발적 저축을 증가시키는 효과가 발생할 수 있다.

02 사회보장제도는 과도한 경기변동을 억제시켜 경제주체들이 안정적인 경제생활을 수행할 수 있도록 한다.

03 사회복지정책의 기능인 소득재분배는 사회계층 구조의 흐름에 따라 수직적 재분배와 수평적 재분배로 구분한다.

04 사회복지정책은 빈곤함정과 실업함정을 확산시키는 긍정적 기능을 한다.

05 사회민주주의자들은 소득의 재분배가 경제성장을 저해하지 않으며 오히려 성장을 촉진하는 촉매제 역할을 한다고 본다.

 01 ○ **02** ○ **03** ○ **04** × **05** ○

해설 **04** 빈곤함정과 실업함정의 확산은 사회복지정책의 역기능에 해당한다.

강의 QR코드

165 사회복지의 국가 개입

최근 10년간 **6문항** 출제

1회독	2회독	3회독
월 일	월 일	월 일

1 이론요약

시장 실패

기본개념

사회복지정책론
pp.31~

- **공공재 공급의 실패**: 공공재는 어떤 재화와 서비스가 소비에 있어서 비경합성(비경쟁성)과 비배제성(비배타성)이라는 특성을 갖는 경우를 말한다. 공공재의 경우에는 무임승차자(free-rider)들로 인해 시장을 통해서 적절한 수준의 공급이 이루어지지 않는 경우가 많이 발생한다. 따라서 사회 전체적으로 필요한 공공재 공급에 있어서 국가가 개입할 필요성이 존재한다.
- **외부효과**: 특정 재화나 서비스가 제3자에게 의도하지 않은 혜택이나 손해를 가져다주면서도 이에 대한 대가를 받지도 지불하지도 않는 상태이다. 긍정적 외부효과와 부정적 외부효과로 구분한다.
- **정보의 비대칭성과 역 선택**: 시장에 참여한 거래당사자 간에 쌍방이 동일한 양의 정보를 가지기보다는 어느 한 쪽이 더 많은 정보를 가지기 쉽다는 것이 정보의 비대칭성이다. 이러한 경우 정보가 적은 사람이 손해를 볼 수밖에 없다. 역 선택은 보험가입자와 보험회사 간의 정보의 비대칭성으로 인해 민간보험 시장에서 바람직하지 않은 결과가 초래되는 현상을 의미한다. 이러한 정보의 비대칭성과 역 선택이라는 시장 실패 현상 때문에 국가가 운영하는 사회보험의 필요성이 제기된다.
- **도덕적 해이**: 일반적으로 보험회사가 가입자의 행태를 완벽하게 감시 · 감독할 수 없으므로 가입자는 보험회사가 생각할 때 최상이라고 생각하는 만큼의 노력을 기울이지 않는 현상을 말한다. 즉 보험가입자가 위험발생을 예방 · 회피하는 행위를 적게 하여 위험발생이 높아지는 현상이다.
- **규모의 경제**: 생산량(생산규모)이 커질수록 단위당 생산비용이 적게 드는 현상을 의미한다. 상품생산시장에서 규모의 경제는 긍정적 기능을 수행하기도 하지만 독과점으로 이어질 경우 국민경제에 오히려 해가 될 수 있기 때문에 규제의 대상이 된다. 하지만, 사회복지 재화나 서비스와 같은 공공재의 경우 공공부문이 제공하면 국민경제에 해가 되기보다는 오히려 규모의 경제의 장점을 살릴 수도 있다.

소득분배의 불평등

민간 영역에서의 재분배는 사회 전체의 불평등이 심화되는 상황에서 큰 효과를 갖지 못하므로 정부 차원에서 조세정책이나 공공부조정책 등을 통해서 <u>소득분배의 불평등을 완화하기 위해</u> 정책적으로 개입할 필요성이 제기된다.

01 (22-06-14) 국가가 주도적으로 사회복지를 제공해야 할 필요성으로는 역 선택, 도덕적 해이, 규모의 경제, 정보의 비대칭 등이 있다.

02 (21-06-19) 정보의 비대칭성이 강한 영역은 정부가 개입하는 것이 바람직하다.

03 (20-06-12) 질병의 위험에 대한 보험방식의 역 선택 문제를 해결하기 위해 사회복지 재화나 서비스는 국가가 제공해야 한다.

04 (19-06-02) 공공재는 비경합적이고 비배제적인 성격을 지니고 있기 때문에 구성원이 각각 생산에 기여했는지 여부에 관계없이 모든 구성원이 활용할 수 있는 재화를 말한다.

05 (18-06-12) 실업보험을 민간시장에서 제공하면 가입자의 도덕적 해이가 발생할 가능성이 크다.

06 (17-06-25) 국가의 시장개입 필요성에는 '시장 실패, 외부효과(긍정적/부정적), 정보의 비대칭성과 역 선택, 도덕적 해이, 규모의 경제' 등이 있다.

07 (12-06-21) 의료서비스는 가치재(merit goods)의 성격을 갖기 때문에 국가가 주도적으로 실시해야 한다.

08 (11-06-01) 사회복지 재화나 서비스를 국가가 제공해야 하는 이유에는 '긍정적인 외부효과, 정보의 비대칭성 문제 해결, 역 선택(adverse selection)의 문제 해결' 등이 있다.

09 (10-06-11) 사회복지에 대한 국가 개입 근거에는 '사회복지의 공공재적 성격, 민간보험에서 나타나는 역 선택 문제, 사회적 안정 증진, 소득재분배를 통한 불평등 완화' 등이 있다.

10 (08-06-24) 국가가 의료서비스를 제공해야 하는 근거에는 '의료서비스에 대한 정보의 불균형, 의료서비스의 독과점, 의료서비스의 인본주의적 성격, 의료서비스의 가치재적 성격' 등이 있다.

11 (06-06-01) 국가에 의한 복지정책이 필요한 이유에는 '공공재적 성격, 역 선택, 긍정적 외부효과, 규모의 경제' 등이 있다.

12 (05-06-02) 국가에 의하여 사회복지정책을 실시하는 이유에는 '규모의 경제, 외부경제 발생, 선거영향력 증대, 역 선택의 문제' 등이 있다.

13 (01-06-01) 시장 실패의 원인에는 '공공재, 역의 선택, 불완전한 정보, 외부효과' 등이 있다.

대표기출 확인하기

22-06-14
난이도 ★★☆

국가가 주도적으로 사회복지를 제공해야 할 필요성으로 옳지 않은 것은?

① 역 선택
② 도덕적 해이
③ 규모의 경제
④ 능력에 따른 분배
⑤ 정보의 비대칭

알짜확인

• 사회복지에 대한 국가 개입의 근거와 관련된 내용을 파악해야 한다.

답 ④

✔ 응시생들의 선택

① 6%	② 12%	③ 9%	④ 69%	⑤ 4%

④ 시장 실패의 대표적인 유형으로는 공공재 공급의 실패, 외부효과, 정보의 비대칭성, 역 선택, 도덕적 해이, 규모의 경제 등이 있다. 이러한 시장 실패 현상은 사회복지에 있어서 국가 개입의 필요성과 근거로 제시된다. 능력에 따른 분배는 사회적 자원이 능력에 따라 상이하게 배분되므로 자본주의 시장에 의한 분배이다.

➕ 덧붙임

사회복지에 대한 국가 개입의 근거와 관련해서 시장 실패의 유형을 고르는 형태로도 출제되고, 의료서비스와 관련해서 국가가 주도적으로 제공해야 하는 이유를 고르는 형태로도 출제되고 있다.

관련기출 더 보기

21-06-19
난이도 ★★☆

사회복지정책의 주체 및 그 역할에 관한 설명으로 옳지 않은 것은?

① 긍정적 외부효과가 큰 영역은 민간부문이 담당하는 것이 바람직하다.
② 사회복지정책의 주체는 국가, 지방자치단체, 공공복지기관 등 다양하다.
③ 공공재적 성격이 강한 재화나 서비스는 공공부문이 개입하는 것이 바람직하다.
④ 정보의 비대칭성이 강한 영역은 정부가 개입하는 것이 바람직하다.
⑤ 민간복지기관은 정부 및 공공기관에 의하여 권한을 위임받은 경우 사회복지정책의 주체가 될 수 있다.

답 ①

✔ 응시생들의 선택

① 73%	② 7%	③ 2%	④ 8%	⑤ 10%

① 특정 재화나 서비스 행위가 제3자에게 의도하지 않은 혜택이나 손해를 가져다주면서도 이에 대한 대가를 받지도 지불하지도 않는 상태를 외부효과라고 한다. 외부효과는 공공재와 유사한 개념이라고 볼 수 있다. 외부효과에는 다른 사람에게 의도하지 않은 혜택을 주면서 이에 대한 보상을 받지 못하는 긍정적 외부효과와, 다른 사람에게 의도하지 않은 손해를 입히고도 이에 대한 대가를 지불하지 않는 부정적 외부효과가 있다. 사회복지 재화나 서비스를 국가가 제공하면 이러한 재화나 서비스들이 긍정적인 외부효과를 많이 만들어내지만, 민간부문(시장기제)을 통하여 재화나 서비스를 제공하게 되면 사회적으로 바람직한 수준의 공급이 이루어지지 않는다.

다음 설명에 해당하는 것은?

> 비경합적이고 비배제적인 성격을 지니고 있기 때문에 구성원이 각각 생산에 기여했는지 여부에 관계없이 모든 구성원이 활용할 수 있는 재화를 말한다.

① 비대칭적 정보
② 공공재
③ 외부효과
④ 도덕적 해이
⑤ 역 선택

답 ②

✔ 응시생들의 선택

① 1%	② 97%	③ 1%	④ 1%	⑤ 0%

② 공공재는 어떤 재화와 서비스가 소비에 있어서 비경합성(비경쟁성)과 비배제성(비배타성)이라는 특성을 갖는 경우를 말한다. 여기서 비경합성(비경쟁성)이란 소비에 참여하는 사람의 수가 아무리 많아도 경쟁적인 관계가 나타나지 않는 특성을 말하며, 비배제성(비배타성)은 재화와 서비스에 대해 대가를 치르지 않고 이를 소비하려고 하는 사람의 경우에도 소비를 못하게 할 수 없는 특성을 말한다.

국가가 시장에 개입하는 근거로 옳은 것을 모두 고른 것은?

> ㄱ. 긍정적 외부효과
> ㄴ. 부정적 외부효과
> ㄷ. 비대칭적 정보
> ㄹ. 역 선택

① ㄱ, ㄷ
② ㄴ, ㄹ
③ ㄱ, ㄷ, ㄹ
④ ㄴ, ㄷ, ㄹ
⑤ ㄱ, ㄴ, ㄷ, ㄹ

답 ⑤

✔ 응시생들의 선택

① 6%	② 3%	③ 31%	④ 24%	⑤ 36%

⑤ 국가의 시장개입 필요성에는 '공공재 공급 실패, 외부효과(긍정적/부정적), 정보의 비대칭성과 역 선택, 도덕적 해이, 규모의 경제' 등이 있다.

실업보험을 민간시장에서 제공할 때 발생할 수 있는 문제점을 모두 고른 것은?

> ㄱ. 역의 선택(adverse selection)이 나타난다.
> ㄴ. 가입자의 도덕적 해이가 발생할 가능성이 크다.
> ㄷ. 위험발생이 상호의존적이기 때문에 보험료율 계산이 어렵다.
> ㄹ. 무임승차자 문제가 발생한다.

① ㄹ
② ㄱ, ㄷ
③ ㄴ, ㄹ
④ ㄱ, ㄴ, ㄷ
⑤ ㄱ, ㄴ, ㄷ, ㄹ

답 ④

✔ 응시생들의 선택

① 2%	② 14%	③ 9%	④ 33%	⑤ 42%

④ ㄹ. 무임승차자는 비용 부담을 지지 않으면서 그 혜택을 누리는 사람을 말한다. 무임승차자의 문제를 야기하는 것은 민간시장이 아닌 국가가 제공하는 공공재에서 발생한다.

의료서비스를 국가가 주도적으로 실시해야 한다고 주장하는 근거로 옳지 않은 것은?

① 의료서비스는 가치재(merit goods)의 성격을 갖는다.
② 수요자와 공급자 간의 정보의 비대칭성이 존재한다.
③ 역 선택(adverse selection) 문제가 발생할 수 있다.
④ 도덕적 해이 현상이 발생할 수 있다.
⑤ 위험 발생이 상호 독립적이다.

답 ⑤

✔ 응시생들의 선택

① 14%	② 2%	③ 4%	④ 16%	⑤ 64%

⑤ 위험 발생이 상호 독립적이라면, 위험에 공동으로 대처하거나 위험을 분산시킬 이유가 희박해진다. 따라서 국가의 개입 근거가 될 수 없다. 일반적으로 국가에 의한 사회보험제도는 위험 발생이 상호 연관되어 있으며, 위험을 사회적으로 공동 부담하고 분산하는 것이 필요하다는 것을 근거로 한다.

다음 내용이 왜 틀렸는지를 확인해보자

21-06-19

01 정보의 비대칭성이 강한 영역은 정부의 개입을 최소화하고 민간영역에서 주도적으로 실시하는 것이 바람직하다.

> 정보의 비대칭성이 강한 영역은 정부가 개입하는 것이 바람직하다.

11-06-01

02 근로 및 저축동기를 강화하기 위해서 사회복지 재화나 서비스는 반드시 국가가 제공해야 한다.

> 근로 및 저축동기 강화는 사회복지에 대한 국가 개입의 근거라고 보기는 어렵다. 오히려 신자유주의자들처럼 국가의 사회복지정책이 근로유인과 저축동기를 약화시킨다고 보는 측면도 있다.

03 건강이나 질병과 관련한 현상은 수요가 불확실하기 때문에 시장을 통한 효율적 자원 배분이 가능하다.

> 건강이나 질병과 관련한 현상은 수요가 불확실하기 때문에 시장을 통한 효율적 자원 배분이 어렵다.

04 사회복지 재화나 서비스와 같은 공공재의 경우 공공부문이 제공하면 국민경제에 해가 된다.

> 사회복지 재화나 서비스와 같은 공공재의 경우 공공부문이 제공하면 국민경제에 해가 되기보다는 오히려 규모의 경제의 장점을 살릴 수도 있다.

05 사회복지를 국가가 제공하면 국민들의 자유가 보장되어 완전경쟁시장을 달성할 수 있다.

> 완전경쟁시장에서는 누구나 시장에 자유롭게 진입할 수 있지만 그에 따른 결과는 누구에게나 평등하지 않다. 이러한 시장실패를 교정하기 위해 국가 개입의 필요성이 제기된 것이다.

06 정보의 비대칭성과 역 선택 현상으로 인해 민간보험의 필요성이 제기된다.

> 정보의 비대칭성과 역 선택이라는 시장실패 현상 때문에 국가가 운영하는 사회보험의 필요성이 제기된다.

빈칸에 들어갈 알맞은 말을 채워보자

19-06-02
01 (　　　　　　　)은/는 어떤 재화와 서비스가 소비에 있어서 비경합적이고 비배제적인 성격을 지니는 경우를 말한다.

18-06-12
02 공공재에서 발생하는 문제로서 (　　　　　　)은/는 비용 부담을 지지 않으면서 그 혜택을 누리는 사람을 말한다.

03 특정 재화나 서비스 행위가 제3자에게 의도하지 않은 혜택이나 손해를 가져다주면서도 이에 대한 대가를 받지도 지불하지도 않는 상태를 (　　　　　)(이)라고 한다.

06-06-01
04 (　　　　　　)은/는 생산량이 증가함에 따라 제품의 평균 생산비용이 하락하는 현상을 말한다.

05 (　　　　　　)(이)란 시장에 대한 정부개입이 자원의 최적 배분 등 본래 의도한 결과를 가져오지 못하거나 기존의 상태를 오히려 악화시키는 것이다.

 답 01 공공재　**02** 무임승차자　**03** 외부효과　**04** 규모의 경제　**05** 정부 실패

다음 내용이 옳은지 그른지 판단해보자

20-06-12
01 경제성장의 낙수효과 발생을 위해 사회복지 재화나 서비스는 국가가 제공해야 한다.

18-06-12
02 실업보험을 민간시장에서 제공하면 위험발생이 상호의존적이기 때문에 보험료율 계산이 어렵다.

17-06-25
03 외부효과에는 긍정적 외부효과와 부정적 외부효과가 있다.

12-06-21
04 의료서비스는 가치재(merit goods)의 성격을 갖고 있기 때문에 국가가 주도적으로 실시해야 한다.

05 활발한 경쟁은 시장 실패의 원인이다.

답 01× **02**○ **03**○ **04**○ **05**×

해설 01 경제성장의 낙수효과 발생은 국가의 사회복지 제공의 필요성이라고 볼 수 없다.
05 활발한 경쟁은 시장 실패의 원인이라기보다는 시장의 장점이라고 할 수 있다.

2장

사회복지정책의 역사적 전개

이 장에서는

주요 국가의 사회복지정책 발달, 복지국가의 팽창기, 복지국가의 위기와 재편기 등을 다룬다.

10년간 출제분포도

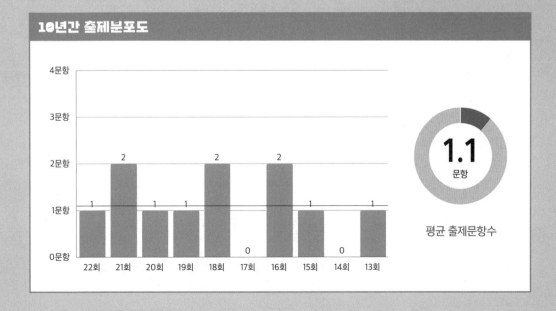

평균 출제문항수

166 영국 사회복지정책의 역사

강의 QR코드

1회독	2회독	3회독
월 일	월 일	월 일

최근 10년간 **9문항** 출제

 이론요약

영국 구빈제도의 발달

기본개념

사회복지정책론
pp.47~

▶ **엘리자베스 빈민법(1601)**

- 교구 내의 자선에 의한 구빈에는 한계가 있다고 판단하여 **빈민구제의 책임을 교회가 아닌 국가(지방정부)가 최초로 지게 되었다.**
- 빈민구제 업무의 전국적 행정구조를 수립하였고, 지방행정의 책임을 강화하였다.
- 구빈 행정을 담당하는 행정기관을 수립하였으며, 목적세의 성격을 갖는 별도의 세금(구빈세)을 활용하였다.
- 빈민을 **노동능력자, 노동무능력자 및 빈곤아동(요보호아동)으로 분류**하여 서로 다른 처우를 하였다.
- 모든 교구에 구빈감독관을 임명하여 구빈행정과 지방세(=구빈세) 징수업무를 관장하도록 했다.

▶ **정주법(1662)**

- 빈민의 자유로운 이동을 금지하기 위해, 즉 **거주지를 제한하기 위해 교구와 귀족들의 압력으로 제정된 법**이다.
- 낮은 임금으로 일을 시킬 노동력이 필요한 농업자본가의 이익을 대변한 법이며, 빈민의 주거선택과 이전의 자유를 침해한 것으로서 비판을 받게 되었다.

▶ **작업장법(1722)**

- 작업장을 통한 빈민들의 노동력 활용으로 **구빈세 납부자들의 재정부담을 줄이고 국가 경제에 기여하는 효과**를 기대하였다.
- 빈민의 노동력 활용을 위해 작업장을 적극 활용하고 이를 위해 연합구의 공동작업장을 설치할 수 있도록 하였다.

▶ **길버트법(1782)**

- 작업장에서의 빈민의 비참한 생활과 착취를 개선할 목적으로 제정된 **새로운 인도주의적 구빈제도라고 평가**된다.
- 노동능력이 있는 빈민과 실업자에 대해서는 일자리 또는 구제가 제공되었고(무제한의 원외구제 제공), 노동능력이 없는 빈민에 대해서는 현금급여를 제공하였으며, 그리고 나태한 자에 대해서는 교정을 원칙으로 하였다.
- 교구연합을 허용하였으며 **최초로 유급 구빈사무원(오늘날의 사회복지사)을 채용**했다.

▶ **스핀햄랜드법(1795)**

- 이 법은 전국적으로 실시되었는데, 생계비(빵 가격)와 부양가족 수를 고려하여 빈곤한 저임금 노동자의 임금을 보충하

는 제도였다. 재원은 교구의 구빈세 재원을 활용하였다.
- 스스로 삶을 영위할 수 없는 자와 도움이 필요한 자를 적절히 구분하는 데 있어서 **최초로 대가족(가족 수)을 고려했다는 점**에서 의의를 가지며, 또한 경제적 불황기에 노동자의 보호권리를 인정했다는 점에서도 중요성을 갖는다.
- 고용주들이 낮은 임금을 지불할 유인을 제공하여 임금상승을 억제하고, 임금상승 대신 생계비 지원을 통해 메우려 했다는 비판을 받았다.
- 노동자들도 태만하게 되는 유인이 되어 악순환이 반복되고, 구빈세 부담을 증가시켰다는 비판도 받았다.

▶ **공장법(1833)**
- 공장에서 비인도적인 처우를 받는 아동을 위해 만들어진 법으로서, **아동의 노동조건과 작업환경을 개선하기 위한 목적**을 갖는다.
- 아동의 야간노동 금지, 노동시간 제한 등의 노동조건을 개선하기 위한 조치와 일정 연령 이하의 아동 고용을 금지하는 조치를 포함하였다.

▶ **신빈민법(1834)**
- 스핀햄랜드법의 임금보조제도를 철폐하였으며, 노동이 가능한 자는 작업장에 배치하였다.
- 병자나 노인, 허약자 및 아동을 거느린 과부에게만 **원외구제를 허용**하였고, 교구 단위의 구호행정을 구빈법 조합으로 통합하였다.
- 지방구빈행정을 감독하고 관리할 **중앙기구를 둘 것을 제안**하였다.
- 주요 원칙으로는 **전국 균일처우의 원칙, 열등처우의 원칙, 작업장 활용의 원칙**이 있다.

베버리지 보고서
- **영국의 사회문제를 5대 사회악, 즉 궁핍(want), 질병(disease), 무지(ignorance), 불결(squalor), 나태(idleness)로 규정**하고, 이를 해결하기 위해 사회보험 및 관련서비스의 필요성을 주장했다.
- 사회보험의 성공을 위한 전제로서 **완전고용, 포괄적 보건의료서비스, 가족(아동)수당의 필요성**을 강조했다.
- 사회보험 운영의 기본원칙(6대 원칙): 행정의 통합화, 적용범위의 포괄화, 정액보험료, 정액급여, 급여의 적절화, 대상의 분류화

01 (22-06-12) 베버리지 보고서를 근거로 하여 가족수당법, 국민부조법 등이 제정되었다.

02 (21-06-01) 1942년 베버리지 보고서에서는 영국의 사회문제를 5대악, 즉 결핍(궁핍), 질병, 무지, 불결, 나태로 규정하였다.

03 (21-06-06) 1662년 정주법은 부랑자들의 자유로운 이동을 금지하였다.

04 (20-06-14) 길버트법은 작업장 노동의 비인도적인 문제에 대응하여 원외구제를 실시하였다.

05 (19-06-04) 신빈민법(New Poor Law)은 국가의 도움을 받는 사람의 처우는 스스로 벌어서 생활하는 최하위 노동자의 생활수준보다 높지 않아야 한다는 원칙을 내용으로 하고 있다.

06 (18-06-01) 길버트법(1782)은 원외구제를 허용하였다.

07 (18-06-11) 베버리지는 사회보험의 성공을 위한 전제조건으로 완전고용, 포괄적 보건의료서비스, 아동(가족)수당을 제시하였다.

08 (16-06-25) 영국의 신빈민법(1834)과 우리나라의 현재 국민기초생활보장제도에서 공통으로 나타나는 원칙은 열등처우의 원칙이다.

09 (15-06-03) 1942년 베버리지 보고서에서 구상한 복지국가 모형은 노령, 장애, 실업, 질병 등과 같은 사회적 위험들을 하나의 국민보험에서 통합적으로 운영한다.

10 (12-06-01) 1834년 신구빈법은 전국적으로 구빈 행정 구조를 통일하였다.

11 (12-06-05) 베버리지 보고서에 나타난 사회보험체계의 내용에 의하면 재정은 피보험자, 고용주, 국가 3자가 부담해야 한다.

12 (11-06-02) 열등처우의 원칙이 적용된 최초의 법은 신구빈법(1834년)이다.

13 (11-06-06) 베버리지는 강제적인 사회보험을 국민최저선 달성을 위해 가장 중요한 제도로 보았다.

14 (10-06-02) 베버리지(Beveridge) 보고서는 사회보장의 본질을 소득보장으로 보고, 포괄적 보건의료서비스는 사회보장 전제조건의 하나로 보았다.

15 (10-06-19) 엘리자베스 구빈법은 빈민을 노동능력 있는 빈민, 노동능력 없는 빈민, 요보호아동으로 구분하였다.

16 (09-06-02) 1834년 신구빈법은 전국 어디서나 빈민들이 동일한 처우를 받도록 하였다.

17 (09-06-05) 베버리지가 제시한 사회보장체계는 모든 사람이 동일한 액수의 보험료를 부담한다.

18 (08-06-03) 스핀햄랜드법은 빈민에 대한 임금보조제도이다.

19 (07-06-02) 영국의 신빈민법(1834년)은 열등처우의 원칙을 적용하였다.

20 (06-06-04) 엘리자베스 구빈법은 빈민통제의 목적을 갖고 있다.

21 (06-06-05) 신구빈법의 제정배경에는 구빈비용의 증가, 산업화의 가속화, 노동력의 상품화 확대 등이 있다.

22 (06-06-07) 베버리지 보고서는 정액급여 원칙, 행정책임 및 행정통합의 원칙을 제시하였다.

23 (02-06-04) 신빈민법은 개인적 빈곤을 강조하였다.

24 (02-06-05) 베버리지 보고서는 아동수당, 포괄적 의료서비스, 고용의 증가 등을 사회보험의 전제조건으로 제시하고 있다.

25 (01-06-02) 베버리지가 언급한 5대 사회악은 결핍(빈곤), 질병, 무지, 불결, 나태이다.

26 (01-06-03) '열등처우의 원칙'은 형평의 원리에 부합된다.

대표기출 확인하기

22-06-12
난이도 ★★★

영국 사회복지정책의 역사에 관한 설명으로 옳은 것을 모두 고른 것은?

ㄱ. 길버트법은 빈민의 비참한 생활과 착취를 개선하기 위해 원외구제를 허용했다.

ㄴ. 스핀햄랜드법은 빈민의 임금을 보충하기 위해 가족 수에 따라 보조금을 지급할 수 있게 했다.

ㄷ. 신빈민법은 열등처우의 원칙을 적용하였고 원내구제를 금지했다.

ㄹ. 왕립빈민법위원회의 소수파보고서는 구빈법의 폐지보다는 개혁을 주장했다.

ㅁ. 베버리지 보고서를 근거로 하여 가족수당법, 국민부조법 등이 제정되었다.

① ㄱ, ㄷ
② ㄷ, ㅁ
③ ㄱ, ㄴ, ㅁ
④ ㄴ, ㄷ, ㄹ
⑤ ㄴ, ㄹ, ㅁ

▶ 알짜확인

• 영국 사회복지정책의 역사적 전개 과정을 파악해야 한다.

답 ③

✅ 응시생들의 선택

① 6%	② 5%	③ 77%	④ 5%	⑤ 7%

③ ㄷ. 신빈민법은 열등처우의 원칙을 적용하였으며, 노약자, 병자 등 예외적인 경우에만 원외구제를 허용하고 원칙적으로 원내구제를 실시하는 원내구제의 원칙(작업장 활용의 원칙)을 적용하였다.

ㄹ. 왕립빈민법위원회의 소수파보고서는 빈곤의 원인을 사회구조로 보았기 때문에 구빈법의 폐지를 주장하였다.

➕ 덧붙임

영국 사회복지정책의 역사는 거의 매년 빠짐없이 출제되고 있는데, 엘리자베스 빈민법, 스핀햄랜드법, 신빈민법 등 주요 구빈제도의 내용부터 베버리지 보고서, 대처 정부의 복지 축소, 블레어 정부의 제3의 길까지의 내용을 역사적 배경과 함께 파악해두어야 한다. 영국의 구빈제도의 변화와 관련해서는 제도적 의의와 특징, 역사적 배경, 순서 등을 함께 비교해서 이해할 필요가 있다.

관련기출 더 보기

21-06-06
난이도 ★★☆

영국 구빈제도의 역사에 관한 설명으로 옳지 않은 것은?

① 1601년 엘리자베스 빈민법은 빈민을 노동능력 있는 빈민, 노동능력 없는 빈민, 빈곤아동으로 분류하였다.

② 1662년 정주법은 부랑자들의 자유로운 이동을 금지하였다.

③ 1782년 길버트법은 원외구제를 허용하였다.

④ 1795년 스핀햄랜드법은 열등처우의 원칙을 명문화하였다.

⑤ 1834년 신빈민법은 노동능력이 있는 빈민에 대한 원외구제를 폐지하였다.

답 ④

✅ 응시생들의 선택

① 5%	② 7%	③ 7%	④ 63%	⑤ 18%

④ 열등처우의 원칙을 최초로 명문화한 것은 1834년 신빈민법(개정빈민법)이다.

19-06-04
난이도 ★★☆

신빈민법(New Poor Law)에 관한 설명으로 옳지 않은 것은?

① 1832년 왕립위원회(Royal Commission)의 조사를 토대로 1834년에 제정되었다.

② 국가의 도움을 받는 사람의 처우는 스스로 벌어서 생활하는 최하위 노동자의 생활수준보다 높지 않아야 한다는 원칙을 내용으로 하고 있다.

③ 원외구제를 인정하였다.

④ 구빈행정체계를 통일시키고자 하였다.

⑤ 빈민을 가치 있는 빈민과 가치 없는 빈민으로 분류하였다.

답 ③

✅ 응시생들의 선택

① 6%	② 4%	③ 46%	④ 7%	⑤ 37%

③ 신빈민법은 작업장 활용의 원칙(원내구제의 원칙)을 적용하였다. 노약자, 병자 등 예외적인 경우에만 원외구제를 허용하고 원칙적으로 원내구제를 실시하였다.

1942년 베버리지 보고서에서 구상한 복지국가 모형의 특징이 아닌 것은?

① 빈곤계층을 대상으로 하는 선별적 복지를 강조한다.
② 정액부담과 정액급여의 원리를 바탕으로 한다.
③ 베버리지는 결핍(궁핍), 질병, 무지, 불결, 나태를 5대악으로 규정한다.
④ 정액부담의 원칙은 보험료의 징수와 관련한 행정비용을 절감할 수 있는 효과가 있다.
⑤ 노령, 장애, 실업, 질병 등과 같은 사회적 위험들을 하나의 국민보험에서 통합적으로 운영한다.

답 ①

✅ 응시생들의 선택

① 63%	② 4%	③ 2%	④ 9%	⑤ 22%

① 베버리지 보고서는 포괄성의 원리로서 사회보험 대상의 위험을 포괄하고 사회보험의 조직 형태를 일원화하는 것과 함께 이를 모든 국민에게 적용하는 보편주의를 강조한다. 사회보험으로 해결되지 않는 부분은 국가 부조가 담당해야 한다고 본다. 즉, 국가가 '요람에서 무덤까지' 국민의 전 생애에 걸쳐 건강과 생활에 대하여 책임을 진다는 내용을 담고 있다.

영국의 복지국가 발달과정에 관한 설명으로 옳지 않은 것은?

① 1930년대 경제공황으로 경제문제에 대한 국가개입의 필요성이 증대되었다.
② 베버리지는 강제적인 사회보험을 국민최저선 달성을 위해 가장 중요한 제도로 보았다.
③ 1950년대와 1960년대는 복지국가의 황금기에 해당된다.
④ 베버리지는 결핍(궁핍), 질병, 무지, 불결, 나태를 5대악으로 규정하였다.
⑤ 영국의 구빈법이 공식적으로 폐지된 것은 1차 대전 이전의 일이다.

답 ⑤

✅ 응시생들의 선택

① 16%	② 13%	③ 16%	④ 3%	⑤ 52%

⑤ 공식적으로 구빈법이 폐지된 것은 1948년 국민부조법이 도입되면서였다.

영국 사회복지 역사에 관한 설명으로 옳은 것을 모두 고른 것은?

ㄱ. 스핀햄랜드법은 가족수당제도의 시초로 불린다.
ㄴ. 공장법은 아동의 노동 여건을 개선하였다.
ㄷ. 1834년 신구빈법은 전국적으로 구빈 행정 구조를 통일하였다.
ㄹ. 1911년 국민보험법은 건강보험과 실업보험으로 구성되었다.

① ㄱ, ㄴ, ㄷ
② ㄱ, ㄷ
③ ㄴ, ㄹ
④ ㄹ
⑤ ㄱ, ㄴ, ㄷ, ㄹ

답 ⑤

✅ 응시생들의 선택

① 46%	② 26%	③ 5%	④ 2%	⑤ 21%

⑤ 모두 영국의 사회복지 역사에 관한 내용으로 옳은 내용이다.

베버리지(Beveridge) 보고서에 관한 설명으로 옳지 않은 것은?

① 사회보장의 본질을 소득보장으로 보고, 포괄적 보건의료 서비스는 사회보장 전제조건의 하나로 보았다.
② 국민 최저선 보장을 위해 사회보장에서 공공부조가 가장 중요하다고 보았다.
③ 5대악 중 궁핍을 제거하기 위한 것이 사회보장이라고 보았다.
④ 완전고용을 사회보장 전제조건의 하나로 보았다.
⑤ 가족수당을 사회보장 전제조건의 하나로 보았다.

답 ②

✅ 응시생들의 선택

① 10%	② 39%	③ 20%	④ 6%	⑤ 25%

② 베버리지 보고서는 1942년 포괄적이고 통합적인 사회보험 시스템 설계를 제안하였다. 국민연대성에 기반을 둔 국민 최저선의 보장을 기초로 하는 사회보장의 원칙을 제시하면서 사회보험 및 관련 서비스의 필요성을 주장했다.

다음 내용이 **왜 틀렸는지**를 확인해보자

18-06-11

01 베버리지는 사회보험의 성공을 위한 3대 전제로서 <u>차별적 고용, 선별적 보건의료서비스, 최저임금의 필요성</u>을 강조했다.

> 베버리지는 사회보험의 성공을 위한 3대 전제로서 완전고용, 포괄적 보건의료서비스, 아동(가족)수당의 필요성을 강조했다.

16-06-25

02 <u>개별성의 원칙</u>은 영국의 신빈민법과 우리나라의 국민기초생활보장제도에서 공통으로 나타나는 원칙이다.

> 영국의 신빈민법과 우리나라의 국민기초생활보장제도에서 공통으로 나타나는 원칙은 열등처우의 원칙이다.

10-06-19

03 <u>길버트법</u>은 빈민을 노동능력 있는 빈민, 노동능력 없는 빈민, 요보호아동으로 구분하였다.

> 빈민을 노동능력 있는 빈민, 노동능력 없는 빈민, 요보호아동으로 구분한 것은 엘리자베스 구빈법이다.

---

04 <u>작업장법</u>은 빈민의 자유로운 이동을 금지하기 위해, 즉 거주지를 제한하기 위해 교구와 귀족들의 압력으로 제정된 법이다.

> 빈민의 자유로운 이동을 금지하기 위해, 즉 거주지를 제한하기 위해 교구와 귀족들의 압력으로 제정된 법은 정주법이다.

09-06-05

05 베버리지가 제시한 사회보장체계는 욕구에 따른 <u>차등급여를 원칙</u>으로 한다.

> 베버리지는 소득의 높고 낮음에 상관없이 모든 사람들에게 동일한 급여 제공을 원칙으로 했다.

빈칸에 들어갈 알맞은 말을 채워보자

12-06-05
01 (   )의 내용에는 일반적인 사회적 위험을 모두 포함해야 하며, 재정은 피보험자, 고용주, 국가 3자가 부담해야 한다고 언급되어 있다.

02 (   )은/는 스스로 삶을 영위할 수 없는 자와 도움이 필요한 자를 적절히 구분하는 데 있어서 최초로 대가족(가족 수)을 고려했다는 점에서 의의를 가진다.

11-06-02
03 열등처우의 원칙이 적용된 최초의 법은 (   )이다.

04 신빈민법의 (   )은/는 노약자, 병자 등 예외적인 경우에만 원외구제를 허용하고 원칙적으로 원내구제를 실시한다는 것이다.

06-06-04
05 엘리자베스 구빈법은 빈민구제 비용으로 (   )을/를 활용하였다.

06 (   )은/는 공장에서 비인도적인 처우를 받는 아동을 위해 만들어진 법으로서, 아동의 노동조건과 작업환경을 개선하기 위한 목적을 갖는다.

07 (   )은/는 노동능력이 있는 빈민들은 작업장에 들어가길 꺼려 구호를 신청하지 않는 경우도 많았으며 경제성이 떨어진다는 지적도 있었다.

08 (   )은/는 국가의 도움을 받는 사람의 처우는 스스로 벌어서 생활하는 최하위 노동자의 생활보다 더 높지 않아야 한다는 원칙이다.

 01 베버리지 보고서 **02** 스핀햄랜드법 **03** 신빈민법 **04** 작업장 활용의 원칙(원내구제의 원칙) **05** 구빈세 **06** 공장법
07 작업장법 **08** 열등처우의 원칙

다음 내용이 옳은지 그른지 판단해보자

01 `21-06-01` 베버리지는 결핍(궁핍), 질병, 무지, 불결, 나태를 5대 사회악으로 규정한다. ◎ ✕

02 `20-06-14` 신빈민법은 전국 균일처우의 원칙, 열등처우의 원칙, 작업장 활용의 원칙 등을 내세웠다. ◎ ✕

03 엘리자베스 빈민법은 빈민구제의 책임을 교회가 아닌 국가(지방정부)가 최초로 지게되었다는 점에서 의의가 있다. ◎ ✕

04 `12-06-01` 1834년 신구빈법은 전국적으로 구빈 행정 구조를 통일하였다. ◎ ✕

05 작업장법은 빈민의 주거선택과 이전의 자유를 침해하였다는 비판을 받았다. ◎ ✕

06 `11-06-06` 베버리지는 강제적인 사회보험을 국민최저선 달성을 위해 가장 중요한 제도로 보았다. ◎ ✕

07 길버트법은 노동능력이 없는 빈민에 대해서는 현금급여를 제공하였으며, 나태한 자에 대해서는 교정을 원칙으로 하였다. ◎ ✕

08 엘리자베스 빈민법은 빈곤아동을 고아 또는 기아로서 위탁가정에 보내거나 장인에게 봉사를 하는 도제생활을 하게 하였다. ◎ ✕

09 길버트법은 원외구제에서 원내구제로 전환하였다. ◎ ✕

10 영국에서 집권한 자유당은 1908년에는 노령연금법, 1911년에는 건강(의료)보험과 실업보험으로 구성된 국민보험법을 도입하였다. ◎ ✕

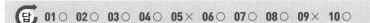

답 01 ○ 02 ○ 03 ○ 04 ○ 05 ✕ 06 ○ 07 ○ 08 ○ 09 ✕ 10 ○

해설 05 정주법은 낮은 임금으로 일을 시킬 노동력이 필요한 농업자본가의 이익을 대변한 법이며, 빈민의 주거선택과 이전의 자유를 침해한 것으로서 비판을 받게 되었다.
09 길버트법은 원내구제에서 원외구제로 전환하였다.

★★★
최근 10년간 **2문항** 출제

복습 1 이론요약

독일 사회복지정책의 역사

▶ **독일 사회보험제도의 도입**

- 자유주의자와 보수주의자들은 사회보험의 강제성을 받아들일 수 없었고 국가의 권력 강화와 관료화를 초래할 것이라며 우려를 나타냈다. 사회주의자들은 사회보험이 노동자들을 국가복지의 노예로 만들 수 있으며 근본적인 개혁을 가로막는다는 점에서 도입에 반대하였다.
- <u>1883년 제정된 질병(건강)보험은 세계 최초의 사회보험</u>이며 육체노동자와 저임금 화이트칼라 노동자를 대상으로 하였다.
- 1884년 산재보험은 사용자만의 보험료 부담으로 운영되었다.
- 1889년 노령폐질연금이 육체노동자와 저임금 화이트칼라 노동자를 대상으로 시행되었으며 노동자와 사용자가 동일한 보험료를 지불하였다.

기본개념

사회복지정책론
pp.56~

▶ **독일 사회보험 도입의 의의**

- 비상사태에 처한 빈민들을 임시적·응급적으로 지원하고자 한 빈민법적 구제와는 달리 사회보험은 제도화된 일상적 수단을 통해 빈곤을 예방하는 데 초점을 둔다.
- 사회보험은 특정의 위기가 발생했을 때 가입자의 소득을 보장하는 데 중점을 둔다.
- 여성과 아동들이 과거의 빈민구제의 주요 수혜자였던 것과는 달리 **사회보험의 주요 수혜자는 취업한 남성 노동자들**이다.

미국 사회복지정책의 역사

▶ **뉴딜정책**

- 루즈벨트는 전문 자문단(Brain Trust)을 조직하여 **구제(Relief), 부흥(Recovery) 및 개혁(Reform)의 과업(3R)을 목적**으로 하는 뉴딜정책을 발표하였다.
- 뉴딜정책은 자유방임주의가 아닌 적극적인 국가개입을 주장하였다. 대규모 공공사업을 통하여 일자리를 확충하고 실업을 줄이며, 소득과 소비를 확대시키기 위한 뉴딜정책은 케인스주의를 사상적 배경으로 한다.

▶ **사회보장법(1935)**

• **미국의 사회보장법(1935)은 최초로 사회보장(Social Security)이라는 용어를 공식화**했다는 데에 의의가 있다.

• 사회보장법은 연방정부가 재정과 운영을 담당하는 노령연금과 주정부가 운영하고 연방정부가 재정을 지원하는 실업보험, 그리고 주정부가 운영하고 연방정부가 재정을 지원하는 공공부조와 사회복지서비스로 구성되었다.

• 빈곤에 대한 국가 책임이 명시되었으며 국민의 생활을 보장하는 데 있어서 연방정부의 책임을 규정하였다.

기출문장 CHECK

01 (12-06-02) 독일의 비스마르크 사회보험은 세계 최초의 사회보험제도이다.

02 (12-06-06) 1935년 미국의 사회보장법에 의하면 노령연금은 연방정부가 재정과 운영을 담당하였다.

03 (11-06-03) 독일 사회민주당은 비스마르크의 사회보험 도입에 비판적인 입장이었으며, 실질적으로 비스마르크에 의해 주도되었다.

04 (09-06-07) 미국의 1935년 사회보장법(Social Security Act)에서는 사회보장이라는 용어가 최초로 사용되었다.

05 (04-06-06) 독일 비스마르크 집권기에 도입된 보험에는 질병보험, 산재보험, 노령(폐질)연금 등이 있다.

06 (02-06-06) 사회보험 제도를 가장 먼저 도입한 국가는 독일이다.

07 (02-06-07) 최근의 미국 복지개혁에서 TANF는 AFDC를 개편한 공공부조제도이다.

08 (01-06-04) 미국의 사회보장법이 최초로 제정된 해는 1935년이다.

대표기출 확인하기

12-06-02
난이도 ★★★

독일의 비스마르크 사회보험에 관한 설명으로 옳지 않은 것은?

① 세계 최초로 사회보험제도를 도입하였다.
② 상호부조 조직인 공제조합을 기원으로 하였다.
③ '자조'의 원칙을 강조한 자유주의자의 주도로 입법되었다.
④ 사회주의자는 노동자를 국가복지의 노예로 만드는 것으로 보아 산재보험 도입을 반대하였다.
⑤ 노동자의 충성심을 국가로 유도하기 위해 기획되었다.

알짜확인

- 독일 사회복지정책의 역사적 전개 과정을 파악해야 한다.
- 미국 사회복지정책의 역사적 전개 과정을 파악해야 한다.

답 ③

✔ 응시생들의 선택

① 10%	② 9%	③ 34%	④ 39%	⑤ 8%

③ 자조나 사적 자선을 강조하는 자유주의자와 보수주의자들은 사회보험의 강제성을 받아들일 수 없었고, 사회주의자들은 사회보험이 노동자들을 국가복지의 노예로 만들 수 있으며 근본적인 개혁을 가로 막는다는 점에서 도입에 반대하였다.

➕ 덧붙임

독일 사회복지정책의 역사에서는 주로 사회보험의 도입 배경과 비스마르크 사회보험의 주요 내용에 관한 문제가 출제되고 있다. 미국 사회복지정책의 역사에서는 사회보장법에 관한 문제가 주로 출제되고 있다. 독일과 미국 사회복지정책의 역사에 관한 문제는 최근 시험에서 단독 문제로 출제되고 있지는 않지만, 영국 사회복지정책의 역사와 함께 전반적인 사회복지정책의 역사를 묻는 문제에서 선택지로 자주 다뤄지므로 반드시 꼼꼼하게 정리해야 한다.

관련기출 더 보기

12-06-06
난이도 ★★☆

1935년 미국의 사회보장법에 관한 설명으로 옳지 않은 것은?

① 빈곤의 사회구조적 원인에 관한 인식 증가
② 실업보험은 주정부가 운영
③ 노령연금은 연방정부가 재정과 운영을 담당
④ 사회주의 이념 확산에 따른 노동자 통제 목적
⑤ 공공부조에 대한 연방정부의 재정 지원

답 ④

✔ 응시생들의 선택

① 2%	② 37%	③ 7%	④ 49%	⑤ 5%

④ 사회주의 세력이 미약했던 당시 미국의 상황을 고려할 때 적절하지 않은 설명이다.

11-06-03
난이도 ★☆☆

독일 비스마르크의 사회입법에 관한 설명으로 옳은 것은?

① 1883년 제정된 질병(건강)보험은 세계 최초의 사회보험이다.
② 1884년 산재보험의 재원은 노사가 반씩 부담하였다.
③ 1889년 노령폐질연금이 전 국민을 대상으로 시행되었다.
④ 사회민주당이 사회보험 입법을 주도하였다.
⑤ 질병(건강)보험은 전국적으로 일원화된 통합적 조직에 의하여 운영되었다.

답 ①

✔ 응시생들의 선택

① 72%	② 4%	③ 6%	④ 11%	⑤ 7%

② 노동자는 보험료를 내지 않고, 사용자만의 보험료 부담으로 운영되었다.
③ 육체노동자와 저임금 화이트칼라 노동자를 대상으로 하였다.
④ 사회민주당은 비스마르크의 사회보험 도입에 비판적인 입장이었으며, 실질적으로 비스마르크에 의해 주도되었다.
⑤ 다양한 공제조합이 토대가 되었으며, 기존의 임의조직, 자조조직을 활용하여 국가적인 감독 하에 운영되었다.

다음 내용이 왜 틀렸는지를 확인해보자

01 미국의 루즈벨트는 <u>구제(Relief), 혁명(Revolution), 개혁(Reform)의 과업(3R)</u>을 목적으로 하는 뉴딜정책을 발표하였다.

> 루즈벨트는 전문 자문단을 조직하여 구제(Relief), 부흥(Recovery), 개혁(Reform)의 과업(3R)을 목적으로 하는 뉴딜정책을 발표하였다.

Ⅱ-06-03

02 <u>1893년 독일에서 제정된 질병(건강)보험</u>은 세계 최초의 사회보험이다.

> 1883년 제정된 질병(건강)보험은 세계 최초의 사회보험이며, 육체노동자와 저임금 화이트칼라 노동자를 대상으로 하였다.

03 독일 비스마르크 사회보험은 <u>자조를 강조하는 자유주의자들의 주도로 입법</u>되었다.

> 자조와 사적 자선을 강조하는 자유주의자들과 보수주의자들은 사회보험의 강제성에 대해 격렬히 반대했다.

04 1884년 독일의 산재보험은 <u>노동자와 사용자가 동일한 보험료를 지불</u>하였다.

> 산재보험은 사용자만의 보험료 부담으로 운영되었다.

05 독일 사회보험의 주요 수혜자는 <u>여성과 아동들이다.</u>

> 사회보험의 주요 수혜자는 취업한 남성 노동자들이다.

06 미국의 사회보장법은 <u>연방정부가 노령연금 및 실업보험에 관한 재정과 운영을 담당</u>하도록 규정했다.

> 노령연금은 연방정부가 재정과 운영을 담당하고, 실업보험은 연방정부의 재정 지원으로 주정부가 운영하였다.

빈칸에 들어갈 알맞은 말을 채워보자

01 독일의 사회보험 도입에 결정적으로 중요한 역할을 했던 사람은 ( )이다.

`12-06-02`
02 독일의 ( )은/는 사회보험이 노동자들을 국가복지의 노예로 만들 수 있으며 근본적인 개혁을 가로막
는다는 점에서 도입에 반대하였다.

03 ( )이 강한 독일 비스마르크의 사회보험은 국가 주도하에 역사상 처음으로 실시한 것이다.

`09-06-07`
04 1935년 미국의 ( )은/는 최초로 사회보장(Social Security)이라는 용어를 공식화했다는 데에 의의가
있다.

05 대규모 공공사업을 통하여 일자리를 확충하고 실업을 줄이며, 소득과 소비를 확대시키기 위한 미국의 뉴딜정책은
( )을/를 사상적 배경으로 한다.

`02-06-07`
06 미국 사회복지정책 중 ( )은/는 AFDC를 개편한 공공부조제도이다.

 답 **01** 비스마르크 **02** 사회주의자들 **03** 공제조합적 성격 **04** 사회보장법 **05** 케인스주의 **06** TANF

다음 내용이 옳은지 그른지 판단해보자

12-06-02
01 독일 비스마르크 사회보험은 노동자의 충성심을 국가로 유도하기 위해 기획되었다. ◎ⓧ

02 독일에서는 1889년 노령폐질연금이 전 국민을 대상으로 시행되었다. ◎ⓧ

03 독일의 사회보험은 자선이 아니라 권리로서의 복지개념에 더 잘 부합한다는 의의가 있다. ◎ⓧ

04 미국의 뉴딜정책은 자유방임주의가 아닌 적극적인 국가개입을 주장하였다. ◎ⓧ

05 미국의 사회보장법에서 명시한 공공부조 프로그램은 노령부조, 요보호맹인부조, 요보호아동부조 등을 포함하는 3개 집단을 위한 프로그램으로 연방의 지원을 받는 제도이다. ◎ⓧ

09-06-07
06 미국의 사회보장법 제정으로 도입된 사회보험은 실업보험과 건강보험이다. ◎ⓧ

02-06-07
07 미국의 사회보장법은 빈곤에 대한 국가의 책임이 명시되어 있다. ◎ⓧ

08 1889년 독일의 노령폐질연금의 보험료는 사용자가 전액 지불하였다. ◎ⓧ

답 01○ 02× 03○ 04○ 05○ 06× 07○ 08×

해설 **02** 1889년 노령폐질연금은 육체노동자와 저임금 화이트칼라 노동자를 대상으로 하였다.
06 미국의 사회보장법 제정 당시 도입된 사회보험은 노령연금과 실업보험이다.
08 1889년 노령폐질연금은 노동자와 사용자가 동일한 보험료를 지불하였다.

강의 QR코드

★★★
최근 10년간 **3문항** 출제

복습
1 이론요약

기본개념

사회복지정책론
pp.63~

복지국가의 팽창기(1945~1970년대 중반)

- 1945~1970년대 중반은 국가-자본-노동 간에 형성된 화해구도와 복지국가 정착기 동안 구축된 다양한 복지제도가 빠르게 정비 및 발전된 시기이다.
- 복지국가 발전의 개념: 복지혜택의 포괄성, 적용범위의 보편성, 복지혜택의 적절성, 복지혜택의 재분배 효과

복지국가의 위기와 재편기(1970년대 중반~현재)

▶ 복지국가의 위기

- 경제적 측면: 경제 상황이 악화되었고, 재정수입이 감소하면서 복지국가의 재정 위기가 초래하였다.
- 사회적 측면: 인구와 가족, 그리고 노동시장의 구조변화와 함께 복지수요가 크게 증대하였다.
- 정치적 측면: 전통적으로 복지국가를 지지해온 대표적인 집단인 노동자계급의 구성이 다양화되었으며, 노동조합과 사민주의 정당으로 대표되는 복지국가의 정치적 기반이 약화되었다.

▶ 복지국가의 재편

- 1970년대 중반 이후의 변화: 수급요건이 강화되고, 급여수준이 하향되었으며, 급여기간이 단축되었다.
- 베버리지·케인지언 복지체제(완전고용과 수요관리정책, 대량생산 대량소비, 기여기반 보험원칙, 시민권에 기초한 소득이전, 집합적 소비형태 강조)에서 슘페터리언 워크페어 체제(혁신과 경쟁, 노동과 복지를 연계, 복지의 생산적 역할 강조, 노동비용 축소)로 변화하였다.

01 (16-06-08) 서구 복지국가의 위기 이후 계층 간 소득불평등은 심화되었다.

02 (13-06-06) 복지국가 위기의 원인으로는 경기침체와 국가재정위기, 관료 및 행정기구의 팽창과 비효율성, 포디즘적 생산방식의 비효율성, 독점자본주의의 축적과 정당화 간의 모순 등이 있다.

03 (09-06-06) 신자유(보수)주의 이념이 확산되면서 복지국가 위기론이 등장하게 되었다.

04 (08-06-09) 복지국가 위기 이후 복지와 노동의 연계가 강조되었다.

05 (08-06-10) 복지국가 위기 이후 복지공급 주체가 다원화되었다.

06 (07-06-05) 근대 복지국가의 발전은 시민적 권리의식의 확대에 의해 영향을 받았다.

07 (06-06-06) 서구 복지국가 위기의 이유로는 실업률 상승, 산업구조 변화, 낮은 경제성장률, 재정 적자의 증가 등이다.

08 (05-06-04) 복지국가 확대기에는 민주주의 확산, 자본주의 산업화의 성장 등을 배경으로 하고 있다.

09 (05-06-05) 최근 복지국가는 복지공급 주체의 다양화, 권리와 의무의 조화를 강조하고 있다.

10 (04-06-05) 복지국가의 성장으로 나타날 수 있는 긍정적인 영향으로는 사회통합 증진, 시민권 보장 등이 있다.

11 (02-06-08) 복지국가 발달의 계기에는 시민권 확대, 인구의 고령화, 노동자 계급의 정치적 영향력 증가 등이 있다.

대표기출 확인하기

13-06-06 　　　　난이도 ★☆☆

복지국가 위기의 원인으로 옳지 않은 것은?

① 경기침체와 국가재정위기
② 관료 및 행정기구의 팽창과 비효율성
③ 포디즘적 생산방식의 비효율성
④ 독점자본주의의 축적과 정당화 간의 모순
⑤ 복지혼합(welfare mix)을 통한 정부와 민간의 역할 조정

 알짜확인

• 복지국가 전개의 시대적 흐름과 변화를 파악해야 한다.

답 ⑤

☑ **응시생들의 선택**

① 0%	② 3%	③ 6%	④ 8%	⑤ 83%

⑤ 복지혼합은 복지국가 위기의 원인이라기보다는 복지국가 위기 이후 국가의 역할이 상대적으로 후퇴되고, 민간기업과 비영리 조직의 역할이 부각되면서 확산된 개념이다.

➕ **덧붙임**

복지국가의 전개와 관련해서는 시대적 변화의 흐름을 이해하는 것이 중요하다. 복지국가의 팽창기, 복지국가의 위기와 재편기 등 시대적 변화의 흐름에 따른 주요 사건들과 내용을 파악해야 한다.

관련기출 더 보기

09-06-06 　　　　난이도 ★☆☆

복지국가 위기론이 등장하게 된 사회경제적 배경으로 볼 수 없는 것은?

① 신자유(보수)주의 이념의 확산
② 냉전체제의 붕괴
③ 국가 – 자본 – 노동 간의 화해적 정치구조 균열
④ 스태그플레이션의 심화
⑤ 소품종 대량생산 체계의 약화

답 ②

☑ **응시생들의 선택**

① 2%	② 88%	③ 3%	④ 3%	⑤ 4%

② 냉전체제는 2차 세계대전 이후 사회주의 진영과 자본주의 진영 간의 대립과 갈등을 의미하는 것으로, 1990년 독일의 통일, 1991년 소련의 붕괴로 해체되었다고 할 수 있다. 이것은 복지국가 위기론이 등장한 이후에 일어난 사건들이다.

08-06-09 　　　　난이도 ★☆☆

복지국가에 대한 설명으로 옳은 것은?

① 산업화와 관련이 없다.
② 복지국가의 황금기는 1970년대 중반 이후이다.
③ 복지국가 위기 이후 국가개입이 강화되었다.
④ 복지국가 위기 이후 복지와 노동의 연계가 강조되었다.
⑤ 미쉬라는 복지국가를 적극적 국가, 사회보장국가, 사회복지국가로 분류하였다.

답 ④

☑ **응시생들의 선택**

① 1%	② 6%	③ 4%	④ 81%	⑤ 8%

① 산업화, 경제공황 등으로 발생한 사회문제들은 사회복지제도의 등장과 복지국가 성립의 기반이 되었다.
② 복지국가의 황금기는 1945년 이후부터 1970년대 중반까지이다.
③ 복지국가의 위기 이후 국가개입 및 복지를 축소하자는 목소리가 높아졌다.
⑤ 미쉬라는 복지국가를 분화된 복지국가와 통합된 복지국가로 구분하였다.

다음 내용이 왜 틀렸는지를 확인해보자

16-06-08

01 서구 복지국가의 위기 이후 **계층 간 소득불평등은 완화**되었다.

> 서구 복지국가의 위기 이후 계층 간 소득불평등은 심화되었다. 복지국가 위기 이후 신자유주의가 대두되면서 복지지출이 감축되었고 이는 자연스럽게 계층 간 소득불평등을 심화시켰다.

08-06-10

02 복지국가 위기 이후 국가개입 및 복지 축소를 주장하는 **사회민주주의가 등장**하였다.

> 복지국가 위기 이후 국가개입 및 복지 축소를 주장하는 신자유주의가 등장하였다. 이들은 국가의 개입을 비판하고 복지국가의 해체를 통해 자유시장 체제를 확고히 하려는 이데올로기적 공세를 전개했다.

03 우리나라는 복지재편 방식으로서 **현금급여를 확대하는 데 초점**을 두고 있다.

> 우리나라는 복지재편 방식으로서 현금급여의 확대가 아닌 서비스 영역의 확대에 초점을 둔다.

04 우리나라의 복지재편 방향은 **복지제도의 전국적 통일성을 기하기 위해 중앙집권화를 강조**하고 있다.

> 지방분권화와 함께 복지제도 역시 각 지역의 특성에 맞는 서비스 개발이 강조되고 있다.

05 **실용주의적 관점**에서 복지국가의 위기는 국가의 사회복지 프로그램에 대한 지나친 지출에서 위기를 초래했다고 본다.

> 신보수주의적 관점에서 복지국가의 위기는 국가의 사회복지 프로그램에 대한 지나친 지출에서 위기를 초래했다고 본다.

빈칸에 들어갈 알맞은 말을 채워보자

01 우리나라의 복지재편 방식으로서 생산적 복지국가와 (   )을/를 강조하고 있는데, 가장 대표적인 정책으로는 자활사업과 근로장려세제가 있다.

02 1973년의 유가폭등을 불러온 (   )은/는 제2차 세계대전 이후 30년간 지속되어 온 복지국가의 안정체제를 뒤흔드는 결정적인 계기가 되었다.

13-06-06

03 (   )의 비효율성은 복지국가 위기의 원인이 되었다.

 답 **01** 근로연계복지 **02** 오일쇼크 **03** 포디즘적 생산방식

다음 내용이 옳은지 그른지 판단해보자

01 1980년대 이후 복지국가의 위기를 극복하기 위하여 복지공급 주체가 다양화되고 있다.

02 신마르크스주의자들은 축적과 정당화라는 모순적 기능에서 복지국가 위기의 원인을 찾는다.

07-06-05

03 근대 복지국가의 발전은 시민적 권리의식의 확대에 의해 영향을 받았다.

 답 **01**○ **02**○ **03**○

3장

사회복지정책 관련
이론과 사상

이 장에서는

사회복지제도의 발달 관련 이론, 사회복지와 복지국가를 유형화하는 이론, 복지국가 분석에 관한 이론, 사회복지정책과 관련된 이데올로기와 사상적 조류 등을 다룬다.

10년간 출제분포도

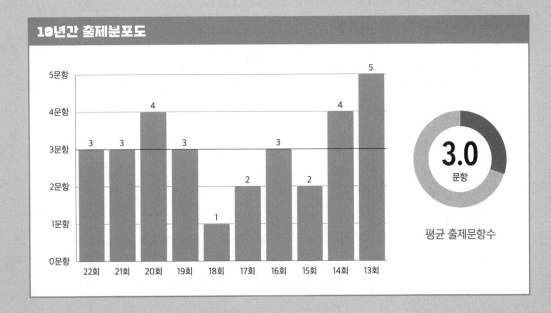

평균 출제문항수

3.0 문항

회차	22회	21회	20회	19회	18회	17회	16회	15회	14회	13회
문항수	3	3	4	3	1	2	3	2	4	5

169 사회복지정책 발달이론 및 복지국가 분석이론

강의 QR코드

1회독	2회독	3회독
월 일	월 일	월 일

최근 10년간 **9문항** 출제

1 이론요약

사회복지정책 발달이론

기본개념

사회복지정책론
pp.76~

▶ 사회양심론

• 각 개인이 가지고 있는 타인에 대한 사랑, 사회적 의무감 등이 국민들의 지식 향상에 의해 점차 증대되면서 사회정책이 발전되었다고 보는 이론이다.

• 인도주의에 기초하며, **사회복지정책을 국가의 자선활동**으로 간주한다.

▶ 산업화이론

• 산업화 과정에서 사회경제적 변화를 통해 새로운 욕구와 사회문제가 생겨났고, 산업화가 촉진한 경제성장을 통해 사회복지재원이 증가하게 되면서 **산업화로 인한 사회문제 및 사회적 욕구에 대응하기 위해 사회복지제도가 확대**된다.

• 산업화는 경제성장을 가져와 문제해결에 동원할 수 있는 자원을 마련해 주며, 높은 수준의 노동력을 필요로 한다는 점에서 사회복지정책의 필요성도 가지고 있다.

• 대표적인 학자로는 윌렌스키(Wilensky)와 르보(Lebeaux)가 있다.

▶ 시민권론

• 시민권은 한 사회의 구성원에게 부여되는 지위로 그 지위를 지니는 모든 이들은 그것이 부여하는 권리와 의무의 측면에서 동등하다고 본다.

• 시민권을 **공민권, 참정권과 같은 정치권, 복지권과 같은 사회권으로 발전하는 진화적인 과정**으로 설명한다.

• 불평등한 계급구조와 평등주의적 시민권이 양립할 수 있다고 본다.

▶ 음모이론

• 사회복지정책의 주목적이 인도주의나 양심의 실현이 아니라 **사회안정 및 사회질서의 유지와 사회통제**라는 관점의 이론이다.

• 사회양심론과 정반대의 입장이다.

▶ 근대화론(확산이론)

• 근대화론(확산이론)은 근대 국가들이 발전하면서 그 발전이 확산되어 전통적 국가들에게 영향을 미친다고 보았다.

• 서구사회의 발전모형을 기초로 근대화를 사회발전의 가장 중요한 요소로 강조하며, 진화론적인 입장을 취한다.

• 서로 지리상으로 인접한 국가나 긴밀한 관계에 있는 국가 간에 정책이 확산되어 간다는 이론이다.

- 복합적이고 다양한 세계적 차원의 요인들이 어떻게 특정한 한 국가의 사회복지정책의 도입과 발전 과정에 영향을 미치는지를 제대로 설명하지 못한다는 비판이 있다.

▶ **종속이론**
- 세계경제의 중심부 국가(선진 자본주의 국가)의 발전과 주변부 국가(제3세계 저개발 국가, 특히 라틴 아메리카)의 저발전 사이의 관계를 분석하고 저발전의 원인을 설명하려고 시도한다.
- 제3세계의 저발전과 빈곤은 국가 내부의 문제라기보다는 <u>중심부 국가들과의 불균등 교환이나 착취 관계에 기인한 것</u>으로 보고 종속관계의 단절을 주장한다.

▶ **엘리트이론**
- <u>사회는 소수의 엘리트 집단을 정점으로 한 피라미드 구조</u>로 이루어져 있으며, 정책은 엘리트로부터 대중에게 일방적·하향적으로 전달되고 집행될 뿐 대중들의 요구와 비판은 수용되지 않는다는 입장의 이론이다.
- 탁월한 능력의 정책결정자들의 선호·가치에 따라 제도를 결정한다.

▶ **독점자본이론**
- 전통적인 마르크스주의에 이론적 뿌리를 두고 있으며, <u>고도화된 독점자본주의에 대한 분석을 통해 복지국가의 발전을 설명</u>하고 있다.
- 독점자본이론은 도구주의적 관점, 구조주의적 관점, 계급투쟁의 관점으로 구분할 수 있다.

복지국가 분석이론

▶ **신마르크스주의 이론**
- 복지국가 발전을 독점자본주의의 속성과 관련시켜 분석한다.
- 복지정책은 <u>자본축적의 위기나 정치적 도전을 수정하기 위한 수단</u>으로 본다.
- <u>독점자본의 필요성에 의해 복지국가가 등장하고 발전</u>했다고 보는 이론이다.
- 자본축적과 정당화라는 동시에 추구되기 힘든 두 가지 기능의 모순에 의해 복지국가의 위기가 발생한다.

▶ **조합주의 이론**
- <u>자본—노동—국가 3자가 협력</u>하여 국가와 사회경제정책을 결정한다.
- 자본가는 높은 임금을, 국가는 복지 혜택을 제공하는 대신 노동자로부터 산업평화를 보장받는 협동적 정책을 추구한다.

▶ **사회민주주의 이론**
- 복지국가는 자본과 노동의 계급투쟁에서 <u>노동자 계급이 얻어낸 성과물</u>이라고 본다.
- 복지국가의 발전을 노동자계급의 정치적 권력이 확대된 결과로 본다.
- 복지국가의 발전 요인으로 좌파정당, 노동조합의 성장 등 정치적 변수에 주목한다.
- 사회민주주의 이론 중에서 특히 복지국가의 발전을 설명하는 데 중요한 흐름을 차지하고 있는 것은 <u>권력자원이론(power resource theory)</u>이다. 복지국가의 발전을 노동자계급의 정치적 권력이 확대된 결과로 본다. 자본과 노동의 계급 갈등에 초점을 맞추며, 복지국가의 발전 요인으로 좌파정당, 노동조합의 성장 등 정치적 변수에 주목한다.

▶ **국가중심이론**
- 사회복지의 수요 증대에 초점을 맞춘 이론들과 달리, <u>사회복지의 공급 측면에 초점</u>을 두고 복지국가 발전을 설명하는 이론이다.
- 국가 자체의 독특한 내적 논리나 구조를 더 강조하거나 국가 자체를 독특한 이해관계를 가진 행위자로 보는 입장이다.

▶ **이익집단 정치이론**
- 복지국가의 발달이 <u>다양한 이익집단들의 이익추구 과정</u>에서 나타났다고 보는 입장이다.
- 민주주의 제도가 발달되지 않았거나 이익집단보다 계급의 힘이 중요한 국가들의 경우에는 적합하지 않은 단점이 있다.

01 (20-06-23) 마샬(T. H. Marshall)에 따르면 시민권은 공민권, 참정권, 사회권 순서로 발전하였고, 사회복지정책은 사회권이 발달한 결과이다.

02 (19-06-03) 사회양심론은 인도주의에 기초하고 있다.

03 (18-06-04) 구조기능주의론에 의하면 사회복지는 산업화, 도시화에 따른 사회문제에 대한 적응의 결과이다.

04 (16-06-03) 음모이론은 사회복지정책에 대해 사회 안정과 질서 유지를 위한 하나의 수단으로 보았다.

05 (14-06-08) 산업화이론에 의하면 산업화는 가족구조의 변화를 초래하여 복지에 대한 국가의 역할을 증대시킨다.

06 (13-06-07) 산업화이론에 의하면 복지국가 발전은 산업화로 인한 경제성장과 함께 이루어진다.

07 (13-06-08) 신마르크스주의(Neo-Marxism) 이론은 전통적 마르크스주의에 이론적 기초를 둔 갈등주의적 시각이다.

08 (12-06-04) 확산이론은 한 나라의 사회복지정책이 다른 나라에 미치는 영향을 강조한다.

09 (11-06-08) 사회복지의 확대에 있어 좌파정당과 노동조합의 영향력을 강조한 이론은 권력자원이론이다.

10 (11-06-09) 확산이론에 의하면 사회복지정책의 확대 과정은 국제적인 모방의 과정이다.

11 (10-06-01) 사회복지 발달을 18세기 공민권, 19세기 정치권, 20세기 사회권 등 시민권의 확대과정으로 설명한 학자는 마샬(T. H. Marshall)이다.

12 (09-06-08) 국가중심주의 이론은 국가 관료들의 자기이익 추구행위가 복지국가 발전을 가져온다고 본다.

13 (08-06-05) 시민권이론은 시민권의 분화현상과 사회권 확립이라는 진화과정을 강조한다.

14 (07-06-03) 엘리트이론은 실질적인 정책결정이 소수의 권력가에 의해 이뤄진다고 본다.

15 (07-06-04) 이익집단 정치이론은 민주주의제도가 발달하지 않은 국가에는 적합하지 않다.

16 (06-06-09) 사회양심론은 사회복지정책을 국가의 자선활동으로 간주한다.

17 (06-06-10) 마샬의 이론에 의하면 시민권은 공동체의 구성원으로서의 지위의 평등과 관련된다.

18 (05-06-09) 사민주의 이론에서는 노동조합의 정치적 영향력 증가가 복지국가 발전의 중요한 원동력이 되었다고 설명한다.

19 (05-06-12) 산업화이론은 자본주의가 발달함에 따른 문제해결을 위해 사회복지가 발달함을 설명한다.

20 (04-06-12) 수렴이론은 산업화에 따른 문제와 욕구의 증가를 중요시한다.

21 (03-06-08) 독점자본주의 이론은 마르크스주의에 이론적 뿌리를 두고 있다.

22 (02-06-09) 사회양심론은 사회전체의 선의의 집합적 표현이다.

대표기출 확인하기

22-06-09 난이도 ★★☆

사회복지정책의 발달을 설명하는 이론으로 옳은 것을 모두 고른 것은?

> ㄱ. 시민권이론은 정치권, 공민권, 사회권의 순서로 발달한 것으로 본다.
> ㄴ. 권력자원이론은 노동조합의 중앙집중화 정도, 좌파정당의 집권을 복지국가 발달의 변수로 본다.
> ㄷ. 이익집단이론은 다양한 이익집단들의 정치적 활동을 통해 복지국가가 발달한 것으로 본다.
> ㄹ. 국가중심이론은 국가 엘리트들과 고용주들의 의지와 능력에 의해 결정된다고 본다.
> ㅁ. 수렴이론은 그 사회의 기술수준과 산업화 정도에 따라 사회복지의 발달이 수렴된다고 본다.

① ㄱ, ㄴ, ㄹ   ② ㄱ, ㄷ, ㅁ
③ ㄴ, ㄷ, ㄹ   ④ ㄴ, ㄷ, ㅁ
⑤ ㄷ, ㄹ, ㅁ

▶ 알짜확인

• 사회복지정책의 발달 및 복지국가 분석 이론의 주요 특징을 파악해야 한다.

답 ④

✔ 응시생들의 선택

① 3%	② 10%	③ 4%	④ 68%	⑤ 15%

④ ㄱ. 마샬은 시민권을 개인의 자유와 법 앞에서의 평등과 같은 공민권 → 참정권과 같은 정치권 → 복지권과 같은 사회권으로 발전하는 진화적인 과정으로 설명하였다.
    ㄹ. 엘리트들과 고용주들의 의지와 능력에 의해 정책이 결정된다고 보는 것은 엘리트이론이다. 국가중심이론은 사회복지의 수요(사회문제의 발생이나 노동자계급의 요구 등) 측면보다 사회복지를 제공하는 공급자로서의 국가 역할을 더 강조하는 이론으로서 사회복지의 공급 측면에 초점을 두고 복지국가 발전을 설명하는 이론이다.

➕ 덧붙임

사회복지정책 발달이론과 복지국가 분석이론은 이론적 개념을 쉽게 이해하기 위하여 구분해서 학습하지만, 실제 시험에서는 특별한 구분 없이 사회복지정책 발달에 관한 이론이라 칭하여 출제되기도 한다. 주로 각각의 이론이 선택지로 구성되어 옳은 것 또는 옳지 않은 것을 찾는 문제 형태로 출제된다.

관련기출 더 보기

20-06-23 난이도 ★★☆

사회복지정책의 발달이론에 관한 설명으로 옳지 않은 것은?

① 산업화론: 농경사회에서 산업사회로 변화하면서 사회문제가 발생하였고, 그 대책으로 사회복지정책이 발달하였다.
② 권력자원론: 복지국가 발전의 중요 변수들은 노동조합의 중앙집중화 정도, 노동자 정당의 영향력 등이다.
③ 수렴이론: 사회적 양심과 이타주의의 확대에 따라 모든 국가는 복지국가로 수렴한다.
④ 시민권론: 마샬(T. H. Marshall)에 따르면 시민권은 공민권, 참정권, 사회권 순서로 발전하였고, 사회복지정책은 사회권이 발달한 결과이다.
⑤ 국가중심적 이론: 적극적 행위자로서 국가를 강조하고 사회복지정책의 발전을 국가 관료제의 영향으로 설명한다.

답 ③

✔ 응시생들의 선택

① 2%	② 31%	③ 50%	④ 10%	⑤ 7%

③ 사회적 양심과 이타주의의 확대에 따라 모든 국가는 복지국가로 수렴한다고 보는 것은 사회양심론이다. 수렴이론은 경제발전 수준과 사회복지지출 수준 간에 강한 상관관계가 존재한다고 보며(경제성장의 수준이 유사하면 사회복지의 수준도 비슷하다고 봄), 복지국가 간 차이점보다는 유사성을 강조한다.

사회복지 발달이론에 관한 설명으로 옳지 않은 것은?

① 사회양심이론: 사회복지는 이타주의가 제도화된 것임
② 수렴이론: 산업화를 이룬 나라들은 사회복지제도를 도입하게 됨
③ 시민권론: 마샬(T. H. Marshall)은 사회권(social right)을 복지권(welfare right)이라 함
④ 권력자원론: 사회복지정책은 권력 엘리트의 산물임
⑤ 구조기능주의론: 사회복지는 산업화, 도시화에 따른 사회문제에 대한 적응의 결과임

답 ④

✔ 응시생들의 선택

① 8%	② 17%	③ 14%	④ 35%	⑤ 26%

④ 사회복지정책은 권력 엘리트의 산물이라고 보는 것은 엘리트이론이다. 권력자원론은 복지국가의 발전을 노동자계급의 정치적 권력이 확대된 결과로 본다. 자본과 노동의 계급 갈등에 초점을 맞추며, 복지국가의 발전요인으로 좌파정당, 노동조합의 성장 등 정치적 변수에 주목한다.

사회복지정책의 발달이론에 관한 설명으로 옳지 않은 것은?

① 확산이론: 한 국가의 제도나 기술 혁신이 인근 국가에 영향을 준다.
② 음모이론: 사회복지정책에 대해 사회 안정과 질서 유지를 위한 하나의 수단으로 보았다.
③ 독점자본이론: 경제발전이 상당 수준에 이르면 사회복지 발전정도가 유사하게 나타난다.
④ 이익집단이론: 현대사회에서 귀속적 차이 등에 따른 집단들 간의 정치적 행위가 커지고 있다.
⑤ 사회양심이론: 인도주의에 입각한 사회적 의무감이 사회복지정책을 확대할 수 있다.

답 ③

✔ 응시생들의 선택

① 1%	② 17%	③ 75%	④ 6%	⑤ 1%

③ 경제발전이 상당 수준에 이르면 사회복지 발전정도가 유사하게 나타난다고 보는 것은 수렴이론이다.

신마르크스주의(Neo-Marxism) 이론에 관한 설명으로 옳지 않은 것은?

① 전통적 마르크스주의에 이론적 기초를 둔 갈등주의적 시각이다.
② 다양한 비계급적 집단들의 이해의 조정을 통해 복지국가가 발전하였다고 본다.
③ 복지국가 발전을 독점자본주의의 속성과 관련시켜 분석하였다.
④ 복지정책은 자본축적의 위기나 정치적 도전을 수정하기 위한 수단으로 본다.
⑤ 국가의 자율적 역할 정도에 따라 도구주의 관점과 구조주의 관점으로 대별된다.

답 ②

✔ 응시생들의 선택

① 20%	② 32%	③ 12%	④ 12%	⑤ 24%

② 다양한 비계급적 집단들의 이해의 조정을 통해 복지국가가 발전하였다고 보는 것은 이익집단이론에 해당하는 설명이다.

사회복지정책의 발달 관련 이론에 관한 설명으로 옳지 않은 것은?

① 수렴이론은 산업화와 이로 인한 인구사회 구조변화에 주목한다.
② 확산이론은 한 나라의 사회복지정책이 다른 나라에 미치는 영향을 강조한다.
③ 시민권론은 정치권의 실현을 통해서 완전한 시민권의 실현이 가능하다고 본다.
④ 이익집단론은 노인복지의 확대를 설명하는 데 유용하다.
⑤ 사회양심이론은 인도주의에 입각한 사회적 의무감이 복지정책을 확대할 수 있다고 본다.

답 ③

✔ 응시생들의 선택

① 9%	② 3%	③ 42%	④ 40%	⑤ 6%

③ 시민권론의 대표적인 학자인 마샬에 따르면, 역사적으로 시민권은 세 가지 요소인 공민권, 정치권, 사회권으로 발전해왔으며, 그중에서도 20세기에 등장한 사회권을 복지국가의 핵심 개념을 구성하는 가장 중요한 요소로 보았다. 이런 점에서 정치권의 실현이 완전한 시민권의 실현을 가능하게 만든다는 설명은 적절하지 않다.

10-06-01 난이도 ★☆☆

사회복지 발달을 18세기 공민권, 19세기 정치권, 20세기 사회권 등 시민권의 확대과정으로 설명한 학자는?

① 마샬(T. H. Marshall)
② 케인스(J. M. Keynes)
③ 스미스(A. Smith)
④ 티트머스(R. Titmuss)
⑤ 폴라니(K. Polanyi)

답 ①

✅ 응시생들의 선택

① 92%	② 4%	③ 1%	④ 3%	⑤ 0%

① 마샬(T. H. Marshall)에 따르면, 시민권은 한 사회의 구성원에게 부여되는 지위로 그 지위를 지니는 모든 이들은 그것이 부여하는 권리와 의무의 측면에서 동등하다고 보았다. 그는 시민권을 개인의 자유와 법 앞에서의 평등과 같은 공민권(civil right) – 참정권과 같은 정치권(political right) – 복지권과 같은 사회권(social right)으로 발전하는 진화적인 과정으로 설명하였다.

09-06-08 난이도 ★☆☆

복지국가 발달이론에 관한 설명으로 옳지 않은 것은?

① 국가중심주의이론은 국가관료들의 자기이익 추구행위가 복지국가 발전을 가져온다고 본다.
② 사회양심이론은 사회복지정책을 국가의 자선활동으로 본다.
③ 확산이론은 사회복지의 발달이 국가의 지리적 위치와 관계가 있다고 본다.
④ 수렴이론은 산업화로 인해 발생된 사회문제 해결을 위해 사회복지가 발달한다고 본다.
⑤ 시민권론은 불평등한 계급구조와 평등주의적 시민권이 양립할 수 없다고 본다.

답 ⑤

✅ 응시생들의 선택

① 3%	② 7%	③ 4%	④ 4%	⑤ 82%

⑤ 마샬(T. H. Marshall)은 자본주의 사회는 불평등한 체제이지만, 시민권이 확대되면서 이러한 불평등이 완화될 수 있다고 보았다. 즉, 불평등한 계급구조와 평등주의적 시민권이 양립할 수 있다고 보았다.

07-06-04 난이도 ★★☆

이익집단 정치이론에 대한 설명으로 틀린 것은?

① 민주주의제도가 발달하지 않은 국가에는 적합하지 않다.
② 노인복지정책에 대한 노인단체의 로비활동이 좋은 예이다.
③ 정당은 이익집단의 행동을 반영한다.
④ 전통적인 계급의 역할이 중요하다.
⑤ 사회민주주의 정당도 이익집단의 행동을 반영한다.

답 ④

✅ 응시생들의 선택

① 6%	② 7%	③ 11%	④ 69%	⑤ 7%

④ 이익집단 정치이론은 전통적인 계급의 차이에 따른 정치적 구분이 약해지고, 대신 다양한 이익집단들의 정치적 행위가 증가하면서 복지국가가 발달하였다고 본다.

05-06-09 난이도 ★★☆

사민주의적 관점에서 복지국가 발달을 설명하는 것으로 옳지 않은 것은?

① 노동자 계급 정당의 발전
② 지속적 경제 성장
③ 노동계급에게 선거권 확대
④ 노동조합 운동의 영향력 강화
⑤ 다양한 이익집단의 등장

답 ⑤

✅ 응시생들의 선택

① 3%	② 12%	③ 4%	④ 14%	⑤ 67%

⑤ 사민주의 이론에서는 노동조합의 정치적 영향력 증가가 복지국가 발전의 중요한 원동력이 되었다고 설명한다. 사민주의적 관점에 의하면 자본주의는 개량된다면 위기 없이 성장이 가능하며 또한 사회진보는 경제성장의 지속적인 증대를 통하여 가장 잘 성취될 수 있다고 본다.

다음 내용이 왜 틀렸는지를 확인해보자

`16-06-03`

01 **독점자본이론**은 경제발전이 상당 수준에 이르면 사회복지 발전정도가 유사하게 나타난다고 보았다.

> 경제발전이 상당 수준에 이르면 사회복지 발전정도가 유사하게 나타난다고 보는 것은 수렴이론이다. 수렴이론은 복지국가 간 차이점보다는 유사성을 강조한다.

`13-06-08`

02 **신마르크스주의 이론**은 다양한 비계급적 집단들의 이해의 조정을 통해 복지국가가 발전하였다고 본다.

> 다양한 비계급적 집단들의 이해의 조정을 통해 복지국가가 발전하였다고 보는 것은 이익집단이론이다.

`09-06-08`

03 **종속이론**의 예로 독일에서 처음 도입된 사회보험이 빠른 시일 내에 유럽의 인접 국가로 퍼져나간 경우를 들 수 있다.

> 확산이론의 예에 해당한다. 확산이론은 서로 지리상으로 인접한 국가나 긴밀한 관계에 있는 국가 간에 정책이 확산되어 간다는 이론이다.

`06-06-10`

04 마샬의 시민권은 **참정권 – 공민권 – 사회권**의 순서로 발달해왔다.

> 마샬의 시민권은 공민권(자유권) – 참정권(정치권) – 사회권의 순서로 발달하였다.

---

05 국가중심이론은 사회복지를 제공하는 공급자로서의 국가 역할보다는 사회문제의 발생이나 노동자계급의 요구 등 **사회복지의 수요 측면을 더 강조하는 이론**이다.

> 국가중심이론은 사회복지의 수요(사회문제의 발생이나 노동자계급의 요구 등) 측면보다는 사회복지를 제공하는 공급자로서의 국가 역할을 더 강조하는 이론이다.

---

06 **사회민주주의이론**에서는 주로 국가가 특정 거대 이익집단을 적절히 통제하는 동시에 정치적인 결합관계를 형성하여 국가의 지배체제를 이끌어간다고 주장한다.

> 조합주의이론에서는 주로 국가가 특정 거대 이익집단을 적절히 통제하는 동시에 정치적인 결합관계를 형성하여 국가의 지배체제를 이끌어간다고 주장한다.

빈칸에 들어갈 알맞은 말을 채워보자

14-06-08

01 ( )은/는 산업화가 가족구조의 변화를 초래하여 복지에 대한 국가의 역할을 증대시킨다고 보았다.

02 ( )은/는 서구사회의 발전모형을 기초로 근대화를 사회발전의 가장 중요한 요소로 강조하며, 진화론적인 입장을 취한다.

03 독점자본이론은 전통적인 ( )주의에 이론적 뿌리를 두고 있다.

04 ( )은/는 국가가 통치력을 강화하기 위해 강제적으로 편성한 이익대표 체계이다.

13-06-08

05 신마르크스주의 이론은 전통적 마르크스주의에 이론적 기초를 둔 ( ) 시각이다.

11-06-08

06 ( )은/는 복지국가의 발전을 노동자계급의 정치적 권력이 확대된 결과로 본다.

06-06-09

07 ( )은/는 사회복지정책을 국가의 자선활동으로 간주하며, 이타심을 중요한 요인으로 고려한다.

08 ( )은/는 제3세계의 저발전과 빈곤은 국가 내부의 문제라기보다는 중심부 국가들과의 불균등 교환이나 착취 관계에 기인한 것으로 보고 종속관계의 단절을 주장한다.

답 **01** 산업화이론 **02** 근대화론 **03** 마르크스 **04** 국가 조합주의 **05** 갈등주의적 **06** 권력자원이론 **07** 사회양심론 **08** 종속이론

다음 내용이 옳은지 그른지 판단해보자

01 `13-06-07` 산업화이론은 산업화 정도와 복지국가의 다양한 제도 형태의 연계성을 잘 설명해준다. ◎ ⊗

02 `10-06-16` 수렴이론은 복지국가 간 차이점보다 유사성을 강조한다. ◎ ⊗

03 `08-06-05` 시민권이론은 시민권의 분화현상과 사회권 확립이라는 진화과정을 강조한다. ◎ ⊗

04 `05-06-12` 음모이론은 숨은 목표를 주요 동기로 제시한다. ◎ ⊗

05 사회양심론은 인도주의에 기초하고 있다. ◎ ⊗

06 사회민주주의 이론에 따르면 복지국가는 자본과 노동의 계급투쟁에서 자본가들이 얻어낸 성과물이라고 볼 수 있다. ◎ ⊗

07 국가중심이론은 복지국가의 발전을 설명하는 데 있어서 국가조직의 형태, 정치인들의 개혁성, 정책 형성 과정 등 국가와 관련된 변수들을 중시한다. ◎ ⊗

08 신마르크스주의는 복지국가의 자본축적과 정당화라는 모순적인 기능으로 인해 복지국가의 재정위기가 초래되었다고 주장한다. ◎ ⊗

답 01 ✕ 02 ○ 03 ○ 04 ○ 05 ○ 06 ✕ 07 ○ 08 ○

해설 **01** 산업화이론은 유사한 산업화 정도와 경제수준을 나타내는 국가들에서도 다양한 형태의 복지제도와 내용이 나타난다는 점을 제대로 설명하지 못하는 한계가 있다.
06 사회민주주의 이론에 따르면 복지국가는 자본과 노동의 계급투쟁에서 노동자 계급이 얻어낸 성과물이라고 볼 수 있다.

170 복지국가 유형화이론

강의 QR코드

최근 10년간 **12문항** 출제 ★★★

이론요약

윌렌스키와 르보의 2분 모형

▶ **잔여적(보충적·선별적) 모형**
• 잔여적 모형에서 사회복지는 **제1차 집단(가족, 교회, 공동체 등)이 제 기능을 발휘하지 못하는 경우에 활동**한다고 본다.
• 빈민과 같은 요보호 대상자를 대상으로 하여 사회적으로 최저한의 급부를 주는 역할만을 수행한다.

기본개념
사회복지정책론
pp.81~

▶ **제도적(보편적) 모형**
• 제1차 집단(가족, 교회, 공동체)이 사회적 위험에 처한 구성원들을 보호하거나, 사회를 재생산하는 데 있어서 담당했던 기능과 역할을 국가의 사회적 개입을 통해서 해결한다고 본다.

티트머스의 3분 모형

▶ **보충적(잔여적) 모형**
• **시장과 가족이 붕괴되었을 때에만** 사회복지 제도가 활동을 시작하게 되지만 어디까지나 잠정적인 역할에 그친다.
• 공공부조 프로그램을 강조한다.

▶ **산업(업적)성취 모형**
• 시장경제 원리에서의 생산성을 중심으로 한 **사회구성(업적, 신분향상, 작업수행 등)을 목표**로 한다.
• 동기, 노력, 보수 및 계급의 형성과 집단의 충성 등에 관심을 두는 다양한 경제적·심리적 이론 등에서 도출된다.
• 사회보험이 주요 프로그램이다.

▶ **제도적 재분배 모형**
• 주로 보편적 욕구 충족을 기반으로 하여 시장경제 메커니즘 밖에서 **보편적 서비스를 제공하는 기본적이고 종합적인 제도**이다.
• 보편적 프로그램을 강조한다.

퍼니스와 틸톤의 모형
• **적극적 국가, 사회보장국가, 사회복지국가로 구분**하였다.

- 사회복지를 경제적 효율성이라는 원칙에 종속시키면서 사회보험제도를 위주로 하는 '적극적 국가', 경제성장과 완전고용을 위한 경제정책과 사회보험 및 공공부조를 제공하는 사회복지정책을 결합하여 전 국민에게 최저한의 생활을 보장하는 '사회보장국가', 그리고 보편적 복지서비스를 제공하며 평등을 확대하는 국가를 '사회복지국가'로 규정하고 있다.

미쉬라의 모형

경제정책과 사회복지정책이 분리되어 있으며 사회복지정책은 잔여적인 역할에 국한되는 '**분화된 복지국가**'와 경제정책과 사회복지정책이 결합되어 있으며 국가, 사용자, 노동자 간에 협력과 합의를 토대로 이루어지는 '**통합된 복지국가**'로 구분하였다.

에스핑-앤더슨의 복지국가 유형화

▶ 유형화의 기준
- **탈상품화**: 노동자가 자신의 노동력을 상품으로 시장에 내다 팔지 않고도 살 수 있는 정도, 즉 자신이 노동시장에서 일을 할 수 없는 여러 가지 상황에 처했을 때 국가가 어느 정도 수준의 급여를 제공해주는가의 정도를 의미한다. 탈상품화가 높을수록 복지선진국이라고 할 수 있다.
- **계층화**: 계급과 신분을 분열시키고 계층구조를 유지·강화시킨다는 의미이다. 복지국가의 사회정책이 이 계층화에 영향을 미칠 수 있다.

▶ 자유주의 복지국가
- **공공부조 프로그램을 강조**하며, 탈상품화 효과와 복지의 재분배 효과가 미약하다.
- 급여는 **저소득층에 초점**을 두며, 자격기준은 까다롭고 엄격하여 낙인을 부여하는 방식이다.
- 공공부문의 사회복지서비스의 역할은 미미한 편이며, **민간부문의 역할을 강조**한다.
- 미국, 캐나다, 호주 등이 해당된다.

▶ 조합주의(보수주의) 복지국가
- 주로 **사회보험 프로그램을 강조**하는데, 사회보험 프로그램은 직업별로 분리되어 직업에 따라 급여수준의 차이가 크기 때문에 재분배 효과가 낮다.
- 전통적으로 가부장제가 강하며, **남성생계부양자 모형**에 속한다.
- 노동시장 참여율이 낮은 상황에서 복지재정이 악화되는 상황이 발생한다.
- 오스트리아, 프랑스, 독일 등 유럽 대륙의 국가들이 해당된다.

▶ 사회민주주의 복지국가
- 보편주의적 원칙과 사회권을 통한 **탈상품화 효과가 가장 크고** 새로운 중산층까지 확대되는 국가이다.
- 사회민주주의적 복지국가에서는 보편주의 원칙을 통하여 탈상품화 효과가 극대화되며, 복지급여는 **취약계층뿐만 아니라 중간계급까지 주요 대상**으로 포섭한다.
- 복지의 재분배적 기능이 강력하며, 이들 국가에서는 최소한의 생활수준 보장을 넘어 **평등을 추구**한다.
- 스웨덴, 덴마크, 핀란드, 노르웨이 등 주로 스칸디나비아 국가들이 해당된다.

01 (22-06-15) 보수주의 복지국가의 예로는 오스트리아, 프랑스, 독일 등 유럽 대륙의 국가들이 해당된다.

02 (21-06-08) 에스핑-앤더슨(G. Esping-Anderson)의 복지국가 유형 중 보수주의 복지국가에서의 사회보험은 직업집단 등에 따라 분절적으로 운영된다.

03 (20-06-11) 에스핑-앤더슨(G. Esping-Anderson)의 세 가지 복지체제에서 자유주의 복지체제 국가의 사회보장급여는 잔여적 특성이 강하다.

04 (19-06-05) 에스핑-앤더슨(Esping-Anderson)은 복지국가 유형을 탈상품화, 계층화 등을 기준으로 분류하였다.

05 (16-06-04) 경제집단의 상호의존성을 인식하여 사회적 협력형태로 제도화를 추구하는 것은 미쉬라의 통합적 복지국가에 해당한다.

06 (16-06-05) 에스핑-앤더슨(G. Esping-Anderson)의 복지국가 유형 중 자유주의 복지국가는 시장의 효율성을 중시한다.

07 (15-06-07) 에스핑-앤더슨(G. Esping-Anderson)의 복지국가 유형 중 조합주의 복지국가는 조합단위의 제도로 인하여 위험분산의 효과가 상대적으로 낮게 발생한다.

08 (14-06-06) 에스핑-앤더슨(G. Esping-Anderson)의 복지국가 유형 중 조합주의 복지국가에는 오스트리아, 프랑스, 독일 등이 속한다.

09 (13-06-03) 에스핑-앤더슨(G. Esping-Anderson)의 복지국가 유형 중 사민주의 복지국가는 공공부문의 고용확대로 복지국가 위기 타개를 모색하고 있다.

10 (13-06-05) 미쉬라(R. Mishra)는 '분화된 복지국가'와 '통합된 복지국가'로 구분하였다.

11 (12-06-08) 에스핑-앤더슨(Esping-Anderson)의 복지국가 유형 중 자유주의적 복지국가는 상대적으로 낮은 탈상품화 효과를 보인다.

12 (11-06-05) 에스핑-앤더슨(Esping-Andersen)이 분류한 사회민주주의 복지체제의 대표적인 국가는 스웨덴, 덴마크, 노르웨이 등이다.

13 (10-06-27) 스웨덴은 사회민주주의, 미국은 자유주의, 독일은 보수주의 복지국가의 대표적인 예이다.

14 (08-06-08) 에스핑-앤더슨은 탈상품화와 사회계층화라는 개념을 기준으로 복지국가 유형을 구분하였다.

15 (06-06-11) 사회민주주의적 복지국가는 탈상품화 효과가 높은 편이다.

16 (05-06-11) 사회민주주의 복지국가는 성장과 복지의 균형을 추구한다.

17 (04-06-09) 에스핑-앤더슨의 복지국가 유형 중 자유주의 복지국가는 공공부조 프로그램을 강조한다.

대표기출 확인하기

22-06-15
난이도 ★☆☆

에스핑-앤더슨(G. Esping-Andersen)의 복지국가 유형에 관한 설명으로 옳은 것은?

① 복지국가 유형을 탈상품화, 계층화 등을 기준으로 분류하였다.

② 보수주의 복지국가는 탈가족주의와 통합적 사회보험을 강조한다.

③ 자유주의 복지국가는 공공부조의 비중과 탈상품화 수준이 낮은 편이다.

④ 사회민주주의 복지국가는 국가의 책임을 최소화하고 시장을 통해 문제해결을 한다.

⑤ 보수주의 복지국가의 예로는 프랑스, 영국, 미국을 들 수 있다.

> **알짜확인**
>
> • 복지국가 유형화 관련 이론들의 주요 특징을 파악해야 한다.

답 ①

응시생들의 선택

① 75%	② 5%	③ 9%	④ 8%	⑤ 3%

② 탈가족주의와 통합적 사회보험을 강조한 것은 사회민주주의 복지국가이다. 보수주의 복지국가는 이원적 가족주의와 직업별 사회보험을 강조하였다.

③ 자유주의 복지국가는 공공부조 프로그램을 강조하고, 탈상품화 효과와 복지의 재분배 효과가 미약하다.

④ 사회민주주의 복지국가는 국가의 책임성을 강조하고, 보편주의 원칙과 사회권을 통하여 탈상품화 효과가 극대화된다. 국가에 의한 복지의 재분배적 기능이 강력하다.

⑤ 보수주의 복지국가의 예로는 오스트리아, 프랑스, 독일 등 유럽 대륙의 국가들이 해당된다. 영국, 미국, 캐나다 등은 자유주의 복지국가의 예에 해당된다.

➕ 덧붙임

학자마다 복지국가를 유형화하는 기준이 다르기 때문에 어떤 학자가 어떻게 유형화했는지를 구분하여 살펴보아야 한다. 그 중에서도 에스핑-앤더슨의 유형화는 최근 시험에서 빠짐없이 출제되고 있다. 에스핑-앤더슨의 복지국가 유형화와 관련해서는 각각의 유형의 특징을 묻는 형태나 유형을 비교하는 형태로도 출제되고 있다.

관련기출 더 보기

21-06-08
난이도 ★★☆

에스핑-앤더슨(G. Esping-Anderson)의 복지국가 유형에 관한 설명으로 옳지 않은 것은?

① 탈상품화 정도, 계층화 정도 등에 따라 복지국가를 3가지 유형으로 분류하였다.

② 탈상품화는 돌봄이나 서비스 부담을 가족에게 의존하지 않는 정도를 의미한다.

③ 사회민주주의 복지국가는 탈상품화 정도가 높고 보편적 사회서비스를 제공한다.

④ 보수주의 복지국가에서 사회보험은 직업집단 등에 따라 분절적으로 운영된다.

⑤ 자유주의 복지국가는 공공부조의 역할이 크고 탈상품화 정도는 낮다.

답 ②

응시생들의 선택

① 3%	② 57%	③ 3%	④ 21%	⑤ 16%

② 탈상품화는 노동자가 자신의 노동력을 상품으로 시장에 내다 팔지 않고도 살 수 있는 정도를 의미한다.

20-06-11
난이도 ★★☆

에스핑-앤더슨(G. Esping-Anderson)의 세 가지 복지체제에 관한 설명으로 옳지 않은 것은?

① 보수주의 복지체제 국가는 가족의 중요성을 강조한다.

② 자유주의 복지체제 국가에서 탈상품화 정도가 가장 높다.

③ 사회민주주의 복지체제 국가는 보편주의를 강조한다.

④ 보수주의 복지체제 국가의 예로 독일, 프랑스, 이탈리아가 있다.

⑤ 자유주의 복지체제 국가의 사회보장급여는 잔여적 특성이 강하다.

답 ②

응시생들의 선택

① 7%	② 66%	③ 6%	④ 9%	⑤ 12%

② 탈상품화 정도가 가장 높은 것은 사회민주주의 복지체제 국가이다.

복지국가의 유형화에 관한 설명으로 옳은 것은?

① 조지와 윌딩(V. George & P. Wilding)의 소극적 집합주의(reluctant collectivism): 자본주의 시장체계의 약점을 보완하기 위해 국가 개입 인정
② 윌렌스키와 르보(H. Wilensky & C. Lebeaux)의 제도적 모형(institutional model): 가족이나 시장 등 정상적인 통로가 적절히 기능하지 못할 때에만 보충적·임시적 기능 수행
③ 미쉬라(R. Mishra)의 분화적 복지국가(differentiated welfare state): 경제집단의 상호의존성을 인식하여 사회적 협력형태로 제도화 추구
④ 티트머스(R. Titmuss)의 산업성취수행 모형(industrial achievement performance model): 시장 밖에서 욕구 원칙에 입각하여 보편적 서비스 제공
⑤ 퍼니스와 틸톤(N. Furniss & T. Tilton)의 적극적 국가(positive state): 사회보험과 사회부조 실시를 위해 국가 개입 인정

답 ①

✔ 응시생들의 선택

① 44%	② 12%	③ 8%	④ 5%	⑤ 31%

② 가족이나 시장 등 정상적인 통로가 적절히 기능하지 못할 때에만 보충적·임시적 기능을 수행하는 것은 윌렌스키와 르보의 잔여적 모형에 해당한다.
③ 경제집단의 상호의존성을 인식하여 사회적 협력형태로 제도화를 추구하는 것은 미쉬라의 통합적 복지국가에 해당한다.
④ 시장 밖에서 욕구 원칙에 입각하여 보편적 서비스를 제공하는 것은 티트머스의 제도적 재분배 모형에 해당한다.
⑤ 사회보험과 사회부조 실시를 위해 국가 개입을 인정하는 것은 퍼니스와 틸톤의 사회보장국가에 해당한다.

에스핑-앤더슨(G. Esping-Anderson)의 복지국가 유형 중 조합주의 복지국가 모형의 특징이 아닌 것은?

① 사회보험 가입자들의 직장 이동성을 활성화할 수 있다.
② 산업재해와 같은 동일한 위험에 대해서 다수의 운영주체가 존재한다.
③ 제도의 적용대상은 임금근로계층을 원칙으로 한다.
④ 사회복지제도들은 위험별로 구분하여 각각 독립적인 제도로 운영한다.
⑤ 조합단위의 제도로 인하여 위험분산의 효과가 상대적으로 낮게 발생한다.

답 ①

✔ 응시생들의 선택

① 20%	② 16%	③ 8%	④ 25%	⑤ 31%

① 조합주의 복지국가는 기존의 계층/지위 구조를 유지한다는 의미에서 보수적 복지국가로 명명한다. 주로 사회보험 프로그램을 강조한다. 사회보험의 혜택은 시장에서의 계층과 지위에 따라 크게 차이가 나는 것이지 사회보험 가입자들의 직장 이동성을 활성화하는 것은 아니다. 높은 사회보장세로 인한 높은 노동비용 때문에 일자리 창출이 어려워 실업률이 높은 수준이다.

에스핑-앤더슨(G. Esping-Andersen)의 복지국가 유형 중 조합주의 복지국가에 관한 설명으로 옳지 않은 것은?

① 사회복지 급여는 계급과 사회적 지위에 밀접하게 관련되어 있다.
② 사회보험원리를 강조하는 복지정책을 주로 활용한다.
③ 여성의 노동시장 참여를 강조한다.
④ 가족의 중요성을 강조하는 종교와 문화적 신념의 영향력이 강하다.
⑤ 오스트리아, 프랑스, 독일 등이 이 유형에 속한다.

답 ③

✔ 응시생들의 선택

① 15%	② 6%	③ 52%	④ 22%	⑤ 5%

③ 조합주의 복지국가는 남성생계부양자 모델에 기초한다. 여성의 노동시장 참여를 촉진하는 것은 사회민주주의적 복지국가이다.

13-06-05 난이도 ★★★

복지국가 유형화 연구의 연구자와 유형을 옳게 연결한 것은?

① 티트머스(R. Titmuss)는 '사회적 시장경제'와 '사회주의적 시장경제'로 구분하였다.
② 미쉬라(R. Mishra)는 '분화된 복지국가'와 '통합된 복지국가'로 구분하였다.
③ 퍼니스와 틸톤(N. Furniss & T. Tilton)은 '소극적 국가', '적극적 국가', '사회투자국가'로 구분하였다.
④ 조지와 윌딩(V. George & P. Wilding)은 '프로레타리아 복지국가'와 '부르조아 복지국가'로 구분하였다.
⑤ 윌렌스키와 르보(H. Wilensky & C. Lebeaux)는 '선발 복지국가'와 '후발 복지국가'로 구분하였다.

답 ②

✅ **응시생들의 선택**

① 7%	② 28%	③ 44%	④ 13%	⑤ 8%

① 티트머스(R. Titmuss)는 잔여적 모형, 산업(업적)성취 모형, 제도적 재분배 모형으로 구분하였다.
③ 퍼니스와 틸톤(N. Furniss & T. Tilton)은 적극적 국가, 사회보장국가, 사회복지국가로 구분하였다.
④ 조지와 윌딩(V. George & P. Wilding)은 사회복지에 영향을 미치는 이데올로기를 크게 반집합주의, 소극적 집합주의, 페이비언 사회주의, 마르크스주의로 구분하였다.
⑤ 윌렌스키와 르보(H. Wilensky & C. Lebeaux)는 잔여적 모형과 제도적 모형으로 구분하였다.

12-06-08 난이도 ★★★

에스핑-앤더슨의 복지국가 유형 중 '자유주의적 복지국가'에 관한 설명으로 옳지 않은 것은?

① 민간복지를 보완하는 국가복지
② 사회보험 프로그램의 강조
③ 다차원적인 사회계층체제 발생
④ 시장의 효율성 강조
⑤ 상대적으로 낮은 탈상품화 효과

답 ②

✅ **응시생들의 선택**

① 7%	② 34%	③ 7%	④ 38%	⑤ 14%

② 사회보험 프로그램을 강조하는 것은 보수주의적(조합주의적) 복지국가 유형에 해당하는 설명이다.

11-06-05 난이도 ★★☆

에스핑-앤더슨이 분류한 사회민주주의 복지체제에 관한 설명으로 옳지 않은 것은?

① 대표적인 국가는 스웨덴, 덴마크, 노르웨이 등이다.
② 적극적 노동시장정책을 강조한다.
③ 중산층을 중요한 복지의 대상으로 포괄한다.
④ 주로 종교단체나 자원봉사조직과 같은 민간부문이 사회서비스를 전달한다.
⑤ 탈상품화 정도가 매우 높다.

답 ④

✅ **응시생들의 선택**

① 2%	② 10%	③ 15%	④ 66%	⑤ 7%

④ 민간과 시장의 역할을 강조하는 자유주의적 복지국가 유형에 해당하는 설명이다.

10-06-27 난이도 ★★★

에스핑-앤더슨의 복지국가 유형에 관한 설명으로 옳지 않은 것은?

① 탈상품화와 계층화 등을 기준으로 복지국가 유형을 분류하였다.
② 스웨덴은 사회민주주의, 미국은 자유주의, 독일은 보수주의 복지국가의 대표적인 예이다.
③ 자유주의 복지국가는 공공부조의 비중이 다른 유형의 복지국가에 비해 더 크다.
④ 사회민주주의 복지국가는 산업별로 분절된 사회보험제도를 가지고 있다.
⑤ 보수주의 복지국가는 전통적으로 가부장제가 강하여 전형적인 남성생계부양자 모형에 속한다.

답 ④

✅ **응시생들의 선택**

① 2%	② 8%	③ 34%	④ 36%	⑤ 20%

④ 산업별로 분절된 사회보험제도를 가지고 있는 것은 보수주의 복지국가에 해당한다.

3 정답훈련

다음 내용이 왜 틀렸는지를 확인해보자

01 티트머스의 모형 중 <u>제도적 재분배 모형</u>은 사회복지를 경제성장의 수단으로 활용하고자 하기 때문에 시녀적 모형이라고도 한다.

> 사회복지를 경제성장의 수단으로 활용하고자 하기 때문에 시녀적 모형이라고 하는 것은 티트머스의 모형 중 산업성취 모형이다.

`07-06-05`

02 퍼니스와 틸톤은 복지국가를 **적극적 국가, 자유방임국가, 사회보장국가**로 구분한다.

> 퍼니스와 틸톤은 복지국가를 적극적 국가, 사회보장국가, 사회복지국가로 구분하였다.

---

03 에스핑-앤더슨의 복지국가 유형화 기준 중 **탈상품화**는 계급과 신분을 분열시키고 계층구조를 유지·강화하는 정도를 의미한다.

> 계급과 신분을 분열시키고 계층구조를 유지·강화하는 정도를 의미하는 것은 계층화이다. 탈상품화는 노동자가 자신의 노동력을 상품으로 시장에 내다 팔지 않고도 살 수 있는 정도, 즉 자신이 노동시장에서 일을 할 수 없는 여러 가지 상황에 처했을 때 국가가 어느 정도 수준의 급여를 제공해주는가의 정도를 의미한다.

---

04 미쉬라는 복지국가 유형을 **잔여적 모형과 제도적 모형**으로 구분하였다.

> 미쉬라는 분화된 복지국가와 통합된 복지국가로 구분하였다. 분화된 복지국가는 경제정책과 사회복지정책이 분리되어 있으며 사회복지정책은 잔여적인 역할에 국한된다고 보았다. 통합된 복지국가는 경제정책과 사회복지정책이 결합되어 있으며 국가, 사용자, 노동자 간에 협력과 합의를 토대로 이루어진다고 보았다.

---

05 에스핑-앤더슨의 복지국가 유형 중 <u>자유주의적 복지국가</u>는 기존의 계층 구조를 유지한다는 의미에서 보수적 복지국가로 명명한다.

> 에스핑-앤더슨의 복지국가 유형 중 기존의 계층 구조를 유지한다는 의미에서 보수적 복지국가로 명명하는 유형은 조합주의적 복지국가이다.

`05-06-11`

06 에스핑-앤더슨의 복지국가 유형 중 **자유주의 복지국가**는 탈상품화 효과를 극대화한다.

> 에스핑-앤더슨의 복지국가 유형 중 탈상품화 효과를 극대화하는 유형은 사회민주주의 복지국가이다.

빈칸에 들어갈 알맞은 말을 채워보자

`21-06-08`

01 에스핑-앤더슨은 (   ) 정도와 계층화 정도에 따라 복지국가를 3가지 유형으로 분류하였다.

`14-06-06`

02 오스트리아, 프랑스, 독일 등은 에스핑-앤더슨의 복지국가 유형 중 (   )에 속한다.

`13-06-05`

03 (   )은/는 복지국가 유형을 잔여적 모형, 산업성취 모형, 제도적 재분배 모형으로 구분하였다.

`11-06-05`

04 에스핑-앤더슨의 복지국가 유형 중 (   )은/는 탈상품화 정도가 매우 높으며, 적극적 노동시장 정책을 강조한다.

05 티트머스는 윌렌스키와 르보의 두 유형에 (   )(이)라는 새로운 유형을 추가하였다.

06 윌렌스키와 르보의 2분 모형에서 (   )은/는 초기 산업사회와 자유주의 국가에서 나타난다.

07 퍼니스와 틸톤에 의하면 (   )은/는 경제성장과 완전고용을 위한 경제정책과 사회보험 및 공공부조를 제공하는 사회복지정책을 결합하여 전 국민에게 최저한의 생활을 보장한다.

08 티트머스의 모형 중 (   )은/는 윌렌스키와 르보의 잔여적 개념과 동일하다.

답 **01** 탈상품화   **02** 조합주의 복지국가   **03** 티트머스   **04** 사회민주주의 복지국가   **05** 산업성취 모형   **06** 잔여적 모형
07 사회보장국가   **08** 보충적(잔여적) 모형

다음 내용이 옳은지 그른지 판단해보자

01 `20-06-11` 에스핑-앤더슨의 복지체제 중 자유주의 복지체제 국가의 사회보장급여는 잔여적 특성이 강하다.

02 `19-06-05` 에스핑-앤더슨의 복지국가 유형 중 사회민주주의 복지국가는 보편적 원칙과 사회권을 통한 탈상품화 효과가 크다.

03 `12-06-08` 에스핑-앤더슨의 복지국가 유형 중 자유주의적 복지국가는 사회보험 프로그램을 강조한다.

04 윌렌스키와 르보의 제도적 개념은 복지제공의 일차적 책임을 국가가 담당하고, 다양한 복지제도를 통해 보편적으로 실현하는 경우를 말한다.

05 에스핑-앤더슨의 복지국가 유형 중 사회민주주의적 복지국가는 여성의 경제활동을 촉진하며, 사회서비스 비중이 높다.

06 미쉬라의 복지국가 유형 중 분화된 복지국가는 경제정책과 사회복지정책이 분리되어 있으며, 사회복지정책은 잔여적인 역할에 국한되어 있다고 본다.

07 티트머스는 복지의 사회적 분화라는 개념을 통해 복지의 범위가 매우 광범위하며 복지를 정부의 지출로만 제한하는 접근의 문제점을 지적하였다.

08 퍼니스와 틸톤의 적극적 국가는 보편적 복지서비스를 제공하며 평등을 확대하는 국가이다.

09 `10-06-27` 에스핑-앤더슨의 복지국가 유형 중 사회민주주의 복지국가는 산업별로 분절된 사회보험제도를 가지고 있다.

10 `04-06-09` 에스핑-앤더슨의 복지국가 유형 중 사회민주주의 복지국가는 보편적 프로그램을 강조한다.

답 01 ○ 02 ○ 03 × 04 ○ 05 ○ 06 ○ 07 ○ 08 × 09 × 10 ○

해설 03 사회보험 프로그램을 강조하는 것은 보수주의적(조합주의적) 복지국가 유형에 해당한다.
08 보편적 복지서비스를 제공하며 평등을 확대하는 국가는 사회복지국가이다.
09 산업별로 분절된 사회보험제도를 가지고 있는 것은 보수주의 복지국가에 해당한다.

171 사회복지정책 이데올로기

강의 QR코드

1회독	2회독	3회독
월 일	월 일	월 일

최근 10년간 **11문항** 출제

1 이론요약

조지와 윌딩의 이데올로기 초기 모형

기본개념

사회복지정책론
pp.94~

▶ 반집합주의

- 개인의 자유를 신봉하는 것이 특징이며, 자유방임주의에 기반한다.
- 복지국가는 개인의 자유, 독창성, 선택을 제한한다고 보며, 복지제공에 있어서 **정부의 역할을 최소화**시켜야 한다는 입장이다.
- 국가의 개입이 시장경제의 효율성을 저해하고 개인의 자유를 침해한다고 본다.

▶ 소극적 집합주의

- 반집합주의자들과 유사하지만, 자본주의가 효율적이고 공정하게 기능하기 위해서는 일정한 규제가 필요하다는 것을 인정한다는 점에서 차이를 보이며, 실용주의적 경향을 보인다.
- 시장체계의 약점을 보완하고 문제점을 해결한다는 측면에서 **어느 정도 정부의 개입을 인정**한다.
- 복지국가를 **사회 안정과 질서의 유지에 필요한 것으로 간주**하여 제한적으로 지지한다.

▶ 페이비언 사회주의

- 혁명적인 변화보다는 점진적인 제도 개혁과 인간의 육성을 동시에 수행해 나갈 때 사회주의라는 목표에 도달할 수 있다는 사회개혁 전략이다.
- **복지국가의 확대로 자본주의를 변화**시킬 수 있다고 보며, 자유주의를 비판하면서 사회는 개인의 합 이상의 유기체이며 사회가 바람직한 상태일 때 개인도 행복할 수 있다고 본다.

▶ 마르크스주의

- **자본주의의 생산양식을 비판**하며, 자본주의의 수정이나 개혁보다는 전면적인 변혁을 강조한다.
- 적극적 자유를 중시하며, 부의 균등한 분배는 사적 수단의 사적 소유가 소멸된 후에 가능하다고 본다.
- 사회복지의 확대만으로는 **자본주의의 근본적 모순을 극복할 수 없다**고 본다.

조지와 윌딩의 수정된 이데올로기 모형

▶ 신우파

- 사회복지정책 확대가 **경제적 비효율성과 근로동기 약화**를 가져왔다고 비판한다.
- **정부의 개입이 유해**하다고 주장하며, 국가의 개입과 규제가 사회적 비효율을 초래하기 때문에 복지국가는 개인의 자

유를 침해할 수밖에 없다고 주장한다.
- 시장이야말로 소비자의 선호를 발견하고 조정하는 최선의 체계라고 주장하며, 복지비용의 삭감, 공공부문의 민영화, 기업에 대한 규제 완화 등을 주장한다.

▶ 중도노선
- 정부의 행동이 **필연적이거나 효율적일 때로만 국가개입을 제한**하며, 근본적으로는 정부의 개입을 최소화시키는 것이 바람직하다고 주장한다.
- 실용적 성격을 지니며, 신우파와 유사하게 자유, 개인주의, 경쟁적 사기업을 신봉하지만 중심 가치들을 절대적 가치로 믿지 않으며 조건부로 신봉한다는 점에서 신우파와 차이가 있다.

▶ 사회민주주의
- 중심적 사회가치는 평등, 자유, 우애이며, 시장체계의 정의롭지 못한 분배를 시정하는 것이 정부의 역할이라고 주장한다.
- 사회통합과 평등 추구를 위한 **사회복지정책의 확대를 지지**한다.

▶ 마르크스주의
- 민주적 사회주의자들과 마찬가지로 자유, 평등, 우애를 중시하지만 노동자와 빈민들에게 평등은 허구에 불과하다고 주장한다.
- **경제적 평등과 계급갈등에 대한 강조**는 사회경제적 측면에서 정부의 강력하고 적극적인 역할로 이어진다.

▶ 페미니즘
- 가부장적 복지국가를 비판하지만 양성평등을 위한 사회복지정책의 역할도 인정하는 등 양면적인 복지국가관을 보인다.
- 복지국가가 **여성 특유의 욕구에 대한 배려에 실패했음을 강조**한다.

▶ 녹색주의
- 경제성장과 소비의 지속 확대가 가능하며 바람직하다는 신념에 입각한 복지국가는 잘못되었다고 주장하면서 공공복지 지출도 축소되어야 한다고 주장한다.
- 사회복지서비스는 **사회문제의 원인이 아닌 현상만을 다루고 있다고 비판**한다.

기타 사회복지정책 관련 이데올로기
- 케인스주의: 적극적인 재정정책의 필요성을 주장하며, 국가가 적극적으로 경제에 개입하여 유효수요를 창출함으로써 시장의 불완전성을 보완한다고 본다.
- 신자유주의: 국가 개입의 최소화, 사회보장제도의 축소, 국영기업의 민영화를 주장하며, 대처리즘, 레이거노믹스가 이에 속한다.
- 제3의 길: 사민주의적 복지정책과 신자유주의 복지정책의 장점을 혼합한 것으로써 시장의 효율과 복지의 형평을 동시에 추구하며, 노동시장에 참여할 의무를 강조한다.
- 사회투자국가: 복지의 투자적·생산적 성격, 경제정책을 우위에 둔 경제정책과 사회정책의 통합, 시민권의 권리와 의무 균형, 결과의 평등보다는 기회의 평등을 강조한다.

01 (21-06-07) 조지(V. George)와 윌딩(P. Wilding)이 제시한 이념 중 소극적 집합주의는 시장의 약점을 보완하고 불평등과 빈곤에 대응하기 위하여 실용적인 국가개입이 필요하다고 본다.

02 (20-06-01) 조지와 윌딩(V. George & P. Wilding, 1976; 1994)의 사회복지모형에서 복지국가의 확대를 가장 지지하는 이념은 페이비언 사회주의이다.

03 (20-06-25) 사회투자전략은 현재 아동세대에 대한 선제적 투자를 중시한다.

04 (19-06-06) 새로운 사회적 위험(new social risk)으로 인한 수요 증가에 필요한 복지재정의 부족현상이 심화되고 있다.

05 (17-06-04) 반집합주의가 선호하는 가치 영역은 자유, 개인주의, 불평등, 가족 등이다.

06 (17-06-11) 케인스(J. M Keynes)의 경제이론은 소득이 감소하면 저축이 감소하고, 투자의 감소로 이어진다고 보았다.

07 (15-06-25) 사회투자전략은 사회정책과 경제정책을 통합적으로 실시하여 사회적 목표를 추구한다.

08 (14-06-03) 신자유주의는 시장개방, 노동의 유연성, 탈규제, 민영화 등의 정책을 선호한다.

09 (14-06-05) 사회투자국가는 인적자본 및 사회적 자본에 대한 투자를 강조한다.

10 (13-06-11) 신자유주의는 '작은 정부'를 지향한다.

11 (13-06-12) 마르크스주의는 복지국가를 자본과 노동계급 간 갈등의 결과로 본다.

12 (12-06-07) 조지와 윌딩(George & Wilding)이 말한 '신우파'는 노동 무능력자에 대한 국가 책임을 인정한다.

13 (11-06-04) 조지(V. George)와 윌딩(P. Wilding)이 제시한 사회복지이념 중 소극적 집합주의는 시장체계의 약점을 보완하는 정부의 개입을 인정한다.

14 (11-06-07) '제3의 길'이 강조한 복지개혁의 방향으로는 권리와 의무의 조화, 근로와 복지의 연계, 사회복지 공급주체의 다원화 등이 있다.

15 (10-06-23) 조지와 윌딩(George & Wilding)이 말한 사회복지사상 중 페미니즘은 가부장적 복지국가를 비판하지만 양성평등을 위한 사회복지정책의 역할도 인정한다.

16 (09-06-03) 조지와 윌딩(George & Wilding)이 제시한 사회복지정책의 이념 중 신우파는 복지국가를 자유로운 시장활동의 걸림돌로 간주한다.

17 (08-06-07) 조지와 윌딩의 소극적 집합주의는 정부의 개입을 조건부로 인정한다.

18 (07-06-06) 신자유주의는 사회복지의 잔여적 성격 및 임의성을 확대한다.

19 (07-06-07) 케인스주의는 국가의 개입이 유효수요를 증대시킨다고 본다.

20 (05-06-10) 제3의 길은 복지와 성장의 균형을 중시한다.

21 (04-06-08) 제3의 길은 지방정부의 책임 강화를 강조한다.

22 (02-06-10) 영국의 블레어 총리가 지향하는 제3의 길은 복지국가를 지향하면서 시장원리를 도입한다.

대표기출 확인하기

난이도 ★★☆

조지와 윌딩(V. George & P. Wilding, 1976; 1994)의 사회복지모형에서 복지국가의 확대를 가장 지지하는 이념은?

① 신우파
② 반집합주의
③ 마르크스주의
④ 페이비언 사회주의
⑤ 녹색주의

 알짜확인

• 사회복지정책의 이데올로기 관련 이론들의 주요 특징을 파악해야 한다.

답 ④

✔ 응시생들의 선택

① 13%	② 7%	③ 24%	④ 49%	⑤ 7%

④ 페이비언 사회주의는 혁명적인 변화보다는 점진적인 제도 개혁과 인간의 육성을 동시에 수행해 나갈 때 사회주의라는 목표에 도달할 수 있다는 사회개혁 전략이다. 점진적이고 지속적인 불평등 완화에 대한 국가 책임, 적극적인 역할을 인정한다. 복지국가의 확대로 자본주의를 변화시킬 수 있다고 보며, 자유주의를 비판하면서 사회는 개인의 합 이상의 유기체이며 사회가 바람직한 상태일 때 개인도 행복할 수 있다고 본다.

➕ **덧붙임**

사회복지정책과 관련된 주요 이데올로기와 사상적 조류의 특징을 살펴보아야 한다. 특히 조지와 윌딩의 이데올로기 모형에 대한 각각의 특징을 구분하는 문제가 자주 출제되고 있다. 최근 시험에서는 각각의 이데올로기의 특징을 상세하게 묻는 유형으로도 출제되고 있다. 따라서 이데올로기에 따른 복지국가관, 국가의 개입, 중심적 가치에 있어서 어떤 차이가 있는지 비교해서 이해할 필요가 있다.

관련기출 더 보기

난이도 ★★☆

조지(V. George)와 윌딩(P. Wilding)이 제시한 이념 중 소극적 집합주의에 관한 설명으로 옳은 것은?

① 시장에 대한 국가개입을 최소화하고 개인의 소극적 자유를 극대화하는 것이 바람직하다.
② 개인의 적극적 자유를 보장하기 위해서는 철저한 계획경제와 생산수단의 국유화가 필요하다.
③ 환경과 생태의 관점에서 자본주의의 성장과 복지국가의 확대는 지속가능하지 않다.
④ 복지국가는 노동의 성(gender) 분업과 자본주의 가부장제를 고착화시키는 역할을 한다.
⑤ 시장의 약점을 보완하고 불평등과 빈곤에 대응하기 위하여 실용적인 국가개입이 필요하다.

답 ⑤

✔ 응시생들의 선택

① 45%	② 3%	③ 4%	④ 3%	⑤ 45%

⑤ 소극적 집합주의자들의 가치는 자유와 개인주의를 강조한다는 점에서 반집합주의자들의 가치와 유사하지만, 이러한 가치가 절대적인 성격을 가진다기보다는 일정하게 제한적인 경향을 보이며, 실용주의적인 경향이 크다. 시장체계의 약점을 보완하고 문제점을 해결한다는 측면에서 어느 정도 정부의 개입을 인정한다. 이러한 실용주의적인 경향은 다른 이데올로기와 분명하게 구분되기보다는 혼합적이며 중도적인 성격을 보이는 사실과 연관된다. 소극적 집합주의자들의 경우에는 자본주의가 효율적이고, 공정하게 기능하기 위해서는 규제와 통제가 필요하다는 것을 인정한다는 점에서 반집합주의와는 구별되지만, 그 방식과 범위에 있어서는 상황에 따라 결정되는 것이라고 주장한다. 복지국가를 사회안정과 질서의 유지에 필요한 것으로 간주하여 제한적으로 지지한다.

사회투자전략에 관한 설명으로 옳은 것은?

① 인적 자원에 대한 투자는 결과의 평등을 목적으로 한다.
② 사회적 약자 집단에 대한 현금이전을 중시한다.
③ 현재 아동세대에 대한 선제적 투자를 중시한다.
④ 사회정책과 경제정책을 분리한 전략이다.
⑤ 소득재분배와 소비지원을 강조한다.

답 ③

✔ 응시생들의 선택

① 15%	② 3%	③ 48%	④ 4%	⑤ 30%

③ 사회투자전략은 복지의 투자적 성격과 생산적 성격을 강조하며, 복지와 성장, 사회정책과 경제정책의 상호보완성을 강조한다. 결과의 평등보다는 기회의 평등을 강조하며, 경제정책을 우위에 둔 경제정책과 사회정책의 통합을 강조한다. 전통적인 과세와 지출을 강조하기보다는 사회투자를 강조하는데, 이 사회투자의 핵심은 인적 자본 및 사회적 자본에의 투자로 본다. 특히, 인적 자본 중 아동에 대한 투자를 강조한다. 사회지출을 소비지출과 투자지출로 구분하고, 소득보장에 사용되는 소비지출은 되도록 억제하고 자산조사를 통한 표적화된 프로그램을 선호한다.

➕ 덧붙임

최근 시험에서는 사회복지정책 이데올로기와 관련하여 사회투자전략, 케인스주의, 제3의 길, 새로운 사회적 위험 등에 관한 문제도 단독문제로 자주 출제되고 있다.

반집합주의가 선호하는 가치 영역이 아닌 것은?

① 개인
② 시장
③ 평등
④ 가족
⑤ 경쟁

답 ③

✔ 응시생들의 선택

① 3%	② 5%	③ 59%	④ 19%	⑤ 14%

③ 조지와 윌딩의 이데올로기 모형 중 반집합주의는 개인의 자유를 신봉하는 것이 특징이며, 자유방임주의에 기반한다. 복지국가는 개인의 자유, 독창성, 선택을 제한한다고 보며 복지제공에 있어서 정부의 역할을 최소화시켜야 한다는 입장이다. 곧, 개인의 자유, 시장의 자유, 개인의 선택의 확대를 강조하는 입장이다. 반집합주의가 선호하는 가치 영역은 자유, 개인주의, 불평등, 가족 등이다.

다음에서 설명하는 이념은?

- 자본주의에 대해서는 긍정적
- 사회복지정책에 대해서는 부정적
- 시장개방, 노동의 유연성, 탈규제, 민영화 등의 정책을 선호

① 신자유주의
② 마르크스주의
③ 사회민주주의
④ 국가개입주의
⑤ 페이비언사회주의

답 ①

✔ 응시생들의 선택

① 83%	② 8%	③ 4%	④ 1%	⑤ 4%

② 마르크스주의: 자본주의 자체를 부정하며 복지국가를 통해서도 자본주의 자체의 모순을 극복할 수는 없다고 본다.
③ 사회민주주의: 노동계급을 대변하는 정치세력이 클수록 복지국가가 발전한다고 본다.
④ 국가개입주의: 시장에 대한 국가의 적극적인 개입을 강조한다.
⑤ 페이비언사회주의: 점진적인 제도 변화를 통해 사회주의에 도달할 수 있다는 사회개혁적 전략을 바탕으로 한다.

사회복지 이념에 관한 설명으로 옳지 않은 것은?

① 제3의 길: 근로와 복지가 연계될 필요가 있다.
② 케인스주의: 시장실패에 대해 국가가 적절히 개입해야 한다.
③ 페이비언 사회주의: 가족 등 비공식부문의 역할이 상대적으로 중요하다.
④ 마르크스주의: 복지국가는 자본과 노동계급 간 갈등의 결과이다.
⑤ 반집합주의: 사회복지는 개인의 자유와 선택을 제한한다.

답 ③

✔ 응시생들의 선택

① 24%	② 10%	③ 37%	④ 12%	⑤ 17%

③ 페이비언 사회주의는 의회정치를 활용하여 점진적인 사회개혁을 통한 사회주의를 지향하였다. 생산수단, 기업의 점진적인 국유화를 주장했다는 점에서 비공식부분의 역할보다는 공식부분의 역할을 중요하게 고려하였다고 볼 수 있다.

II-06-04 　 난이도 ★☆☆

조지(V. George)와 윌딩(P. Wilding)이 제시한 사회복지이념에 관한 설명으로 옳은 것을 모두 고른 것은?

> ㄱ. 반집합주의: 빈곤은 경제적 비효율을 초래하므로 국가에 의해 제거되어야 함
> ㄴ. 마르크스주의: 자본주의 사회에서 빈곤 문제는 필연적으로 발생함
> ㄷ. 페이비언 사회주의: 빈곤은 민간의 자선에 의해 해결되어야 함
> ㄹ. 소극적 집합주의: 시장체계의 약점을 보완하는 정부의 개입을 인정함

① ㄱ, ㄴ, ㄷ 　　　　② ㄱ, ㄷ
③ ㄴ, ㄹ 　　　　　　④ ㄹ
⑤ ㄱ, ㄴ, ㄷ, ㄹ

답 ③

✅ 응시생들의 선택

① 6%	② 4%	③ 71%	④ 11%	⑤ 8%

③ ㄱ. 반집합주의: 국가의 역할을 최소화시켜야 한다는 입장
　 ㄷ. 페이비언 사회주의: 평화적이고 점진적인 방법으로 사회주의를 지향

II-06-14 　 난이도 ★★★

사회복지제도에 대한 신자유주의자들의 비판 논리로 옳지 않은 것은?

① 복지지출의 확대는 생산부문의 투자를 위축시켜 경제성장을 저해한다.
② 복지급여수급은 개인의 저축 및 투자동기를 약화시킨다.
③ 복지급여수급으로 시간당 임금이 변화되는 대체효과가 커져 근로동기가 줄어든다.
④ 재화나 서비스에 대한 수급자들의 선택을 왜곡시켜 비효율적 배분을 증대시킨다.
⑤ 조세 및 보험료의 부담을 피하기 위해 지하경제의 규모가 커질 가능성이 높다.

답 ③

✅ 응시생들의 선택

① 6%	② 8%	③ 16%	④ 42%	⑤ 29%

③ 신자유주의자들은 복지급여 수급으로 소득효과가 대체효과보다 커져 근로동기가 줄어든다고 주장한다.

07-06-07 　 난이도 ★★☆

케인스주의 시장개입에 대한 설명으로 옳은 것은?

① 사회복지정책은 자본주의에 의해서 발달한다.
② 국가의 개입이 유효수요를 증대시킨다.
③ 1970년대 경제위기 이후에 부각되었다.
④ 작은 정부를 지향한다.
⑤ 성장과 분배를 별개의 것으로 이해한다.

답 ②

✅ 응시생들의 선택

① 3%	② 44%	③ 17%	④ 20%	⑤ 16%

① 자본주의로 인한 불평등한 분배 상태를 개선하기 위해 사회복지정책이 필요하다고 본다.
③ 제2차 세계대전 이후 복지국가 황금기를 지배한 경제이론으로서 1970년대 경제위기 이후 신자유주의 및 신보수주의의 등장으로 힘을 잃었다.
④ 큰 정부를 지향한다.
⑤ 정부의 분배정책으로 국민들의 유효수요가 늘어나야 성장이 촉진된다고 보았다.

04-06-08 　 난이도 ★☆☆

다음 중 제3의 길에 관한 내용이 아닌 것은?

① 국가의 복지 책임성 증대
② 근로복지연계
③ 직업에 대한 교육 및 훈련 강화
④ 지방정부의 책임 강화
⑤ 개인과 가족의 책임 강조

답 ⑤

✅ 응시생들의 선택

① 3%	② 1%	③ 2%	④ 9%	⑤ 85%

⑤ 제3의 길은 고복지-고부담-저효율로 요약되는 전통적 사회민주주의와 고효율-저부담-불평등으로 요약되는 신자유주의의 한계와 문제들을 극복하기 위한 노선이다. 이전의 신자유주의보다는 복지에서의 국가 책임성을 강조하였다.

다음 내용이 왜 틀렸는지를 확인해보자

21-06-07

01 소극적 집합주의자들은 **절대적으로 자유와 개인주의를 강조하며, 복지국가의 개입을 인정하지 않는다.**

> 소극적 집합주의자들은 자유와 개인주의를 강조하지만 이러한 가치가 절대적이지는 않으며, 시장체계의 약점을 보완하고 문제점을 해결한다는 측면에서 어느 정도 정부의 개입을 인정한다.

02 케인스는 **국가가 최소한으로 경제에 개입**해야 한다고 주장하였다.

> 케인스는 국가가 적극적으로 경제에 개입하여 유효수요를 창출함으로써 시장의 불완전성을 보완할 수 있다고 보고, 시장에 대한 국가의 적극적인 개입을 주장하였다.

13-06-12

03 페이비언 사회주의는 **가족 등 비공식부문의 역할이 상대적으로 중요**하다.

> 페이비언 사회주의는 생산수단, 기업의 점진적인 국유화를 주장했다는 점에서 비공식부분의 역할보다는 공식부분의 역할을 중요하게 고려하였다고 볼 수 있다.

10-06-23

04 마르크스주의는 **사회복지의 확대를 통해 자본주의의 근본적 모순을 극복**할 수 있다고 본다.

> 마르크스주의는 사회복지의 확대를 통해서만 자본주의의 근본적 모순을 극복할 수는 없다고 보며, 빈곤의 퇴치와 불평등의 해소는 복지국가 확대를 통해 이루어질 수 없다고 본다.

05 제3의 길의 복지정책은 **사회보장과 재분배의 측면만을 강조하면서 경제적인 측면은 중요시 하지 않는다는** 비판을 받았다.

> 제3의 길의 복지정책은 사회보장과 재분배에 관심을 기울이는 동시에 경제적인 부를 산출하는 주도적인 주체로서의 복지수혜 계층의 역할을 강조하고 있다.

06 실용적 성격을 지닌 **마르크스주의**는 신우파와 유사하게 자유, 개인주의, 그리고 경쟁적 사기업을 신봉한다.

> 실용적 성격을 지닌 중도노선은 신우파와 유사하게 자유, 개인주의, 그리고 경쟁적 사기업을 신봉한다.

빈칸에 들어갈 알맞은 말을 채워보자

14-06-03

01 (   )은/는 자본주의에 대해서 긍정적이며, 시장개방, 노동의 유연성, 탈규제, 민영화 등의 정책을 선호한다.

14-06-05

02 (   )은/는 영국 노동당 정부가 제3의 길의 구체적 실천전략으로 제시한 국가모형에서 비롯된 것으로써 복지의 투자적 성격과 생산적 성격을 강조하며, 복지와 성장, 사회정책과 경제정책의 상호보완성을 강조한다.

12-06-07

03 조지와 윌딩의 모형 중 (   )은/는 국가 개입은 경제적 비효율을 초래하므로 민영화를 통한 정부 역할 축소를 주장하였으며, 전통적 가치와 국가 권위의 회복을 강조하였다.

11-06-07

04 (   )이 강조한 복지개혁으로는 권리와 의무의 조화, 근로와 복지의 연계, 사회복지 공급주체의 다원화, 사회투자국가가 있다.

07-06-07

05 (   )은/는 국민들의 유효수요를 증대시키기 위하여 정부개입을 옹호한 경제이론이다.

06 (   )은/는 점진적이고 지속적인 불평등 완화에 대한 국가 책임, 적극적인 역할을 인정하며, 의회정치를 통한 점진적인 사회주의를 지향한다.

07 (   )은/는 1979년 마가렛 대처가 이끄는 보수당 정부의 출범과 함께 시작된 신자유주의정책의 흐름을 지칭한다.

08 (   )은/는 복지국가가 개인의 자유, 독창성, 선택을 제한한다고 보며 개인의 자유, 시장의 자유, 개인의 선택의 확대를 강조하는 입장이다.

답 01 신자유주의　**02** 사회투자국가　**03** 신우파　**04** 제3의 길　**05** 케인스주의　**06** 페이비언 사회주의　**07** 대처리즘
08 반집합주의

다음 내용이 옳은지 그른지 판단해보자

15-06-25
01 사회투자모형에서 인적자원에 대한 투자는 결과의 평등을 지향한다. ◎⊗

02 반집합주의는 사회복지정책의 확대가 경제적 비효율성과 근로동기의 약화를 가져온다고 비판한다. ◎⊗

11-06-14
03 신자유주의자들은 복지급여수급이 개인의 저축 및 투자동기를 약화시킨다고 본다. ◎⊗

04 사회민주주의는 시장체계의 정의롭지 못한 분배를 시정하는 것이 정부의 역할이라고 주장한다. ◎⊗

05 페이비언 사회주의는 평등이라는 복지이념을 강조한다. ◎⊗

06 신자유주의자들은 사회복지제도의 확대가 조세 및 사회보험료 부담을 증가시켜 이러한 부담을 피하려는 지하경제가 증가한다고 비판한다. ◎⊗

07 케인스주의에서 사회복지지출은 사회복지정책 목표의 달성을 위한 수단이면서 소비 수요 증대를 통한 완전고용 및 경제성장 달성을 위한 수단으로서의 의미도 있다. ◎⊗

08 녹색주의는 경제성장과 소비의 지속 확대가 가능하며 바람직하다는 신념에 입각하여 복지국가를 추구한다. ◎⊗

09 소극적 집합주의는 반집합주의와 유사하지만 국가 개입을 제한적으로 인정한다는 점에서 차이가 있다. ◎⊗

10 신자유주의는 시장적 자유와 개인의 사적 소유권을 절대적 가치로 파악한다. ◎⊗

답 01✕ 02○ 03○ 04○ 05○ 06○ 07○ 08✕ 09○ 10○

해설 **01** 사회투자모형에서 인적자원에 대한 투자는 기회의 평등을 지향한다.
08 녹색주의는 경제성장과 소비의 지속 확대가 가능하며 바람직하다는 신념에 입각한 복지국가는 잘못되었다고 본다.

4장

사회복지정책 형성과정

이 장에서는

사회복지정책의 형성과정, 정책의제 형성 및 정책결정에 관한 이론 등을 다룬다.

10년간 출제분포도

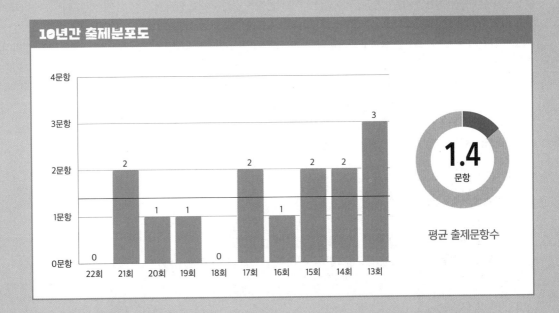

평균 출제문항수

172 사회복지정책의 평가

강의 QR코드

최근 10년간 **8문항** 출제 ★★★

1회독 월 일   2회독 월 일   3회독 월 일

복습 1 이론요약

정책평가의 필요성

- 정책이 처음 의도한 대로 집행되었는지를 파악하기 위해
- 정책과정이 복잡해지고 다양한 변수가 있으므로 이에 참여하는 이해관계자들을 설득하고 지지 확보를 위한 과학적이고 체계적인 분석자료가 필요하기 때문에
- 정책에 이용한 자원의 경제적 합리성을 파악하기 위해
- 정부의 정책 활동에 대한 관리적, 윤리적 책임성을 확보해야 하므로
- 정책평가를 통해 제시되는 자료를 기초로 더 향상된 연구를 위한 대안적인 기법을 마련하는 데 기여하므로

기본개념

사회복지정책론
pp.122~

정책평가의 성격

- 기술적 성격: 정책평가를 위해서 평가기법 등의 기술을 필요로 하며, 통계기법 및 과학적 분석기법 등이 요구된다는 점에서 기술적 성격을 갖는다.
- 실용적 성격: 응용연구로서 정책결정에 유용하게 적용하는 것을 목표로 한다.
- 개별사례적 성격: 구체적인 정책 프로그램이나 그 프로그램이 적용된 개별사례를 연구 대상으로 한다.
- 가치지향적 성격: 결정된 정책 프로그램의 무엇이 잘되고 무엇이 잘못되었는지 혹은 앞으로 어떻게 하는 것이 바람직한가를 포함하고 있다.
- 종합 학문적 성격: 정책결정은 현재의 정치, 사회, 문화 등 현실의 다양성을 반영하며, 정책문제에 대한 다양한 이론적 지식이 요구되며 사회복지실천에 대한 지식까지도 포함한다.
- 정치적 성격: 정책평가가 가치중립적인 입장을 보이기는 현실적으로 어려우며, 정책결정자, 집행자, 자금 지원 집단 등 이해집단 및 클라이언트의 영향을 받게 된다.

정책의 평가

▶ 정책평가의 기준
- 효과성: 의도했던 정책효과가 과연 그 정책 때문에 발생했는가를 살피는 것이다.
- 효율성: '투입에 대한 산출'의 비율을 토대로 평가하는 것이다.
- 적정성: 문제의 해결 정도, 문제를 일으킨 욕구, 가치, 기회를 만족시키는 효과성의 수준 정도를 말한다.

- 적절성: 문제해결을 위해 사용한 수단이나 방법들의 바람직한 정도를 말한다.
- 형평성: 효과나 노력이 얼마나 공평하고 공정하게 배분되는지를 평가하는 것이다.
- 대응성: 정책이 수혜자 집단의 욕구, 선호, 가치를 반영하는 정도를 말한다.

▶ **일반적인 평가유형**
- 효율성 평가: <u>동일한 비용으로 산출을 극대화하였는가</u>에 대한 평가이다.
- 대상 효율성 평가: 의도한 목표상황의 문제해결을 얼마나 절약하여 효율적으로 수행하였는가에 대한 평가이다.
- 효과성 평가: <u>사회복지정책 목표를 얼마나 달성하였느냐</u>에 관한 평가이다.
- 형평성 평가: 사회복지정책이 얼마나 사회계층 간의 소득불평등을 감소시켰느냐에 관한 평가이다.
- 반응성 평가: 사회복지정책의 집행결과에 대해 수혜대상자들이 얼마나 만족하는가에 대한 평가이다.
- 민주성 평가: 복지수혜대상자들이 자신의 행복이 결정되는 사회복지정책과정에 얼마나 참여하였는가에 대한 평가이다.
- 합법성 평가: 사회복지정책이 수행되는 과정에서 얼마나 관련 법률을 제대로 준수하였는가에 대한 평가이다.
- 편의성 평가: 사회복지정책의 급여를 얼마나 편리하게 향유하였는가에 대한 평가이다.
- 시의적절성 평가: 사회복지정책의 급여가 적시에 제대로 제공되었는지에 관한 평가이다.
- 실현가능성 평가: 사회복지정책 대안이 얼마나 실현 가능한가에 대한 평가이다.

▶ **대상 및 시간 기준에 따른 평가유형**
- 형성평가(과정평가): <u>정책집행의 과정 중에 나타난 활동을 분석</u>하여 관리하고, 전략을 수정·보완할 목적으로 진행하는 평가이다.
- 총괄평가(영향평가): <u>정책집행 후 정책이 사회에 미친 영향, 효과 등을 추정</u>하는 평가이다.

▶ **주체에 따른 평가유형**
- 내부평가: 자체평가로서 정책결정, 정책 집행당사자들이나 체제 내부의 구성원들이 하는 평가이다.
- 외부평가: 정책결정, 정책 집행당사자들 외의 외부기관이 하는 평가이다.

▶ **정책평가에 영향을 미치는 요인들**
- 인적 요인: 정책평가자, 정책담당자, 클라이언트, 지역주민, 이해집단 등이 있다.
- 시간적 요인: 평가소요시간이 적절해야 한다.
- 기술적 요인: 적절한 분석기법을 가지고 있는가의 여부이다.
- 제도적 요인: 평가결과가 피드백 되어 실제 사용될 수 있는 법적 장치나 제도를 마련해야 한다.
- 정책 자체 요인: 정책 자체의 목표가 분명하고 수단에 대해 명확하게 제시되어야 하며, 내용이 측정 가능해야 한다.

01 (21-06-02) 사회복지정책 평가는 가치지향적이다.

02 (19-06-25) 총괄평가는 정책이 집행되고 난 후 정책이 사회에 미친 영향을 평가하는 것이다.

03 (17-06-16) 사회복지정책 평가는 기존 정책의 개선에 필요한 정보를 얻기 위해 필요하다.

04 (15-06-15) 정책평가는 정책효과성 제고에 기여할 수 있다.

05 (15-06-16) 사회복지정책의 대안을 개발할 때에는 과거의 정책을 검토하는 방법을 활용한다.

06 (14-06-11) 정책평가는 정책활동 통제 및 감사를 위해 필요하다.

07 (13-06-17) 합리적 사회정책분석의 절차는 '사회문제의 분석과 정의 → 정책대안의 결과 예측 → 정책대안의 비교와 평가 → 최적대안의 선택 제시'이다.

08 (13-06-18) 정책효과성 평가는 정책목표의 달성여부를 판단하는 것을 의미한다.

09 (12-06-16) 통계기법 및 분석기법 등이 요구된다는 점에 서 정책평가는 기술적(技術的) 성격을 띤다.

10 (11-06-11) 사회복지정책 과정의 단계는 '의제형성 – 정책입안 – 정책결정 – 정책집행 – 정책평가'이다.

11 (11-06-12) 효율성 평가는 정책목표 달성을 위한 비용 대비 편익을 비교하는 것이다.

12 (11-06-19) 평가목표는 정책평가자 결정이나 평가의 기준설정에 영향을 미친다.

13 (10-06-07) 사회적 효과성은 정책대안이 가진 사회통합 기능에 주안점을 둔다.

14 (10-06-14) 좁은 의미의 정책평가는 정책이 원래 해결하고자 했던 문제를 얼마나 해결했는지를 평가하는 것이다.

15 (09-06-20) 정책과정에 등장한 모든 아젠다가 법이나 제도로 만들어지는 것은 아니다.

16 (09-06-21) 사회효과성은 보편주의에서, 비용효과성은 선별주의에서 더 중요시하는 정책평가 기준이다.

17 (07-06-28) 정책평가의 기준으로는 효율성, 효과성, 형평성, 적정성 등이 있다.

18 (05-06-15) 정책결정자는 공익적 성격을 지니게 된다.

19 (04-06-13) 사회복지 정책결정 과정은 이익집단의 이해관계에 좌우될 수 있다는 문제점이 있다.

20 (04-06-15) 사회복지정책의 집행은 기술이 아닌 정치적 측면이 강하다.

21 (04-06-16) 형평성은 집단 간에 공정한 배분이 이루어 졌는지를 평가한다.

22 (03-06-10) 정책결정 과정은 '문제인지 → 자료분석 → 대안작성/평가 → 선택'의 순서로 진행된다.

23 (02-06-11) 사회복지정책의 평가분석 대상에는 서비스 전달체계, 재정조달 방법, 급여형태 수준, 대상자의 자격조건 등이 있다.

24 (02-06-12) 사회복지정책 대안형성 시 재정, 행정기술, 현재 시행되고 있는 정책, 정치적 실현가능성 등을 고려해야 한다.

대표기출 확인하기

21-06-02
난이도 ★★☆

사회복지정책 평가가 갖는 특징으로 옳지 않은 것은?

① 정치적이다.
② 실용적이다.
③ 종합 학문적이다.
④ 기술적이다.
⑤ 가치중립적이다.

 알짜확인

• 사회복지정책 형성과정의 전반적인 흐름과 각 과정별 주요 특징을 이해한다.

답 ⑤

✅ **응시생들의 선택**

① 17%	② 5%	③ 15%	④ 3%	⑤ 60%

⑤ 사회복지정책 평가는 가치지향적이다. 결정된 정책 프로그램의 무엇이 잘되고 무엇이 잘못되었는지 혹은 앞으로 어떻게 하는 것이 바람직한가를 포함하고 있다.

➕ **덧붙임**

사회복지정책 형성과정에 있어서 정책의 평가과정에 관한 문제가 가장 많이 출제되고 있는데, 정책평가의 성격, 평가유형, 평가기준 등에 관한 문제가 주로 출제되고 있다. 따라서 사회복지정책의 전반적인 형성과정 흐름을 정리한 후 평가의 특징, 평가유형, 평가기준 등 정책의 평가에 관련된 내용을 좀 더 세밀하게 살펴볼 필요가 있다.

관련기출 더 보기

19-06-25
난이도 ★☆☆

사회복지정책 평가유형에 관한 설명으로 옳은 것은?

① 과정평가는 정책집행 후에 평가하는 활동을 말한다.
② 결과평가는 정책집행 중간의 평가로 전략 설계의 수정보완을 하지 못한다.
③ 총괄평가는 정책이 집행되고 난 후 정책이 사회에 미친 영향을 평가하는 것이다.
④ 효율성 평가는 정책집행의 결과에 따라 정책의 목적이 달성되었는지를 평가하는 것이다.
⑤ 효과성 평가는 정책의 투입된 자원과 대비하는 평가이다.

답 ③

✅ **응시생들의 선택**

① 10%	② 1%	③ 80%	④ 3%	⑤ 6%

① 과정평가는 정책집행 과정에서 이루어지는 활동이다. 정책집행의 과정 중에 나타난 활동을 분석하여 관리하고, 전략을 수정보완할 목적으로 진행한다.
② 결과평가는 정책이 집행된 후에 정책에 따른 결과를 평가하는 것이다.
④ 효율성 평가는 '동일한 정책 산출물에 대해 비용을 최소화하였는가' 또는 '동일한 비용으로 산출을 극대화하였는가'에 대한 평가를 수행한다. 정책의 투입된 자원과 대비하는 평가이다.
⑤ 효과성 평가는 '사회복지정책 목표를 얼마나 달성하였느냐'에 관한 평가를 수행한다. 정책집행의 결과에 따라 정책의 목적이 달성되었는지를 평가하는 것이다.

난이도 ★★☆

사회복지정책 평가가 필요한 이유를 모두 고른 것은?

> ㄱ. 문제해결을 위한 정책결정에 필요한 정보를 얻기 위함
> ㄴ. 기존 정책의 개선에 필요한 정보를 얻기 위함
> ㄷ. 정책의 정당성 근거를 확보하기 위함
> ㄹ. 정책평가는 사회복지정책 이론의 형성에 기여함

① ㄱ, ㄴ, ㄷ   ② ㄱ, ㄴ, ㄹ
③ ㄱ, ㄷ, ㄹ   ④ ㄴ, ㄷ, ㄹ
⑤ ㄱ, ㄴ, ㄷ, ㄹ

답 ⑤

✅ 응시생들의 선택

① 16%	② 6%	③ 1%	④ 10%	⑤ 67%

⑤ 모두 옳은 내용이다. 정책평가는 정책의 집행결과가 애초에 계획 또는 설정했던 의도와 결과를 얼마나 효과적으로 달성했는가를 측정하는 활동으로, 처음 의도를 실현하였는가, 처음 사회문제가 되었던 문제해결에 기여하였는가, 집행의 결과로 어떤 파급효과와 부차적 효과를 야기했는가 등을 체계적으로 조사·분석·판단하는 활동이다.

난이도 ★☆☆

정책평가에 관한 설명으로 옳지 않은 것은?

① 정책평가는 정책효과성 제고에 기여할 수 있다.
② 평가지표 선택에서 정책 목표보다 측정 용이성을 우선한다.
③ 정책평가는 정책 활동의 책임성을 높인다.
④ 산출과 영향에 대한 평가방법으로 양적·질적 평가를 병행할 수 있다.
⑤ 평가결과의 활용도를 높이는 기제를 마련하는 것이 바람직하다.

답 ②

✅ 응시생들의 선택

① 1%	② 93%	③ 2%	④ 3%	⑤ 1%

② 평가지표를 선택하는 데 있어서 측정의 용이성보다는 정책의 목표에 우선해야 한다.

난이도 ★★☆

정책평가가 필요한 이유로 옳지 않은 것은?

① 정책결정이론 형성
② 정책프로그램의 효과성 증진
③ 정책활동에 대한 책임성 확보
④ 정책활동 통제 및 감사의 필요성
⑤ 정책개선에 필요한 정보획득

답 ①

✅ 응시생들의 선택

① 59%	② 5%	③ 3%	④ 30%	⑤ 3%

① 정책결정이나 정책평가를 위해서는 다양한 이론적 지식이 요구되긴 하지만, 정책평가는 정책의 목표달성과 관련한 가치를 파악하기 위한 것으로 정책결정이론의 형성이 정책평가의 필요성이라고 볼 수는 없다.

난이도 ★☆☆

사회복지정책 평가유형에 관한 설명으로 옳은 것은?

① 과정평가는 최초의 정책목표 달성여부를 평가하는 것이다.
② 효율성 평가는 정책목표 달성을 위한 비용 대비 편익을 비교하는 것이다.
③ 효율성 평가는 정책집행과정의 문제점을 찾는데 효율적이다.
④ 효과성 평가는 정책목표의 달성여부를 비용측면에서 평가하는 것이다.
⑤ 효과성 평가는 정책성과를 화폐단위로 환산하기 쉬운 경우에 적절하다.

답 ②

✅ 응시생들의 선택

① 2%	② 88%	③ 4%	④ 4%	⑤ 2%

① 과정평가는 정책집행과정을 평가하는 것이다. 정책목표 달성여부를 평가하는 것은 총괄평가에 해당한다.
③ 정책집행과정의 문제점을 찾기 위한 것은 과정평가이다.
④ 효과성 평가는 의도했던 정책목표를 얼마나 달성했는가를 비용(투입)과 상관없이 평가한다.
⑤ 효율성 평가에서 활용하는 비용-편익분석은 정책성과를 화폐단위로 환산하기 쉬운 경우에 적절하다.

다음 내용이 왜 틀렸는지를 확인해보자

21-06-02

01 사회복지정책의 평가는 반드시 가치중립적인 입장을 보여야 하므로 정치적 성격을 띠면 안 된다.

> 정책평가가 가치중립적인 입장을 보이기는 현실적으로 어려우며, 정책결정자, 집행자, 자금 지원 집단 등 이해집단 및 클라이언트의 영향을 받게 된다.

02 정책평가의 기준으로 **적정성**은 문제해결을 위해 사용한 수단이나 방법들의 바람직한 정도를 말한다.

> 문제해결을 위해 사용한 수단이나 방법들의 바람직한 정도는 적절성이다. 적정성은 문제의 해결 정도, 문제를 일으킨 욕구, 가치, 기회를 만족시키는 효과성의 수준 정도를 말한다.

03 형성평가는 **정책집행 후 정책이 사회에 미친 영향, 효과 등을 추정**하는 판단활동이다.

> 정책집행 후 정책이 사회에 미친 영향, 효과 등을 추정하는 판단활동은 총괄평가이다. 형성평가는 정책집행 과정에서 이루어지는 활동이다.

15-06-15

04 정책평가 시 평가지표 선택에 있어서 **정책 목표보다 측정 용이성을 우선**해야 한다.

> 평가지표를 선택하는 데 있어서 측정의 용이성보다는 정책의 목표에 우선해야 한다.

14-06-11

05 정책의 평가가 필요한 가장 중요한 이유는 **정책결정이론을 형성**하기 위한 것이다.

> 정책평가가 정책과 관련된 다양한 이론을 형성하는 것에 기여하는 것은 맞지만, 정책을 결정하는 결정이론을 형성하기 위한 것이 주요 목적은 아니다.

11-06-19

06 평가유형의 결정은 **평가목표나 평가대상의 결정 이전에 선행**되어야 한다.

> 정책평가의 목표와 대상에 따라 평가의 기준과 평가유형을 결정할 수 있다.

빈칸에 들어갈 알맞은 말을 채워보자

19-06-25
01 (   )은/는 정책집행의 결과에 따라 정책의 목적이 달성되었는지를 평가하는 것이다.

02 (   )은/는 투입과 산출의 비율로 표현하며, 주로 비용편익 분석을 사용한다.

12-06-16
03 정책평가는 결정된 정책 프로그램의 무엇이 잘되고 무엇이 잘못되었는지 혹은 앞으로 어떻게 하는 것이 바람직한가를 포함하고 있으므로 (   ) 성격을 띤다.

04 (   )은/는 어떤 정책프로그램에 대한 대상 집단의 참여가 실제로 얼마나 이루어지고 있는가 하는 정도, 즉 충족(만족)도를 말한다.

05 (   )은/는 사회복지정책의 집행결과에 대해 수혜대상자들이 얼마나 만족하는가에 대한 평가이다.

답 **01** 효과성 평가 **02** 효율성 평가 **03** 가치지향적 **04** 커버리지 **05** 반응성 평가

다음 내용이 옳은지 그른지 판단해보자

01 `19-06-25`
과정평가는 정책집행 후에 평가하는 활동을 말한다. ◎ ✕

02 `09-06-21`
사회효과성은 보편주의에서, 비용효과성은 선별주의에서 더 중요시하는 기준이다. ◎ ✕

03 정책에 이용한 자원의 경제적 합리성을 파악하기 위해서도 정책평가는 필요하다. ◎ ✕

04 정책평가를 위해서 평가기법 등의 기술을 필요로 하며, 통계기법 및 과학적 분석기법 등이 요구된 다는 점에서 기술적 성격을 갖는다. ◎ ✕

05 합법성 평가는 '복지수혜대상자들이 자신의 행복이 결정되는 사회복지정책과정에 얼마나 참여하였 는가'에 대한 평가이다. ◎ ✕

06 복잡한 정책과정에 참여하는 이해 관계자들을 설득하고 지지를 확보하기 위한 과학적이고 체계적 인 분석 자료가 필요하기 때문에 정책평가가 필요하다. ◎ ✕

07 총괄평가는 주로 질적인 평가방법을 활용한다. ◎ ✕

08 사회복지정책의 평가분석 중 과정평가의 한 방법인 모니터링(monitoring)은 정책의 대상 집단에 대한 프로그램의 커버리지와 바이어스를 살펴야 한다. ◎ ✕

답 01 ✕ 02 ○ 03 ○ 04 ○ 05 ✕ 06 ○ 07 ✕ 08 ○

해설 **01** 과정평가는 정책집행 과정에서 이루어지는 활동으로서 정책집행 과정 중에 나타난 활동을 분석하여 관리한다.
05 '복지수혜대상자들이 자신의 행복이 결정되는 사회복지정책과정에 얼마나 참여하였는가'에 대한 평가는 민주성 평가이다.
07 총괄평가는 주로 양적인 평가방법을 활용한다. 반면, 형성평가는 주로 질적인 평가방법을 활용한다.

173 정책결정 이론모형

최근 10년간 **6문항** 출제

이론요약

합리모형

- **고도의 합리성을 기반으로 하여** 최선의 대안을 선택한다.
- 완전한 합리성으로 모든 대안을 인식할 수 있다는 관점이다.
- 사회적 편익을 고려하며, 비용 대비 편익이 큰 대안을 선택한다.
- 비판도 많지만 합리적인 대안이 선택되도록 정책결정에 공헌할 수 있다.
- 정책 대안의 선택결과에 대해 현실적·객관적 평가가 가능하고, 소수 엘리트의 정치 영향을 배제하여 정책대안 선택에 합리성을 높일 수 있다는 면도 있다.

기본개념

사회복지정책론
pp.131~

만족모형

- 제한된 합리성에 기반을 두고 **만족스러운 수준에서 대안을 선택**한다.
- 관습적 대안을 토대로 만족할 만한 해결책을 모색한다.
- 합리모형의 현실적 제약을 극복하기 위해 제시되었으며, 정책결정자가 완전한 합리성이 아닌 제한된 합리성에 기초하여 정책을 결정한다고 본다.
- 지나치게 주관적이라는 비판을 받았으며, 만족할만한 수준의 대안을 선택한다고 할 때 만족의 정도를 결정할 객관적 척도가 없다.

점증모형

- 정치적 합리성에 따라 **기존 정책의 문제점을 부분적으로 수정**한다.
- 소수의 대안만을 고려하기 때문에 현재보다 약간 나은 정도의 수준에 그친다.
- 정치적 효율성을 강조하여 다양한 이해관계자들 사이의 합의로 결정이 이루어진다.
- 합리모형의 비현실성을 비판한다는 점에서 만족모형과 유사하다.
- 정책결정에 관한 계획성이 결여되어 있으며, 정책결정에 관한 분명한 기준이 없다.

혼합모형

- **합리모형과 점증모형을 절충한 모형**이다.
- 포괄적 관찰로 대안을 탐색하고, 점증적 방식으로 결정한다.
- 기본적 결정은 합리모형을 따르고, 특정 문제에 대해 현실적 결정이 필요한 경우에는 점증모형을 따른다.

최적모형

• 현실적 기준을 제시할 수 있는 규범이론을 수정·보완한다.

• 기본은 합리모형을 따르지만 **직관, 판단력, 창의력 같은 초합리적 요소를 고려**한다.

엘리트모형

• 정책이 통치엘리트의 가치나 이해관계에 의해 결정된다고 보는 모형이다.

• **소수의 권력자만이 정책을 분배**할 수 있고, 대중이 영향을 받는다는 이론이다.

쓰레기통모형

• 정책결정이 일정한 규칙에 따라 이루어지는 것이 아니라 쓰레기통처럼 불규칙하게 정책결정이 이루어진다고 본다.

• 몇 가지 흐름이 **우연한 기회에 정책을 생산**하게 된다는 이론이다.

• 조직이나 구성원 간의 응집력이 약하고 복잡하며, 모호한 환경에서 유용하다.

공공선택이론

• **공공재와 공공서비스 공급을 합리적으로 수행하기 위한** 정책결정을 강조한다.

• 투표 행위나 집단의 원리, 법률에 의해 선택되는 정도에 대한 분석이다.

엘리슨 모형

• 합리적 행위자 모형, 조직과정 모형, 관료정치 모형으로 구성되어 있다.

• **관료들 간에 이루어지는 협상, 타협, 경쟁** 등 정치적 게임의 결과로 보는 관료정치모형을 제시하였다.

기출문장 CHECK

01 (21-06-22) 최적모형은 정책결정 과정에서 실현가능성이 낮다는 비판이 있다.

02 (20-06-19) 혼합모형은 합리모형과 점증모형의 절충적인 형태로 에치오니(Etzioni)가 주장한 모형이다.

03 (17-06-12) 킹돈(J. Kingdon)의 쓰레기통모형에 의하면 정치의 흐름, 문제의 흐름, 정책대안의 흐름이 각각 따로 존재하며, 그 과정의 참여자도 다르다.

04 (16-06-16) 최적모형은 체계론적 시각에서 정책성과를 최적화하려는 정책결정 모형이다.

05 (14-06-19) 합리모형은 주어진 상황 속에서 주어진 목표를 해결하기 위해 최선의 정책대안을 찾을 수 있다고 가정한다.

06 (13-06-15) 쓰레기통모형에 의하면 정책전문가들은 지속적으로 특정 사회문제에 대한 정책대안들을 연구하고 있으며, 정책대안들이 정치적 흐름과 문제 흐름에 의해 정책아젠다(agenda)로 등장할 때까지 기다린다.

07 (12-06-15) 점증모형은 과거의 정책을 약간 수정한 정책결정이 이루어지고, 여론의 반응에 따라 정책수정을 반복한다.

08 (10-06-05) 만족모형은 정책결정자가 완전한 합리성을 가지고 있지는 않다고 본다.

09 (08-06-11) 조직화된 혼란상태 속에서 우연적으로 정책결정이 이루어진다고 보는 것은 쓰레기통모형이다.

10 (07-06-09) 최적모형은 인간의 합리성과 함께 직관, 창의력 등 초합리적 요소까지도 고려한다.

11 (06-06-12) 공공선택이론은 정책결정권자인 정치가나 관료도 자신의 이익을 극대화하기 위해 노력한다는 가정에 입각한 이론이다.

12 (05-06-14) 조합주의이론은 정부와 노동조합, 정당 등의 협의와 합의를 통해 정책을 결정하는 구조를 강조하는 이론이다.

13 (03-06-11) 엘리트이론은 권력을 가진 소수에 의해 정책이 결정된다고 보는 이론이다.

기출확인

복습
2

대표기출 확인하기

21-06-22 난이도 ★★☆

정책결정 모형 중 드로어(Y. Dror)가 제시한 최적모형에 관한 설명으로 옳은 것을 모두 고른 것은?

ㄱ. 합리모형과 점증모형의 단순혼합이 아닌 정책성과를 최적화하려는 데 초점을 둔다.
ㄴ. 합리적 요소와 초합리적 요소를 다 고려하는 질적 모형이다.
ㄷ. 초합리성의 구체적인 달성 방법에 대한 명확한 설명이 제시되었다.
ㄹ. 정책결정을 체계론적 시각에서 파악한다.
ㅁ. 정책결정 과정에서 실현가능성이 낮다는 비판이 있다.

① ㄱ, ㄴ
② ㄱ, ㄷ, ㄹ
③ ㄱ, ㄴ, ㄹ, ㅁ
④ ㄱ, ㄷ, ㄹ, ㅁ
⑤ ㄴ, ㄷ, ㄹ, ㅁ

 알짜확인

• 정책결정에 관한 이론모형의 주요 내용, 특징 및 각각의 차이점을 이해한다.

답 ③

☑ 응시생들의 선택

① 11%	② 11%	③ 51%	④ 11%	⑤ 16%

③ ㄷ. 정책결정에는 경제적 합리성과 함께 직관, 판단력, 창의력 등 초합리적 요소까지도 동시에 고려해야 한다고 보았으나, 초합리성의 구체적인 설명이 명확하지 못하다는 비판을 받았다.

➕ 덧붙임

정책결정 이론모형과 관련해서는 개별 이론/모형에 대한 문제보다는 여러 이론들을 선택지로 제시하고 주요 내용과 특징이 제대로 연결되어 있는지 묻는 형태가 가장 대표적인 유형에 속한다. 각 이론들을 구분할 수 있도록 비교해서 이해하도록 한다. 각각의 이론에 대한 특징, 한계, 기본 전제 등을 중심으로 정리해두자.

관련기출 더 보기

20-06-19 난이도 ★★☆

정책결정 이론모형에 관한 설명으로 옳은 것을 모두 고른 것은?

ㄱ. 합리모형은 인간의 이성과 합리성을 믿고 주어진 상황에서 목표 달성을 극대화하는 최선의 정책대안을 찾아낼 수 있다고 본다.
ㄴ. 점증모형은 조직화된 무정부 상태 속에서 점진적으로 질서를 찾아가는 과정을 정책결정 과정으로 설명한다.
ㄷ. 쓰레기통모형은 문제의 흐름, 정책대안의 흐름, 정치의 흐름이 우연히 결합하여 정책의 창이 열릴 때 정책이 결정된다고 본다.
ㄹ. 혼합모형은 합리모형과 최적모형을 혼합하여 최선의 정책결정에 도달하는 정책결정 모형이다.

① ㄱ, ㄷ
② ㄱ, ㄹ
③ ㄴ, ㄹ
④ ㄱ, ㄴ, ㄷ
⑤ ㄱ, ㄴ, ㄷ, ㄹ

답 ①

☑ 응시생들의 선택

① 40%	② 9%	③ 4%	④ 15%	⑤ 32%

① ㄴ. 조직화된 무정부 상태 속에서 점진적으로 질서를 찾아가는 과정을 정책결정 과정으로 설명한 것은 쓰레기통모형이다.
ㄹ. 혼합모형은 합리모형과 점증모형의 절충적인 형태로 에치오니(Etzioni)가 주장한 모형이다.

16-06-16

정책결정 이론모형에 관한 설명으로 옳지 않은 것은?

① 합리모형: 인간의 이성과 합리성을 전제로 최선의 정책대안을 찾을 수 있다고 가정한다.
② 혼합모형: 조직화된 무정부 상태 속에서 정책이 우연히 결정된다고 가정한다.
③ 최적모형: 체계론적 시각에서 정책성과를 최적화하려는 정책결정 모형이다.
④ 만족모형: 사람은 자신의 제한된 능력과 환경적 제약으로 모든 대안이 초래할 결과를 완전히 예측할 수는 없다.
⑤ 점증모형: 과거의 정책을 약간 수정한 정책결정이 이루어지고, 여론의 반응에 따라 정책수정을 반복한다.

답 ②

✔ **응시생들의 선택**

① 1%	② 87%	③ 2%	④ 9%	⑤ 1%

② 조직화된 무정부 상태 속에서 정책이 우연히 결정된다고 가정하는 것은 쓰레기통모형이다.

14-06-19

정책결정 이론모형과 설명의 연결이 옳은 것을 모두 고른 것은?

ㄱ. 합리모형 – 주어진 상황 속에서 주어진 목표를 해결하기 위해 최선의 정책대안을 찾을 수 있다고 가정한다.
ㄴ. 만족모형 – 합리모형보다 혁신적이고 진보적인 정책결정이 이루어진다.
ㄷ. 최적모형 – 체계론적 시각에서 정책성과를 최적화하려는 정책결정 모형이다.
ㄹ. 점증모형 – 경제적 합리성과 초합리성을 바탕으로 하는 질적 모형이다.

① ㄱ, ㄴ, ㄷ   ② ㄱ, ㄷ
③ ㄴ, ㄹ   ④ ㄹ
⑤ ㄱ, ㄴ, ㄷ, ㄹ

답 ②

✔ **응시생들의 선택**

① 21%	② 68%	③ 3%	④ 1%	⑤ 7%

② ㄴ. 만족모형은 제한된 합리성에 기초하여 어느 정도 만족할만한 수준으로 대안이 선택된다고 본다.
　 ㄹ. 경제적 합리성과 함께 직관, 판단력, 창의력 등 초합리적 요소까지 동시에 고려해야 한다는 것은 최적모형이다.

13-06-15

다음에서 설명하는 정책결정이론은?

- 정책결정과정에는 정책대안의 흐름, 문제의 흐름, 정치의 흐름이 존재한다.
- 정책전문가들은 지속적으로 특정 사회문제에 대한 정책대안들을 연구하고 있으며, 정책대안들이 정치적 흐름과 문제 흐름에 의해 정책 아젠다(agenda)로 등장할 때까지 기다린다.
- 이들 세 개의 흐름이 연결되면 정책의 창(policy window)이 열려 정책대안이 마련되고, 그렇지 않으면 각 흐름은 다시 제각각 본래의 흐름으로 돌아간다.

① 쓰레기통모형
② 수정 점증주의모형
③ 엘리슨모형
④ 합리적 선택모형
⑤ 분할적 점증주의모형

답 ①

✔ **응시생들의 선택**

① 30%	② 14%	③ 11%	④ 35%	⑤ 9%

① 쓰레기통모형은 정책결정이 일정한 규칙에 따라 이루어지는 것이 아니라 여러 가지 흐름이 우연히 쓰레기통 속에서 만나게 되면 정책결정이 이루어진다고 본다.

➕ **덧붙임**

정책결정 이론모형에 관한 문제는 선택지로 여러 이론들을 제시하고 주요 내용과 특징이 옳게 또는 옳지 않게 연결된 것을 찾는 유형이 주로 출제되지만, 종종 하나의 특정 이론모형에 관한 자세한 설명을 제시하고 이에 해당하는 모형을 찾는 유형도 출제된다.

정책결정 이론모형에 관한 설명으로 옳은 것은?

① 합리모형 – 인간의 제한적 합리성을 전제로 하여 정책대안을 선택한다.
② 만족모형 – 주어진 상황에서 목표 달성을 극대화하는 최선의 정책대안을 찾아낼 수 있다.
③ 점증모형 – 과거의 정책을 약간 수정한 정책결정이 이루어지고, 여론의 반응에 따라 정책수정을 반복한다.
④ 최적모형 – '조직화된 무정부상태' 속에서 정책이 우연히 결정된다.
⑤ 쓰레기통모형 – 합리적 요소와 초합리적 요소를 바탕으로 한 질적 모형이다.

답 ③

✅ **응시생들의 선택**

① 30%	② 7%	③ 49%	④ 1%	⑤ 13%

① 제한적 합리성을 기초로 하여 정책을 결정한다고 보는 것은 만족모형에 해당하는 설명이다.
② 만족모형은 최선의 정책대안을 선택하는 데 현실적 제약이 있기 때문에 만족스러운 정도의 대안을 선택하는 정책결정이 이루어진다고 본다.
④ '조직화된 무정부상태' 속에서 정책이 우연히 결정된다고 보는 것은 쓰레기통모형에 해당하는 설명이다.
⑤ 합리적 요소와 초합리적 요소를 바탕으로 한 질적 모형은 최적모형에 해당한다.

정책결정이론에 관한 설명으로 옳은 것은?

ㄱ. 최적모형: 정책결정은 과거의 정책을 점증적으로 수정하는 방식으로 이루어진다.
ㄴ. 합리모형: 목표달성을 극대화할 수 있는 최선의 정책대안을 찾을 수 있다.
ㄷ. 혼합모형: 정책결정에 드는 비용보다 효과가 더 커야 한다.
ㄹ. 만족모형: 정책결정자가 완전한 합리성을 가지고 있지는 않다.

① ㄱ, ㄴ, ㄷ   ② ㄱ, ㄷ
③ ㄴ, ㄹ   ④ ㄹ
⑤ ㄱ, ㄴ, ㄷ, ㄹ

답 ③

✅ **응시생들의 선택**

① 9%	② 4%	③ 71%	④ 11%	⑤ 5%

③ ㄱ. 최적모형: 정책결정에는 경제적 합리성과 함께 직관, 판단력, 창의력 등 초합리적 요소까지도 동시에 고려해야 한다는 이론이다. 과거의 정책을 점증적으로 수정하는 방식은 점증모형에 해당된다.
  ㄷ. 혼합모형: 합리모형과 점증모형의 절충적인 형태로 중요한 문제이거나 위기적 상황인 경우 합리모형에서처럼 포괄적 관찰을 통해 대안을 탐색하여 기본 결정을 하고, 이후 점증모형에서처럼 이를 수정 및 보완하면서 세부적인 결정을 한다. 정책결정에 드는 비용보다 효과가 더 커야 한다는 점은 경제적 합리성을 의미한다. 경제적 합리성과 초합리성 요소를 동시에 고려해야 한다는 것은 최적모형과 관련된 설명이라고 할 수 있다.

다음 내용이 왜 틀렸는지를 확인해보자

20-06-19

01 쓰레기통모형은 **정책결정이 일정한 규칙에 따라** 이루어진다고 본다.

> 쓰레기통모형은 정책결정이 일정한 규칙에 따라 이루어지는 것이 아니라 쓰레기통처럼 불규칙하게 정책결정이 이루어진다고 본다.

14-06-19

02 만족모형은 **합리모형보다 혁신적이고 진보적인 정책결정**이 이루어진다.

> 만족모형은 인간 능력의 한계, 시간, 비용 등의 문제로 인해 모든 대안을 탐색할 수 없기 때문에 제한된 합리성에 기초하여 어느 정도 만족할만한 수준으로 대안이 선택된다고 본다.

12-06-15

03 **만족모형**은 과거의 정책을 약간 수정한 정책결정이 이루어지고, 여론의 반응에 따라 정책수정을 반복한다.

> 점증모형은 과거의 정책을 약간 수정한 정책결정이 이루어지고, 여론의 반응에 따라 정책수정을 반복한다.

---

04 혼합모형은 **엘리트모형과 점증모형의 절충적인 형태**의 모형이다.

> 혼합모형은 합리모형과 점증모형의 절충적인 형태의 모형이다.

03-06-11

05 권력을 가진 소수에 의해 정책이 결정된다고 보는 이론은 **쓰레기통모형**이다.

> 권력을 가진 소수에 의해 정책이 결정된다고 보는 이론은 엘리트모형이다.

---

06 **공공선택모형**은 합리적 행위자 모형, 조직과정 모형, 관료정치 모형으로 구성되어 있다.

> 앨리슨모형은 합리적 행위자 모형, 조직과정 모형, 관료정치 모형으로 구성되어 있다.

빈칸에 들어갈 알맞은 말을 채워보자

01 (　　　　　　　)은/는 정책결정 과정에 참여한 관료들 간에 이루어지는 협상, 타협, 경쟁 등 정치적 게임의 결과로 보는 관료정치 모형을 제시하였다.

`21-06-22`
02 (　　　　　)은/는 체계론적 시각에서 정책성과를 최적화하려는 정책결정 모형이다.

`10-06-05`
03 (　　　　　)은/는 목표달성을 극대화할 수 있는 최선의 정책대안을 찾을 수 있다.

`08-06-11`
04 조직화된 혼란상태 속에서 우연적으로 정책결정이 이루어진다고 보는 것은 (　　　　)이다.

05 (　　　　　)은/는 기본적 결정이 중대한 영향을 미치고 후속적인 세부 결정의 범주와 방향을 제시하는 것이다.

 답 **01** 앨리슨 모형　**02** 최적모형　**03** 합리모형　**04** 쓰레기통모형　**05** 혼합모형

다음 내용이 옳은지 그른지 판단해보자

`17-06-12`
01 쓰레기통모형은 정책의 흐름 속에 떠다니던 정책대안이 연결되어 정책결정의 기회를 맞는다.

`12-06-15`
02 인간의 제한적 합리성을 전제로 하여 정책대안을 선택하는 것은 합리모형이다.

03 만족모형은 지나치게 주관적이라는 비판이 있다.

04 공공선택이론에 따르면 사회복지 재화와 서비스는 사회복지를 둘러싼 정치적 이해관계에 의해 제공된다.

05 최적모형은 정책결정에는 경제적 합리성과 함께 직관, 판단력, 창의력 등 초합리적 요소까지도 동시에 고려해야 한다는 이론이다.

답 **01**○　**02**×　**03**○　**04**○　**05**○

해설 **02** 제한적 합리성을 기초로 하여 정책을 결정한다고 보는 것은 만족모형에 해당하는 설명이다.

5장

사회복지정책의 분석틀

이 장에서는

사회복지정책의 분석유형, 사회복지정책의 대상, 사회복지정책의 급여, 사회복지정책의 재원, 사회복지정책의 전달체계 등을 다룬다.

10년간 출제분포도

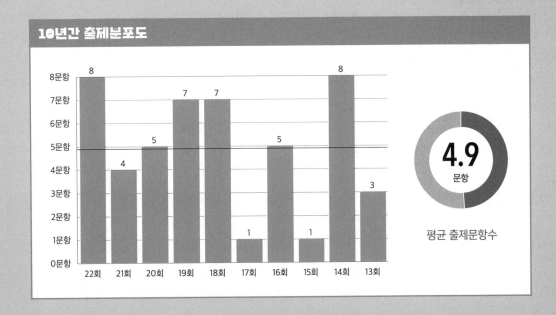

평균 출제문항수

4.9 문항

174 사회복지정책의 분석틀

강의 QR코드

1 회독 월 일 | 2 회독 월 일 | 3 회독 월 일

최근 10년간 **6문항** 출제

복습 1 이론요약

사회복지정책 분석의 유형(3P)

기본개념
사회복지정책론
pp.138~

▶ 과정분석

- 사회복지정책 형성의 역동성을 중심으로 하여 분석하는 접근으로서, **정책의 계획과 관련된 문제**들을 다룬다.
- 정책의 계획과 관련된 각종 정보와 다양한 정치조직, 정부기관, 기타 조직들 간의 관계 및 상호작용이 정책형성에 어떻게 영향을 미치는가를 분석하는 것에 관심을 둔다.
- 과정분석을 통하여 사회복지정책 형성에 영향을 주는 사회적·정치적·경제적인 배경 요인 등을 파악한다.
- 분석수준에 있어서 사회복지제도 전체를 대상으로 할 수도 있고 특정한 제도 한 가지만을 대상으로 할 수도 있다.
- 시간적 차원으로 장기간에 걸친 제도의 발달을 다룰 수도 있고 단기간의 변화를 다룰 수도 있다.
- 정책결정에 있어서의 정치적·기술적 투입요소에 대한 사례를 연구한다.

▶ 산출분석

- **정책의 운영(행정)과 관련된 문제**들을 다루며, 기획 과정을 통해 얻게 되는 산물로서 프로그램 안이나 법률안에 대한 여러 쟁점을 분석한다.
- 특정한 방향으로 설계된 정책에 있어서 그 정책에 포함되어 있는 정책 선택의 형태와 내용을 분석한다.
- 특정 선택에 따라 배제된 대안을 분석하거나 선택의 근거가 된 가치와 이론, 가정들에 대한 문제를 분석한다.

▶ 성과분석

- **정책의 조사연구에 관한 문제**들을 다루며, 프로그램이 얼마나 잘 실행되었는가, 프로그램 실시로 얻은 영향이 무엇인가를 연구한다.
- 프로그램이 실행된 결과나 영향을 평가하는 것이며, 다른 두 가지 분석 유형보다 더 객관적이고 체계적인 분석을 요구한다.
- 성과는 질적, 양적 자료의 수집을 통해서 다양한 학문분야에서 개발된 방법론적 도구를 통해서 측정할 수 있으며, 조사방법론은 성과를 측정하는 데 관련된 중요한 기술적, 이론적 지식과 기법을 제공한다.

사회복지정책에 대한 4가지 분석틀(Gilbert & Specht)

- 할당체계(수급자격): **누가 급여를 받는가?**
- 급여체계(급여종류): **무엇을 받는가?**
- 전달체계(전달방법): **어떻게 급여를 받는가?**
- 재정체계(재정마련방법): **누가 급여를 지불하는가?**

기출문장 CHECK

01 (21-06-20) 산물분석 결과는 기존의 사회주류적 입장을 대변할 가능성이 높다.

02 (20-06-15) 우리나라 건강보험제도의 재정체계로는 보험료, 국고보조금, 이용료가 있다.

03 (19-06-09) 산물분석은 정책선택에 관련된 여러 가지 쟁점을 분석하는 접근방법이다.

04 (18-06-15) 과정분석은 정책사정(policy assessment)이 어떻게 이루어지는지를 이해하기 위한 목적에서 이루어진다.

05 (14-06-22) 노인장기요양보험법 제정에서 이익집단의 영향 분석은 정책분석의 3P(과정분석, 산물분석, 성과분석) 중 과정분석의 사례에 해당한다.

06 (12-06-12) 정책분석틀을 할당, 급여, 재정, 전달체계로 구분하는 것은 산물분석에 적합하다.

07 (11-06-10) 기초연금과 국민연금의 대상자 선정기준 분석은 사회복지정책에 대한 분석적 접근방법 중 산물(product)분석에 해당한다.

08 (10-06-08) 길버트와 테렐(Gilbert & Terrell)이 말한, 사회복지정책에 대한 분석적 접근방법에는 과정(process)분석, 산물(product)분석, 성과(performance)분석이 있다.

09 (09-06-09) 길버트와 테렐(Gilbert & Terrell)이 제시한 정책분석모형에서 네 가지 선택의 차원(할당, 급여, 전달체계, 재원)과 세 가지 축(가치, 이론, 대안)을 이용하여 정책설계의 중요한 구성요소들을 분석한 정책분석 접근방법은 산물(product)분석이다.

10 (08-06-13) 길버트와 스펙트가 사회복지정책 분석기준으로 활용한 4가지 선택영역 중 급여는 무엇을 제공할 것인가에 대한 선택을 말한다.

11 (07-06-10) 산물분석은 정책 선택의 형태와 내용을 분석한다.

12 (05-06-26) 길버트와 테렐이 말한 사회복지정책의 분석적 접근방법 중 효과는 정책결과를 평가한다.

대표기출 확인하기

21-06-20   난이도 ★★☆

사회복지정책분석에서 산물(product)분석의 한계에 관한 설명으로 옳은 것은?

① 정해진 틀에 따라 사회복지정책 내용을 분석함으로써 적용된 사회적 가치를 평가하기 쉽다.
② 사회복지정책의 방향성을 제시하기가 용이하다.
③ 현행 사회복지정책에서 배제되고 차별받는 사람들의 욕구를 파악하기 쉽다.
④ 산물분석 결과는 기존의 사회주류적 입장을 대변할 가능성이 높다.
⑤ 사회복지정책의 구체적인 대안을 담아내기 쉽다.

 알짜확인

• 사회복지정책의 분석유형(3P)을 이해해야 한다.
• 길버트와 테렐의 4가지 정책선택 차원의 내용을 이해해야 한다.

답 ④

✅ **응시생들의 선택**

① 22%	② 9%	③ 8%	④ 55%	⑤ 6%

④ 산물분석은 기획 과정을 통해 얻게 되는 산물로서 프로그램안이나 법률안에 대한 여러 쟁점을 분석하므로 그 결과가 기존의 사회주류적 입장을 대변할 가능성이 높다. 특정한 방향으로 설계된 정책에 있어서 그 정책에 포함되어 있는 정책 선택의 형태와 내용을 분석하며, 특정 선택에 따라 배제된 대안을 분석하거나 선택의 근거가 된 가치와 이론, 가정들에 대한 문제를 분석한다.

➕ **덧붙임**

사회복지정책의 분석유형(3P)과 관련해서는 분석유형에 해당하는 것을 고르거나 분석유형에 대한 설명으로 옳은 것을 고르는 단순한 형태가 주로 출제되었지만, 최근에는 사례에 해당하는 분석 유형을 고르는 고난이도 문제도 출제되고 있다. 최근 시험에서 자주 출제되지는 않았지만 길버트와 테렐의 4가지 정책선택 차원의 내용도 반드시 정리해야 한다.

관련기출 더 보기

20-06-15   난이도 ★★☆

우리나라의 건강보험제도를 할당, 급여, 전달체계, 재정의 영역으로 구분한 것이다. 내용 연결이 옳은 것을 모두 고른 것은?

> ㄱ. 할당 – 기여조건
> ㄴ. 급여 – 현금급여, 현물급여
> ㄷ. 전달체계 – 민간전달체계, 공공전달체계
> ㄹ. 재정 – 보험료, 국고보조금, 이용료

① ㄱ, ㄴ
② ㄱ, ㄷ
③ ㄱ, ㄴ, ㄷ
④ ㄴ, ㄷ, ㄹ
⑤ ㄱ, ㄴ, ㄷ, ㄹ

답 ⑤

✅ **응시생들의 선택**

① 5%	② 4%	③ 11%	④ 31%	⑤ 49%

⑤ **국민건강보험제도에 대한 4가지 분석틀**
• 할당(수급자격: 대상체계) – 사회보험 방식으로서 보험료 기여를 급여 수급자격 조건으로 하고 있다.
• 급여(급여종류: 급여체계) – 현금급여(요양비, 장애인 보조기기)와 현물급여(요양급여, 건강검진)의 형태로 급여를 지급하고 있다.
• 전달(전달방법: 전달체계) – 민간전달체계와 공공전달체계가 함께 건강보험 급여 서비스를 전달하고 있다.
• 재정(재정 마련 방법: 재정체계) – 가입자 및 사용자로부터 징수한 보험료, 국고보조금 및 건강증진기금 등의 정부지원금, 본인 일부부담금과 같은 이용료를 통해 재정이 마련되고 있다.

난이도 ★★☆

길버트(N. Gilbert)와 스펙트(H. Specht) 등의 사회복지정책 분석에 관한 설명으로 옳지 않은 것은?

① 과정분석은 정책형성에 영향을 미치는 사회정치적 · 기술적 · 방법적 변수를 중심으로 분석하는 접근방법이다.
② 산물분석은 정책선택에 관련된 여러 가지 쟁점을 분석하는 접근방법이다.
③ 성과분석은 실행된 정책이 낳은 결과를 기술하고 분석하는 접근방법이다.
④ 산물분석은 할당, 급여, 전달체계, 재정 차원으로 구분하여 분석한다.
⑤ 과정분석은 연구자의 주관을 배재해야 한다.

답 ⑤

✅ 응시생들의 선택

① 8%	② 39%	③ 5%	④ 9%	⑤ 39%

⑤ 연구자의 주관을 배재해야 하는 것은 정책결과에 대한 객관적이고 체계적인 해석에 관한 것으로 성과분석에 해당한다.

난이도 ★★☆

사회복지정책을 분석하는 접근방법에 관한 설명으로 옳은 것은?

① 산물분석은 특정정책이 실행된 이후 그 결과를 분석 · 평가하는 데 관심을 둔다.
② 산물분석은 정책이 형성되는 사회정치적 맥락을 고찰한다.
③ 성과분석은 정책결정이라는 정책활동의 결과물에 대한 내용을 분석하는 것이다.
④ 과정분석은 정책 기획과정(planning process)을 거쳐 이끌어 낸 여러 정책대안을 분석한다.
⑤ 과정분석은 정책사정(policy assessment)이 어떻게 이루어지는지를 이해하기 위한 목적에서 이루어진다.

답 ⑤

✅ 응시생들의 선택

① 12%	② 11%	③ 14%	④ 19%	⑤ 44%

① 특정정책이 실행된 이후 그 결과를 분석 · 평가하는 데 관심을 두는 것은 성과분석이다.
② 정책이 형성되는 사회정치적 맥락을 고찰하는 것은 과정분석이다.
③ 정책결정이라는 정책활동의 결과물에 대한 내용을 분석하는 것은 산물분석이다.
④ 정책 기획과정을 거쳐 이끌어 낸 여러 정책대안을 분석하는 것은 산물분석이다.

난이도 ★★☆

정책분석의 3P(과정분석, 산물분석, 성과분석) 중 과정분석의 사례에 해당하는 것은?

① 근로장려세제(EITC)의 근로유인효과 분석
② 자활사업참여자의 공공부조 탈수급효과 분석
③ 노인장기요양보험법 제정에서 이익집단의 영향 분석
④ 노숙인에 대한 공공임대주택정책의 탈노숙 효과 분석
⑤ 보육서비스 정책이 출산율 증가에 미치는 영향 분석

답 ③

✅ 응시생들의 선택

① 15%	② 7%	③ 52%	④ 5%	⑤ 21%

③ 과정분석은 사회복지정책 형성과정 분석으로서 정책의 계획과 관련된 각종 정보와 다양한 정치조직, 정부기관, 기타 조직들 간의 관계 및 상호작용이 정책형성에 어떻게 영향을 미치는가를 분석하는 것이다.

난이도 ★★★

사회복지정책에 대한 분석적 접근방법 중 산물(product)분석에 관한 예로 옳은 것을 모두 고른 것은?

ㄱ. 자활사업 참여자와 비참여자의 공공부조 탈수급률 비교 분석
ㄴ. 국민기초생활보장제도의 형성과정 분석
ㄷ. 근로장려세제(EITC)의 저소득층 근로유인효과 분석
ㄹ. 기초연금과 국민연금의 대상자 선정기준 분석

① ㄱ, ㄴ, ㄷ   ② ㄱ, ㄷ
③ ㄴ, ㄹ   ④ ㄹ
⑤ ㄱ, ㄴ, ㄷ, ㄹ

답 ④

✅ 응시생들의 선택

① 7%	② 62%	③ 13%	④ 11%	⑤ 7%

④ ㄱ, ㄷ. 성과분석: 정책결과와 효과를 평가한다.
　ㄴ. 과정분석: 사회복지정책과정에 대한 분석이다.

다음 내용이 왜 틀렸는지를 확인해보자

18-06-15

01 **과정분석**은 정책 기획과정(planning process)을 거쳐 이끌어 낸 여러 정책대안을 분석한다.

> 산물분석은 정책 기획과정(planning process)을 거쳐 이끌어 낸 여러 정책대안을 분석한다.

12-06-12

02 **성과분석**은 정책의 운영과 관련된 문제들을 다룬다.

> 정책의 운영과 관련된 문제들을 다루는 것은 산출분석이다.

10-06-08

03 길버트와 테렐이 말한 사회복지정책의 분석적 접근방법으로 **효율성분석, 산물분석, 성과분석**이 있다.

> 길버트와 테렐이 말한 사회복지정책의 분석적 접근방법으로 과정분석, 산물분석, 성과분석이 있다.

---

04 사회복지정책 분석의 4가지 기본틀에서 **전달체계**는 사회적 급여에 필요한 재정을 마련하기 위한 방법은 무엇인 가라는 질문에 대한 응답이다.

> 사회복지정책 분석의 4가지 기본틀에서 재정체계는 사회적 급여에 필요한 재정을 마련하기 위한 방법은 무엇 인가라는 질문에 대한 응답이다.

09-06-09

05 길버트와 테렐은 사회복지정책 분석의 기본틀로 **할당, 목표, 전달체계, 수익**을 제시하였다.

> 길버트와 테렐은 사회복지정책 분석의 기본틀로 할당, 급여, 전달체계, 재정을 제시하였다.

---

06 **성과분석**은 정책의 계획과 관련된 각종 정보와 다양한 정치조직, 정부기관, 기타 조직들 간의 관계 및 상호작용 이 정책형성에 어떻게 영향을 미치는가를 분석하는 것이다.

> 과정분석은 정책의 계획과 관련된 각종 정보와 다양한 정치조직, 정부기관, 기타 조직들 간의 관계 및 상호작용 이 정책형성에 어떻게 영향을 미치는가를 분석하는 것이다.

빈칸에 들어갈 알맞은 말을 채워보자

14-06-22
01 노인장기요양보험법 제정에서 이익집단의 영향을 분석하는 것은 (   )에 해당한다.

08-06-13
02 길버트와 스펙트가 사회복지정책분석 기준으로 활용한 4가지 선택영역 중 (   )은/는 누구에게 제공할 것인가에 대한 선택이다.

03 (   )은/는 프로그램이 얼마나 잘 실행되었는가, 프로그램 실시로 얻은 영향이 무엇인가를 연구한다.

04 사회복지정책 분석의 4가지 기본틀에서 (   )은/는 어떻게 제공할 것인가의 선택에 해당한다.

 01 과정분석 **02** 할당 **03** 성과분석 **04** 전달

다음 내용이 옳은지 그른지 판단해보자

12-06-12
01 정책분석틀을 할당, 급여, 재정, 전달체계로 구분하는 것은 산물분석에 적합하다.

11-06-10
02 자활사업 참여자와 비참여자의 공공부조 탈수급률 비교 분석은 과정분석에 해당한다.

03 과정분석을 통하여 사회복지정책 형성에 영향을 주는 사회적·정치적·경제적인 배경요인 등을 파악할 수 있다.

04 사회복지정책의 4가지 선택의 차원을 3가지 축(대안, 가치, 이론)에 따라 분석할 수 있다.

05 성과분석은 특정 선택에 따라 배제된 대안을 분석하거나 선택의 근거가 된 가치와 이론, 가정들에 대한 문제를 분석한다.

 01 ○ **02** × **03** ○ **04** ○ **05** ×

해설 **02** 자활사업 참여자와 비참여자의 공공부조 탈수급률 비교 분석은 성과분석에 해당한다.
05 산물분석은 특정 선택에 따라 배제된 대안을 분석하거나 선택의 근거가 된 가치와 이론, 가정들에 대한 문제를 분석한다.

175 사회복지정책의 대상

강의 QR코드

1회독 월 일 2회독 월 일 3회독 월 일

1 이론요약

보편주의와 선별주의

▶ **보편주의**

• 사회복지정책의 급여나 서비스를 <u>모든 사람들이 이용하고 접근할 수 있도록 하는 것</u>을 말한다.

• 공적으로 제공되는 서비스를 사람들이 이용함에 있어서 어떠한 열등감도 가지지 않게끔 해야 하며, 어떠한 수치심이나 낙인감도 가지지 않게끔 해야 한다는 것이다.

• 사회복지의 권리성, 연대의 가치를 강조하며, 대표적인 제도에는 사회수당, 사회보험 등이 있다.

• 선별주의적인 제도에 비해 <u>행정비용이 상대적으로 적게 소요</u>되어 운영효율성이 높다.

▶ **선별주의**

• 사회복지 대상자를 <u>특정한 조건이나 제한을 두어 선별적으로 결정하는 것</u>을 말한다.

• 급여에 대한 욕구에 기초하여 대상자가 결정되며, 욕구의 존재여부는 자산조사에 의해 판별하기에 **낙인이 발생**할 수 있다.

• 비용효과성을 강조하며, 대표적인 제도에는 공공부조제도가 있다.

기본개념

사회복지정책론
pp.141~

대상선정 기준

▶ **귀속적 욕구**

• 시장에 존재하는 기존의 제도에 의해서는 **충족되지 않는 욕구를 공통적으로 가진 집단에 속한 경우** 급여를 제공하는 것이다.

• 욕구의 귀속범위를 가장 광범위하게 정의하는 것은 욕구가 모든 국민에게 귀속되어 있다고 보는 경우이다.

• 대부분은 <u>인구학적 조건과 선별주의적 자격조건을 결합하여 운영</u>하며, 대표적인 제도에는 사회수당제도가 있다.

▶ **보상**

• **사회에 특별한 기여를 한 사람들에 대한 보상**으로서 급여자격이 주어지는 경우이다.

• 국가유공자나 독립유공자를 대상으로 한 제도가 이에 해당된다.

• 국가유공자에 대한 급여와 같이 사회적인 기여를 기준으로 제공하는 프로그램들도 있다.

▶ **진단적 차등**

- 전문가의 분류나 판단에 근거하여 급여를 제공하는 것이다.
- 진단적 차등이 반영된 대표적인 것이 노인장기요양보험제도에서의 요양등급 분류라 할 수 있는데, 각 개인의 요양등급을 전문가가 판단하여 등급에 따라 급여를 차등 지급한다.

▶ **자산조사**

- 가장 선별주의적인 자격조건으로, 주로 공공부조 프로그램에 서 자격기준으로 사용한다.
- 각 개인이 재화와 서비스를 스스로 구매할 능력이 없다는 것을 <u>소득과 재산에 대한 조사를 통해 확인</u>하고 급여를 제공하는 것이다.
- 우리나라에서는 국민기초생활보장제도나 의료급여제도 등에서 자산조사를 사용한다.

기출문장 CHECK

01 (22-06-05) 보편주의는 기여자와 수혜자를 구별하지 않는다.

02 (20-06-13) 노인장기요양보험제도는 요양등급을 판정하여 급여를 제공하므로 진단적 구분이 적용된다.

03 (19-06-11) 장애인연금, 기초연금, 의료급여 등은 선별주의에 근거한 제도에 해당한다.

04 (19-06-13) 연령, 자산조사, 기여 여부, 진단적 차등 등은 사회복지정책의 수급조건에 해당한다.

05 (18-06-13) 아동수당은 인구학적 기준을 적용한 제도이다.

06 (17-06-02) 우리나라 사회복지제도 중에서 보편주의 범주에 포함되는 것은 실업급여이다.

07 (16-06-11) 인구학적 기준에 따른 사회수당은 운영효율성이 높다.

08 (14-06-13) 자활사업, 기초연금, 의료급여, 장애인연금은 선별주의에 입각한 제도이다.

09 (14-06-14) 시장을 통해 충족되지 않는 어떤 욕구를 공통적으로 가진 집단에 속하는지 여부에 근거하는 원칙을 귀속욕구(attributed need)라고 한다.

10 (13-06-01) 보편주의는 사회적 통합 효과가 있다.

11 (12-06-10) 진단적 구분은 재화 혹은 서비스의 필요성에 대한 전문가의 판단에 의존한다.

12 (11-06-17) 기초연금은 인구학적 기준과 자산조사를 모두 고려한다.

13 (11-06-20) 선별주의는 욕구를 스스로의 능력으로 해결할 수 없는 사람으로 정책대상을 제한한다.

14 (10-06-10) 자산조사는 선별주의 원칙에 부합한다.

15 (09-06-10) 수급자격이 권리보다 시혜적 성격으로 주어질 때 낙인 발생 가능성이 높다.

16 (09-06-15) 보편주의적 프로그램은 대상자 자격관리가 용이하다.

17 (08-06-14) 국민기초생활보장제도 자활사업 대상자는 근로능력 유무의 기준으로 선정한다.

18 (08-06-16) 사회복지 대상자 선정기준을 귀속적 욕구, 보상, 진단적 차별, 자산조사로 구분할 수 있다.

19 (06-06-16) 국민연금, 장애인연금, 기초연금은 급여대상을 결정하는 데 있어서 연령이 중요한 조건이 되는 사회복지제도이다.

20 (04-06-20) 사회수당은 인구학적 조건만으로 급여를 지급한다.

21 (03-06-12) 산재보험, 고용보험, 국민연금, 건강보험은 보편주의에 기초한 프로그램이다.

22 (03-06-15) 사회복지 급여의 대상자 선택기준에는 보상, 자산조사, 진단적 구분, 귀속적 욕구가 있다.

대표기출 확인하기

22-06-05
난이도 ★★★

보편주의와 선별주의에 관한 설명으로 옳은 것을 모두 고른 것은?

ㄱ. 보편주의는 시민권에 입각해 권리로서 복지를 제공하므로 비납세자는 사회복지 대상에서 제외한다.
ㄴ. 보편주의는 기여자와 수혜자를 구별하지 않는다.
ㄷ. 선별주의는 수급자격이 제한된 급여를 제공하기 위해 자산조사 또는 소득조사를 한다.
ㄹ. 보편주의자와 선별주의자 모두 사회적 평등성 또는 사회적 효과성을 나름대로 추구한다.

① ㄷ
② ㄱ, ㄷ
③ ㄴ, ㄹ
④ ㄱ, ㄴ, ㄹ
⑤ ㄴ, ㄷ, ㄹ

▶ 알짜확인

• 보편주의와 선별주의의 개념과 특징을 비교하여 파악해야 한다.
• 사회복지정책의 대상선정 기준의 유형과 원리를 이해해야 한다.

답 ⑤

✔ 응시생들의 선택

① 5%	② 7%	③ 2%	④ 1%	⑤ 85%

⑤ ㄱ. 보편주의에 있어서 사회복지정책 급여는 사회적 권리로서 모든 국민에게 주어져야 한다는 관점을 강조한다. 납세 여부와 관계 없이 모든 국민이 사회복지 대상이 될 수 있다.

➕ 덧붙임

대상선정 기준 혹은 할당원리에 관한 문제는 보편주의와 선별주의 원칙을 비교하는 유형, 각각의 기준 혹은 원리에 대한 설명을 묻는 유형으로 주로 출제되고 있다. 특히 우리나라 사회복지제도의 구체적인 대상선정 기준에 대한 문제처럼 기준과 실제 제도를 연결해서 이해하는 문제의 경우에는 실제 제도의 기준에 대한 포괄적인 이해를 요구한다.

관련기출 더 보기

20-06-13
난이도 ★★★

우리나라 사회복지제도의 급여자격 조건에 관한 설명으로 옳은 것은?

① 국민연금은 소득수준 하위 70%를 기준으로 급여자격이 부여되므로 자산조사 방식이 적용된다.
② 노인장기요양보험제도는 요양등급을 판정하여 급여를 제공하므로 진단적 구분이 적용된다.
③ 아동수당은 전체 아동이 적용대상이 아니므로 선별주의 제도이다.
④ 국민기초생활보장제도는 부양의무자 조건을 완화하였으므로 보편주의 제도이다.
⑤ 장애인연금은 모든 장애인에게 지급하는 보편주의 제도이다.

답 ②

✔ 응시생들의 선택

① 7%	② 80%	③ 5%	④ 3%	⑤ 5%

① 국민연금은 보험료 등으로 필요한 재원을 조달하여 급여를 제공하는 제도로서 사회보험 방식이 적용된다.
③ 아동수당은 전체 아동을 적용대상으로 하는 보편주의 제도이다.
④ 국민기초생활보장제도는 부양의무자 조건이 완화되고 있으나, 기준 중위소득을 통한 선정기준을 적용하여 대상자를 선별해 급여를 제공하는 선별주의 제도이다.
⑤ 장애인연금제도는 18세 이상의 중증장애인으로서 소득인정액이 그 중증장애인의 소득·재산·생활수준과 물가상승률 등을 고려하여 보건복지부장관이 정하여 고시하는 금액 이하인 사람을 수급권자로 하는 선별주의 제도이다.

19-06-11 난이도 ★★☆

선별주의에 근거한 제도에 해당하는 것을 모두 고른 것은?

> ㄱ. 장애인연금
> ㄴ. 아동수당
> ㄷ. 기초연금
> ㄹ. 의료급여

① ㄱ, ㄴ, ㄷ
② ㄱ, ㄴ, ㄹ
③ ㄱ, ㄷ, ㄹ
④ ㄴ, ㄷ, ㄹ
⑤ ㄱ, ㄴ, ㄷ, ㄹ

답 ③

응시생들의 선택

① 10%	② 9%	③ 66%	④ 2%	⑤ 13%

③ ㄴ. 아동수당은 사회수당으로서 보편주의적 제도에 해당한다. 보편주의란 사람들이 지위나 존엄성, 그리고 자존감을 상실하는 굴욕적인 상황에 처하지 않게끔 하면서 사회복지정책의 급여나 서비스를 모든 사람들이 이용하고 접근할 수 있도록 하는 것이다. 사회복지의 권리성, 연대의 가치를 강조하며, 사회수당, 사회보험 등이 이에 해당한다.

18-06-13 난이도 ★★☆

우리나라 사회복지정책의 대상선정에 관한 설명으로 옳은 것은?

① 소득이나 자산을 조사하여 대상을 선정하는 것은 보편주의 원칙에 부합한다.
② 아동수당은 인구학적 기준을 적용한 제도이다.
③ 장애수당은 전문가의 진단을 고려하지 않는다.
④ 긴급복지지원제도는 보편주의 원칙에 부합한다.
⑤ 기초연금의 대상선정 기준에는 부양의무자 유무가 포함된다.

답 ②

응시생들의 선택

① 7%	② 62%	③ 1%	④ 7%	⑤ 23%

① 소득이나 자산을 조사하여 대상을 선정하는 것은 선별주의 원칙에 부합한다.
③ 장애수당의 지급대상으로 선정되기 위해서는 전문가의 진단이 필요하다.
④ 긴급복지지원제도는 선별주의 원칙에 부합한다.
⑤ 기초연금의 대상선정 기준에는 부양의무자 유무는 포함되지 않으며, 인구학적 기준과 자산조사를 통해 대상을 선정한다.

17-06-02 난이도 ★★☆

우리나라 사회복지제도 중에서 보편주의 범주에 포함되는 것은?

① 의료급여
② 생계급여
③ 주거급여
④ 실업급여
⑤ 기초연금

답 ④

응시생들의 선택

① 16%	② 3%	③ 1%	④ 41%	⑤ 39%

④ 국민기초생활보장제도(의료급여, 생계급여, 주거급여), 기초연금은 모두 공공부조제도로서 선별주의적인 제도에 해당한다. 반면, 실업급여는 의무적으로 가입하는 사회보험 중 하나인 고용보험의 급여로서 보편주의적인 제도에 속한다.

16-06-11 난이도 ★★★

인구학적 기준에 따른 사회수당에 관한 설명으로 옳지 않은 것은?

① 운영효율성이 높다.
② 사회통합에 기여할 수 있다.
③ 낙인문제가 발생하지 않는다.
④ 사회적 적절성 가치 실현 정도가 높다.
⑤ 공공부조에 비해 근로동기 감소효과가 적다.

답 ④

응시생들의 선택

① 22%	② 4%	③ 19%	④ 20%	⑤ 35%

④ 사회적 적절성이란 인간다운 생활을 할 수 있도록 적절한 수준의 급여를 제공하는 것을 의미한다. 사회수당제도는 보편주의 수당으로서, 자격조건이 단순하고 특정한 인구학적 기준(출생, 사망, 연령 등)만 충족하면 급여가 주어진다는 점에서 사회적 적절성 가치 실현 정도는 높지 않다.

13-06-01 　　　　　난이도 ★☆☆

선별주의 정책과 보편주의 정책의 특징을 옳게 연결한 것은?

① 선별주의 – 모든 국민 대상
② 선별주의 – 간편한 행정 업무
③ 보편주의 – 빈곤의 덫 유발
④ 보편주의 – 사회적 통합 효과
⑤ 보편주의 – 사회적 낙인 유발

답 ④

✅ 응시생들의 선택

① 0%	② 2%	③ 9%	④ 88%	⑤ 1%

④ 보편주의에 기반한 정책은 일반적으로 모든 사람에게 권리로서 급여가 제공되어야 한다는 원칙 아래 대상의 보편성을 강조하며, 대상자를 선별하기 위한 자산조사와 같은 과정이 필요하지 않거나 간편하기 때문에 행정 업무에 소요되는 비용이나 노력이 선별주의에 비해 상대적으로 적고, 인간의 존엄성과 사회통합에 더 효과적인 측면이 있다. 반면에 선별주의에 기반한 정책은 자산조사를 통해 대상을 선별하며, 이러한 과정에서 급여를 제공받는 수급자에게 치욕감과 같은 사회적 낙인 효과를 유발하며 인간의 존엄성이라는 가치를 훼손한다는 비판을 받기도 한다.

13-06-13 　　　　　난이도 ★★★

국민기초생활보장제도에서 사회적 할당(social allocation)의 핵심 기준은?

① 귀속적 욕구
② 진단적 차등
③ 경제적 기여
④ 소득과 재산
⑤ 보상적 욕구

답 ④

✅ 응시생들의 선택

① 46%	② 12%	③ 6%	④ 30%	⑤ 6%

④ 국민기초생활보장제도는 자산조사를 기반으로 한다.

➕ 덧붙임

사회복지제도의 구체적인 대상선정 기준과 실제 제도를 연결해서 이해하는 유형으로서 현재 우리나라에서 시행되고 있는 각각의 제도별 특징에 대한 포괄적인 이해를 요구하는 문제이다.

12-06-10 　　　　　난이도 ★★★

할당의 원리에 관한 설명으로 옳지 않은 것은?

① 귀속적 욕구의 원리에서 욕구는 규범적 기준에 의해 정해진다.
② 공헌 혹은 피해 집단에 속하는가에 따른 할당은 보상의 원리에 해당한다.
③ 진단적 구분은 재화 혹은 서비스의 필요성에 대한 전문가의 판단에 의존한다.
④ 귀속적 욕구의 원리는 보편주의보다는 선별주의 할당원리에 가깝다.
⑤ 자산조사 원리는 욕구에 대한 경제적 기준과 개인별 할당이라는 두 가지 조건에 근거한다.

답 ④

✅ 응시생들의 선택

① 16%	② 9%	③ 22%	④ 31%	⑤ 22%

④ 거주 여부나 인구학적 속성과 같은 귀속적 욕구의 원리는 선별주의보다는 보편주의 할당원리에 가깝다.

11-06-17 　　　　　난이도 ★★☆

우리나라 사회복지제도의 급여자격기준에 관한 설명으로 옳은 것은?

① 기초연금은 인구학적 기준과 자산조사를 모두 고려한다.
② 국민기초생활보장제도는 인구학적 기준과 부양의무자 기준을 모두 고려한다.
③ 장애인연금은 자산조사를 하지 않고 진단적 구분을 기준으로 한다.
④ 노인장기요양보험은 인구학적 조건과 자산조사를 기준으로 한다.
⑤ 국민연금은 자산조사를 기준으로 한다.

답 ①

✅ 응시생들의 선택

① 61%	② 15%	③ 15%	④ 6%	⑤ 2%

② 국민기초생활보장제도는 자산조사(소득인정액 기준)와 부양의무자 기준을 모두 고려한다.
③ 장애인연금은 인구학적 기준과 진단적 차등, 자산조사를 기준으로 한다.
④ 노인장기요양보험은 인구학적 기준과 기여(보험료), 진단적 차등을 기준으로 한다.
⑤ 국민연금은 급여 종류에 따라 차이가 있으며 인구학적 기준과 기여(보험료), 진단적 차등 등을 기준으로 한다.

다음 내용이 왜 틀렸는지를 확인해보자

01 인구학적 기준은 가장 선별주의적인 자격조건으로서 주로 공공부조 프로그램에서 자격기준으로 사용한다.

> 가장 선별주의적인 자격조건으로서 주로 공공부조 프로그램에서 자격기준으로 사용하는 것은 자산조사이다.

02 선별주의는 공적으로 제공되는 서비스를 사람들이 이용함에 있어서는 그들로 하여금 어떠한 열등감도 가지지 않게끔 해야 한다고 주장한다.

> 보편주의는 공적으로 제공되는 서비스를 사람들이 이용함에 있어서는 그들로 하여금 어떠한 열등감도 가지지 않게끔 해야 한다고 주장한다.

14-06-13
03 자활사업, 기초연금, 의료급여, 장애인연금은 **보편주의**에 입각한 제도이다.

> 자활사업, 기초연금, 의료급여, 장애인연금은 선별주의에 입각한 제도이다.

13-06-13
04 국민기초생활보장제도에서 사회적 할당의 핵심 기준은 **인구학적 기준**이다.

> 국민기초생활보장제도에서 사회적 할당의 핵심 기준은 자산조사이다.

11-06-17
05 기초연금제도의 대상선정 기준에 해당하는 것은 **근로능력 유무와 보험료 기여**이다.

> 기초연금제도의 대상선정 기준에 해당하는 것은 자산조사와 인구학적 기준이다.

11-06-20
06 보편주의는 재분배 기능을 중요하게 고려하지만 **효과성은 고려하지 않는다.**

> 보편주의는 달성하고자 하는 목표와 사회복지정책의 시행과정에서 나타날 수 있는 다양한 사회적 효과 등을 포괄적인 맥락에서 고려한다.

빈칸에 들어갈 알맞은 말을 채워보자

16-06-11

01 운영효율성이 높고 낙인문제가 발생하지 않는 사회수당은 (   )에 따른다.

14-06-14

02 (   )(이)란 사회·경제적으로 특별한 공헌을 했는지 또는 사회로부터 부당한 피해를 입었는지 여부에 근거하는 원칙이다.

09-06-10

03 (   )은/는 인간의 존엄성을 훼손하며, 수급자격이 권리보다 시혜적 성격으로 주어질 때 발생 가능성이 높다.

04 우리나라의 사회복지제도 중 장애인연금은 인구학적 기준, (   ), 자산조사를 대상선정 기준으로 둔다.

05 보편주의는 사회효과성을 강조하고, 선별주의는 (   )을/를 강조한다.

답 **01** 인구학적 기준 **02** 보상 **03** 낙인 **04** 진단적 차등 **05** 비용효과성

다음 내용이 옳은지 그른지 판단해보자

01 `19-06-11` 장애인연금, 아동수당, 기초연금은 선별주의에 근거한 제도이다. ⊙⊗

02 `19-06-13` 사회복지정책의 수급조건에는 연령, 자산조사, 기여 여부, 진단평가 등이 있다. ⊙⊗

03 `17-06-11` 우리나라 사회복지제도 중에서 실업급여는 선별주의 범주에 해당된다. ⊙⊗

04 `13-06-01` 보편주의는 사회적 낙인을 유발한다. ⊙⊗

05 `11-06-17` 국민기초생활보장제도는 인구학적 기준과 부양의무자 기준을 모두 고려한다. ⊙⊗

06 `09-06-10` 사회보험 대상자는 공공부조 대상자보다 낙인을 받을 가능성이 낮다. ⊙⊗

07 진단적 차등은 전문가의 분류나 판단에 근거하여 급여를 제공하는 것이다. ⊙⊗

08 공공부조제도는 보통 낙인의 문제 때문에 신청을 기피하는 경향이 있으므로 포착률이 떨어질 수 있다. ⊙⊗

09 국민연금은 인구학적 기준, 보험료 기여, 진단적 차등 등으로 대상을 선정한다. ⊙⊗

10 선별주의의 가장 큰 장점은 사회통합이고 보편주의의 가장 큰 장점은 비용절감과 소득재분배라고 할 수 있다. ⊙⊗

답 01× 02○ 03× 04× 05× 06○ 07○ 08○ 09○ 10×

해설 **01** 장애인연금, 기초연금은 선별주의에 근거한 공공부조제도이지만, 아동수당은 보편주의에 근거한 사회수당에 해당한다.
03 실업급여는 사회보험 중 하나인 고용보험의 급여로서 보편주의 범주에 해당된다.
04 사회적 낙인을 유발하는 것은 선별주의이다.
05 국민기초생활보장제도는 자산조사(소득인정액 기준)와 부양의무자 기준을 모두 고려한다.
10 보편주의의 가장 큰 장점은 사회통합이고 선별주의의 가장 큰 장점은 비용절감과 소득재분배라고 할 수 있다.

176 사회복지정책의 급여

강의 QR코드

빈출

최근 10년간 **10문항** 출제 ★★★

복습 1 이론요약

현금급여

- 급여 수급자가 자신에게 필요한 **재화와 서비스를 직접 시장에서 구매하도록** 화폐형태로 지급하는 급여이다.
- **수급자 효용을 극대화**할 수 있으며, **수급자의 존엄성을 유지**시켜 줄 수 있다.
- 수급자들의 선택의 자유와 소비자 주권을 높일 수 있다.
- 불필요한 부분에 사용하는 것을 막을 수 없어 목표효율성이 떨어진다.

기본개념
사회복지정책론
pp.146~

현물급여

- 수급자에게 **필요한 물품 또는 서비스를 직접 급여로 제공**하는 형태이다.
- 현물급여 중 물품을 직접 급여의 형태로 사용하는 경우는 점차 줄어들고 있지만, 필요한 서비스의 경우 여전히 현물의 형태로 지급되고 있다.
- 정책의 목표효율성을 높일 수 있다.
- 현물급여를 통해 경제적 필요가 높은 사람들을 구별할 수 있기 때문에 필요한 대상자에게 집중적으로 급여를 할 수 있다.
- 수급자에게 **낙인감을 줄 수 있으며**, 수급여부가 노출되어 **개인의 존엄성을 해칠 수 있다**.
- 현물의 보관·유통과정에 추가적인 비용이 들기 때문에 운영효율성이 낮다.

증서(바우처)

- 정해진 용도 내에서 **원하는 재화나 서비스를 자유롭게 선택할 수 있는 일종의 이용권**이다.
- 소비자 선택의 자유를 비록 제한적이지만 살릴 수 있고, 무제한 선택의 자유에서 발생하는 목표효율성의 저하를 어느 정도 막을 수 있다.
- 급여 양에 대한 통제가 있으며, 서비스 공급자가 특정 소비자를 선호, 회피하는 현상이 발생할 수 있다.

기회

- 무형의 급여 형태로서 **어떤 집단이 접근하지 못했던 부분에 접근을 가능하게 만드는 것**이다.
- 사회적으로 취약한 위치에 있는 집단이나 불평등한 처우를 받는 집단에게 유리한 기회를 주어 보다 나은 생활을 유지할 수 있도록 하려는 것이다.
- 주요 대상으로는 여성, 장애인, 노인, 외국인 근로자 등 사회적으로 차별받고 있다는 사회적 인식이 형성되어 있는 집

단이 포함된다.

권력

- **수급자에게 정책결정에 있어 권력을 부여하여 그들에게 유리하게 결정될 수 있도록 하는 것**이다.
- 현금이나 증서처럼 쓰일 수 없지만 현물이나 기회보다는 훨씬 더 많은 선택의 여지를 제공할 수도 있다.
- 권한이 부여되었다고 해도 실질적인 효과가 나타날지에 대해서는 다소 부정적인 견해들이 많다.

급여형태 비교

유형	현금급여	바우처	현물급여	기회	권력
특징	• 수급자의 효용을 극대화할 수 있다. • 수급자의 존엄성을 유지시켜줄 수 있다. • 수급자들의 선택의 자유와 소비자 주권을 높일 수 있다.	• 증서나 상품권을 의미한다. 특정한 재화나 서비스에 대한 쿠폰이나 카드 형태로 제공한다. • 현금급여와 현물급여의 장·단점을 함께 갖고 있다.	• 수급자에게 낙인감을 줄 수 있고, 선택의 자유가 없다. • 가시적인 특성이 있기 때문에 정치적으로 선호되기도 한다. • 대량생산과 대량소비로 인한 규모의 경제효과를 꾀할 수 있다.	• 기회의 평등 가치에 근거한다. • 사회적으로 취약한 위치에 있는 집단이나 불평등한 처우나 차별을 받고 있는 집단에게 기회를 제공한다.	• 서비스 대상자나 급여수급자의 참여를 보장한다. • 재화나 자원을 통제하는 영향력의 재분배이다.
목표효율성	현물급여> 바우처> 현금급여			-	-
운영효율성	현금급여> 바우처> 현물급여			-	-
예	• 국민기초생활보장제도(생계급여, 교육급여, 해산급여, 장제급여) • 건강보험(요양비, 장애인 보조기기 구입비 등) • 국민연금(노령연금, 장애연금, 유족연금) • 고용보험(실업급여) • 산재보험(휴업급여, 장해급여, 상병보상연금, 유족급여) • 장애인연금	• 장애인활동지원서비스 • 산모/신생아건강관리지원사업 • 가사간병방문지원사업	• 노인장기요양보험(재가급여, 시설급여 등) • 건강보험(요양급여, 건강검진) • 산재보험(요양급여)	장애인 의무고용제도, 장애인 특례 입학제도, 여성고용할당제 등	국민기초생활보장제도의 시행과 관련해서 중앙생활보장위원회 참여 등

01 (22-06-03) 권력(power)은 재화와 자원을 통제할 수 있는 영향력을 의미하며 정책에 관한 의사결정권을 갖는 것을 말한다.

02 (22-06-04) 사회서비스 전자바우처는 금융기관 시스템을 활용하여 재정흐름의 투명성이 높아졌다.

03 (20-06-22) 사회복지 급여의 소비자 선택권은 현금급여, 바우처, 현물급여 순서로 낮아진다.

04 (19-06-10) 국민건강보험법상 장애인 보조기기에 대한 보험급여는 현금급여이다.

05 (16-06-09) 증서(voucher)는 현금급여에 비해 목표달성에 효과적이다.

06 (15-06-02) 현금급여는 복지상품이나 서비스의 선택권을 보장할 수 있다.

07 (14-06-04) 보건복지부 지역자율형 사회서비스투자사업에는 '지역사회서비스 투자사업, 산모·신생아 건강관리 지원사업, 가사·간병 방문지원사업'이 있다.

08 (14-06-15) 빈곤층 자녀의 대학입학정원 할당, 장애인 의무고용제 등은 사회복지정책의 급여형태 중 기회(opportunity)에 해당된다.

09 (14-06-20) 임신출산 진료비지원사업은 전자바우처 사회서비스사업 중 하나이다.

10 (12-06-09) 현물급여는 대상효율성이 높다.

11 (11-06-16) 증서(voucher)는 현물급여에 비해 서비스 제공자 간 서비스 질 경쟁 유도에 유리하다.

12 (10-06-13) 국민건강보험의 요양급여는 현물급여를 원칙으로 한다.

13 (10-06-29) 긍정적(positive) 차별은 기회라는 형태의 급여를 통해 부정적(negative) 차별을 보상하는 방법이다.

14 (09-06-14) 권력(power)은 재화나 자원을 통제하는 영향력의 재분배를 의미한다.

15 (09-06-19) 사회복지서비스 이용권(voucher)은 공급자에게 보조금을 지급하는 방식보다 공급자 간 서비스 질 경쟁을 유도하는 데 유리하다.

16 (08-06-19) 현금은 현물보다 인간의 존엄성을 존중한다.

17 (07-06-13) 현물급여는 관리비용이 많이 든다.

18 (06-06-15) 현금급여는 오용과 남용의 가능성이 있다.

19 (05-06-20) 현물급여는 현금급여에 비해 정치적으로 선택될 수 있다.

20 (04-06-17) 소비자 선택권이 충분할 만큼 시장이 발달하지 않았을 경우에는 현물급여가 낫다.

21 (04-06-19) 고용보험의 구직급여는 현금으로 지급하는 방식이다.

22 (03-06-16) 현금급여와 현물급여의 단점을 절충하기 위한 중간적 형태의 급여는 증서이다.

23 (02-06-13) 현금급여는 낙인감이 적다.

24 (01-06-06) 현물급여는 목표를 효율적으로 달성할 수 있다.

대표기출 확인하기

22-06-03 난이도 ★★☆

급여의 형태에 관한 설명으로 옳은 것을 모두 고른 것은?

ㄱ. 현금급여는 선택의 자유를 보장하지만 사회적 통제가 부과된다.
ㄴ. 현물급여는 집합적 선을 추구하고 용도 외 사용을 방지하지만 관리비용이 많이 든다.
ㄷ. 서비스는 클라이언트를 위한 제반 활동을 말하며 목적 외 다른 용도로 사용할 수 없다.
ㄹ. 증서는 일정한 범위 내에서만 교환가치를 가지기 때문에 개인주의자와 집합주의자 모두 선호한다.
ㅁ. 기회는 재화와 자원을 통제할 수 있는 영향력을 의미하며 정책에 관한 의사결정권을 갖는 것을 말한다.

① ㄱ, ㄹ
② ㄴ, ㅁ
③ ㄱ, ㄴ, ㄷ
④ ㄱ, ㄷ, ㅁ
⑤ ㄴ, ㄷ, ㄹ

 알짜확인

• 사회복지정책의 다양한 급여 형태를 이해해야 한다.

답 ⑤

✔ **응시생들의 선택**

① 3%	② 10%	③ 26%	④ 9%	⑤ 52%

⑤ ㄱ. 사회적인 통제가 부과되는 것은 현물급여이다. 현금급여는 수급자들의 선택의 자유와 소비자 주권을 높일 수 있다.
ㅁ. 재화와 자원을 통제할 수 있는 영향력을 의미하며 정책에 관한 의사결정권을 갖는 것은 권력(power)에 해당한다. 기회는 어떤 집단이 접근하지 못했던 부분에 접근을 가능하게 만드는 것이다. 이러한 기회라는 급여형태는 사회적으로 취약한 위치에 있는 집단이나 불평등한 처우를 받는 집단에게 유리한 기회를 주어 보다 나은 생활을 유지할 수 있도록 하려는 것이다.

➕ **덧붙임**

주요 급여 형태인 현금급여와 현물급여의 장단점을 비교하는 형식의 단순한 문제가 주로 출제되다가 현행 한국의 사회보장제도의 급여 형태에 대한 응용문제도 출제되고 있다. 급여 형태의 장단점에 대한 개별적인 이해를 넘어서 상호비교를 통한 이해가 필요하다. 최근 시험에서는 비물질적 급여인 기회와 권력에 대한 내용도 자주 다뤄지고 있다.

관련기출 더 보기

22-06-04 난이도 ★★☆

사회서비스 전자바우처에 관한 설명으로 옳지 않은 것은?

① 급여형태는 신용카드 또는 체크카드로 구현한 증서이다.
② 공급자 중심의 직접지원 또는 직접지불 방식이다.
③ 서비스 제공자의 도덕적 해이를 방지하기 위해 도입되었다.
④ 수요자의 선택권을 보장하기 위한 수단으로 활용되고 있다.
⑤ 금융기관 시스템을 활용하여 재정흐름의 투명성이 높아졌다.

답 ②

✔ **응시생들의 선택**

① 4%	② 58%	③ 24%	④ 9%	⑤ 5%

② 사회서비스 전자바우처 제도는 공급자 중심이 아닌 소비자 중심의 제도이며, 일종의 이용권을 통해 지불하는 방식으로서 현금급여와 현물급여의 중간 성격을 갖고 있다.

22-06-24 난이도 ★★☆

사회보장 급여 중 현물급여가 아닌 것은?

① 산업재해보상보험의 요양급여
② 고용보험의 상병급여
③ 노인장기요양보험의 재가급여
④ 국민기초생활보장의 의료급여
⑤ 국민건강보험의 건강검진

답 ②

✔ **응시생들의 선택**

① 11%	② 61%	③ 6%	④ 9%	⑤ 13%

② 고용보험의 상병급여는 현금급여이다. 실업을 신고한 이후에 질병·부상 또는 출산으로 취업이 불가능하여 구직활동을 할 수 없는 경우 구직급여를 받을 수 없으므로 생계에 어려움을 겪을 수 있는 대상자를 위한 급여이다.

사회복지 급여 형태에 관한 설명으로 옳은 것은?

① 현금급여는 사회적 통제를 강조한다.
② 현물급여는 자기결정권을 강조한다.
③ 바우처는 공급자에게 보조금을 직접 지원한다.
④ 기회를 제공하는 프로그램의 예로 장애인의무고용제를 들 수 있다.
⑤ 소비자 선택권은 현금급여, 바우처, 현물급여 순서로 높아진다.

답 ④

✅ 응시생들의 선택

① 2%	② 2%	③ 8%	④ 72%	⑤ 16%

① ② 현금급여는 수급자의 존엄성을 유지시켜 줄 수 있으며, 수급자들의 선택의 자유와 소비자 주권을 높일 수 있는 장점이 있으나, 목표효율성이 떨어진다. 반면, 현물급여는 급여를 받는 사람들이 용도 이외의 부분에 사용할 수 없기 때문에 정책 목표에 맞는 소비가 이루어지지만, 수급자에게 낙인감을 줄 수 있고, 정부 관료들에 의해서 권력을 행사하는 수단으로 쓰이기도 한다.
③ 바우처(증서)는 정해진 용도 내에서 원하는 재화나 서비스를 자유롭게 선택할 수 있는 일종의 이용권이다. 특정 계층의 소비자에게 서비스 이용권을 부여하는 방식으로 제공된다. 이 바우처 제도의 특징은 공급자 중심이 아닌 소비자 중심의 제도라는 점이다. 공급자의 선정 과정이 아닌 수혜자의 선택 과정에서 경쟁이 유발된다.
⑤ 소비자 선택권은 현금급여, 바우처, 현물급여 순서로 낮아진다. 즉, 현금급여가 소비자 선택권이 가장 높다.

➕ 덧붙임

초창기 시험에서는 현금급여와 현물급여에 관한 문제가 주로 출제되었으나 최근 시험에서는 증서(바우처)와 비물질적 급여인 기회, 권력에 관한 내용도 자주 다뤄지고 있다. 특히, 증서(바우처)는 단독 문제로도 자주 출제되고 있다.

사회보험제도의 급여와 급여 형태에 관한 설명으로 옳지 않은 것은?

① 고용보험법상 구직급여는 현물급여이다.
② 산업재해보상보험법상 요양급여는 현물급여이다.
③ 노인장기요양보험법상 재가급여는 현물급여이다.
④ 국민연금법상 노령연금은 현금급여이다.
⑤ 국민건강보험법상 장애인 보조기기에 대한 보험급여는 현금급여이다.

답 ①

✅ 응시생들의 선택

① 65%	② 8%	③ 5%	④ 2%	⑤ 20%

① 고용보험법상 구직급여는 현금급여이다.

사회복지급여의 하나인 증서(voucher)에 관한 설명으로 옳지 않은 것은?

① 현금급여에 비해 목표달성에 효과적이다.
② 현물급여에 비해 소비자의 선택권이 낮다.
③ 현물급여에 비해 공급자 간 경쟁을 유도하는 데 유리하다.
④ 공급자가 소비자를 자의적으로 선택하는 현상이 발생할 수 있다.
⑤ 현물급여에 비해 서비스에 대한 충분한 정보접근이 이루어져야 한다.

답 ②

✅ 응시생들의 선택

① 3%	② 81%	③ 7%	④ 8%	⑤ 1%

② 증서는 정해진 용도 내에서 원하는 재화나 서비스를 자유롭게 선택할 수 있는 일종의 이용권으로서 현금급여의 장점인 소비자 선택의 자유를 비록 제한적이지만 살릴 수 있다. 따라서 현물급여에 비해 소비자의 선택권이 높다.

15-06-02 · 난이도 ★★★

현금급여와 현물급여의 장단점에 관한 설명으로 옳지 않은 것은?

① 현금급여는 복지상품이나 서비스의 선택권을 보장할 수 있다.
② 현금급여는 사회복지기관 관리운영비의 절감과 행정적 편의를 가져다 줄 수 있다.
③ 현물급여는 현금급여에 비해 오남용의 위험이 크다.
④ 현물급여는 정책의 목표효율성을 높일 수 있다.
⑤ 현물급여는 개인들의 복지욕구와 괴리가 나타날 수 있다.

답 ③

✔ **응시생들의 선택**

① 2%	② 2%	③ 92%	④ 3%	⑤ 1%

③ 현금급여가 현물급여에 비해 오남용의 위험이 크며, 불필요한 부분에 사용하는 것을 막을 수 없어 목표효율성이 떨어진다.

14-06-15 · 난이도 ★★★

사회복지정책의 급여 형태 중 기회(opportunity)에 관한 설명으로 옳은 것은?

① 수급자가 직접 급여에 대한 결정이나 그와 관련된 정책결정에 참여한다.
② 목표효율성(target efficiency)이 가장 높은 급여형태로 평가받는다.
③ 빈곤층 자녀의 대학입학정원 할당, 장애인 의무고용제 등이 해당된다.
④ 수급자가 일정한 용도 내에서 원하는 재화나 서비스를 선택할 수 있다.
⑤ 취약계층의 경제적 문제를 근본적으로 해결할 수 있다.

답 ③

✔ **응시생들의 선택**

① 8%	② 2%	③ 78%	④ 10%	⑤ 2%

① 권력에 해당한다.
② 대체로 현물급여가 가장 목표효율성이 높다고 본다.
④ 바우처 제도에 해당한다.
⑤ 경제적 어려움을 해결하기 위해서는 필요한 재화나 서비스를 직접 구매할 수 있는 현금급여가 가장 적절하다.

14-06-20 · 난이도 ★★☆

우리나라 사회서비스 전자바우처 제도에 관한 설명으로 옳지 않은 것은?

① 전자바우처 방식의 사회서비스는 2007년에 최초로 도입되었다.
② 사회서비스 전자바우처 도입으로 인해 공급자 지원방식에서 수요자 직접지원방식으로 전환이 가능해졌다.
③ 2012년 4개의 사회서비스 전자바우처 사업이 지정제에서 등록제로 전환되었다.
④ 임신출산 진료비지원사업은 전자바우처 사회서비스사업 중 하나이다.
⑤ 전자바우처 도입에 의한 지불·정산업무 전산화로 지방자치단체의 사회서비스 행정부담이 대폭 증가했다.

답 ⑤

✔ **응시생들의 선택**

① 4%	② 5%	③ 9%	④ 13%	⑤ 69%

⑤ 전자바우처 도입으로 인해 지방자치단체의 사회서비스 행정부담이 비교적 감소하게 되었다.

12-06-09 · 난이도 ★★☆

사회복지 급여 형태에 관한 설명으로 옳은 것은?

① 현금급여는 선택권을 제한하는 단점이 있다.
② 현물급여는 대상효율성이 높다.
③ 현금급여는 인간의 존엄성을 유지하는 데 취약하다.
④ 현물급여는 '규모의 경제' 효과에 취약하다.
⑤ 증서(voucher)는 현금급여에 비해 소비자 선택권이 높은 반면 현물급여에 비해서는 낮다.

답 ②

✔ **응시생들의 선택**

① 24%	② 43%	③ 11%	④ 15%	⑤ 7%

① 수급자의 선택권을 제한하는 단점이 있는 것은 현물급여이다.
③ 현물급여는 낙인문제와 수급자에게 선택의 자유가 없다는 점에서 인간의 존엄성을 유지하는 데 취약하다.
④ 현물급여는 규모의 경제 효과가 있어서 생산, 공급 단가를 낮출 수 있는 장점이 있다.
⑤ 급여형태를 수급자 혹은 소비자의 선택권이 높은 순서로 나열하면 현금급여>증서(바우처)>현물급여 순이다.

다음 내용이 왜 틀렸는지를 확인해보자

`20-06-22`

01 소비자 선택권은 **현금급여, 바우처, 현물급여 순서로 높아진다.**

> 소비자 선택권은 현금급여, 바우처, 현물급여 순서로 낮아진다. 즉, 현금급여가 소비자 선택권이 가장 높다.

02 **현금급여**는 정치적인 측면에서 세금이 반드시 필요한 곳에 쓰인다는 것을 보여줄 수 있어서 정치적으로 선호되기도 하고, 정부 관료들에 의해서도 권력을 행사할 수 있어서 선호된다.

> 정치적으로 선호되며, 정부 관료들에게 선호되는 것은 현물급여이다.

03 국민기초생활보장제도의 생계급여, 교육급여는 **현물급여**이다.

> 국민기초생활보장제도의 생계급여, 교육급여는 현금급여이다.

`14-06-20`

04 우리나라의 전자바우처 방식의 사회서비스는 **2000년에 최초로 도입**되었다.

> 우리나라의 전자바우처 방식의 사회서비스는 2007년에 최초로 도입되었다.

`12-06-09`

05 **현물급여**는 수급자 효용을 극대화할 수 있으며, 수급자들의 선택의 자유와 소비자 주권을 높일 수 있다.

> 수급자 효용을 극대화할 수 있으며, 수급자들의 선택의 자유와 소비자 주권을 높일 수 있는 것은 현금급여이다.

06 **권력**은 어떤 집단이 접근하지 못했던 부분에 접근을 가능하게 만드는 비물질적 급여로서 대부분의 경우 고용과 교육에서 중요시한다.

> 기회는 어떤 집단이 접근하지 못했던 부분에 접근을 가능하게 만드는 비물질적 급여로서 대부분의 경우 고용과 교육에서 중요시한다.

07 고용보험의 구직급여는 <u>**현물급여**</u>이다.

> 고용보험의 구직급여는 현금급여이다.

빈칸에 들어갈 알맞은 말을 채워보자

01 국민건강보험법상 장애인 보조기기에 대한 보험급여는 (   )이다.

02 (   )은/는 현금급여에 비해 목표달성에 효과적이며, 현물급여에 비해 공급자 간 경쟁을 유도하는 데 유리하다.

03 사회복지정책의 급여형태 중 (   )의 예로는 빈곤층 자녀의 대학입학정원 할당, 장애인 의무고용제 등이 해당된다.

04 (   )은/는 불필요한 부분에 사용하는 것을 막을 수 없어 목표효율성이 떨어진다.

05 (   )은/는 서비스 대상자나 급여 수급자의 참여를 보장하고, 재화나 자원을 통제하는 영향력을 재분배한다.

06 (   )은/는 수급여부가 노출되어 개인의 존엄성을 해칠 수 있고, 낙인감을 줄 수 있다.

답 **01** 현금급여 **02** 증서 **03** 기회 **04** 현금급여 **05** 권력 **06** 현물급여

다음 내용이 옳은지 그른지 판단해보자

10-06-29
01 긍정적 차별은 기회라는 형태의 급여를 통해 부정적 차별을 보상하는 방법이다. ◎ ⊗

02 건강보험의 건강검진은 현물급여에 속한다. ◎ ⊗

03 지역자율형 사회서비스투자사업은 지역이 자율성을 가지고 사업을 기획·운영한다는 특징이 있으며, 서비스 이용의 활성화, 고용 등 성과관리가 강조된다. ◎ ⊗

04 기회의 주요 대상으로는 여성, 장애인, 노인, 외국인 근로자 등 사회적으로 차별받고 있다는 사회적 인식이 형성되어 있는 집단이 포함된다. ◎ ⊗

05 현물급여는 급여를 받는 사람들이 용도 이외의 부분에 사용할 수 없기 때문에 정책 목표에 맞는 소비가 이루어진다. ◎ ⊗

06 우리나라의 바우처 제도는 시·군·구에서 사회서비스 수혜자로 인정받은 대상자가 제공기관으로 인정받은 기관에서 서비스를 받을 수 있도록 하는 형태이다. ◎ ⊗

07 현물급여는 수급자들의 선택의 자유와 소비자 주권을 높일 수 있다. ◎ ⊗

08 긍정적 차별 정책의 예로는 대학이나 기업에서 여성이나 흑인, 장애인 등을 특정 비율로 받아들이도록 강제하는 정책을 들 수 있다. ◎ ⊗

(답) **01**○ **02**○ **03**○ **04**○ **05**○ **06**○ **07**✕ **08**○

(해설) **07** 현금급여는 수급자들의 선택의 자유와 소비자 주권을 높일 수 있다.

177 사회복지정책의 재원

강의 QR코드

최근 10년간 **12문항** 출제 ★★★

이론요약

기본개념

사회복지정책론
pp.151~

공공재원

▶ 일반예산(조세)

- (개인)소득세는 일반적으로 **누진적인 방식으로 부과**한다.
- **평등(소득재분배)과 사회적 적절성을 구현**하는 데 가장 중요한 재원이다.
- 조세는 민간부문의 재원이나 공공부문의 재원 중에서 사회보험의 기여금보다 재원의 안정성이나 지속성이 더 강한 특성이 있다.
- 대상자의 보편적 확대나 보편적 급여의 제공에서 유리하다.
- 소비세(간접세, 소비자에게 부과, 역진적 특성): 일반소비세(부가가치세), 개별소비세 (특별소비세 – 고가의 상품, 서비스에 부과)가 있다. 간접세는 조세저항이 적어 징수가 용이하지만 그 비중이 높을수록 소득재분배 기능은 약화된다. 주로 상품이나 서비스 가격에 포함되기 때문에 최종적으로 상품 등을 소비하는 소비자가 부담한다.

▶ 사회보험료

- 강제가입을 통해서 '역의 선택(adverse selection)'의 문제를 해결할 수 있고, 위험분산이나 규모의 경제 등으로 보험의 재정안정을 이루는 데 유리하다.
- 기본적으로 **조세에 비해 소득재분배 효과가 약하다**(사회보험료는 일반적으로 정률제).
- 사회보험료는 **일종의 목적세 성격**을 갖고 있으며, 사용되는 용도가 비교적 명확하기 때문에 상대적으로 거부감이 적다.
- 사회보험료는 모든 근로소득에 동률로 부과하고 있고, 자산소득에는 추가로 보험료가 부과되지 않기 때문에 자산소득이 많은 고소득층이 저소득층에 비해 부담이 상대적으로 적다.
- 사회보험료에는 보험료 부과의 기준이 되는 소득의 상한액이 있어서 고소득층이 유리하다.

▶ 조세지출

- 내야 하는 세금을 걷지 않거나 되돌려주는 방식이며, **소득공제, 세액공제** 등이 있다.
- 저소득층은 과세대상에서 제외되어 조세감면혜택을 누리지 못하는 경우가 많고 소득이 높을수록 공제 대상 지출이 높기 때문에 고소득층이 유리하다.

민간재원

▶ 자발적 기여
- 개인, 기업, 재단 등이 사회복지를 위해서 제공한 자발적인 기부금을 말한다.
- 제공자의 자발적 의사에 의존하기 때문에 예측가능성도 낮고, 재원의 안정성도 약하다.

▶ 기업복지
- 기업의 사용자가 피고용자에게 주는 임금 이외의 사회복지적인 급여 혜택을 말한다.
- 공공부문의 사회복지가 미성숙한 국가에서는 기업복지의 규모가 크고 프로그램도 다양하다.

▶ 사용자 부담
- 공공부문이든 민간부문이든 사회복지서비스를 받는 사람이 서비스 이용 비용에 대하여 본인이 일부분 부담하는 것을 말한다.
- 서비스 이용자가 서비스를 남용하는 것을 억제하는 효과가 있으나, 역진성이 나타날 수 있고, 저소득층의 서비스 접근성을 떨어뜨리는 효과가 있을 수 있다. 이러한 문제점을 해결하기 위하여 일정 소득 이하의 이용자에게는 부과하지 않거나 수준을 낮추기도 한다.

▶ 비공식 부문 재원: 가족 내 이전과 가족 간 이전
- 가족이나 친지, 이웃 등에 의해서 해결되는 복지욕구를 비공식 부문이라고 한다.
- 가족, 친척, 이웃 등의 비공식 부문에 의한 사회복지는 공공부문의 사회복지가 확대되기 이전에는 중요한 역할을 했으나, 현재는 그 중요성이 크게 줄었다. 그럼에도 불구하고 비공식 부문의 복지가 여전히 존재하고 있고, 특히 일부 국가들에서는 매우 중요한 역할을 하고 있다.
- 일상에 나타나는 긴급한 복지 욕구에 대해서는 공식적인 부문보다 비공식 부문이 신속성이 있기 때문에 비공식 부문이 중요한 역할을 하기도 한다.

01 (22-06-06) 사회복지의 민간재원에는 기부금, 기업복지, 이용료, 가족 내 또는 가족 간 이전 등이 있다.

02 (22-06-07) 사회보험료는 소득상한선이 있기 때문에 조세에 비해 소득역진적이다.

03 (20-06-17) 기업복지는 근로의욕을 고취하여 생산성이 향상하는 효과가 있다.

04 (19-06-14) 조세가 누진적일수록 소득재분배의 기능이 크다.

05 (18-06-07) 이용료는 저소득층의 서비스 이용을 저해할 수 있다.

06 (18-06-10) 정액제 – 정률제 – 연동제(sliding scale)의 순으로 이용료(본인부담금) 부과방식에 따른 소득재분배 효과가 커진다.

07 (18-06-14) 소득세와 사회보험료 모두 소득이 높은 사람이 더 많이 부담한다.

08 (16-06-10) 사회보험료는 소득세에 비해 역진적이다.

09 (16-06-12) 사회복지 재원 중 이용료는 이용자의 권리의식을 높여 서비스 질을 향상시킬 수 있다.

10 (14-06-16) 국고보조금은 중앙정부 각 부처가 지방자치단체에 지원하는 재원이다.

11 (14-06-18) 정부가 받아야 할 세금을 감면하는 방식을 통해 마련하는 사회복지재원은 조세지출이다.

12 (14-06-21) 중앙정부의 사회보험성 기금으로는 고용보험기금, 공무원연금기금 등이 있다.

13 (11-06-15) 간접세 인상은 물가상승의 요인이 된다.

14 (11-06-29) 국민건강보험의 보험료, 국민건강보험에 지원되는 국민건강증진기금 등은 공공재원이다.

15 (10-06-21) 소득세의 누진성이 높을수록 재분배효과가 크다.

16 (09-06-12) 복지공급 주체 중 비영리기관의 재원은 민간기부금, 정부보조금 등으로 구성된다.

17 (09-06-13) 목적세의 부담자–수혜자 일치정도와 사회보험료의 부담자–수혜자 일치정도가 다르다.

18 (08-06-06) 사회보험료는 조세와 마찬가지로 강제적으로 납부한다.

19 (07-06-12) 소득공제와 세액공제는 조세지출의 대표적인 예이다.

20 (07-06-15) 도덕적 해이를 방지하기 위해 사용자부담(user fee)이 필요하다.

21 (07-06-27) 사회보험료를 재원으로 하는 제도는 목적지향적이라 재원의 안정성을 유지하기가 용이하다.

22 (06-06-14) 일반조세는 소득재분배 효과가 크다.

23 (05-06-18) 간접세보다 직접세가 소득재분배에 더 유리하다.

24 (04-06-18) 조세지출(tax expenditure)은 조세율 감소로 현금급여의 효과를 준다.

25 (03-06-18) 조세지출도 사회복지의 공공재원 중 하나이다.

26 (02-06-14) 초기 개입단계에서 사회보험료가 직접세보다 정치적 효과성이나 여론 형성에 유리하다.

대표기출 확인하기

22-06-07
난이도 ★★★

조세와 사회보험료에 관한 설명으로 옳은 것은?

① 조세는 사회보험료에 비해 소득역진적이다.
② 조세와 사회보험은 공통적으로 빈곤 완화, 위험분산, 소득유지, 불평등 완화의 기능을 수행한다.
③ 조세와 사회보험은 공통적으로 상한선이 있어서 고소득층에 유리하다.
④ 사회보험료를 조세로 보기는 하지만 임금으로 보지는 않는다.
⑤ 개인소득세는 누진성이 강하고 일반소비세는 역진성이 강하다.

 알짜확인

• 사회복지정책의 다양한 재원을 이해해야 한다.

답 ⑤

✔ 응시생들의 선택

① 9%	② 33%	③ 14%	④ 10%	⑤ 34%

① 사회보험료는 소득상한선이 있기 때문에 조세에 비해 소득역진적이다.
② 사회보험료는 빈곤 완화, 위험분산, 소득유지, 불평등 완화의 기능을 수행한다고 볼 수 있지만, 조세는 위험분산의 기능을 수행한다고 보기는 어렵다.
③ 조세는 소득상한선이 없다.
④ 사회보험료는 사회보장성 조세의 성격을 갖고는 있으나 조세라고 볼 수는 없으며, 근로자에게 실제로 지급되지 않아도 임금으로 보기도 한다.

➕ 덧붙임

사회복지정책의 각 재원의 특징을 비교하는 문제가 주로 출제되고 있다. 이외에도 공공재원과 비영리기관의 재원으로 분류되는 경우를 고르는 문제나 조세와 사회보험료를 비교하는 문제, 재원들을 전체적으로 서로 비교해서 다루는 유형의 문제도 출제되고 있다.

관련기출 더 보기

20-06-17
난이도 ★☆☆

기업복지의 장점에 해당하지 않는 것은?

① 조세방식보다 재분배효과가 크다.
② 노사관계의 안정화 기능을 수행한다.
③ 근로의욕을 고취하여 생산성이 향상하는 효과가 있다.
④ 기업에 대한 사회적 이미지를 제고하는 기능이 있다.
⑤ 기업의 입장에서 임금을 높여주는 것보다 조세부담의 측면에 유리하다.

답 ①

✔ 응시생들의 선택

① 75%	② 4%	③ 2%	④ 2%	⑤ 17%

① 재분배효과는 조세방식이 더 크다. 기업복지는 역진적인 성격을 갖는 민간재원으로서 기업의 사용자가 피고용자에게 주는 임금 이외의 사회복지적인 급여를 말한다. 기업복지 프로그램에는 대부분의 국가가 조세감면 혜택을 주고 근로자들의 충성심을 높일 수 있는 수단이 되기 때문에 기업과 근로자 양자의 이해관계가 맞닿아 있다.

19-06-14
난이도 ★☆☆

사회복지정책의 재정에 관한 설명으로 옳은 것은?

① 한국의 사회복지정책 재원은 주로 민간 기부금에 의존한다.
② 사회복지재정이 수행하는 기능 가운데 하나는 소득재분배이다.
③ 조세가 역진적일수록 소득재분배의 기능이 크다.
④ 한국의 조세부담률은 OECD 회원국가의 평균보다 높다.
⑤ 사회복지재원으로서 이용료는 연동제보다 정액제일 때 소득재분배 효과가 크다.

답 ②

✔ 응시생들의 선택

① 1%	② 84%	③ 8%	④ 3%	⑤ 4%

① 한국의 사회복지정책 재원은 주로 공공재원(조세, 사회보험료)에 의존한다.
③ 조세가 누진적일수록 소득재분배의 기능이 크다.
④ 한국의 조세부담률은 OECD 회원국가의 평균보다 낮다.
⑤ 사회복지재원으로서 이용료는 정액제보다 연동제일 때 소득재분배 효과가 크다.

사회보험료와 조세에 관한 설명으로 옳은 것을 모두 고른 것은?

> ㄱ. 정률의 사회보험료는 소득세에 비해 역진적이다.
> ㄴ. 사회보험료는 조세에 비해 징수에 대한 저항이 적다.
> ㄷ. 소득세와 사회보험료 모두 소득이 높은 사람이 더 많이 부담한다.
> ㄹ. 조세는 지불능력(capacity to pay)과 관련되어 있다.

① ㄱ, ㄴ　　　　　　　② ㄱ, ㄷ
③ ㄴ, ㄹ　　　　　　　④ ㄱ, ㄴ, ㄷ
⑤ ㄱ, ㄴ, ㄷ, ㄹ

답 ⑤

✔ 응시생들의 선택

① 12%	② 11%	③ 14%	④ 19%	⑤ 44%

⑤ ㄱ. 사회보험료는 모든 근로소득에 동률로 부과하고 있고, 자산소득에는 추가로 보험료가 부과되지 않기 때문에 자산소득이 많은 고소득층이 저소득층에 비해 부담이 상대적으로 적으며, 보험료 부과의 기준이 되는 소득의 상한액이 있어서 고소득층이 유리하다.
　ㄴ. 사회보험료는 일반조세와 달리 미래에 받을 수 있는 사회보장 급여에 대한 '권리'를 갖는 것으로 생각하여 저항이 상대적으로 적다.
　ㄷ. 소득세와 사회보험료는 정률제 방식으로 납부하기 때문에 소득이 높은 사람이 더 많이 부담한다.
　ㄹ. 조세는 납세자의 경제활동을 통한 지불능력에 따라 결정되는 등 지불능력과 밀접한 관련이 있다.

➕ 덧붙임

사회보험료와 조세를 비교하는 문제가 자주 출제되고 있다. 사회복지재원의 전반적인 내용을 묻는 문제에서 선택지로 다뤄지는 것은 물론이고 두 재원을 비교하는 단독 문제로도 자주 출제된다. 보험료 부과, 납부 방식 등에 따른 주요 특징을 꼼꼼하게 비교하여 정리해야 한다.

우리나라 사회복지재원에 관한 설명으로 옳은 것은?

① 사회보장의 주된 재원은 사회보장세이다.
② 국민연금기금은 특별회계에 해당하는 예산이다.
③ 공공부조 시행에 필요한 모든 비용은 중앙정부가 부담한다.
④ 국고보조금은 중앙정부 각 부처가 지방자치단체에 지원하는 재원이다.
⑤ 일반회계예산은 기금에 비해 운용의 신축성은 높으나 재원의 범위는 좁다.

답 ④

✔ 응시생들의 선택

① 9%	② 7%	③ 6%	④ 71%	⑤ 7%

① 사회보장의 주된 재원은 일반조세이다.
② 국가의 재정지출은 일반회계, 특별회계, 기금으로 구분된다. 국민연금기금은 기금에 해당한다.
③ 공공부조 시행에 필요한 비용은 중앙정부뿐만 아니라 지방정부도 부담한다.
⑤ 기금은 운영의 신축성, 자율성, 안정성을 높이기 위해 도입된 것이다. 일반회계예산은 조세수입 등을 주요 세입으로 하기 때문에 재원의 범위가 넓다.

정부가 받아야 할 세금을 감면하는 방식을 통해 마련하는 사회복지재원은?

① 조세지출
② 재정지출
③ 의무지출
④ 재량지출
⑤ 법정지출

답 ①

✔ 응시생들의 선택

① 82%	② 8%	③ 1%	④ 8%	⑤ 1%

① 조세지출은 특정한 목적을 위하여 세금을 거둬 지출하는 대신 각종 조세감면 방법을 통하여 내야 하는 세금을 걷지 않거나 낸 세금을 되돌려주는 것을 말한다.

다음 내용이 왜 틀렸는지를 확인해보자

`16-06-12`

01 사회복지 재원 중 이용료는 <u>저소득층의 서비스 접근성을 향상</u>시킬 수 있다.

> 사회복지 재원 중 이용료는 역진성이 나타날 수 있으며, 저소득층의 서비스 접근성을 떨어뜨릴 수 있다는 문제가 제기되고 있다.

`14-06-18`

02 정부가 받아야 할 세금을 감면하는 방식을 통해 마련하는 사회복지재원은 **사회보험료**이다.

> 정부가 받아야 할 세금을 감면하는 방식을 통해 마련하는 사회복지재원은 조세지출이다.

---

03 <u>일반조세</u>는 사회보장 급여에 대한 '권리'를 갖는 것으로 생각하여 저항이 상대적으로 적기 때문에 정치적인 측면에서 유리하다.

> 사회보험료는 사회보장 급여에 대한 '권리'를 갖는 것으로 생각하여 저항이 상대적으로 적기 때문에 정치적인 측면에서 유리하다.

`11-06-15`

04 조세감면은 일부 소득항목에 대한 소득공제로 인해 **재분배 효과가 대체로 누진적**이다.

> 조세감면은 납부해야 할 세액에서 일정 비율을 감면해주는 조세지출에 해당하며, 조세지출은 일반적으로 소득재분배에 역진적 효과를 갖는다.

`07-06-15`

05 **조세지출**은 필요 이상의 서비스 비용을 억제할 수 있고, 국가의 부담을 경감할 수 있으며, 낙인감을 해소할 수 있다.

> 사용자 부담(이용료)은 필요 이상의 서비스 비용을 억제할 수 있고, 국가의 부담을 경감할 수 있으며, 낙인감을 해소할 수 있다.

---

06 자발적 기여, 기업복지, 사용자 부담, 가족 내 이전 등은 **공공재원**에 속한다.

> 자발적 기여, 기업복지, 사용자 부담, 가족 내 이전 등은 민간재원에 속한다.

빈칸에 들어갈 알맞은 말을 채워보자

01 우리나라 사회보장의 주된 재원은 ( )이다.

02 ( )은/는 납세 의무자와 그 세금을 부담하는 자가 일치하는 세금으로 소득세, 법인세, 주민세 등이 있다.

03 ( )에는 보험료 부과의 기준이 되는 소득의 상한액이 있어서 고소득층이 유리하다.

04 사회보험료는 강제가입을 통해서 ( )의 문제를 해결할 수 있고, 위험분산이나 규모의 경제 등으로 보험의 재정안정을 이루는 데 유리하다.

05 조세감면, 소득공제, 세액공제 등은 ( )에 해당한다.

 01 일반조세 **02** 직접세 **03** 사회보험료 **04** 역 선택 **05** 조세지출

다음 내용이 옳은지 그른지 판단해보자

20-06-17

01 민간재원 중 기업복지는 근로의욕을 고취하여 생산성이 향상하는 효과가 있다. ◎ ✕

02 일반조세를 재원으로 하는 사회복지정책은 안정성과 지속성의 측면에서도 바람직하다. ◎ ✕

18-06-14

03 소득세와 달리 사회보험료는 소득이 높은 사람이 더 적게 부담한다. ◎ ✕

16-06-10

04 조세와 달리 사회보험료는 추정된 부담능력(assumed capacity)을 고려한다. ◎ ✕

11-06-15

05 조세는 모두가 부담하기 때문에 도덕적 해이가 적게 발생한다. ◎ ✕

06 복지다원주의가 중요한 의제로 부각되면서 다양한 재원을 혼합하여 사용하는 프로그램이 점차 늘어나고 있다. ◎ ✕

07 누진적인 개인소득세 구조에서 소득이 높을수록 조세감면의 액수가 커지기 때문에 고소득층이 유리하다. ◎ ✕

08 개인소득세가 대표적인 누진세이며, 소비세인 부가가치세가 대표적인 역진성 조세이다. ◎ ✕

답 01○ 02○ 03✕ 04✕ 05✕ 06○ 07○ 08○

해설 03 소득세와 사회보험료 모두 소득이 높은 사람이 더 많이 부담한다.
04 조세와 사회보험료 모두 추정된 부담능력을 고려한다.
05 조세의 경우 고액체납 및 각종 탈세 등 도덕적 해이가 발생할 소지가 크다.

178 사회복지정책의 전달체계

강의 QR코드

1회독 월 일   2회독 월 일   3회독 월 일

최근 10년간 **15문항** 출제

이론요약

공공부문

기본개념

사회복지정책론
pp.160~

▶ 중앙정부
- 의료, 교육과 같이 **공공재적 성격이 강한 서비스나 재화 공급에 유리**하다.
- 사회보험과 같이 규모의 경제가 발생하는 부분에서 역할이 크다.
- 평등과 사회적 적절성 실현에 있어서 필요한 **강력한 권한**을 가지고 있다.
- 프로그램을 통합, 조정할 수 있으며 안정적 유지에 유리하다.
- 자원의 비효율적 배분, 독점적 공급에 따른 서비스 질 저하, 변화하는 욕구에 융통성 있게 대응하지 못한다는 단점이 있다.

▶ 지방정부
- **지역주민 욕구에 신속하게 대응**할 수 있다.
- 지방정부 간 경쟁에 따른 서비스 질 향상의 가능성이 있다.
- 서비스 수혜자의 정책결정과정 참여가 용이하다.
- 지역 간 불평등으로 인한 사회통합 저해, 규모의 경제 실현이 어렵다는 단점이 있다.

민간부문
- **서비스공급의 다양화가 가능**하다.
- 공급자 간 경쟁유도를 통해 서비스 질을 확보할 수 있다.
- 이용자의 **다양한 선택권을 보장**할 수 있다.
- 계약에 따른 거래비용이 불필요하게 소모될 수 있다.
- 공공재 제공, 평등추구, 규모의 경제 실현이 어렵다는 단점이 있다.

민영화
- 사회적 욕구 충족을 위한 기제를 정부부문에서 **민간부문으로 이전하거나 민간영역의 확대를 장려하는 사회적 흐름**을 의미한다.
- 국가가 공적인 목표로 운영하는 제도를 자본시장에 개방하여 민간영역에서 운영하도록 그 역할을 맡기는 것이다.
- 사회복지와 관련해서 민영화는 사회복지서비스의 생산과 전달을 공공부문에서 민간부문으로 이양하는 것이다.
- 민간기구, 사회기관, 종교시설, 기업가 등에 사회복지 서비스의 전달을 분산하는 경향을 보인다.

복지다원주의

- 복지다원주의 혹은 복지혼합경제는 **한 사회에서 복지의 원천은 다양하며, 복지제공주체로서 국가 이외에 시장, 비공식부문, 자원부문 등의 역할을 포괄적으로 고려할 것을 강조**한다.
- 국가와 같은 단일한 독점적 공급자만 존재하는 것보다 여러 개의 복지원천이 존재하는 곳에서 사회의 총복지가 증대할 가능성이 크다고 본다. 이는 복지국가 위기 이후 정부의 역할이 상대적으로 후퇴되고, 민간기업과 비영리조직의 역할이 부각되면서 확산된 개념이다.

기출문장 CHECK

01 (22-06-02) 복지다원주의 또는 복지혼합은 복지제공의 주체로 국가 외에 다른 주체를 수용한다는 점에서 복지국가를 비판하는 논리로 쓰인다.

02 (21-06-18) 길버트(N. Gilbert)와 테렐(P. Terrell)이 주장한 사회복지전달체계 재구조화 전략에는 기관들의 동일 장소 배치, 사례별 협력, 관료적 구조로부터의 전문가 이탈, 시민참여 등이 있다.

03 (20-06-18) 개인 사업자가 노인요양시설을 운영하는 사례는 민간 영리기관이 사회서비스를 전달하는 사회복지 전달체계에 해당한다.

04 (19-06-12) 사회복지 전달체계는 공급자와 수요자를 이어주는 매개체 역할을 한다.

05 (19-06-15) 사회복지의 재화나 서비스는 정보의 불완전성으로 인해 소비자들의 합리적 선택에 차이가 난다.

06 (18-06-09) 복지혼합(welfare-mix)의 유형 중 서비스 이용자의 선택권은 계약 – 증서 – 세제혜택의 순으로 커진다.

07 (18-06-16) 민영화는 정부가 공급하는 재화와 서비스 비용을 절감하기 위해 도입되었다.

08 (16-06-14) 범주적 보조금(categorical grant)은 복지서비스의 전국적 통일성과 평등한 수준을 유지하는 데 적합하다.

09 (13-06-14) 사회보험의 관리·감독은 중앙집권적이다.

10 (12-06-24) 지방정부의 재량권을 기준으로 작은 것에서 큰 순서로 나열하면 범주적 보조금 < 포괄 보조금 < 일반교부세 순으로 나열할 수 있다.

11 (11-06-18) 중앙정부는 사회통합이나 평등과 같은 정책 목표를 달성하는 데 유리하다.

12 (10-06-18) 사회복지기관 간 협력 강화는 전달체계의 단편성을 줄일 수 있다.

13 (07-06-17) 정부가 민간위탁 서비스를 제공하는 것은 민영화의 한 형태이다.

14 (06-06-17) 사회복지서비스 공급주체로서 지방정부는 지역주민의 욕구에 신속하게 대응할 수 있다.

15 (06-06-18) 사회복지 전달체계로서 중앙정부는 전국적으로 통합적인 서비스를 제공할 수 있다.

16 (05-06-19) 욕구에 따라 선택을 필요로 하는 서비스는 민간부문에서 맡는 것이 바람직하다.

대표기출 확인하기

22-06-02 　　　　난이도 ★★☆

복지다원주의 또는 복지혼합에 관한 설명으로 옳지 않은 것은?

① 국가는 복지의 주된 공급자로 인정하면서도 불평등을 야기하는 시장은 복지 공급자로 수용하지 않는다.
② 국가를 포함한 복지제공의 주체를 재구성하는 논리로 활용된다.
③ 비공식 부문은 제도적 복지의 발달에도 불구하고 존재하는 비복지 문제에 대응하는 복지주체이다.
④ 시민사회는 사회적 경제조직을 구성하여 지역사회에서 공급주체로 참여하는 역할을 한다.
⑤ 복지제공의 주체로 국가 외에 다른 주체를 수용한다는 점에서 복지국가를 비판하는 논리로 쓰인다.

 알짜확인

• 사회복지정책의 전달체계인 중앙정부와 지방정부의 장단점, 민영화의 등장배경 및 형태 등을 이해해야 한다.

답 ①

✓ 응시생들의 선택

① 62%	② 3%	③ 11%	④ 5%	⑤ 19%

① 복지다원주의 또는 복지혼합은 한 사회에서 복지의 원천은 다양하며, 복지 공급주체로서 국가 이외에 시장, 비공식 부문, 자원 부문 등의 역할을 포괄적으로 고려할 것을 강조한다. 특히 국가와 같은 단일한 독점적 공급자만 존재하는 것보다 여러 개의 복지원천이 존재하는 곳에서 사회의 총복지가 증대할 가능성이 크다고 본다. 이는 복지국가 위기 이후 정부의 역할이 상대적으로 후퇴되고, 민간기업과 비영리조직의 역할이 부각되면서 확산된 개념이다.

➕ 덧붙임

전달체계와 관련해서는 공공부문(중앙정부, 지방정부), 민간부문 각각의 특징을 묻는 문제나 중앙정부와 지방정부의 차이, 전달체계의 문제와 개선 전략을 묻는 문제 등이 출제되고 있다. 최근 복지다원주의, 민영화에 관한 내용이 사회적으로 이슈가 되고 있으므로 이와 관련된 문제가 출제될 가능성이 있다.

관련기출 더 보기

20-06-18 　　　　난이도 ★★☆

사회복지 전달체계에서 민간 영리기관이 사회서비스를 전달하는 사례는?

① 지역자활센터가 사회적 기업을 창업하는 사례
② 지방자치단체가 장애인복지관을 설치하고 민간 위탁하는 사례
③ 광역지방자치단체가 사회서비스원을 설치하는 사례
④ 사회복지법인이 지역아동센터를 운영하는 사례
⑤ 개인 사업자가 노인요양시설을 운영하는 사례

답 ⑤

✓ 응시생들의 선택

① 20%	② 9%	③ 2%	④ 9%	⑤ 60%

⑤ 개인 사업자가 노인요양시설을 운영하는 것은 영리를 추구하는 민간부문의 사회복지 전달체계에 해당한다. 민간부문 전달체계는 서비스 공급의 다양화가 가능하고, 공급자 간 경쟁유도를 통해 서비스 질을 확보할 수 있으며, 이용자의 다양한 선택권을 보장할 수 있다. 하지만 계약에 따른 거래비용이 불필요하게 소모될 수 있으며, 공공재 제공의 어려움, 평등추구의 어려움, 규모의 경제 실현의 어려움 등의 단점이 있다.

난이도 ★☆☆

사회복지 전달체계에서 제공되는 재화나 서비스의 속성 등에 관한 설명으로 옳은 것은?

① 사회복지 재화나 서비스는 단일한 전달체계에서 독점적으로 제공하는 것이 바람직하다.
② 공공재적인 성격이 강한 재화나 서비스는 민간에서 제공하는 것이 바람직하다.
③ 사회복지의 재화나 서비스는 정보의 불완전성으로 인해 소비자들의 합리적 선택에 차이가 난다.
④ 공공부문의 전달체계는 경쟁체제가 이루어지기 때문에 효율적이다.
⑤ 사회복지 재화나 서비스는 수급자들에 의한 오용과 남용의 문제가 발생하지 않는다.

답 ③

✔ 응시생들의 선택

① 2%	② 3%	③ 82%	④ 7%	⑤ 6%

① 사회복지 재화나 서비스는 공공부문과 민간부문 등 다양한 전달체계를 통해 제공하는 것이 바람직하다.
② 의료, 교육 등과 같은 공공재적인 성격이 강한 재화나 서비스를 민간에서 제공하는 것은 바람직하지 않다.
④ 공공부문의 전달체계는 중앙정부나 지방정부를 통해 이루어지기 때문에 경쟁체제가 이루어질 수 없다.
⑤ 사회복지 재화나 서비스도 수급자들에 의한 오용과 남용의 문제가 발생할 수 있다.

난이도 ★★★

복지혼합(welfare-mix)의 유형 중 서비스 이용자의 선택권이 작은 것에서 큰 순서로 나열한 것은?

① 세제혜택 – 계약 – 증서
② 세제혜택 – 증서 – 계약
③ 증서 – 계약 – 세제혜택
④ 계약 – 증서 – 세제혜택
⑤ 계약 – 세제혜택 – 증서

답 ④

✔ 응시생들의 선택

① 27%	② 29%	③ 7%	④ 25%	⑤ 12%

④ 계약은 공급자와 서비스 이용자 간의 의사표시이므로 서비스 이용자의 선택권은 작다. 증서는 정해진 용도 내에서 원하는 재화나 서비스를 자유롭게 선택할 수 있는 일종의 이용권으로서 서비스 이용자가 그 범위에서 자유롭게 선택할 수 있다. 세제혜택은 서비스 이용자의 일정 한도 내에서 세액공제, 조세감면 등을 해주는 것이다. 따라서 서비스 이용자의 선택권은 계약 < 증서 < 세제혜택의 순이다.

난이도 ★☆☆

민영화에 관한 설명으로 옳지 않은 것은?

① 1980년대 등장한 신자유주의와 관련이 있다.
② 정부가 공급하는 재화와 서비스 비용을 절감하기 위해 도입되었다.
③ 소비자 선호와 소비자 선택을 중시한다.
④ 경쟁을 유발시켜 서비스 품질을 향상시키고자 한다.
⑤ 상업화를 통해 취약계층의 서비스 접근성이 높아진다.

답 ⑤

✔ 응시생들의 선택

① 7%	② 13%	③ 3%	④ 6%	⑤ 71%

⑤ 민영화는 국가가 공적인 목표로 운영하는 제도를 자본시장에 개방하여 민간영역에서 운영하도록 그 역할을 맡기는 것이다. 따라서 구매능력이나 지불능력이 부족한 취약계층의 서비스 접근성은 낮아진다.

난이도 ★★★

우리나라 중앙정부의 지방정부 재정지원방식에 관한 설명으로 옳은 것을 모두 고른 것은?

ㄱ. 일반보조금(general grant)은 지역 간 재정 격차를 해소하려는 데 목적이 있다.
ㄴ. 범주적 보조금(categorical grant)은 복지서비스의 전국적 통일성과 평등한 수준을 유지하는 데 적합하다.
ㄷ. 범주적 보조금(categorical grant)의 매칭 펀드는 지방정부의 재정운영을 어렵게 만들 수 있다.

① ㄴ
② ㄱ, ㄴ
③ ㄱ, ㄷ
④ ㄴ, ㄷ
⑤ ㄱ, ㄴ, ㄷ

답 ⑤

✔ 응시생들의 선택

① 17%	② 35%	③ 20%	④ 9%	⑤ 19%

⑤ 일반보조금은 국가가 예산의 일부를 특별한 조건이나 규제 없이 지방정부에게 일정한 비율로 배분하는 것으로써 지방정부의 재량권이 가장 큰 특징이 있다. 범주적 보조금은 재원의 사용목적이 상세히 규정되어 있고 제약조건이 부여되는 특징이 있다. 중앙정부는 이 재원이 사용되는 세부적인 항목(수혜자의 대상, 지급내용, 지급방식 등)을 지정한다.

난이도 ★★☆

현재의 우리나라 복지전달체계에 관한 설명으로 옳은 것을 모두 고른 것은?

> ㄱ. 사회보험의 관리·감독은 중앙집권적이다.
> ㄴ. 지방자치단체는 사회복지시설 위탁 및 지도·감독의 주체가 될 수 있다.
> ㄷ. 분권화 이후 지방자치단체의 역할이 과거에 비해 확대되고 있다.
> ㄹ. 사회보장정보시스템에는 보건복지부 외 타부처 복지사업도 포함되어 있다.

① ㄱ, ㄴ, ㄷ   ② ㄱ, ㄷ
③ ㄴ, ㄹ   ④ ㄹ
⑤ ㄱ, ㄴ, ㄷ, ㄹ

답 ⑤

✔ 응시생들의 선택

① 14%	② 7%	③ 27%	④ 7%	⑤ 46%

⑤ 모두 옳은 내용이다.

난이도 ★☆☆

우리나라 사회복지 전달체계에 관한 설명으로 옳지 않은 것은?

① 중앙정부는 사회통합이나 평등과 같은 정책목표를 달성하는 데 유리하다.
② 중앙정부는 지방정부에 비해서 다양한 욕구에 부합하는 사회복지서비스 제공에 유리하다.
③ 비영리 사회복지기관은 공공부문과 연계하여 서비스를 제공하기도 한다.
④ 영리기관은 이윤을 목적으로 하며, 효율성을 추구한다.
⑤ 최근 서비스 생산 및 전달에 있어 지방정부와 민간기관의 역할이 증대되고 있다.

답 ②

✔ 응시생들의 선택

① 2%	② 92%	③ 1%	④ 4%	⑤ 1%

② 중앙정부보다 지방정부가 다양한 욕구에 부합하는 사회복지서비스 제공에 유리하다.

난이도 ★★☆

사회복지 전달체계에 관한 설명으로 옳은 것을 모두 고른 것은?

> ㄱ. 경쟁은 사회복지기관을 클라이언트의 욕구에 민감하게 만들 수 있다.
> ㄴ. 사례관리는 클라이언트에게 맞는 재화와 서비스를 계획·전달하는 방법의 하나이다.
> ㄷ. 클라이언트의 적극적 의견 개진을 장려하는 것은 사회복지기관의 비책임성을 줄일 수 있다.
> ㄹ. 사회복지기관 간 협력 강화는 전달체계의 단편성을 줄일 수 있다.

① ㄱ, ㄴ, ㄷ   ② ㄱ, ㄷ
③ ㄴ, ㄹ   ④ ㄹ
⑤ ㄱ, ㄴ, ㄷ, ㄹ

답 ⑤

✔ 응시생들의 선택

① 16%	② 2%	③ 19%	④ 1%	⑤ 62%

⑤ ㄱ. 경쟁은 여러 공급자가 경쟁적으로 제공하여 소비자에게 유리한 가격으로 더 향상된 질의 서비스를 제공하는 유인이 될 수도 있다.
　ㄴ. 복합적인 욕구를 가진 클라이언트에게 필요한 재화와 서비스를 공식적, 비공식적 지원과 네트워크를 통해 계획하고 전달한다.
　ㄷ. 클라이언트의 적극적 의견 개진을 장려하는 것은 전달과정에서의 불평과 불만을 수렴하여 서비스 전달에 책임성을 높이고 소비자 욕구에 적절히 대응할 수 있게 한다.
　ㄹ. 사회복지기관 간 협력 강화는 여러 기관이 가지고 있는 자원의 효과적인 활용으로 단편성을 줄일 수 있을 것이다.

난이도 ★☆☆

사회복지서비스 공급주체로서 지방정부에 대한 설명으로 적절하지 않은 것은?

① 지역주민의 욕구에 신속하게 대응할 수 있다.
② 지속성과 안정성을 보장할 수 있다.
③ 재정자립도에 따라 지역 간 격차가 심화될 수 있다.
④ 지역주민들의 정책결정과정 참여가 용이하다.
⑤ 대규모의 재정과 행정능력을 필요로 하는 사업을 진행하기는 어렵다.

답 ②

✔ 응시생들의 선택

① 2%	② 85%	③ 2%	④ 4%	⑤ 7%

② 지방정부는 중앙정부에 비해 프로그램의 지속성과 안정성을 보장하기 어렵다.

다음 내용이 왜 틀렸는지를 확인해보자

01 공공부문은 민간부문에 비해 효율성, 경쟁성, 선택의 자유, 접근성, 욕구에의 신속대응성, 융통성 등에서 장점을 갖고 있다.

> 민간부문은 공공부문에 비해 효율성, 경쟁성, 선택의 자유, 접근성, 욕구에의 신속대응성, 융통성 등에서 장점을 갖고 있다.

`12-06-24`

02 범주적 보조금, 포괄 보조금, 일반교부세 중 **일반교부세가 지방정부의 재량권이 가장 작다**.

> 범주적 보조금, 포괄 보조금, 일반교부세 중 범주적 보조금이 지방정부의 재량권이 가장 작다.

`07-06-17`

03 일반적으로 사회복지서비스를 **민간부문**이 제공하면 보편적이고 안정적인 서비스를 제공할 수 있다.

> 일반적으로 사회복지서비스를 공공부문이 제공하면 보편적이고 안정적인 서비스를 제공할 수 있다.

`06-06-17`

04 **지방정부**의 역할은 사회적 재분배와 평등의 가치를 구현하고, 전국적으로 통합적인 서비스를 제공하는 것이다.

> 중앙정부의 역할은 사회적 재분배와 평등의 가치를 구현하고, 전국적으로 통합적인 서비스를 제공하는 것이다.

05 **중앙정부**는 지역주민 욕구에 신속하게 대응할 수 있지만, 지역 간 불평등으로 인한 사회통합을 저해할 수 있다.

> 지방정부는 지역주민 욕구에 신속하게 대응할 수 있지만, 지역 간 불평등으로 인한 사회통합을 저해할 수 있다.

06 민간부문은 **프로그램을 전국적으로 실시할 수 있어서 평등을 달성하기에 적합**하다.

> 민간부문은 프로그램을 전국적으로 실시할 수 없어서 평등의 달성이라는 측면에서는 약점을 가지고 있다.

07 사회복지 전달체계의 주요 원칙으로서 **적절성**은 '대상자가 갖고 있는 복합적인 욕구와 문제를 해결하기 위한 다양한 서비스를 제공하는가?'를 의미한다.

'대상자가 갖고 있는 복합적인 욕구와 문제를 해결하기 위한 다양한 서비스를 제공하는가?'를 의미하는 것은 포괄성이다. 적절성은 '서비스 제공이 바람직한 수준으로 이루어졌는가?'를 말한다.

빈칸에 들어갈 알맞은 말을 채워보자

01 시립사회복지관의 민간 위탁, 사회복지기관에서 사회적 기업 운영 등은 (   )의 예이다.

02 공공부문의 실패로 인한 서비스 전달의 비효율성에 대해 비판을 받으며, 민간부문 및 시장 활성화를 위해 (   )가 등장하였다.

03 (   )은/는 국가가 예산의 일부를 지방정부에게 일정한 비율로 배분하는 것으로 지방정부의 재량권이 가장 큰 특징이 있다.

11-06-18

04 우리나라 사회복지 전달체계로서 (   )은/는 사회통합이나 평등과 같은 정책목표를 달성하는 데 유리하다.

06-06-17

05 사회복지서비스 공급주체로서 (   )은/는 재정자립도에 따라 지역 간 격차가 심화될 수 있다.

 답 **01** 복지혼합경제   **02** 민영화   **03** 일반교부세   **04** 중앙정부   **05** 지방정부

다음 내용이 옳은지 그른지 판단해보자

01 사회복지 전달체계의 개선 전략으로서 사회복지기관 간 협력 강화는 전달체계의 단편성을 줄일 수 있다. ◎ ⊗

02 사회복지 전달체계는 사회복지서비스가 여러 공급자들에 의해 제공되는 것이 아니라 전문가에 의해 독점적으로 제공되어야 한다는 '비경쟁성'을 원칙으로 한다. ◎ ⊗

`19-06-12`
03 사회복지 전달체계는 클라이언트에게 사회복지서비스를 제공하기 위한 조직 및 인력이다. ◎ ⊗

`16-06-14`
04 범주적 보조금은 복지서비스의 전국적 통일성과 평등한 수준을 유지하는 데 적합하다. ◎ ⊗

`10-06-18`
05 사례관리는 클라이언트에게 맞는 재화와 서비스를 계획·전달하는 방법의 하나이다. ◎ ⊗

06 중앙정부와 지방정부는 많은 경우 프로그램을 협력하여 운영하기도 한다. ◎ ⊗

07 민영화는 공공재 제공, 평등추구, 규모의 경제 실현 등의 면에서 장점이 있다. ◎ ⊗

08 복지혼합은 사회복지에 대한 국가의 책임과 역할이 시장, 가족, 지역사회, 자원조직 등 다른 다양한 공급주체들에 의하여 대체되어야 한다는 주장이다. ◎ ⊗

(답) **01**○ **02**× **03**○ **04**○ **05**○ **06**○ **07**× **08**○

(해설) **02** 사회복지 전달체계는 '경쟁성'을 원칙으로 한다. 즉, 사회복지 재화나 서비스가 독점적으로 제공되지 않고 여러 공급자가 경쟁적으로 제공하여 가격과 질에 있어 소비자에게 유리하도록 해야 한다.
07 민영화는 공공재 제공, 평등추구, 규모의 경제 실현 등의 면에서 어려움을 겪을 가능성이 크다.

6장

사회보장론 일반

이 장에서는

사회보장의 개념·목적·기본이념, 사회보장제도의 분류와 형태, 사회보험의 특징 등을 다룬다.

10년간 출제분포도

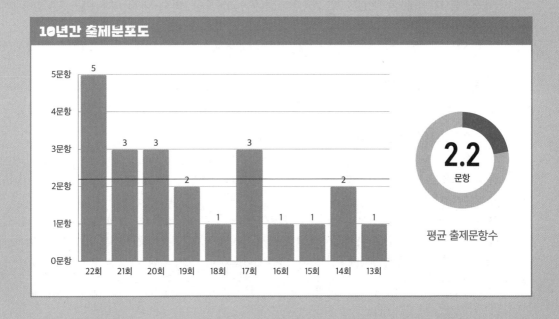

2.2 문항
평균 출제문항수

이론요약

사회보장의 목적

• 기본생활보장: 사회보장제도는 국가의 존재 근거 중 하나인 국민의 생존권 보호를 수행하는 제도로서 **국민들의 기본적 욕구를 보장**하기 위한 것이다.

• 소득재분배: 정부의 재정지출 중에서 <u>소득재분배의 효과가 가장 두드러진 것</u>이 사회보장 지출이다. 사회보장 지출은 수직적 재분배의 기능도 하고 있지만, 보험료를 분담하는 동일계층 간의 수평적 재분배의 기능도 담당한다.

• 사회적 연대감의 증대: 소득상실의 위험에 노출된 사람들에게 사회적 연대감을 보여주어 **사회통합을 도모하는 제도적 장치**이다.

기본개념

사회복지정책론
pp.170~

사회보장제도의 운영원칙

• 국가와 지방자치단체가 사회보장제도를 운영할 때에는 이 제도를 필요로 하는 **모든 국민에게 적용**하여야 한다.

• 국가와 지방자치단체는 사회보장제도의 급여 수준과 비용 부담 등에서 **형평성을 유지**하여야 한다.

• 국가와 지방자치단체는 사회보장제도의 정책 결정 및 시행 과정에 공익의 대표자 및 이해관계인 등을 참여시켜 이를 **민주적으로 결정하고 시행**하여야 한다.

• 국가와 지방자치단체가 사회보장제도를 운영할 때에는 국민의 다양한 복지 욕구를 효율적으로 충족시키기 위하여 **연계성과 전문성을 높여야** 한다.

• **사회보험은 국가의 책임**으로 시행하고, **공공부조와 사회서비스는 국가와 지방자치단체의 책임**으로 시행하는 것을 원칙으로 한다. 다만, 국가와 지방자치단체의 재정 형편 등을 고려하여 이를 협의·조정할 수 있다.

우리나라 사회보장기본법에서의 분류

• **사회보험**: 국민에게 발생하는 사회적 위험을 보험의 방식으로 대처함으로써 국민의 건강과 소득을 보장하는 제도이다.

• **공공부조**: 국가와 지방자치단체의 책임 하에 생활 유지 능력이 없거나 생활이 어려운 국민의 최저생활을 보장하고 자립을 지원하는 제도이다.

• **사회서비스**: 국가·지방자치단체 및 민간부문의 도움이 필요한 모든 국민에게 복지, 보건의료, 교육, 고용, 주거, 문화, 환경 등의 분야에서 인간다운 생활을 보장하고 상담, 재활, 돌봄, 정보의 제공, 관련 시설의 이용, 역량 개발, 사회참여 지원 등을 통하여 국민의 삶의 질이 향상되도록 지원하는 제도이다.

소득재분배

- 사회보장 지출은 수직적 재분배의 기능도 하고 있지만, 보험료를 분담하는 동일계층 간의 수평적 재분배의 기능도 담당한다.
- 공공부조는 누진적인 조세를 재원으로 저소득층에게 제공하기 때문에 수직적 재분배 효과를 갖는다.
- 연금재정 운영방식 중 부과방식은 현재 노인세대에게 지급할 연금을 미래세대인 근로계층이 부담하는 방식으로, 세대 간 재분배 효과가 발생한다. 적립방식은 연금급여를 적립했다가 장래에 지급하는 방식으로 장기적 재분배 효과를 갖는다.

▶ 시간을 기준으로 구분
- 단기적 재분배: 사회적 욕구의 충족을 위해 현재의 자원을 사용하는 소득재분배이다.
- 장기적 재분배: 생애 또는 세대에 걸쳐 이루어지는 소득재분배이다.

▶ 계층구조를 기준으로 구분
- 수직적 재분배: **고소득층에서 저소득층으로**의 소득재분배이다.
- 수평적 재분배: **동일계층 내**의 소득재분배이다.

▶ 세대를 기준으로 구분
- 세대 내 재분배: **동일한 세대 내**에서의 소득재분배이다.
- 세대 간 재분배: **앞 세대와 먼 후손 세대 간**의 소득재분배이다.

사회보험과 관련 영역과의 비교

▶ 사회보험과 민간보험
- 사회보험의 가입은 **강제가입**이지만, 민간보험은 **임의적, 선택적 가입**이다.
- 사회보험은 개인적 형평성보다는 **사회적 적절성을 중시**하지만, 민간보험은 **개인적 형평성을 중시**한다.
- 사회보험은 보험자와 피보험자의 관계에 있어서 권리적 성격이 강하지만, 민간보험은 계약적 성격이 강하다.
- 사회보험은 물가상승에 의한 실질가치의 변동을 보장받지만, 민간보험은 물가상승에 대한 보장을 받기가 어렵다.

▶ 사회보험과 공공부조
- 사회보험의 대상은 **모든 국민(보편주의)**이지만, 공공부조는 **빈곤층(선별주의)**에 한정되어 있다.
- 사회보험의 재원은 기여금, 부담금(일부는 조세)이고, 공공부조는 조세이다.
- 사회보험은 급여 제공 시 자산조사에 근거하지 않지만, 공공부조는 자산조사를 실시한다.
- 사회보험은 공공부조에 비해 대상효율성이 낮지만, 공공부조는 다른 제도에 비해 대상효율성이 높다.
- 사회보험은 수직적 재분배와 수평적 재분배 효과를 모두 갖고 있으나, 공공부조에 비해 수직적 재분배효과가 크지 않다.

01 (22-06-16) 세대 간 재분배는 부과방식 공적 연금을 둘 수 있다.

02 (22-06-18) 사회보장기본법상 사회서비스의 분야는 복지, 보건, 의료, 교육, 고용, 주거, 문화, 환경 등이다.

03 (22-06-22) 공공부조는 사회보험에 비해 권리성이 약하다.

04 (21-06-12) 사회보험과 비교하여 공공부조제도는 대상효율성이 높다.

05 (21-06-16) 사회보험 급여는 피보험자와 보험자 간의 계약에 의해 규정된 법적 권리이다.

06 (20-06-07) 사회보험은 대부분 국가 또는 공법인이 운영하지만, 민영보험은 사기업이 운영한다.

07 (20-06-16) 고용보험, 국민연금, 국민기초생활보장, 보육서비스는 우리나라의 사회보장기본법에 근거한 사회보장제도이다.

08 (20-06-24) 수직적 재분배의 예로 공공부조제도를 들 수 있다.

09 (19-06-20) 사회보험은 위험이전과 위험의 광범위한 공동분담에 기초하고 있다.

10 (19-06-23) 재원조달 측면에서 부조방식이 보험방식보다 재분배 효과가 크다.

11 (18-06-19) 사회보험의 급여조건은 보험료 기여조건과 함께 사회적 위험에 직면해야 하는 조건이 부가된다.

12 (17-06-01) 사회보험은 국가의 책임으로 시행한다.

13 (17-06-18) 사회보험의 권리성은 구체적이고 강하며, 공공부조의 권리성은 추상적이고 약하다.

14 (16-06-13) 공공부조는 수직적 재분배에 해당한다.

15 (15-06-19) 소득재분배는 세대 내 재분배와 세대 간 재분배로 구분할 수 있다.

16 (14-06-07) 사회보장기본법에 명시된 사회보장제도의 운영원칙은 형평성, 보편성, 효율성, 민주성 등이 있다.

17 (14-06-23) 사회보장이란 사회보험, 공공부조, 사회서비스를 말한다.

18 (13-06-20) 수직적 재분배는 고소득층 대(對) 저소득층의 소득재분배를 말한다.

19 (12-06-17) 현행 우리나라 사회보장기본법에서 정의하는 사회보장의 영역은 사회보험, 공공부조, 사회서비스이다.

20 (11-06-28) 사회보험은 강제 가입을 원칙으로 한다.

21 (10-06-20) 사회보험의 급여는 법률로 정해지며 민간보험의 급여는 계약에 의해 정해진다.

22 (09-06-17) 적립방식의 연금은 장기적(long-term) 재분배이다.

23 (08-06-18) 사회보험은 최저소득을 보장하고, 민간보험은 개인의 의사와 지불능력에 따라 보장한다.

24 (08-06-21) 똑같은 금액일 때 공공부조와 사회보험제도를 비교하면, 공공부조제도의 소득재분배 효과가 크다.

25 (08-06-23) 산업재해보상보험, 국민연금, 노인장기요양보험 순서로 시행되었다.

26 (07-06-30) 급여수준 및 내용에 형평을 기한다는 형평성 원칙은 사회보장제도의 운영원칙에 해당한다.

27 (06-06-19) 한국의 사회보험제도 중 가장 먼저 실시된 것은 산재보험이다.

28 (05-06-21) 사회보험은 형평성을 추구하고, 공공부조는 평등성을 추구한다.

29 (03-06-19) 사회보험과 민간보험은 위험분산의 기능이 있다는 공통점이 있다.

30 (03-06-20) 사회보험의 기본원칙으로는 보편주의 원칙, 기여분담의 원칙, 소득재분배의 원칙, 사회적 적절성 보장의 원칙 등이 있다.

31 (02-06-15) 사회보험에서의 급여는 기여와 완전히 연계되지 않지만, 민간보험에서의 급여는 기여한 만큼 이루어진다.

기출확인

대표기출 확인하기

22-06-22 난이도 ★★☆

사회보장의 특성에 관한 설명으로 옳은 것을 모두 고른 것은?

> ㄱ. 공공부조는 사회보험에 비해 권리성이 약하다.
> ㄴ. 사회보험과 비교할 때 공공부조는 비용효과성이 높다.
> ㄷ. 사회수당과 사회보험은 기여 여부를 급여 지급 요건으로 한다.
> ㄹ. 사회보험과 공공부조는 방빈제도이고 사회수당은 구빈제도이다.

① ㄱ
② ㄱ, ㄴ
③ ㄴ, ㄷ
④ ㄷ, ㄹ
⑤ ㄱ, ㄴ, ㄹ

▶ 알짜확인

- 사회보장기본법, 사회보장제도, 소득재분배 등 사회보장과 관련된 주요 내용을 이해해야 한다.

답 ②

✔ 응시생들의 선택

① 20%	② 53%	③ 13%	④ 7%	⑤ 7%

② ㄷ. 사회보험은 기여 여부를 급여 지급 요건으로 하지만, 사회수당은 기여 여부를 급여 지급 요건으로 하지 않는다.
ㄹ. 방빈제도란 빈곤을 방지(예방)하려는 제도를 말하고, 구빈제도는 빈곤에서 구제하는 제도를 말한다. 사회보험은 방빈제도, 공공부조는 구빈제도, 사회수당은 빈곤과 관계 없는 보편적 복지제도에 해당하지만 어느 정도는 방빈의 기능도 수행한다고 볼 수 있다.

➕ 덧붙임

주로 사회보장의 전반적인 사항을 묻는 문제가 출제되었다. 사회보장기본법에서 규정하고 있는 기본이념, 기본방향, 운영원칙에 관한 문제, 우리나라의 사회보장제도에 관한 문제, 사회보장의 목적인 소득재분배에 관한 문제, 사회보험과 민간보험의 비교에 관한 문제 등이 출제된 바 있다.

관련기출 더 보기

22-06-18 난이도 ★★★

사회보장기본법상 사회서비스에 관한 설명으로 옳지 않은 것은?

① 주체는 민간부문을 제외한 국가와 지방자치단체이다.
② 대상은 도움이 필요한 모든 국민이다.
③ 분야는 복지, 보건, 의료, 교육, 고용, 주거, 문화, 환경 등이다.
④ 상담, 재활, 돌봄, 정보의 제공, 관련시설의 이용, 역량개발, 사회참여 지원 등을 내용으로 한다.
⑤ 인간다운 생활을 보장하고 국민의 삶의 질이 향상되도록 지원하는 제도이다.

답 ①

✔ 응시생들의 선택

① 79%	② 4%	③ 5%	④ 7%	⑤ 5%

① 민간부문도 주체에 포함된다.

22-06-25 난이도 ★☆☆

보건복지부장관이 관장하는 사회보험제도를 모두 고른 것은?

> ㄱ. 국민연금 ㄴ. 국민건강보험
> ㄷ. 산업재해보상보험 ㄹ. 고용보험
> ㅁ. 노인장기요양보험

① ㄱ, ㄴ
② ㄴ, ㄷ
③ ㄱ, ㄴ, ㅁ
④ ㄱ, ㄷ, ㄹ
⑤ ㄷ, ㄹ, ㅁ

답 ③

✔ 응시생들의 선택

① 5%	② 1%	③ 84%	④ 6%	⑤ 4%

③ 국민연금(ㄱ), 국민건강보험(ㄴ), 노인장기요양보험(ㅁ)은 보건복지부장관이 관장하고, 산업재해보상보험(ㄷ), 고용보험(ㄹ)은 고용노동부장관이 관장한다.

난이도 ★☆☆

우리나라 사회보험의 운영원리에 관한 설명으로 옳지 않은 것은?

① 수익자 부담 원칙을 전제로 하고 있다.
② 사회보험은 수평적 또는 수직적 재분배 기능이 있다.
③ 가입자의 보험료율은 사회보험 종류별로 다르다.
④ 사회보험 급여는 피보험자와 보험자 간의 계약에 의해 규정된 법적 권리이다.
⑤ 모든 사회보험 업무가 통합되어 1개 기관에서 운영된다.

답 ⑤

✔ 응시생들의 선택

① 10%	② 7%	③ 2%	④ 7%	⑤ 74%

⑤ 사회보험의 보험료 징수는 통합적으로 국민건강보험공단에서 진행되고 있지만, 사회보험의 업무는 국민연금공단, 국민건강보험공단, 근로복지공단 등 각각의 해당 기관에서 운영된다.

난이도 ★★★

우리나라의 사회보장기본법에 근거한 사회보장제도가 아닌 것은?

① 고용보험
② 국민연금
③ 최저임금제
④ 국민기초생활보장
⑤ 보육서비스

답 ③

✔ 응시생들의 선택

① 4%	② 7%	③ 33%	④ 8%	⑤ 48%

③ 사회보장기본법상 "사회보장"이란 출산, 양육, 실업, 노령, 장애, 질병, 빈곤 및 사망 등의 사회적 위험으로부터 모든 국민을 보호하고 국민 삶의 질을 향상시키는 데 필요한 소득·서비스를 보장하는 사회보험, 공공부조, 사회서비스를 말한다. ①, ②는 사회보험, ④는 공공부조, ⑤는 사회서비스에 해당한다.

난이도 ★☆☆

사회보험과 민영보험의 차이점에 관한 설명으로 옳지 않은 것은?

① 사회보험은 현금급여를 원칙으로 하고, 민영보험은 현물급여를 원칙으로 한다.
② 사회보험은 대부분 국가 또는 공법인이 운영하지만, 민영보험은 사기업이 운영한다.
③ 사회보험은 강제로 가입되지만, 민영보험은 임의로 가입한다.
④ 사회보험은 국가가 주로 독점하지만, 민영보험은 사기업들이 경쟁한다.
⑤ 사회보험은 사회적 적절성을 강조하지만, 민영보험은 개별 형평성을 강조한다.

답 ①

✔ 응시생들의 선택

① 89%	② 3%	③ 1%	④ 3%	⑤ 4%

① 사회보험은 현금급여 외에 현물급여 등도 지급하고 있으며, 민영보험은 모두 현금급여를 지급하고 있다.

난이도 ★☆☆

사회보험제도에 관한 설명으로 옳지 않은 것은?

① 사회보험제도는 위험의 분산이라는 보험기술을 사용한다.
② 사회보험 급여를 받을 권리 여부는 자산조사 결과에 근거하여 결정된다.
③ 한국의 사회보험제도는 의무가입 원칙을 적용한다.
④ 사회보험은 위험이전과 위험의 광범위한 공동분담에 기초하고 있다.
⑤ 사회보험은 피보험자의 욕구에 기초하지 않고 사전에 결정된 급여를 제공한다.

답 ②

✔ 응시생들의 선택

① 3%	② 71%	③ 3%	④ 4%	⑤ 19%

② 급여를 받을 권리가 자산조사의 결과에 근거하여 결정되는 것은 공공부조제도이다.

공공부조, 사회보험, 사회수당의 특성에 관한 설명으로 옳지 않은 것은?

① 공공부조는 다른 두 제도에 비해 권리성이 약하다.
② 사회수당은 수평적 재분배 효과가 있다.
③ 사회보험의 급여조건은 보험료 기여조건과 함께 사회적 위험에 직면해야 하는 조건이 부가된다.
④ 사회수당은 기여여부와 무관하게 지급된다.
⑤ 운영효율성은 세 제도 중 공공부조가 가장 높다.

답 ⑤

✅ **응시생들의 선택**

① 14%	② 7%	③ 17%	④ 14%	⑤ 48%

⑤ 전체 자원 중에서 행정비용이 차지하는 비율로 운영효율성을 측정한다. 행정비용의 비중이 높아질수록 운영효율성이 낮아지며, 행정비용의 비중이 낮아질수록 운영효율성은 높아진다고 볼 수 있다. 대상을 선정하는 데 있어서 선별적인 요소가 많을수록 행정비용은 증가한다. 따라서 세 제도 중 공공부조가 운영효율성이 가장 낮다.

사회보험과 공공부조의 차이에 관한 설명으로 옳지 않은 것을 모두 고른 것은?

		사회보험	공공부조
ㄱ	재원	사회보험료	조세
ㄴ	대상자 범주	보편주의	선별주의
ㄷ	권리성	추상적이고 약함	구체적이고 강함
ㄹ	수급자격	기여금	자산조사
ㅁ	특징	사후적	사전적

① ㄱ, ㄴ
② ㄷ, ㅁ
③ ㄱ, ㄴ, ㄷ
④ ㄴ, ㄷ, ㄹ
⑤ ㄷ, ㄹ, ㅁ

답 ②

✅ **응시생들의 선택**

① 3%	② 70%	③ 4%	④ 9%	⑤ 15%

② ㄷ. 사회보험의 권리성은 구체적이고 강하다. 공공부조의 권리성은 추상적이고 약하다.
　ㅁ. 사회보험은 사전적이고 적극적이며 예방적이다. 공공부조는 사후적이고 소극적이며 치료적이다.

소득재분배 유형과 관련된 제도를 연결한 것 중 옳은 것을 모두 고른 것은?

> ㄱ. 수직적 재분배 – 공공부조
> ㄴ. 세대 내 재분배 – 개인연금
> ㄷ. 수평적 재분배 – 아동수당
> ㄹ. 세대 간 재분배 – 장기요양보험

① ㄹ
② ㄱ, ㄷ
③ ㄴ, ㄹ
④ ㄱ, ㄴ, ㄷ
⑤ ㄱ, ㄴ, ㄷ, ㄹ

답 ⑤

✅ **응시생들의 선택**

① 6%	② 29%	③ 7%	④ 17%	⑤ 41%

⑤ ㄱ. 수직적 재분배: 소득이 높은 계층으로부터 낮은 계층으로 재분배되는 형태
　ㄴ. 세대 내 재분배: 동일한 계층 내에서 재분배되는 형태
　ㄷ. 수평적 재분배: 동일한 소득 계층 내에서의 특정한 조건을 가진 사람들에게 재분배되는 형태
　ㄹ. 세대 간 재분배: 현재 세대와 미래 세대 간의 소득이 재분배되는 형태

소득재분배에 관한 설명으로 옳지 않은 것은?

① 소득재분배는 세대 내 재분배와 세대 간 재분배로 구분할 수 있다.
② 소득재분배는 시장의 기능에 따라 1차적으로 소득이 분배되는 것이다.
③ 정부가 조세정책과 사회복지정책 등을 통해 실현한다.
④ 개인의 자발적 기부와 같이 민간에 의해 이루어 질 수도 있다.
⑤ 시간적 소득재분배는 한 개인이 안정된 근로생활 시기에서 불안정한 소득시기로 소득을 이전하는 것을 의미한다.

답 ②

✅ **응시생들의 선택**

① 4%	② 47%	③ 2%	④ 13%	⑤ 34%

② 소득재분배란 시장기능에 의한 소득의 분배가 현저하게 불평등하기 때문에 이러한 소득의 불평등을 완화하기 위해 정부가 정책적으로 개입하는 것이다.

다음 내용이 왜 틀렸는지를 확인해보자

20-06-07

01 사회보험은 <u>현금급여만을 지급</u>하며, 대부분 국가 또는 공법인이 운영한다.

> 사회보험은 현금급여 외에 현물급여 등도 지급하고 있다.

17-06-17

02 <u>사회보험급여</u>는 철저한 보험수리원칙에 따라 납부한 보험료에 비례한다.

> 민간보험급여는 철저한 보험수리원칙에 따라 납부한 보험료에 비례한다.

15-06-19

03 소득재분배는 <u>시장의 기능에 따라 1차적으로 소득이 분배</u>되는 것이다.

> 소득재분배란 시장기능에 의한 소득의 분배가 현저하게 불평등하기 때문에 이러한 소득의 불평등을 완화하기 위해 정부가 정책적으로 개입하는 것이다.

13-06-20

04 세대 내 재분배는 <u>노령세대 대(對) 근로세대의 소득재분배</u>이다.

> 세대 내 재분배는 동일한 세대 내의 재분배를 의미한다. 노령세대 대(對) 근로세대는 세대 내 재분배가 아닌 세대 간 재분배이다.

12-06-17

05 사회보장기본법에서 정의하는 사회보장의 영역으로는 **사회복지서비스, 공공부조, 사회서비스**가 있다.

> 사회보장기본법에서 정의하는 사회보장의 영역으로는 사회보험, 공공부조, 사회서비스가 있다.

06 <u>민간보험</u>은 강제가입이 원칙이고, 개인적 형평성보다는 사회적 적절성을 중시한다.

> 사회보험은 강제가입이 원칙이고, 개인적 형평성보다는 사회적 적절성을 중시한다.

07 우리나라의 사회보험제도에서 가장 먼저 실시된 제도는 **국민연금제도**이다.

> 우리나라의 사회보험제도에서 가장 먼저 실시된 제도는 산업재해보상보험제도이다.

빈칸에 들어갈 알맞은 말을 채워보자

`21-06-12`

01 공공부조제도는 (   )을/를 통하여 선별적으로 적용되기 때문에 행정비용이 많이 소요될 수 있다.

`17-06-01`

02 공공부조와 사회서비스는 (   )의 책임으로 시행하는 것을 원칙으로 한다.

`16-06-13`

03 아동수당은 (   ) 재분배에 해당한다.

`13-06-20`

04 고소득층 대 저소득층의 소득재분배 유형은 (   ) 재분배이다.

`10-06-20`

05 사회보험과 민간보험 중 (   )의 급여는 계약에 의해 정해진다.

06 (   )은/는 국가와 지방자치단체의 책임하에 생활 유지 능력이 없거나 생활이 어려운 국민의 최저생활을 보장하고 자립을 지원하는 제도이다.

답 01 자산조사 **02** 국가와 지방자치단체 **03** 수평적 **04** 수직적 **05** 민간보험 **06** 공공부조

다음 내용이 옳은지 그른지 판단해보자

20-06-16
01 국민연금, 국민기초생활보장제도, 보육서비스는 우리나라의 사회보장기본법에 근거한 사회보장제도이다. ◎ⓧ

20-06-24
02 세대 간 재분배는 주로 적립방식을 통해 운영된다. ◎ⓧ

03 사회보장기본법상 부담 능력이 있는 국민에 대한 사회서비스에 드는 비용은 그 수익자가 부담함을 원칙으로 한다. ◎ⓧ

19-06-20
04 재원조달 측면에서 보험방식이 부조방식보다 재분배 효과가 크다. ◎ⓧ

19-06-23
05 민간보험은 피보험자의 욕구에 기초하지 않고 사전에 결정된 급여를 제공한다. ◎ⓧ

06 사회수당은 사회적 권리를 강하게 보장하며, 보편주의 원칙에 가장 가깝다. ◎ⓧ

18-06-19
07 사회보험의 급여조건은 보험료 기여조건과 함께 사회적 위험에 직면해야 하는 조건이 부가된다. ◎ⓧ

08 사회보험에 드는 비용은 사용자, 피용자 및 자영업자가 부담하는 것을 원칙으로 하되, 관계 법령에서 정하는 바에 따라 국가가 그 비용의 일부를 부담할 수 있다. ◎ⓧ

09 연금의 적립방식은 연금급여를 적립했다가 장래에 지급하는 방식으로 장기적 재분배 효과를 갖는다. ◎ⓧ

10 건강보험제도는 수직적 재분배에 해당하며, 국민기초생활보장제도는 수평적 재분배에 해당한다. ◎ⓧ

답 **01**○ **02**× **03**○ **04**× **05**× **06**○ **07**○ **08**○ **09**○ **10**×

해설 **02** 세대 간 재분배는 주로 부과방식을 통해 운영된다.
04 재원조달 측면에서 부조방식이 보험방식보다 재분배 효과가 크다.
05 사회보험은 피보험자의 욕구에 기초하지 않고 사전에 결정된 급여를 제공한다.
10 건강보험제두는 수평적 재분배에 해당하며, 국민기초생활보장제도는 수직적 재분배에 해당한다.

7 장

공적 연금의 이해

이 장에서는

공적 연금의 특징, 연금재정의 운영방식, 국민연금제도의 특징, 기초연금제도의 특징 등을 다룬다.

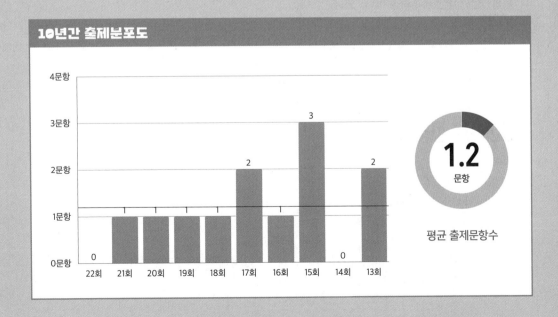

10년간 출제분포도

평균 출제문항수 **1.2** 문항

공적 연금의 특징

강의 QR코드

1회독	2회독	3회독
월 일	월 일	월 일

★★★
최근 10년간 **5문항** 출제

이론요약

복습
1

연금제도의 분류

▶ 기여식 연금과 무기여 연금

• 기여식 연금: 소득의 일정 비율(혹은 정액)을 보험료(유사한 성격의 사회보장세)로 징수하여 재원을 조달하며 노령, 장애, 사망 등의 사회적 위험에 직면한 가입자에게 급여를 제공하는 형태이다.

• 무기여 연금: 동일한 정액으로 급여를 지급하기도 하고, 소득수준에 따라 급여를 감액하고 지급하기도 한다. 일반조세에 의해 재정을 충당하기 때문에 급여수준이 낮은 편이며, 국가마다 운영하는 방식이나 지급범위, 기능과 역할 등이 매우 다양하다.

▶ 정액연금과 소득비례연금

• 정액연금: 연금 수급액 결정에 있어서 이전의 소득은 고려하지 않고 동일한 금액을 지급하는 형태이다.

• 소득비례연금: 과거 소득(일정기간 또는 가입 전(全) 기간의 소득)을 기준으로 급여를 차등 지급하는 형태이다.

▶ 확정급여식 연금과 확정기여식 연금

• 확정급여식 연금: 급여는 임금 또는 소득의 일정 비율 또는 일정 금액으로 **사전에 급여산정공식에 의해 확정되어 있지만 원칙적으로 보험료(기여금)는 확정되어 있지 않다.** 연금급여액은 대개 과거소득 및 소득활동기간에 의해 결정된다.

• 확정기여식 연금: **보험료(기여금)만이 사전에 확정되어 있을 뿐 급여액은 확정되어 있지 않다.** 급여액은 적립한 기여금과 기여금의 투자수익에 의해서만 결정되기 때문에 사전에 급여액이 얼마나 될 지 알 수 없다.

연금재정의 운영방식

▶ 적립방식

• 보험료를 <u>연기금으로 적립하였다가 지급하는 방식</u>이다.

• 보험료의 평준화가 가능하다.

• 제도 성숙기에는 적립된 기금의 활용이 가능하며, 상대적으로 **재정의 안정적인 운영이 가능**하다.

• 일정한 기금이 형성되기 전까지는 제도 초기에 어려움이 있다.

• <u>장기적인 예측에 있어서 어려움이 있으며, 인플레이션 등 경제사회적 변화에 취약</u>하다.

기본개념

강의로 쌓는
기본개념

사회복지정책론
pp.182~

▶ 부과방식

• 보험료 수입을 당해 연도 연금 지출로 사용하는 방식이다.
• 세대 간 재분배 효과가 상대적으로 크며, 인플레이션으로 인한 영향이 크지 않다.
• 장기적인 재정추계의 필요성은 미약하다.
• 상대적으로 재정운영의 불안정성이 존재하며, 인구구조 변화에 상당한 영향을 받는다.

기출문장 CHECK

01 (21-06-17) 우리나라 사회보험방식의 공적 연금은 가입자의 노령(퇴직), 장애(재해), 사망으로 인한 소득중단 시 급여를 지급한다.

02 (19-06-21) 적립방식은 부과방식에 비해 세대 내 소득재분배 효과가 크다.

03 (17-06-24) 확정급여식 연금의 재정은 완전적립방식에서 부과방식까지 다양하게 운용될 수 있다.

04 (15-06-14) 부과방식은 매년도 연금재정의 수입총액과 지출총액이 균형을 유지할 수 있도록 운영하는 방식이다.

05 (13-06-19) 적립방식에 비해 부과방식(pay-as-you-go)이 인구 구성의 변동에 더 취약하다.

06 (12-06-19) 공적 연금은 직업에 따라 적용대상을 달리하는 여러 개의 연금제도로 분절된 형태를 취하며, 퇴직 전 생활수준을 유지하도록 보장하는 것은 조합주의적 국가 우위의 연금체계이다.

07 (10-06-28) 기여와 급여 중 어느 것을 확정하는지에 따라 확정기여연금과 확정급여연금으로 구분한다.

08 (08-06-30) 부과방식은 세대 간 계약에 기반을 두고 있다.

09 (07-06-21) 현재 재정적자가 발생하여 국고지원이 이루어지고 있는 공적 연금제도는 공무원연금, 군인연금 등이다.

10 (05-06-22) 적립방식의 경우 상대적으로 부과방식보다 장기적 재정추계의 필요성이 강하다.

복습 2 기출확인

대표기출 확인하기

21-06-17 　　　　난이도 ★★☆

우리나라 사회보험방식의 공적 연금에 관한 설명으로 옳은 것을 모두 고른 것은?

> ㄱ. 국민연금과 특수직역연금으로 구분하여 운영되고 있다.
> ㄴ. 국민연금이 가장 먼저 시행되었다.
> ㄷ. 2022년 12월말 기준 공적 연금 수급개시 연령은 동일하다.
> ㄹ. 가입자의 노령(퇴직), 장애(재해), 사망으로 인한 소득중단 시 급여를 지급한다.

① ㄱ, ㄴ　　　　　　　② ㄱ, ㄹ
③ ㄱ, ㄴ, ㄹ　　　　　④ ㄱ, ㄷ, ㄹ
⑤ ㄴ, ㄷ, ㄹ

> ▶ **알짜확인**

• 공적 연금제도와 관련된 주요 특징과 내용을 파악해야 한다.

> **답 ②**

✅ **응시생들의 선택**

① 10%	② 42%	③ 14%	④ 26%	⑤ 8%

② ㄴ. 1960년 공무원연금법의 제정으로 시행된 공무원연금제도가 최초의 공적 연금이다.
　ㄷ. 국민연금은 수급개시가 65세부터 시작되지만, 공무원연금 등의 수급개시는 퇴직연도에 따라 수급개시 연령이 다르다. 즉, 공적 연금의 종류에 따라 수급개시 기준에 차이가 있기 때문에 모든 공적 연금의 수급개시 연령이 동일한 것은 아니다.

➕ **덧붙임**

공적 연금의 특징과 관련해서는 연금재정의 운영방식을 묻는 문제가 가장 많이 출제되고 있다. 이 외에도 공적 연금의 필요성, 공적 연금의 유형, 연금제도의 분류 등 공적 연금의 전반적인 내용을 종합적으로 묻는 문제가 출제되고 있으므로 공적 연금과 관련된 주요 특징과 내용을 폭 넓게 정리할 필요가 있다.

관련기출 더 보기

19-06-21 　　　　난이도 ★★☆

연금제도의 적립방식과 부과방식에 관한 설명으로 옳은 것을 모두 고른 것은?

> ㄱ. 적립방식은 부과방식에 비해 세대 내 소득재분배 효과가 크다.
> ㄴ. 부과방식은 적립방식에 비해 자본축적 효과가 크다.
> ㄷ. 부과방식은 적립방식에 비해 기금확보가 더 용이하다.

① ㄱ　　　　　　　　② ㄴ
③ ㄷ　　　　　　　　④ ㄱ, ㄴ
⑤ ㄱ, ㄷ

> **답 ①**

✅ **응시생들의 선택**

① 42%	② 5%	③ 24%	④ 8%	⑤ 21%

① ㄴ. 적립방식은 부과방식에 비해 자본축적 효과가 크기 때문에 상대적으로 재정의 안정적인 운영이 가능하다. 부과방식은 매년 전체 가입자가 낸 보험료 등으로 당해 연도에 지급해야 할 연금급여를 충당하는 방식이기 때문에 상대적으로 재정운영의 불안정성이 존재한다.
　ㄷ. 적립방식은 부과방식에 비해 기금확보가 더 용이하며, 성숙기에는 적립된 기금의 활용이 가능하다. 다만, 일정한 기금이 형성되기 전까지는 제도 초기에 어려움이 있다.

17-06-24 난이도 ★★★

확정급여식 연금과 확정기여식 연금에 관한 설명으로 옳은 것을 모두 고른 것은?

> ㄱ. 확정급여식 연금의 재정은 완전적립방식에서 부과방식까지 다양하게 운용될 수 있다.
> ㄴ. 확정기여식 연금의 급여액은 기본적으로 적립한 기여금과 기여금의 투자수익에 의해서 결정된다.
> ㄷ. 확정급여식 연금제도에서는 투자위험에 대해서 개인이 전적으로 책임진다.
> ㄹ. 확정기여식 연금제도에서는 물가상승, 경기침체 등의 위험을 사회 전체적으로 분산대응하는 장점이 있다.

① ㄱ, ㄴ ② ㄱ, ㄷ
③ ㄴ, ㄹ ④ ㄱ, ㄴ, ㄷ
⑤ ㄱ, ㄴ, ㄷ, ㄹ

답 ①

✅ 응시생들의 선택

| ① 34% | ② 4% | ③ 38% | ④ 7% | ⑤ 17% |

① ㄷ. 확정기여식 연금제도에서는 투자위험에 대해서 개인이 전적으로 책임진다.
　　ㄹ. 확정급여식 연금제도에서는 물가상승, 경기침체 등의 위험을 사회 전체적으로 분산대응하는 장점이 있다.

15-06-14 난이도 ★★☆

공적 연금 재정관리 방식의 특징이 아닌 것은?

① 적립방식은 가입자들 각자가 보험료를 납부하여 축적한 적립기금으로 자신들의 노후를 보장하는 방식이다.
② 부과방식은 매년도 연금재정의 수입총액과 지출총액이 균형을 유지할 수 있도록 운영하는 방식이다.
③ 적립방식의 연금제도에서 수지상등의 원칙은 고려하지 않는다.
④ 부과방식의 연금제도는 도입 당시의 노인세대에게도 일정한 연금을 제공할 수 있다.
⑤ 적립방식의 연금제도는 저축 기능을 토대로 운영된다.

답 ③

✅ 응시생들의 선택

| ① 2% | ② 10% | ③ 66% | ④ 21% | ⑤ 1% |

③ 수지상등의 원칙이란 원칙적으로 개인이 낸 보험료 총액과 개인이 받는 급여 총액은 같아야 한다는 것이다. 적립방식 연금제도는 사전에 보험료를 납부하여 적립한 후 자신이 낸 보험료와 나중에 받는 연금이 수지상등이 되도록 연금을 받는 것이다.

13-06-19 난이도 ★★☆

공적 연금제도에 관한 설명으로 옳은 것을 모두 고른 것은?

> ㄱ. 적립방식에 비해 부과방식(pay-as-you-go)이 인구 구성의 변동에 더 취약하다.
> ㄴ. 확정급여식 연금은 주로 과거의 소득 및 소득활동 기간에 의해 결정된다.
> ㄷ. 완전적립방식은 퇴직 후 생활보장을 위해 현재 소득의 일부를 저축하는 구조이다.
> ㄹ. 부과방식에서는 현재의 근로세대가 은퇴세대의 연금급여에 필요한 재원을 부담한다.

① ㄱ, ㄴ, ㄷ ② ㄱ, ㄷ
③ ㄴ, ㄹ ④ ㄹ
⑤ ㄱ, ㄴ, ㄷ, ㄹ

답 ⑤

✅ 응시생들의 선택

| ① 20% | ② 22% | ③ 8% | ④ 4% | ⑤ 47% |

⑤ 모두 옳은 내용이다.

10-06-28 난이도 ★★☆

공적 연금에 관한 설명으로 옳은 것을 모두 고른 것은?

> ㄱ. 기여여부에 따라 무기여 연금과 기여 연금으로 구분한다.
> ㄴ. 급여의 소득비례여부에 따라 정액연금과 소득비례연금으로 구분한다.
> ㄷ. 재정방식에 따라 적립방식과 부과방식으로 구분한다.
> ㄹ. 기여와 급여 중 어느 것을 확정하는지에 따라 확정기여연금과 확정급여연금으로 구분한다.

① ㄱ, ㄴ, ㄷ ② ㄱ, ㄷ
③ ㄴ, ㄹ ④ ㄹ
⑤ ㄱ, ㄴ, ㄷ, ㄹ

답 ⑤

✅ 응시생들의 선택

| ① 18% | ② 15% | ③ 3% | ④ 1% | ⑤ 63% |

⑤ 기여여부에 따라 무기여 연금과 기여 연금, 급여의 소득비례여부에 따라 정액 연금과 소득비례연금, 연금재정 운영방식에 따라 적립방식과 부과방식, 연금액 확정방식에 따라 확정기여연금, 확정급여연금으로 분류한다.

다음 내용이 왜 틀렸는지를 확인해보자

13-06-19

01 부과방식에 비해 적립방식이 인구 구성의 변동에 더 취약하다.

> 적립방식에 비해 부과방식이 인구 구성의 변동에 더 취약하다. 부과방식은 상대적으로 재정운영의 불안정성이 존재한다.

02 확정기여식 연금의 급여는 사전에 급여산정공식에 의해 확정되어 있지만 원칙적으로 보험료는 확정되어 있지 않다.

> 확정급여식 연금의 급여액은 사전에 급여산정공식에 의해 확정되어 있지만 원칙적으로 보험료는 확정되어 있지 않다. 반면, 확정기여식 연금은 보험료만이 사전에 확정되어 있을 뿐 급여액은 확정되어 있지 않다.

03 사회보험식 공적 연금 유형은 강제가입이 아닌 개개인이 자유롭게 선택하여 가입하는 것이 특징이다.

> 사회보험식 공적 연금 유형은 보험료 등으로 필요한 재원을 조달하여 현금 형태로 급여를 제공하는 제도로 기본적으로 강제가입이 원칙이다. 강제가입을 전제로 위험을 분산시켜 대처할 수 있으며, 임의가입은 예외적으로 허용된다.

04 기여식 연금은 일반조세에 의해 재정을 충당하기 때문에 급여수준이 낮은 편이다.

> 일반조세에 의해 재정을 충당하기 때문에 급여수준이 낮은 것은 무기여 연금이다.

05-06-22

05 부과방식은 장기적 재정추계를 이용하여 장기간에 걸쳐 보험료를 평준화할 수 있어 세대 간의 공평한 보험료 부담이 가능하다.

> 적립방식은 장기적 재정추계를 이용하여 장기간에 걸쳐 보험료를 평준화할 수 있어 세대 간의 공평한 보험료 부담이 가능하다.

06 적립방식은 고령화가 진행되는 과정에서 근로세대가 줄어들면서 보험료 수입이 감소하는 경향이 발생할 수 있고 노인인구의 증가로 인해 후세대의 부담이 증가할 수 있다.

> 부과방식은 고령화가 진행되는 과정에서 근로세대가 줄어들면서 보험료 수입이 감소하는 경향이 발생할 수 있고 노인인구의 증가로 인해 후세대의 부담이 증가할 수 있다.

빈칸에 들어갈 알맞은 말을 채워보자

01 연금의 유형은 크게 사회보험식 연금, 사회부조식 연금, ( )(으)로 나눌 수 있다.

`17-06-24`
02 ( ) 연금의 급여액은 기본적으로 적립한 기여금과 기여금의 투자수익에 의해서 결정된다.

`15-06-14`
03 ( )은/는 매년도 연금재정의 수입총액과 지출총액이 균형을 유지할 수 있도록 운영하는 방식이다.

04 연금재정을 부과방식으로 운영하는 경우에는 특히 ( ) 재분배 효과가 크다.

05 ( )은/는 일정한 기금이 형성되기 전까지는 제도 초기에 어려움이 있다.

 답 **01** 사회수당식 연금 **02** 확정기여식 **03** 부과방식 **04** 세대 간 **05** 적립방식

다음 내용이 옳은지 그른지 판단해보자

01 사회수당식 공적 연금은 누구에게나 동일한 급여액이 지급되는 경향이 있다.

`19-06-21`
02 적립방식은 부과방식에 비해 기금확보가 더 용이하며, 성숙기에는 적립된 기금의 활용이 가능하다.

03 부분적립방식은 완전적립방식에 비해 적립기금 규모를 상대적으로 작게 유지한다.

`13-06-19`
04 적립방식에서는 현재의 근로세대가 은퇴세대의 연금급여에 필요한 재원을 부담한다.

05 확정기여식 연금은 투자에 수반되는 위험에 대해서는 개인이 전적으로 책임을 지는 형태이다.

 **답** **01** ○ **02** ○ **03** ○ **04** × **05** ○

해설 **04** 부과방식에서는 현재의 근로세대가 은퇴세대의 연금급여에 필요한 재원을 부담한다.

181 국민연금제도

강의 QR코드

1회독 월 일 → 2회독 월 일 → 3회독 월 일

최근 10년간 **6문항** 출제 ★★★

복습 1 이론요약

가입대상

- 국내에 거주하는 국민으로서 18세 이상 60세 미만인 자는 국민연금 가입대상이 된다. 다만, 공무원연금법, 군인연금법, 사립학교교직원 연금법 및 별정우체국법을 적용받는 공무원, 군인, 교직원 및 별정우체국 직원 등은 제외한다.
- 국민연금 가입자는 **사업장가입자, 지역가입자, 임의가입자 및 임의계속가입자**로 구분한다.

기본개념
사회복지정책론
pp.192~

급여의 종류

- 노령연금: **가입기간(연금보험료 납부기간)이 10년 이상**이면 출생연도별 지급개시 연령 이후부터 평생 동안 매월 지급받을 수 있으며, 국민연금의 기초가 되는 급여이다.
  - 조기노령연금: 가입기간이 10년 이상이고 출생연도별 조기노령연금 지급개시 연령 이상인 사람이 소득 있는 업무에 종사하지 않는 경우에 본인이 신청하면 노령연금 지급개시 연령 전이라도 지급받을 수 있는 연금
  - 분할연금: 배우자의 가입기간 중 혼인 기간이 5년 이상인 자가 '배우자와 이혼하였을 것, 배우자였던 사람이 노령연금 수급권자일 것, 분할연금 수급권자가 본인이 출생연도별 지급개시 연령이 될 것'의 요건을 모두 갖추면 지급

출생연도별 지급개시 연령

출생연도	1953~56년생	1957~60년생	1961~64년생	1965~68년생	1969년생~
노령연금 지급개시 연령	61세	62세	63세	64세	65세
조기노령연금 지급개시 연령	56세	57세	58세	59세	60세

- 장애연금: 가입자나 가입자였던 자가 질병이나 부상으로 신체적 또는 정신적 장애가 남았을 때 이에 따른 소득 감소부분을 보전함으로써 본인과 가족의 안정된 생활을 보장하기 위한 급여이다.
- 유족연금: 국민연금에 일정한 가입기간이 있는 사람 또는 노령연금이나 장애연금을 받던 사람이 사망하면 그에 의해 생계를 유지하던 유족에게 급여를 지급하여 안정된 삶을 살아갈 수 있도록 하기 위한 급여이다.
- 반환일시금: 지급연령이 되었을 때 연금급여를 받을 수 있는 요건을 충족하지 못하였거나 국외이주 등으로 더 이상 국

민연금 가입대상이 아닌 경우 납부한 연금보험료에 이자를 더해 일시에 지급하는 급여이다.

- 사망일시금: 가입자 또는 가입자였던 사람이 사망하였으나 국민연금법에서 명시한 유족의 범위에 해당하는 유족이 없어 유족연금 또는 반환일시금을 지급받을 수 없는 경우 더 넓은 범위의 유족에게 지급하는 장제부조적 · 보상적 성격의 급여이다.

연금보험료

- 사업장가입자 보험료율은 <u>9.0%(근로자 4.5% + 사용자 4.5%)로 근로자와 사용자가 각각 4.5%씩을 부담</u>한다.
- 지역가입자, 임의가입자, 임의계속가입자의 보험료율도 <u>9.0%로 모두 자신이 부담</u>한다.

연금급여액

- 연금급여는 기본연금액과 부양가족연금액을 합산한 금액으로 한다.
- 기본연금액: 모든 연금액 산정의 기초가 되며, 가입자 전체의 소득과 가입자 본인의 소득 및 가입기간에 따라서 산정한다.
- 부양가족연금액: 연금급여를 지급받는 수급자가 일정한 가족을 부양하고 있는 경우 가족수당 성격으로 지급하는 부가급여이다.

크레딧 제도

- 사회적으로 가치 있는 행위를 하였거나, 불가피한 사유로 보험료를 납부할 수 없는 경우 수급권 및 적정 급여 보장을 위해 가입기간을 추가로 인정하는 제도이다.
- **출산크레딧제도**(2008. 1. 1 이후 출산 · 입양한 자녀부터 인정): 출산을 장려하고 연금수급기회 증대를 위해 둘째 이상의 자녀를 출산하는 가입자에게는 가입기간을 추가로 인정하는 인센티브를 부여한다(2자녀 – 12개월, 3자녀 – 30개월, 4자녀 – 48개월, 5자녀 이상 – 50개월).
- **군복무크레딧제도**(2008. 1. 1 이후 군에 입대하는 자부터 인정): 병역의무를 이행한 자(현역병, 공익근무요원)에게 6개월을 추가 가입기간으로 인정한다.
- **실업크레딧제도**(2016. 8. 1 시행): 구직급여 수급자가 연금보험료의 납부를 희망하고 본인부담분 연금보험료(25%)를 납부하는 경우, 국가에서 보험료(75%)를 지원하고 그 기간을 최대 12개월까지 가입기간으로 추가 산입한다.

국민연금공단의 업무

가입자에 대한 기록의 관리 및 유지, 연금보험료의 부과, 급여의 결정 및 지급, 가입자 · 가입자였던 자 · 수급권자 및 수급자를 위한 자금의 대여와 복지시설의 설치 · 운영 등 복지사업, 가입자 및 가입자였던 자에 대한 기금증식을 위한 자금대여사업, 가입대상과 수급권자 등을 위한 노후준비서비스 사업, 국민연금제도 · 재정계산 · 기금운용에 관한 조사연구, 국민연금기금 운용 전문인력 양성, 국민연금에 관한 국제협력, 그 밖에 이 법 또는 다른 법령에 따라 위탁받은 사항, 그 밖에 국민연금사업에 관하여 보건복지부장관이 위탁하는 사항

01 (20-06-03) 국민연금의 연금크레딧제도 중 실업크레딧이 가장 최근에 시행되었다.

02 (17-06-08) 병역법에 따라 현역병으로 병역의무를 수행한 경우 가입기간을 추가 산입한다.

03 (16-06-21) 출산크레딧은 2명 이상의 자녀가 있을 때부터 가능하다.

04 (15-06-05) 소득상한선은 그 이상의 소득에 대해서는 더 이상 보험료가 부과되지 않는 소득의 경계선을 의미한다.

05 (15-06-20) 연금액은 지급사유에 따라 기본연금액과 부양가족연금액을 기초로 산정한다.

06 (13-06-22) 우리나라 국민연금은 강제가입을 통해 역 선택을 방지하고자 한다.

07 (07-06-14) 사업장가입자의 보험료는 근로자와 사용자가 각각 절반씩을 부담한다.

08 (06-06-26) 국민연금 계산식 '기본연금액 = 1.8(A+B)(1+0.05n)'에서 소득비례부분은 B(가입자 개인의 가입기간 동안의 기준소득월액의 평균)이다.

09 (03-06-21) 우리나라의 국민연금 보험료에는 상한선이 있다.

10 (03-06-22) 우리나라 국민연금은 수정적립방식을 택하고 있다.

대표기출 확인하기

국민연금의 가입기간 추가 산입에 관한 내용으로 옳지 않은 것은?

① 병역법에 따라 현역병으로 병역의무를 수행한 경우 가입기간을 추가 산입한다.

② 가입기간의 추가 산입에 따른 비용은 국가와 사용자가 2분의 1씩 부담한다.

③ 자녀가 두 명인 경우 12개월을 추가 산입한다.

④ 고용보험법에 따른 구직급여를 받는 경우 구직급여를 받는 기간을 가입기간에 추가 산입한다.

⑤ 사용자가 근로자의 임금에서 기여금을 공제하고 연금 보험료를 내지 아니한 경우에는 그 내지 아니한 기간의 2분의 1에 해당하는 기간을 근로자의 가입기간으로 산입하되, 1개월 미만의 기간은 1개월로 한다.

> **알짜확인**
>
> • 국민연금제도와 관련된 주요 내용을 파악해야 한다.

답 ②

✔ 응시생들의 선택

① 5%	② 31%	③ 24%	④ 25%	⑤ 15%

② 가입기간의 추가 산입에 따른 비용은 국가가 전액 또는 일부를 부담한다.

➕ 덧붙임

국민연금제도의 적용대상, 보험료, 급여종류, 급여액 등 주요 내용에 관한 문제가 출제되고 있다. 특히, 최근 시험에서는 국민연금의 크레딧제도에 관한 내용이 지속적으로 출제되고 있으므로 반드시 꼼꼼하게 정리해둘 필요가 있다. <사회복지법제론>의 국민연금법과 함께 학습하면 좀 더 효율적으로 이해할 수 있을 것이다.

관련기출 더 보기

국민연금의 연금크레딧제도 중 가장 최근에 시행된 것은?

① 실업크레딧   ② 고용크레딧

③ 양육크레딧   ④ 군복무크레딧

⑤ 출산크레딧

답 ①

✔ 응시생들의 선택

① 27%	② 6%	③ 18%	④ 17%	⑤ 32%

① 연금크레딧제도는 사회적으로 가치 있는 행위를 하였거나, 불가피한 사유로 보험료를 납부할 수 없는 경우 수급권 및 적정급여 보장을 위해 가입기간을 추가로 인정하는 제도이다. 우리나라는 출산크레딧, 군복무크레딧, 실업크레딧을 시행하고 있으며, 출산크레딧과 군복무크레딧은 2008년부터, 실업크레딧은 2016년부터 시행되고 있다.

우리나라의 국민연금제도에 관한 설명으로 옳은 것은?

① 실업기간 중에는 가입기간을 추가로 산입할 수 없다.

② 출산크레딧은 3명 이상의 자녀가 있을 때부터 가능하다.

③ 농·어업인에 대해 연금보험료를 국가가 보조할 수 없다.

④ 노령연금 수급권자가 소득활동을 하면 최대 3년 동안 연금액이 감액된다.

⑤ 군복무자에게는 노령연금수급권 취득 시 6개월을 가입기간에 추가로 산입한다.

답 ⑤

✔ 응시생들의 선택

① 16%	② 31%	③ 4%	④ 12%	⑤ 37%

① 실업기간 중에도 가입기간을 추가로 산입할 수 있다.

② 출산크레딧은 2명 이상의 자녀가 있을 때부터 가능하다.

③ 농·어업인에 대해 연금보험료를 국가가 보조할 수 있다.

④ 노령연금 수급권자가 소득활동을 하면 최대 5년 동안 연금액이 감액된다.

국민연금 보험료 부과체계상 소득상한선과 소득하한선에 관한 설명으로 옳지 않은 것은?

① 소득하한선은 일정수준 이하의 저소득계층을 제도의 적용으로부터 제외시키는 기능을 한다.
② 소득하한선을 높게 설정할 경우 국민연금 가입자 규모가 감소할 수 있다.
③ 소득상한선을 낮게 유지할 경우 고소득계층의 부담은 그만큼 더 커지게 된다.
④ 소득상한선은 국민연금 가입자들 상호 간 연금급여의 편차를 일정수준에서 제한하는 기능을 하게 된다.
⑤ 소득상한선은 그 이상의 소득에 대해서는 더 이상 보험료가 부과되지 않는 소득의 경계선을 의미한다.

답 ③

✔ **응시생들의 선택**

① 13%	② 10%	③ 63%	④ 4%	⑤ 10%

③ 소득상한선은 국민연금 가입자들 간에 연금급여의 편차를 일정수준으로 제한하는 기능이 있으며, 소득상한선 이상의 소득에 대해서는 더 이상 보험료를 부과하지 않는다. 따라서 소득상한선을 낮게 유지할 경우 고소득계층의 부담은 경감될 수 있다.

국민연금의 연금보험료와 연금급여액에 관한 설명으로 옳은 것을 모두 고른 것은?

> ㄱ. 저소득층에게 유리하게 설계되어 있다.
> ㄴ. 기본연금액의 균등부분에서 소득재분배기능이 나타난다.
> ㄷ. 2008년 이후 급여수준을 결정하는 비례상수는 매년 0.5%씩 감소한다.
> ㄹ. 연금액은 지급사유에 따라 기본연금액과 부양가족연금액을 기초로 산정한다.

① ㄱ, ㄴ
② ㄴ, ㄹ
③ ㄷ, ㄹ
④ ㄱ, ㄴ, ㄹ
⑤ ㄱ, ㄴ, ㄷ, ㄹ

답 ④

✔ **응시생들의 선택**

① 7%	② 47%	③ 16%	④ 21%	⑤ 9%

④ ㄷ. 2008년 이후 소득대체율은 0.5%씩, 비례상수는 0.015씩 감소한다.

국민연금 기본연금액 산출식이 다음과 같을 때, 20년 가입자와 40년 가입자의 소득대체율은 각각 얼마인가? (단, A와 B 모두 100만원으로 가정)

> 기본연금액 = 1.2(A + B)(1 + 0.05n/12)
>
> A: 연금수급 전 3년간의 전체 가입자 평균소득월액의 평균액
> B: 가입자 개인의 가입기간 중 기준소득월액의 평균액
> n: 20년 이상 초과 가입한 개월 수

	20년 가입자	40년 가입자
①	10%	20%
②	15%	30%
③	20%	40%
④	25%	50%
⑤	30%	60%

답 ③

✔ **응시생들의 선택**

① 17%	② 20%	③ 23%	④ 18%	⑤ 22%

③ 소득대체율이란 연금에 가입하여 보험료를 납부한 경우 본인 가입기간 중 평균소득과 대비하여 받을 수 있는 연금액의 지급수준을 말한다. 소득대체율은 평균소득과 가입기간에 따라 달라진다. 기본연금액 산정식에서 1.2는 연금급여의 소득대체율을 만들어주는 상수를 의미한다. 이 값이 클수록 연금급여의 소득대체율이 높음을 의미한다. 이 문제에서는 "가입기간 중 평균소득"에 해당하는 금액을 "B"로 보고 계산한다. 따라서 소득대체율(%) = 연금액(월) ÷ B × 100이 된다.
20년 가입자의 기본연금액은 초과 가입월수(n)가 0이므로 1.2(100 + 100) × 1 = 240만원이다. 그런데 240만원은 1년 동안 지급하는 금액이므로 월 기본연금액은 20만원이 된다. 가입 기간 동안 B가 100만원인 사람이 20년 가입 시 기본연금액이 20만원이라면 소득대체율은 20%(= 20 ÷ 100 × 100)이다.
40년 가입자의 기본연금액은 초과 가입월수(n)가 240개월이므로 1.2(100 + 100) × 2 = 480만원이다. 마찬가지로 480만원은 1년 동안 지급하는 금액이므로 월 기본연금액은 40만원이 된다. 가입 기간 동안 B가 100만원인 사람이 40년 가입 시 월 기본연금액이 40만원이라면 소득대체율은 40%(= 40 ÷ 100 × 100)이다.

다음 내용이 왜 틀렸는지를 확인해보자

20-06-03

01 국민연금의 연금크레딧제도 중 가장 최근에 시행된 것은 <u>출산크레딧</u>이다.

> 출산크레딧과 군복무크레딧은 2008년부터, 실업크레딧은 2016년부터 시행되고 있다.

16-06-21

02 출산크레딧은 <u>3명 이상의 자녀</u>가 있을 때부터 <u>가능</u>하다.

> 출산크레딧은 2명 이상의 자녀가 있을 때부터 가능하다.

---

03 분할연금은 가입기간 중 <u>혼인기간이 3년 이상</u>인 노령연금수급권자의 이혼한 배우자가 60세 이상이 된 경우에 받을 수 있다.

> 분할연금은 가입기간 중 혼인기간이 5년 이상인 노령연금수급권자의 이혼한 배우자가 60세 이상이 된 경우에 받을 수 있다.

---

04 별정우체국법을 적용받는 별정우체국 직원도 국민연금의 가입대상이 된다.

> 국내에 거주하는 국민으로서 18세 이상 60세 미만인 자는 국민연금 가입대상이 된다. 다만, 공무원연금법, 군인연금법, 사립학교교직원 연금법 및 별정우체국법을 적용받는 공무원, 군인, 교직원 및 별정우체국 직원 등은 제외한다.

---

05 유족연금은 유족의 범위에 해당하는 <u>모든 이에게 유족연금을 지급</u>한다.

> 유족연금은 유족의 범위에 해당하는 배우자, 자녀, 부모, 손자녀, 조부모 순위 중 최우선 순위자에게 유족연금을 지급한다.

빈칸에 들어갈 알맞은 말을 채워보자

17-06-08
01 자녀가 두 명인 경우에는 (　　　　　　)개월을 가입기간으로 추가 산입한다.

02 우리나라의 국민연금 재정운영방식은 (　　　　　)이다.

03 국민연금제도는 국가 위탁관리 형태의 법인체인 (　　　　　)이 운영하고 있다.

04 사업장가입자의 보험료율은 (　　　　)%이며, 근로자와 사용자가 각각 절반씩 부담한다.

15-06-05
05 (　　　　)은/는 그 이상의 소득에 대해서는 더 이상 보험료가 부과되지 않는 소득의 경계선을 의미한다.

 01 12　**02** 수정적립방식　**03** 국민연금공단　**04** 9.0　**05** 소득상한선

다음 내용이 옳은지 그른지 판단해보자

01 연금급여는 기본연금액과 부양가족연금액을 합산한 금액으로 받는다.

13-06-22
02 우리나라는 소규모 사업을 운영하는 사업주와 소속 근로자의 국민연금 보험료의 일부를 국가에서 지원하는 두루누리 사회보험제도가 있다.

03 군복무크레딧제도는 병역의무를 이행한 자(현역병, 공익근무요원)에게 12개월을 추가 가입기간으로 인정해주는 제도이다.

04 한사람에게 둘 이상의 국민연금 급여가 발생한 경우 무조건 하나만 지급받는다.

05 국민연금공단은 가입자에 대한 기록의 관리 및 유지, 연금보험료의 부과, 급여의 결정 및 지급 등의 업무를 한다.

 **01** ○　**02** ○　**03** ×　**04** ×　**05** ○

(해설) **03** 군복무크레딧제도는 병역의무를 이행한 자(현역병, 공익근무요원)에게 6개월을 추가 가입기간으로 인정해주는 제도이다.
　　04 한사람에게 둘 이상의 국민연금 급여가 발생한 경우 원칙적으로 선택한 하나만 지급받을 수 있으나, 일정한 경우에는 선택하지 않은 급여의 일부를 지급받을 수 있다.

182 기초연금제도

강의 QR코드

1회독 월 일 2회독 월 일 3회독 월 일

최근 10년간 **1문항** 출제

복습 1 이론요약

지급대상

기본개념

사회복지정책론
pp.206~

- 65세 이상인 사람으로서 **소득인정액이 선정기준액 이하인 사람**에게 지급한다.
- 보건복지부장관은 선정기준액을 정하는 경우 65세 이상인 사람 중 기초연금 수급자가 **100분의 70 수준**이 되도록 한다.
- 공무원, 사립학교교직원, 군인, 별정우체국직원 등 직역연금 수급권자 및 그 배우자는 기초연금 수급대상에서 제외한다.

기초연금액의 산정 및 감액

- 기준연금액 산정: 국민연금을 받지 않고 있는 자(무연금자), 국민연금 월 급여액이 기준연금액의 150% 이하인 자, 국민연금의 유족연금이나 장애연금을 받고 있는 자, 장애인연금 수급권자 및 국민기초생활보장 수급권자
- 기준연금액 산정 대상에 해당하지 않는 자: (기준연금액−2/3×A급여액) + 부가연금액
- 기초연금액의 감액: 부부가 모두 기초연금을 받는 경우 각각의 **기초연금액에서 20%를 감액하여 지급**한다.

기출문장 CHECK

01 (18-06-25) 기초연금제도는 무기여방식의 노후 소득보장제도이다.

02 (09-06-27) 우리나라 기초연금의 대상자는 자산과 소득을 모두 고려하여 선정한다.

03 (08-06-25) 부부가 모두 기초연금을 받는 경우 각각의 기초연금액에서 20%를 감액하여 지급한다.

04 (07-06-26) 기초연금은 65세 이상이고 소득인정액이 선정기준액 이하인 노인에게 지급한다.

05 (06-06-27) 기초연금제도는 노인에게 안정적인 소득기반을 제공함으로써 노인의 생활안정을 지원하고 복지를 증진함을 목적으로 한다.

대표기출 확인하기

18-06-25 난이도 ★★☆

기초연금제도에 관한 설명으로 옳은 것은?

① 65세 이상 모든 고령자에게 제공하는 사회수당이다.
② 무기여방식의 노후 소득보장제도이다.
③ 기초연금액의 산정 시 국민연금급여액을 고려하지 않는다.
④ 기초연금액은 가구유형, 소득과 상관없이 동일하다.
⑤ 기초연금의 수급권자가 사망하면 유족급여를 지급한다.

 알짜확인

• 기초연금제도와 관련된 주요 내용을 파악해야 한다.

답 ②

✔ **응시생들의 선택**

| ① 10% | ② 56% | ③ 3% | ④ 3% | ⑤ 28% |

① 65세 이상인 사람으로서 소득인정액이 선정기준액(보건복지부장관이 정하여 고시하는 금액) 이하인 사람에게 지급하는 공공부조이다.
③ 기초연금 수급권자에 대한 기초연금의 금액(기초연금액)은 기준연금액과 국민연금 급여액등을 고려하여 산정한다.
④ 기초연금액은 가구유형(단독가구, 부부가구)과 소득인정액 수준(선정기준액 100분의 70)에 따라 다르다.
⑤ 기초연금의 수급권자가 사망해도 별도의 유족급여는 지급되지 않는다. 다만, 그 기초연금 수급자에게 지급되지 아니한 기초연금액이 있는 경우에는 그 기초연금 수급자의 사망 당시 생계를 같이 한 부양의무자는 미지급 기초연금을 청구할 수 있다.

➕ **덧붙임**

주로 기초연금제도의 전반적인 내용을 묻는 문제가 출제되었다. 9회 시험 이후 한동안 출제되지 않다가 18회 시험에서 등장하였다. <사회복지법제론>의 기초연금법에 관한 문제는 매년 출제되고 있으므로 함께 정리해두면 효과적일 것이다.

관련기출 더 보기

09-06-27 난이도 ★☆☆

우리나라 기초연금에 관한 설명으로 옳지 않은 것은?

① 노인에게 기초연금을 지급하여 안정적인 소득기반을 제공함으로써 노인의 생활안정을 지원하고 복지를 증진하기 위함이다.
② 재원은 보험료로 충당한다.
③ 대상자는 자산과 소득을 모두 고려하여 선정한다.
④ 65세 이상으로 소득인정액이 선정기준액 이하인 노인을 수급자로 선정한다.
⑤ 기준연금액은 기초연금액 산정의 기준이 되는 금액이며, 기초연금수급권자에게 지급되는 최대 금액을 의미한다.

답 ②

✔ **응시생들의 선택**

| ① 2% | ② 79% | ③ 3% | ④ 5% | ⑤ 11% |

② 기초연금제도의 재원은 일반조세로 충당한다.

08-06-25 난이도 ★☆☆

우리나라 기초연금에 대한 설명으로 옳은 것은?

① 선정기준액은 65세 이상인 사람 중 수급권자가 100분의 80 수준이 되도록 한다.
② 기여연금이다.
③ 수급자 선정 시 소득인정액 개념을 사용한다.
④ 국민기초생활보장 수급자는 기초연금 수급권이 없다.
⑤ 본인 및 배우자가 모두 연금을 지급받을 경우 각각 연금액의 50%를 감액하여 지급한다.

답 ③

✔ **응시생들의 선택**

| ① 7% | ② 10% | ③ 72% | ④ 8% | ⑤ 3% |

① 선정기준액은 65세 이상인 사람 중 기초연금 수급자가 100분의 70 수준이 되도록 한다.
② 보험료 납부 없이 자산조사에 의해 지급되는 무기여 연금이다.
④ 국민기초생활보장 수급자도 기초연금 수급권이 있다.
⑤ 부부가 모두 기초연금을 받는 경우 각각의 기초연금액에서 20%를 감액하여 지급한다.

다음 내용이 왜 틀렸는지를 확인해보자

01 공무원연금 수급권자도 기초연금을 받을 수 있다.

> 공무원연금 등 직역연금 수급권자 및 그 배우자는 기초연금 수급대상에서 제외한다.

`09-06-27`
02 <u>부가연금액</u>은 기초연금액 산정의 기준이 되는 금액이며, 기초연금 수급권자에게 지급되는 최대 금액이기도 하다.

> 기준연금액은 기초연금액 산정의 기준이 되는 금액이며, 기초연금 수급권자에게 지급되는 최대 금액이기도 하다.

`08-06-25`
03 부부가 모두 기초연금을 받는 경우 각각의 **기초연금액에서 30%를 감액**하여 지급한다.

> 부부가 모두 기초연금을 받는 경우 각각의 기초연금액에서 20%를 감액하여 지급한다.

`08-06-25`
04 보건복지부장관은 선정기준액을 정하는 경우 65세 이상인 사람 중 기초연금 수급자가 <u>100분의 80 수준</u>이 되도록 한다.

> 보건복지부장관은 선정기준액을 정하는 경우 65세 이상인 사람 중 기초연금 수급자가 100분의 70 수준이 되도록 한다.

`07-06-26`
05 기초연금의 지급대상은 65세 이상인 사람으로서 **최저생계비가 선정기준액 이하**여야 한다.

> 기초연금의 지급대상은 65세 이상인 사람으로서 소득인정액이 선정기준액 이하여야 한다.

빈칸에 들어갈 알맞은 말을 채워보자

18-06-25
01 기초연금은 보험료 납부조건 없이 소득자산조사에 의해 지급되는 (   )이다.

02 (   )은/는 기준연금액의 50%에 해당하는 금액을 말한다.

03 기초연금의 연령 요건은 (   )세 이상이어야 한다.

 답 **01** 무기여 연금   **02** 부가연금액   **03** 65

다음 내용이 옳은지 그른지 판단해보자

01 장애인연금 수급권자 중 기초연금 지급대상자에게는 장애인연금 기초급여를 지급하지 않는다.

09-06-27
02 기초연금의 재원은 사회보험료로 충당한다.

03 국민연금 급여액등이란 국민연금 수급권자 및 연계노령연금 수급권자가 매월 지급 받을 수 있는 급여액 중 부양가족연금액을 제외한 금액을 의미한다.

 답 **01**○ **02**× **03**○

(해설) **02** 기초연금제도의 재원은 일반조세로 충당한다.

8장

국민건강보장제도의 이해

이 장에서는

국민건강보험제도의 특징, 노인장기요양보험제도의 특징 등을 다룬다.

10년간 출제분포도

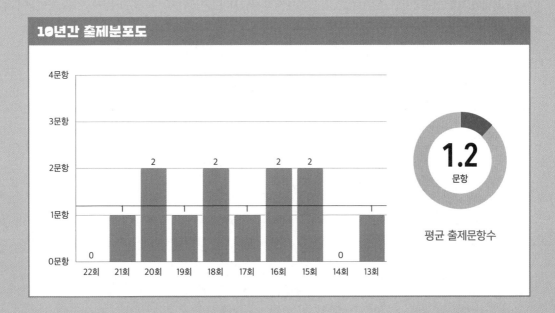

평균 출제문항수 **1.2** 문항

183 국민건강보험제도

강의 QR코드

1회독 월 일 2회독 월 일 3회독 월 일

최근 10년간 **7문항** 출제

이론요약

건강보험제도의 역사

- 1997년 12월 31일 국민의료보험법 제정
- 1998년 10월 1일 조합주의 방식에서 통합주의 방식으로 변경(1단계 통합: 공무원·사립학교 교직원공단과 227개 지역의료보험조합 통합 – 국민의료보험관리공단 출범)
- 1999년 2월 8일 국민건강보험법 제정
- 2000년 7월 1일 국민건강보험법 시행(2단계 통합: 국민의료보험관리공단과 직장조합 통합 – 국민건강보험공단 출범)
- 2001년 7월 1일 5인 미만 사업장근로자 직장가입자 편입
- 2003년 7월 1일 지역·직장 재정 통합 운영(3단계 통합 – 재정통합)

기본개념

사회복지정책론
pp.212~

건강보험의 보험자와 적용대상

- 보건복지부장관이 관장하고 보험자는 **국민건강보험공단**으로 한다.
- **국내에 거주하는 국민은 건강보험의 가입자 또는 피부양자**가 된다. 여기서 피부양자는 '직장가입자의 배우자, 직장가입자의 직계존속(배우자의 직계존속을 포함), 직장가입자의 직계비속(배우자의 직계비속을 포함)과 그 배우자, 직장가입자의 형제·자매'의 어느 하나에 해당하는 사람 중 직장가입자에게 주로 생계를 의존하는 사람으로서 소득 및 재산이 보건복지부령으로 정하는 기준 이하에 해당하는 사람을 말한다.
- **의료급여수급권자, 유공자 등 의료보호대상자는 적용대상에서 제외**된다.
- 가입자는 **직장가입자 및 지역가입자**로 구분하며, 공무원 및 교직원도 직장가입자에 해당한다.

보험료

- 지역가입자: (소득월액 × 보험료율) + (재산보험료 부과점수 × 부과점수당 금액)
- 직장가입자: 보수월액보험료 = 보수월액 × 보험료율, 보수 외 소득월액보험료 = [(연간 '보수 외 소득' – 2,000만원(공제금액)) × 1/12] × 소득평가율 × 보험료율
- 보험료 경감: 섬·벽지·농어촌 등의 지역에 거주하는 자, 65세 이상인 자, 등록 장애인, 국가유공자, 휴직자, 그 밖에 생활이 어렵거나 천재지변 등의 사유로 보험료의 경감이 필요한 자는 보험료를 경감해주고 있다.

급여의 종류

- 요양급여: 가입자 및 피부양자의 질병·부상·출산 등에 대하여 **진찰·검사, 약제·치료재료의 지급, 처치·수술 및 그 밖의 치료, 예방·재활, 입원, 간호, 이송**에 대한 의료서비스를 실시한다. 요양급여(간호 및 이송은 제외)는 '의료법에 따라 개설된 의료기관, 약사법에 따라 등록된 약국, 약사법에 따라 설립된 한국희귀·필수의약품센터, 지역보건법에 따른 보건소·보건의료원 및 보건지소, 농어촌 등 보건의료를 위한 특별조치법에 따라 설치된 보건진료소 등'의 요양기관에서 행한다.
- 건강검진: 일반건강검진, 암검진, 영유아건강검진 등으로 구분하여 실시한다.
- 요양비: 가입자 및 피부양자가 긴급한 경우, 기타 부득이한 사유로 인하여 요양기관과 유사한 기능을 수행하는 기관으로서 보건복지부령이 정하는 기관에서 질병·부상·출산 등에 대하여 요양을 받거나 요양기관 외의 장소에서 출산을 한 때에는 그 요양급여에 상당하는 금액을 그 가입자 또는 피부양자에게 요양비로 지급한다.
- 장애인 보조기기 급여비: 장애인복지법에 의하여 등록된 장애인인 가입자 및 피부양자가 보조기기를 구입할 경우, 구입금액의 일부를 현금급여로 지급한다.
- 부가급여(임신·출산 진료비 지원): 임신부의 본인부담금을 경감하여 출산의욕을 고취하고 건강한 태아의 분만과 산모의 건강관리를 위하여 임신 및 출산과 관련된 진료비를 전자바우처로 일부 지원한다.

건강보험의 관리운영체계

▶ 국민건강보험공단
- 건강보험의 운영은 재정과 관리를 담당하는 건강보험공단을 통해 중앙집중관리 방식으로 운영되고 있다.
- 건강보험공단은 가입자와 피부양자가 의료기관을 이용한 후 의료기관에서 청구된 요양급여에 대해 산하의 건강보험심사평가원을 통해 요양급여비용의 적절성을 심사하고, 청구된 요양급여액(의료서비스에 대한 비용 중 본인부담액 이외의 금액)을 지급한다.

▶ 건강보험심사평가원
요양기관으로부터 청구된 요양급여 비용을 심사하고 요양급여의 적정성을 평가한다.

▶ 건강보험정책심의위원회
요양급여의 기준, 요양급여 비용에 관한 사항, 직장가입자의 보험료율, 지역가입자의 보험료 부과점수당 금액, 그밖에 건강보험에 관한 주요 사항들을 심의·의결하기 위하여 보건복지부장관 소속하에 건강보험정책심의위원회를 둔다.

▶ 국민건강보험종합계획의 수립
보건복지부장관은 건강보험의 건전한 운영을 위하여 건강보험정책심의위원회의 심의를 거쳐 5년마다 국민건강보험종합계획을 수립하여야 한다.

진료비 지불방식

- 행위별 수가제: 환자에게 제공한 모든 의료서비스를 **항목별로 계산하여 진료비를 책정**한다. 의료행위가 많이 이루어질수록 의료기관의 수입이 늘어나게 되며, 과잉진료의 가능성이 크다.
- 포괄수가제: 행위별 수가제에 비해 과잉진료를 방지하는 진료비 절감효과가 크며, 우리나라는 **행위별 수가제를 기본으로 하면서 포괄수가제의 적용도 확대**하고 있다.
- 인두제: 주로 주치의제도 아래에서 의사에게 등록된 사람 수에 따라 일정금액을 보상하는 방식이다. 비용이 저렴하면서도 예방과 건강증진에 관심을 기울이게 할 수 있다는 장점이 있으나, 환자의 선택권 제한이나 과소 진료의 가능성도 있다.
- 총액계약제: 보험자와 의료기관의 연합체(의료공급자) 간에 연간 진료비 총액을 계약하고 그 총액 범위 내에서 의료서비스를 제공하도록 하는 방식이다. 의료비 절감효과가 크지만, 과소 진료의 가능성이 있다.

01 (21-06-09) 행위별 수가제는 과잉진료 및 신의료기술의 지나친 적용으로 국민의료비가 증가할 가능성이 크다.

02 (20-06-04) 포괄수가제를 적용함으로써 환자의 본인부담금이 감소할 수 있다.

03 (19-06-24) 직장가입자의 보수월액 보험료는 보수월액에 보험료율을 곱하여 얻은 금액이다.

04 (18-06-20) 직장가입자의 보수월액은 직장가입자가 지급받는 보수를 기준으로 하여 산정한다.

05 (16-06-20) 우리나라의 국민건강보험제도는 직종조합, 지역조합 등이 통합되어 운영되고 있다.

06 (15-06-22) 섬 · 벽지 · 농어촌 등 대통령령이 정하는 지역에 거주하는 자는 국민건강보험료 경감대상자이다.

07 (13-06-21) 국민건강보험제도의 보험자는 국민건강보험공단으로 한다.

08 (12-06-23) 우리나라 국민건강보험제도의 진료비 지불방식은 행위별 수가제를 기본으로 하고 있다.

09 (11-06-22) 국민건강보험제도는 지역가입자와 직장가입자의 보험료 산정방식이 다르다.

10 (10-06-30) 건강보험의 요양급여와 노인장기요양보험의 요양급여는 급여내용이 다르다.

11 (09-06-22) 건강보험제도의 본인부담금은 의료서비스 수요자의 도덕적 해이를 감소시킬 수 있다.

12 (09-06-30) 건강보험 가입자가 업무상 질병 · 부상이 아닌 일반적인 질병 · 부상으로 인하여 치료를 받는 동안 상실되는 소득을 현금으로 보전하는 급여는 상병수당이다.

13 (08-06-26) 건강보험심사평가원은 요양급여의 적정성 심사 · 평가업무를 수행한다.

14 (07-06-22) 국민건강보험은 단기보험으로 보험료율이 매해 조정된다.

15 (04-06-23) 건강보험 운영에 있어서 통합주의 방식은 행정비용을 절감할 수 있다는 장점이 있다.

16 (02-06-16) 우리나라의 건강보험은 통합주의 방식으로 운영되고 있다.

대표기출 확인하기

21-06-09 난이도 ★★☆

우리나라 의료보장제도(국민건강보험, 의료급여)에서 시행하고 있는 것 중 의료비 절감효과와 관련이 가장 적은 것은?

① 포괄수가제
② 의료급여 사례관리제도
③ 건강보험급여 심사평가제도
④ 행위별 수가제
⑤ 본인일부부담금

 알짜확인

• 국민건강보험제도와 관련된 주요 내용을 파악해야 한다.

답 ④

✅ **응시생들의 선택**

① 13%	② 10%	③ 7%	④ 61%	⑤ 9%

④ 행위별 수가제는 환자에게 제공한 모든 의료서비스를 항목별로 계산하여 진료비를 책정하는 방식이다. 환자에게 많은 진료를 제공하면 할수록 의사 또는 의료기관의 수입이 증가하게 되어 과잉진료 등을 초래할 우려가 있다. 과잉진료 및 신의료기술의 지나친 적용으로 국민의료비가 증가할 가능성이 크다.

➕ **덧붙임**

주로 국민건강보험제도의 전반적인 내용을 묻는 문제가 출제되고 있다. 구체적으로 살펴보면 건강보험제도의 적용대상, 보험료, 진료비 지불방식, 급여 등의 내용을 다루고 있다. 최근 시험에서는 경감대상자, 본인부담상한액, 급여의 제한, 진료비 지불방식 등 세부적인 내용도 출제되고 있으므로 반드시 제도의 전반적인 사항을 꼼꼼하게 정리해야 한다.

관련기출 더 보기

20-06-04 난이도 ★☆☆

진료비 지불방식 중 행위별 수가제와 포괄수가제에 관한 설명으로 옳은 것을 모두 고른 것은?

> ㄱ. 행위별 수가제는 의료기관의 과잉진료를 유도할 수 있다.
> ㄴ. 행위별 수가제에서는 의료진의 진료행위에 대한 자율성이 확보된다.
> ㄷ. 포괄수가제는 주로 발생빈도가 높은 질병군에 적용한다.
> ㄹ. 포괄수가제를 적용함으로써 환자의 본인부담금이 감소할 수 있다.

① ㄱ
② ㄱ, ㄷ
③ ㄱ, ㄴ, ㄷ
④ ㄴ, ㄷ, ㄹ
⑤ ㄱ, ㄴ, ㄷ, ㄹ

답 ⑤

✅ **응시생들의 선택**

① 3%	② 7%	③ 9%	④ 9%	⑤ 72%

⑤ 행위별 수가제는 환자에게 제공한 모든 의료서비스를 항목별로 계산하여 진료비를 책정하는 방식이다. 환자에게 많은 진료를 제공하면 할수록 의사 또는 의료기관의 수입이 증가하게 되어 과잉진료 등을 초래할 우려가 있으며, 과잉진료 및 신의료기술의 지나친 적용으로 국민의료비가 증가할 가능성이 크다.
포괄수가제는 보통 발생빈도가 높은 질병군에 대해 환자의 입원 일수와 중증도(심한 정도)에 따라 미리 정해진 표준화된 진료비(본인부담금 포함)를 의료기관에 지급하는 방식을 통칭한다. 포괄수가제는 행위별 수가제에 비해 과잉진료와 의료서비스 오남용을 억제하는 효과가 있다.

국민건강보험제도에 관한 설명으로 옳은 것은?

① 본인의 의사에 따라 임의가입할 수 있다.
② 조합방식 의료보험제도가 통합방식으로 전환되어 국민건강보험제도로 변경되었다.
③ 건강보험료는 수직적 소득재분배 기능을 하지 않는다.
④ 국민건강보험의 보험자는 보건복지부이다.
⑤ 직장가입자의 보수월액 보험료는 평균보수월액에 보험료율을 곱하여 얻은 금액이다.

답 ②

✓ 응시생들의 선택

① 9%	② 46%	③ 5%	④ 6%	⑤ 34%

① 국민건강보험은 강제가입을 원칙으로 한다.
③ 건강보험료의 납부 측면에서 소득에 따라 정률제로 건강보험료를 납부하고 있으므로 수직적 소득재분배 기능을 갖고 있다고 할 수 있다.
④ 국민건강보험의 보험자는 국민건강보험공단이다.
⑤ 직장가입자의 보수월액 보험료는 보수월액에 보험료율을 곱하여 얻은 금액이다.

우리나라 국민건강보험제도에 관한 설명으로 옳지 않은 것은?

① 진료비 지불방식은 행위별 수가제를 기본으로 하고 있다.
② 국민건강보험공단은 요양기관으로부터 청구된 요양급여 비용을 심사하고 요양급여의 적정성을 평가한다.
③ 조합방식이 아닌 통합방식으로 운영되고 있다.
④ 직장가입자의 보험료에는 상·하한선이 있다.
⑤ 국내에서 업무에 종사하는 직장가입자 보험료율은 1천분의 80 범위 안에서 정한다.

답 ②

✓ 응시생들의 선택

① 14%	② 40%	③ 8%	④ 7%	⑤ 31%

② 건강보험심사평가원은 요양기관으로부터 청구된 요양급여 비용을 심사하고 요양급여의 적정성을 평가한다.

국민건강보험료 경감대상자를 모두 고른 것은?

ㄱ. 휴직자
ㄴ. 60세인 자
ㄷ. 장애인복지법에 따라 등록한 장애인
ㄹ. 섬·벽지·농어촌 등 대통령령이 정하는 지역에 거주하는 자

① ㄱ
② ㄴ, ㄷ
③ ㄷ, ㄹ
④ ㄱ, ㄷ, ㄹ
⑤ ㄱ, ㄴ, ㄷ, ㄹ

답 ④

✓ 응시생들의 선택

① 5%	② 21%	③ 39%	④ 23%	⑤ 12%

④ ㄴ. 경감대상자는 65세 이상인 자이다.

국민건강보험제도에 관한 설명으로 옳지 않은 것은?

① 타 법령에 의한 의료급여(보호) 대상을 제외한 전 국민을 적용대상으로 한다.
② 지역가입자와 직장가입자의 보험료 산정방식이 다르다.
③ 주된 진료비 지불방식은 행위별수가제와 포괄수가제이다.
④ 본인부담금과 비급여 항목이 있다.
⑤ 요양급여비용은 보건복지부장관이 정한다.

답 ⑤

✓ 응시생들의 선택

① 13%	② 8%	③ 11%	④ 7%	⑤ 62%

⑤ 요양급여비용은 공단의 이사장과 의약계를 대표하는 사람들의 계약으로 정하며 계약기간은 1년이다.

다음 내용이 **왜 틀렸는지**를 **확인해보자**

`15-06-22`

01 60세인 자는 국민건강보험료 경감대상자에 해당한다.

> 국민건강보험료 경감대상자는 65세 이상이어야 한다.

`13-06-21`

02 국민건강보험제도의 적용대상은 **국내·외에 거주하는 모든 국민**이다.

> 국민건강보험제도의 적용대상은 국내에 거주하는 국민이다. 국내에 거주하는 국민은 건강보험의 가입자 또는 피부양자가 된다.

---

03 국민건강보험의 요양급여에는 **간호 및 이송에 대한 의료서비스는 포함되지 않는다.**

> 요양급여란 가입자 및 피부양자의 질병·부상·출산 등에 대하여 '진찰·검사, 약제·치료재료의 지급, 처치·수술 및 그 밖의 치료, 예방·재활, 입원, 간호, 이송'에 대한 의료서비스를 실시하는 것을 말한다.

---

04 건강보험의 운영은 재정과 관리를 담당하는 **건강보험심사평가원**을 통해 중앙집중관리 방식으로 운영되고 있다.

> 건강보험의 운영은 재정과 관리를 담당하는 국민건강보험공단을 통해 중앙집중관리 방식으로 운영되고 있다.

`08-06-26`

05 **국민건강보험공단**의 주요 업무는 요양급여의 적정성을 심사·평가하는 것이다.

> 요양급여의 적정성을 심사·평가하는 곳은 건강보험심사평가원이다.

---

06 직장가입자의 보험료는 사용자와 근로자가 50%씩 부담하며, **지역가입자는 개개인별로 부과**한다.

> 직장가입자의 보험료는 사용자와 근로자가 50%씩 부담하며, 지역가입자는 세대별로 부과한다.

빈칸에 들어갈 알맞은 말을 채워보자

[19-06-24]
01 건강보험 사업은 보건복지부장관이 관장하며, 건강보험의 보험자는 (　　　　　　)(으)로 한다.

[12-06-23]
02 우리나라 국민건강보험제도의 진료비 지불방식은 (　　　　　　)을/를 기본으로 하고 있다.

03 지역가입자의 보험료 부과점수는 지역가입자의 (　　　　　　)을/를 기준으로 선정한다.

04 우리나라 건강보험은 하나의 공단으로 모두 통합되어 (　　　　　　) 방식으로 운영되고 있다.

[09-06-30]
05 건강보험 가입자가 업무상 질병 · 부상이 아닌 일반적인 질병 · 부상으로 인하여 치료를 받는 동안 상실되는 소득을 현금으로 보전하는 급여는 (　　　　　　)이다.

 답 **01** 국민건강보험공단 **02** 행위별 수가제 **03** 소득 및 재산 **04** 통합주의 **05** 상병수당

다음 내용이 옳은지 그른지 판단해보자

[20-06-04]
01 포괄수가제는 주로 발생빈도가 낮은 질병군에 적용한다.

[13-06-21]
02 사립학교 교원의 보험료는 가입자가 50%, 사용자가 30%, 국가가 20%를 각각 부담한다.

03 약사법에 따라 등록된 약국은 요양급여를 제공하는 요양기관에 해당한다.

04 요양급여를 받는 자는 본인부담금이 없다.

05 행위별 수가제는 포괄수가제에 비해 과잉진료와 의료서비스 오남용을 억제하는 효과가 있는 것으로 알려져 있다.

답 **01** ✕ **02** ○ **03** ○ **04** ✕ **05** ✕

해설 **01** 포괄수가제는 주로 발생빈도가 높은 질병군에 적용한다.
04 요양급여를 받는 자는 그 비용의 일부를 본인이 부담한다.
05 포괄수가제는 행위별 수가제에 비해 과잉진료와 의료서비스 오남용을 억제하는 효과가 있는 것으로 알려져 있다.

184

노인장기요양보험제도

강의 QR코드

1회독	2회독	3회독
월 일	월 일	월 일

★★★ 최근 10년간 **5문항** 출제

복습
1 **이론요약**

신청대상 및 장기요양인정

- 소득수준과 상관없이 노인장기요양보험 가입자(국민건강보험 가입자와 동일)와 그 피부양자, 의료급여 수급권자로서 <u>65세 이상 노인과 65세 미만 노인성 질병이 있는 자는 신청</u>할 수 있다.
- 노인장기요양보험 가입자 및 그 피부양자나 의료급여 수급권자 누구나 장기요양급여를 받을 수 있는 것은 아니며, **일정한 절차에 따라 장기요양급여를 받을 수 있는 권리(수급권)가 부여**되는데, 이를 장기요양인정이라고 한다.
- <u>장기요양인정 유효기간은 최소 1년 이상으로서 대통령령으로 정한다.</u> 대통령령(시행령 제8조)에 따르면 장기요양인정 유효기간은 2년으로 한다.

기본개념

사회복지정책론
pp.224~

급여

- 재가급여(방문요양, 방문목욕, 방문간호, 주·야간보호, 단기보호, 기타 재가급여), 시설급여, 특별현금급여(가족요양비, 특례요양비, 요양병원간병비)가 있다.
- 수급자는 장기요양인정서와 개인별장기요양이용계획서가 도달한 날부터 장기요양급여를 받을 수 있다.
- 수급자는 재가급여, 시설급여 및 특별현금급여를 중복하여 받을 수 없다.
- 재가급여 수급자의 경우에는 동일한 시간에 방문요양, 방문목욕, 방문간호, 주·야간보호 또는 단기보호 급여를 2가지 이상 받을 수 없다.

장기요양기관

- 재가급여 또는 시설급여를 제공하는 장기요양기관을 운영하려는 자는 보건복지부령으로 정하는 장기요양에 필요한 시설 및 인력을 갖추어 소재지를 관할 구역으로 하는 특별자치시장·특별자치도지사·시장·군수·구청장으로부터 지정을 받아야 한다.
- 장기요양기관으로 지정을 받을 수 있는 시설은 **노인복지법에 따른 노인복지시설 중 노인의료복지시설(노인요양시설, 노인요양공동생활가정) 및 재가노인복지시설(방문요양서비스, 주·야간보호서비스, 단기보호서비스, 방문 목욕서비스 등을 제공하는 것이 목적인 시설)**로 한다.
- 장기요양기관의 장은 지정의 유효기간이 끝난 후에도 계속하여 그 지정을 유지하려는 경우에는 소재지를 관할구역으

로 하는 특별자치시장 · 특별자치도지사 · 시장 · 군수 · 구청장에게 지정 유효기간이 끝나기 90일 전까지 지정 갱신을 신청하여야 한다.
- 장기요양기관의 장은 폐업하거나 휴업하고자 하는 경우 폐업이나 휴업 예정일 전 30일까지 특별자치시장 · 특별자치도지사 · 시장 · 군수 · 구청장에게 신고하여야 하며, 신고를 받은 특별자치시장 · 특별자치도지사 · 시장 · 군수 · 구청장은 지체 없이 신고 명세를 공단에 통보하여야 한다.

재원조달방식
- 장기요양보험사업은 **보건복지부장관이 관장**하며, **보험자는 건강보험공단**으로 한다.
- 노인장기요양보험의 가입자는 국민건강보험 가입자와 동일하며, **장기요양보험료는 건강보험료와 통합하여 징수**한다. 이 경우 공단은 장기요양보험료와 건강보험료를 구분하여 고지하여야 한다.
- 국민건강보험공단은 통합 징수한 **장기요양보험료와 건강보험료를 각각의 독립회계로 관리**하여야 한다.
- 장기요양급여(특별현금급여는 제외)를 받는 자는 대통령령으로 정하는 바에 따라 **비용의 일부를 본인이 부담한다(재가급여 15%, 시설급여 20%)**. 이 경우 장기요양급여를 받는 수급자의 장기요양등급, 이용하는 장기요양급여의 종류 및 수준 등에 따라 본인부담의 수준을 달리 정할 수 있다.
- '국민기초생활보장법에 따른 의료급여 수급자를 제외한 의료급여법에 따른 수급권자, 소득 · 재산 등이 보건복지가족부장관이 정하여 고시하는 일정 금액 이하인 자(다만, 도서 · 벽지 · 농어촌 등의 지역에 거주하는 자에 대하여 따로 금액을 정할 수 있음), 천재지변 등 보건복지가족부령으로 정하는 사유로 인하여 생계가 곤란한 자'에 대하여는 본인부담금의 100분의 60을 경감한다.
- **국민기초생활보장법에 따른 의료급여 수급자는 본인부담금이 없다.**

기출문장 CHECK

01 (20-06-05) 65세 이상의 노인은 소득수준과 상관없이 적용대상자이다.

02 (18-06-24) 통합 징수한 장기요양보험료와 건강보험료를 각각의 독립회계로 관리하여야 한다.

03 (17-06-22) 노인요양시설, 주 · 야간보호시설, 단기보호시설, 노인요양공동생활가정 등은 노인장기요양보험의 급여를 제공하는 장기요양 기관에 해당한다.

04 (16-06-22) 보험료는 건강보험료와 통합하여 징수하되, 각각 구분하여 고지해야 하고 통합 징수한 보험료를 각각의 독립회계로 관리한다.

05 (15-06-21) 노인장기요양보험에서는 재가급여를 시설급여에 우선한다.

06 (11-06-21) 장기요양인정의 유효기간은 최소 1년 이상으로 한다.

07 (09-06-23) 급여의 종류는 크게 재가급여, 시설급여, 특별현금급여로 나눌 수 있다.

08 (07-06-20) 노인장기요양보험제도는 신청을 하면 등급심사를 거쳐 급여를 받을 수 있다.

대표기출 확인하기

20-06-05　　　　난이도 ★★☆

우리나라의 노인장기요양보험에 관한 설명으로 옳지 않은 것은?

① 가족의 부담을 덜어줌으로써 국민의 삶의 질을 향상하는 것을 목적으로 한다.
② 노인장기요양보험기금과 국민건강보험기금은 통합하여 관리한다.
③ 노인장기요양보험료는 국민건강보험료와 통합하여 징수한다.
④ 65세 이상의 노인은 소득수준과 상관없이 적용대상자이다.
⑤ 재가급여를 시설급여에 우선하여 제공하여야 한다.

알짜확인

• 노인장기요양보험제도와 관련된 주요 내용을 파악해야 한다.

답 ②

✅ 응시생들의 선택

① 1%	② 60%	③ 9%	④ 22%	⑤ 8%

② 노인장기요양보험과 국민건강보험은 기금방식이 아니다. 노인장기요양보험료는 국민건강보험료와 통합하여 징수하는데, 이 경우 국민건강보험공단은 노인장기요양보험료와 국민건강보험료를 구분하여 고지하여야 한다. 이렇게 통합 징수한 장기요양보험료와 건강보험료는 각각의 독립회계로 관리하여야 한다.

➕ 덧붙임

주로 노인장기요양보험제도의 전반적인 내용을 묻는 문제가 출제되었다. 한동안 출제되지 않다가 최근 시험에서 다시 출제되고 있다. <사회복지법제론>의 노인장기요양보험법과 함께 살펴보면 좀 더 효율적으로 이해할 수 있을 것이다.

관련기출 더 보기

18-06-24　　　　난이도 ★☆☆

노인장기요양보험제도에 관한 설명으로 옳은 것은?

① 장기요양보험사업의 보험자는 보건복지부장관이다.
② 등급판정에 따른 장기요양인정의 유효기간은 최소 6개월 이상으로서 대통령령으로 정한다.
③ 통합 징수한 장기요양보험료와 건강보험료를 각각의 독립회계로 관리하여야 한다.
④ 재가 급여비용은 수급자가 해당 장기요양급여 비용의 100분의 20을 부담한다.
⑤ 수급자는 시설급여와 특별현금급여를 중복하여 받을 수 있다.

답 ③

✅ 응시생들의 선택

① 7%	② 6%	③ 72%	④ 12%	⑤ 3%

① 장기요양보험사업의 보험자는 건강보험공단이다.
② 장기요양인정 유효기간은 최소 1년 이상으로서 대통령령으로 정한다. 대통령령(시행령 제8조)에 따르면 장기요양인정 유효기간은 2년으로 한다.
④ 재가 급여비용은 수급자가 해당 장기요양급여 비용의 100분의 15를 부담한다.
⑤ 수급자는 시설급여와 특별현금급여를 중복하여 받을 수 없다.

17-06-22 난이도 ★★☆

노인장기요양보험의 급여를 제공하는 장기요양 기관이 아닌 것은?

① 노인요양시설
② 주·야간보호시설
③ 노인요양병원
④ 단기보호시설
⑤ 노인요양공동생활가정

답 ③

✔ 응시생들의 선택

① 2%	② 10%	③ 50%	④ 25%	⑤ 13%

③ 노인요양병원은 장기요양기관에 해당하지 않는다. 노인장기요양보험법 시행규칙(장기요양기관의 지정기준 등)에 따르면 장기요양기관으로 지정을 받기 위해서는 노인복지법에 따른 재가노인복지시설(방문요양서비스, 주·야간보호서비스, 단기보호서비스, 방문목욕서비스 등을 제공하는 시설), 노인의료복지시설(노인요양시설, 노인요양공동생활가정)로서 시설 및 인력을 갖추어야 한다.

15-06-21 난이도 ★★★

노인장기요양보험의 급여에 관한 설명으로 옳은 것을 모두 고른 것은?

> ㄱ. 시설급여 제공기관에는 노인의료복지시설인 노인전문요양병원이 포함된다.
> ㄴ. 노인장기요양보험에서는 재가급여를 시설급여에 우선한다.
> ㄷ. 재가급여에는 방문요양, 방문목욕 등이 있다.
> ㄹ. 특별현금급여에는 가족요양비 등이 있다.

① ㄱ, ㄹ   ② ㄴ, ㄹ
③ ㄱ, ㄴ, ㄷ   ④ ㄴ, ㄷ, ㄹ
⑤ ㄱ, ㄴ, ㄷ, ㄹ

답 ④

✔ 응시생들의 선택

① 3%	② 1%	③ 12%	④ 27%	⑤ 57%

④ ㄱ. 노인전문요양병원은 노인의료복지시설에 포함되지 않는다. 노인의료복지시설에는 노인요양시설, 노인요양공동생활가정이 있다.

16-06-22 난이도 ★★☆

우리나라의 노인장기요양보험제도에 관한 설명으로 옳은 것은?

① 단기보호는 시설급여에 해당한다.
② 가족에게 요양을 받을 때 지원되는 현금급여가 있다.
③ 보험료는 건강보험료와 분리하여 징수한다.
④ 장기요양인정의 유효기간은 3개월 이상으로 한다.
⑤ 보험료율은 보건복지부령으로 정한다.

답 ②

✔ 응시생들의 선택

① 11%	② 62%	③ 14%	④ 4%	⑤ 9%

① 단기보호는 재가급여에 해당한다.
③ 보험료는 건강보험료와 통합하여 징수하되, 각각 구분하여 고지해야 하고 통합 징수한 보험료를 각각의 독립회계로 관리한다.
④ 장기요양인정 유효기간은 최소 1년 이상으로서 대통령령으로 정한다. 대통령령(시행령 제8조)에 따르면 장기요양인정 유효기간은 2년으로 한다.
⑤ 보험료율은 장기요양위원회의 심의를 거쳐 대통령령으로 정한다.

11-06-21 난이도 ★★★

노인장기요양보험제도에 관한 설명으로 옳지 않은 것은?

① 단기보호는 시설급여에 속한다.
② 장기요양인정의 유효기간은 최소 1년 이상으로 한다.
③ 노인요양공동생활가정도 시설급여를 제공할 수 있다.
④ 장기요양기관을 운영하려는 자는 보건복지부령으로 정하는 장기요양에 필요한 시설 및 인력을 갖추어 소재지를 관할 구역으로 하는 특별자치시장·특별자치도지사·시장·군수·구청장으로부터 지정을 받아야 한다.
⑤ 65세 이상의 노인 또는 65세 미만으로 특정 노인성 질병을 가진 자로 6개월 이상 장기요양을 요하는 자가 대상이 된다.

답 ①

✔ 응시생들의 선택

① 25%	② 13%	③ 11%	④ 41%	⑤ 11%

① 단기보호는 재가급여에 해당한다.

다음 내용이 **왜 틀렸는지**를 확인해보자

01 노인장기요양보험 수급자는 **재가급여, 시설급여 및 특별현금급여를 중복하여 받을 수 있다.**

> 노인장기요양보험 수급자는 재가급여, 시설급여 및 특별현금급여를 중복하여 받을 수 없다.

`16-06-22`

02 장기요양인정의 유효기간은 **최소 3개월 이상**으로 한다.

> 장기요양인정 유효기간은 최소 1년 이상으로서 대통령령으로 정한다. 대통령령(시행령 제8조)에 따르면 장기요양인정 유효기간은 2년으로 한다.

`09-06-23`

03 재가급여는 해당 장기요양급여 비용의 **100분의 20을 수급자가 부담**한다.

> 재가급여는 해당 장기요양급여 비용의 100분의 15를 수급자가 부담한다.

04 **방문요양**은 수급자를 하루 중 일정한 시간 동안 장기요양기관에 보호하여 신체활동 지원 및 심신기능의 유지·향상을 위한 교육·훈련 등을 제공하는 것이다.

> 수급자를 하루 중 일정한 시간 동안 장기요양기관에 보호하여 신체활동 지원 및 심신기능의 유지·향상을 위한 교육·훈련 등을 제공하는 것은 주·야간보호이다. 방문요양은 장기요양요원이 수급자의 가정 등을 방문하여 신체활동 및 가사활동 등을 지원하는 것이다.

`07-06-20`

05 노인장기요양보험의 보험료는 **건강보험료와 구분하여 고지하고 회계 관리는 함께 한다.**

> 건강보험공단은 장기요양보험료와 건강보험료를 통합 징수하되, 보험료는 각각 독립회계로 관리한다.

06 국민기초생활보장법에 따른 의료급여 수급자를 제외한 의료급여법에 따른 수급권자는 **본인부담금의 100분의 70을 감경**한다.

> 국민기초생활보장법에 따른 의료급여 수급자를 제외한 의료급여법에 따른 수급권자는 본인부담금의 100분의 60을 감경한다.

빈칸에 들어갈 알맞은 말을 채워보자

17-06-22

01 장기요양기관으로 지정을 받기 위해서는 노인복지법에 따른 재가노인복지시설, (　　　　　)(으)로서 시설 및 인력을 갖추어야 한다.

16-06-22

02 노인장기요양보험제도의 단기보호는 (　　　　　)에 해당한다.

03 장기요양요원이 목욕설비를 갖춘 장비를 이용하여 수급자의 가정 등을 방문하여 목욕을 제공하는 급여를 (　　　　　)(이)라 한다.

04 특별현금급여에는 가족요양비, 특례요양비, 요양병원간병비가 있으며, 현재는 (　　　　　)만 시행된다.

16-06-22

05 장기요양보험료율은 (　　　　　)의 심의를 거쳐 대통령령으로 정한다.

 01 노인의료복지시설　**02** 재가급여　**03** 방문목욕　**04** 가족요양비　**05** 장기요양위원회

다음 내용이 옳은지 그른지 판단해보자

01 국민기초생활보장법에 따른 의료급여 수급자는 본인부담금이 없다. ◎ ⊗

20-06-05

02 노인장기요양보험에서는 시설급여를 재가급여에 우선한다. ◎ ⊗

18-06-24

03 장기요양보험사업의 보험자는 건강보험공단으로 한다. ◎ ⊗

11-06-21

04 노인장기요양보험제도는 65세 이상의 노인만 대상이 된다. ◎ ⊗

05 수급자는 장기요양인정서와 개인별장기요양이용계획서가 도달한 날부터 장기요양급여를 받을 수 있다. ◎ ⊗

답 **01** ○　**02** ✕　**03** ○　**04** ✕　**05** ○

해설 **02** 노인장기요양보험에서는 재가급여를 시설급여에 우선한다.
04 65세 이상의 노인 또는 65세 미만으로 특정 노인성 질병을 가진 자가 대상이 된다.

9장

산업재해보상보험제도의 이해

이 장에서는

산업재해보상보험제도의 특징을 다룬다.

10년간 출제분포도

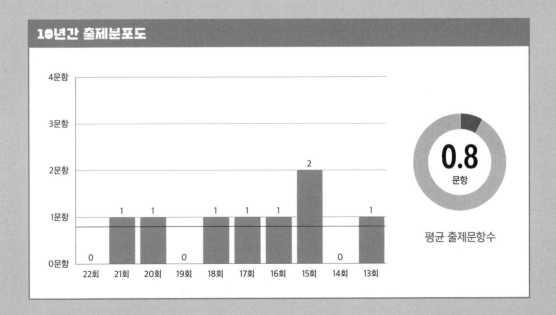

0.8
문항

평균 출제문항수

185 산업재해보상보험제도

강의 QR코드

★★★
최근 10년간 **8문항** 출제

이론요약

주요 특성

• 산재보험은 **우리나라의 사회보험 중에서 가장 먼저 시행**(1963년 법 제정, 1964년 제도 시행)되었다.

• 근로자의 업무상 재해에 대하여 사용자에게는 과실의 유무를 불문하는 **무과실책임주의**이다.

• 보험 사업에 소요되는 재원인 보험료는 원칙적으로 **사업주가 전액 부담**한다.

• 산재보험의 가입대상은 근로자를 사용하는 모든 사업이며 적용단위는 사업 또는 사업장이다.

기본개념

사회복지정책론
pp.234~

급여 및 적용

• 급여의 종류: 요양급여, 휴업급여, 장해급여, 간병급여, 유족급여, 상병보상연금, 장례비, 직업재활급여

• 적용대상: 근로자를 사용하는 모든 사업이 가입대상이며, 적용단위는 사업 또는 사업장이다.

• 당연가입사업: 사업이 개시되어 적용요건을 충족하게 되었을 때 사업주의 의사와는 관계없이 자동적으로 보험관계가 성립하는 사업이다. 적용제외 사업을 제외한 근로자를 1인 이상 사용하는 모든 사업 또는 사업장이다.

• 임의가입사업: 당연가입대상 사업이 아닌 사업이다. 보험가입여부가 사업주의 자유의사에 일임되어 있는 사업이다.

• 보험가입자: 산재보험은 사업주만 보험가입자이다. 산재보험에서는 피보험자의 개념을 별도로 규정하고 있지 않다.

• 급여의 지급: 보험급여는 지급 결정일로부터 14일 이내에 지급하여야 한다.

업무상의 재해

▶ **업무상 사고**

• 근로자가 근로계약에 따른 업무나 그에 따르는 행위를 하던 중 발생한 사고

• 사업주가 제공한 시설물 등을 이용하던 중 그 시설물 등의 결함이나 관리소홀로 발생한 사고

• 사업주가 주관하거나 사업주의 지시에 따라 참여한 행사나 행사준비 중에 발생한 사고

• 휴게시간 중 사업주의 지배관리하에 있다고 볼 수 있는 행위로 발생한 사고

• 그 밖에 업무와 관련하여 발생한 사고

▶ **업무상 질병**

- 업무수행 과정에서 물리적 인자(因子), 화학물질, 분진, 병원체, 신체에 부담을 주는 업무 등 근로자의 건강에 장해를 일으킬 수 있는 요인을 취급하거나 그에 노출되어 발생한 질병
- 업무상 부상이 원인이 되어 발생한 질병
- 근로기준법에 따른 직장 내 괴롭힘, 고객의 폭언 등으로 인한 업무상 정신적 스트레스가 원인이 되어 발생한 질병
- 그 밖에 업무와 관련하여 발생한 질병

▶ **출퇴근 재해**

- 사업주가 제공한 교통수단이나 그에 준하는 교통수단을 이용하는 등 사업주의 지배관리하에서 출퇴근하는 중 발생한 사고
- 그 밖에 통상적인 경로와 방법으로 출퇴근하는 중 발생한 사고

근로복지공단

- 고용노동부 장관의 위탁을 받아 산업재해보상보험의 목적을 달성하기 위하여 근로복지공단을 설립하여 운영하고 있으며, 근로복지공단은 법인으로 한다.
- 근로복지공단의 업무: 보험가입자와 수급권자에 관한 기록의 관리·유지, 보험료징수법에 따른 보험료와 그 밖의 징수금의 징수, 보험급여의 결정과 지급, 보험급여 결정 등에 관한 심사 청구의 심리·결정, 산업재해보상보험 시설의 설치·운영, 업무상 재해를 입은 근로자 등의 진료·요양 및 재활, 재활 보조기구의 연구개발·검정 및 보급, 보험급여 결정 및 지급을 위한 업무상 질병 관련 연구, 근로자 등의 건강을 유지·증진하기 위하여 필요한 건강진단 등 예방 사업, 근로자의 복지 증진을 위한 사업, 그 밖에 정부로부터 위탁받은 사업

산재보험 관련 이론

- 최소사회비용이론: 산재보험 가입과 보상급여 지급으로 민사상 재판비용·시간·노력절감이 가능하다면 책임을 묻지 않는다는 것
- 원인주의이론: 산재로 인정받기 위해서는 업무기인성과 업무수행성이라는 두 가지 요건(원인) 모두를 충족시켜야 한다는 것
- 사회협약이론: 확실하고 신속한 산재보상을 보장받는다면 근로자는 민사배상을 포기할 수 있고 사업주는 자신의 과실이 없어도 배상할 수 있다는 것
- 직업위험이론: 자본주의 체제에서 산재는 필연적인 현상이며, 산재비용은 생산비용 일부이기 때문에 과실 여부에 관계없이 지급되어야 한다는 것

01 (21-06-14) 우리나라 고용보험과 산업재해보상보험은 소득활동 중 발생할 수 있는 소득상실 위험에 대한 사회안전망이라는 공통점을 가지고 있다.

02 (20-06-09) 산업재해보상보험제도의 급여에는 '요양급여, 휴업급여, 장해급여, 간병급여, 유족급여, 상병보상연금, 장례비, 직업재활급여'가 있다.

03 (18-06-17) 업무상의 재해란 업무상의 사유에 따른 근로자의 부상·질병·장해 또는 사망을 말한다.

04 (17-06-05) 우리나라 산업재해보상보험제도에서 업무상 재해의 인정 기준으로는 출퇴근 재해, 업무상 질병, 업무상 사고 등이 있다.

05 (16-06-23) 산업재해보상보험제도의 도입에 관한 이론에는 사회비용최소화이론, 원인주의이론, 사회적 타협이론, 산업위험이론 등이 있다.

06 (15-06-04) 산업재해보상보험에서는 근로자의 과실 여부에 상관없이 산재사고에 대한 보상이 이루어진다.

07 (15-06-23) 장해급여는 등급에 따라 연금이나 일시금으로 지급된다.

08 (13-06-25) 산업재해보상보험제도의 보험료는 사업주가 전액 부담한다.

09 (11-06-24) 산업재해보상보험법상 근로자란 근로기준법에 의한 근로자를 말한다.

10 (10-06-09) 산재보험의 보험료는 보수총액에 근거하여 산정한다.

11 (09-06-26) 우리나라 산업재해보상보험은 무과실책임주의 원칙에 입각한 제도이다.

12 (07-06-24) 산업재해보상보험은 최소사회비용이론, 원인주의이론, 사회협약이론, 직업위험이론 등과 관련이 있다.

13 (06-06-28) 산업재해보상보험은 자진신고, 자진납부를 원칙으로 한다.

14 (03-06-27) 산재보험은 우리나라 최초의 사회보험이다.

대표기출 확인하기

21-06-14 난이도 ★☆☆

우리나라 고용보험과 산업재해보상보험에 관한 설명으로 옳은 것은?

① 소득활동 중 발생할 수 있는 소득상실 위험에 대한 사회안전망이라는 공통점을 가지고 있다.
② 구직급여는 구직활동 여부와 관계없이 지급된다.
③ 고용형태 및 근로시간에 관계없이 모든 근로자는 두 보험의 적용을 받는다.
④ 장해급여는 산업재해를 입은 모든 근로자에게 지급된다.
⑤ 두 보험의 가입자 보험료율은 동일하다.

 알짜확인

• 산업재해보상보험제도와 관련된 주요 내용을 파악해야 한다.

답 ①

응시생들의 선택

① 83%	② 1%	③ 5%	④ 8%	⑤ 3%

② 구직급여는 재취업을 위한 노력을 적극적으로 하는 등 구직활동을 해야 지급된다.
③ 고용보험과 산업재해보상보험은 소정근로시간(취업규칙)을 준수해야 적용받을 수 있다.
④ 장해급여는 근로자가 업무상의 사유에 의하여 부상을 당하거나 질병에 걸려 치유 후 신체 등에 장해가 있는 경우에 당해 근로자에게 지급한다.
⑤ 고용보험과 산업재해보상보험의 보험료율은 서로 다르다.

덧붙임

산업재해보상보험제도의 전반적인 내용이 모두 다뤄지고 있다. 특히, 산업재해보상보험제도의 업무상 재해의 인정 기준, 산업재해보상보험제도의 급여 종류 등의 내용은 단독문제 혹은 문제의 선택지로 빠짐없이 출제되고 있다. 제도의 전반적인 내용이 두루 출제되기 때문에 꼼꼼하게 정리하지 않으면 정답을 고르는 데 헷갈릴 수 있다.

관련기출 더 보기

20-06-09 난이도 ★★★

우리나라 산업재해보상보험의 급여가 아닌 것은?

① 요양급여
② 상병수당
③ 유족급여
④ 장례비
⑤ 직업재활급여

답 ②

응시생들의 선택

① 10%	② 30%	③ 4%	④ 20%	⑤ 36%

② 산업재해보상보험제도의 급여에는 '요양급여, 휴업급여, 장해급여, 간병급여, 유족급여, 상병보상연금, 장례비, 직업재활급여'가 있다.

18-06-17 난이도 ★☆☆

산업재해보상보험제도에 관한 설명으로 옳지 않은 것은?

① 근로복지공단은 보험급여를 결정하고 지급한다.
② 업무상의 재해란 업무상의 사유에 따른 근로자의 부상·질병·장해 또는 사망을 말한다.
③ 직장 내 괴롭힘, 고객의 폭언 등으로 인한 업무상 정신적 스트레스가 원인이 되어 발생한 질병은 업무상 재해로 인정되지 않는다.
④ 업무상 질병의 인정 여부를 심의하기 위하여 근로복지공단 소속 기관에 업무상질병판정위원회를 둔다.
⑤ 국민건강보험공단이 보험료를 징수한다.

답 ③

응시생들의 선택

① 3%	② 1%	③ 78%	④ 4%	⑤ 14%

③ 근로기준법에 따른 직장 내 괴롭힘, 고객의 폭언 등으로 인한 업무상 정신적 스트레스가 원인이 되어 발생한 질병은 업무상 질병으로 본다.

우리나라 산업재해보상보험제도에서 업무상 재해의 인정 기준을 모두 고른 것은?

| ㄱ. 출퇴근 재해 | ㄴ. 업무상 질병 |
| ㄷ. 업무상 사고 | ㄹ. 장애등급 |

① ㄴ, ㄹ
② ㄱ, ㄴ, ㄷ
③ ㄱ, ㄷ, ㄹ
④ ㄴ, ㄷ, ㄹ
⑤ ㄱ, ㄴ, ㄷ, ㄹ

답 ②

✅ 응시생들의 선택

| ① 1% | ② 82% | ③ 2% | ④ 5% | ⑤ 10% |

② 산업재해보상보험법에 따르면 근로자가 업무상 사고, 업무상 질병, 출퇴근 재해에 해당하는 사유로 부상·질병 또는 장애가 발생하거나 사망하면 업무상의 재해로 본다. 다만, 업무와 재해 사이에 상당인과관계가 없는 경우에는 그러하지 아니하다.

산업재해보상보험제도의 도입에 관한 이론을 모두 고른 것은?

| ㄱ. 배상책임이론 | ㄴ. 사회적 타협이론 |
| ㄷ. 산업위험이론 | ㄹ. 사회비용최소화이론 |

① ㄱ, ㄷ
② ㄴ, ㄹ
③ ㄱ, ㄴ, ㄹ
④ ㄱ, ㄷ, ㄹ
⑤ ㄴ, ㄷ, ㄹ

답 ⑤

✅ 응시생들의 선택

| ① 50% | ② 1% | ③ 6% | ④ 30% | ⑤ 13% |

⑤ 산업재해보상보험제도의 도입에 관한 이론
- 사회비용최소화이론: 산재보험 가입과 보상급여 지급으로 민사상 재판비용·시간·노력절감이 가능하다면 책임을 묻지 않는다는 것
- 원인주의이론: 산재로 인정받기 위해서는 업무기인성과 업무수행성이라는 2가지 요건(원인) 모두를 충족시켜야한다는 것
- 사회적 타협이론: 확실하고 신속한 산업재해 보상을 보장받는다면 근로자는 민사배상을 포기할 수 있고 사업주는 자신의 과실이 없어도 배상할 수 있다는 것
- 산업위험이론: 자본주의 체제에서 산업재해는 필연적인 현상이며, 산업재해 비용은 생산비용 일부이기 때문에 과실 여부에 관계없이 지급되어야 한다는 것

우리나라의 산업재해보상보험에 관한 설명으로 옳은 것은?

① 장해급여는 등급에 따라 연금이나 일시금으로 지급된다.
② 업무와 재해 사이의 인과관계와 상관없이 보상한다.
③ 산업재해보상보험 급여수급권은 퇴직하면 소멸한다.
④ 산업재해보상보험은 보건복지부장관이 관장한다.
⑤ 각종 민간 사회단체는 산업재해보상보험의 임의적용사업장으로 분류된다.

답 ①

✅ 응시생들의 선택

| ① 53% | ② 10% | ③ 19% | ④ 5% | ⑤ 13% |

② 업무와 재해 사이의 인과관계를 고려하여 보상한다.
③ 산업재해보상보험 급여수급권은 퇴직하여도 소멸되지 않는다.
④ 산업재해보상보험은 고용노동부장관이 관장한다.
⑤ 각종 민간 사회단체도 산업재해보상보험의 당연적용 사업장이다.

산업재해보상보험제도에 관한 설명으로 옳은 것은?

① 보험료 부담은 사용자와 근로자가 각각 절반씩 부담한다.
② 5인 이상 근로자를 사용하는 모든 사업장을 대상으로 한다.
③ 급여의 종류로는 요양급여, 구직급여 및 간병급여 등이 있다.
④ 근로자의 고의·과실에 의해 발생한 부상·질병·장애도 업무상의 재해에 포함된다.
⑤ 60세 이상인 부모 또는 조부모는 유족보상연금의 수급자격자가 될 수 있다.

답 ⑤

✅ 응시생들의 선택

| ① 5% | ② 14% | ③ 9% | ④ 46% | ⑤ 27% |

① 보험료는 사업주가 전액 부담한다.
② (적용제외 사업을 제외하고) 근로자를 1명 이상 사용하는 모든 사업 또는 사업장은 당연가입대상에 해당한다.
③ 급여의 종류로는 요양급여, 휴업급여, 장해급여, 간병급여, 유족급여, 상병보상연금, 장례비, 직업재활급여가 있다. 구직급여는 고용보험의 급여의 종류에 해당한다.
④ 근로자의 고의·자해행위나 범죄행위 또는 그것이 원인이 되어 발생한 부상·질병·장해 또는 사망은 업무상의 재해로 보지 않는다.

복습 3 정답훈련

다음 내용이 왜 틀렸는지를 확인해보자

[16-06-23]

01 산업재해보상보험제도의 도입에 관한 이론 중 **사회협약이론**은 산재로 인정받기 위해서는 업무기인성과 업무수행성이라는 2가지 요건 모두를 충족시켜야 한다는 것이다.

> 산업재해보상보험제도의 도입에 관한 이론 중 원인주의이론은 산재로 인정받기 위해서는 업무기인성과 업무수행성이라는 2가지 요건 모두를 충족시켜야 한다는 것이다.

02 부상 또는 질병이 **3일 이내의 요양으로 치유될 수 있는 때에도 요양급여를 지급한다.**

> 부상 또는 질병이 3일 이내의 요양으로 치유될 수 있는 때에는 요양급여를 지급하지 아니한다.

[15-06-23]

03 산업재해보상보험의 급여수급권은 **퇴직하면 소멸**된다.

> 산업재해보상보험의 급여수급권은 퇴직하여도 소멸되지 않는다.

[10-06-09]

04 산업재해보상보험의 **피보험자는 근로자**이다.

> 산업재해보상보험은 사업주만 보험가입자가 되며 피보험자의 개념을 별도로 규정하고 있지 않다.

05 고용노동부 장관의 위탁을 받아 산업재해보상보험의 목적을 달성하기 위하여 **산업재해보상보험공단**을 설립하여 운영하고 있다.

> 고용노동부 장관의 위탁을 받아 산업재해보상보험의 목적을 달성하기 위하여 근로복지공단을 설립하여 운영하고 있다.

06 보험급여는 지급 결정일로부터 **7일 이내에 지급**하여야 한다.

> 보험급여는 지급 결정일로부터 14일 이내에 지급하여야 한다.

빈칸에 들어갈 알맞은 말을 채워보자

17-06-05

01 근로자가 업무상 사고, 업무상 질병, 출퇴근 재해에 해당하는 사유로 부상·질병 또는 장해가 발생하거나 사망하면 ( )(으)로 본다.

15-06-04

02 우리나라 산업재해보상보험제도의 보험료는 개산보험료와 ( )을/를 활용하여 산정한다.

15-06-23

03 산업재해보상보험은 ( )이 관장한다.

04 ( )은/는 근로자가 업무상의 사유에 의하여 부상을 당하거나 질병에 걸린 경우에 당해 근로자에게 지급하는 것이다.

05 산재보험의 보험료 징수업무(고지·수납 및 체납관리)는 ( )에서 수행한다.

 답 **01** 업무상의 재해 **02** 확정보험료 **03** 고용노동부장관 **04** 요양급여 **05** 국민건강보험공단

다음 내용이 옳은지 그른지 판단해보자

01 산재보험의 보험료는 사업주가 전액 부담한다.

02 산업재해보상보험은 우리나라 최초의 사회보험이다.

20-06-09

03 급여의 종류로는 요양급여, 상병수당, 유족급여, 장례비, 직업재활급여 등이 있다.

10-06-09

04 산업재해보상보험의 보험료는 통상임금에 근거하여 산정한다.

05 요양급여를 신청한 사람은 공단이 요양급여에 관한 결정을 하기 전에는 국민건강보험의 요양급여 또는 의료급여를 받을 수 있다.

 답 **01** ○ **02** ○ **03** × **04** × **05** ○

해설 **03** 급여의 종류로는 요양급여, 휴업급여, 장해급여, 간병급여, 유족급여, 상병보상연금, 장례비, 직업재활급여가 있다.
04 산업재해보상보험의 보험료는 보수총액에 근거하여 산정한다.

10장

고용보험제도의 이해

이 장에서는

고용보험제도의 특징을 다룬다.

10년간 출제분포도

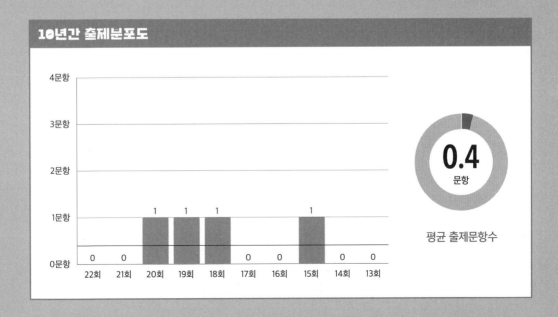

0.4
문항

평균 출제문항수

고용보험제도

강의 QR코드

1회독	2회독	3회독
월　일	월　일	월　일

★ ★ ★
최근 10년간 **4문항** 출제

복습
1　이론요약

기본개념

사회복지정책론
pp.248~

가입대상

• 고용보험의 가입대상은 근로자를 사용하는 모든 사업이며, 적용단위는 사업 또는 사업장이다.

• 당연가입사업: 적용제외 사업을 제외한 근로자를 1인 이상 사용하는 모든 사업 또는 사업장이다.

• 고용보험은 **사업주와 근로자 모두가 보험가입자**이다. 근로자는 보험가입자가 되는 동시에 피보험자(자영 업자도 피보험자에 해당)가 된다.

고용보험 사업과 급여

• 실업급여사업: **구직급여, 취업촉진 수당(조기재취업 수당, 직업능력개발 수당, 광역구직활동비, 이주비), 기타 연장급여(훈련연장급여, 개별연장급여, 특별연장급여), 상병급여(질병 및 부상에 대해 구직급여 대신 지급)**가 있다.

• 모성보호급여: **육아휴직 급여, 출산전후휴가 급여, 육아기 근로시간 단축급여**가 있다.

• 고용안정사업: 고용조정 지원, 고용창출 지원, 고용촉진 지원, 고용촉진시설 지원, 건설근로자 고용안정 지원이 있다.

• 직업능력개발사업: 직업능력개발을 위한 사업주 지원, 직업능력개발을 위한 근로자 지원이 있다.

보험료

• 고용보험의 보험료율은 보험수지의 추이와 경제상황 등을 고려하여 고용안정·직업능력개발사업의 보험료율 및 실업급여의 보험료율로 구분하고 결정한다.

• 실업급여 사업에 해당하는 보험료는 사업주와 근로자가 각각 50%씩 부담하며, 고용안정·직업능력개발 사업에 해당하는 보험료는 사업주가 전액 부담한다.

01 (20-06-06) 실업 신고를 한 이후에 질병·부상 또는 출산으로 취업이 불가능하여 구직활동을 할 수 없는 경우 상병급여를 지급할 수 있다.

02 (19-06-22) 고용보험제도의 보험가입자는 사업주와 근로자 모두 포함한다.

03 (18-06-21) 실업급여를 받을 권리는 양도 또는 압류하거나 담보로 제공할 수 없다.

04 (15-06-24) 구직급여를 받기 위해서는 재취업을 위해 적극적으로 노력하여야 한다.

05 (12-06-25) 구직급여의 소정급여일수는 보험가입기간과 연령에 따라 120일에서 270일까지이다.

06 (07-06-23) 구직급여의 대기기간은 7일이다.

07 (06-06-29) 구직급여를 지급받기 위해서는 직업안정기관에 신고해야 한다.

08 (02-06-17) 고용보험제도의 실업급여에는 구직급여, 취업촉진 수당, 연장급여 등이 있다.

대표기출 확인하기

20-06-06 　　난이도 ★★☆

우리나라의 고용보험에 관한 설명으로 옳은 것을 모두 고른 것은?

ㄱ. 직업능력개발 훈련을 실시하는 사업주를 지원할 수 있다.
ㄴ. 예술인은 고용보험 가입대상이 아니다.
ㄷ. 실업 신고를 한 이후에 질병·부상 또는 출산으로 취업이 불가능하여 구직활동을 할 수 없는 경우 상병급여를 지급할 수 있다.
ㄹ. 고용안정 및 직업능력개발 사업의 보험료는 사업주와 근로자가 공동으로 부담한다.

① ㄱ, ㄴ　　　　② ㄱ, ㄷ
③ ㄷ, ㄹ　　　　④ ㄴ, ㄷ, ㄹ
⑤ ㄱ, ㄴ, ㄷ, ㄹ

▶ 알짜확인

• 고용보험제도와 관련된 주요 내용을 파악해야 한다.

답 ②

✔ 응시생들의 선택

① 19%	② 53%	③ 11%	④ 2%	⑤ 15%

② ㄴ. 고용보험법에서는 예술인인 피보험자에 대한 고용보험 특례에 관한 조항을 신설하여 예술인도 고용보험의 가입대상이라는 것을 명시하고 있다.
ㄹ. 고용안정 및 직업능력개발 사업의 보험료는 사업주가 전액 부담한다.

➕ 덧붙임

고용보험제도에 관한 문제는 출제비중이 높지 않다. <사회복지정책론>에서의 출제비중은 낮더라도 <사회복지법제론>에서는 고용보험법에 관한 문제가 매년 1문제 이상 반드시 출제되는 중요한 영역인 만큼 보험료, 급여 등 전반적인 내용을 꼼꼼하게 정리해 둘 필요가 있다.

관련기출 더 보기

19-06-22 　　난이도 ★★☆

고용보험제도에 관한 설명으로 옳은 것은?

① 고용보험료는 고용보험위원회에서 부과·징수한다.
② 고용보험의 가입대상은 모든 국민과 국내에 거주하는 외국인이다.
③ 고용보험 구직급여는 30일 동안의 구직기간에는 지급되지 않는다.
④ 보험가입자는 사업주와 근로자 모두 포함한다.
⑤ 고용보험의 재원은 사용자가 단독으로 부담한다.

답 ④

✔ 응시생들의 선택

① 4%	② 10%	③ 6%	④ 71%	⑤ 9%

① 고용보험료는 국민건강보험공단에서 부과·징수한다.
② 외국인근로자의 고용 등에 관한 법률의 적용을 받는 외국인근로자에게만 이 법을 적용한다.
③ 실업의 신고일부터 계산하기 시작하여 7일간은 대기기간으로 보아 구직급여를 지급하지 아니한다.
⑤ 실업급여 사업에 해당하는 보험료는 사업주와 근로자가 각각 50%씩 부담, 고용안정·직업능력개발사업에 해당하는 보험료는 사업주가 전액 부담한다.

15-06-24 　　난이도 ★★★

우리나라 자영업자의 고용보험에 관한 설명으로 옳지 않은 것은?

① 본인의 희망에 따라 가입이 가능하다.
② 구직급여를 받기 위해서는 재취업을 위해 적극적으로 노력하여야 한다.
③ 자영업자도 직업능력개발훈련을 받을 수 있다.
④ 구직급여는 90~240일까지 받을 수 있다.
⑤ 보험료를 체납한 사람에게는 실업급여를 지급하지 아니할 수 있다.

답 ④

✔ 응시생들의 선택

① 25%	② 12%	③ 15%	④ 32%	⑤ 16%

④ 자영업자의 구직급여는 120~210일까지 받을 수 있다.

3 정답훈련

다음 내용이 왜 틀렸는지를 확인해보자

01 구직급여는 이직일 이전 18개월간 피보험 단위기간이 합산하여 160일 이상이어야 한다.

> 구직급여는 이직일 이전 18개월간 피보험 단위기간이 합산하여 180일 이상이어야 한다.

`20-06-06`
02 고용안정 및 직업능력개발 사업의 보험료는 사업주와 근로자가 공동으로 부담한다.

> 고용안정 및 직업능력개발 사업의 보험료는 사업주가 전액 부담한다.

03 육아휴직은 자녀의 수와 관계 없이 가구당 1년 사용이 가능하다.

> 육아휴직은 자녀 1명당 1년 사용가능하므로 자녀가 2명이면 각각 1년씩 2년 사용 가능하다.

04 고용보험공단은 고용보험 가입, 보험사무조합 인가 등을 담당한다.

> 근로복지공단은 고용보험 가입, 보험사무조합 인가 등을 담당한다.

`07-06-23`
05 구직급여는 실업의 신고일로부터 계산해서 실업의 인정을 받은 **3일간은 대기기간**으로 기본급여를 지급하지 않는다.

> 구직급여는 실업의 신고일로부터 계산해서 실업의 인정을 받은 7일간은 대기기간으로 기본급여를 지급하지 않는다.

빈칸에 들어갈 알맞은 말을 채워보자

18-06-21
01 육아휴직 급여는 육아휴직 시작일을 기준으로 한 월 통상임금의 100분의 (   )에 해당하는 금액을 월별 지급액으로 한다.

15-06-24
02 자영업자의 구직급여는 (   )일까지 받을 수 있다.

03 취업촉진 수당에는 조기재취업 수당, 직업능력개발 수당, 광역구직활동비, (   )가 있다.

04 임신 중인 여성에 대해 고용주는 출산전후를 통하여 90일의 보호휴가를 주되, 반드시 출산 후에 (   ) 일 이상이 확보되도록 부여하여야 한다.

 01 80   **02** 120~210   **03** 이주비   **04** 45

다음 내용이 옳은지 그른지 판단해보자

12-06-25
01 육아휴직 급여의 육아휴직대상자는 남녀근로자 모두 해당한다.

02 보건복지부장관은 보험사업에 필요한 재원을 충당하기 위해 고용보험기금을 설치한다.

03 취업촉진 수당은 구직급여와는 별도로 실업자들이 좀 더 빨리 재취업할 수 있도록 유인하기 위한 추가급여의 성격이다.

 01 ○   **02** ×   **03** ○

(해설) **02** 고용노동부장관은 보험사업에 필요한 재원을 충당하기 위해 고용보험기금을 설치한다.

11장

빈곤과 공공부조제도

이 장에서는

빈곤의 개념과 측정, 소득불평등의 개념과 측정, 공공부조제도의 특징 등을 다룬다.

10년간 출제분포도

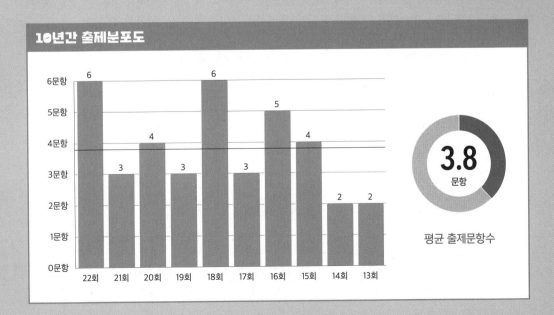

187 빈곤과 소득불평등

강의 QR코드

최근 10년간 **14문항** 출제

이론요약

빈곤의 개념

▶ 절대적 빈곤

• 빈곤을 최소한의 생존수준에 미치지 못하는 상태, 즉 먹을 것과 안전한 물과 집, 신체적 건강과 같은 기본적인 욕구를 충족하지 못하는 상태로 개념화하는 것이다.

• **라운트리 방식(전물량방식)**: 생활에 필수적인 품목의 최저 수준을 정하고 이를 화폐가치로 환산해 빈곤선을 구하는 방식이다.

• **오르샨스키 방식(반물량방식)**: 미국의 3인 이상 가구의 엥겔계수(엥겔지수, 가구소득 또는 가구지출 중 식료품비가 차지하는 비중. 국가, 시대, 소득수준에 따라 달라짐)가 대개 3분의 1이라는 점에 착안해서 최저한의 식료품비를 계산한 후 여기에 3(엥겔계수의 역)을 곱해 빈곤선을 계산하는 방식이다.

▶ 상대적 빈곤

• 어떤 사회의 **평균적인 소득수준, 생활수준과 밀접한 관련**이 있다. 사회의 불평등 수준에 큰 영향을 받는다.

• 절대적 빈곤의 문제는 경제 발전에 의해 일정 부분 완화될 수도 있지만, 상대적 빈곤의 문제는 **불평등과 상대적 박탈감과 밀접한 관련**을 가지고 있다.

• 상대적 빈곤선은 보통 박탈지표방식과 소득과 지출을 이용한 상대적 추정방식으로 측정한다.

▶ 주관적 빈곤

• 적절한 생활수준을 유지하기 위해 필요한 소득수준에 대한 **개인들의 평가에 근거하여 빈곤을 정의**하는 것을 의미한다.

• 네덜란드 라이덴 대학의 학자들에 의해 개발(라이덴 방식)되었다.

▶ 사회적 배제

• 빈곤의 역동성과 동태적인 과정에 초점을 맞춘다.

• 소득의 문제에 국한되지 않는 다차원적인 불리함을 의미한다.

빈곤의 측정

• 빈곤율: 빈곤선을 기준으로 빈곤가구와 비빈곤가구를 구분하고 빈곤가구에 사는 개인의 수를 구하여 전체 인구에

기본개념
사회복지정책론
pp.260~

서 차지하는 비율을 통해 측정하는 방법이다. 빈곤율은 빈곤층의 규모를 보여줄 수 있지만, 빈곤층의 소득이 빈곤선에 비해 부족한 정도를 보여주지는 않는다.

- 빈곤갭: 빈곤층의 소득을 모두 **빈곤선 수준까지 끌어올리기 위해서 어느 정도의 소득이 필요한가를 보여주는 방법**이다. 보통 이 빈곤갭을 GNP(혹은 GDP) 대비 비율로 나타내는 것이 일반적이다. 빈곤갭은 빈곤율처럼 빈곤층의 규모를 보여주지는 못한다. 또한 빈곤율과 빈곤갭 모두 빈곤층 내부에서의 소득의 이전이나 분배 상태를 보여주지 못한다.
- 센(Sen)의 빈곤지표: 빈곤율, 빈곤갭, 상대적 불평등 세 가지 측면을 모두 고려한다.

소득불평등의 측정

- 10분위 분배율: <u>하위 40% 가구의 소득 합 / 상위 20% 가구의 소득 합</u>이다. 수치가 클수록 소득 격차가 작은 것이며, 수치가 작을수록 소득 격차가 큰 것이다.
- 5분위 분배율: <u>상위 20% 가구의 소득 합 / 하위 20% 가구의 소득 합</u>이다. 수치가 클수록 소득 격차가 큰 것이며, 수치가 작을수록 소득 격차가 작은 것이다.
- 지니계수: **0과 1 사이의 값을 가지며, 1에 가까울수록 불평등**한 상태이다.

01 (22-06-10) 반물량 방식은 엥겔계수를 활용하여 빈곤선을 추정한다.

02 (22-06-11) 사회적 배제는 개인과 집단의 박탈과 불평등을 유발하는 다양한 영역을 포괄한다.

03 (21-06-15) 중위소득의 일정 비율, 타운센드(Townsend) 방식은 상대적 빈곤선을 측정하는 방식이다.

04 (20-06-21) 지니계수는 불평등도가 증가할수록 수치가 커져 가장 불평등한 상태는 1이다.

05 (19-06-08) 기초생활보장제도의 수급자 선정기준은 상대적 빈곤 개념을 반영하고 있다.

06 (18-06-03) 완전 평등사회에서 로렌즈곡선은 45° 각도의 직선과 일치한다.

07 (18-06-05) 최저생계비를 계측하여 빈곤선을 설정하는 방식은 절대적 빈곤개념을 적용한 것이다.

08 (18-06-08) 사회적 배재의 개념은 특정 집단이 경험하는 배제는 정태적 사건이 아니라 동태적 과정으로 본다.

09 (17-06-19) 빈곤율은 빈곤인구가 전체 인구에서 차지하는 비율로 정의된다.

10 (16-06-06) 상대적 빈곤은 박탈지표방식과 소득·지출을 이용한 상대적 추정방식으로 측정할 수 있다.

11 (16-06-07) 로렌즈 곡선(Lorenz curve)이 45°선과 일치하면 소득 분포가 완전히 균등하다.

12 (15-06-11) 지니계수는 그 값이 클수록 더 불평등한 수준을 의미한다.

13 (12-06-03) 10분위 분배율이 작을수록 소득 격차가 크고 불평등하다고 볼 수 있으며, 클수록 소득 격차가 작아서 평등하다고 볼 수 있다.

14 (11-06-25) OECD에서는 국가 간 비교를 위해 주로 상대적 빈곤 개념을 사용한다.

15 (11-06-26) 소득 1분위와 10분위의 소득비율로 소득불평등을 측정하기도 한다.

16 (10-06-26) 상대적 빈곤은 한 사회의 평균적인 생활수준과 비교하여 빈곤을 규정하는 것으로 그 사회의 불평등 정도와 관계가 깊다.

17 (09-06-28) 빈곤률은 빈곤층의 규모를 나타내고 빈곤갭은 빈곤의 심도를 나타낸다.

18 (08-06-27) 라운트리는 마켓바스켓방식으로 빈곤을 측정하였다.

19 (08-06-28) 로렌즈 곡선이 아래로 더 볼록해 질수록 불평등도가 높아진다.

20 (06-06-22) 사회적 배제는 빈곤을 포함한 다차원적인 불리함을 의미한다.

21 (05-06-24) 라운트리 방식, 오르샨스키 방식은 절대적 빈곤개념을 측정하는 방식이다.

22 (04-06-26) 최저생계비 측정방식에는 전물량 방식, 라이덴 방식, 가계지출 방식, 오르샨스키 방식 등이 있다.

23 (03-06-25) 지니계수, 로렌츠 곡선 등은 사회의 불평등 정도를 측정할 때 사용한다.

24 (02-06-18) 엥겔계수를 이용하여 최저생계비를 산출하는 방식은 반물량 방식이다.

복습
2

기출확인

대표기출 확인하기

22-06-10 난이도 ★★☆

빈곤과 소득불평등의 측정에 관한 설명으로 옳은 것은?

① 반물량 방식은 엥겔계수를 활용하여 빈곤선을 추정한다.
② 상대적 빈곤은 생존에 필요한 생활수준이 최소한의 수준에 도달하지 못한 상태를 말한다.
③ 라이덴 방식은 객관적 평가에 기초하여 빈곤선을 측정한다.
④ 빈곤율은 빈곤층의 소득을 빈곤선 수준으로 끌어올리는 데 필요한 총소득을 나타낸다.
⑤ 지니계수가 1일 경우는 완전 평등한 분배상태를 의미한다.

▶ 알짜확인

- 빈곤의 개념과 측정방법을 이해해야 한다.
- 소득불평등의 개념과 소득불평등을 측정하기 위한 방법들을 이해해야 한다.

답 ①

✔ 응시생들의 선택

① 64%	② 9%	③ 10%	④ 7%	⑤ 10%

② 생존에 필요한 생활수준이 최소한의 수준에 도달하지 못한 상태를 말하는 것은 절대적 빈곤이다. 상대적 빈곤은 어떤 사회의 평균적인 소득수준, 생활수준과 밀접한 관련이 있으며, 사회의 불평등 수준에 큰 영향을 받는다.
③ 라이덴 방식은 주관적 평가에 기초하여 빈곤 여부를 결정한다.
④ 빈곤층의 소득을 빈곤선 수준으로 끌어올리는 데 필요한 총소득을 나타내는 것은 빈곤갭이다. 빈곤율은 빈곤선을 기준으로 빈곤가구와 비빈곤가구를 구분하고 빈곤가구에 사는 개인의 수를 구하여 전체 인구에서 차지하는 비율을 통해 측정하는 방법이다.
⑤ 지니계수가 1이면 완전 불평등한 분배, 0이면 완전 평등한 분배 상태를 나타낸다.

➕ 덧붙임

빈곤 개념과 측정과 관련해서는 절대적 빈곤과 상대적 빈곤 개념의 차이, 빈곤 측정 방식의 종류, 빈곤갭과 빈곤율의 차이 등과 관련한 내용이 출제되었다. 주로 빈곤의 전반적인 사항을 묻는 문제 형태로 출제되므로 빈곤의 개념과 측정의 모든 내용을 꼼꼼하게 정리해두어야 한다.

관련기출 더 보기

22-06-11 난이도 ★☆☆

사회적 배제의 특성에 관한 설명으로 옳지 않은 것은?

① 문제의 초점을 소득의 결핍으로 제한한다.
② 빈곤에 대해 다차원적으로 접근하는 개념이다.
③ 빈곤의 역동성과 동태적 과정을 강조한다.
④ 개인과 집단의 박탈과 불평등을 유발하는 다양한 영역을 포괄한다.
⑤ 사회적 관계망으로부터의 단절 문제를 제기한다.

답 ①

✔ 응시생들의 선택

① 74%	② 10%	③ 7%	④ 2%	⑤ 7%

① 사회적 배제는 기존의 빈곤 개념과 비교했을때, 빈곤의 역동성과 동태적인 과정에 초점을 맞추며, 소득의 문제에 국한되지 않는 다차원적인 불리함을 의미하며, 사회적 관계에서의 배제에도 관심을 기울이고 있다.

21-06-15 난이도 ★★★

다음 중 상대적 빈곤선을 설정(측정)하는 방식으로 옳은 것을 모두 고른 것은?

ㄱ. 중위소득의 일정 비율	ㄴ. 라이덴 방식
ㄷ. 반물량 방식	ㄹ. 라운트리 방식
ㅁ. 타운센드 방식	

① ㄱ, ㄴ
② ㄱ, ㅁ
③ ㄴ, ㄷ
④ ㄷ, ㄹ
⑤ ㄱ, ㄷ, ㄹ

답 ②

✔ 응시생들의 선택

① 12%	② 29%	③ 10%	④ 17%	⑤ 32%

② ㄴ. 라이덴 방식은 주관적 빈곤을 측정하는 방식이다.
ㄷ. 반물량 방식은 절대적 빈곤을 측정하는 방식으로서 오르샨스키 방식이라고도 한다.
ㄹ. 라운트리 방식은 절대적 빈곤을 측정하는 방식으로서 전물량 방식이라고도 한다.

소득불평등과 빈곤 측정에 관한 설명으로 옳은 것을 모두 고른 것은?

> ㄱ. 로렌츠곡선의 가로축은 소득을 기준으로 하위에서 상위 순서로 모든 인구의 누적 분포를 표시한다.
> ㄴ. 지니계수는 불평등도가 증가할수록 수치가 커져 가장 불평등한 상태는 1이다.
> ㄷ. 빈곤율은 모든 빈곤층의 소득을 빈곤선 수준으로 끌어올리는 데에 필요한 총소득으로 빈곤의 심도를 나타낸다.
> ㄹ. 5분위 배율에서는 수치가 작을수록 평등한 상태를 나타낸다.

① ㄱ, ㄴ　　　　　　② ㄱ, ㄷ
③ ㄴ, ㄷ　　　　　　④ ㄱ, ㄴ, ㄹ
⑤ ㄱ, ㄷ, ㄹ

답 ④

✅ 응시생들의 선택

① 11%	② 7%	③ 9%	④ 65%	⑤ 8%

④ ㄷ. 모든 빈곤층의 소득을 빈곤선 수준까지 끌어올리기 위해서 어느 정도의 소득이 필요한가를 보여주는 방법은 빈곤갭이다.

빈곤의 기준을 정하는 방법에 관한 설명으로 옳은 것은?

① 전(全)물량 방식은 식료품비를 계산하고 엥겔수의 역을 곱해서 빈곤선을 기준으로 측정하는 방식이다.
② 기초생활보장제도의 수급자 선정기준은 상대적 빈곤 개념을 반영하고 있다.
③ 라이덴 방식은 상대적 빈곤 측정방식이다.
④ 반물량 방식은 소득분배 분포상에서 하위 10%나 20%를 빈곤한 사람들로 간주한다.
⑤ 중위소득 또는 평균소득을 근거로 빈곤선을 측정하는 것은 절대적 빈곤 측정방식이다.

답 ②

✅ 응시생들의 선택

① 10%	② 60%	③ 11%	④ 2%	⑤ 17%

① 반물량 방식에 관한 설명이다.
③ 라이덴 방식은 주관적 빈곤을 측정하는 대표적인 방식이다.
④ 반물량 방식은 식료품비의 비중에 의해 빈곤선을 측정하는 방식이다.
⑤ 상대적 빈곤 측정방식에 관한 설명이다.

사회적 배제의 개념적 특성에 관한 설명으로 옳지 않은 것은?

① 개인과 집단의 다차원적 불이익에 초점을 두고, 다층적 대책을 촉구한다.
② 특정 집단이 경험하는 배제는 정태적 사건이 아니라 동태적 과정으로 본다.
③ 사회적 배제 개념은 열등처우의 원칙으로부터 등장하였다.
④ 소득의 결핍 그 자체보다 다양한 배제 행위가 발생하는 과정에 초점을 둔다.
⑤ 사회적 관계망으로부터의 단절과 차별 문제를 제기한다.

답 ③

✅ 응시생들의 선택

① 7%	② 20%	③ 60%	④ 9%	⑤ 4%

③ 사회적 배제의 개념은 열등처우의 원칙이 적용되는 소득빈곤의 개념을 넘어서는 다차원적인 불이익을 포괄하는 개념으로서 소득의 문제에 국한되지 않는 다차원적인 불리함을 의미하며, 사회적 관계에서의 다양한 권리, 기회, 자원으로부터 체계적으로 배재되어 있는 상태이다.

빈곤 또는 불평등의 측정에 관한 설명으로 옳지 않은 것은?

① 로렌즈곡선은 가로축에는 소득이 낮은 인구로부터 가장 높은 순으로 비율을 누적하여 표시하고, 세로축에는 각 인구의 소득수준을 누적한 비율을 표시한 후 그 대응점을 나타낸 곡선이다.
② 지니계수가 1에 가까울수록 평등한 상태를 의미한다.
③ 10분위 분배율에서는 수치가 클수록 평등한 상태를 의미한다.
④ 5분위 분배율에서는 수치가 작을수록 평등한 상태를 의미한다.
⑤ 빈곤율은 빈곤인구가 전체 인구에서 차지하는 비율로 정의된다.

답 ②

✅ 응시생들의 선택

① 6%	② 73%	③ 11%	④ 6%	⑤ 4%

② 지니계수는 1이면 완전 불평등한 분배, 0이면 완전 평등한 분배 상태를 나타낸다. 따라서 지니계수가 1에 가까울수록 불평등한 상태를 의미한다.

난이도 ★★☆

소득불평등에 관한 설명으로 옳은 것을 모두 고른 것은?

> ㄱ. 10분위 분배율은 그 비율이 낮을수록 소득분배가 평등 하다.
> ㄴ. 지니계수가 0.3에서 0.4로 상승했다면 소득불평등이 완 화된 것이다.
> ㄷ. 5분위 배율은 상위 20%의 소득을 하위 20%의 소득으 로 나눈 비율이다.
> ㄹ. 로렌즈 곡선(Lorenz curve)이 45°선과 일치하면 소득 분포가 완전히 균등하다.

① ㄱ, ㄴ
② ㄴ, ㄷ
③ ㄷ, ㄹ
④ ㄱ, ㄴ, ㄷ
⑤ ㄱ, ㄴ, ㄹ

답 ③

✔ 응시생들의 선택

① 4%	② 7%	③ 66%	④ 9%	⑤ 14%

③ ㄱ. 10분위 분배율은 비율이 높을수록 소득 격차가 작은 것이며, 비 율이 낮을수록 소득 격차가 큰 것이다. 따라서 그 비율이 높을수 록 소득분배가 평등하다.
　 ㄴ. 지니계수는 0과 1사이의 값을 가지며, 그 값이 1에 가까울수록 불평등도가 높다는 것을 의미한다. 따라서 0.3에서 0.4로 상승 했다면 소득불평등이 심화된 것이다.

➕ 덧붙임

소득불평등과 관련해서는 지니계수, 5분위 분배율, 10분위 분배율 등 전반적인 내용을 묻는 문제가 주로 출제되었다. 특히 5분위 분배율과 10분위 분배율은 계산형 문제와 같은 고난이도 문제가 출제된 바 있으 므로 이에 대비해야 한다.

난이도 ★☆☆

소득빈곤 및 소득불평등의 측정에 관한 설명으로 옳지 않은 것은?

① 지니계수는 그 값이 클수록 더 불평등한 수준을 의미한다.
② 상대적 빈곤은 소득불평등과 관계가 있다.
③ 소득빈곤의 측정만으로 삶의 다양한 문제를 모두 포착하 기는 어렵다.
④ 소득불평등 수준이 같은 국가라도 계층이동성의 수준이 상이할 수 있다.
⑤ 로렌즈 곡선에서 수직선은 모든 개인이 동일한 수준의 소 득을 가지고 있다는 것을 의미한다.

답 ⑤

✔ 응시생들의 선택

① 9%	② 12%	③ 2%	④ 4%	⑤ 73%

⑤ 로렌즈 곡선에서 수직선은 한 개인이 국민소득 전부를 가지고 있고, 나머지 사람의 소득이 모두 0인 경우를 의미하며, 이것을 완전불평 등선이라고 한다.

난이도 ★★☆

우리나라의 소득불평등에 관한 설명으로 옳지 않 은 것은?

① 소득불평등을 측정하는 지니계수는 로렌즈(Lorenz) 곡 선에서 도출된다.
② 소득 1분위와 10분위의 소득비율로 소득불평등을 측정하 기도 한다.
③ 1997년 외환위기 이전에 비해 소득불평등이 심화되었다.
④ 공적 이전소득의 소득불평등 완화효과는 OECD 평균 수 준이다.
⑤ 비정규직 고용의 증가는 일반적으로 불평등을 심화시 킨다.

답 ④

✔ 응시생들의 선택

① 5%	② 35%	③ 6%	④ 48%	⑤ 6%

④ 정부의 소득재분배 정책의 효과를 평가하기 위하여 조세와 공적 이 전 전의 소득분배상태와 이전 후의 소득분배상태를 비교하는 방법 이 활용된다. 이러한 방법에 의해 진행한 국제비교 연구에 의하면 한국의 공적 소득지원 이후의 소득불평등 완화효과는 OECD 국가 중에서 낮은 편에 머무르고 있는 상태이다.

빈곤 및 불평등에 관한 설명으로 옳은 것을 모두 고른 것은?

> ㄱ. 로렌즈 곡선은 완전평등선에서 아래쪽으로 볼록할수록 평등함을 나타낸다.
> ㄴ. 시장소득 기준 지니계수와 가처분소득 기준 지니계수의 차이는 간접세의 재분배효과를 의미한다.
> ㄷ. 빈곤갭(poverty gap)이란 빈곤층의 소득을 빈곤선까지 상향시키는 데 필요한 총비용을 말하는 것으로 빈곤한 사람의 규모를 나타낸다.
> ㄹ. 상대적 빈곤은 한 사회의 평균적인 생활수준과 비교하여 빈곤을 규정하는 것으로 그 사회의 불평등 정도와 관계가 깊다.

① ㄱ, ㄴ, ㄷ　　　　② ㄱ, ㄷ
③ ㄴ, ㄹ　　　　　　④ ㄹ
⑤ ㄱ, ㄴ, ㄷ, ㄹ

답 ④

✔ 응시생들의 선택

① 6%	② 8%	③ 40%	④ 32%	⑤ 14%

④ ㄱ. 소득불평등도가 높을수록 곡선이 아래로 더욱 볼록해지고 타원형의 음영부분은 더욱 커진다.
　ㄴ. 시장소득 기준 지니계수와 가처분소득 기준 지니계수에 차이가 있다면 이것은 납세의무자가 직접 세금을 납부하는 직접세의 재분배효과를 나타낼 가능성이 크다.
　ㄷ. 빈곤갭은 빈곤선 이하에 있는 사람들의 소득을 모두 빈곤선 수준까지 끌어올리기 위해서 필요한 총비용을 나타낸다.

다음은 어느 사회의 10분위별 소득총액분포를 나타낸 것이다. 이 사회의 5분위 분배율은? (단, 소수점 셋째 자리에서 반올림)

소득분위	1	2	3	4	5	6	7	8	9	10
분위별 소득총액(억)	20	40	50	60	90	105	115	135	175	194

① 0.16　　　　　　② 2.16
③ 3.25　　　　　　④ 6.15
⑤ 9.70

답 ④

✔ 응시생들의 선택

① 4%	② 23%	③ 19%	④ 32%	⑤ 22%

④ 5분위 분배율은 통상적으로 상위 20% 가구의 소득합을 하위 20% 가구의 소득합으로 나눈 값으로 정의되며, 지니계수, 10분위 분배율과 함께 소득불평등 수준을 보여주는 대표적인 지표이다. 따라서 상위 20%인 소득분위 9와 10의 소득총액 369를 하위 20%인 소득분위 1과 2의 소득총액 60으로 나눈 값인 6.15가 5분위 분배율 값이 된다.

절대적 빈곤개념을 측정하는 것으로 옳은 것은?

> ㄱ. 라운트리 방식
> ㄴ. 라이덴 방식
> ㄷ. 오르샨스키 방식
> ㄹ. 지니계수

① ㄱ, ㄴ, ㄷ　　　　② ㄱ, ㄷ
③ ㄴ, ㄹ　　　　　　④ ㄹ
⑤ ㄱ, ㄴ, ㄷ, ㄹ

답 ②

✔ 응시생들의 선택

① 7%	② 88%	③ 2%	④ 1%	⑤ 2%

② ㄴ. 라이덴 방식은 주관적 빈곤을 측정하는 방식이다.
　ㄹ. 지니계수는 소득분배와 불평등정도를 나타내는 방식이다.

다음 내용이 왜 틀렸는지를 확인해보자

20-06-21

01 지니계수는 불평등도가 증가할수록 수치가 작아지기 때문에 가장 불평등한 상태는 0이다.

> 지니계수는 0과 1사이의 값을 가지며, 불평등도가 증가할수록 수치가 커져 가장 불평등한 상태는 1이다.

12-06-03

02 10분위 분배율 비율이 높을수록 **소득분배가 불평등**하다.

> 10분위 분배율은 비율이 높을수록 소득 격차가 작은 것이며, 비율이 낮을수록 소득 격차가 큰 것이다. 따라서 그 비율이 높을수록 소득분배가 평등하다.

03 **절대적 빈곤**은 어떤 사회의 평균적인 소득수준, 생활수준과 밀접한 관련이 있다.

> 어떤 사회의 평균적인 소득수준, 생활수준과 밀접한 관련이 있는 것은 상대적 빈곤이다.

11-06-25

04 OECD에서는 국가 간 비교를 위해 주로 **절대적 빈곤 개념을 사용**한다.

> OECD에서는 국가 간 비교를 위해 주로 상대적 빈곤 개념을 사용한다.

09-06-28

05 빈곤갭은 빈곤층의 규모를 나타내고, 빈곤율은 빈곤의 심도를 나타낸다.

> 빈곤율은 빈곤층의 규모를 나타내고, 빈곤갭은 빈곤의 심도를 나타낸다.

06 **5분위 분배율**은 소득이 낮은 하위 40% 가구의 소득 합을 소득이 가장 높은 상위 20% 가구의 소득 합으로 나눈 것이다.

> 소득이 낮은 하위 40% 가구의 소득 합을 소득이 가장 높은 상위 20% 가구의 소득 합으로 나눈 것은 10분위 분배율이다. 5분위 분배율은 소득이 가장 높은 상위 20% 가구의 소득 합을 소득이 낮은 하위 20% 가구의 소득 합으로 나눈 것이다.

빈칸에 들어갈 알맞은 말을 채워보자

17-06-19

01 ( )은/는 빈곤인구가 전체 인구에서 차지하는 비율로 정의된다.

16-06-06

02 ( )은/는 박탈지표방식과 소득·지출을 이용한 상대적 추정방식으로 측정할 수 있다.

11-06-25

03 우리나라의 국민기초생활보장제도는 ( ) 개념을 도입했다.

04 인간 생활에 필수적인 모든 품목에 대하여 최저한의 수준을 정하고 화폐가치로 환산하여 빈곤선을 측정하는 라운 트리의 빈곤 측정 방식을 ( )(이)라고 한다.

05 주관적 빈곤을 측정하는 대표적인 방식으로 ( )이 있다.

06 ( )은/는 빈곤층의 소득을 모두 빈곤선 수준까지 끌어올리기 위해서 어느 정도의 소득이 필요한가를 보여주는 방법이다.

06-06-22

07 ( )은/는 빈곤의 결과뿐만 아니라 원인과 과정에 이르는 총괄적인 고찰을 시도하며, 이를 극복하기 위해서는 민주적인 참여도 중요하다.

08 빈곤율, 빈곤갭, 상대적 불평등의 세 가지 측면을 모두 고려하여 빈곤정도를 측정하기 위해 개발한 빈곤지표를 ( )(이)라 한다.

 01 빈곤율 **02** 상대적 빈곤 **03** 상대적 빈곤 **04** 전물량 방식 **05** 라이덴 방식 **06** 빈곤갭 **07** 사회적 배제 **08** 센 지표

다음 내용이 옳은지 그른지 판단해보자

21-06-15

01 라이덴 방식, 라운트리 방식, 타운센드 방식은 상대적 빈곤선을 측정하는 방식이다. ◎ ⊗

10-06-26

02 로렌즈 곡선은 완전평등선에서 아래쪽으로 볼록할수록 평등함을 나타낸다. ◎ ⊗

03 5분위 분배율은 수치가 클수록 소득 격차가 큰 것이며, 수치가 작을수록 소득 격차가 작은 것이다. ◎ ⊗

02-06-18

04 엥겔계수를 이용하여 최저생계비를 산출하는 방식은 전물량 방식이다. ◎ ⊗

05 사회적 배제는 복지권리, 고용에 대한 접근성, 교육, 차별문제, 사회적 관계망, 사회참여능력, 정치생활 통합정도에 초점을 맞춘다. ◎ ⊗

06 소득불평등의 개념은 소득 수준의 격차, 소득 전체의 분포와 관련이 있다. ◎ ⊗

07 라운트리는 식료품비에 1/3의 역수인 3을 곱하여 빈곤선을 계측하였다. ◎ ⊗

08 상대적 빈곤은 사회의 불평등 수준에 큰 영향을 받는다. ◎ ⊗

09 사회적 배제는 소득의 문제에 국한되지 않는 다차원적인 불리함을 의미한다. ◎ ⊗

10 빈곤율과 빈곤갭 모두 빈곤층 내부에서의 소득의 이전이나 분배 상태를 보여주지 못한다. ◎ ⊗

답 01× 02× 03○ 04× 05○ 06○ 07× 08○ 09○ 10○

해설 01 라이덴 방식은 주관적 빈곤을 측정하는 방식이고, 라운트리 방식은 절대적 빈곤을 측정하는 방식이다.
02 소득불평등도가 높을수록 곡선이 아래로 더욱 볼록해지고 타원형의 음영부분은 더욱 커진다.
04 엥겔계수를 이용하여 최저생계비를 산출하는 방식은 반물량 방식이다.
07 오르샨스키는 식료품비에 1/3의 역수인 3을 곱하여 빈곤선을 계측하였으며, 이를 엥겔방식 혹은 반물량 방식이라 한다.

188 공공부조제도

강의 QR코드

월   일

2회독
월   일

3회독
월   일

최근 10년간 **24문항** 출제

이론요약

공공부조의 특징

- 프로그램의 주체, 그리고 재원(일반예산)을 공공기관이 담당한다.
- 법적으로는 모든 국민이 보호의 대상이지만, 실제로는 빈곤선 이하의 생활이 어려운 사람이 주 대상이다.
- 자산조사 또는 소득조사를 통해 선별하며, 규제적인 성격도 있다.
- 혜택은 본인의 의사에 반하여 강제적으로 제공될 수 없다.
- 대상자의 욕구나 근로능력 조건, 가족 상황 등에 따라 처우가 달라질 수 있다.
- 적극적 측면을 가지고 있어 근로능력이 있는 경우 자활을 위한 프로그램을 운영한다.

기본개념

사회복지정책론
pp.270~

공공부조의 장·단점

▶**공공부조의 장점**
- 다른 제도에 비해 상대적으로 **수직적 재분배 효과가 크게 나타난다.**
- 제한된 예산으로 좁은 범위의 대상(저소득층)을 위해 집중적으로 활용할 수 있다는 점에서 **목표효율성(= 대상효율성)이 높다**고 볼 수 있다.

▶**공공부조의 단점**
- 수급자격을 결정하기 위한 자산조사를 실시하는데 **행정비용이 많이 소요**될 수 있다.
- 수급자의 근로의욕을 저하시킬 수 있다.
- 수급자에게 **낙인감이나 수치심을 줄 수 있다.**
- 제도의 적용대상이 제한적이기 때문에 정치적 지지가 줄어드는 경향이 있다.

국민기초생활보장제도

▶**수급자 선정기준**
수급자 선정을 위한 **기준은 기준 중위소득을 적용**하며, 급여별 선정기준을 중위소득(모든 가구를 소득 순으로 순위를 매겼을 때, 가운데를 차지한 가구의 소득)과 연동한다.

▶**급여의 기준 등**
- 보장의 단위: **가구를 단위로 하여 급여를 지급하는 것을 원칙**으로 하나 필요하다고 인정되는 경우 개인을 단위로 급

여를 행할 수 있다.
- 급여의 보호: 수급자에 대한 급여는 정당한 사유 없이 이를 불리하게 변경할 수 없다. 수급자에게 지급 된 수급품과 이를 받을 권리는 압류할 수 없다.
- 급여의 기본원칙: **최저생활 보장의 원칙, 보충급여의 원칙, 자립지원의 원칙, 개별성의 원칙, 가족부양 우선의 원칙, 타급여 우선의 원칙, 보편성의 원칙** 등이 있다.

▶ **급여의 종류**
- 생계급여: 수급권자는 그 소득인정액이 생계급여 선정기준 이하인 사람으로 하며, 이 경우 생계급여 선정기준은 기준 중위소득의 100분의 30 이상으로 한다(**현재 제도상 생계급여 수급권자: 기준 중위소득의 32% 이하인 사람**).
- 주거급여: 수급권자는 그 소득인정액이 주거급여 선정기준 이하인 사람으로 하며, 이 경우 주거급여 선정기준은 기준 중위소득의 100분의 43 이상으로 한다(**현재 제도상 주거급여 수급권자: 기준 중위소득의 48% 이하인 사람**). 주거급여에 관하여 필요한 사항은 따로 법률(주거급여법)에서 정한다.
- 의료급여: 수급권자는 부양의무자가 없거나, 부양의무자가 있어도 부양능력이 없거나 부양을 받을 수 없는 사람으로서 그 소득인정액이 의료급여 선정기준 이하인 사람으로 하며, 이 경우 의료급여 선정기준은 기준 중위소득의 100분의 40 이상으로 한다(**현재 제도상 의료급여 수급권자: 기준 중위소득의 40% 이하인 사람**). 의료급여에 필요한 사항은 따로 법률(의료급여법)에서 정한다.
- 교육급여: 수급권자는 그 소득인정액이 교육급여 선정기준 이하인 사람으로 하며, 이 경우 교육급여 선정기준은 기준 중위소득의 100분의 50 이상으로 한다(**현재 제도상 교육급여 수급권자: 기준 중위소득의 50% 이하인 사람**).
- 해산급여: 생계급여, 주거급여, 의료급여 중 하나 이상의 급여를 받는 수급자에게 조산이나 분만 전과 분만 후에 필요한 조치와 보호를 실시하는 것이다.
- 장제급여: 생계급여, 주거급여, 의료급여 중 하나 이상의 급여를 받는 수급자가 사망한 경우 사체의 검안·운반·화장 또는 매장, 그 밖의 장제조치를 하는 것이다.
- 자활급여: 수급자의 자활을 돕기 위하여 실시하는 급여이다.

자활사업
- 자활사업은 국민기초생활보장법에 따른 근로능력이 있는 근로빈곤층에게 자활할 수 있도록 일자리 제공 및 자활능력 배양을 목적으로 시행하고 있는 보건복지부 주관 사업이다.
- 자활기업: 수급자 및 차상위자가 상호 협력하여 조합 또는 공동 사업자 등의 형태로 저소득층 의 일자리 창출 및 탈빈곤을 위한 자활사업을 운영하는 업체
- 자활근로사업: 국민기초생활보장법에 의한 저소득층에게 자활을 위한 근로의 기회를 제공하여 자활기반을 조성하는 사업
- 자산형성지원사업: 근로빈곤층의 근로유인 제고 및 탈빈곤을 위한 물적 기반 마련을 위해 자산 형성을 지원하기 위한 사업으로 희망키움통장 (Ⅰ), 희망키움통장(Ⅱ), 내일키움통장, 청년희망 키움통장 등을 운영
- 지역자활센터: 근로능력 있는 저소득층에게 집중적이고 체계적인 자활지원서비스를 제공함 으로써 자활의욕 고취 및 자립능력 향상을 지원

근로장려세제
- 근로장려세제는 2008년 1월부터 시행되었고, 최초 지급은 2009년 9월부터 시작되었다. 시행은 국세청에서 담당한다.
- 열심히 일은 하지만 소득이 적어 생활이 어려운 근로자 또는 사업자(전문직 제외)가구에 대하여 가구원 구성과 총급여액 등에 따라 산정된 근로장려금을 지급함으로써 근로를 장려하고 실질소득을 지원하는 근로연계형 소득지원제도이다.
- 근로장려금은 가구단위로 소득기준과 재산기준을 모두 충족하는 경우에 받을 수 있다.

의료급여제도

▶ 급여 내용
수급권자의 질병·부상·출산 등에 대해 '진찰·검사, 약제·치료재료의 지급, 처치·수술과 그 밖의 치료, 예방·재활, 입원, 간호, 이송과 그 밖의 의료목적의 달성을 위한 조치' 등을 실시한다.

▶ 수급권자
- 국민기초생활보장법에 따른 의료급여 수급자
- 재해구호법에 따른 이재민으로서 보건복지부장관이 의료급여가 필요하다고 인정한 사람
- 의사상자 등 예우 및 지원에 관한 법률에 따라 의료급여를 받는 사람
- 입양특례법에 따라 국내에 입양된 18세 미만의 아동
- 독립유공자예우에 관한 법률, 국가유공자 등 예우 및 지원에 관한 법률 및 보훈보상대상자 지원에 관한 법률의 적용을 받고 있는 사람과 그 가족으로서 국가보훈부장관이 의료급여가 필요하다고 추천한 사람 중에서 보건복지부장관이 의료급여가 필요하다고 인정한 사람
- 무형유산의 보전 및 진흥에 관한 법률에 따라 지정된 국가무형유산의 보유자(명예보유자를 포함)와 그 가족으로서 국가유산청장이 의료급여가 필요하다고 추천한 사람 중에서 보건복지부장관이 의료급여가 필요하다고 인정한 사람
- 북한이탈주민의 보호 및 정착지원에 관한 법률의 적용을 받고 있는 사람과 그 가족으로서 보건복지부장관이 의료급여가 필요하다고 인정한 사람
- 5·18민주화운동 관련자 보상 등에 관한 법률에 따라 보상금등을 받은 사람과 그 가족으로서 보건복지부장관이 의료급여가 필요하다고 인정한 사람
- 노숙인 등의 복지 및 자립지원에 관한 법률에 따른 노숙인 등으로서 보건복지부장관이 의료급여가 필요하다고 인정한 사람
- 그 밖에 생활유지 능력이 없거나 생활이 어려운 사람으로서 대통령령으로 정하는 사람

긴급복지지원제도

▶ 위기상황
- 주소득자의 사망, 가출, 행방불명, 구금시설 수용 등 사유로 소득 상실
- 중한 질병 또는 부상을 당한 경우
- 가구구성원으로부터 방임 또는 유기되거나 학대 등을 당한 경우
- 가정폭력 또는 가구원으로부터 성폭력을 당한 경우
- 화재 또는 자연재해 등으로 인하여 거주하는 주택 또는 건물에서 생활하기 곤란한 경우
- 주소득자 또는 부소득자의 휴업, 폐업 또는 사업장의 화재 등으로 인하여 실질적인 영업이 곤란하게 된 경우
- 주소득자 또는 부소득자의 실직으로 소득을 상실한 경우
- 보건복지부령에 따라 지자체 조례로 정한 사유가 발생한 경우[소득활동 미미(가구원 간호·간병·양육), 기초수급 중지·미결정, 수도·가스 중단, 사회보험료·주택임차료 체납 등]
- 그 밖에 보건복지부장관이 정하여 고시하는 경우

▶ 지원내용
- 금전 또는 현물 등의 직접 지원: 생계지원, 의료지원, 주거지원, 사회복지시설 이용지원, 교육지원, 그 밖의 지원
- 민간기관·단체와의 연계 등의 지원: 대한적십자사, 사회복지공동모금회 등의 사회복지기관·단체로의 연계 지원, 상담·정보제공 등 그 밖의 지원

기출문장 CHECK

01 (22-06-20) 국민기초생활보장제도 급여 신청은 신청주의와 직권주의를 병행하고 있다.

02 (22-06-23) 우리나라 근로장려세제의 근로장려금 모형은 점증구간, 평탄구간, 점감구간으로 되어 있다.

03 (21-06-11) 국민기초생활보장제도의 기준 중위소득은 2015년 이후 지속적으로 인상되었다.

04 (20-06-08) 의료급여제도의 의료급여 수급권자는 1종과 2종으로 구분한다.

05 (20-06-10) 국민기초생활보장제도에서의 "보장기관"은 국민기초생활보장법에 따른 급여를 실시하는 국가 또는 지방자치단체를 말한다.

06 (19-06-16) 자활급여는 근로능력이 있는 국민기초생활보장 수급자의 자활을 위한 각종 지원을 제공하는 급여이다.

07 (19-06-18) 긴급복지지원제도의 긴급지원은 위기상황에 처한 사람에게 일시적으로 신속하게 지원하는 것을 기본원칙으로 한다.

08 (18-06-18) 국민기초생활보장제도는 보충성의 원칙에 기반하고 있다.

09 (18-06-22) 근로장려금은 근로소득 외에 재산보유상태 등을 반영하여 지급한다.

10 (17-06-07) 장애인연금은 장애로 인하여 생활이 어려운 중증장애인을 대상으로 하는 공공부조제도이다.

11 (17-06-20) 국민기초생활보장제도의 주거급여는 국토교통부가 주관한다.

12 (16-06-17) 공공부조는 사회보험에 비해 높은 비용효과성을 갖는다.

13 (16-06-18) 의료급여는 국가가 진료비를 지원하는 공공부조제도이며 본인부담금이 있다.

14 (16-06-19) 우리나라의 근로장려세제의 신청방식은 신청주의로만 설계되어 있다.

15 (15-06-06) 국민기초생활보장제도의 선정기준으로 기준 중위소득을 활용한다.

16 (15-06-12) 공공부조는 자산조사를 거쳐 대상을 선정한다.

17 (15-06-13) 생계급여, 주거급여, 의료급여, 교육급여는 모두 빈곤층을 대상으로 하는 국민기초생활보장제도의 급여이다.

18 (14-06-24) 생계급여와 의료급여의 소관부처는 보건복지부이다.

19 (14-06-25) 우리나라 자활사업 중 희망키움통장(Ⅰ)은 일하는 기초수급자를 위한 자산형성지원 사업이다.

20 (13-06-23) 우리나라의 근로연계복지정책은 수급자의 근로유인을 강화하는 것이 목적이다.

21 (13-06-24) 국민기초생활보장제도는 급여별로 선정 기준이 달라 생계급여의 대상이 아니어도 교육급여를 받을 수 있다.

22 (12-06-20) 근로장려세제의 주무 부처는 기획재정부이며 근로장려세제 시행은 국세청에서 담당한다.

23 (11-06-23) 국민기초생활보장제도는 현금급여 우선의 원칙을 따른다.

24 (11-06-30) 자활사업 지원체계에는 지역자활센터, 광역자활센터, 한국자활복지개발원, 자활기금, 자활기관협의체 등이 있다.

25 (09-06-29) 자활사업의 생산품은 시장영역 혹은 공공영역에서 소비된다.

26 (08-06-29) 국민기초생활보장제도는 조건부 수급제도를 운영하고 있다.

27 (07-06-29) 공공부조는 타급여 우선의 원칙, 보충급여의 원칙, 개별성의 원칙 등을 기본원리로 한다.

28 (06-06-23) 의료급여 1종, 2종 수급권자의 본인부담금은 차등 적용한다.

29 (05-06-26) 최저생계비는 소득인정액과 비교하여 수급자를 선정하고 급여를 지급하는 기준이 된다.

30 (04-06-24) 근로소득 보전세제(Earned Income Tax Credit; EITC)는 근로빈곤 계층의 빈곤감소와 근로 동기의 유인을 목적으로 하는 제도이다.

31 (04-06-27) 한국의 공공부조제도는 보충성의 원리에 의해 급여가 차등 지급된다.

32 (04-06-28) 공공부조의 수급자 요건을 파악하기 위해 자산조사, 전문가의 의견을 기준으로 삼는다.

33 (03-06-23) 생활보호제도가 국민기초생활보장제도로 바뀌면서 주거급여가 신설되었다.

34 (02-06-19) 의료급여의 재원은 일반조세이다.

35 (01-06-08) 공공부조는 자산조사를 통해 대상자를 선별한다.

대표기출 확인하기

22-06-20 | 난이도 ★★☆

우리나라 공공부조제도에 관한 설명으로 옳지 않은 것은?

① 긴급복지지원제도는 현금급여와 민간기관 연계 등의 지원을 제공한다.
② 국민기초생활보장제도 부양의무자 기준은 복지사각지대 해소를 위해 단계적으로 완화되고 있다.
③ 긴급복지지원제도는 단기 지원의 원칙, 선심사 후지원의 원칙, 다른 법률 지원 우선의 원칙이 적용된다.
④ 의료급여 수급권자에는 「입양특례법」에 따라 국내 입양된 18세 미만의 아동이 포함된다.
⑤ 국민기초생활보장제도 급여 신청은 신청주의와 직권주의를 병행하고 있다.

▶ 알짜확인

- 공공부조의 주요 특징과 장단점을 이해해야 한다.
- 공공부조제도(국민기초생활보장제도, 근로장려세제 등)의 주요 특징을 이해해야 한다.

답 ③

✔ 응시생들의 선택

① 5%	② 4%	③ 66%	④ 7%	⑤ 18%

③ 긴급복지지원제도는 단기 지원의 원칙(위기상황에 처한 사람에게 일시적으로 신속하게 지원), 선지원 후처리 원칙(현장확인을 통해 긴급한 지원의 필요성이 판단되면 우선 지원을 신속하게 실시하고 나중에 지원의 적정성을 심사), 다른 법률 지원 우선의 원칙(다른 법률에 의하여 긴급지원의 내용과 동일한 내용의 구호·보호나 지원을 받고 있는 경우에는 긴급지원을 하지 않음)이 적용된다.

➕ 덧붙임

국민기초생활보장제도의 특징은 거의 매년 출제되는 내용이므로 반드시 꼼꼼하게 정리해야 한다. 최근 시험에서는 공공부조의 특성, 근로연계복지정책, 긴급복지지원제도, 의료급여제도에 관한 문제도 출제되었다.

관련기출 더 보기

22-06-23 | 난이도 ★★☆

우리나라 근로장려세제(EITC)에 관한 설명으로 옳지 않은 것은?

① 소득재분배 효과를 기대할 수 있다.
② 근로능력이 있는 저소득층의 근로유인을 제고한다.
③ 소득과 재산보유상태 등을 반영하여 지급한다.
④ 근로장려금 모형은 점증구간, 평탄구간, 점감구간으로 되어 있다.
⑤ 사업자는 근로장려금을 받을 수 없다.

답 ⑤

✔ 응시생들의 선택

① 6%	② 7%	③ 9%	④ 15%	⑤ 63%

⑤ 사업자도 근로장려금을 받을 수 있다. 근로장려금은 일은 하지만 소득이 적어 생활이 어려운 근로자, 사업자(전문직 제외) 가구에 대하여 가구원 구성과 근로소득, 사업소득 또는 종교인소득에 따라 산정된 근로장려금을 지급함으로써 근로를 장려하고 실질소득을 지원하는 근로연계형 소득지원 제도이다.

21-06-11 | 난이도 ★★★

최근 10년간 국민기초생활보장제도의 변화에 관한 설명으로 옳은 것을 모두 고른 것은?

> ㄱ. 수급자격 중 부양의무자 기준은 완화되었다.
> ㄴ. 기준 중위소득은 2015년 이후 지속적으로 인상되었다.
> ㄷ. 교육급여가 신설되었다.
> ㄹ. 근로능력평가 방식이 변화되었다.

① ㄱ, ㄴ
② ㄱ, ㄷ
③ ㄱ, ㄹ
④ ㄴ, ㄹ
⑤ ㄱ, ㄴ, ㄹ

답 ⑤

✔ 응시생들의 선택

① 28%	② 19%	③ 9%	④ 7%	⑤ 37%

⑤ ㄷ. 교육급여는 국민기초생활보장제도로 개정되기 이전의 생활보호제도 때부터 존재한 급여(생활보호제도 당시의 명칭은 교육보호)이다.

난이도 ★★☆

조세특례제한법상의 '총급여액 등'을 기준으로 근로장려금 산정방식을 다음과 같이 설계하였다고 가정할 때, 총급여액 등에 따른 근로장려금 계산 결과로 옳지 않은 것은?

- 총급여액 등 1,000만원 미만: 근로장려금 = 총급여액 등 × 100분의 20
- 총급여액 등 1,000만원 이상 1,200만원 미만: 근로장려금 200만원
- 총급여액 등 1,200만원 이상 3,200만원 미만: 근로장려금 = 200만원 − (총급여액 등 − 1,200만원) × 100분의 10

※ 재산, 가구원 수, 부양아동 수, 소득의 종류 등 다른 조건은 일체 고려하지 않음

① 총급여액 등이 500만원일 때, 근로장려금 100만원
② 총급여액 등이 1,100만원일 때, 근로장려금 200만원
③ 총급여액 등이 1,800만원일 때, 근로장려금 150만원
④ 총급여액 등이 2,200만원일 때, 근로장려금 100만원
⑤ 총급여액 등이 2,700만원일 때, 근로장려금 50만원

답 ③

✔ 응시생들의 선택

① 6%	② 6%	③ 78%	④ 5%	⑤ 5%

③ 총급여액 등이 1,800만원이면 '총급여액 등 1,200만원 이상 3,200만원 미만'의 구간에 해당하므로 '근로장려금 = 200만원 − (총급여액 등 − 1,200만원) × 100분의 10'의 산정방식으로 계산이 된다. 따라서 "근로장려금 = 200만원 − (1,800만원 − 1,200만원) × 100분의 10"을 계산하면 근로장려금은 140만원이 된다.

➕ 덧붙임

근로장려금, 국민기초생활보장제도의 급여 등을 계산하는 계산형 문제가 종종 출제되고 있다. 계산형 문제는 제도상의 산출 내용(방식)을 이해해야만 풀 수 있는 문제로서 이 산출 내용에 주어진 수치를 대입해서 풀어야 한다.

난이도 ★★☆

우리나라의 의료급여에 관한 설명으로 옳지 않은 것은?

① 의료급여 수급권자는 1종과 2종으로 구분한다.
② 의료급여기금에는 지방자치단체의 출연금도 포함된다.
③ 의료급여 수급권자의 1촌 직계혈족 및 그 배우자는 원칙적으로 부양의무가 있다.
④ 국민기초생활보장제도 수급자 중 보장시설에서 급여를 받는 자는 2종 수급자로 구분된다.
⑤ 「약사법」에 따라 개설등록된 약국은 의료급여를 실시하는 의료기관이다.

답 ④

✔ 응시생들의 선택

① 1%	② 23%	③ 11%	④ 59%	⑤ 6%

④ 국민기초생활보장제도 수급자 중 보장시설에서 급여를 받는 자(국민기초생활보장 시설수급자)는 1종 의료급여 수급자에 해당한다.

난이도 ★☆☆

우리나라의 국민기초생활보장제도에 관한 설명으로 옳은 것은?

① 의료급여 선정기준은 기준 중위소득의 100분의 50 이상으로 한다.
② 교육급여 선정기준은 기준 중위소득의 100분의 40 이상으로 한다.
③ "수급권자"란 「국민기초생활보장법」에 따른 급여를 받는 사람을 말한다.
④ 국민기초생활보장제도에서의 "보장기관"은 사회복지서비스를 제공하는 사회복지기관을 말한다.
⑤ 사회복지 전담공무원은 수급권자의 동의를 받아 수급권자에 대한 급여를 직권으로 신청할 수 있다.

답 ⑤

✔ 응시생들의 선택

① 2%	② 3%	③ 19%	④ 5%	⑤ 71%

① 의료급여 선정기준은 기준 중위소득의 100분의 40 이상으로 한다.
② 교육급여 선정기준은 기준 중위소득의 100분의 50 이상으로 한다.
③ "수급권자"란 국민기초생활보장법에 따른 급여를 받을 수 있는 자격을 가진 사람을 말한다.
④ 국민기초생활보장제도에서의 "보장기관"은 국민기초생활보장법에 따른 급여를 실시하는 국가 또는 지방자치단체를 말한다.

난이도 ★★☆

긴급복지지원제도에 관한 설명으로 옳지 않은 것은?

① 주소득자가 사망, 가출, 행방불명, 구금시설에 수용되는 등의 사유로 소득을 상실한 경우 긴급지원대상자가 될 수 있다.
② 긴급지원은 위기상황에 처한 사람에게 일시적으로 신속하게 지원하는 것을 기본원칙으로 한다.
③ 긴급지원의 종류에는 금전 또는 현물 등의 직접지원과 민간기관 · 단체와의 연계 등의 지원이 있다.
④ 사회복지사업법에 따른 사회복지시설의 종사자는 긴급지원을 요청할 수 있다.
⑤ 국민기초생활보장법에 따른 지원을 받고 있는 경우에 긴급복지지원법을 우선 적용한다.

답 ⑤

✔ 응시생들의 선택

① 6%	② 2%	③ 7%	④ 13%	⑤ 72%

⑤ 재해구호법, 국민기초생활보장법, 의료급여법, 사회복지사업법, 가정폭력방지 및 피해자보호 등에 관한 법률, 성폭력방지 및 피해자보호 등에 관한 법률 등 다른 법률에 따라 이 법에 따른 지원 내용과 동일한 내용의 구호 · 보호 또는 지원을 받고 있는 경우에는 이 법에 따른 지원을 하지 아니한다.

난이도 ★★☆

국민기초생활보장제도에 관한 설명으로 옳지 않은 것은?

① 국민기초생활보장제도는 보충성의 원칙에 기반하고 있다.
② 「북한이탈주민의 보호 및 정착지원에 관한 법률」상의 북한이탈주민과 그 가족은 의료급여 2종 수급권자에 속한다.
③ 급여는 개별가구 단위로 실시하되, 특히 필요하다고 인정하는 경우에는 개인 단위로 실시할 수 있다.
④ 수급권자와 그 친족, 그 밖의 관계인은 관할 시장 · 군수 · 구청장에게 수급권자에 대한 급여를 신청할 수 있다.
⑤ 생계급여는 수급자의 소득인정액 등을 고려하여 차등지급할 수 있다.

답 ②

✔ 응시생들의 선택

① 9%	② 58%	③ 11%	④ 14%	⑤ 8%

② 북한이탈주민의 보호 및 정착지원에 관한 법률의 적용을 받고 있는 사람과 그 가족으로서 보건복지부장관이 의료급여가 필요하다고 인정한 사람은 의료급여 1종 수급권자에 속한다.

난이도 ★★★

국민기초생활보장 대상 가구의 월 생계급여액은? (단, 다음에 제시된 2019년 기준으로 계산한다.)

- 전세주택에 거주하는 부부(45세, 42세)와 두 자녀(15세, 12세)로 구성된 가구로 소득인정액은 월 1,000,000원으로 평가됨(부양의무자는 없음)
- 2019년 생계급여 기준: 기준 중위소득의 30%
- 2019년 가구 규모별 기준 중위소득은 다음과 같이 가정함
  1인: 1,700,000원, 2인: 2,900,000원, 3인: 3,700,000원, 4인: 4,600,000원

① 0원
② 380,000원
③ 700,000원
④ 1,380,000원
⑤ 3,600,000원

답 ②

✔ 응시생들의 선택

① 1%	② 19%	③ 12%	④ 47%	⑤ 21%

② 생계급여액은 2019년 생계급여 기준인 중위소득의 30%에 소득인정액(소득평가액+소득환산액)을 차감하여 정한다. 4인 가구의 기준 중위소득인 4,600,000원에서 30%는 1,380,000원이다. 이 1,380,000원에서 소득인정액인 1,000,000원을 공제하면 380,000원이 된다. 따라서 이 가구의 월 생계급여액은 380,000원이다.

난이도 ★★☆

우리나라의 사회보장급여 중에서 공공부조에 해당되는 것은?

① 장애연금
② 장해연금
③ 장애인연금
④ 상병보상연금
⑤ 노령연금

답 ③

✔ 응시생들의 선택

① 14%	② 7%	③ 44%	④ 5%	⑤ 30%

③ 장애인연금은 장애로 인하여 생활이 어려운 중증장애인을 대상으로 하는 공공부조제도로서 18세 이상의 중증장애인 중 소득인정액이 선정기준액 이하인 사람에게 지급한다.

사회보험과 비교할 때 공공부조가 갖는 장점은?

① 높은 비용효과성
② 근로동기의 강화
③ 재정 예측의 용이성
④ 수평적 재분배의 효과
⑤ 높은 수급률(take-up rate)

답 ①

✔ 응시생들의 선택

① 46%	② 6%	③ 18%	④ 19%	⑤ 11%

① 공공부조는 다른 제도에 비해 상대적으로 수직적 재분배 효과가 크게 나타나며, 제한된 예산으로 좁은 범위 대상(저소득층)을 위해 집중적으로 활용할 수 있다는 점에서 비용효과성이 높다고 볼 수 있다.

우리나라의 국민기초생활보장제도에 관한 설명으로 옳은 것은?

① 의료급여는 국가가 진료비를 지원하는 공공부조제도로서 본인부담금이 없다.
② 희망키움통장과 내일키움통장은 자산형성지원사업이다.
③ 중위소득은 가구 경상소득 중간값에 전년도 대비 가구소득 증가율을 곱하여 산정한다.
④ 노숙인은 의료급여 2종 수급권자의 대상에 포함된다.
⑤ 생계급여, 의료급여, 주거급여, 교육급여는 부양의무자 기준이 적용된다.

답 ②

✔ 응시생들의 선택

① 5%	② 57%	③ 10%	④ 4%	⑤ 24%

① 의료급여는 본인부담금이 있다.
③ 기준 중위소득은 통계청이 공표하는 통계자료의 가구 경상소득(근로소득, 사업소득, 재산소득, 이전소득을 합산한 소득) 중간값에 최근 가구소득 평균 증가율, 가구규모에 따른 소득수준의 차이 등을 반영하여 가구규모별로 산정한다.
④ 노숙인 등의 복지 및 자립지원에 관한 법률에 따른 노숙인 등으로서 보건복지부장관이 의료급여가 필요하다고 인정한 사람은 의료급여 1종 수급권자에 해당한다.
⑤ 의료급여만 부양의무자 기준이 적용된다. 생계급여, 주거급여, 교육급여는 부양의무자 기준이 적용되지 않는다.

국민기초생활보장제도의 특징으로 옳은 것은?

① 대상 가구당 행정관리비용이 사회보험보다 저렴하다.
② 재원은 기금에 의존한다.
③ 재원부담을 하는 자와 수급자가 동일하다.
④ 대상 선정에서 부양의무자 존재 여부는 고려되지 않는다.
⑤ 선정기준으로 기준 중위소득을 활용한다.

답 ⑤

✔ 응시생들의 선택

① 7%	② 6%	③ 2%	④ 2%	⑤ 83%

① 수급자격을 결정하기 위한 자산조사를 실시하므로 행정관리비용이 사회보험보다 많이 소요된다.
② 재원은 공공재원(조세)에 의존한다.
③ 재원부담을 하는 자와 수급자가 다르다.
④ 대상 선정에서 부양의무자 기준이 적용된다.

우리나라의 사회복지정책 중 대상을 빈곤층으로 한정하는 정책이 아닌 것은?

① 보육급여
② 생계급여
③ 주거급여
④ 의료급여
⑤ 교육급여

답 ①

✔ 응시생들의 선택

① 81%	② 1%	③ 2%	④ 9%	⑤ 7%

① 생계급여, 주거급여, 의료급여, 교육급여는 모두 빈곤층을 대상으로 하는 국민기초생활보장제도의 급여이다.

난이도 ★★★

우리나라 국민기초생활보장제도에 관한 설명으로 옳은 것을 모두 고른 것은?

> ㄱ. 교육급여는 교육부가 담당하고 자활급여는 고용노동부가 담당한다.
> ㄴ. 주거급여 지원대상은 중위소득 40% 이하이고 부양의무자 기준을 충족하는 가구이다.
> ㄷ. 2014년 12월 국민기초생활보장법 개정 이후의 부양의무자 기준이 법 개정 이전보다 강화되었다.
> ㄹ. 생계급여와 의료급여의 소관부처는 보건복지부이다.

① ㄱ, ㄴ, ㄷ   ② ㄱ, ㄷ
③ ㄴ, ㄹ   ④ ㄹ
⑤ ㄱ, ㄴ, ㄷ, ㄹ

답 ④

✅ 응시생들의 선택

① 9%	② 15%	③ 28%	④ 32%	⑤ 16%

④ ㄱ. 교육급여는 교육부가 주관하지만, 자활급여는 보건복지부가 주관한다.
  ㄴ. 현재 주거급여 지원대상은 기준 중위소득의 48% 이하인 사람이며, 부양의무자 기준은 폐지되었다.
  ㄷ. 소득평가액이 기준 중위소득 미만인 경우 부양능력이 없다고 보고, 부양능력이 미약한 경우에도 지원이 가능하도 록 하는 등 부양의무자 기준을 완화하였다.

난이도 ★★★

우리나라의 근로장려세제에 관한 설명으로 옳지 않은 것은?

① 자녀수별로 급여액, 급여의 증가율, 급여의 감소율 등을 차등화하였다.
② 고용노동부가 주무 부처이다.
③ 저소득층의 소득증대와 근로유인을 목표로 한다.
④ 미국의 EITC 제도를 모델로 하였다.
⑤ 우리나라 근로장려세제의 모형은 점증구간·평탄구간·점감구간으로 되어 있다.

답 ②

✅ 응시생들의 선택

① 27%	② 27%	③ 7%	④ 12%	⑤ 27%

② 근로장려세제의 주무 부처는 기획재정부이며 근로장려세제 시행은 국세청에서 담당한다.

난이도 ★☆☆

국민기초생활보장제도의 원칙에 관한 설명으로 옳지 않은 것은?

① 가족부양 우선의 원칙
② 자립 조장의 원칙
③ 현물급여 우선의 원칙
④ 생존권 보장의 원칙
⑤ 보충성의 원칙

답 ③

✅ 응시생들의 선택

① 5%	② 10%	③ 73%	④ 5%	⑤ 6%

③ 국민기초생활보장제도는 현금급여 우선의 원칙을 따른다.

난이도 ★☆☆

우리나라의 자활사업에 관한 설명으로 옳지 않은 것은?

① 우리나라의 대표적인 노동연계복지 프로그램이다.
② 자활기업은 사회적 기업 창업을 전제로 한다.
③ 자활기업에는 차상위계층이 참여할 수 있다.
④ 지역자활센터는 자활사업 참여자들에 대한 관리, 교육, 사업의 운영 주체이다.
⑤ 자활사업의 생산품은 시장영역 혹은 공공영역에서 소비된다.

답 ②

✅ 응시생들의 선택

① 1%	② 84%	③ 8%	④ 2%	⑤ 5%

② 국민기초생활보장법에 의한 자활기업은 수급자 또는 저소득층이 상호 협력하여 조합 또는 공동사업자의 형태로 탈빈곤을 위해 자활사업을 운영하는 업체를 말한다. 자활기업을 기반으로 하여 사회적 기업으로 성장하는 경우가 많긴 하나, 사회적 기업 창업을 전제로 하는 것은 아니다.

다음 내용이 왜 틀렸는지를 확인해보자

16-06-19

01 우리나라의 근로장려세제 신청방식은 신청주의와 직권주의가 혼용되고 있다.

> 우리나라의 근로장려세제 신청방식은 신청주의로만 설계되어 있다.

14-06-24

02 교육급여는 교육부가 담당하고, 자활급여는 고용노동부가 담당한다.

> 교육급여는 교육부가 주관하지만, 자활급여는 보건복지부가 주관한다.

03 국민기초생활보장제도의 수급자 선정을 위한 기준은 최저생계비를 적용한다.

> 국민기초생활보장제도의 수급자 선정을 위한 기준은 기준 중위소득을 적용한다.

04 차상위계층이란 수급권자에 해당하지 아니하는 계층으로서 소득인정액이 100분의 70 이하인 계층을 말한다.

> 차상위계층이란 수급권자에 해당하지 아니하는 계층으로서 소득인정액이 100분의 50 이하인 계층을 말한다.

05 공공부조는 목표효율성이 낮다는 단점이 있다.

> 제한된 예산으로 좁은 범위의 대상을 위해 집중적으로 활용할 수 있다는 점에서 목표효율성(대상효율성)이 높다고 볼 수 있다.

07-06-29

06 최저생활 보장의 원칙이란 급여수준을 정함에 있어서 수급권자의 개별적 특수 상황을 최대한 반영하는 것이다.

> 급여수준을 정함에 있어서 수급권자의 개별적 특수 상황을 최대한 반영하는 것은 개별성의 원칙이다. 최저생활 보장의 원칙은 생활이 어려운 자에게 생계·주거·의료·교육·사활 등 필요한 급여를 행하여 이들의 최저생활을 보장해주는 것이다.

07 의료급여의 내용에 수급권자의 질병 · 부상 · 출산 등에 대한 '**약제 · 치료재료의 지급**'은 포함되어 있지 않다.

> 의료급여는 수급권자의 질병 · 부상 · 출산 등에 대해 '진찰 · 검사, 약제 · 치료재료의 지급, 처치 · 수술과 그 밖의 치료, 예방 · 재활, 입원, 간호, 이송과 그 밖의 의료목적의 달성을 위한 조치' 등을 실시한다.

08 긴급복지지원제도의 금전 또는 현물 등의 직접 지원에는 '**생계지원, 의료지원, 주거지원, 사회복지기관 · 단체로의 연계 지원, 교육지원, 그 밖의 지원**'이 있다.

> '사회복지기관 · 단체로의 연계 지원'은 민간기관 · 단체와의 연계 등의 지원에 해당한다. 금전 또는 현물 등의 직접 지원에는 '생계지원, 의료지원, 주거지원, 사회복지시설 이용지원, 교육지원, 그 밖의 지원'이 있다.

09 근로장려금의 시행은 **보건복지부에서 담당**한다.

> 근로장려금의 시행은 국세청에서 담당한다.

10 의료급여 선정기준은 기준 중위소득의 100분의 50 이상, 교육급여 선정기준은 기준 중위소득의 100분의 30 이상으로 한다.

> 의료급여 선정기준은 기준 중위소득의 100분의 40 이상, 교육급여 선정기준은 기준 중위소득의 100분의 50 이상으로 한다.

빈칸에 들어갈 알맞은 말을 채워보자

`20-06-10`

01 (   )(이)란 국민기초생활보장법에 따른 급여를 받을 수 있는 자격을 가진 사람을 말한다.

02 부양의무자는 수급권자를 부양할 책임이 있는 사람으로서 수급권자의 1촌의 (   )을/를 말한다.

`19-06-16`

03 근로능력이 있는 국민기초생활보장 수급자의 자활을 위한 각종 지원을 제공하는 급여는 (   )이다.

`16-06-18`

04 (   )은/는 통계청이 공표하는 통계자료의 가구 경상소득 중간값에 최근 가구소득 평균 증가율, 가구규모에 따른 소득수준의 차이 등을 반영하여 가구규모별로 산정한다.

05 (   )의 경우 자활에 필요한 사업에 참가할 것을 조건으로 생계급여를 실시한다.

`12-06-20`

06 우리나라의 근로장려세제는 미국의 (   )을/를 모델로 하였다.

07 (   )은/는 근로능력이 있는 저소득층에게 자활할 수 있도록 일자리 제공 및 자활능력 배양을 목적으로 시행하고 있는 보건복지부 주관 사업이다.

08 (   )의 원칙이란 급여수준을 생계·주거·의료·교육 급여액과 수급자의 소득인정액을 포함한 총금액이 최저생계비 이상이 되도록 지원하는 것이다.

09 근로장려금은 가구단위로 소득기준과 (   )을/를 모두 충족하는 경우에 받을 수 있다.

10 교육급여는 (   )의 소관으로 한다.

---

 01 수급권자 **02** 직계혈족 및 그 배우자 **03** 자활급여 **04** 기준 중위소득 **05** 조건부수급자 **06** EITC 제도 **07** 자활사업
08 보충급여 **09** 재산기준 **10** 교육부장관

다음 내용이 옳은지 그른지 판단해보자

18-06-18
01 국민기초생활보장제도의 급여 신청에 있어서 수급권자와 그 친족, 그 밖의 관계인은 관할 시장·군수·구청장에게 수급권자에 대한 급여를 신청할 수 있다.

02 급여 신청자가 다른 법령에 의하여 보호를 받을 수 있는 경우에는 기초생활보장 급여에 우선하여 다른 법령에 의한 보호가 먼저 행해져야 한다.

17-06-07
03 장애인연금은 사회보험에 해당한다.

04 국민기초생활보장 급여는 가구를 단위로 하여 급여를 지급하는 것을 원칙으로 하나 필요하다고 인정되는 경우 개인을 단위로 급여를 행할 수 있다.

16-06-17
05 공공부조는 사회보험에 비해 수평적 재분배의 효과가 크게 나타난다.

16-06-19
06 근로장려세제는 2008년 1월부터 시행되었고, 최초 지급은 2009년 9월부터 시작되었다.

14-06-25
07 희망키움통장(Ⅰ)은 일하는 기초수급자를 위한 자산형성지원사업이다.

08 생계급여 최저보장수준은 생계급여와 소득인정액을 포함하여 생계급여 선정기준 이상이 되도록 하여야 한다.

09 소득인정액은 보장기관이 급여의 결정 및 실시 등에 사용하기 위하여 산출한 개별가구의 소득평가액과 재산의 소득환산액을 합산한 금액을 말한다.

10 공공부조는 인구학적 기준만 충족되면 제공되는 보편적인 성격을 갖는다.

 답 01○ 02○ 03× 04○ 05× 06○ 07○ 08○ 09○ 10×

해설 **03** 장애인연금은 장애로 인하여 생활이 어려운 중증장애인을 대상으로 하는 공공부조제도이다.
05 공공부조는 다른 제도에 비해 상대적으로 수직적 재분배 효과가 크게 나타난다.
10 공공부조는 자산조사 또는 소득조사를 통해 선별하며, 규제적인 성격도 있다.

나눔의집 **사회복지사1급**

강의로 복습하는

기출회독

7영역

사회복지행정론

사회복지교육연구센터 편저

사회복지
전문출판 **나눔의집**

사회복지사1급, 이보다 완벽한 기출문제 분석은 없다!

1회 시험부터 함께해온 도서출판 나눔의집에서는 22회 시험까지의 기출문제를 모두 분석, 그동안 출제된 키워드를 정리하여 키워드별로 복습할 수 있도록 『기출회독』을 마련하였다.

최근 10년간 출제빈도를 중심으로 자주 출제된 키워드는 좀 더 집중력 있게 공부할 수 있도록 '**빈출**' 표시를 하였으며, 자주 출제되지는 않지만 언제든 출제될 가능성이 있는 키워드도 놓치지 않고 공부할 수 있도록 하였다.

10년간 출제되지 않았더라도 향후 출제가능성이 있다고 판단되거나 다른 키워드와 연계하여 봐둘 필요가 있다고 생각되는 경우에는 본 책에 포함하여 소개하였다.

기출문제를 풀어보는 것으로 그치는 것이 아니라 기출문제를 통해 23회 합격이 가능한 학습이 될 것이다.

키워드별 '3단계 복습'으로 효율적으로 공부하자!

『기출회독』은 키워드별 **3단계 복습** 과정을 제시하여 1회독만으로도 3회독의 효과를 누릴 수 있도록 구성하였다.

복습 1 이론요약	복습 2 기출확인	복습 3 정답훈련
핵심내용과 기출문장들을 알차게 확인하며 기본내용에 익숙해진다.	22회 시험까지 출제된 다양한 문제를 통해 기출유형에 익숙해진다.	이유확인, 괄호넣기, OX 등 퀴즈 문제를 풀어보며 정답찾기에 익숙해진다.

알림

- 이 책은 '나눔의집'에서 발간한 2025년 23회 대비 『기본개념』(2024년 4월 15일 펴냄)을 바탕으로 한다.
- 8회 이전 기출문제는 공개되지 않은 관계로 당시 응시생들의 기억을 바탕으로 검수 과정을 거쳐 기출문제를 복원하였다.
- <사회복지법제론>을 비롯해 법·제도의 변화와 관련된 기출문제의 경우 현재의 법·제도 내용이 반영될 수 있도록 수정하였다.
- 이 책에서 발생할 수 있는 오류 및 정정사항은 아임패스 내 '정오표' 게시판을 통해 확인할 수 있도록 게시할 예정이다.

■ 빈출

기출회독 활용맵

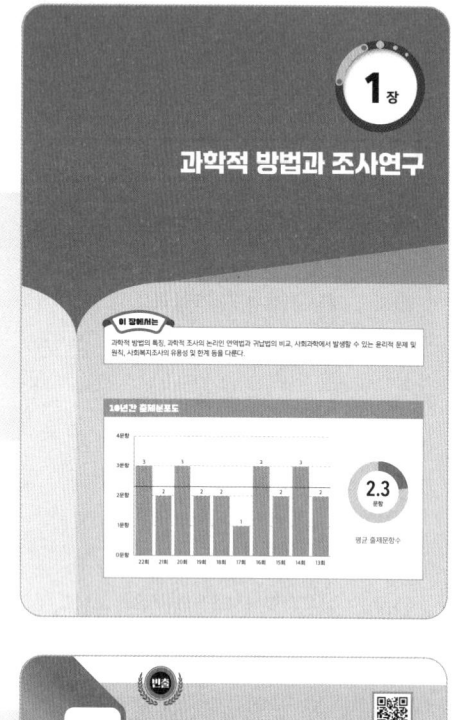

들어가기 전에

이 장에서는
각 장마다 학습할 내용을 간략히 소개하였다.

10년간 출제분포도
이 책에서 키워드에 따라 분석한 기출문제 중 10년간 출제문항 수를 그래프로 구성하여 각 장의 출제비중이 얼마나 되는지, 어떻게 변화하고 있는지 등을 확인할 수 있다.

기출 키워드 확인!

이 책은 기출 키워드에 따라 학습하도록 구성하였다. 특히 자주 출제된 키워드나 앞으로도 출제 가능성이 높은 키워드는 따로 '빈출' 표시를 하여 우선 배치하였다. 빈출 키워드는 전체 출제율과 최근 10개년간의 출제율을 중심으로 하되 내용 자체의 어려움, 다른 과목과의 연계성 등을 고려하여 선정하였다.

강의 QR코드
모바일을 통해 해당 키워드의 동영상 강의를 바로 볼 수 있다.

10년간 출제문항수
각 키워드에서 최근 10년간 출제된 문항수를 안내하여 출제빈도를 확인할 수 있도록 하였다.

복습 1. 이론요약

요약 내용과 기출문장을 함께 담아 이론을 정답으로 연결하도록 구성하였다.

이론요약
주요 내용을 간략히 정리하였으며 부족한 내용을 보충할 수 있도록 기본개념서의 쪽수를 표시하였다.

기출문장 CHECK
그동안 출제되었던 기출문제의 문장들 중 꼭 알아두어야 할 문장들을 선별하여 제시하였다.

복습 2. 기출확인

바로 기출문제를 풀어보며 학습한 이론을 되짚어보도록 구성하였다.

기출문제 풀기
다양한 유형의 문제를 최대한 접해볼 수 있도록 선정하였다.

알짜확인!
해당 키워드에서 살펴봐야 할 내용들, 주의해야 할 사항들을 짚어주었다.

난이도
정답률, 내용의 어려움, 출제빈도, 정답의 혼란 정도 등을 고려하여 3단계로 구분하였다.

응시생들의 선택
5개의 선택지에 대한 마킹률을 표시하여 응시생들이 어떤 선택지들을 헷갈려했는지 등을 참고해볼 수 있도록 하였다.

복습 3. 정답훈련

출제빈도와 난이도 등을 고려하여 정답찾기에 능숙해지도록 구성하였다.

이유확인 문제
제시된 문장에서 잘못된 부분을 확인함으로써 헷갈릴 수 있는 부분들을 짚어준다.

괄호넣기 문제
의외로 정답률이 낮게 나타나는 단답형 문제에 대비할 수 있다.

OX 문제
제시된 문장이 옳은 내용인지, 틀린 내용인지를 빠르게 판단해보는 훈련이다.

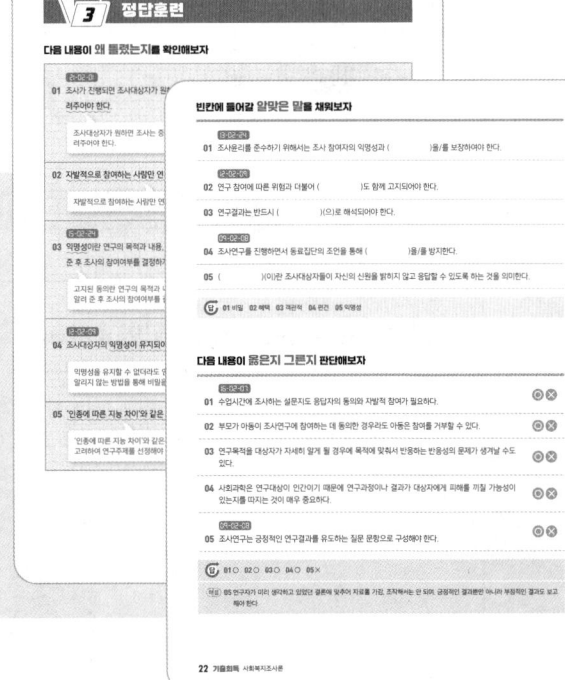

합격을 잡는 학습방법

아임패스와 함께하는 단계별 합격전략

나눔의집의 모든 교재는 강의가 함께한다. 혼자 공부하느리 미리 씨메지 말고, 아임패스를 통해 제공되는 강의와 함께 기본개념을 이해하고 암기하고 문제풀이 요령을 습득해보자. 또한 아임패스를 통해 선배 합격자들의 합격수기, 학습자료, 과목별 질문 등을 제공하고 있으니 23회 합격을 위해 충분히 활용해보자.

기본개념 학습 과정

1단계

강의로 쌓는 기본개념

어떤 유형의, 어떤 난이도의 문제가 출제되더라도 답을 찾기 위해서는 기본적인 개념이 탄탄하게 잡혀있어야 한다. 기본개념서를 통해 2급 취득 후 잊어버리고 있던 개념들을 되살리고, 몰랐던 개념들과 애매했던 개념들을 정확하게 잡아보자. 한 번 봐서는 다 알 수 없고 다 기억할 수도 없지만 이제 1단계, 즉 이제 시작이다. '이렇게 공부해서 될까?'라는 의심 말고 '시작이 반이다'라는 마음으로 자신을 다독여보자.

기본개념 완성을 위한 학습자료

기본개념 강의, 기본쌓기 문제, ○Ⅹ 퀴즈, 기출문제, 정오표, 묻고답하기, 지식창고, 보충자료 등을 아임패스를 통해 만나실 수 있습니다.

실전대비 과정

4단계

강의로 완성하는 FINAL 모의고사 (3회분)

그동안의 학습을 마무리하면서 합격에 대한 확신을 가져보자. 답안카드를 포함하고 있으므로 시험시간에 맞춰 풀어보기 바란다.

강의로 잡는 회차별 기출문제집

학습자가 자체적으로 모의고사처럼 시험시간에 맞춰 풀어볼 것을 추천한다.

※ 이 내용은 합격수기 게시판에 올라온 선배 합격자들의 학습방법을 바탕으로 재구성한 것입니다.

기출문제 번호 보는 법

22-01-25
기출회차 – 영역 – 문제번호

'기출회차-영역-문제번호'의 순으로 기출문제의 번호 표기를 제시하여
어느 책에서든 쉽게 해당 문제를 찾아볼 수 있도록 하였다.

기출문제 풀이 과정

2단계

강의로 복습하는 기출회독

한 번을 복습하더라도 제대로 된 복습이 되어야
한다는 고민으로 만들어진 책이다. 기출 키워드
마다 다음 3단계 과정으로 학습해나간다. 기출회
독의 반복훈련을 통해 내 것이 아닌 것 같던 개념
들이 내 것이 되어감을 느낄 수 있을 것이다.
1. 기출분석을 통한 이론요약
2. 다양한 유형의 기출문제
3. 정답을 찾아내는 훈련 퀴즈

강의로 잡는 장별 기출문제집

기본개념서의 목차에 따라 편집하여 해
당 장의 기출문제를 바로 풀어볼 수 있다.

요약정리 과정

예상문제 풀이 과정

3단계

강의로 끝내는 핵심요약집

8영역을 공부하다 보면 먼저 공부했던 영역
은 잊어버리기 일쑤인데, 요약노트를 정리해
두면 어디서 어떤 내용을 공부했는지를 쉽게
찾아볼 수 있다.

강의로 풀이하는 합격예상문제집

내 것이 된 기본개념들로 문제의 답을 찾아
보는 시간이다. 합격을 위한 필수문제부터
응용문제까지 다양한 문제를 수록하여 정답
을 찾는 응용력을 키울 수 있다.

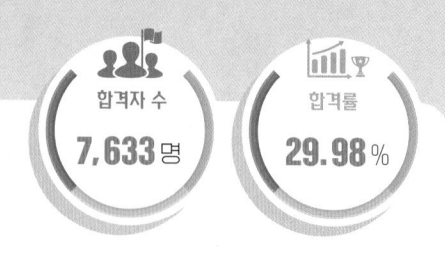

합격자 수
7,633 명

합격률
29.98 %

22회 시험 결과

22회 필기시험의 합격률은 지난 21회 40.70%보다 10%가량 떨어진 29.98%로 나타났다. 많은 수험생들이 3교시 과목을 어려워하는데, 이번 22회 시험의 3교시는 순간적으로 답을 찾기에 곤란할 만한 문제들이 더러 포진되어 있었고 그 결과가 합격률에 고르란히 나타난 듯하다. 이번 시험에서 정답논란이 있었던 사회복지정책론 19번 문제는 최종적으로 '전항 정답' 처리되었다.

22회 기출 분석 및 23회 합격 대책

22회 기출 분석

직무수행평가의 순서를 나열하는 문제, 섬김 리더십의 특징을 살펴보는 문제 등이 단독으로 출제된 것은 처음이었다. 시험 초창기에 출제된 적 있던 위원회 구조에 관한 문제가 아주 오랜만에 등장한 것도 특징적이다. 전체적으로는 답을 찾기에 곤란하다 할만한 문제는 없어 득점에는 수월했을 것이다.

23회 합격 대책

사회복지행정론은 경영학, 행정학, 회계학, 마케팅학 등에서의 다양한 이론을 가져오기 때문에 언제든 새로운 문제가 등장할 수 있다. 이로 인해 만점을 받기는 어렵지만, 문제 자체가 아주 어려운 수준으로 출제되는 것은 아니기 때문에 22~23점까지 노리고 준비할 수 있는 영역이다. 최근에 출제되기 시작한 사회복지조직의 혁신(13장)까지 꼼꼼하게 살펴보면서 3교시 과락 방지를 위한 전략 영역으로 만들기 바란다.

22회 출제 문항수 및 키워드

장	22회	키워드
1	1	사회복지조직의 특성
2	2	한국사회복지행정의 역사, 우리나라 공공 전달체계의 변화
3	4	인간관계이론의 특징, 과학적 관리론의 특징, 서브퀄 구성요소, 조직이론 종합 문제
4	2	조직의 구조적 요소, 위원회 구조
5	2	전달체계 구축의 원칙, 과활용 개념 확인
6	2	기획 기법 중 PERT, 의사결정 기법 중 명목집단기법
7	2	섬김 리더십, 조직문화
8	4	동기위생이론, 인적자원관리의 요소, 인적자원개발 방법, 직무수행평가 순서 나열
9	2	재정관리 종합, 예산통제의 원칙
10	1	프로그램 평가의 목적
11	0	–
12	2	마케팅 과정, 마케팅 기법
13	1	사회복지조직 혁신

1장

사회복지행정의 개념과 특성

이 장에서는

사회복지행정은 정책을 서비스로 전환하는 과정임을 이해하고, 사회복지행정이 갖는 가치판단적, 도덕적 가치지향, 전문가에 대한 의존성, 목표의 모호성, 성과의 무형성, 기술의 불확실성 등의 특징을 파악해야 한다. 더불어 사회복지행정의 과정(POSDCoRBE)을 통해 사회복지행정의 범위와 기능을 살펴본다.

10년간 출제분포도

평균 출제문항수

1.5 문항

회차	문항 수
22회	1
21회	3
20회	1
19회	1
18회	2
17회	1
16회	2
15회	1
14회	2
13회	1

189 사회복지행정의 특성

강의 QR코드

최근 10년간 **12문항** 출제 ★★★

1회독 월 일 → 2회독 월 일 → 3회독 월 일

복습 1 이론요약

사회복지행정의 정의

- 사회복지조직을 중심으로 **정책이 서비스로 전환**되는 과정
- 사회복지조직의 **목표를 달성**하기 위해서 **인적, 물적 자원을 관리**하는 과정
- 관리자를 포함한 모든 조직구성원의 역동적인 협력활동
- 조직을 변화시키고 발전시키는 사회복지실천의 개입방법

기본개념

기본개념

사회복지행정론
pp.20~

일반행정과 사회복지행정의 공통점

- 대안의 모색, 실행, 평가가 이루어지는 문제해결 과정
- 상호관련된 부분들이 모여진 체계로 구성됨
- 인적, 물적 자원을 동원하고 조직화함
- 공공의지(public will)의 실현과 관련됨
- 조력 과정이 요구됨
- 조직부서 간의 업무조정 및 직무평가가 이루어짐
- 관리자에 의해 기획, 의사결정, 평가 등의 과정이 이루어짐

휴먼서비스 조직의 특성(Hasenfeld)

- 휴먼서비스 조직의 **원료는 인간**이다.
- 휴먼서비스 조직의 **목표는 불확실**하며 애매모호하다.
- 휴먼서비스 조직이 활용하는 **기술은 불확실**하다.
- 휴먼서비스 조직의 핵심 활동은 **직원과 클라이언트의 관계**이다.
- 휴먼서비스 조직은 **직원의 전문성에 대한 의존도가 크다.**
- 휴먼서비스 조직의 **효과성을 측정할 척도가 부족**하다.

사회복지조직의 특수성

- **도덕적 가치 지향** → 사회복지행정은 **가치지향적, 가치판단적!** (가치중립적 아님)
- 사회복지사와 클라이언트의 사이의 상호작용
- **사회적 책임성**

- 기술의 불확실성 및 전문가의 중요성
- 목표의 모호성
- **성과의 무형성**
- 효과성, 효율성 척도의 부재
  - 효과성: 클라이언트에게 제공된 서비스가 욕구를 충족시키고 목표를 달성할 수 있어야 함
  - 효율성: 최소한의 자원으로 최대의 효과를 산출할 수 있어야 함

기출문장 CHECK

01 (22-07-01) 사회복지조직은 사회복지사의 전문성과 자율성을 인정한다.

02 (22-07-01) 사회복지조직은 클라이언트와 사회복지사의 관계에 따라 서비스의 효과성이 좌우된다.

03 (22-07-01) 사회복지조직은 다양한 상황에서 윤리적 딜레마와 가치 선택에 직면한다.

04 (22-07-01) 사회복지조직은 조직의 목표가 명확하거나 구체적이기 어렵다.

05 (21-07-03) 사회복지행정은 서비스 성과를 평가하기 어렵다는 특징이 있다.

06 (21-07-07) 휴먼서비스 조직은 인간을 원료로 한다.

07 (21-07-07) 휴먼서비스 조직은 클라이언트와의 직접적 관계 속에서 활동한다.

08 (21-07-07) 휴먼서비스 조직은 조직의 목표가 불확실하며 모호해지기 쉽다.

09 (21-07-07) 휴먼서비스 조직은 조직의 업무과정에서 주로 전문가에 의존한다.

10 (19-07-01) 사회복지행정에서 효과성은 조직의 목표달성 정도를 파악하는 것이다.

11 (18-07-02) 사회복지행정은 사회복지정책을 개별적이고 구체적인 서비스로 전환시키는 과정이다.

12 (18-07-02) 사회복지행정은 관리자가 조직목표를 달성하기 위해서 수행하는 과정, 기능 그리고 활동이다.

13 (18-07-02) 사회복지행정은 사회복지 과업수행을 위해서 인적·물적 자원을 체계적으로 결합·운영하는 합리적인 행동이다.

14 (18-07-02) 사회복지행정은 사회복지제도와 정책을 서비스 급여, 프로그램으로 전환시키기 위한 전달체계이다.

15 (18-07-06) 사회복지행정은 조직들 간의 통합과 연계를 중시한다.

16 (18-07-06) 사회복지행정은 지역사회 욕구를 충족시키기 위한 조직관리 기술을 필요로 한다.

17 (18-07-06) 사회복지행정은 모든 구성원들이 조직운영 과정에 참여하여 일정 부분 영향을 미친다.

18 (18-07-06) 사회복지조직의 관리자는 조직의 운영을 지역사회와 연관시킬 책임이 있다.

19 (17-07-01) 사회복지조직에서는 성과를 객관적으로 증명하기가 쉽지 않다.

20 (16-07-05) 사회복지행정은 인적·물적자원을 활용하여 조직 목적과 목표를 달성한다.

21 (16-07-05) 사회복지행정은 지역사회의 욕구를 충족시키기 위한 활동이다.

22 (16-07-05) 사회복지조직이 제공하는 서비스는 전문적인 성격을 가지고 있다.

23 (16-07-05) 사회복지행정가는 조직운영에서 지역사회 협력의 중요성을 인식해야 한다.

24 (14-07-05) 사회복지행정을 통해 조직운영에서 책임성을 향상시킨다.

25 (14-07-05) 사회복지행정을 통해 서비스의 효과성을 높이고 일관성을 확보하며, 조직운영의 실패원인을 확인하여 실패를 줄일 수 있다.

26 (14-07-08) 사회복지조직은 도덕적 정당성에 민감하다.

27 (13-07-08) 사회복지행정의 특징: 환경에의 의존성, 대립적 가치의 상존성, 조직 간 연계의 중요성, 인본주의적 가치지향성

28 (12-07-21) 사회복지행정은 클라이언트의 욕구충족을 기본으로 하며, 인간의 가치와 관계성을 기반으로 한다.

29 (12-07-21) 사회복지행정은 일반행정과 달리 전문인력인 사회복지사에 대한 의존도가 높다.

30 (12-07-21) 사회복지행정은 일반행정과 달리 자원의 외부의존도가 높다.

31 (11-07-22) 사회복지행정은 대립적인 가치로 인한 갈등을 조정해야 한다.

32 (11-07-22) 사회복지행정은 조직 간 상호연계망을 구축해야 한다.

33 (11-07-22) 사회복지행정은 서비스 이용자와 제공자 간 공동생산(co-production)의 가치를 높여야 한다.

34 (10-07-01) 일선 사회복지사는 클라이언트에게 재량권을 행사할 수 있다.

35 (09-07-01) 사회복지행정과 일반행정의 공통점: 목표를 설정하고 목표달성을 위해서 인적·물적 자원을 동원한다. 관리자에 의해 수행되는 기획 및 의사결정과 평가과정을 거친다. 대안을 모색하고 실행하고 평가하는 문제해결과정이다. 조직부서간 업무의 조정이 요구되고 직무평가가 이루어진다.

36 (09-07-07) 사회복지행정은 사회의 가치 변화에 민감하게 반응하며, 인간의 문제를 전체적으로 접근하고 통합성을 추구한다.

37 (09-07-07) 사회복지행정은 목표를 구체화하기 어렵고 측정하기가 쉽지 않다.

38 (07-07-16) 사회복지행정은 일반행정과 달리 전문가에 대한 의존도가 높으며, 인간에 대한 가치와 도덕성을 강조한다.

39 (06-07-01) 사회복지행정은 인간을 원료로 하기 때문에 도덕적 가치에 민감하며, 조직 구성원과 클라이언트의 상호작용이 중요하다.

40 (05-07-02) 사회복지행정은 사회복지정책을 서비스로 전환시키는 과정이며, 사회복지실천의 한 방법이다.

41 (02-07-01) 사회복지행정은 지역사회와 밀접한 관계를 맺으며 인간을 원료로 한다.

대표기출 확인하기

22-07-01   난이도 ★★☆

사회복지조직의 특성에 관한 설명으로 옳지 않은 것은?

① 사회복지사의 전문성과 자율성을 인정한다.
② 클라이언트와 사회복지사의 관계에 따라 서비스의 효과성이 좌우된다.
③ 서비스의 효과성을 객관적으로 입증하기가 용이하다.
④ 다양한 상황에서 윤리적 딜레마와 가치 선택에 직면한다.
⑤ 조직의 목표가 명확하거나 구체적이기 어렵다.

알짜확인

• 사회복지행정은 사람을 대상으로 하는 휴먼 서비스라는 점, 성과에 대한 기준이 명확하지 않을 수 있다는 점, 전문가에 따라 성과가 달라질 수 있다는 점, 이윤추구를 목적으로 하지 않는다는 점, 가치지향적·가치판단적 활동이라는 점 등이 자주 다뤄졌다.
• 공공의지(public will)의 실현이라는 일반행정과의 공통점도 기억해두자.

답 ③

응시생들의 선택

① 1%	② 2%	③ 77%	④ 0%	⑤ 20%

③ 사회복지서비스의 효과는 클라이언트의 변화, 문제해결, 욕구충족 등에 따라 판단할 수 있는데 그 효과가 항상 즉각적으로 나타나는 것도 아니며 클라이언트가 느끼는 기준도 다르기 때문에 효과성을 객관적으로 입증하기가 모호한 측면이 있다.

관련기출 더 보기

21-07-03   난이도 ★★☆

사회복지행정의 특징에 관한 설명으로 옳은 것은?

① 서비스 성과를 평가하기 어렵다.
② 사회복지행정가는 가치중립적이어야 한다.
③ 서비스 효율성은 고려하지 않는다.
④ 재정관리는 사회복지행정에 포함되지 않는다.
⑤ 직무환경에 관계없이 획일적으로 운영된다.

답 ①

응시생들의 선택

① 57%	② 38%	③ 3%	④ 1%	⑤ 1%

② 사회복지행정가는 인간적 가치와 도덕적 정당성을 바탕으로 기관의 목적을 고려하여 어떤 클라이언트에게 어떤 서비스를 제공할지를 판단해야 하기 때문에 가치중립적일 수 없다. 사회복지행정은 가치판단적, 가치지향적 특징을 갖는다.
③ 자원은 한정되어 있기 때문에 사회복지조직도 서비스의 효율성을 주요 가치로 고려한다.
④ 예산, 결산, 회계 등의 재정관리는 사회복지행정에 포함된다.
⑤ 직무환경은 업무장소의 특징, 사용하는 도구, 근무시간, 직원복지, 분위기 등을 모두 포함한다. 조직이 추구하는 가치 및 사업의 성격에 따라 다르게 운영된다.

덧붙임

• 사회복지행정이 가치판단적 활동이라는 점은 자주 출제된 내용이다. 가치추구적, 가치지향적 등의 표현으로도 출제된 바 있는데 모두 같은 의미로 이해해도 된다.
• 전문가의 판단과 능력에 따라 클라이언트에 대한 문제규정과 개입범위, 자원확보 등이 달라질 수 있다. 이로 인해 사회복지행정은 전문가에 대한 의존도가 높다는 점도 중요하다.

난이도 ★★★

하센펠트(Y. Hasenfeld)가 제시한 휴먼서비스 조직의 특성으로 옳지 않은 것은?

① 인간을 원료(raw material)로 한다.
② 클라이언트와의 직접적 관계 속에서 활동한다.
③ 조직의 목표가 불확실하며 모호해지기 쉽다.
④ 조직의 업무과정에서 수로 선문가에 의존한다.
⑤ 목표 달성을 위해 명확한 지식과 기술을 사용한다.

답 ⑤

✔ 응시생들의 선택

① 2%	② 3%	③ 27%	④ 46%	⑤ 22%

⑤ 사회복지조직은 클라이언트의 문제해결 및 욕구충족과 관계된 목표 달성을 위해 다양한 지식과 기술을 활용하게 된다. 그런데 지식과 기술은 근본적으로 완전할 수 없고, 클라이언트마다 가치와 성향을 반영하여 적용되어야 하며, 클라이언트에게 적용된 지식과 기술의 적합성과 효과성을 예측하여 확신하기도 어렵다.

난이도 ★☆☆

사회복지조직의 특징으로 옳은 것은?

① 도덕적 정당성에 민감하다.
② 이해관계 집단의 구성이 단순하다.
③ 성과에 대한 평가가 용이하다.
④ 일선전문가의 재량을 인정하지 않는다.
⑤ 주된 기술이 단순하고 확실히다.

답 ①

✔ 응시생들의 선택

① 84%	② 2%	③ 11%	④ 2%	⑤ 1%

② 사회복지조직은 클라이언트 집단 및 그 가족, 이사회, 위원회, 후원자, 자원봉사자 등 이해관계 집단의 구성이 복잡하다.
③ 성과를 파악할 기준이 명확하지 않은 경우가 많아 성과를 평가하는 것도 쉽지 않다.
④ 서비스를 제공하는 일선전문가에 따라 서비스의 내용이 달라질 수 있다는 점에서 전문가의 역할에 대한 의존도가 높다.
⑤ 대상자에 따라 서비스가 달라질 수밖에 없기 때문에 기술이 고정적이거나 확정적이지 않고 복잡하게 나타난다.

난이도 ★★☆

사회복지행정의 특성으로 옳지 않은 것은?

① 인적·물적자원을 활용하여 조직 목적과 목표를 달성한다.
② 지역사회의 욕구를 충족시키기 위한 활동이다.
③ 사회복지행정가는 대안선택 시 가치중립적이어야 한다.
④ 사회복지조직이 제공하는 서비스는 전문적인 성격을 가지고 있다.
⑤ 사회복지행정가는 조직운영에서 지역사회 협력의 중요성을 인식해야 한다.

답 ③

✔ 응시생들의 선택

① 7%	② 15%	③ 73%	④ 3%	⑤ 2%

③ 조직을 둘러싼 환경적·기술적 조건과 조직이 추구하는 가치와 목표, 문제의 우선순위 등을 토대로 어떤 서비스를 만들 것인지, 또 어떤 사람에게 어떤 서비스를 제공할 것인지 등과 관련하여 가치판단적 결정을 내리게 된다.

난이도 ★☆☆

일반행정과 비교하여 사회복지행정의 특징이 아닌 것은?

① 클라이언트의 욕구충족을 기본으로 한다.
② 인간의 가치와 관계성을 기반으로 한다.
③ 자원의 외부의존도가 높다.
④ 전문인력인 사회복지사에 대한 의존도가 높다.
⑤ 실천표준기술의 확립으로 효과성 측정이 용이하다.

답 ⑤

✔ 응시생들의 선택

① 1%	② 2%	③ 7%	④ 3%	⑤ 87%

⑤ 사회복지조직에서 사용하게 되는 기술은 사회복지학의 범위를 넘어서게 되며, 클라이언트마다 다른 욕구와 문제를 겪고 있기 때문에 실천을 위한 기술을 표준화하기가 어렵다. 그렇기 때문에 서비스의 기술이나 정도는 서비스를 제공하는 사회복지사의 전문성에 따라 달라질 수밖에 없다.

사회복지에서 행정지식이 중요하게 된 이유가 아닌 것은?

① 사회문제 해결을 위한 일차집단(primary association)의 역할이 커졌다.
② 사회복지실천에서 조직적 과정의 중요성이 커졌다.
③ 사회복지조직이 세분화되면서 조직 간 통합과 조정의 필요성이 커졌다.
④ 사회복지조직에 대한 외부의 책임성 이행요구가 증가하였다.
⑤ 한정된 사회복지자원에 대한 효과적 관리의 필요성이 커졌다.

답 ①

✅ 응시생들의 선택

① 71%	② 5%	③ 2%	④ 19%	⑤ 3%

① 일차집단만으로는 사회문제 해결이 용이하지 않으므로 이차집단의 역할이 커졌다.

➕ 덧붙임

일차집단(원초집단)은 혈연과 지연이 바탕이 된 가정, 또래집단과 같이 자연적으로 형성된 집단을 말한다. 이차집단은 인위적으로 만들어진 집단을 말한다.

사회복지행정에 관한 설명으로 옳지 않은 것은?

① 사회사업적 지식, 기술, 가치 등을 의도적으로 적용한다.
② 사회복지정책과 사회복지실천보다 상위의 개념이다.
③ 사회복지정책을 서비스로 전환시키는 과정이다.
④ 목표달성을 위한 내부적 조정과 협력과정이다.
⑤ 클라이언트와 조직에 대한 변화를 초래한다.

답 ②

✅ 응시생들의 선택

① 5%	② 79%	③ 6%	④ 5%	⑤ 6%

② 사회복지행정이란, 사회복지조직이 정해진 목표를 달성하기 위해 정책 목표들을 실천적인 서비스로 전환시키는 것으로, 상위의 개념이라기보다는 사회복지정책과 서비스를 연결시키는 매개 역할을 하는 것으로 이해하는 것이 더 적절하다.

다음 내용이 왜 틀렸는지를 확인해보자

||-07-22

01 사회복지행정은 <u>가치중립적 행정기술을 적용</u>해야 한다.

> 사회복지조직의 원료는 인간이기 때문에 도덕적 가치판단이 요구되며, 이로 인해 사회복지행정은 가치중립적이 아니라 가치지향적 특징을 갖는다.

---

02 사회복지행정은 동일한 문제에 대해 **동일한 서비스를 제공함으로써 일률적인 성과를 내는 데에 초점**을 둔다.

> 동일한 문제라 하더라도 그 문제를 둘러싼 요소들은 다르게 나타날 수 있으며, 그 문제를 받아들이는 클라이언트의 사고나 감정 역시 다를 수 있다. 따라서 동일한 문제라 하더라도 다른 서비스가 제공될 수 있다. 동일한 서비스를 제공했다 하더라도 효과나 만족감은 다를 수 있기 때문에 일률적인 성과를 만들어내는 것이 어렵다.

06-07-01

03 사회복지행정은 <u>측정 도구가 잘 개발되어 있어 성과 측정이 용이</u>하다.

> 사회복지서비스에 대한 성과는 클라이언트가 느끼는 만족도의 영향을 받기 때문에 객관적이고 과학적인 측정이 모호한 경우가 많다.

09-07-01

04 일선 직원과 클라이언트와의 관계가 조직 효과성을 좌우한다는 점은 <u>사회복지행정과 일반행정의 공통점</u>이다.

> 일선 직원과 클라이언트와의 관계가 조직 효과성을 좌우한다는 것은 사회복지행정에서만 나타나는 특징이다.

---

05 사회복지조직은 목표를 설정함에 있어 <u>여러 이해관계의 영향력을 배제</u>해야 한다.

> 사회복지조직은 정부의 정책 방향, 지역사회의 특성 및 지역주민의 성향, 후원자, 서비스 이용자 및 가족, 타 기관 및 전문가 등 여러 환경체계와 이해관계의 영향을 받게 되며 이를 배제할 수는 없다.

07-07-16

06 사회복지행정은 <u>실천기술이 표준화</u>되어 있다.

> 사회복지행정은 클라이언트, 즉 인간을 대상으로 하기 때문에 실천기술을 표준화하기 어렵다.

07 사회복지조직은 법률과 규칙에 의해 운영되므로 <u>전문성은 중요하지 않다</u>.

사회복지서비스는 무형적이며 클라이언트마다 문제나 욕구가 다르기 때문에 사회복지사의 전문성에 따라 제공되는 서비스 및 성과가 달라진다. 이로 인해 사회복지조직에서는 실무자의 재량이 크고 실무자에 대한 의존도가 높다.

08 사회복지행정은 인간을 대상으로 하는 **직접적인** 사회복지실천방법이다.

사회복지행정은 간접적인 사회복지실천방법이다.

09 사회복지조직은 **외부환경에 대한 의존성이 낮다**.

사회복지조직은 사회적, 경제적 변화와 같은 외부환경에 대한 의존성이 높다.

10 서비스 대상으로서 **인간을 가치중립적 존재로 가정**한다.

가치중립적이란 말은 어떤 특정 가치관에 치우치지 않는다는 것인데, 사회복지행정의 대상은 도덕적 가치를 갖는 인간이기 때문에 인간을 가치중립적 존재로 가정한다는 설명은 적절하지 않다.

11 사회복지행정은 **정형화된 문제에만 접근**한다.

클라이언트마다 겪는 문제나 욕구는 다 다르기 때문에 그 문제를 정형화하거나 유형화하기 어려우며, 개별화된 접근이 필요하다.

12 사회복지행정은 **일반행정과 달리** 공공의지(public will)를 실현하는 데에 관심을 둔다.

공공의지의 실현은 사회복지행정과 일반행정의 공통적인 특징이다. 공공의지에 대한 개념적 정의가 명확하진 않지만 공공의 이익 정도로 생각하면 된다.

다음 내용이 옳은지 그른지 판단해보자

18-07-06

01 사회복지행정에서는 조직들 간의 통합과 연계를 중요시한다.　　　　　　　　　　　◎ ✕

10-07-06

02 사회복지행정은 사회복지정책 및 사회복지실천보다 상위의 개념이다.　　　　　　　　◎ ✕

17-07-01

03 사회복지조직에서는 조직성과의 객관적 증명이 쉽지 않다.　　　　　　　　　　　　　◎ ✕

17-07-01

04 사회복지조직을 기업조직과 비교할 때 대표적인 차별성은 효율성을 중요하게 여긴다는 점이다.　◎ ✕

05 사회복지행정에서는 모든 구성원들이 조직운영 과정에 참여하는 민주적인 운영이 강조되고 있다.　◎ ✕

18-07-02

06 사회복지행정은 사회복지제도와 정책을 서비스 급여, 프로그램으로 전환시키기 위한 전달체계이다.　◎ ✕

07 사회복지조직에서는 일률적인 성과를 내기 위해 동일 문제에는 동일 서비스를 제공하는 것을 원칙으로 한다.　◎ ✕

답 　**01**○　**02**✕　**03**○　**04**✕　**05**○　**06**○　**07**✕

해설　**02** 사회복지행정은 사회복지정책을 사회복지실천으로 전환시키는 과정이다. 상위-하위의 관계에 있는 것은 아니다.
　　　04 효율성은 사회복지조직, 일반 기업조직 등에서 모두 강조되는 요소이다.
　　　07 사회복지서비스는 문제를 둘러싼 상황, 사업의 성격 등 다양한 요소가 고려되어야 하기 때문에 동일 문제에 동일 서비스를 제공한다는 것을 원칙으로 삼을 수 없다.

사회복지행정의 과정 및 기능

강의 QR코드

최근 10년간 **3문항** 출제

복습 1 이론요약

사회복지행정의 과정(POSDCoRBE)

사회복지행정의 기본 과정은 일반적으로 '기획(P) → 조직(O) → 인사(S) → 지시(D) → 조정(Co) → 보고(R) → 재정(B) → 평가(E)'로 정리할 수 있다.

- 기획(Planning): 목표의 설정과 목표를 달성하기 위한 과업 및 활동, 과업을 수행하기 위해 사용되는 방법을 결정하는 단계이다.
- 조직(Organizing): <u>조직구조를 설정</u>하는 과정으로, 과업이 할당·조정된다.
- 인사(Staffing): 직원의 채용과 해고, 직원의 훈련, 우호적인 근무조건의 유지 등이 포함되는 활동이다.
- 지시(Directing): 기관의 효과적인 목표달성을 위한 행정책임자의 관리·감독의 과정이다.
- 조정(Coordinating): <u>구성원 간의 의사소통</u>과 관련된 기능이다.
- 보고(Reporting): 사회복지행정가가 직원, 이사회, 지역사회, 행정기관, 후원자 등에게 조직에서 일어나는 상황을 알려주는 과정이다.
- 재정(Budgeting): 조직의 회계와 관련된 과정이다.
- 평가(Evaluating): 서비스의 적절성, 효과성, 효율성 등을 확인하는 기능이다.

기본개념
사회복지행정론
pp.25~

기출문장 CHECK

01 (21-07-02) 기획(Planning): 조직의 목적과 목표달성 방법을 설정하는 활동

02 (21-07-02) 평가(Evaluating): 설정된 목표에 따라 성과를 평가하는 활동

03 (21-07-02) 인사(Staffing): 직원 채용, 해고, 교육, 훈련 등의 활동

04 (16-07-02) 조직화 기능: 조직의 공식구조를 통해 업무를 규정한다. 조직목표와 과업 변화에 부응하여 조직구조를 확립한다.

05 (07-07-28) 조정 기능: 직원들 간에 효과적인 의사소통이 일어날 수 있도록 연결망을 만들어 활용한다.

06 (06-07-28) 사회복지행정 과정에서 조정 기능은 사회복지기관의 활동에 있어서 구성원들을 상호 연결시키는 기능이다.

대표기출 확인하기

사회복지행정의 기능에 관한 설명으로 옳은 것을 모두 고른 것은?

> ㄱ. 기획(planning): 조직의 목적과 목표달성 방법을 설정하는 활동
> ㄴ. 조직화(organizing): 조직의 활동을 이사회와 행정기관 등에 보고하는 활동
> ㄷ. 평가(evaluating): 설정된 목표에 따라 성과를 평가하는 활동
> ㄹ. 인사(staffing): 직원 채용, 해고, 교육, 훈련 등의 활동

① ㄱ, ㄴ　　　　　　② ㄱ, ㄷ
③ ㄱ, ㄷ, ㄹ　　　　④ ㄴ, ㄷ, ㄹ
⑤ ㄱ, ㄴ, ㄷ, ㄹ

알짜확인

• 사회복지행정의 기능을 각 과정에 따라 이해해본다.

답 ③

응시생들의 선택

① 1%	② 5%	③ 80%	④ 2%	⑤ 12%

ㄴ. 조직의 활동을 이사회와 행정기관 등에 보고하는 활동은 보고 기능에 해당한다. 조직화는 조직의 구조를 설정하는 활동이다.

관련기출 더 보기

사회복지행정의 실행 과정을 순서대로 나열한 것은?

> ㄱ. 과업 평가　　　　ㄴ. 과업 촉진
> ㄷ. 과업 조직화　　　ㄹ. 과업 기획
> ㅁ. 환류

① ㄱ - ㄷ - ㄹ - ㅁ - ㄴ
② ㄷ - ㄱ - ㄹ - ㄴ - ㅁ
③ ㄷ - ㄹ - ㅁ - ㄴ - ㄱ
④ ㄹ - ㄴ - ㄷ - ㄱ - ㅁ
⑤ ㄹ - ㄷ - ㄴ - ㄱ - ㅁ

답 ⑤

응시생들의 선택

① 0%	② 2%	③ 8%	④ 8%	⑤ 82%

ㄹ. 기획을 통해 달성할 목표를 설정하고 이를 위한 활동 내용을 결정한다. → ㄷ. 구체적으로 정해진 활동들을 수행할 인력을 조직하여 역할과 책임을 부여한다. → ㄴ. 활동이 원활히 수행될 수 있도록 촉진한다. → ㄱ. 수행 결과를 평가한다. → ㅁ. 평가결과를 구성원들에게 공유하며 향후 문제점이 보완될 수 있도록 한다.

다음 설명에 해당하는 사회복지행정 기능은?

- 조직의 공식구조를 통해 업무를 규정한다.
- 조직목표와 과업 변화에 부응하여 조직구조를 확립한다.

① 조정(coordinating)
② 인사(staffing)
③ 지휘(directing)
④ 조직화(organizing)
⑤ 기획(planning)

답 ④

응시생들의 선택

① 12%	② 8%	③ 1%	④ 72%	⑤ 7%

- 조직화 과정은 조직의 전반적인 구조를 설정하고 업무의 배분이 이루어지는 단계이다.
- 조직화를 통해 부서가 나누어지게 되는데, 각 부서에서 이루어지는 일은 독립적인 경우도 있지만 타 부서와의 협업이나 합의가 필요한 경우도 많다. 이 경우 각 부서의 의견을 취합하고 의사결정이 이루어질 수 있도록 의사소통의 창구를 마련하는 것이 조정 기능이다.

덧붙임

조직, 인사, 조정의 차이를 물어보는 수험생들이 많았는데, 조직은 조직의 구조를 만들어가는 과정으로 부서를 어떻게 나눌 것인지, 어느 부서에서 어떤 업무를 담당할 것인지를 정하게 된다. 인사 과정은 직원의 채용 및 교육, 훈련 등에 관한 과정이다. 조정은 각 부서 간의 유기적인 연결을 위한 의사소통의 망을 구축하는 것과 관련된다.

다음 내용이 옳은지 그른지 판단해보자

01 사회복지행정의 기본적인 과정은 일반적으로 '기획 → 조직 → 인사 → 지시 → 조정 → 보고 → 재정 → 평가'로 정리할 수 있다. ⊙⊗

07-07-28
02 사회복지행정의 기능 중 조직화 기능은 조직 활동에서 구성원들을 연결하기 위해 의사소통의 망을 구성하는 기능으로, 대표적으로 위원회 조직을 꼽을 수 있다. ⊙⊗

03 사회복지행정의 과정 중 지시 단계에서는 이사회 및 후원자에게 조직의 활동 및 상황에 대한 보고가 이루어진다. ⊙⊗

04 재정 과정에서는 조직 재정활동의 투명성을 확보하고, 중장기 계획에 대비할 수 있도록 해야 한다. ⊙⊗

05 조직의 구조를 설정하기에 앞서 필요한 직원을 임용해야 한다. ⊙⊗

답 **01**○ **02**× **03**× **04**○ **05**×

해설 **02** 의사소통 망의 구성은 조정 기능에 해당한다.
03 이사회 및 후원자에게 조직의 활동 및 상황에 대한 보고를 진행하는 것은 보고 단계에 해당한다.
05 어떤 부서에서 어떤 업무를 수행할지를 고려하여 조직의 구조를 설정하는 것은 조직화 과정이며, 직원을 임용하는 것은 인사 과정이다. 조직화 이후에 인사 과정이 진행된다.

2장

사회복지행정의 역사

이 장에서는

사회복지전문요원 및 사회복지전담공무원, 사회복지사 1급 시험 시행, 지역사회보장계획, 희망복지지원단, 사회보장정보시스템 등 우리나라 사회복지행정의 변화를 살펴본다. 이와 함께 미국 사회복지행정의 발달 흐름에 대해서도 학습한다.

10년간 출제분포도

4문항

3문항

2문항

1문항

0문항

22회	21회	20회	19회	18회	17회	16회	15회	14회	13회
2	3	2	1	2	0	1	3	1	2

1.7
문항

평균 출제문항수

191 한국 사회복지행정의 역사

강의 QR코드

1회독	2회독	3회독
월 일	월 일	월 일

최근 10년간 **16문항** 출제 ★★★

이론요약

사회복지전문활동의 시작(1900~1945년)

- 1906년 반열방 설립, 1921년 태화여자관 설립
- 1944년 조선구호령 제정

기본개념

사회복지행정론
pp.36~

외원기관의 활동과 사회복지행정의 출발(1946년~1970년대)

- 외국 원조기관들의 수용시설 위주의 긴급구호, 시설보호
- 1970년대 사회복지사업법 제정
- 사회복지행정 교과목 신설

사회복지행정의 체계화와 본격화(1980년대~1990년대)

- **1987년 사회복지전문요원** 제도 시행(공공복지행정의 체계 마련)
- **1992년 사회복지전담공무원** 및 복지사무전담기구의 법적 근거 마련(사회복지전담공무원으로 전환은 2000년부터)
- 1995년 보건복지사무소 시범운영
- 1997년 사회복지시설 평가 의무화(1999년 1기 평가)
- 1999년 사회복지행정학회 설립

사회복지행정의 확립(2000년대 이후)

- 2003년 제1회 사회복지사 1급 자격증 시험 시행
- 2004년 사회복지사무소 시범사업 운영
- **2005년 지역사회복지협의체** 운영, 지역사회복지계획 수립
- 2007년 동사무소를 동주민센터로 변경, 주민생활지원서비스 전달체계 실시
- **2010년 사회복지통합관리망 '행복e음'**
- **2012년 희망복지지원단**: 시·군·구 단위 설치, 통합 사례관리 업무
- **2013년 사회보장정보시스템** 개통
- **2015년** 「사회보장급여의 이용·제공 및 수급권자 발굴에 관한 법률」 시행(지역사회복지계획 → **지역사회보장계획**)
- **2016년 행정복지센터를 통한 읍·면·동 복지 허브화 추진** 발표
- 2017년 주민자치형 공공서비스 추진 계획 발표, 읍·면·동 찾아가는 보건복지팀을 통해 찾아가는 보건복지서비스 확대

- 2018년 '지역사회 통합돌봄 기본계획' 발표, 2019년 16개 지방자치단체를 선정하여 추진
- 2019년 사회서비스원 출범

기출문장 CHECK

01 (22-07-02) 1980년대 후반부터 지역사회 이용시설 중심의 사회복지기관이 증가했다.

02 (22-07-02) 1980년대 후반부터 사회복지전문요원이 배치되기 시작했다.

03 (22-07-02) 1990년대 후반에 사회복지시설 설치기준이 허가제에서 신고제로 바뀌었다.

04 (21-07-01) 1950~1960년대 사회복지서비스는 주로 외국 원조단체들에 의해 제공되었다.

05 (21-07-01) 1970년 사회복지사업법 제정으로 사회복지시설에 대한 제도적 지원과 감독의 근거가 마련되었다.

06 (21-07-01) 1980년대에 사회복지전문요원제도가 도입되었다.(1987년)

07 (21-07-01) 1990년대에 사회복지시설 평가제도가 도입되었다.(1997년 사회복지사업법 개정)

08 (20-07-23) 지역사회복지협의체 설치: 2005년 (→ 2015년 지역사회보장협의체)

09 (20-07-23) 희망복지지원단 설치: 2012년

10 (20-07-23) 읍·면·동 복지허브화 사업 실행: 2016년

11 (19-07-17) 지역사회 통합돌봄: 2019년

12 (19-07-17) 읍·면·동 복지허브화: 2016년

13 (18-07-21) 희망복지지원단: 2012년

14 (18-07-21) 사회복지사무소 시범사업: 2004년

15 (18-07-21) 보건복지사무소 시범사업: 1995년

16 (18-07-21) 사회복지전문요원: 1987년

17 (16-07-18) 2016년에는 맞춤형 통합서비스를 목적으로 읍·면·동 복지 허브화 사업이 시작되었다.

18 (15-07-11) 사회복지통합관리망 구축, 사회보장정보시스템 구축 등은 2000년대 들어 이루어졌다.

19 (15-07-24) 희망복지지원단은 공공영역에서의 사례관리 기능을 담당한다.

20 (15-07-24) 사회복지시설평가제 도입은 자원의 효율적 운영에 대한 관심을 확대시키는 계기가 되었다.

21 (15-07-24) '읍·면·동 복지허브화' 전략은 맞춤형 통합서비스를 제공하기 위한 민·관 협력을 기반으로 한다.

22 (14-07-20) 1987년부터 사회복지전문요원이 배치되기 시작

23 (14-07-20) 1997년 사회복지시설의 설치가 허가제에서 신고제로 변경 결정

24 (14-07-20) 2000년대 사회서비스이용권(바우처) 사업이 등장

25 (13-07-02) 희망복지지원단은 시·군·구 단위에 설치되어 지역단위 복지서비스 통합제공의 컨트롤 타워 역할을 추진한다. 민·관 협력을 통한 맞춤형 사례관리를 지향한다.

26 (13-07-17) 2000년대에는 지역사회복지협의체를 설치하고 지역사회복지계획을 수립하기 시작하였다.

27 (10-07-10) 1960년대: 이용시설보다는 생활시설이 주를 이루었다.

28 (10-07-10) 1970년대: 외원기관의 원조가 감소하면서 민간사회복지시설은 시설운영에 필요한 자원이 부족하였다.

29 (10-07-10) 1990년대: 사회복지학과가 설치된 거의 모든 대학에서 사회복지행정을 필수과목으로 책정하였다.

30 (09-07-02) 2000년대 이후 지방자치단체의 사회복지서비스 기획 및 집행 기능이 강화되었다.

31 (09-07-02) 2000년대 이후 소비자 중심의 평가시스템이 강화되었다.

32 (06-07-05) 사회복지사 1급 시험은 2003년에 처음으로 시행되었다.

33 (05-07-03) 1960년대 사회복지행정 주체는 보건사회부와 외원기관이었다.

34 (04-07-03) 1990년대에는 한국사회복지행정학회가 창립되었다.(1999년)

35 (04-07-03) 1990년대에는 보건복지사무소 시범사업이 실시되었다.(1995년)

36 (02-07-03) 한국전쟁 이후 1970년대 초까지도 외원이 민간 사회복지시설의 주된 재원이었다.

대표기출 확인하기

한국 사회복지행정의 역사에 관한 설명으로 옳지 않은 것은?

① 6.25 전쟁 이후 외국원조기관을 중심으로 사회복지시설이 설립되었다.

② 1960년대 외국원조기관 철수 후 자생적 사회복지단체들이 성장했다.

③ 1980년대 후반부터 지역사회 이용시설 중심의 사회복지기관이 증가했다.

④ 1980년대 후반부터 사회복지전문요원이 배치되기 시작했다

⑤ 1990년대 후반에 사회복지시설 설치기준이 허가제에서 신고제로 바뀌었다.

▶ 알짜확인

- 대한민국 정부수립 전후부터 최근의 전달체계까지 사회복지행정의 발전 흐름을 파악해야 한다.
- 특히 2000년대 이후 인터넷 발달로 구축된 사회복지 관련 시스템 및 지역사회 중심의 복지가 강조되면서 나타난 전달체계의 변화에 대해 정리해두어야 한다.

답 ②

✔ 응시생들의 선택

① 10%	② 36%	③ 20%	④ 12%	⑤ 22%

② 외국원조기관은 1970년대 후반부터 철수하기 시작했다. 1970년 사회복지사업법이 제정·시행되면서 민간 사회복지기관에 대한 지원 등에 관한 근거가 마련되었고 이후 다양한 사회복지 관련 법률이 제정 및 개정되면서 1980년대에 사회복지 관련 기관들이 급속도로 증가하게 되었다.

관련기출 더 보기

한국의 사회복지전달체계 개편 순서를 올바르게 나열한 것은?

> ㄱ. 주민생활지원서비스 전달체계
> ㄴ. 사회복지통합관리망(행복e음) 개통
> ㄷ. 읍·면·동 복지허브화
> ㄹ. 지역사회 통합돌봄

① ㄱ - ㄴ - ㄷ - ㄹ   ② ㄱ - ㄴ - ㄹ - ㄷ
③ ㄱ - ㄷ - ㄴ - ㄹ   ④ ㄴ - ㄱ - ㄷ - ㄹ
⑤ ㄴ - ㄷ - ㄱ - ㄹ

답 ①

✔ 응시생들의 선택

① 45%	② 8%	③ 13%	④ 21%	⑤ 13%

ㄱ. 주민생활지원서비스 전달체계: 2007년
ㄴ. 사회복지통합관리망(행복e음) 개통: 2010년
ㄷ. 읍·면·동 복지허브화: 2016년
ㄹ. 지역사회 통합돌봄: 2019년

사회복지서비스 전달체계 도입 순서가 올바르게 제시된 것은?

> ㄱ. 희망복지지원단 설치
> ㄴ. 지역사회복지협의체 설치
> ㄷ. 읍·면·동 복지허브화 사업 실행

① ㄱ - ㄴ - ㄷ   ② ㄱ - ㄷ - ㄴ
③ ㄴ - ㄱ - ㄷ   ④ ㄴ - ㄷ - ㄱ
⑤ ㄷ - ㄴ - ㄱ

답 ③

✔ 응시생들의 선택

① 16%	② 6%	③ 65%	④ 9%	⑤ 4%

ㄴ. 지역사회복지협의체 설치: 2005년 (→ 2015년 지역사회보장협의체)
ㄱ. 희망복지지원단 설치: 2012년
ㄷ. 읍·면·동 복지허브화 사업 실행: 2016년

난이도 ★★★

1950년대 우리나라 사회복지행정 역사에 관한 설명으로 옳지 않은 것은?

① 외국민간원조기관협의회(KAVA, Korea Association of Voluntary Agencies)는 구호물자의 배분을 중심으로 사회복지행정 활동을 하였다.
② KAVA는 구호 활동과 관련된 조직관리 기술을 도입했다.
③ 사회복지기관들은 수용 · 보호에 바탕을 둔 행정관리 기술을 사용하였다.
④ KAVA는 서비스 중복, 누락, 서비스 제공자 간의 협력체계 구축에 초점을 두었다.
⑤ KAVA는 지역사회 조직화나 공동체 형성을 위한 조직관리 기술을 적극적으로 활용하였다.

답 ⑤

✔ 응시생들의 선택

① 5%	② 2%	③ 18%	④ 30%	⑤ 45%

⑤ KAVA의 주요 사업은 한국전쟁 이후 우리나라 전쟁 난민 및 고아를 돕기 위한 시설보호였다. 지역사회 조직화나 공동체 형성을 위한 활동을 전개하지는 않았다.

난이도 ★★☆

다음은 무엇에 대한 설명인가?

- 현재 대부분의 시 · 군 · 구에 설치되어 있다.
- 민 · 관협력을 통한 맞춤형 사례관리를 지향한다.
- 지역단위 복지서비스 통합제공의 컨트롤 타워 역할을 의도한다.
- 사회보장정보시스템을 활용한다.

① 사회복지사무소　　　② 사회복지협의회
③ 희망복지지원단　　　④ 보건복지콜센터
⑤ 지역사회보장협의체

답 ③

✔ 응시생들의 선택

① 3%	② 6%	③ 14%	④ 2%	⑤ 76%

난이도 ★★★

우리나라 사회복지전달체계에 관한 설명으로 옳지 않은 것은?

① 최근 민 · 관 통합사례관리의 중요성이 높아지고 있다.
② 희망복지지원단을 시 · 군 · 구에 설치하였다.
③ 2016년에 맞춤형 통합서비스를 목적으로 읍 · 면 · 동 복지허브화사업을 시작했다.
④ 국민기초생활 보장법상 생계급여의 집행체계는 읍 · 면 · 동이다.
⑤ 희망복지지원단 설치 후 사회복지통합관리망(행복e음)을 구축하였다.

답 ⑤

✔ 응시생들의 선택

① 2%	② 8%	③ 11%	④ 37%	⑤ 42%

⑤ 사회복지통합관리망(행복e음)은 2010년에 개통되었다. 희망복지지원단은 2012년에 출범하였다.

난이도 ★★★

우리나라 사회복지행정의 역사에 관한 설명으로 옳지 않은 것은?

① 1960년대: 이용시설보다는 생활시설이 주를 이루었다.
② 1970년대: 외원기관의 원조가 감소하면서 민간사회복지시설은 시설운영에 필요한 자원이 부족하였다.
③ 1980년대: 사회복지전담공무원제도가 도입되면서, 공적 전달체계 내에 사회복지독립조직이 설치되었다.
④ 1990년대: 사회복지학과가 설치된 거의 모든 대학에서 사회복지행정을 필수과목으로 책정하였다.
⑤ 2000년대: 시 · 군 · 구에 배치된 사회복지통합서비스 전문요원의 사례관리 역할이 강조되었다.

답 ③

✔ 응시생들의 선택

① 5%	② 14%	③ 53%	④ 17%	⑤ 11%

③ 1992년 사회복지사업법을 개정하여 사회복지전담공무원 및 복지사무전담기구 도입에 관한 법적 근거가 마련되었다.

다음 내용이 왜 틀렸는지를 확인해보자

`05-07-03`

01 1950년대 <u>국가중심의 빈민구제가 활성화</u>되었다.

> 1950년대 빈민구제 활동은 외국 원조기관들의 긴급구호, 시설보호 등이 큰 부분을 차지한다.

02 <u>1967년에 제정된 사회복지사업법</u>은 사회복지기관에 대한 지원 및 지도·감독의 근거가 되었다.

> 사회복지사업법은 1970년에 제정되었다.

`02-07-03`

03 사회복지조직의 대규모 양적 팽창은 <u>1970년대 말 이후부터 이루어졌다.</u>

> 양적 팽창은 1980년대 후반 이후부터 본격적으로 이루어졌다.

`11-07-08`

04 1997년 사회복지사업법 개정에는 사회복지시설 설치의 신고제 변경, 사회복지 시설평가 도입, **<u>사회복지공동모금회 설립</u>** 등의 내용이 담겼다.

> 사회복지공동모금회 설립에 관한 규정은 사회복지공동모금회법에서 다룬다.

`04-07-03`

05 1990년대에 들어서면서 <u>사회복지전문요원이 배치</u>되기 시작하였다.

> 사회복지전문요원 제도를 도입한 것은 1987년이다.

`05-07-03`

06 1980년대에는 <u>지역사회복지협의체</u>의 설치가 의무화되었다.

> 지역사회복지협의체(현 지역사회보장협의체)는 2003년 사회복지사업법 개정으로 설치규정이 마련되어 2005년부터 운영되기 시작했다.

빈칸에 들어갈 알맞은 말을 채워보자

01 공공 부문에 사회복지 사업을 전담하는 인력이 처음 배치되기 시작한 것은 (   )년 사회복지전문요원 임용부터이다.

02 사회복지사 1급 국가자격시험에 관한 법적 규정은 (①   )년 사회복지사업법 개정에 따라 마련되었으며, (②   )년에 제1회 시험이 시행되었다.

03 희망복지지원단은 (   )년 복합적인 욕구를 가진 대상자에게 통합 사례관리를 실시하기 위해 설치되었다.

04 사회보장정보시스템은 전 부서에서 제공되는 복지사업 관련 정보를 연계하여 부정 및 중복 수급을 방지할 목적으로 (   )년에 개통하였다.

05 보건복지사무소 시범사업은 (   )년에 실시되었다.

06 사회복지사무소 시범사업은 (   )년에 실시되었다.

07 지역사회복지협의체는 2014년 제정, (   )년 시행된 「사회보장급여의 이용 · 제공 및 수급권자 발굴에 관한 법률」에 따라 지역사회보장협의체가 되었다.

08 사회복지 시설평가 제도의 도입은 (   )년 사회복지사업법 개정으로 이루어졌다.

답 **01** 1987 **02** ① 1997 ② 2003 **03** 2012 **04** 2013 **05** 1995 **06** 2004 **07** 2015 **08** 1997

다음 내용이 옳은지 그른지 판단해보자

22-07-17

01 읍 · 면 · 동 복지허브화 사업 이후 읍 · 면 · 동사무소가 주민자치센터로 변경되었다. ◎ ⊗

22-07-17

02 지역사회복지협의체가 지역사회보장협의체로 명칭이 변경되었다. ◎ ⊗

22-07-17

03 사회복지전담공무원 제도 이후 사회복지전문요원 제도가 실시되었다. ◎ ⊗

21-07-01

04 1970년대 사회복지사업법 제정으로 사회복지시설에 대한 제도적 지원과 감독의 근거가 마련되었다. ◎ ⊗

21-07-01

05 2000년대에 사회복지관에 대한 정부 보조금 지원이 제도화 되었다. ◎ ⊗

17-07-02

06 최근 우리나라 사회복지행정은 이용시설보다 생활시설 중심의 보호가 강조되고 있다. ◎ ⊗

답 01× 02○ 03× 04○ 05× 06×

해설 **01** 2016년 읍 · 면 · 동 복지허브화 사업을 추진하면서 읍 · 면 · 동사무소를 행정복지센터로 변경하였다.
03 1987년 별정직 사회복지전문요원 제도가 도입되었고, 이후 2000년부터 일반직 사회복지전담공무원으로 전환되었다.
05 1970년 사회복지사업법 제정 당시부터 사회복지법인에 대한 국가 또는 지방자치단체의 보조금 지급에 관한 규정을 마련하고 있었다.
06 우리나라 사회복지의 발달은 한국전쟁을 겪으며 부모를 잃은 아동들을 위한 생활시설 위주로 발전하다가 최근에는 이용시설, 지역사회복지 중심의 서비스 제공이 강조되고 있다.

1회독 월 일   2회독 월 일   3회독 월 일

최근 10년간 **1문항** 출제

복습 1 이론요약

사회복지행정의 발전(1930년대~1960년대)

기본개념

- 1935년 사회보장법 제정으로 공공 사회복지행정의 확대
- 1961년 사회사업교육협의회에서 사회복지행정을 교과과정으로 인정하며 학문적으로 발전하는 계기가 됨
- 1964년 빈곤과의 전쟁을 선포한 정부시책에 따라 민간기관에 대한 지원도 활발해짐

사회복지행정론
pp.32~

사회복지행정의 확립(1970년대~1990년대)

- 국가적 복지지원에 따른 의존성 심화 및 효과성 부족에 대한 비판은 사례관리의 등장배경이 됨
- 1976년 사회복지행정에 관한 전문학술연구지 창간
- 1981년 출범한 레이건 정부는 '작은 정부'를 내세워 사회복지 분야에서도 공공 서비스의 민영화가 추진되기 시작함
- 민간 기관에서는 자원획득, 경쟁력 확보 등을 위해 기업경영 방식의 재정관리 및 마케팅 방식을 도입하기 시작
- 민영화와 함께 공공 서비스의 민간 위탁을 비롯해 민간과 공공의 구분이 모호한 혼합체계가 등장

※ 민영화로 나타난 이론

- 신공공관리론: 미국의 레이건 정부, 영국의 대처 정부 등 신보수주의, 신자유주의에 따라 나타난 이론. 공공영역에 기업경영론 및 시장원리를 도입하여 성과, 고객, 경쟁 강조
- 신공공서비스론: 신공공관리론을 비판하며 등장. 공공행정은 효율성 외에 공평성, 책임성, 시민적 권리 등 공적 가치를 보존해야 함을 강조

기출문장 CHECK

01 (12-07-11) 1990년대 이후 공공기관과 민간기관의 기능이 유사해졌다.

02 (09-07-04) 1980년대 민간 사회복지조직에서 재원조달의 문제와 책임성의 문제가 강조되었다.

03 (07-07-17) 1935년 사회보장법이 제정되면서 공공복지행정의 규모가 확대되었다.

04 (07-07-17) 1960년에는 지역사회 내 사회운동단체들과 지역사회정신보건기관들이 확충되었다.

대표기출 확인하기

10-07-13
난이도 ★☆☆

미국 사회복지행정의 발달과정에 관한 설명으로 옳은 것은?

① 개별사회사업의 지식과 실천의 발달은 사회복지행정의 기초 위에서 가능했다.
② 1930년대 초 경제대공황 이후 사회복지행정에 대한 관심이 이전보다 감소되었다.
③ 빈곤과의 전쟁시기 동안 사회복지행정의 발달이 가속화되었다.
④ 신보수주의의 등장으로 민간 사회복지기관들의 행정에 대한 관심이 증대되었다.
⑤ 민영화 이후 사회복지전달체계가 다원화되면서 공공과 민간조직의 구분이 명확해졌다.

▶ 알짜확인

• 미국의 역사에서는 1935년 사회보장법 제정, 1960년대에 일어난 다양한 민권운동, 1964년 빈곤과의 전쟁, 1980년대 신보수주의의 등장 및 민영화, 작은 정부 등의 역사적 상황이 사회복지행정의 발달에 어떤 영향을 끼쳤는지를 생각하면서 살펴봐야 한다.

답 ④

✔ 응시생들의 선택

① 9%	② 5%	③ 32%	④ 53%	⑤ 1%

① 개별사회사업의 지식과 실천이 발달하면서 보다 효율적인 민간자선활동에 대한 관심증가로 사회복지행정에 대한 요구가 증대하였다.
② 경제대공황으로 사회복지에 관한 관심이 확대되면서 사회복지행정에 대한 관심도 증가했다.
③ 빈곤과의 전쟁에서 사회복지기관들은 빈곤문제를 비롯한 여러 사회문제를 적절히 해결하는 역할을 수행하지 못해 많은 비판을 받았으며, 이로 인해 사회복지행정의 발달도 주춤했다.
⑤ 최근 민영화 추세로 인해 공공조직과 민간조직의 구분은 점차 모호해지고 있다.

관련기출 더 보기

21-07-06
난이도 ★★☆

신공공관리론(New Public Management)에 관한 설명으로 옳지 않은 것은?

① 공공서비스 공급에 있어 정부실패를 해결하기 위해 대두하였다.
② 신자유주의에 이론적 기반을 둔다.
③ 시장의 경쟁원리를 공공행정에 도입하였다.
④ 민간이 공급하던 서비스를 정부가 직접 공급하도록 하였다.
⑤ 정부, 시장, 시민사회의 협치를 추구한다.

답 ④

✔ 응시생들의 선택

① 8%	② 14%	③ 3%	④ 69%	⑤ 6%

신공공관리론

• 1980년대 미국의 작은 정부 및 민영화의 흐름에서 공공영역에 기업경영론, 특히 경쟁원리와 고객주의를 도입하고자 한 것이다.
• 신관리주의(기업의 경영기법을 공공에 도입하자는 것)에 시장주의(시장원리에 따라 공공 서비스를 생산하자는 것)를 더한 것으로, 정치적으로는 신보수주의, 신자유주의를 기반으로 한다.
• 조직 및 인력 감축을 통한 내부 효율화, 고객지향적 행정, 정부의 시장화, 기업형 정부, 성과 중심의 행정체제, 권한의 위임 및 융통성 등을 특징으로 한다.

다음 내용이 왜 틀렸는지를 확인해보자

01 1960년대 미국은 빈곤과의 전쟁을 선포하면서 공공 복지서비스가 증가한 반면, **민간기관에 대한 지원은 감소하** 였다.

> 민간기관에 대한 지원도 활발해졌다.

`09-07-04`

02 **1960년대** 미국에서는 사회복지행정에 관한 전문학술연구지가 처음으로 창간되었다.

> 1976년에 사회복지행정 전문학술연구지인 「Administration in Social Work」가 발간되기 시작하였다.

03 미국의 1980년대에는 '작은 정부' 시책에 따라 복지 부문에서도 민영화가 진행되면서 **공공과 민간의 경계가 분** 명해졌다.

> 민영화를 추진하면서 민간위탁이나 공동운영 등 공공과 민간 간 경계가 모호한 다양한 계약방식이 나타나게 되 었다.

`12-07-11`

04 미국에서는 **1990년대 이후 사회복지행정 교육**의 필요성이 주장되었다.

> 1914년 사회사업 교과과정에 최초로 사회복지행정이 등장하였고, 1929년 밀포드 회의를 통해 기본적인 실천방 법으로 인정되었다. 1935년 사회보장법 제정 이후 사회복지행정에 대한 필요성이 강조되면서 행정에 대한 교육 이 확대되었다.

05 미국의 민간기관들이 자원을 확보하고 경쟁력을 갖추기 위해 기업경영 방식의 마케팅 및 홍보 방법을 도입하기 시작한 것은 **사회보장법 제정에 따른 것이다.**

> 민간기관에서 기업경영 방식의 마케팅 및 홍보 방법을 도입하기 시작한 것은 1980년대 '작은 정부', '민영화'의 영향이다.

3장

사회복지행정의 이론적 배경

이 장에서는

관료제이론, 과학적 관리론, 인간관계이론부터 상황이론, 정치경제이론, 조직군생태이론, 제도이론 등 개방체계적 관점의 조직환경이론 및 TQM, MBO, 학습조직이론 등 현대조직이론까지 다양한 조직이론을 학습한다. 가장 많이 출제된 내용은 단연 TQM이지만 모든 이론이 돌아가며 출제되고 있다. 각 이론의 주요 특징을 파악하는 것이 가장 기본이지만, 주요 키워드만 가지고는 답을 찾기 어려운 문제들도 출제된다.

10년간 출제분포도

	22회	21회	20회	19회	18회	17회	16회	15회	14회	13회
문항수	4	3	5	3	2	3	4	4	2	3

3.3 문항

평균 출제문항수

193 현대조직이론

강의 QR코드

★ ★ ★
최근 10년간 **13문항** 출제

이론요약

총체적 품질관리(TQM)

▶ 주요 특징

기본개념

사회복지행정론
pp.62~

- **고품질 확보를 위한 총체적 관리과정**, 전 과정에서의 노력
- **고객중심**, 고객의 만족을 위한 상시적 노력
- **품질의 판정은 클라이언트**
- TQM의 도입과 정착을 위해서는 리더의 강력한 의지가 요구됨
- 집단적 노력, **전체 구성원의 참여 유도**
- **분권적** 조직 구성, 팀워크 강조
- **지속적 학습, 지속적 개선 강조**
- 서비스의 변이 가능성을 방지하는 데에 초점, 장기적 관점, **예방적 통제**
- 통계자료 분석 등 과학적 방법 사용
- 신뢰 관리, 인간 존중

▶ 주요 품질차원(SERVQUAL)

- **신뢰성**: 약속된 방식, 일관된 방식으로 서비스를 제공하고, 품질에 대한 클라이언트의 기대를 만족시켜야 함
- **즉응성**(응답성): 필요한 시기에 짧은 시간 내에 서비스 제공
- **확신성**: 서비스에 관한 풍부한 지식을 갖춰 신뢰를 줄 수 있어야 함
- **공감성**(감정이입): 클라이언트에 대한 개별화된 이해와 관심
- **가시성**(유형성): 시설 및 장비의 위생, 직원의 용모단정 등

※ 위험관리

- 조직을 운영하거나 서비스를 제공하는 과정에서 나타날 수 있는 위험에 대한 예측 및 대비, 위험에 대한 대응
- 위험요인
  - 개인적 요인: 클라이언트에 대한 잘못된 진단 및 처우, 사회복지사의 기능적 손상(알코올 중독 등), 실적 조작, 비밀누설 등
  - 집단적 요인: 이용자의 사고 및 고충 처리에 대한 부적절한 대응, 전염병 확산, 후원금 급감 등 경영상의 요인, 운영상의 불법행위, 자연재해 등

목표관리이론(MBO)

- **명확한 목표설정을 통한 총체적 관리체계**(주로 단기적 목표설정과 그 목표의 달성을 강조)
- 책임한계의 규정, 참여와 상하협조
- 피드백의 개선을 통한 관리 계획의 개선
- 구성원의 동기부여 및 보상 강조
- 양적 성과에만 치중하게 될 위험도 있음

학습조직이론

- **조직과 인력을 임파워시켜** 클라이언트에게 효과적인 서비스를 제공하고자 함
- **개별 구성원의 학습뿐만 아니라 조직 전체의 학습도 강조**
- 부분적 개선을 위한 단선적 학습과 조직 전체의 변화를 위한 복선적 학습
- 학습조직 구축요인: 자기숙련, 사고모형, 공유비전, 팀학습, 시스템 사고

기출문장 CHECK

01 (22-07-04) 학습조직이론은 개인 및 조직의 학습공유를 통해 역량강화를 추진한다.

02 (22-07-04) 총체적 품질관리론은 지속적이고 총체적인 서비스 질 향상을 통해 고객만족을 극대화한다.

03 (21-07-11) 인적자원관리에 있어 목표관리법(MBO)으로 직원을 평가할 수 있다.

04 (21-07-15) 위험관리는 위험의 사전예방과 사후관리를 모두 포함한다.

05 (21-07-16) 사회복지조직의 서비스 질 관리를 위해 위험관리가 필요하다.

06 (20-07-07) 학습조직 구축요인 중 시스템 사고(system thinking)는 전체와 부분 간 역동적 관계에 대한 이해를 말한다.

07 (20-07-24) SERVQUAL 중 유형성은 시설, 장비 및 서비스 제공자 용모 등의 적합성에 관한 것이다.

08 (20-07-25) 총체적 품질관리는 지속적인 품질개선을 강조하는 일련의 과정이다.

09 (20-07-25) 총체적 품질관리는 자료와 사실에 기반한 의사결정을 중시한다.

10 (20-07-25) 총체적 품질관리에서 좋은 품질이 무엇인지는 고객이 결정한다.

11 (20-07-25) 총체적 품질관리는 조직구성원에 대한 훈련을 강조한다.

12 (19-07-16) 서브퀄(SERVQUAL)에는 신뢰성과 확신성이 포함된다.

13 (19-07-16) 총체적 품질관리(TQM)에서 서비스의 질은 고객의 결정에 의한다.

14 (19-07-16) 위험관리(Risk Management)는 이용자에 대한 서비스 관리 측면과 조직관리 측면을 모두 포함한다.

15 (18-07-20) 총체적 품질관리는 구성원들의 집단적 노력을 강조한다.

16 (17-07-16) SERVQUAL 구성 차원: 신뢰성, 확신성, 유형성(가시성), 공감성, 즉응성

17 (16-07-07) 총체적 품질관리는 서비스 생산 과정과 절차를 지속적으로 개선해나가는 데에 관심을 둔다.

18 (16-07-11) 안전 확보는 서비스 질과 연결된다.

19 (16-07-11) 위험관리는 작업환경의 안전과 사고 예방책이다.

20 (16-07-11) 위험관리에는 이용자 권리가 포함된다.

21 (15-07-03) 총체적 품질관리는 고객중심 관리를 강조한다.

22 (15-07-03) 총체적 품질관리는 지속적인 서비스 품질향상을 강조한다.

23 (15-07-03) 총체적 품질관리에서 의사결정은 자료분석에 기반한다.

24 (15-07-03) 총체적 품질관리에서 품질향상은 모든 조직구성원들의 헌신을 필요로 한다.

25 (14-07-11) TQM에서는 기획 단계부터 서비스 품질을 고려해야 함을 강조한다.

26 (14-07-11) 총체적 품질관리는 투입과 과정에 대한 지속적인 개선 및 서비스의 변이 가능성 예방에 대한 노력을 포함한다.

27 (14-07-11) 서비스 이용자를 대상으로 욕구조사를 실시하는 것 역시 총체적 품질관리의 일환이다.

28 (11-07-10) MBO는 구성원의 참여를 강조하면서 명확한 목표 설정과 책임 부여에 초점을 두어 생산성을 높이고자 하는 조직 관리 접근이다.

29 (11-07-13) 총체적 품질관리는 서비스 질을 조직의 일차적 목적으로 하며, 고객만족을 중시한다.

30 (11-07-13) 총체적 품질관리는 통계자료의 활용을 강조한다.

31 (11-07-13) 총체적 품질관리는 팀워크를 통한 조직의 지속적 변화를 꾀한다.

32 (10-07-25) 총체적 품질관리는 투입과 산출에 관한 전반적인 과정을 포함한다.

33 (10-07-25) 총체적 품질관리는 전체 조직 구성원의 사명감이 투철해야 한다.

34 (08-07-12) 학습조직이론: 조직의 유효성을 높이기 위해 구조적 변화보다는 인적 자원의 변화를 중시한다. 강점 관점에 바탕을 둔 임파워먼트 모델과 맥락을 같이 한다.

35 (08-07-23) TQM에서는 서비스의 품질을 향상시키기 위해 조직 내 전체 구성원이 참여해 업무 수행방법을 개선한다.

36 (06-07-17) 조직이론은 '과학적 관리론 → 인간관계이론 → 체계이론 → 총체적 품질관리'의 순서로 발달해왔다.

37 (03-07-11) 목표관리이론: 목표설정 시 단기적인 목표설정과 구성원의 참여를 강조한다.

38 (03-07-29) 학습조직이론: 조직구성원들이 함께 공부하고 노력하여 조직의 능력을 향상시켰다.

대표기출 확인하기

사회복지조직의 서비스 질 관리에 관한 설명으로 옳은 것은?

① 서비스 질 관리를 위하여 위험관리가 필요하다.
② 총체적 품질관리(TQM)는 기업의 소비자 만족을 극대화하기 위한 기법이므로 사회복지기관에 적용하기에는 적합하지 않다.
③ 총체적 품질관리는 지속적인 개선보다는 현상유지에 초점을 둔다.
④ 서브퀄(SERVQUAL)의 요소에 확신성(assurance)은 포함되지 않는다.
⑤ 서브퀄에서 유형성(tangible)은 고객 요청에 대한 즉각적 반응을 말한다.

알짜확인

- 조직이론 중 가장 출제율이 높은 내용은 TQM이다. 서비스와 관련된 모든 단계에서 품질을 고려해야 하며, 품질의 판정자는 이용자라는 점, 분권적 구조를 지향하며 전 구성원의 참여를 유도한다는 점 등 주요 특징을 꼼꼼히 기억해두도록 하자. 최근에는 품질차원의 요소에 관한 출제도 증가하고 있다.
- 목표관리이론은 목표를 중심으로 한 관리체계로서 제시된 것으로 기획 기법이나 예산 기법 등 다양하게 활용될 수 있다.
- 학습조직이론은 개인적인 학습뿐만 아니라 집단적인 학습도 포함하며, 부분적이고 임시적인 단선적 학습 외에 거시적이고 장기적인 복선적 학습도 포함한다.

답 ①

응시생들의 선택

① 75%	② 5%	③ 4%	④ 4%	⑤ 12%

② 사회복지조직에서는 다양한 경영기법을 도입하고 있으며, 총체적 품질관리도 서비스의 질 관리 차원에서 관심도가 높은 이론이다.
③ 총체적 품질관리에서는 생산 및 관리 등 전체 과정에서 지속적인 개선을 통해 고품질을 확보하고 유지한다.
④ 서브퀄에 확신성도 포함된다.
⑤ 유형성은 사회복지사의 용모 단정 및 사회복지기관의 청결 등을 의미한다.

관련기출 더 보기

패러슈라만 등(A. Parasuraman, V. A. Zeithaml & L. L. Berry)의 SERVQUAL 구성 차원에 관한 설명으로 옳은 것은?

① 신뢰성: 이용자의 요구에 선제적으로 응대할 수 있는 능력
② 유형성: 시설, 장비 및 서비스 제공자 용모 등의 적합성
③ 확신성: 이용자에 대한 관심이나 상황이해 능력
④ 공감성: 전문적 지식과 기술, 정중한 태도로 이용자를 대하는 능력
⑤ 대응성: 저렴한 비용으로 서비스를 제공할 수 있는 능력

답 ②

응시생들의 선택

① 11%	② 34%	③ 13%	④ 35%	⑤ 7%

① 신뢰성: 서비스는 약속된 방식, 일관된 방식으로 제공되어야 함
③ 확신성: 제공자는 서비스에 관한 풍부한 지식을 갖춤으로써 신뢰를 줄 수 있어야 함
④ 공감성: 클라이언트에 대한 개별화된 이해와 관심을 바탕으로 함
⑤ 대응성(즉응성): 서비스에 대한 준비를 갖추어 필요한 시기에 빠르게 제공할 수 있어야 함

학습조직 구축요인에 관한 설명으로 옳은 것은?

① 자기숙련(personal mastery): 명상 활동
② 공유비전 (shared vision): 개인적 비전 유지
③ 사고모형(mental model): 계층적 수직구조 이해
④ 팀학습(team learning): 최고관리자의 감독과 통제를 통한 학습
⑤ 시스템 사고(system thinking): 전체와 부분 간 역동적 관계 이해

답 ⑤

응시생들의 선택

① 18%	② 3%	③ 7%	④ 7%	⑤ 65%

학습조직 구축요인
- 자기숙련: 개인이 스스로 동기부여하며 역량을 강화해나간다.
- 사고모형: 어떤 현상들을 이해하기 위한 사고의 틀로, 개인 및 조직의 사고체계와 행동양식에 영향을 미친다.
- 공유비전(shared vision): 개인의 비전을 조직의 비전과 통합하고, 구성원들이 조직의 비전을 공유하는 것이다.
- 팀학습(team learning): 팀원들이 서로 생각과 아이디어를 교환하고 학습하여 문제해결능력을 향상시킨다.
- 시스템 사고(system thinking): 조직을 구성하는 여러 부분들의 역동성을 인식하고, 순환적·동태적 인과관계를 이해한다.

다음에서 설명하는 관리기법은?

- 안전 확보는 서비스 질과 연결된다.
- 작업환경의 안전과 사고 예방책이다.
- 이용자 권리옹호가 모든 대책에 포함된다.

① 목표관리법(MBO)
② 무결점운동(Zero Defect)
③ 위험관리(Risk Management)
④ 품질관리(Quality Control)
⑤ 직무만족관리(Job Satisfaction Management)

답 ③

응시생들의 선택

① 4%	② 4%	③ 67%	④ 17%	⑤ 8%

위험관리(위기관리)는 조직을 운영하거나 서비스를 제공하는 과정에서 나타날 수 있는 위험을 예측하고 그에 대비하고, 사고가 발생했을 때 적절하게 대처하는 것을 말한다.

총체적 품질관리(TQM) 원칙에 관한 설명으로 옳은 것은?

① 조직구성원들의 집단적 노력을 강조한다.
② 현상 유지가 조직의 중요한 관점이다.
③ 의사결정은 전문가의 직관을 기반으로 한다.
④ 구성원들과 각 부서는 경쟁체제를 형성한다.
⑤ 품질결정은 전문가가 주도한다.

답 ①

응시생들의 선택

① 84%	② 4%	③ 2%	④ 5%	⑤ 5%

② 지속적 개선을 강조한다.
③ 객관적이고 통계적인 분석을 기반으로 한다.
④ 팀워크를 강조한다.
⑤ 품질결정자는 고객, 이용자이다.

총체적품질관리(TQM)에 관한 설명으로 옳지 않은 것은?

① 우리나라에서는 사회복지서비스의 전문직주의 강화로 확산되었다.
② 구성원의 참여 활성화 전략을 중요시한다.
③ 조직의 문제점을 발견하고 시정함에 있어 지속적인 학습과정을 강조한다.
④ 초기 과정에서는 조직리더의 주도성이 중요하다.
⑤ 고객만족을 우선적 가치로 하며 서비스 질을 강조한다.

답 ①

응시생들의 선택

① 21%	② 33%	③ 13%	④ 16%	⑤ 17%

① TQM은 조직의 생존이 클라이언트의 만족을 위한 서비스의 질 확보에 있다는 측면에서 강조되는 이용자 중심의 관리이론이다.

다음 내용이 왜 틀렸는지를 확인해보자

16-07-07

01 총체적 품질관리에서는 <u>최고책임자의 의사결정권을 강조</u>한다.

> 분권적 조직을 추구하며 의사결정 과정에서 직원들의 참여를 강조한다.

17-07-16

02 TQM에서 강조하는 다섯 가지 품질차원은 신뢰성, 즉응성, 공감성, 가시성, **수익성**이다.

> 품질차원: 신뢰성, 즉응성, 확신성, 공감성, 가시성

03 총체적 품질관리는 <u>단기적, 사후관리적 관점</u>이라는 한계가 있다.

> 총체적 품질관리는 장기적 관점으로 전 과정에서의 품질 확보를 강조하며, 예방적 통제를 추구한다.

14-07-11

04 TQM에서는 <u>최고 관리자</u>를 품질의 최종 결정자로 간주한다.

> TQM은 고객의 만족을 가장 일차적으로 고려하기 때문에 품질의 최종 결정자 역시 이용자가 된다.

05 목표관리이론에서는 <u>목표를 수량적으로 설정하지는 않는다.</u>

> 목표를 수량적으로 표시하여 측정할 수 있도록 설정하는 것을 전제로 한다. 이를 토대로 달성정도, 즉 성과를 파악하기 때문에 단기적이고 가시적이고 계량적인 성과에만 주력하게 만든다는 한계가 지적되기도 한다.

06 학습조직이론에서 <u>학습은 조직의 위기 시에만 요구</u>되는 것이다.

> 조직의 위기 시에만 요구되는 것은 아니다. 효과성과 생산성을 제고하기 위한 수단으로 학습을 강조하기 때문에 조직 및 구성원의 역량강화 및 경쟁력 확보를 위해 도입될 수 있다.

빈칸에 들어갈 알맞은 말을 채워보자

01 SERVQUAL 구성차원 중 (　　　　　　　)성은 '약속한 대로 서비스를 제공했는가?'에 관한 것이다.

22-07-16
02 SERVQUAL 구성차원 중 (　　　　　　　)성은 '자신감을 가지고 정확하게 서비스를 제공했는가?'에 관한 것이다.

22-07-16
03 SERVQUAL 구성차원 중 (　　　　　　　)성은 '위생적이고 정돈된 시설에서 서비스를 제공했는가?'에 관한 것이다.

20-07-07
04 학습조직 구축요인 중 (　　　　　　　)은/는 개인이 스스로 동기부여하면서 역량을 강화해나가는 것을 말한다.

11-07-10
05 (　　　　　　　)이론은 구성원의 참여를 강조하면서, 명확한 목표 설정과 책임 부여에 초점을 두어 생산성을 높이고자 하는 접근방법이다.

22-07-04
06 (　　　　　　　)이론은 개인 및 조직의 학습공유를 통한 역량강화를 강조한다.

답 **01** 신뢰　**02** 확신　**03** 유형(가시)　**04** 자기숙련　**05** 목표관리　**06** 학습조직

다음 내용이 옳은지 그른지 판단해보자

01 총체적 품질관리는 변동 가능성 방지에 초점을 두기 때문에 변화를 꾀하기 어렵다. ◎ ⊗

15-07-03
02 TQM에서 서비스 품질은 마지막 단계에서 고려된다. ◎ ⊗

19-07-16
03 총체적 품질관리에서 서비스의 질은 고객의 결정에 의한다. ◎ ⊗

20-07-25
04 총체적 품질관리에서는 집단의 노력보다 개인의 노력이 품질향상에 더 기여한다고 본다. ◎ ⊗

16-07-07
05 총체적 품질관리는 작업시간 단축을 목표로 한다. ◎ ⊗

15-07-03
06 TQM에서 의사결정은 자료분석에 기반한다. ◎ ⊗

16-07-11
07 위험관리이론에서는 안전 확보가 서비스 질과 연결된다고 본다. ◎ ⊗

08 목표관리이론에서는 현실적인 실행가능성보다 클라이언트의 문제해결을 우선시한다. ◎ ⊗

09 목표관리론은 목표를 수량적으로 측정하여 이를 얼마나 달성했는가에 따라 성과를 파악하기 때문에 목표를 수량화하기 어려운 사회복지조직에서는 적용하기 어려운 측면도 있다. ◎ ⊗

10 학습조직이론에서는 조직 및 구성원의 역량강화에 있어 복선적 학습이 더 효과적이라고 보았다. ◎ ⊗

답 01× 02× 03○ 04× 05× 06○ 07○ 08× 09○ 10○

해설 **01** 총체적 품질관리에서 변동 가능성을 방지한다는 것은 서비스 제공 과정에서 품질이 계약된 대로, 이용자의 기대에 맞게 유지될 수 있도록 함을 의미할 뿐이다. TQM에서는 오히려 고품질을 위한 변화와 개선을 강조한다.
02 TQM에서 품질관리는 전 과정에 걸쳐 고려된다.
04 총체적 품질관리에서는 구성원 전체의 참여와 팀워크를 강조한다. 즉 품질은 전체 과정을 통해 결정되기 때문에 고품질 확보를 위해서는 모든 구성원의 집단적 노력이 필요하다는 것이다.
05 서비스 개선을 위한 한 가지 방안으로 작업시간 단축이 진행될 수는 있다. 하지만 오히려 지나친 작업시간의 단축은 품질 저하를 가져올 수도 있기 때문에 작업시간의 단축 그 자체를 목표로 하지는 않는다.
08 클라이언트의 문제해결을 더 우선시한다고 볼 수는 없다. 현실적으로 조직에서 추진하기 어려운 서비스나 프로그램을 무리하게 진행하다 보면 해결하기 어려운 문제점들이 발생할 수 있기 때문에 현실적인 실행가능성을 고려하여 목표를 수립한다.

194 조직환경이론

1회독 월 일 → 2회독 월 일 → 3회독 월 일

최근 10년간 **7문항** 출제

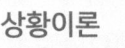

이론요약

상황이론

- 조직의 상황(조직의 목적·기술·규모, 과업의 종류, 환경적 변수)에 따라 적절한 조직화 방법은 다르다고 보는 이론
- 하나의 조직 내에서도 직무의 성격이 다른 경우 그에 대한 관리 기법도 달라야 함

정치경제이론

- 정치적 차원의 합법성·세력화, 경제적 차원의 인적·물적 자원 획득에 주목
- 조직이 자원을 외부환경에서 획득하기 위해 발생하는 의존적 문제를 살펴봄
- 조직이 독립성과 자율성을 확보하기 위해 경쟁, 협력, 갈등, 계약 등의 전략을 사용하게 됨을 설명

(신)제도이론

- 제도인인 환경 속에서 존재하는 규범이나 규칙들에 의해서 조직의 성격이 결정된다고 봄
- 조직이 제도에 순응해야 생존의 정당성이 확보된다고 설명
- 유사 조직 간의 동형화(isomorphism) 현상을 모범사례에 대한 모방과 전이 행동으로 설명

조직군 생태이론

- 환경의 조직선택이라는 환경결정론적 시각
- 이 이론에서는 개별 조직이 아닌 조직군이 분석단위임
- '변이 → 선택 → 보전'의 과정으로 조직의 생존을 설명

기본개념

사회복지행정론
pp.57~

01 (22-07-04) 정치경제이론: 경제적 자원과 권력간 상호작용 강조

02 (20-07-04) 사회복지조직관리자가 상황이론(contingency theory)을 활용할 경우 사회복지조직을 둘러싸고 있는 사회, 정치, 경제, 문화 변수 등을 고려한다.

03 (19-07-05) 상황이론: 효과적인 조직관리 방법은 조직이 처한 환경과 조건에 따라 달라진다. 경직된 규칙과 구조를 가진 조직이 효과적일 경우도 있다. 어느 경우에나 적용되는 최선의 조직관리 이론은 없다.

04 (18-07-04) 정치경제이론: 생존을 위해서 환경으로부터 합법성을 부여받아야 한다. 조직의 내·외부 환경의 역학 관계가 서비스 전달체계에 영향을 미친다. 서비스 전달체계에서 업무환경을 강조한다.

05 (16-07-04) 정치경제이론: 조직환경에서 재원을 둘러싼 권력관계를 부각시킨다. 외부환경에 의존하는 사회복지조직의 현실을 설명할 수 있다.

06 (14-07-01) 제도이론: 조직의 생존을 위한 적응기제를 주목한다.

07 (13-07-03) 제도이론은 사회복지조직과 관련된 법적 규범이나 가치 체계를 주요 설명요인으로 다룬다.

08 (13-07-03) 제도이론은 유사 조직 간의 동형화(isomorphism) 현상을 모범사례에 대한 모방과 전이 행동으로 설명한다.

09 (12-07-08) 정치경제이론은 이해집단의 중요성에 대한 인식을 증진시켰다.

10 (10-07-27) 정치경제론: 사회복지조직의 과업환경에 대한 중요성을 부각시키며, 외부자원에 의존할 수밖에 없는 사회복지조직의 현실을 생생하게 설명해준다. 자원의존이론이라고도 하며, 조직을 이끄는 가치와 이념을 간과하는 한계성을 드러낸다.

11 (09-07-09) 제도이론에 의하면 조직은 법률, 규칙, 사회적 여론 등의 영향을 받는다.

12 (05-07-05) 조직이론 중 합법성과 재원 및 인력 등이 조직의 생존과 발전에 중요하다고 강조하는 이론은 정치경제이론이다.

대표기출 확인하기

사회복지조직관리자가 상황이론(contingency theory)을 활용할 경우 고려해야 할 것을 모두 고른 것은?

> ㄱ. 계층적 승진 제도를 통해서 직원의 성취 욕구를 고려한다.
> ㄴ. 시간과 동작 분석을 활용하여 표준시간과 표준동작을 정한다.
> ㄷ. 사회복지조직을 둘러싸고 있는 사회, 정치, 경제, 문화 변수 등을 고려한다.

① ㄱ   ② ㄴ
③ ㄷ   ④ ㄱ, ㄷ
⑤ ㄴ, ㄷ

🔊 알짜확인

• 상황이론은 상황에 맞게 조직을 변화시킨다는 점에서 수동적이고, 제도이론은 법이나 규칙에 순응적이며, 조직군 생태론은 환경변화에 의해 조직군이 피동적으로 선택된다는 입장이다. 정치경제이론은 외부환경의 정치적·경제적 자원을 동원함으로써 조직이 생존할 수 있음을 가정하기 때문에 조직의 자발성이 강조되지만 외부환경을 변화시킬 수 있다고 보는 입장은 아니다.

답 ③

✅ 응시생들의 선택

① 2%	② 2%	③ 67%	④ 19%	⑤ 10%

ㄱ. 조직에서 요구되는 직무를 분업하고 직위를 고안하여 직위 간에 위계적 서열에 따라 조직의 과업이 실행될 수 있도록 한 것은 관료제이론이다. 경력, 근속연수, 연령 등에 따른 연공서열제이다.
ㄴ. 시간과 동작 분석을 활용하여 표준시간과 표준동작을 정한 것은 과학적 관리론에 해당한다.

관련기출 더 보기

조직이론에 관한 설명으로 옳지 않은 것은?

① 학습조직이론: 개인 및 조직의 학습공유를 통해 역량강화
② 정치경제이론: 경제적 자원과 권력간 상호작용 강조
③ 상황이론: 조직을 폐쇄체계로 보며, 조직 내부의 상황에 초점
④ 총체적 품질관리론: 지속적이고 총체적인 서비스 질 향상을 통한 고객만족 극대화
⑤ X이론: 생산성 향상을 위해 조직 구성원에 대한 감독, 보상과 처벌, 지시 등이 필요

답 ③

✅ 응시생들의 선택

① 4%	② 5%	③ 83%	④ 0%	⑤ 8%

③ 상황이론은 개방체계적 관점의 이론이다. 조직을 둘러싼 상황, 환경 및 조건 등이 달라지면 그에 적합한 조직의 구조도 달라진다고 보면서, 환경과 조직구조의 적합성에 따라 조직의 성패가 좌우된다고 보았다.

다음에서 설명하고 있는 이론은?

- 서비스 전달체계에서 업무환경을 강조한다.
- 생존을 위해서 환경으로부터 합법성을 부여받아야 한다.
- 조직의 내·외부 환경의 역학 관계가 서비스 전달체계에 영향을 미친다.

① 관료제이론   ② 정치경제이론
③ 인간관계이론   ④ 목표관리이론(MBO)
⑤ 총체적 품질관리(TQM)

답 ②

✔ 응시생들의 선택

① 10%	② 44%	③ 15%	④ 14%	⑤ 17%

다음을 공통적으로 중요시하는 조직이론은?

- 개방체계적 관점에서 조직에 대한 환경의 영향력을 설명한다.
- 사회복지조직과 관련된 법적 규범이나 가치 체계를 주요 설명요인으로 다룬다.
- 유사 조직 간의 동형화(isomorphism) 현상을 모범사례에 대한 모방과 전이 행동으로 설명한다.

① 제도이론   ② 관료제이론
③ 정치경제이론   ④ 자원의존이론
⑤ 조직군 생태학이론

답 ①

✔ 응시생들의 선택

① 18%	② 6%	③ 7%	④ 38%	⑤ 31%

② 관료제이론: 합리적 규칙에 따른 위계적 구조를 통해 최대 효율 추구
③ 정치경제이론: 조직과 환경 간의 상호작용이 조직 내부에 미치는 영향에 초점을 두고 과업환경을 통한 정치적 자원과 경제적 자원의 획득을 강조
④ 자원의존이론: 조직은 정치적·경제적 자원을 확보해야 하기 때문에 조직이 환경에 의존하게 됨을 설명한 이론
⑤ 조직군 생태론: 환경에 가장 적합한 특성들을 가진 조직군이 환경에 의해 선택된다는 이론

사회복지조직 이론과 그 특징의 연결이 옳은 것은?

① 상황이론: 모든 조직의 이상적 관리방법은 같다.
② 제도이론: 조직의 생존을 위한 적응기제를 주목한다.
③ 정치·경제이론: 외부 자원에 의존이 강한 사회복지조직에는 설명력이 약하다.
④ 행정적 관리이론: 조직 내 인간적 요소를 강조한다.
⑤ 동기·위생이론: 조직외부 환경의 영향을 중요하게 인식한다.

답 ②

✔ 응시생들의 선택

① 3%	② 32%	③ 23%	④ 8%	⑤ 34%

① 상황이론: 조직이 처한 상황에 따라 적합한 조직구조도 달라진다.
③ 정치·경제이론: 조직은 환경에서 정치적 자원과 경제적 자원을 획득함으로써 유지된다.
④ 행정적 관리이론: 행정에 있어 원칙과 원리를 강조한 이론이다.
⑤ 동기·위생이론: 동기부여에 관한 이론으로 위생요인과 동기요인을 구분하여 설명한다.(이 이론은 8장에서 공부한다.)

조직이론에 관한 설명으로 옳은 것은?

① 제도이론에 의하면 조직은 법률, 규칙, 사회적 여론 등의 영향을 받는다.
② 조직군 생태이론은 개별조직을 분석의 대상으로 삼고 있다.
③ 정치경제이론은 폐쇄체계적 시각을 갖고 있다.
④ 상황이론에 의하면 조직의 업무환경과 기술환경은 조직에 영향을 미치지 않는다.
⑤ 자원의존이론에 의하면 조직은 내부적으로 자원을 창출한다.

답 ①

✔ 응시생들의 선택

① 37%	② 26%	③ 7%	④ 22%	⑤ 8%

② 조직군 생태이론은 개별조직이 아닌 조직군을 분석대상으로 한다.
③ 정치경제이론은 개방체계적 시각을 가지고 있다.
④ 상황이론은 업무환경과 기술환경이 조직에 영향을 주어 조직의 특성과 환경과의 적합성이 조직의 성패를 좌우한다고 보았다.
⑤ 자원의존이론은 조직 외부에서 자원을 창출한다고 보았다.

다음 내용이 왜 틀렸는지를 확인해보자

14 07-01

01 상황이론은 모든 조직의 이상적 관리방법은 **같**다고 본다.

> 상황이론은 조직이 처한 상황에 따라 적합한 조직구조도 달라진다고 본다.

02 **조직군 생태론**에서 말하는 동형화 현상은 특정 상황에 놓인 조직이 주변에 있는 조직들과 상호 간에 모방과 전이가 일어나면서 유사한 형태로 변화하는 현상이다.

> 동형화 현상은 제도이론에서 제시된 것이다.

03 조직군 생태이론은 조직과 환경과의 관계에서 **조직의 환경선택**이라는 환경결정론적 시각을 갖는다.

> 환경의 조직선택이라는 환경결정론적 시각을 갖는다.

09-07-09

04 정치경제이론은 **폐쇄체계적 시각**을 갖고 있다.

> 정치경제이론은 개방체계적 시각의 이론이다.

10-07-27

05 정치경제이론은 **상황적합이론**이라고도 하며, 조직을 이끄는 가치와 이념을 간과하는 한계성을 드러낸다.

> 정치경제이론을 자원의존이론이라고 하기도 한다.

06 제도이론은 조직을 둘러싼 법적, 제도적 환경요소들이 조직에 미치는 영향을 설명한 이론으로 **조직에 불리한 제도를 개선하기 위한 사회행동을 강조한다.**

> 제도이론이 불리한 제도를 개선하기 위한 사회행동을 강조한 것은 아니다. 오히려 제도적 환경에 대한 순응을 강조한다는 특징이 있다.

07 정치경제이론은 <u>조직이 갖고 있는 정치적, 경제적 자원이 지역사회에 미치는 영향</u>에 대해 설명한 이론이다.

> 정치경제이론은 조직이 환경이 갖고 있는 정치적, 경제적 자원을 필요로 함에 따라 발생하는 환경과 조직 간의 역학관계를 살펴본 이론이다.

08 상황이론에 비추어볼 때 <u>경직적인 규칙과 구조를 가진 사회복지조직은 효과성이 떨어질 수 있다.</u>

> 상황이론은 조직을 둘러싼 상황이 다르기 때문에 조직마다 적합한 조직구조는 다르다고 보았다. 이러한 점에서 사회복지조직 중에서도 경직적인 규칙과 구조가 효과적인 조직이 있을 수도 있다.

09 사회복지조직이 사회적 정당성을 확보하기 위해 노력하는 것은 <u>**상황이론**</u>을 통해 설명할 수 있다.

> 제도이론을 통해 설명할 수 있다. 제도이론은 조직이 제도적 환경에 기대하는 요소를 반영함으로써 사회적 정당성을 확보해나간다고 설명하였다.

빈칸에 들어갈 알맞은 말을 채워보자

`13-07-03`
01 (   )이론: 사회복지조직과 관련된 법적 규범이나 가치 체계를 주요 설명요인으로 다룬다.

`10-07-27`
02 (   )이론: 사회복지조직의 과업환경에 대한 중요성을 부각시키며, 외부자원에 의존할 수밖에 없는 사회복지조직의 현실을 생생하게 설명해준다.

03 (   )이론: '변이 → 선택 → 보전'의 과정을 거쳐 조직변동이 일어난다고 설명한다.

`19-07-05`
04 (   )이론: 어느 경우에나 적용되는 최선의 조직관리 이론은 없다. 효과적인 조직관리 방법은 조직이 처한 환경과 조건에 따라 달라진다.

답 01 제도 **02** 정치경제 **03** 조직군 생태 **04** 상황

다음 내용이 옳은지 그른지 판단해보자

01 정치경제이론은 조직의 생존을 위해서는 환경으로부터 합법성을 부여받아야 한다고 보았다. ◎ ⊗

02 제도이론은 폐쇄체계적 관점에서 조직이 제도적 환경에 순응함으로써 조직의 정당성을 얻을 수 있다고 보았다. ◎ ⊗

03 제도이론은 사회복지조직과 관련된 법적 규범이나 가치 체계를 주요 설명요인으로 다룬다. ◎ ⊗

04 조직군 생태이론의 분석대상은 개별조직이 아닌 조직군이다. ◎ ⊗

05 조직군 생태이론은 제도적 동형화 유형을 제시하였다. ◎ ⊗

답 **01** ○ **02** × **03** ○ **04** ○ **05** ×

해설 **02** 제도이론은 개방체계적 관점에서 조직에 대한 환경의 영향력을 설명한다.
05 제도적 동형화 유형을 제시한 이론은 제도이론이다.

195 고전이론

1회독
월 일

2회독
월 일

3회독
월 일

★★★
최근 10년간 **7문항** 출제

이론요약

관료제이론

- 합리적인 규칙과 **최대한의 효율성** 추구
- 공적인 지위에 **계층제**
- 지위에 따른 권위, **합법적 권위**
- 고도로 **전문화**된 분업 체계
- **사적 감정 배제**
- 연공서열, 실적, 기술에 기반을 둔 승진 및 지위 보장(**경력지향**)

과학적 관리론

- 개개인의 동작을 분석하여 소요시간을 표준화함으로써 분업체계 확립
- 기획과 실행의 분리, 관리자와 노동자의 분리
- **차별적 성과급 제도**를 원칙으로 함
- 구성원들을 금전적 요인에만 반응한다고 가정
- 관리자만 결정권한이 있는 엘리트주의적 관점
- 생산성이 향상되면 노동자들에게 적절한 보상이 돌아갈 것이라고 가정했지만 실제로는 그렇지 못했다는 비판

기본개념

사회복지행정론
pp.44~

01 (22-07-05) 테일러의 과학적 관리론은 업무시간과 동작의 체계적 분석 등 직무에 대한 과학적 분석을 기반으로 하였다.

02 (22-07-05) 테일러의 과학적 관리론은 직무성과에 따른 인센티브 제공 등 경제적 보상을 강조하였다.

03 (16-07-01) 관료제이론은 조직운영의 권한양식이 합법성·합리성을 띠고 있다.

04 (16-07-01) 관료제이론은 조직이 수행해야 할 과업이 일상적·일률적인 경우 효율적이다.

05 (15-07-15) 과학적 관리론은 주로 경제적 보상을 강조한다.

06 (15-07-15) 과학적 관리론은 인간의 정서적 측면과 사회적 관계를 고려하지 못하기 때문에 비인간화로 인한 소외현상이 발생한다.

07 (12-07-02) 과학적 관리론은 효율성과 생산의 극대화를 실현하기 위한 이론이다.

08 (04-07-04) 과학적 관리 이론은 시간과 동작에 대한 엄밀한 연구를 기반으로 업무를 세분화하였다.

09 (02-07-09) 고전이론은 비공식 집단의 필요성을 인식하지 못했다.

10 (02-07-09) 고전이론은 업무분석, 분업, 규칙과 통제, 물질적 보상 등을 기반으로 이론을 전개했다.

11 (01-07-01) 과학적 관리론은 금전적 보상만으로 구성원들의 동기가 부여된다고 보았다.

대표기출 확인하기

22-07-05 난이도 ★★☆

테일러(F. W. Taylor)의 과학적 관리론에 관한 설명으로 옳은 것을 모두 고른 것은?

> ㄱ. 직무의 과학적 분석: 업무시간과 동작의 체계적 분석
> ㄴ. 권위의 위계구조: 권리와 책임을 수반하는 권위의 위계
> ㄷ. 경제적 보상: 직무성과에 따른 인센티브 제공
> ㄹ. 사적 감정의 배제: 공식적인 원칙과 절차 중시

① ㄱ, ㄴ ② ㄱ, ㄷ
③ ㄴ, ㄹ ④ ㄱ, ㄴ, ㄷ
⑤ ㄱ, ㄷ, ㄹ

▶ 알짜확인

- 고전이론에서는 대표적으로 관료제이론과 과학적 관리론을 들 수 있다.
- 둘 다 규칙, 분업, 합리성, 효율성 등에 초점을 두었다는 공통점이 있지만, 관료제이론은 관료조직을 바탕으로 제시됐기 때문에 전문성 개발이나 위계질서 등을 강조했으며, 과학적 관리론은 공장을 바탕으로 제시됐기 때문에 시간당 업무량을 계산하여 차별적 성과급 제도를 도입했다는 특징이 있다.

답 ②

✔ 응시생들의 선택

① 4%	② 27%	③ 7%	④ 24%	⑤ 38%

ㄴ, ㄹ. 관료제이론의 특징이다. 관료제이론은 권위적 위계구조(계층제), 사적 감정 배제, 전문화된 분업체계, 연공서열 및 실적에 승진(경력지향), 합리적인 규칙, 행정효율 극대화 등을 주요 특징으로 한다.

관련기출 더 보기

21-07-05 난이도 ★★★

베버(M. Weber)가 제시한 이상적 관료제형으로 옳지 않은 것은?

① 공식적 위계와 업무처리 구조
② 전문성에 근거한 분업구조
③ 전통적 권위에 의한 조직 통제
④ 직무 범위와 권한의 명확화
⑤ 조직의 기능은 규칙에 의해 제한

답 ③

✔ 응시생들의 선택

① 3%	② 25%	③ 47%	④ 4%	⑤ 21%

③ 관료제 조직은 피라미드 형태로 위계적으로 구성되어 가장 높은 권위를 가진 사람이 피라미드의 정점에 위치하게 된다. 이때의 권위는 답습되는 전통적 권위가 아니라 능력에 따라 부여되는 권위이며, 조직의 운영 및 통제는 합리적 규칙을 따른다.

난이도 ★☆☆

다음의 ( )에 들어갈 내용으로 옳은 것은?

테일러(F. W. Taylor)가 개발한 과학적 관리론은 (ㄱ)에게만 조직의 목표를 설정할 수 있는 (ㄴ)을 부여하기 때문에 (ㄷ)의 의사결정 (ㄹ)을(를) 지향하는 사회복지조직에 적용하는 데는 한계가 있을 수 있다.

① ㄱ: 직원   ㄴ: 책임   ㄷ: 직원   ㄹ: 과업
② ㄱ: 관리자   ㄴ: 책임   ㄷ: 직원   ㄹ: 참여
③ ㄱ: 관리자   ㄴ: 과업   ㄷ: 관리자   ㄹ: 참여
④ ㄱ: 직원   ㄴ: 과업   ㄷ: 직원   ㄹ: 과업
⑤ ㄱ: 직원   ㄴ: 과업   ㄷ: 관리자   ㄹ: 참여

답 ②

응시생들의 선택

| ① 1% | ② 89% | ③ 6% | ④ 2% | ⑤ 2% |

과학적 관리론
- 일에 관한 기획은 관리자의 몫이고 실행은 노동자의 몫이라는 기획과 실행의 분리를 전제로 한다. 이로 인해 의사결정에 관한 권리는 관리자에게만 부여하기 때문에 전 직원의 참여를 통한 민주적 의사결정 과정을 지향하는 사회복지조직에는 부적합한 측면이 있다.
- 과학적 관리론은 기획과 실행을 분리하는 한편, 노동을 분업하여 노동자가 담당한 과업을 달성한 정도에 따라 임금을 제공(차별적 성과급)함으로써 노사협력이 가능하다고 보았다.

난이도 ★★★

과학적 관리론(scientific management)에 관한 설명으로 옳은 것을 모두 고른 것은?

ㄱ. 조직 구성원의 업무를 과학적으로 분석하여 활용한다.
ㄴ. 집권화를 통한 위계구조 설정이 조직 성과의 결정적 요인이다.
ㄷ. 호손(Hawthorne) 공장에서의 실험결과를 적극 반영하였다.
ㄹ. 경제적 보상을 통해 생산성을 극대화할 수 있다.

① ㄱ, ㄴ   ② ㄱ, ㄷ
③ ㄱ, ㄹ   ④ ㄴ, ㄷ
⑤ ㄷ, ㄹ

답 ③

응시생들의 선택

| ① 16% | ② 31% | ③ 46% | ④ 2% | ⑤ 5% |

ㄴ. 집권화를 통한 위계구조 설정은 관료제 이론의 특징이다.
ㄷ. 호손 공장에서의 실험결과를 반영한 것은 인간관계론이다.

난이도 ★★☆

관료제의 주요 특성으로 옳은 것을 모두 고른 것은?

ㄱ. 조직 내 권위는 수평적으로 구조화된다.
ㄴ. 조직 운영에서 구성원 개인의 사적 감정은 배제된다.
ㄷ. 직무 배분과 인력 배치는 공식적 규칙과 규정에 의해서 이루어진다.
ㄹ. 업무와 활동을 분업화함으로써 전문화를 추구한다.

① ㄱ, ㄴ   ② ㄷ, ㄹ
③ ㄱ, ㄴ, ㄷ   ④ ㄴ, ㄷ, ㄹ
⑤ ㄱ, ㄴ, ㄷ, ㄹ

답 ④

응시생들의 선택

| ① 0% | ② 9% | ③ 3% | ④ 83% | ⑤ 5% |

ㄱ. 관료제는 공적인 지위에 따른 위계적인 권위구조를 기반으로 한다.

다음 내용이 옳은지 그른지 판단해보자

01 관료제이론과 과학적 관리론은 모두 인간의 합리성을 강조한다. ◎ⓧ

`12-07-02`
02 과학적 관리론은 조직관리는 조직이 처한 상황에 의해서 결정된다고 보았다. ◎ⓧ

03 관료제이론은 엄격한 규칙과 업무 분장에 따른 관리를 강조하였다. ◎ⓧ

`05-07-04`
04 고전이론은 구성원의 자율성과 책임감을 강조한다. ◎ⓧ

`16-07-01`
05 관료제이론은 조직외부의 정치적 상황에 주목한다. ◎ⓧ

06 과학적 관리론은 차별적 성과급 제도를 원칙으로 한다. ◎ⓧ

07 과학적 관리론은 조직의 생산성 향상을 위한 조직 구성원들의 동기부여를 금전적 차원으로만 접근했다는 한계가 있다. ◎ⓧ

`06-07-11`
08 관료제이론은 합리성과 융통성을 중시한다. ◎ⓧ

`15-07-15`
09 과학적 관리론에서는 구성원들의 비인간화로 인한 소외현상이 발생할 수 있다. ◎ⓧ

답 01○ 02× 03○ 04× 05× 06○ 07○ 08× 09○

해설 **02** 조직관리가 조직의 상황에 따라 달라진다고 본 이론은 상황이론에 해당한다.
04 고전이론은 지나치게 합리성, 합법성을 강조하고 위계적 권위구조로 구성되기 때문에 구성원의 자율성과 책임감을 고려하지 않는다.
05 관료제이론은 외부환경에 대해 고려하지 않은 폐쇄체계적 관점의 이론이다.
08 관료제이론은 합리성을 중시하기는 하지만 융통성을 중시하지는 않는다. 관료제이론은 합리적 규칙과 위계적 권위구조를 갖기 때문에 경직성이라는 단점을 갖는다.

196 인간관계이론

최근 10년간 **5문항** 출제 ★★★

이론요약

인간관계이론의 주요 특징

- 메이요의 호손실험 결과를 바탕으로 함
- 근로자는 개인으로서가 아닌 집단의 일원으로 행동함
- 집단 내의 인간관계는 정서나 감정 등 비합리적 요소로 이루어짐
- 비물질적, 비경제적 동기 요인에 주목
- **인간관계, 구성원 간의 상호작용, 비공식집단 활동이 생산성 향상에 영향을 미침**
- 환경적 요소를 고려하지 않음(폐쇄체계적 관점)

기본개념

사회복지행정론
pp.49~

맥그리거의 X · Y이론

- X이론: 사람은 일하기를 싫어하기 때문에 통제와 지시 필요. 매슬로우의 생리적 욕구, 안전 욕구, 사회적 욕구가 해당
- Y이론: 사람은 일하기를 좋아하며 자기통제와 자기지시가 가능함. 자기만족과 자기실현의 욕구가 중요한 보상이 됨. 매슬로우의 자기존중의 욕구, 자아실현의 욕구가 이에 해당. **인간관계이론은 Y이론과 관련됨**
- cf) Z이론: 자유방임형 관리 제시. 과학자, 학자, 연구직 등 고도의 자율성이 필요한 조직들은 인위적인 동기부여가 부적절하다고 봄

01 (22-07-03) 메이요의 인간관계이론은 심리적 요인이 생산성 향상에 영향을 미친다고 보았다.

02 (22-07-04) X이론은 생산성 향상을 위해 조직 구성원에 대한 감독, 보상과 처벌, 지시 등이 필요하다고 본다.

03 (21-07-04) 인간관계이론은 인간의 사회적, 심리적, 정서적 욕구를 강조하였다.

04 (21-07-04) 인간관계이론은 조직 내 비공식 집단의 중요성을 인식하였다.

05 (21-07-04) 인간관계이론은 조직 내 개인은 감정적이며 비물질적 보상에 민감하게 반응한다고 보았다.

06 (19-07-04) 인간관계론은 호손(Hawthorne) 공장에서의 실험결과를 적극 반영하였다.

07 (17-07-04) 인간관계론은 조직구성원은 비공식 집단의 성원으로 행동하며, 이러한 비공식 집단이 개인의 생산성에 영향을 준다고 보았다.

08 (15-07-09) 인간관계이론: 구성원들 간에 호의적인 태도를 가지는 조직은 생산성이 높다.

09 (15-07-09) Y이론: 인간은 자율성과 창조성을 지닌다.

10 (13-07-24) 인간관계이론은 맥그리거(D. McGregor)의 Y이론에 가까운 인간관에 입각한다.

· **11** (13-07-24) 인간관계이론에 기반한 관리자는 생산성 향상을 목표로 하면서도 하급직원들과 비공식적 방식을 통한 관계유지에도 관심을 둔다.

12 (12-07-08) 인간관계이론은 비공식적 조직에 대한 이해를 증진시켰다.

13 (09-07-10) 인간관계이론은 인간의 심리·사회적 욕구를 중요시한다.

14 (09-07-10) 인간관계이론은 조직 구성원의 자율성과 책임성을 강조한다.

15 (06-07-27) 인간관계이론을 통해 조직 내 비공식적 과정의 중요성을 이해할 수 있다.

대표기출 확인하기

22-07-03　　　　　난이도 ★☆☆

메이요(E. Mayo)가 제시한 인간관계이론에 관한 설명으로 옳은 것은?

① 생산성은 근로조건과 환경에 의해서만 좌우된다.
② 심리적 요인은 생산성 향상에 영향을 미친다.
③ 사회적 상호작용은 생산성 향상에 부정적인 영향을 미친다.
④ 공식적인 부서의 형성은 생산성 향상으로 이어진다.
⑤ 근로자는 집단 구성원이 아닌 개인으로서 행동하고 반응한다.

▶ 알짜확인

• 인간관계이론은 호손실험을 바탕으로 도출된 이론으로, 생산성 향상을 위해 조직 내 인간관계에 주목해야 한다고 본 이론이다. 비공식조직의 중요성을 인식했다는 점, 맥그리거(D. McGregor)의 Y이론에 가깝다는 점이나 폐쇄체계적 이론이라는 점 등이 종종 등장했던 내용이다.

답 ②

✅ 응시생들의 선택

① 2%	② 84%	③ 3%	④ 7%	⑤ 4%

① 조직 내 인간관계가 생산성에 영향을 미친다고 보았다.
③ 구성원 간 사회적 상호작용이 개인의 만족도, 동기부여, 성과 등에 중요한 영향을 미친다고 보았다.
④ 비공식조직을 통한 정서적 욕구충족이 생산성 향상으로 이어진다고 보았다.
⑤ 근로자는 개인이 아닌 집단의 한 구성원으로 행동한다고 보았다.

관련기출 더 보기

13-07-24　　　　　난이도 ★★☆

인간관계이론에 기반한 관리자의 행동으로 볼 수 없는 것은?

① 사회기술(social skill)의 활용을 중시한다.
② 맥그리거(D. McGregor)의 Y이론에 가까운 인간관에 입각한다.
③ 하급직원들과 비공식적인 방식을 통한 관계유지에도 관심이 있다.
④ 관리행동의 목표를 생산성 향상에 둔다.
⑤ 과학적 업무분석과 이윤공유를 중요시한다.

답 ⑤

✅ 응시생들의 선택

① 13%	② 4%	③ 6%	④ 16%	⑤ 61%

⑤ 과학적 업무분석과 이윤공유는 과학적 관리론에 해당한다.

09-07-10　　　　　난이도 ★☆☆

인간관계이론에 관한 설명으로 옳은 것을 모두 고른 것은?

ㄱ. 조직에서 규칙을 강조하고 능률을 최우선시 한다.
ㄴ. 인간의 심리·사회적 욕구를 중요시하는 이론이다.
ㄷ. 맥그리거(McGregor)의 X이론과 유사한 관점의 이론이다.
ㄹ. 조직구성원의 자율성과 책임성을 강조한다.

① ㄱ, ㄴ, ㄷ　　　　　② ㄱ, ㄷ
③ ㄴ, ㄹ　　　　　④ ㄹ
⑤ ㄱ, ㄴ, ㄷ, ㄹ

답 ③

✅ 응시생들의 선택

① 6%	② 3%	③ 81%	④ 1%	⑤ 9%

ㄱ. 인간관계이론은 조직구성원의 사기와 생산성, 동기와 만족, 리더십, 조직 내 비공식집단의 역동성 등 구성원 간의 상호작용, 즉 인간관계가 능률에 영향을 미친다고 보았다.
ㄷ. 맥그리거의 Y이론과 유사한 관점의 이론이다.

정답훈련

다음 내용이 왜 틀렸는지를 확인해보자

01-07-01

01 인간관계론은 **분업에 따른** 생산성 향상을 강조하였다.

> 분업에 따른 생산성 향상은 과학적 관리론에 해당한다.

04-07-04

02 인간관계이론은 **공식조직의 역할을 강조**하였다.

> 인간관계이론은 비공식조직이 생산성 제고에 미치는 영향을 인식한 이론이다.

03 인간관계이론은 **조직의 생산성이 아닌** 인간적 측면에 관심을 두었다.

> 인간관계이론이 인간적 측면에 관심을 둔 것은 생산성 향상을 위해서이다.

01-07-01

04 인간관계이론은 맥그리거(McGregor)의 **X이론과 유사한 관점**의 이론이다.

> 인간관계이론은 맥그리거의 Y이론과 유사한 관점의 이론이다.

05 인간관계이론은 조직 내의 **인간관계가 목표달성, 성과 등 합리적 요소에 따라 이루어진다**고 보았다.

> 인간관계이론에서는 조직 내 인간관계가 정서적 측면 같은 비합리적 요소에 따라 이루어지며, 이러한 정서적 만족감이 충족될 경우 생산성이 향상된다고 보았다.

15-07-09

06 Z이론에서는 **인간은 통제와 강제의 대상**이라고 보았다.

> 인간을 통제와 강제의 대상으로 본 것은 X이론에 해당한다.
> Z이론은 X이론과 Y이론만으로는 설명할 수 없는 창의적이고 자율적인 조직의 관리를 위해 제기된 이론이다. 예를 들어 연구소의 학자들은 자유의지에 따라 자율적으로 자신의 일을 하기 때문에 인위적인 동기부여는 애초에 적절하지 않다는 것이다.

3장 사회복지행정의 이론적 배경 **59**

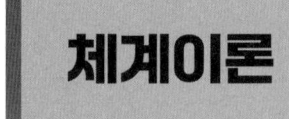

197 체계이론

강의 QR코드

1회독	2회독	3회독
월 일	월 일	월 일

최근 10년간 **1문항** 출제

이론요약

폐쇄체계와 개방체계의 구분

기본개념

사회복지행정론
pp.53~

▶ **폐쇄체계**
- 폐쇄체계는 다른 외부체계들과 상호교류가 없거나 혹은 교류할 수 없는 체계를 말한다.
- <u>고전이론과 인간관계론이 대표적인 폐쇄체계적 관점</u>의 이론에 해당한다.

▶ **개방체계**
- 개방체계는 다른 체계와 에너지, 정보, 자원 등을 상호교류하는 체계이다.
- 정치경제이론, 자원의존이론, 조직군생태론, 제도이론 등 <u>환경의 영향력을 인식한 조직환경이론들이 개방체계적 관점</u>에 해당한다.

하위체계

- 생산 하위체계: 서비스 제공
- 유지 하위체계: 조직의 목표달성을 위한 구성원의 교육, 훈련, 업무의 공식화
- 경계 하위체계: 환경의 영향에 대한 대응
- 적응 하위체계: 연구, 계획, 평가
- 관리 하위체계: 다른 4가지 하위체계를 조정, 통합

기출문장 CHECK

01 (09-07-09) 체계이론은 주체들 간의 상호의존성에 대한 이해를 증진시켰다.

02 (08-07-리) 정치경제이론, 제도이론 등은 조직과 외부환경과의 연관성을 중요하게 고려하였다.

03 (04-07-06) 상황이론은 조직과 환경을 연결하여 설명했다.

04 (03-07-01) 정치경제이론은 개방체계적 관점의 이론이다.

05 (03-07-리) 체계모형에 따라 사회복지 조직을 파악했을 때 기관의 홍보를 담당하는 부문은 경계 하위체계이다.

대표기출 확인하기

10-07-20 난이도 ★★☆

조직이론에서 환경에 대하여 개방체계적 관점들을 묶은 것은?

① 관료제론, 상황적합론, 인간관계론
② 상황적합론, 과학적 관리론, 제도이론
③ 정치경제론, 인간관계론, 제도이론
④ 인간관계론, 조직군 생태학론, 상황적합론
⑤ 정치경제론, 상황적합론, 조직군 생태학론

 알짜확인

• 조직이론에서 폐쇄체계적 관점과 개방체계적 관점을 구분하는 것은 기본적으로 알아두어야 한다.
• 하위체계의 특성을 살펴보는 내용도 간혹 출제된 바 있다.

답 ⑤

✔ **응시생들의 선택**

① 2%	② 3%	③ 3%	④ 24%	⑤ 68%

➕ **덧붙임**

최근에 폐쇄체계 이론과 개방체계 이론을 구분하는 단순한 유형의 문제는 잘 출제되지 않고 있지만, 각 이론에 대한 선택지 중 하나로 구성되어 등장하기도 하기 때문에 반드시 알아두어야 한다.
우리 기본서에서는 '고전이론 → 인간관계이론 → 체계이론 → 조직환경이론' 등 조직이론의 발달순서에 따라 각 이론을 소개하고 있는데 고전이론과 인간관계이론은 폐쇄체계적 관점이고, 조직환경이론은 개방체계적 관점으로 암기하면 된다.
간혹 체계이론부터 개방체계로 보면 되는지 질문하는 경우가 있는데, 체계이론은 폐쇄체계와 개방체계의 속성을 구분하여 제시했을 뿐 그 자체를 개방체계적 관점의 이론으로 보기는 어렵다.

관련기출 더 보기

15-07-12 난이도 ★★☆

다음 체계이론 중 어떤 하위체계에 관한 설명인가?

• 주요 목적은 개인의 욕구를 통합하고 조직의 영속성을 확보하는 것이다.
• 업무절차를 공식화하고 표준화한다.
• 직원을 선발하여 훈련시키며 보상하는 제도를 확립한다.

① 관리 하위체계
② 적응 하위체계
③ 생산 하위체계
④ 경계 하위체계
⑤ 유지 하위체계

답 ⑤

✔ **응시생들의 선택**

① 58%	② 7%	③ 5%	④ 1%	⑤ 29%

⑤ 유지 하위체계는 보상체계를 확립하고, 교육 및 훈련 등을 통해 조직의 안정을 추구한다.

다음 내용이 옳은지 그른지 판단해보자

08-07-리
01 정치경제이론, 제도이론 등은 사회복지조직과 외부환경과의 연관성을 중요하게 고려한 이론들이다. ◎ⓧ

07-07-06
02 인간관계이론은 개방체계적 관점의 이론에 속한다. ◎ⓧ

04-07-06
03 관료제론, 과학적 관리론과 달리 상황이론은 조직과 환경을 연결하여 설명하였다. ◎ⓧ

04 체계이론에서는 하위체계를 5가지로 구분하였는데, 이 중 유지 하위체계는 다른 4가지 하위체계를 조정하고 통합하는 기능을 한다. ◎ⓧ

05 경계 하위체계는 조직을 둘러싼 환경에 대한 대응과 관련이 깊다. ◎ⓧ

답 **01**○ **02**× **03**○ **04**× **05**○

해설 **02** 인간관계이론은 외부환경과 조직 간의 연관성을 살펴본 것은 아니기 때문에 폐쇄체계적 관점의 이론에 속한다.
04 다른 하위체계들을 조정하고 통합하는 기능을 하는 것은 관리 하위체계에 해당한다.

4장

사회복지조직의
구조와 조직화

이 장에서는

출제율이 아주 높은 장은 아니지만 다양한 내용이 출제되기 때문에 대비하기 어려운 장이기도 하다. 공식성, 복잡성, 집권성 등 조직의 구조적 요소는 출제빈도가 높은 편이어서 대비해두어야 하고, 그 밖에 다양한 조직의 유형을 살펴보고, 조직을 구조화하는 방법들을 살펴보도록 하자.

10년간 출제분포도

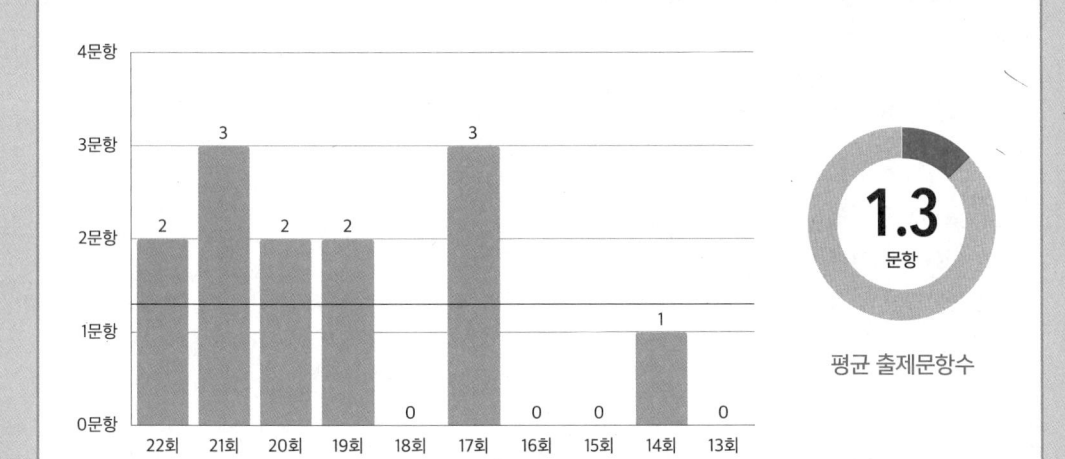

평균 출제문항수

198 조직의 구조적 요소

강의 QR코드

최근 10년간 **6문항** 출제

이론요약

공식성

- 조직에 대한 규율, 규칙이 명문화된 형태로 존재하는가에 따라 구분
- 공식조직: 조직도에 나타나는 제도적인 조직
- **비공식조직**: 직장 내 동호회와 같이 구성원 사이에 **자연발생적으로 나타나는 조직**

기본개념

사회복지행정론
pp.76~

복잡성

- 조직의 구성을 어떻게 분할하고 통합할 것인가
- **수직적 분화(수직조직)**
  - 조직구조의 **계층적 분화, 위계적 구조**
  - 권한과 책임이 분명함
  - 책임자의 강력한 통솔권을 바탕으로 조직의 안정성을 확보
  - 책임자의 역량에 좌우됨
  - 조직이 경직될 수 있음
- **수평적 분화(수평조직)**
  - **동일한 수준에서의 분화를 의미**
  - 조직규모가 클수록 수평적 분화가 촉진됨
  - 참여적, 객관적 의사결정
  - 직원들의 전문지식과 경험 활용
  - 조직의 융통성, 신축성 부여

집권화와 분권화

- **집권화**: 의사결정권이 조직의 상층부에 집중되어 있는 형태
- **분권화**: 의사결정권이 상당 부분 조직의 하층부에 이양되어 하위관리자에게 의사결정권이 나누어지거나 하위관리자의 의사결정 참여가 확보되어 있는 형태

01 (22-07-06) 수직적 분화가 많아질수록 의사소통의 절차가 복잡해진다.

02 (21-07-08) 공식화 정도가 높을수록 직원의 재량권이 줄어든다.

03 (18-07-01) 비공식 조직은 조직의 응집력을 높일 수 있다는 순기능이 있다.

04 (17-07-07) 분권화는 책임과 권한을 조직 내에 분산하는 전략이다.

05 (17-07-07) 사업의 종류가 많을수록 조직의 복잡성이 증가한다.

06 (14-07-24) 수평적 분화에서는 통제의 범위를, 수직적 분화에서는 조정과 의사소통의 수준을 고려하여 설계한다.

07 (14-07-24) 공식화는 구성원들의 업무 편차를 줄이는 데 효과적이다.

08 (12-07-16) 복잡성: 수직적·수평적 분화의 수준을 의미한다.

09 (12-07-16) 분권화: 의사결정의 공식적 권한이 분산되거나 이양된 것을 말한다.

10 (12-07-16) 공식화: 조직 내 직무와 수행과정을 명문화하는 것이다.

11 (10-07-18) 수평적 분화가 증가하면 조정의 필요가 높아진다.

12 (10-07-26) 사회복지조직의 경우 외부상황을 고려하여 조직구조를 선택하는 것이 적합하다.

13 (09-07-16) 비공식 조직이 공식적 명령 계통을 위배할 경우 설득, 경고, 전보 등의 조치를 취한다.

14 (08-07-27) 조직에서 완전한 집권이나 완전한 분권은 있을 수 없고 양자 간에는 적절한 균형이 바람직하다.

15 (07-07-05) 비공식 의사전달체계는 구성원의 심리사회학적 만족감을 높일 수 있다는 장점이 있다.

16 (07-07-18) 사회복지조직은 휴먼 서비스를 제공하기 때문에 분권화 조직을 선호하는 경향이 있다.

17 (05-07-08) 조직구조가 복잡하면 분화정도가 높아진다.

18 (05-07-08) 집권화 구조는 최고관리층에 있는 소수에게 힘이 집중된 형태이다.

19 (03-07-22) 비공식조직은 변화를 위한 프로그램이나 계획에 기여하기도 한다.

20 (01-07-02) 수직조직은 조직의 창의성이나 유통성을 확보하는 데에는 불리한 측면이 있다.

대표기출 확인하기

22-07-06   난이도 ★★★

조직 구성요소에 관한 설명으로 옳은 것은?

① 집권화 수준을 높이면 의사결정의 권한이 분산된다.
② 업무가 복잡할수록 공식화의 효과는 더 크다.
③ 공식화 수준을 높이면 직무의 사적 영향력이 높아진다.
④ 과업분화가 적을수록 수평적 분화가 더 이루어진다.
⑤ 수직적 분화가 많아질수록 의사소통의 절차가 복잡해진다.

 알짜확인

- 비공식 조직의 필요성과 주의할 점에 대해 확인해두자.
- 조직이 커질수록 수직적으로든 수평적으로든 분화하게 되는데, 이와 관련하여 수직적 분화 및 수평적 분화의 차이점을 살펴보자.
- 사회복지조직은 대체로 분권화 구조에 관심을 두지만 집권화 구조가 무조건 안 된다는 것은 아니다. 각각의 특징과 함께 장단점을 살펴보자.

답 ⑤

✔ 응시생들의 선택

① 4%	② 27%	③ 7%	④ 9%	⑤ 53%

① 의사결정의 권한을 분산하는 것은 분권화이다.
② 공식화란 누가, 어떤 일을, 어떻게 수행하고 처리할 것인가를 정해두는 것이다. 단순생산직 같이 업무가 단순하다면, 업무의 표준화와 공식화도 상대적으로 용이하고 공식화에 따른 효과도 크다. 그러나 휴먼 서비스 직종과 같이 전문가의 사례별 개별화된 판단이 중요하고 업무가 복잡하다면, 업무의 표준화와 공식화는 용이하지 않을 뿐만 아니라 함부로 표준화할 수 없으며 공식화의 효과도 상대적으로 작다.
③ 공식화 수준을 높이면 직무에 대한 규칙과 규정이 강화되는 것이기 때문에 직무의 사적 영향력이 낮아진다.
④ 과업분화가 많을수록 팀 구성이 쪼개지기 때문에 수평적 분화가 더 이루어진다.

관련기출 더 보기

18-07-01   난이도 ★★☆

조직 내 비공식 조직의 순기능으로 옳은 것은?

① 조직의 응집력을 높인다.
② 공식 업무의 신뢰성과 일관성을 높인다.
③ 정형화된 구조로 조직의 안정성을 높인다.
④ 파벌이나 정실인사의 부작용이 나타난다.
⑤ 의사결정이 하층부에 위임되어 직원들의 참여의식을 높인다.

답 ①

✔ 응시생들의 선택

① 76%	② 2%	③ 4%	④ 7%	⑤ 11%

비공식조직은 조직 내 구성원들 사이에 나타나는 동호회 성격의 소규모 모임을 말한다. 공식조직의 긴장감을 덜어주고 구성원 간 사적인 관계를 통해 응집력이 향상되는 순기능이 있다. 하지만 공식조직의 업무가 비공식조직을 통해 이루어져서는 안 되며, 비공식조직을 통해 파벌이 조성될 경우 공식조직의 분열을 일으킬 수도 있다.

17-07-07   난이도 ★☆☆

조직의 구성요소에 관한 설명으로 옳지 않은 것은?

① 예산, 구성원 수 등으로 조직의 규모를 나타낼 수 있다.
② 직무표준화 정도가 지나치게 높으면 구성원의 재량권은 낮아진다.
③ 사업의 종류가 많을수록 조직의 복잡성이 증가한다.
④ 집권화는 구성원의 자발적 참여와 재량권을 확대시킨다.
⑤ 분권화는 책임과 권한을 조직 내에 분산하는 전략이다.

답 ④

✔ 응시생들의 선택

① 1%	② 5%	③ 1%	④ 91%	⑤ 2%

④ 집권화는 중요한 의사결정 권한이 조직의 상층부에 집중되는 방식이다. 이 구조에서는 구성원들의 권한이 극히 제한되기 때문에 창의성과 자율성이 저해될 수 있다.

조직구조에 관한 설명으로 옳지 않은 것은?

① 수평적 분화에서는 통제의 범위를, 수직적 분화에서는 조정과 의사소통의 수준을 고려하여 설계한다.
② 업무의 표준화는 조직운영의 경제성과 예측성을 높이기 위한 활동이다.
③ 정보가 과다하게 집중되어 있는 상황에서 의사결정의 집권화는 실패 가능성을 줄일 수 있다.
④ 공식적 권한의 집중·분산은 조직관리의 효과성·효율성과 연관되어 있다.
⑤ 공식화는 구성원들의 업무 편차를 줄이는 데 효과적이다.

답 ③

✔ 응시생들의 선택

① 37%	② 4%	③ 46%	④ 4%	⑤ 9%

③ 집권화는 의사결정 권한이 최고상층부에 집중되어 있는 것을 의미하는데 대체로 최고상층부는 소수의 인원으로 구성되기 때문에 많은 정보를 감당하기 어려울 수 있다. 분권화를 통해 권한을 위임하여 각기 분야별로 정보를 분산시키거나 필요한 정보를 중심으로 분석하도록 하는 것이 실패를 줄일 수 있다.

① 수평적 분화는 계층화 단계가 축소되어 횡적으로 넓어지는 구조가 된다. 대체로 부서 단위가 아닌 사업의 흐름에 따라 팀 단위로 구성되는데, 권한을 위임받은 하위관리자(팀장)가 감당할 수 있는 정도의 선에서 통제 범위가 설정되도록 해야 한다. 수직적 분화는 각 부서의 틀에서 계층화되기 때문에 홍보부, 기획부와 같은 부서 간, 또 상하 간의 조정과 의사소통문제를 고려해야 한다.
② 업무의 표준화는 어떤 업무를 어떤 방식으로, 어떤 절차로 처리할 것인가에 대한 기준을 세워놓는 것이라고 보면 된다. 업무를 표준화해두면 비슷한 업무를 같은 방식으로 처리하면 되기 때문에 조직운영의 경제성과 예측성을 높일 수 있다.
④ 집권화와 분권화 모두 조직을 어떻게 효율적으로 관리할 수 있는가에 관심을 두고 발달된 것이다. 사회복지조직은 대체로 분권화를 선호하는 경향이 있기는 하지만 조직의 상황에 따라 선택적으로 적용하게 된다.
⑤ 공식화란 조직 내에서 누가, 어떤 일을, 언제, 어떻게 수행할 것인가에 대한 규정을 말한다. 업무가 공식화되어 있으면 한 사람에게 업무가 집중되는 것을 방지할 수 있다.

조직의 분화 정도를 의미하는 복잡성(complexity)에 관한 설명으로 옳은 것은?

① 통제범위가 넓으면 상대적으로 수직적 조직 구조를 갖는다.
② 분권화와 대칭되는 개념이다.
③ 조직활동의 효율성과 예측성을 높여준다.
④ 수평적 분화가 증가하면 조정의 필요가 높아진다.
⑤ 사적인 요소의 영향력을 줄인다.

답 ④

✔ 응시생들의 선택

① 20%	② 7%	③ 8%	④ 62%	⑤ 3%

① 통제범위가 넓으면 상대적으로 수평적 조직 구조를 갖게 된다.
② 분권화와 대치되는 개념은 집권화이다.
③⑤ 공식화에 해당하는 내용이다.

조직 내 의사결정과 관련하여 집권화와 분권화에 대한 설명으로 옳은 것은?

① 분권화란 의사결정의 권한이 중앙 또는 상위기관에 집중되어 있는 것을 의미한다.
② 집권화란 의사결정 권한이 지방 또는 하급기관에 위임되어 있는 것을 의미한다.
③ 하위계층에 권한이 많이 위양될수록 집권적 조직구조로 간주된다.
④ 권한이 제한되어 상위계층에 많은 권한이 집중되어 있을수록 분권적 구조라 한다.
⑤ 완전한 집권이나 완전한 분권은 있을 수 없고 양자 간에는 적절한 균형이 바람직하다.

답 ⑤

✔ 응시생들의 선택

① 1%	② 0%	③ 2%	④ 4%	⑤ 93%

① 집권화란 의사결정의 권한이 중앙 또는 상위기관에 집중되어 있는 것을 의미한다.
② 분권화란 의사결정 권한이 지방 또는 하급기관에 위임되어 있는 것을 의미한다.
③ 하위계층에 권한이 많이 위양될수록 분권적 조직구조로 간주된다.
④ 권한이 제한되어 상위계층에 많은 권한이 집중되어 있을수록 집권적 구조라 한다.

다음 내용이 왜 틀렸는지를 확인해보자

12-07-16

01 공식화는 수직적 · 수평적 분화의 수준을 의미한다.

> 복잡성은 수직적 · 수평적 분화의 수준을 의미한다.

17-07-07

02 집권화는 구성원의 자발적 참여와 재량권을 확대시킨다.

> 구성원의 참여와 재량권 확대를 위해서는 분권화 구조가 더 적합하다.

10-07-26

03 환경이 단순하고 기술이 표준화되어 있을수록 **분권식 조직구조가 적합**하다.

> 환경이 단순하고 기술이 표준화되어 있다면 집권화 조직이 더 적합할 수 있다.

03-07-22

04 비공식조직은 공식조직의 **단합력을 높이는 데 기여**한다.

> 비공식조직이 공식조직의 단합력을 높이는 데 기여할 수도 있지만, 그 반대로 비공식조직 간에 파벌 조성 및 알력 다툼이 발생해 공식조직의 긴장감을 높이는 폐단이 일어날 수도 있다.

05-07-08

05 새로운 정보에 신속하게 대응함에 있어서는 **분권화 조직이 더 유리**하다.

> 새로운 정보나 위기 상황에 대한 대응에 있어서는 집권화 조직이 더 유리한 측면이 있다.

10-07-18

06 조직구조의 복잡성은 **분권화와 대칭**이 되는 개념이다.

> 분권화와 대칭이 되는 개념은 집권화이다.

다음 내용이 옳은지 그른지 판단해보자

01 비공식조직으로 인해 잘못된 정보가 공유될 위험성도 높다. ◎ⓧ

`09-07-16`
02 비공식조직을 통한 의사결정이 공식조직의 의사결정을 대체하도록 허용해야 한다. ◎ⓧ

03 조직이 확대됨에 따라 수직적 분화와 수평적 분화가 모두 일어날 수 있다. ◎ⓧ

04 수평적 조직에서는 계층적 구조가 나타나지 않는다. ◎ⓧ

`01-07-02`
05 조직의 규모가 커질수록 수직적 분화가 한계에 달하게 되어 수평적 분화가 촉진된다. ◎ⓧ

06 수평적으로 분화된 참모조직은 집권화의 수단이 될 수도 있다. ◎ⓧ

`10-07-26`
07 모든 사회복지조직이 분권식 구조가 적합하다고 단정할 수는 없다. ◎ⓧ

답 01○ 02× 03○ 04× 05○ 06○ 07○

해설 02 의사결정은 공식조직 내에서 이루어져야 한다.
04 수평적 조직은 수직적 조직의 계층 단계를 일부 감소시킨 것으로 계층적 구조가 전혀 없는 것은 아니다.

199 조직구조의 유형

강의 QR코드

최근 10년간 **4문항** 출제

이론요약

기계적 구조와 유기적 구조

기본개념

- 기계적 구조: 내부 관리에 초점, 규칙과 절차 강조, 집권화 구조 예 관료제조직

※ **관료제조직의 병폐현상**

- 폐쇄적, 권위적
- 크리밍: 성공 가능성이 높은 클라이언트 위주로 선발하는 현상
- 목적전치: 수단인 규칙을 목적보다 중요시하는 현상
- 동조과잉: 조직의 표준적인 행동양식에 지나치게 동조하는 현상
- 레드 테이프(번문욕례): 지나친 형식주의

사회복지행정론
pp.81~

- 유기적 구조: 신축적 구조, 환경변화에 유연하게 대응, 규칙 및 절차의 단순화, 팀 워크 강조, 분권화 구조 예 학습조직

위원회 조직

- 특별한 과업이나 문제를 해결하기 위한 목적으로 전문가 중심으로 조직
- 조직의 일상적인 업무수행 기구 이외에 별도로 구성

동태적 조직

- 프로젝트 조직: 관련 부서에서 프로젝트 수행을 위해 파견. 프로젝트 종료 후 원래 부서로 복귀
- 태스크포스 조직: 장기적인 사안을 위해 기존 부서에서 차출·탈퇴하여 TF팀에 소속됨
- 매트릭스 조직(행렬조직): 전통적 조직+프로젝트 조직. 각자 기능 부서에 속한 동시에 프로젝트 조직에도 속하도록 구성
- 팀 조직: 전통적인 조직체계인 부·과·계 등의 조직을 통합·분할하여 하나의 팀으로 전환
- 네트워크 조직: 다른 조직과의 제휴·협력·연계

01 (22-07-07) 위원회 조직은 일상 업무수행기구와는 별도로 구성된다. 특별과업이나 문제해결을 위한 전문가 중심의 조직이다. 낮은 수준의 수직적 분화와 공식화가 나타난다.

02 (20-07-05) 태스크포스는 팀 형식으로 운영되는 조직이다. 특정 목표달성을 위한 업무에 전문가들을 배치한다. 환경의 변화에 대응하기 위해서 만든 조직의 성격이 강하다.

03 (18-07-03) 관료제의 역기능: 조직 운영규정 자체가 목적으로 인식될 수 있다. 부서이기주의가 나타날 수 있다. 서비스가 최저 수준에 머무를 수 있다.

04 (17-07-06) 행렬조직은 직무별 분업을 인정하면서 동시에 사업별 협력을 강조한다.

대표기출 확인하기

21-07-09 난이도 ★★☆

다음 사례에 해당하는 현상은?

> A사회복지기관은 프로그램 운영 성과를 높이기 위해 기부금 모금실적을 직원 직무평가에 반영하기로 했다. 직원들이 직무평가에서 높은 점수를 받기 위해 모금활동에 더 많은 시간과 노력을 기울이게 되면서 오히려 프로그램 운영 성과는 저조하게 되었다.

① 리스트럭쳐링(restructuring)
② 목적전치(goal displacement)
③ 크리밍(creaming)
④ 소진(burn out)
⑤ 다운사이징(downsizing)

 알짜확인

- 관료제조직에서 나타나는 병폐현상, 역기능에 관한 문제도 이따금씩 출제되고 있다. 크리밍, 목적전치 등 단어만 봐서는 의미를 알기 어렵기 때문에 개념들을 잡아두자.
- 동태적 조직의 특징을 파악하는 문제가 간혹 출제되고 있는데, 주로 매트릭스조직의 특징에 관한 문제가 출제되었고 20회 시험에서는 태스크포스의 특징에 관한 문제가 처음 등장하기도 했다.

답 ②

☑ **응시생들의 선택**

① 2%	② 77%	③ 8%	④ 4%	⑤ 9%

② 목적전치: 목적을 달성하기 위한 수단이 강조되면서 수단 자체가 목적이 되어버리거나 수단이 목적보다 더 중요시되는 현상을 말한다. 사례에서 기부금 모금을 강조한 것은 프로그램 운영 성과 제고를 위한 수단이었는데, 직원들이 목적인 프로그램 운영보다 수단인 기부금 모금에 더 노력을 기울이면서 목적전치가 일어난 것이다.

① 리스트럭쳐링: 기존의 조직 구조를 개선하기 위한 구조조정
③ 크리밍: 결과가 성공적일 것으로 예상되는 클라이언트를 우선 선발하고, 어려울 것 같은 클라이언트를 배척하는 현상
④ 소진: 업무 스트레스로 인해 신체적, 정신적으로 지쳐 고갈되는 현상
⑤ 다운사이징: 감원, 합병 등을 통한 기관축소

관련기출 더 보기

20-07-05 난이도 ★☆☆

조직의 유형 중 태스크포스(TF)에 관한 설명으로 옳은 것을 모두 고른 것은?

> ㄱ. 팀 형식으로 운영하는 조직이다.
> ㄴ. 특정 목표달성을 위한 업무에 전문가들을 배치한다.
> ㄷ. 환경의 변화에 대응하기 위해서 만든 조직의 성격이 강하다.

① ㄱ
② ㄴ
③ ㄱ, ㄷ
④ ㄴ, ㄷ
⑤ ㄱ, ㄴ, ㄷ

답 ⑤

☑ **응시생들의 선택**

① 3%	② 5%	③ 11%	④ 7%	⑤ 74%

태스크포스는 특별한 업무의 수행을 위해 필요한 인력을 기존 부서에서 차출하여 팀 조직의 형태로 편성한다.

17-07-06 난이도 ★★☆

행렬조직(matrix organization)에 관한 설명으로 옳은 것은?

① 직무 배치가 위계와 부서별 구분에 따라 이루어지는 전형적 조직이다.
② 조직운영을 지원하는 비공식 조직을 의미한다.
③ 합리성을 강조하기 때문에 조직 유연성을 저하시킬 수 있다.
④ 직무별 분업을 인정하면서 동시에 사업별 협력을 강조한다.
⑤ 현실에서 작동하지 않는 가상의 사업조직을 일컫는다.

답 ④

☑ **응시생들의 선택**

① 17%	② 3%	③ 5%	④ 72%	⑤ 3%

행렬조직은 구성원들이 기존의 업무를 수행하면서도 프로젝트를 동시에 수행하게 되는 구조이다. 프로젝트의 필요에 따라 유연하게 구성된다.

다음 내용이 옳은지 그른지 판단해보자

10-07-30

01 행렬구조를 가진 조직은 역동적인 외부환경 변화에 대응하기 어렵다는 단점이 있다. ◎ ⊗

08-07-15

02 네트워크 조직은 지역사회 차원에서 공공기관과 민간기관들 간의 협력과 연계에 유리한 조직방식이다. ◎ ⊗

05-07-09

03 매트릭스 조직은 조직의 안정성에 문제가 발생할 수 있다. ◎ ⊗

04 프로젝트 조직은 대체로 프로젝트가 종료된 후 해산을 전제로 한다. ◎ ⊗

05 행렬구조에서는 지휘·감독 체계가 분명해지기 때문에 부하 직원이 어느 업무에 우선순위를 둘 것 인가를 명확하게 판단할 수 있다. ◎ ⊗

02-07-05

06 관료제조직에서 나타나는 병폐 현상 중 하나로, 엄격한 규칙지향성으로 인해 수단으로서의 규칙이 목적이 되어버리는 상황을 목적전치라고 한다. ◎ ⊗

07 레드테이프(red tape)는 사회복지기관에서 지나치게 실적을 강조한 나머지 서비스 제공에 따른 효 과가 클 것으로 기대되는 클라이언트를 집중적으로 선발하는 현상을 말한다. ◎ ⊗

18-07-03

08 사회복지조직이 관료제를 도입하면 부서이기주의, 목적전치 등의 역기능이 나타날 수 있다. ◎ ⊗

답 01✕ 02○ 03✕ 04○ 05✕ 06○ 07✕ 08○

해설 **01** 행렬구조는 기존의 기능조직에 상황에 따라 프로젝트 조직을 구성하는 형태로 외부환경 변화에 대응하여 조직을 유연하게 변화시킬 수 있다.

03 매트릭스 조직(행렬조직)은 기존의 기능조직이 유지되기 때문에 조직의 안정성을 훼손하지 않으면서도 환경변화에 대응할 수 있다.

05 행렬구조에서는 부하 직원이 기존의 기능부서와 프로젝트 팀에 동시에 속하게 되기 때문에 양쪽에서 지휘·감독을 받게 된다. 이로 인해 어느 업무를 먼저 수행해야 할 것인가와 관련한 갈등을 겪을 수 있다.

07 크리밍 현상에 해당한다. 레드테이프(번문욕례)는 지나치게 번거롭고 불필요한 형식주의를 지칭하는 말이다.

1회독	2회독	3회독
월 일	월 일	월 일

★★★
최근 10년간 **3문항** 출제

복습 **1** 이론요약

공공 사회복지조직

- 보건복지부 등 중앙정부 및 지방자치단체
- 정부 산하 기관

민간 사회복지조직

▶ **비영리 사회복지조직**

- 대체로 사회복지사업법에 따른 사회복지법인이나 민법에 따른 비영리 사단법인 및 재단법인 등의 비영리법인으로서 설립되어 사회복지사업을 수행하는 조직을 말함
- 국가 혹은 시장 부문으로부터 분리된 자발적 민간 부문의 조직
- 사회적 가치를 추구한다는 점에서 국가 지원금 및 세제 혜택이 주어짐
- 비영리성, 사회적 가치 추구, 자발성, 독립성, 법인격, 합법성

▶ **영리 사회복지조직**: 요양원 등 휴먼서비스경영조직

▶ **사회적 경제 주체**: 영리를 추구하면서도 사회적 목적을 추구, 사회적 기업, 협동조합, 마을기업, 자활기업 등

※ 모든 비영리조직이 사회복지조직은 아니며, 사회서비스를 제공하는 모든 조직이 비영리조직인 것도 아니다. 또한 비영리조직도 수익사업을 진행한다.

기본개념
사회복지행정론
pp.95~

기출문장
CHECK

01 (19-07-06) 비영리조직은 사적 이익보다는 공동체의 이익을 우선적으로 추구한다.

02 (19-07-06) 비영리조직은 필요에 따라 수익사업을 실시하기도 한다.

03 (17-07-05) 사회서비스 공급에 영리 기관도 참여하고 있다.

04 (17-07-05) 사회복지법인 이외에도 사회복지시설을 운영할 수 있다.

대표기출 확인하기

21-07-24
난이도 ★☆☆

비영리 사회복지조직에 관한 설명으로 옳지 않은 것은?

① 수익성과 서비스 질을 고려하지 않고 조직을 운영한다.
② 정부조직에 비해 관료화 정도가 낮다.
③ 국가와 시장이 공급하기 어려운 서비스를 제공할 수 있다.
④ 특정 이익집단을 위한 서비스를 제공할 수 있다.
⑤ 개입대상 선정과 개입방법을 특화할 수 있다.

 알짜확인

• 민영화 흐름에 따라 공공과 민간의 절대적 구분이 어려운 다양한 조직 유형들이 나타나고 있음을 이해해야 한다.
• 사회복지서비스를 제공하는 조직이 비영리조직에 국한되지 않는다는 점을 기억해두자.

답 ①

✔ 응시생들의 선택

① 86%	② 2%	③ 2%	④ 8%	⑤ 2%

① 비영리조직은 영리를 목적으로 하지 않을 뿐 수익사업을 진행하며, 클라이언트에게 더 나은 서비스를 제공하기 위한 질 관리도 주요 관심사이다.

관련기출 더 보기

19-07-06
난이도 ★☆☆

비영리조직의 특성을 설명한 것으로 옳지 않은 것은?

① 사적 이익보다는 공동체의 이익을 우선적으로 추구한다.
② 필요에 따라 수익사업을 실시하기도 한다.
③ 회원 조직도 비영리조직에 포함된다.
④ 기부금이나 후원금이 조직의 중요한 재원이다.
⑤ 한국에는 비영리조직에 대한 세제혜택이 없다.

답 ⑤

✔ 응시생들의 선택

① 2%	② 3%	③ 5%	④ 1%	⑤ 89%

⑤ 비영리조직에 대한 세제혜택이 있다. 예를 들어, 비영리법인이라 하더라도 무상으로 취득한 재산에 대해서는 세금이 발생하는 것이 원칙이지만, 사회복지법인은 공익법인으로 인정되어 재산에 대한 상속세와 증여세가 면제된다.

17-07-05
난이도 ★☆☆

한국의 민간 사회복지조직에 관한 설명으로 옳지 않은 것은?

① 사회적 기업은 사회서비스 공급에 참여할 수 없다.
② 사회서비스 공급에 영리 기관도 참여하고 있다.
③ 사회복지법인 이외에도 사회복지시설을 운영할 수 있다.
④ 지방자치단체와의 위·수탁 계약을 통해 서비스를 제공하는 경우가 있다.
⑤ 정부보조금, 후원금, 이용료 등 재원이 다양하다.

답 ①

✔ 응시생들의 선택

① 93%	② 2%	③ 3%	④ 1%	⑤ 1%

① 사회복지서비스 공급은 사회복지 법인 및 시설뿐만 아니라, 영리기업, 비영리 사단법인, 사회적 경제 주체 등 다양한 주체들에 의해 이루어지고 있다.

다음 내용이 왜 틀렸는지를 확인해보자

01 사회적 기업, 협동조합, 마을기업, 자활기업 등은 **비영리조직**이다.

이들 모두 사회적 경제 조직으로 영리를 추구한다.

02 비영리 사회복지조직은 민간조직이기 때문에 **정부 차원의 지원금을 받지는 않는다.**

사회적 가치를 추구하는 조직이라는 점에서 정부의 보조와 지원이 이루어지고 있다.

03 지방자치단체의 위탁으로 운영되는 사회복지시설은 **공공 사회복지조직**이다.

정부의 위탁으로 운영되는 시설은 민영화에 따라 나타난 공공과 민간의 혼합 방식 중 하나이다.

04 사회복지서비스를 제공하는 모든 조직은 **비영리를 원칙**으로 한다.

사회복지법인 등 대부분의 사회복지조직이 비영리이지만, 사회복지서비스를 제공하는 모든 조직이 비영리조직인 것은 아니다.

05 비영리 사회복지조직은 영리를 추구하지 않기 때문에 **수익사업을 할 수 없다.**

비영리 사회복지조직이라고 해서 수익사업을 하지 않는 것은 아니다. 수익사업을 통한 수익은 조직의 목적사업을 위한 재원이 된다.

5장

사회복지서비스 전달체계

이 장에서는

꾸준히 출제된 내용은 전달체계 구축의 원칙이다. 대체로 정답률이 높지만 간혹 함정에 빠지기 쉽게 출제되기도 하므로 전문성, 적절성, 포괄성, 통합성, 지속성, 평등성, 책임성, 접근성 등의 초점을 잘 구분해두어야 한다. 그 밖에 행정체계와 집행체계의 구분, 공공과 민간의 역할 및 장단점, 통합성 증진을 위한 전략(전달체계 개선 전략) 등이 출제되어 왔다.

10년간 출제분포도

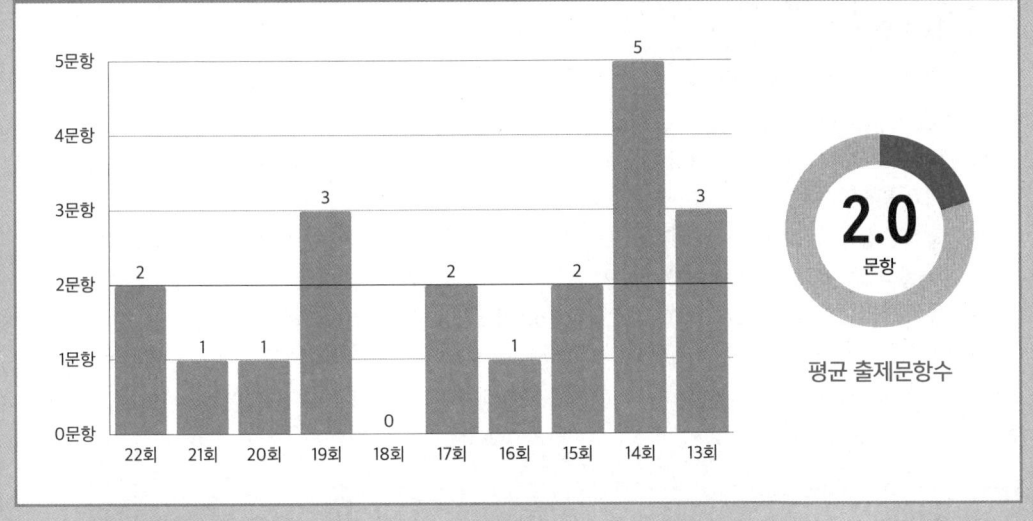

평균 출제문항수

201 전달체계 구축의 원칙

강의 QR코드

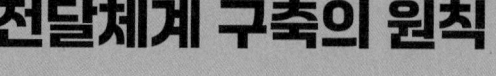

1회독	2회독	3회독
월 일	월 일	월 일

최근 10년간 **11문항** 출제

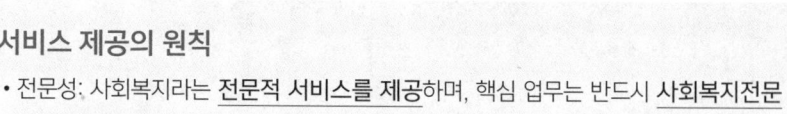

기본개념

사회복지행정론
pp.105~

서비스 제공의 원칙

- 전문성: 사회복지라는 **전문적 서비스를 제공**하며, 핵심 업무는 반드시 **사회복지전문가가 담당**해야 함
- 적절성: **서비스 양과 질, 제공 기간**이 클라이언트의 욕구충족과 서비스의 목표달성을 위해 **충분해야 함**
- 포괄성: 다양한 욕구나 다양한 문제를 해결하기 위해 **다각도의 서비스 제공. 클라이언트 중심**
- 통합성: 서비스의 **중복/누락 방지**에 초점을 둠. **기관 간 연계**를 통한 서비스 제공. **기관 중심**
- 지속성: **서비스가 끊어지지 않고 제공**되어야 함. 해당 기관에서 복합적 욕구를 모두 충족시킬 수 없을 때에는 지역사회 연계를 통해 지속성을 확보해야 함
- 평등성: 클라이언트의 연령, 성별, 소득, 지역, 종교나 지위에 관계없이 제공
- 책임성: 사회복지서비스의 전달에 대하여 책임을 다해야 한다는 것으로, 효과성 및 효율성을 포괄
- 접근성: 지리적인 거리, 경제적인 이유, 개인적 동기와 인식 등 물리적, 심리적 장벽 해소

통합성 증진

- 종합서비스센터: 장애인종합복지관, 종합사회복지관처럼 하나의 서비스 기관 내에서 복수의 서비스가 제공될 수 있도록 한다.
- 인테이크(intake)의 단일화: 클라이언트의 다양한 욕구를 종합적으로 평가하여 적절한 서비스 계획을 개발하도록 인테이크를 전담하는 창구를 마련한다.
- 종합적인 정보와 의뢰 시스템(I&R System): 전달체계들을 단순 조정하는 방법으로 각기 독립성을 유지하면서 서비스의 통합적 제공을 강화하는 방법이다.
- 사례관리: 사례관리자가 중심이 되어 조직들 간의 네트워크를 이용하여 클라이언트를 관리하고 욕구를 만족시켜주는 방법이다.
- 트래킹(tracking): 서로 다른 각각의 기관과 프로그램에서 다루었던 클라이언트에 대한 정보를 서로 공유할 수 있게 하는 시스템이다.

활용성

- 어떻게 하면 한정된 자원을 가장 필요로 하는 클라이언트에게 제공할 수 있을 것인가, 최대한의 효용을 발휘할 수 있는 클라이언트 집단에게 쓰이도록 할 수 있을까의 문제
- 과활용과 저활용 문제를 수정함으로써 활용성을 제고해야 함
  - 과활용: 욕구가 없는 사람에게까지 서비스가 제공되는 오류
  - 저활용: 욕구가 있음에도 서비스를 받지 못하는 사람이 발생하는 문제

기출문장 CHECK

01 (22-07-18) 서비스 비용 부담을 낮춤으로써 접근성을 높일 수 있다.

02 (22-07-18) 서비스 간 연계성을 강화함으로써 연속성을 높일 수 있다.

03 (22-07-18) 양·질적으로 이용자 욕구에 부응함으로써 적절성을 높일 수 있다.

04 (22-07-18) 이용자의 요구나 불만을 파악함으로써 책임성을 높일 수 있다.

05 (22-07-23) 서비스 과활용은 비(非)표적 인구가 서비스에 접근하여 나타나는 문제이다.

06 (20-07-22) 전달체계의 접근성을 높이기 위해서는 서비스 이용의 장애요인을 줄여야 한다.

07 (19-07-18) 통합성: 서비스의 중복과 누락을 방지하고 다양한 서비스를 통합적으로 제공해야 한다.

08 (19-07-18) 적절성: 사회복지서비스의 양과 질이 서비스 수요자의 욕구 충족과 서비스 목표 달성에 적합해야 한다.

09 (19-07-18) 접근성: 서비스 이용자에게 공간, 시간, 정보, 재정 등의 제약이 없는 서비스 제공을 의미한다.

10 (19-07-18) 전문성: 충분한 사회복지전문가의 확보가 필요하다.

11 (16-07-10) 접근성: 제약 없이 서비스를 쉽게 받을 수 있어야 한다.

12 (16-07-10) 연속성: 필요한 서비스가 일정기간동안 지속적으로 제공되어야 한다.

13 (15-07-05) 포괄성: 클라이언트의 욕구와 문제해결을 위해 다양한 서비스를 제공해야 한다.

14 (15-07-05) 적절성: 서비스의 양과 질이 목표달성에 충분해야 한다.

15 (15-07-05) 전문성: 핵심적인 업무는 반드시 객관적으로 자격이 인정된 사람이 담당해야 한다.

16 (15-07-05) 접근성: 서비스를 필요로 하는 사람은 누구나 쉽게 받을 수 있어야 한다.

17 (14-07-09) 서비스 지속성을 높이려면 서비스 간 연계도 강화되어야 한다.

18 (14-07-09) 거리뿐만 아니라 서비스 이용비용도 접근성에 영향을 준다.

19 (14-07-09) 전문성, 통합성과 같은 전달체계 구축의 원칙들은 상호 영향을 줄 수 있다.

20 (14-07-18) 사회복지서비스들 사이의 파편화와 단절을 줄이는 방법으로 사회복지 제공자 간 네트워크 구축, 사례관리 강화, 욕구에 대한 종합적인 파악, 서비스 연계 기제 마련 등을 고려해볼 수 있다.

21 (13-07-05) 통합성 원칙 구현을 위해서는 조직 간 유기적 연계가 중요하다.

22 (13-07-05) 책임성 원칙은 전달체계 자체의 효과성이나 효율성과 관련된다.

23 (13-07-23) 아웃리치, 홍보, 정보 및 의뢰, 클라이언트와의 신뢰구축, 서비스 조직의 개선 등은 서비스의 활용성을 높이기 위해 사용할 수 있는 전략들이다.

24 (12-07-09) 통합성: 상호연관된 서비스를 종합적으로 고려한다.

25 (12-07-09) 지속성: 필요한 여러 서비스를 중단없이 제공한다.

26 (12-07-09) 적절성: 서비스의 양과 질이 욕구충족을 위한 수준이어야 한다.

27 (12-07-09) 평등성: 소득이나 지위에 관계없이 평등하게 서비스를 제공한다.

28 (11-07-27) 이용자 불만을 표시할 수 있는 장치가 없다면 '책임성'이 결여된 것이다.

29 (11-07-27) 필요한 서비스의 양과 질이 부족하다면 '적절성'이 결여된 것이다.

30 (10-07-14) 서비스의 적절성은 서비스의 양과 질, 기간이 클라이언트의 문제해결에 충분한 것을 의미한다.

31 (10-07-14) 서비스의 포괄성은 다양한 욕구해결을 위해 필요한 서비스를 종합적으로 제공하는 것을 의미한다.

32 (05-07-24) 접근성 원칙의 예: 사회복지공동모금회는 2007년 기획 사업으로 농어촌 복지 취약 지역에 이동복지관을 지원하기로 계획하였다.

33 (04-07-02) 통합성, 접근성, 적절성 등은 전달체계의 주요 원칙이다.

대표기출 확인하기

22-07-18 　　　　　　　　난이도 ★★☆

사회복지전달체계 구축 원칙에 관한 설명으로 옳지 않은 것은?

① 서비스 비용 부담을 낮춤으로써 접근성을 높일 수 있다.
② 서비스 간 연계성을 강화함으로써 연속성을 높일 수 있다.
③ 양·질적으로 이용자 욕구에 부응함으로써 적절성을 높일 수 있다.
④ 최소 비용으로 최대 효과를 얻음으로써 전문성을 높일 수 있다.
⑤ 이용자의 요구나 불만을 파악함으로써 책임성을 높일 수 있다.

 알짜확인

- 각각의 원칙들이 어떤 점에 주된 초점을 두고 있는지를 중심으로 구분할 수 있도록 해야 한다. 더불어 원칙들 간에 연결성이 있다는 점도 이해해야 한다.
- 다양한 욕구를 충족시키기 위해 다양한 서비스가 연계되어 제공될 수 있도록 하는 통합성 증진 전략들에 대해 살펴보자.
- 사회복지서비스 제공에 있어서 나타날 수 있는 과활용 및 저활용의 문제를 생각해보자.

답 ④

✅ 응시생들의 선택

① 3%	② 4%	③ 4%	④ 75%	⑤ 14%

④ 최소 비용으로 최대 효과를 얻음으로써 효율성을 높일 수 있다.

관련기출 더 보기

22-07-23 　　　　　　　　난이도 ★★☆

다음 설명에 해당되는 것은?

- 비(非)표적 인구가 서비스에 접근하여 나타나는 문제
- 사회적 자원의 낭비 유발

① 서비스 과활용　　　② 크리밍
③ 레드테이프　　　　　④ 기준행동
⑤ 매몰비용

답 ①

✅ 응시생들의 선택

① 71%	② 11%	③ 6%	④ 1%	⑤ 11%

② 크리밍: 성공률이 높을 것으로 기대되는 클라이언트를 우선시하는 현상이다.
③ 레드테이프(번문욕례): 지나친 형식주의, 불필요하거나 과도한 행정적 절차를 일컫는다.
④ 기준행동: 성과평가의 기준에 맞추려는 현상이다.
⑤ 매몰비용: 계획을 실행함에 따라 이미 지출되어 어떤 방법으로든 회수할 수 없는 비용이다.

난이도 ★☆☆

사회복지전달체계 구축 시 고려해야 할 사항으로 옳지 않은 것은?

① 통합성: 서비스의 중복과 누락을 방지하고 다양한 서비스를 통합적으로 제공해야 한다.
② 포괄성: 클라이언트의 다양한 욕구 중 한 가지 욕구를 해결하기 위하여 전문가 집단이 개입하는 방식이다.
③ 적절성: 사회복지서비스의 양과 질이 서비스 수요자의 욕구 충족과 서비스 목표 달성에 적합해야 한다.
④ 접근성: 서비스 이용자에게 공간, 시간, 정보, 재정 등의 제약이 없는 서비스 제공을 의미한다.
⑤ 전문성: 충분한 사회복지전문가의 확보가 필요하다.

답 ②

✔ 응시생들의 선택

① 1%	② 92%	③ 1%	④ 3%	⑤ 3%

② 포괄성은 다양한 욕구 중 어느 한 가지 욕구에 주목하는 것이 아니라, 다양한 욕구에 대해 복합적 차원에서 다각도로 접근해야 한다는 것이다.

난이도 ★★☆

다음에서 나타나지 않는 현상은?

A지역자활센터는 대상자의 취업 성공률을 높이기 위해 전담직원을 신규 채용해서 맞춤형 프로그램 기획을 담당하도록 하였다. 또한 대상자를 개별적으로 사정, 상담하여 취업 방해요인을 분석하였다. 몇몇 대상자들은 A센터의 취업성공률을 낮출 것이라고 보고 타기관으로 보낼 방안을 검토하고 이를 요청하였다.

① 서비스 과활용   ② 크리밍
③ 의뢰   ④ 사례관리
⑤ 스태핑(staffing)

답 ①

✔ 응시생들의 선택

① 60%	② 20%	③ 4%	④ 5%	⑤ 11%

① 서비스 과활용은 욕구가 없는 사람에게까지 서비스가 제공되는 현상을 말한다.
② 크리밍: 성공률이 낮을 것으로 보이는 클라이언트나 많은 자원이 필요 클라이언트를 서비스 제공에서 제외하려는 현상을 말한다.
③ 의뢰: 클라이언트를 다른 기관에 보내는 것은 의뢰에 해당한다.
④ 사례관리: 클라이언트를 개별적으로 사정, 상담하여 문제를 분석하고 필요한 다양한 서비스를 맞춤형으로 제공하기 위한 노력이다.
⑤ 스태핑: 전담직원의 신규 채용 및 배치가 인사 과정에 해당한다.

난이도 ★★☆

독거노인을 위한 복지서비스 전달체계 구축 원칙과 내용이 옳지 않은 것은?

① 충분성: 치매예방서비스 양을 증가시킴
② 연속성: 치매예방 및 관리서비스를 중단 없이 이용하게 함
③ 접근성: 치매예방서비스 비용을 낮춤
④ 책임성: 치매예방서비스 불만사항 파악절차를 마련함
⑤ 통합성: 치매예방서비스를 적극적으로 홍보함

답 ⑤

✔ 응시생들의 선택

① 8%	② 1%	③ 8%	④ 4%	⑤ 79%

⑤ 치매예방서비스를 적극적으로 홍보하는 것은 접근성의 원칙과 관련이 깊다. 접근성은 지리적 측면의 문제뿐만 아니라 심리적 측면, 정보제공의 측면에서도 고려되는 것이다.

사회복지서비스 전달체계의 구축 원칙에 관한 설명으로 옳지 않은 것은?

① 통합성 원칙 구현을 위해서는 조직 간 유기적 연계가 중요하다.
② 서비스 편중이나 누락이 없도록 하는 것은 비파편성 원칙에서 강조된다.
③ 충분성의 원칙은 서비스의 양과 기간을 설정하는 것과 관련된다.
④ 서비스 공급이 연속적으로 이루어지기 위해서는 개별성 원칙을 견지하여야 한다.
⑤ 책임성 원칙은 전달체계 자체의 효과성이나 효율성과 관련된다.

답 ④

✔ 응시생들의 선택

① 15%	② 7%	③ 7%	④ 40%	⑤ 31%

④ 클라이언트에게 서비스 공급이 연속적으로 제공되어야 한다는 원칙은 지속성의 원칙이다.

➕ 덧붙임

통합성은 클라이언트의 다양한 욕구를 충족시킬 수 있도록 해야 함을 강조하는 원칙으로, 이를 위해 여러 조직 간 유기적 연계를 통해 맞춤형 서비스 제공을 꾀하기도 한다.
책임성의 원칙은 효과성, 효율성 등을 포괄한다는 점 같이 기억해두자.

다음에 해당하는 서비스 통합의 방법은?

- 조직들 간 구조적인 통합이 아닌, 느슨한 네트워크를 구성한다.
- 조직들에 분산된 서비스를 클라이언트의 욕구에 맞추어 연결하고 관리한다.
- 아동복지분야에서 실시하고 있는 '드림스타트 사업'이 대표적인 예이다.

① 아웃리치
② 사례관리
③ 단일화된 인테이크
④ 모듈화(module)
⑤ 스태핑(staffing)

답 ②

✔ 응시생들의 선택

① 11%	② 61%	③ 9%	④ 10%	⑤ 9%

① 현장에 나가 직접 클라이언트를 발굴하여 서비스를 안내한다.
③ 인테이크(접수) 전담 창구를 구성하는 방법이다.
④ 효율적 생산을 위해 조직 내에 독립적 기능을 갖춘 단위 요소들을 필요에 따라 테트리스처럼 재구성할 수 있도록 하는 것이다.
⑤ 직원의 임면 등 행정의 인사 기능이다.

사회복지전달체계 구축의 주요 원칙에 관한 설명으로 옳은 것을 모두 고른 것은?

ㄱ. 정보 부족으로 인해 서비스를 이용할 수 없다면 '통합성'이 결여된 것이다.
ㄴ. 이용자 불만을 표시할 수 있는 장치가 없다면 '책임성'이 결여된 것이다.
ㄷ. 특정 프로그램 종료 후 필요한 후속 프로그램이 없다면 '평등성'이 결여된 것이다.
ㄹ. 필요한 서비스의 양과 질이 부족하다면 '적절성'이 결여된 것이다.

① ㄱ, ㄴ, ㄷ
② ㄱ, ㄷ
③ ㄴ, ㄹ
④ ㄹ
⑤ ㄱ, ㄴ, ㄷ, ㄹ

답 ③

✔ 응시생들의 선택

① 2%	② 2%	③ 61%	④ 28%	⑤ 8%

ㄱ. '접근성'이 결여된 것이다.
ㄷ. '지속성'이 결여된 것이다.

다음 내용이 왜 틀렸는지를 확인해보자

16-07-10

01 책임성의 원칙은 <u>충분한 양과 질 높은 서비스가 제공되어야 함</u>을 의미한다.

> 책임성은 사회복지조직은 서비스 제공에 대해 위임받은 조직이므로 서비스 전달에 책임을 져야 함을 의미한다.

16-07-10

02 전문성의 원칙은 <u>서비스가 종합적으로 제공되어야 함</u>을 의미한다.

> 전문성은 전문적인 자격을 갖춘 사람에 의해 전문적인 서비스가 제공되어야 함을 의미한다.

14-07-09

03 책임성을 높이는 전략이 접근성에 <u>영향을 주지는 않는다.</u>

> 각각의 원칙은 서로 연결성을 갖고 있기 때문에 책임성을 높이는 전략이 접근성을 높이기도 한다.

10-07-14

04 서비스의 접근성은 <u>수급자격의 요건을 강화하여 자원을 효율적으로 활용하는 것</u>을 의미한다.

> 수급자격 요건을 강화하면 자원을 덜 사용하게 될 수는 있겠으나 서비스의 접근성은 낮아지게 된다.

04-07-02

05 통합성, 접근성, 적절성, <u>진실성</u> 등은 사회복지 전달체계 구축에서의 주요 원칙이다.

> 진실성은 포함되지 않는다.

07-07-23

06 <u>적절성</u>의 원칙은 클라이언트에게 여러 서비스들이 누락되지 않고 제공되기 위한 노력이다.

> 적절성의 원칙은 욕구충족을 위해 충분한 양과 질의 서비스가 제공되어야 함을 말한다.
> 다양한 서비스의 누락 방지와 관련된 원칙은 통합성의 원칙이다.

다음 내용이 옳은지 그른지 판단해보자

01 서비스의 활용성은 접근성과는 무관하다. ◎ⓧ

02 서비스의 과활용이란, 욕구가 없는 사람에게까지 서비스가 제공되는 오류를 말한다. ◎ⓧ

`13-07-23`
03 아웃리치, 홍보, 정보 및 의뢰, 클라이언트와의 신뢰구축, 서비스 조직의 개선 등은 서비스의 활용성 ◎ⓧ
을 제고하기 위한 방안이 된다.

04 서비스의 활용성은 서비스를 제공하는 과정에서 고려해야 할 사항으로 조직의 관리 및 운영 측면의 ◎ⓧ
문제는 아니다.

`09-07-05`
05 서비스별로 인테이크 창구를 마련함으로써 통합성을 증진시킬 수 있다. ◎ⓧ

`02-07-31`
06 종합적인 정보와 의뢰 시스템(I&R)은 전달체계들을 단순 조정하는 방법으로 각기 독립성을 유지하 ◎ⓧ
면서 통합적 제공을 강화하는 방법이다.

`08-07-22`
07 기관들 간 네트워크 구축, 거점조직 창설, 아웃리치 시행 등은 사회복지 전달체계의 통합성을 제고 ◎ⓧ
하기 위한 방법이다.

(답) **01** × **02** ○ **03** ○ **04** × **05** × **06** ○ **07** ×

(해설) **01** 활용성은 서비스를 필요로 하는 사람이 반드시 서비스를 받을 수 있도록 해야 함을 내포한다는 점에서 접근성의 개념과도 연결된다.
04 서비스의 활용성은 한정된 자원으로 최대한의 효용을 발휘하기 위한 것으로 어떤 서비스를 누구에게 어떻게 제공할 것인가를 판
단하는 과정에서 고려하게 된다. 따라서 활용성은 자원의 활용이나 서비스 제공 방식 등에 관한 조직의 관리 및 운영 등 행정적 측
면도 관련이 있다.
05 하나의 창구에서 인테이크가 이루어지도록 단일화함으로써 통합성을 증진시킬 수 있다.
07 아웃리치 시행은 통합성과는 큰 관련이 없다.

전달체계의 구분 및 역할

강의 QR코드

1회독	2회독	3회독
월 일	월 일	월 일

★★★
최근 10년간 **9문항** 출제

1 이론요약

전달체계의 구분

▶ 운영주체별 구분

민간 위탁기관 등의 등장으로 운영주체의 엄격한 구분은 어려워지고 있다.

• 공공(공적) 전달체계: 정부(중앙 및 지방)나 공공기관이 직접 관리·운영하는 것
• 민간(사적) 전달체계: 민간(또는 민간단체)이 직접 관리·운영하는 것

▶ 행정체계와 집행체계

행정체계와 집행체계는 실제 서비스의 운영방식에 따라 구분되기 때문에 행정체계와 집행체계는 고정적으로 구분되는 것은 아니다.

• 행정체계: 서비스를 기획, 지시, 관리하는 지원 기능을 수행
• 집행체계: 수혜자들에게 서비스를 전달하는 기능을 주로 수행 + 일부 행정기능

기본개념

사회복지행정론
pp.104~

공공 전달체계의 역할

• 사회적 요구는 많지만 민간(즉 시장원리)에 의해 적절한 공급이 어려운 서비스 제공
• **공공재**의 제공
• 다양한 제공 주체를 연계
• 여러 주체 사이에 발생하는 갈등관계 조정
• **불평등 분배의 재분배**
• **사회적 취약계층에 대한 보호**

민간 전달체계의 역할

• 정부 제공 서비스의 사각지대에 놓인 취약계층 지원
• 환경변화에 맞춘 한발 빠른 **선도적 서비스** 보급
• 동일 종류의 **서비스에 대한 선택의 기회** 제공
• 자원봉사, 후원 등 민간의 사회복지 참여 욕구 수렴
• 정부의 사회복지 활동에 대한 압력단체 역할
• 국가의 사회복지 비용 절약

역할분담의 원칙

- 공공재, 외부효과가 큰 복지재는 국가 중심의 제공
- 사유재, 내부효과가 큰 복지재에는 시장의 핵심이 되는 기업조직 등의 협조가 필요
- 연대재의 특성이 강하거나, 연계효과가 큰 복지재의 분배에는 자원부문, 즉 각종 시민사회조직이나 자조집단 등의 적극적인 참여가 요구됨
- <u>평등이나 공평성의 가치를 추구하는 서비스는 공공에서 제공</u>

공공과 민간의 역할분담 모형

- 병행보완 모형: 공공과 민간이 각각 재원을 조달하고 급여의 대상은 다른 경우
- 병행보충 모형: 공공과 민간이 각각 재원을 조달하고 급여의 대상도 같지만, 서로 상이한 급여를 제공하는 것
- 협동대리 모형: 공공은 재원을 조달하고, 민간은 급여를 제공하는 방식으로, 이때 민간은 정부인의 대리인으로서 제한적 역할을 하는 일방적인 관계가 됨
- 협동동반 모형: 공공은 재원을 조달하고, 민간은 급여를 제공하지만, 일방적 관계가 아닌 상호적, 쌍방적 관계를 형성하여 이때 민간은 정책개발 등에 있어 재량권을 가짐

01 (21-07-15) 한국 사회복지행정 체계는 읍 · 면 · 동 중심의 서비스 제공에 노력하고 있다.

02 (20-07-22) 전달체계는 구조 · 기능 차원에서 행정체계와 집행체계로 구분할 수 있다.

03 (20-07-22) 전달체계는 운영주체에 따라서 공공체계와 민간체계로 구분할 수 있다.

04 (20-07-22) 서비스 제공기관을 의도적으로 중복해서 만드는 것이 전달체계를 개선해 줄 수도 있다.

05 (19-07-03) 사회복지 행정체계는 공공 행정체계와 민간 행정체계로 구성된다.

06 (19-07-03) 중앙정부의 사회복지 담당 부처는 보건복지부이다.

07 (19-07-03) 지방자시단체의 사회복지 행정체계는 일반 행정체계에 포함되어 있다.

08 (15-07-10) 사회복지 전달체계는 구조 · 기능적 차원에서는 행정체계와 집행체계로 구분된다.

09 (15-07-10) 행정체계는 서비스를 기획, 지시, 지원, 관리하는 것을 말한다.

10 (15-07-10) 집행체계는 서비스 전달기능을 주로 수행하면서 행정기능도 수행한다.

11 (15-07-10) 읍 · 면 · 동은 사회복지서비스와 급여를 제공하는 집행체계에 해당한다.

12 (14-07-02) 민간 전달체계는 정부제공 서비스의 비해당자를 지원할 수 있다.

13 (14-07-02) 민간 전달체계는 서비스 선택의 기회를 확대하는 측면이 있다.

14 (14-07-02) 민간 전달체계는 특정영역에서 고도로 전문화된 서비스를 제공하는 데에 강점이 있다.

15 (14-07-02) 민간 전달체계는 환경 변화에 대응하여 서비스를 선도하는 데에 유리하다.

16 (14-07-06) 우리나라 공공부조 전달에 있어 시 · 군 · 구/읍 · 면 · 동이 중요한 역할을 하고 있다.

17 (13-07-11) 자활급여 전달체계: 보건복지부 – 지방자치단체 – 서비스 기관 – 이용자

18 (12-07-10) 민간 전달체계는 다양한 서비스 제공이 가능하다.

19 (12-07-10) 민간 전달체계는 서비스 이용자의 선택 기회를 넓힌다.

20 (12-07-10) 민간 전달체계는 선도적인 서비스 개발과 보급에 유리하다.

21 (12-07-10) 민간 전달체계는 민간의 사회복지 참여욕구를 수렴할 수 있다.

22 (11-07-29) 복지혼합은 전달체계의 복잡성을 증가시키고 있다.

23 (08-07-01) 사회복지전담공무원은 시 · 도, 시 · 군 · 구, 읍 · 면 · 동 또는 사회보장사무 전담기구에서 활동한다.

24 (07-07-30) 전달체계의 한 대안으로 시장화, 민영화가 일어나고 있으며, 사회복지서비스 분야에 영리조직의 참여가 증가하고 있다.

25 (07-07-30) 민 · 관 간 협의 및 연계가 강조되고 있으며, 조직 간 수평적 네트워크 체계가 강조되고 있다.

26 (06-07-08) 지방정부는 지역주민 욕구에 대한 신속한 대응 및 시민참여에 용이하다.

27 (06-07-08) 중앙정부는 평등과 사회적 적절성 달성에 유리하다.

28 (06-07-08) 민간은 경쟁에 따른 서비스 질을 높일 수 있다.

29 (06-07-26) 민간조직은 국가 사회복지 재정을 절약하는 데에 도움이 되며, 다양한 서비스 제공 및 새로운 서비스의 선도적 개발 · 보급에 유리하다.

30 (02-07-32) 민간부문은 공공부문에 비해 서비스의 안정성이 취약하다.

대표기출 확인하기

사회복지서비스 전달체계에 관한 설명으로 옳지 않은 것은?

① 구조·기능 차원에서 행정체계와 집행체계로 구분할 수 있다.

② 운영주체에 따라서 공공체계와 민간체계로 구분할 수 있다.

③ 전달체계의 접근성을 높이기 위해서는 서비스 이용의 장애요인을 줄여야 한다.

④ 사회복지서비스 급여의 유형과 전달체계 특성은 관련이 없다.

⑤ 서비스 제공기관을 의도적으로 중복해서 만드는 것이 전달체계를 개선해 줄 수도 있다.

알짜확인

• 사회서비스가 제공되는 다양한 전달체계들을 살펴보자.
• 공공과 민간의 역할 분담 및 장단점 등을 정리해두자.

답 ④

✔ 응시생들의 선택

① 1%	② 2%	③ 2%	④ 70%	⑤ 25%

④ 사회복지급여는 현금, 현물 외에 무형의 서비스도 있다. 따라서 제공되는 유형에 따라 제공되는 방식이 다를 수 있다.

➕ 덧붙임

선택지 ⑤번을 선택한 응시생도 꽤 많았는데, 동일한 서비스나 유사한 서비스를 제공하는 기관이 여러 곳이면 클라이언트는 방문이 편한 위치나 시간을 고려하여 기관을 선택할 수 있게 된다. 즉 클라이언트의 선택권이 더 많아지기 때문에 서비스 제공기관을 의도적으로 중복해서 만드는 것도 전달체계 개선방안 중 하나가 될 수 있다.

관련기출 더 보기

한국 사회복지행정 체계에 관한 설명으로 옳지 않은 것은?

① 읍·면·동 중심의 서비스 제공에 노력하고 있다.

② 사회서비스는 단일한 공급주체에 의해 제공된다.

③ 위험관리는 위험의 사전예방과 사후관리를 모두 포함한다.

④ 지역사회 통합돌봄(커뮤니티 케어) 시행으로 지역사회 내 보건복지 서비스 제공이 확대되고 있다.

⑤ 사회서비스의 개념이 기존의 사회복지서비스를 포괄하고 있다.

답 ②

✔ 응시생들의 선택

① 2%	② 93%	③ 2%	④ 2%	⑤ 1%

② 사회서비스 공급주체는 공공, 민간, 공공의 민간 위탁, 비영리조직, 사회적기업까지 다양한 형태가 있다.

한국의 사회복지 행정체계에 관한 설명으로 옳지 않은 것은?

① 공공 행정체계와 민간 행정체계로 구성된다.

② 중앙정부의 사회복지 담당 부처는 보건복지부이다.

③ 지방자치단체의 사회복지 행정체계는 일반 행정체계에 포함되어 있다.

④ 민간 사회복지기관은 국가나 지방자치단체의 보조금을 받지 않는다.

⑤ 사회복지 행정체계에는 영리 사업자도 참여하고 있다.

답 ④

✔ 응시생들의 선택

① 0%	② 1%	③ 2%	④ 94%	⑤ 3%

④ 민간 사회복지기관은 국가나 지방자치단체의 보조금을 받고 있으며, 사실상 이 보조금이 운영비의 가장 큰 부분을 차지하는 경우가 많다.

난이도 ★★★

사회복지서비스 전달체계에 관한 설명으로 옳지 않은 것은?

① 구조·기능적 차원에서는 행정체계와 집행체계로 구분된다.
② 서비스 종류에 따라 공적 전달체계와 사적 전달체계로 구분된다.
③ 행정체계는 서비스를 기획, 지시, 지원, 관리하는 것을 말한다.
④ 집행체계는 서비스 전달기능을 주로 수행하면서 행정기능도 수행한다.
⑤ 읍·면·동은 사회복지서비스와 급여를 제공하는 집행체계에 해당한다.

답 ②

✔ 응시생들의 선택

① 3%	② 44%	③ 5%	④ 13%	⑤ 35%

② 운영주체에 따라 공적 전달체계와 사적 전달체계로 구분된다.

난이도 ★☆☆

사회복지서비스 전달에서 공공과 민간의 상대적 장점을 고려할 때 바람직한 역할분담으로 옳지 않은 것은?

① 공공재적 성격, 외부효과가 강한 서비스는 정부가 제공
② 개별화가 강한 서비스는 민간이 제공
③ 재원 안정성이 중요한 서비스는 정부가 제공
④ 표준화가 용이한 서비스는 민간이 제공
⑤ 기초적인 대규모 서비스는 정부가 제공

답 ④

✔ 응시생들의 선택

① 2%	② 3%	③ 2%	④ 88%	⑤ 5%

④ 표준화가 용이한 서비스는 공공 전달체계를 통해 제공되는 것이 바람직하다.

난이도 ★☆☆

사회복지서비스의 주체가 지방정부일 때 나타날 수 있는 현상은?

ㄱ. 지역주민들의 의견을 쉽게 수렴할 수 있다.
ㄴ. 수급권자들의 의견을 반영할 수 있다.
ㄷ. 지방정부 간의 경쟁으로 서비스가 개선될 수 있다.
ㄹ. 지방정부 간의 서비스 사이로 불평등이 심화될 수 있다.

① ㄱ, ㄴ, ㄷ   ② ㄱ, ㄷ
③ ㄴ, ㄹ   ④ ㄹ
⑤ ㄱ, ㄴ, ㄷ, ㄹ

답 ⑤

✔ 응시생들의 선택

① 13%	② 1%	③ 0%	④ 0%	⑤ 86%

ㄱ, ㄴ, ㄷ은 긍정적 측면에 해당하고, ㄹ은 부정적 측면에 해당한다. 이 문제는 긍정적 측면과 부정적 측면을 구분하는 것이 아니기 때문에 제시된 보기 내용 모두 답이 된다.

다음 내용이 왜 틀렸는지를 확인해보자

01 행정체계와 집행체계는 **서비스의 유형**에 따른 구분이다.

> 행정체계와 집행체계는 서비스의 운영 방식에 따라 구분된다.

02 공공 전달체계는 행정체계, 민간 전달체계는 집행체계이다.

> 행정체계와 집행체계의 구분이 공공과 민간의 구분을 의미하는 것은 아니다. 행정체계는 기획 및 관리 기능을 수행하고, 집행체계는 서비스를 직접 전달하는 역할에 집중한다.

03 국민기초생활보장 급여에 있어 **행정체계**는 읍 · 면 · 동 행정복지센터가 된다.

> 행정체계와 집행체계의 구분은 실제 급여마다 다른데, 국민기초생활보장 급여의 경우 읍 · 면 · 동 행정복지센터에서 상담, 접수, 서비스 제공이 이루어지므로 집행체계가 된다.

04 **민간** 전달체계는 지속적이고 안정적인 서비스 보급에 유리하다.

> 지속적이고 안정적인 서비스 보급은 공공 전달체계가 더 유리하다.

05 환경변화에 민감한 새로운 서비스의 개발은 **공공 전달체계가 더 유리**하다.

> 환경변화에 민감한 새로운 서비스의 개발은 민간 전달체계가 더 유리하다.

다음 내용이 옳은지 그른지 판단해보자

05-07-25
01 사회복지서비스는 지방자치단체보다는 중앙정부를 통해 제공되는 방향으로 변화하고 있다. ◎ ⊗

14-07-06
02 공공부조의 전달체계에서 시·군·구/읍·면·동이 중요한 역할을 하고 있다. ◎ ⊗

12-07-03
03 국민연금은 시·군·구에서 담당·전달한다. ◎ ⊗

12-07-10
04 사회복지서비스 전달에서 민간조직은 선도적인 서비스 개발과 보급에 유리하다. ◎ ⊗

14-07-15
05 표준화가 용이한 서비스는 민간 전달체계를 통해 제공하는 것이 더 적절하다. ◎ ⊗

06 민간 부문은 공공 부문에서 제공되는 서비스와 동일한 서비스를 제공해서는 안 된다. ◎ ⊗

답 01 ✕ 02 ○ 03 ✕ 04 ○ 05 ✕ 06 ✕

(해설) **01** 사회복지 부문 역시 지방분권화되어 있다.
03 국민연금은 국민연금공단에서 담당·전달한다.
05 표준화가 용이한 서비스는 공공 전달체계에서 제공하는 것이 바람직하다.
06 동일한 서비스가 제공될 경우 공공 서비스 수급에서 탈락한 사람들이 민간 부문을 통해 서비스를 받을 수 있다.

6장

사회복지조직의 기획과 의사결정

이 장에서는

기획의 개념 및 필요성, 과정을 살펴보고, 간트 차트, PERT 등 기획 기법에 대해 학습한다. 주로 기획에 관한 출제율이 높지만, 의사결정나무분석, 대안선택흐름도표, 델파이, 명목집단, 브레인스토밍 등 의사결정 기법에 관한 문제나 직관적·판단적·문제해결적 결정 및 정형적·비정형적 결정 등에 관한 문제가 출제되어 응시생들을 혼란스럽게 하기도 했다.

10년간 출제분포도

회차	문항수
22회	2
21회	0
20회	1
19회	1
18회	1
17회	1
16회	3
15회	3
14회	4
13회	2

1.8 문항

평균 출제문항수

강의 QR코드

최근 10년간 **7문항** 출제

복습 1 이론요약

간트 차트(Gantt Chart)

기본개념

- 세로 바에는 세부목표와 활동 및 프로그램을 기입하고 가로 바에는 시간을 기입하여 세부 활동의 소요시간을 막대로 나타내는 도표
- 단순명료하다는 장점이 있지만 과업 간 연관성을 알 수 없음

사회복지행정론 pp.125~

프로그램 평가검토 기법(PERT)

- 과업과 활동 소요시간 추정을 바탕으로 도식화
- **활동과 과업 사이의 상관관계를 알 수 있음**
- 최종목적에서 시작해서 주요 과업과 활동들을 역방향으로 연결
- 임계경로 산정: 임계경로는 프로그램 진행을 과정별로 계산했을 때 가장 오래 걸리는 시간이자, 최소한 확보해야 하는 시간

월별 활동계획 카드(Shed-U Graph)

- 카드 위쪽 가로에 월별 기록, 해당 월 아래 과업 기록
- 시간에 따라 변경하고 이동하는 것은 편리하지만 업무 간 연관성을 알 수 없음

방침관리기획(PDCA)

- 계획(Plan), 실행(Do), 확인(Check), 조정(Action)의 사이클에 따른 프로그램 기획 기법
- 핵심 목표의 달성을 위해 조직의 자원을 결집시키는 데에 초점을 두고, 전 구성원의 노력을 조정하기 위한 기법

01 (22-07-20) 프로그램 평가 검토기법(PERT)은 프로그램을 구성하는 활동들 간 상호관계와 연계성을 명확하게 보여준다. 임계 경로와 여유시간에 대한 정보를 파악할 수 있다. 프로그램 진행 일정을 관리하는 목적으로 많이 활용된다.

02 (19-07-19) 간트 도표(Gantt chart)는 사업별로 진행시간을 파악하여 각각 단계별로 분류한 시간을 단선적 활동으로 나타낸다.

03 (19-07-19) 프로그램 평가 검토기법(PERT)은 일정한 기간에 추진해야 하는 행사에 필요한 복잡한 과업의 순서가 보이도록 하고 임계통로를 거친다.

04 (18-07-22) 간트 차트는 헨리 간트(H. Gantt)에 의해 최초로 개발된 것으로, 활동과 활동 사이의 상관관계를 파악하기 어렵다는 단점이 있다.

05 (16-07-19) 시간별 활동계획 도표(Gantt Chart): 막대그래프를 이용해서 막대그래프 차트로도 불린다. 작업 간의 연결성에 대해 파악이 어렵다.

06 (15-07-16) 프로그램평가검토기법(PERT)은 목표달성의 기한을 정해 놓고 진행한다.

07 (15-07-16) 프로그램평가검토기법은 과업별 소요시간을 계산하여 추정한다.

08 (15-07-16) 프로그램평가검토기법은 최종 목표를 달성하는 데 있어 필요한 최단 기간을 제시할 수 있는 기법이다.

09 (15-07-16) 프로그램평가검토기법은 주요 세부목표 또는 활동의 상호관계와 시간계획을 연결시켜 나타낸다.

10 (13-07-19) 프로그램의 목표와 활동 간 관계를 합리적으로 관리하기 위해 PERT, MBO, Gantt Chart 등을 고려해볼 수 있다.

11 (11-07-14) PERT에서 프로그램 시작부터 모든 활동의 종료까지 소요되는 최소한의 시간 경로를 찾는 방법은 임계 경로(critical path)이다.

12 (10-07-03) PERT는 프로그램에 필요한 과업들을 확인하고, 과업별 소요시간을 계산하며, 전체 과업들 간 최적의 시간경로를 파악한다.

13 (08-07-07) 간트 차트는 프로그램기획에서 세부목표와 활동 및 프로그램을 기입하며 과업수행시간을 관리하는 데 사용되는 기법이다.

14 (07-07-21) 간트도표는 월별 및 일별 세부계획을 도표식으로 나타내는 방법이다.

15 (04-07-25) 간트차트는 상대적으로 복잡하지 않은 사업을 계획할 때 주로 사용하며, 단순 명료하다는 장점이 있지만, 세부목표 간 상호연관성은 알 수 없다.

16 (03-07-16) PERT: 미해군 핵잠수함 건축과정에서 고안되었다. 세부 프로그램 사이에 흐름을 이해하기 쉽다. 프로그램인 세부목표 사이에 시간을 계산하여 표시한다. 가장 긴 시간이 걸리는 통로를 임계통로라 한다.

대표기출 확인하기

난이도 ★★★

기획의 모델과 기법에 관한 설명으로 옳지 않은 것은?

① 논리모델은 투입-활동-산출-성과로 도식화하는 방법이다.
② 전략적 기획은 과정을 강조하므로 우선순위를 설정하고 단계적인 계획을 수립한다.
③ 방침관리기획(PDCA)은 체계이론을 적용한 모델이다.
④ 간트 도표(Gantt chart)는 사업별로 진행시간을 파악하여 각각 단계별로 분류한 시간을 단선적 활동으로 나타낸다.
⑤ 프로그램 평가 검토기법(PERT)은 일정한 기간에 추진해야 하는 행사에 필요한 복잡한 과업의 순서가 보이도록 하고 임계통로를 거친다.

> **알짜확인**
> • 간트 차트, 프로그램 평가검토 기법(PERT) 등 주요 기획 기법에 대해 살펴봐야 한다.

답 ③

✔ **응시생들의 선택**

① 15%	② 21%	③ 28%	④ 23%	⑤ 13%

③ 방침관리기획은 계획을 바로 실행에 옮기는 방식으로, 체계이론을 적용하지는 않았다. 체계이론을 바탕으로 하는 것은 논리모델이다.

관련기출 더 보기

난이도 ★★☆

다음 설명에 해당하는 프로그램 관리기법은?

> • 프로그램 진행 일정을 관리하는 목적으로 많이 활용됨
> • 프로그램을 구성하는 활동들 간 상호관계와 연계성을 명확하게 보여줌
> • 임계경로와 여유시간에 대한 정보를 파악할 수 있음

① 프로그램 평가 검토기법(PERT)
② 간트 차트(Gantt Chart)
③ 논리모델(Logic Model)
④ 임팩트모델(Impact Model)
⑤ 플로우 차트(Flow Chart)

답 ①

✔ **응시생들의 선택**

① 77%	② 12%	③ 3%	④ 2%	⑤ 6%

② 간트 차트: 각 활동별 예상되는 소요기간을 막대 그래프로 표시한다.
③ 논리모델: 투입→전환→산출→성과의 체계에 따라 구성한다.
④ 임팩트 모델은 프로그램이나 정책의 영향력을 중심으로 대상집단에 미친 장기적이고 포괄적인 차원(사회적 영향, 경제적 영향, 환경적 영향차원 등)의 실질적인 변화와 결과를 측정하고 분석하는 데에 초점을 둔다. 영향(impact)은 장기적이고 거시적인 차원에서 관찰되는 변화로 프로그램이나 정책의 궁극적인 최종의 목표라 할 수 있다. 임팩트 모델을 통해 프로그램의 단순한 산출이나 성과를 넘어 실제 사회적 문제해결에 대한 기여를 평가할 수 있다는 점과 그 과정에서 나타난 긍정적 영향과 부정적 영향의 발생을 평가하고 분석할 수 있다.
⑤ 플로우 차트(흐름도, 순서도): 문제 분석하여 그 문제를 해결하기 위해 필요한 작업활동과 처리순서를 통일된 기호와 도형을 사용해서 도식화한다.

난이도 ★★★

시간별 활동계획도표(Gantt Chart)의 설명으로 옳은 것을 모두 고른 것은?

ㄱ. 시간별 활동계획의 설계는 확인-조정-계획-실행의 순환적 과정으로 이루어진다.
ㄴ. 헨리 간트(H. Gantt)에 의해 최초로 개발되었다.
ㄷ. 목표달성 기한을 정해놓고 목표달성을 위해 설정된 주요 활동과 시간계획을 연결시켜 도표로 나타낸 것이다.
ㄹ. 활동과 활동 사이의 상관관계를 파악하기 힘들다.

① ㄱ, ㄴ
② ㄱ, ㄷ
③ ㄴ, ㄷ
④ ㄴ, ㄹ
⑤ ㄷ, ㄹ

답 ④

✔ 응시생들의 선택

① 5%	② 7%	③ 30%	④ 44%	⑤ 14%

ㄱ. 간트 차트는 '1단계: 목표달성에 필요한 작업을 단계별로 분류 → 2단계: 1단계에서 분류된 각각의 작업에 대해 소요되는 시간을 계산 → 3단계: 큰 틀 안에서 같이 진행되어야 하는 작업 등 특이사항 정리 → 4단계: 1~3단계의 내용을 토대로 도표화'하는 과정으로 이루어진다.
ㄷ. 프로그램 평가검토 기법(PERT)에 해당하는 설명이다.

난이도 ★☆☆

다음에서 설명하는 기획기법은?

• 막대그래프를 이용해서 막대그래프 차트로도 불린다.
• 작업 간의 연결성에 대해 파악이 어렵다.

① 프로그램 평가검토 기법(PERT)
② 시간별 활동계획 도표(Gantt Chart)
③ 월별 활동계획 카드(Shed-U Graph)
④ 방침관리기획(P-D-C-A)
⑤ 주요 경로방법(Critical Path Method)

답 ②

✔ 응시생들의 선택

① 10%	② 79%	③ 7%	④ 3%	⑤ 1%

난이도 ★★☆

프로그램의 목표와 활동 간 관계를 합리적으로 관리하는 기법을 모두 고른 것은?

ㄱ. PERT
ㄴ. MBO
ㄷ. Gantt chart
ㄹ. 아웃소싱(outsourcing)

① ㄱ, ㄴ, ㄷ
② ㄱ, ㄷ
③ ㄴ, ㄹ
④ ㄹ
⑤ ㄱ, ㄴ, ㄷ, ㄹ

답 ①

✔ 응시생들의 선택

① 27%	② 45%	③ 10%	④ 7%	⑤ 11%

간트 차트와 PERT는 대표적인 기획 기법이다. MBO(목표관리이론)는 전체 구성원의 참여를 바탕으로 생산활동의 단기적 목표를 분명히 설정하여 그에 따라 활동을 수행하고 결과를 피드백하는 관리체계이다.

➕ 덧붙임

어려운 문제는 아니었지만, 많은 응시생들이 3장에서 공부했던 목표관리이론인 MBO가 기획 기법으로 활용될 수 있는지를 몰라 정답률이 매우 낮게 나타났다. MBO는 종합적인 조직운영 기법으로 출발하여 목표를 중심으로 수립하는 예산관리 기법, 기획 기법으로 활용되기도 한다.

난이도 ★★☆

PERT에서 프로그램 시작부터 모든 활동의 종료까지 소요되는 최소한의 시간 경로를 찾는 방법은?

① 최소 경로(minimal path)
② 임계 경로(critical path)
③ 기술 경로(technical path)
④ 혼합 경로(mixed path)
⑤ 기대 경로(expected path)

답 ②

✔ 응시생들의 선택

① 30%	② 60%	③ 3%	④ 1%	⑤ 6%

PERT에서는 활동에 걸리는 기대시간을 산정하는데, 조사의 시작에서 종료까지 이르는 경로 가운데 가장 오랜 시간이 소요되는 경로를 임계 경로라고 한다. 임계경로에 따른 시간은 반드시 확보되어야 하는 최소한의 시간이다.

다음 내용이 왜 틀렸는지를 확인해보자

`02-07-07`

01 PERT, 간트 차트, MBO, **관리격자모형** 등은 기획에 사용되는 기법들이다.

> 관리격자모형은 리더십 이론이다.

02 <u>PERT</u>는 막대그래프를 사용하여 도식화하기 때문에 막대그래프 차트라고도 한다.

> 간트 차트에 해당하는 설명이다.

03 PERT의 도표에서 나타나는 **화살표의 길이는 각 과업의 소요시간**을 나타낸다.

> 화살표의 길이에 의미가 있는 것은 아니다.

`15-07-16`

04 프로그램평가검토기법(PERT)은 갠트 차트(Gantt chart)에 비해 **활동 간의 상관관계를 파악하는 데 유용하지 않다.**

> PERT는 각 과업의 소요시간을 추정하여 화살표로 연결하기 때문에 활동 간의 상관관계를 파악할 수 있다.
> 간트차트는 각 과업의 소요기간을 막대 그래프로 표시할 뿐이어서 상관관계를 파악하기는 어렵다.

05 방침관리기획은 **계획을 실행에 옮기기 전 어떤 문제가 발생할 수 있을지에 초점**을 맞춘다.

> 방침관리기획은 계획을 바로 실행에 옮긴 후 문제상황이 발생할 때마다 수정해나가는 방식으로 진행된다.

06 PERT는 **간단하고 시급한 단기계획을 수립**하는 데에 주로 사용된다.

> PERT는 애초에 장기기획을 위한 방법으로 고안되었다. 다만 세부활동이 지나치게 많은 경우에는 도식이 복잡해진다는 단점도 있다.

07 월별활동계획카드는 **PERT 방식과 유사**하다.

> 월별활동계획카드는 각 달마다 수행되어야 할 과업을 적은 카드를 꽂아두는 방식으로, 간트 차트와 유사하다.

빈칸에 들어갈 알맞은 말을 채워보자

01 (   )은/는 막대 그래프를 이용해 각각의 활동에 소요되는 시간을 표시하는 방식이다.

02 (   )은/는 각 활동 사이의 연결성에 따라 도표화하여 프로그램 진행상황을 추적해나가는 데에 유용한 방식이다.

03 프로그램 평가검토 기법에서는 각각의 활동에 걸리는 기대시간을 측정하여 시작에서 종료까지 확보되어야 하는 경로인 (   )을/를 계산한다.

답 01 간트 차트 **02** PERT **03** 임계경로

다음 내용이 옳은지 그른지 판단해보자

17-07-19
01 PERT는 임계통로에 대한 정확한 정보파악에 유용하다. ◎ ⓧ

02 프로그램 평가검토 기법은 각 과업을 시작부터 최종목적까지 정방향으로 파악하여 작성한다. ◎ ⓧ

17-07-19
03 PERT는 최초로 시도되는 프로그램 관리에는 유용하지 않다. ◎ ⓧ

04 방침관리기획은 계획(Plan), 확인(Check), 조정(Action), 실행(Do)의 사이클에 따라 이루어지는 기획 기법이다. ◎ ⓧ

05 간트차트는 세부 활동 간의 인과관계를 파악하기 어렵다. ◎ ⓧ

답 01 ○ **02** ✕ **03** ✕ **04** ✕ **05** ○

(해설) **02** PERT 기법은 최종목적이 완료되어야 할 시점에서부터 역방향으로 주요 과업들을 배치하면서 도식화한다.
03 최초로 시도되는 프로그램의 기획에도 적용할 수 있다.
04 방침관리기획은 계획(Plan), 실행(Do), 확인(Check), 조정(Action)의 사이클로 운용된다.

204 기획의 특징 및 과정 등

최근 10년간 **7문항** 출제

이론요약

기획의 주요 특징

- 미래지향적 과정
- 계속적 과정
- 동태적 과정
- 과정지향적
- 의사결정과 관련된 행정활동
- 목표달성을 위한 수단적 과정
- 미래 활동에 대한 통제

기본개념

사회복지행정론
pp.118~

사회복지조직에서 기획의 필요성

- 효과성 및 효율성 증진
- 조직의 사회적 책임성 강화
- 구성원들의 사기진작에 기여
- 목표의 모호성 감소
- 문제해결을 위한 합리성 증진

기획 과정(스키드모어)

스키드모어는 기획을 위한 과정으로 '**목표 설정 → 자원 고려 → 대안 모색 → 결과 예측 → 계획 결정 → 구체적 프로그램 수립 → 개방성 유지**'의 7단계를 제시하였다.

- 목표 설정: 목표는 구체적이고 명료하게, 측정 가능하게, 달성 가능하게, 현실성 있게, 시간구조를 갖도록 구성한다.
- 자원 고려: 목표를 달성하기 위한 정보 수집 및 인적, 물적 자원을 파악한다.
- 대안 모색: 대안을 모색할 때에는 창의적인 대안이 제시될 수 있도록 해야 한다.
- 결과 예측: 결과를 예측할 때에는 효과성과 효율성 등을 두루 검토하며 각 대안의 장단점을 살펴본다.
- 계획 결정: 결과 예측에 따라 각 대안들의 우선순위를 매겨 이를 바탕으로 최종적인 결정을 하게 되는데 현실적으로 가능한지를 고려해야 한다.
- 구체적 프로그램 수립: 최우선으로 결정된 대안의 활동내용을 구체화하는 단계이다.
- 개방성 유지: 실제 실행과정에서는 예상치 못한 문제가 발생할 수 있기 때문에 융통성 있게 대처해야 함을 의미한다.

기획의 유형

- 위계수준에 따른 구분
  - 최고관리층: 조직 전체적 차원에 대한 기획, 장기기획, 전략기획
  - 중간관리층: 각 부서별/부문별 차원의 기획, 부서별 관리와 관련된 운영기획
  - 감독관리층: 감독권한이 있는 해당 사업에 대한 기획, 각 사업에 대한 운영기획
- 계층에 따른 구분
  - 정책기획: **조직 전체**의 정책적, 거시적 차원에 대한 기획
  - 운영기획: **프로그램의 구체적인 운영**에 대한 기획, 중간 계층 이하에서 작성하는 관리 차원의 기획
- 전략적 기획
  - 목표를 달성하고 성과를 극대화하기 위한 전략의 수립·실행·평가 등에 대한 **체계적이고 총체적인 접근**의 기획으로, 비교적 **장기간에 걸쳐 수립**
  - 장기적 차원의 전략기획에 따라 단기적으로 진행되는 각 단계별 기획을 전술기획이라고 함
  - 전략기획의 과정: 기획의 준비 → 설립취지의 점검 → 요구사항 분석 → 조직 내·외부 환경에 관한 SWOT 분석 → 목표와 우선순위의 설정 → 추진 계획의 작성과 승인 → 집행과 통제 → 평가

기출문장 CHECK

01 (20-07-09) 기획과정: 구체적 목표 설정 → 가용자원 검토 → 대안 모색 → 대안 결과예측 → 최종대안 선택 → 프로그램 실행 계획 수립

02 (19-07-19) 전략적 기획은 과정을 강조하므로 우선순위를 설정하고 단계적인 계획을 수립한다.

03 (16-07-21) 기획의 과정 중 구체적 프로그램수립 단계는 도표 작성 등의 업무를 포함한다.

04 (16-07-21) 기획의 과정 중 결과예측 단계는 발생 가능한 일을 다각도에서 예측해 보는 것이다.

05 (16-07-21) 기획의 과정 중 개방성 유지 단계에서 보다 나은 절차가 없는 경우 기존 계획이 유지된다.

06 (16-07-25) 기획의 특징: 연속적이며 동태적인 과업이다. 효율성 및 효과성 모두 관련이 있다. 미래의 환경 변화에 대응하기 위한 의사결정과정이다.

07 (15-07-08) 전략적 기획은 조직의 기본적인 결정과 행동계획을 수립하기 위해 이루어진다.

08 (14-07-10) 기획을 통해 사회복지조직의 불확실성을 감소시킬 수 있다.

09 (14-07-10) 기획은 서비스의 효과적 달성 및 구성원의 사기진작을 위해서도 필요하다.

10 (14-07-10) 기획은 목표 달성을 위한 미래 활동을 준비하는 과정이다.

11 (12-07-17) 기획은 미래에 일어날 일을 예측하며 과거 오류의 재발을 방지한다.

12 (12-07-17) 기획은 프로그램의 효율성, 효과성 및 합리성을 증진시킨다.

13 (09-07-14) 전략적 기획 과정에서는 조직의 사명과 가치를 설정하고 자원을 할당한다.

14 (05-07-10) 기획은 미래지향적이며 동태적 과정이다.

15 (04-07-21) 기획은 목적적이고 미래지향적이며, 의사소통과 관련이 있다.

16 (02-07-19) 기획은 지속적인 과정이다.

17 (02-07-20) 기획은 미래에 대한 불확실성을 감소시키고 조직의 책임성을 증진시킬 수 있다.

대표기출 확인하기

16-07-25 난이도 ★☆☆

기획에 관한 설명으로 옳지 않은 것은?

① 연속적이며 동태적인 과업이다.
② 효율성 및 효과성 모두 관련이 있다.
③ 타당한 사업 추진을 하기 위함이다.
④ 미래의 환경 변화에 대응하기 위한 의사결정과정이다.
⑤ 목표지향적이나 과정지향적이지는 않다.

▶ **알짜확인**

• 기본적으로 기획이 왜 필요한지와 함께 주요 특징들을 파악해두어야 한다. 특히 기획이 동태적이라는 점이나 수단적 과정이라는 점은 많이 헷갈려하므로 꼭 기억해두자.
• 스키드모어가 제시한 기획의 과정을 순서대로 파악할 수 있어야 한다.
• 자주 출제되진 않았지만 전략기획의 특징 및 각 계층별 기획유형 등도 살펴보기 바란다.

답 ⑤

✔ **응시생들의 선택**

① 4%	② 1%	③ 1%	④ 4%	⑤ 90%

⑤ 기획은 목표를 세우고 자원을 파악해서 어떤 프로그램이 적합한지, 어떻게 실행할 것인지 등을 결정해나가는 과정이라는 점에서 과정지향적 특징을 갖는다.

➕ **덧붙임**

기획은 그 자체가 목적이라기보다는 목표달성을 위한 수단적 과정이라는 점, 이후의 실행을 위한 미래지향적 과정이라는 점 등도 중요하다.

관련기출 더 보기

20-07-09 난이도 ★★☆

스키드모어(R. A. Skidmore)의 기획과정을 순서대로 나열한 것은?

ㄱ. 대안 모색	ㄴ. 가용자원 검토
ㄷ. 대안 결과예측	ㄹ. 최종대안 선택
ㅁ. 구체적 목표 설정	ㅂ. 프로그램 실행계획 수립

① ㄱ - ㄴ - ㄷ - ㅁ - ㅂ - ㄹ
② ㄱ - ㄷ - ㄹ - ㄴ - ㅁ - ㅂ
③ ㄱ - ㄷ - ㅁ - ㄴ - ㅂ - ㄹ
④ ㅁ - ㄴ - ㄱ - ㄷ - ㄹ - ㅂ
⑤ ㅁ - ㅂ - ㄴ - ㄱ - ㄷ - ㄹ

답 ④

✔ **응시생들의 선택**

① 15%	② 14%	③ 10%	④ 45%	⑤ 16%

스키드모어가 제시한 기획과정은 '목표 설정 → 자원의 고려 → 대안 모색 → 결과 예측 → 계획 결정 → 구체적 프로그램 수립 → 개방성 유지'의 순으로 진행된다.

➕ **덧붙임**

기획 과정과 관련하여 은근히 순서를 헷갈려하는 수험생들이 많다. 먼저 문제를 확인한 후 그 문제를 해결하기 위한 목표를 세우고 그 문제를 다룰 만한 자원이 있는지를 확인하게 된다. 자원이 부족한 경우 확보가 가능한 자원인지 아닌지를 판단하여 조직에서 이 문제를 진행할 수 있을지 없을지를 결정하게 된다. 이후 문제를 해결하기 위한 대안을 모색하고 각 대안에 따른 결과를 예측한 후 가장 적절한 대안을 선택하여 구체적인 계획을 수립하여 실행하게 된다.

난이도 ★★☆

스키드모어(R. Skidmore)의 7단계 기획과정에 관한 설명으로 옳은 것을 모두 고른 것은?

> ㄱ. 구체적 프로그램수립단계는 도표 작성 등의 업무를 포함한다.
> ㄴ. 결과예측단계는 발생 가능한 일을 다각도에서 예측해 보는 것이다.
> ㄷ. 자원고려단계는 기획과정 중 첫 번째 과정으로 기관의 자원을 고려하는 것이다.
> ㄹ. 개방성유지단계에서 보다 나은 절차가 없는 경우 기존 계획이 유지된다.

① ㄱ, ㄹ   ② ㄴ, ㄷ
③ ㄷ, ㄹ   ④ ㄱ, ㄴ, ㄹ
⑤ ㄱ, ㄴ, ㄷ, ㄹ

답 ④

✅ **응시생들의 선택**

① 2%	② 17%	③ 3%	④ 42%	⑤ 36%

ㄷ. 기획 과정은 문제 확인 및 목표 설정이 첫 번째 단계이다.

난이도 ★★☆

기획의 유형에 관한 설명으로 옳은 것은?

① 최고관리층은 조직의 사업계획 및 할당 기획에 관여한다.
② 중간관리층은 구체적인 프로그램 기획에 관여한다.
③ 감독관리층은 주로 1년 이상의 장기 기획에 관여한다.
④ 전략적 기획은 조직의 기본적인 결정과 행동계획을 수립하기 위해 이루어진다.
⑤ 운영기획은 외부 환경과의 경쟁에 관한 사정을 포함한다.

답 ④

✅ **응시생들의 선택**

① 22%	② 16%	③ 8%	④ 36%	⑤ 18%

① 최고관리층은 조직의 전체적인 사명, 비전, 목적 등과 관련된 거시적 관점의 장기기획을 진행한다. 외부환경과의 관계를 확립하는 데에 주력한다.
② 중간관리층은 각 부서별 기획을 담당하며, 필요한 자원을 확보한다.
③ 감독관리층은 대체로 1년 미만의 단기기획으로, 프로그램의 구체적인 내용을 수립하고 업무를 분담한다.
⑤ 운영기획은 외부환경에 관한 것보다는 해당 사업을 구체적으로 어떻게 꾸려나갈 것인가에 집중한다.

난이도 ★★☆

기획(planning)에 관한 설명으로 옳지 않은 것은?

① 사회복지조직의 불확실성을 감소시킨다.
② 사업에 대한 연속적인 의사결정으로서 정적인 개념이다.
③ 서비스의 효과적 달성을 위해 필요하다.
④ 구성원의 사기진작을 위해 필요하다.
⑤ 목표 달성을 위한 미래 활동을 준비하는 과정이다.

답 ②

✅ **응시생들의 선택**

① 3%	② 73%	③ 1%	④ 22%	⑤ 1%

② 기획은 '목표설정, 자원파악, 대안모색, 결과예측, 계획결정, 구체적 프로그램 수립, 개방성 유지' 등의 과정으로 연결되는 동태적 특징이 있다.

난이도 ★☆☆

사회복지행정에 있어서 기획의 필요성에 관한 설명으로 옳지 않은 것은?

① 최근 관리자의 직관적 의사결정방식이 요구되기 때문이다.
② 최소비용으로 서비스목표를 달성하기 때문이다.
③ 사회문제에 대한 우선순위를 설정하기 위해서이다.
④ 조직 외부의 정치경제적 영향을 고려하기 위해서이다.
⑤ 조직의 불확실성을 감소하기 위해서이다.

답 ①

✅ **응시생들의 선택**

① 80%	② 3%	③ 2%	④ 12%	⑤ 3%

① 직관적 의사결정은 의사결정자가 초합리성과 육감에 의해 선택하는 것을 말한다. 직관적 의사결정방식은 주로 면접 등에 있어 이루어지지만 특별히 강조되는 의사결정방식은 아니다.

다음 내용이 왜 틀렸는지를 확인해보자

01 기획은 한 번 수립되면 수정할 수 없다는 점에서 경직적인 특징을 갖는다.

> 기획은 상황에 따라 융통성 있게 수정될 수 있다. 기획의 과정 중 개방성 유지 과정에 해당한다.

12-07-17
02 기획을 통해 프로그램 수행과정의 불확실성이 증가된다.

> 기획을 통해 프로그램 수행과정의 불확실성을 감소시킬 수 있다.

03 기획은 그 자체가 목적인 활동이다.

> 기획은 목적을 달성하기 위한 수단적 활동이다.

02-07-20
04 기획의 목적은 예산의 점진적 확대에 있다.

> 기획의 목적이 예산의 확대에 있는 것은 아니다.

05 조직의 최고관리층은 단기기획, 운영기획에 주력한다.

> 조직의 최고관리층은 장기기획, 정책기획에 주력한다.

06-07-24
06 사회복지사가 한부모가족의 지역사회욕구를 파악하기 위하여 먼저 목표를 파악하여 욕구조사 사업을 시행하고 다양한 자원을 조사하였다. 이후에는 대안의 우선순위를 정해야 한다.

> 기획 과정에서 정보수집 이후의 단계는 대안모색이다.

07 기획의 과정은 기관이 가용한 자원을 바탕으로 목표를 설정하는 데서 시작한다.

> 목표를 설정한 후 기관에서 이용할 수 있는 인적, 물적 자원을 검토한다.

13-07-01

08 기획은 목적성, 합리성, **현재지향성** 등의 특징을 갖는다.

기획은 미래지향적이다.

09 목표란 달성하고자 하는 미래의 상태를 말하기 때문에 **구체화할 수 없다**.

목표는 달성하고자 하는 미래의 상태가 구체적으로 제시될 수 있도록 설정해야 한다.

10 목표를 설정할 때에는 일단 서비스가 시작된 이후에는 **변경할 수 없다**는 점을 고려해야 한다.

서비스가 시작된 이후 목표를 달성할 수 없거나 목표가 지나치게 빨리 달성된 경우, 더 중요한 문제가 발견된 경우 등 상황을 고려하여 변경할 수 있다.

14-07-10

11 기획은 사업에 대한 연속적인 의사결정으로서 **정적인 개념**이다.

기획은 동태적 과정이다. 동태적이란 움직임이 있는 상태라는 의미로, 기획은 목표 설정에서 시작해 일련의 과정들을 거친다는 점에서 동태적이다.

빈칸에 들어갈 알맞은 말을 채워보자

01 (   )은/는 조직의 목표달성을 위해 미래에 취할 행동을 준비하는 체계적인 과정이다.

14-07-13

02 스키드모어의 기획 과정: 목표설정 – 자원 고려 – (①   ) – (②   ) – (③   ) – 구체적 프로그램 수립 – 개방성 유지

03 전략기획에서는 조직의 내·외부 환경을 분석하기 위해 (   )분석을 실시한다.

04 기획이 이루어지는 조직의 계층에 따라 (①   )기획과 (②   )기획으로 구분된다. (①   )기획은 조직의 상위계층에서 이루어지는 정책적 차원의 기획이며 이를 구체화하기 위해 중간 계층 이하에서 작성되는 관리 차원의 기획이 (②   )기획이다.

답 **01** 기획   **02** ① 대안모색 ② 결과 예측 ③ 계획 결정   **03** SWOT   **04** ① 정책 ② 운영

다음 내용이 옳은지 그른지 판단해보자

09-07-14
01 전략적 기획은 목표를 달성하고 성과를 극대화하기 위한 장기적 차원의 총체적 접근으로, 조직의 사명과 가치 설정, 자원의 할당 등을 진행한다. ◎ ⊗

14-07-10
02 기획은 구성원의 사기진작을 위해 필요하다. ◎ ⊗

03 기획 과정에서는 외부환경의 영향력을 고려하는 것이 필요하다. ◎ ⊗

08-07-29
04 기획 단계에서는 자원의 투입 대비 산출된 결과에 대한 평가를 진행한다. ◎ ⊗

05 기획은 조직 활동의 근거가 되기 때문에 조직의 책임성 강화와도 밀접한 관련이 있다. ◎ ⊗

07-07-11
06 사회복지조직의 기획은 현재지향적 특성을 갖는다. ◎ ⊗

답 **01**○ **02**○ **03**○ **04**× **05**○ **06**×

해설 **04** 기획 단계에서는 자원의 투입 대비 산출에 대한 예측을 진행한다. 결과에 대한 평가는 결과물이 있어야 하기 때문에 프로그램 종료 후에 가능하다.
06 기획은 미래에 무엇을 어떻게 진행할 것인지를 결정하고 준비하는 미래지향적 특성을 갖는다.

최근 10년간 **4문항** 출제

복습 1 이론요약

기본개념

사회복지행정론
pp.132~

개인적 의사결정

- 의사결정나무분석: 대안을 선택했을 때와 선택하지 않았을 때를 확률적으로 계산하여 결정
- 대안선택흐름도표: '예', '아니요'로 답할 수 있는 질문을 연속적으로 제시하여 선택해나가는 방식

집단적 의사결정

- 델파이 기법: 우편, 이메일 등을 통해 전문가들의 의견을 수집
- 명목집단 기법: 참여자들이 무기명으로 의견을 제시하여 구성원 간 상호작용이 없도록 한 방식
- 브레인스토밍: 특정 주제에 관하여 자유롭고 창의적인 아이디어를 많이 내는 것에 초점
- 변증법적 토의: '정(正) – 반(反) – 합(合)'의 변증법을 기반으로 함. 찬성하는 팀과 반대하는 팀이 각각 그 이유를 제시하여 장점을 극대화하고 단점을 최소화하는 방향으로 대안 모색

의사결정의 방법

- 직관적 방법: 합리성보다 감정에 의존하여 가장 옳다고 느끼는 것을 결정하는 방법
- 판단적 방법: 일상적 업무에 대해 개인이 가지고 있는 지식과 경험에 의존하여 결정하는 방법
- 문제해결적 방법: 정보수집, 연구, 분석 등 과학적, 객관적, 합리적 결정방법

의사결정의 유형

- 정형적 결정: 직무규정, 인사규칙, 조례 등에 명시적 규정이 있는 업무과정에서의 결정
- 비정형적 결정: 대비책이 없는 새로운 사태에 대한 대안 수립 및 결정

01 (22-07-19) 명목집단기법은 대면하여 의사결정을 진행하면서도 집단적 상호작용을 최소화하기 위한 방법이다. 민주적인 방식으로 최종 의사결정을 한다.

02 (15-07-02) 비정형적 의사결정은 의사결정자의 직관과 판단에 의해 이루어진다.

03 (15-07-02) 판단적 결정은 개인이 가지고 있는 지식과 경험에 의손하여 결정하는 빙법이다.

04 (14-07-03) 직관적(intuitive) 방법은 합리성보다는 감정이나 육감에 근거하여 결정된다.

05 (14-07-03) 문제해결적(problem-solving) 방법은 정보수집, 연구, 분석과 같은 합리적인 절차를 통해 이루어진다.

06 (14-07-03) 정형적 의사결정은 절차, 규정, 방침에 따라 규칙적인 의사결정행위가 전개된다.

07 (14-07-03) 비정형적 의사결정은 사전에 결정된 기준 없이 이루어지며 보통 단발적이고 예상하지 못한 상황에 대한 결정이다.

08 (14-07-25) 델파이 기법은 전문가로부터 정보를 수집하여 합의를 얻으려 할 때 적용할 수 있다.

09 (14-07-25) 대안선택 흐름도표는 '예'와 '아니오'로 답할 수 있는 연속적 질문을 통해 예상되는 결과를 결정한다.

10 (14-07-25) 명목집단기법은 감정이나 분위기상의 왜곡현상을 피할 수 있다.

11 (08-07-18) 델파이 기법: 전문가 집단의 참여자들은 상호익명의 상태를 유지한 채 의견합의에 이르도록 수차례 반복적으로 우편을 통한 설문조사를 실시한다.

12 (07-07-21) 명목집단기법은 전문가들이 한 자리에 모여서 투표한 후 우선수위를 정하는 방법이다.

13 (07-07-21) 델파이 기법은 전문가에게 우선으로 설문조사하여 우선순위를 정하는 방법이다.

14 (06-07-15) 소집단투표 기법(NGT, 명목집단기법): 전문가들을 한 장소에 모아놓고 각자의 의견을 적어내게 한 후 그것을 정리하여 집단이 각각 의견을 검토하는 절차를 합의가 이루어질 때까지 계속하는 방법이다.

대표기출 확인하기

22-07-19 난이도 ★★☆

다음 설명에 해당하는 의사결정 기법은?

- 대면하여 의사결정
- 집단적 상호작용의 최소화
- 민주적 방식으로 최종 의사결정

① 명목집단기법　　② 브레인스토밍
③ 델파이기법　　　④ SWOT기법
⑤ 초점집단면접

 알짜확인

- 의사결정을 위해 사용되는 다양한 방법들을 개인적 방법과 집단적 방법으로 구분하여 살펴보자.
- 직관적/판단적/문제해결적 의사결정 및 정형적/비정형적 의사결정 등의 개념을 확인해두자.

답 ①

✔ **응시생들의 선택**

① 60%	② 7%	③ 3%	④ 10%	⑤ 20%

② 브레인스토밍: 어떤 한 가지 주제에 관하여 자유롭게 아이디어를 내는 방식이다.
③ 델파이기법: 한 자리에 모이지 않고 이메일 등을 통해 아이디어를 내는 방식으로, 누가 어떤 의견을 냈는지 알 수 없다.
④ SWOT기법: 기관의 내외부 환경을 분석하는 기법이다. 기관 내부의 강점(Strength)과 약점(Weakness), 외부환경의 기회(Opportunity)과 위협(Threat) 요인을 분석한다.
⑤ 초점집단면접: 주제와 관련된 사람들, 문제를 경험한 사람들이 모여 토론하는 방식으로 진행된다.

➕ **덧붙임**

명목집단기법은 의견을 제시하는 참여자들이 한 자리에 모이지만 무기명으로 의견을 제출하기 때문에 감정이나 분위기상의 왜곡현상을 피할 수 있다.

관련기출 더 보기

15-07-02 난이도 ★★☆

의사결정방법 및 기술에 관한 설명으로 옳은 것은?

① 대안선택흐름도표는 집단적 의사결정기법에 해당한다.
② 브레인스토밍은 지도자만 주제를 알고 그 집단에는 문제를 제시하지 않은 상태에서 장시간 자유롭게 토론하는 방법이다.
③ 판단적 결정은 정보수집, 연구, 분석과 같은 합리적이고 과학적인 절차를 통해 이루어진다.
④ 직관적 결정은 개인의 지식과 경험에 의해 이루어진다.
⑤ 비정형적(non-programmed) 의사결정은 의사결정자의 직관과 판단에 의해 이루어진다.

답 ⑤

✔ **응시생들의 선택**

① 9%	② 4%	③ 23%	④ 40%	⑤ 24%

① 대안선택흐름도표는 개인적 의사결정기법에 해당한다.
② 브레인스토밍이라고 해서 주제가 제시되지 않는 것은 아니다.
③ 판단적 결정은 개인이 가지고 있는 지식과 경험에 의존하여 결정하는 방법이다.
④ 직관적 결정은 직감, 감정에 따라 결정하는 방법이다.

난이도 ★★☆

의사결정에 관한 설명으로 옳지 않은 것은?

① 직관적(intuitive) 방법은 합리성보다는 감정이나 육감에 근거하여 결정된다.
② 문제해결적(problem-solving) 방법은 정보수집, 연구, 분석과 같은 합리적인 절차를 통해 이루어진다.
③ 판단적(judgemental) 방법은 비정형적 방법이며 기존 지식과 경험에 의해 기계적으로 결정하는 것이다.
④ 정형적(programmed) 의사결정은 절차, 규정, 방침에 따라 규칙적인 의사결정행위가 전개된다.
⑤ 비정형적(non-programmed) 의사결정은 사전에 결정된 기준 없이 이루어지며 보통 단발적이고 예상하지 못한 상황에 대한 결정이다.

답 ③

✔ 응시생들의 선택

① 10%	② 15%	③ 68%	④ 1%	⑤ 6%

③ 판단적 방법은 개인이 가지고 있는 지식과 경험에 의존하여 의사결정을 내리는 방법이다. 대체로 일상적으로 진행되는 업무나 정해진 절차를 따르는 업무를 수행함에 있어 적용되는 의사결정 방법으로 정형적인 방법이다.

난이도 ★★★

의사결정 방법에 관한 설명으로 옳지 않은 것은?

① 브레인스토밍은 아이디어의 양보다 질이 중요하며 능동적 참여가 중요하다.
② 변증법적 토의는 사안의 찬성과 반대를 이해함을 기본으로 한다.
③ 델파이 기법은 전문가로부터 정보를 수집하여 합의를 얻으려 할 때 적용할 수 있다.
④ 대안선택 흐름도표는 '예'와 '아니오'로 답할 수 있는 연속적 질문을 통해 예상되는 결과를 결정한다.
⑤ 명목집단기법은 감정이나 분위기상의 왜곡현상을 피할 수 있다.

답 ①

✔ 응시생들의 선택

① 60%	② 10%	③ 2%	④ 5%	⑤ 23%

① 브레인스토밍에서는 아이디어의 질보다 양을 더 중요하게 여기는 면이 있다.

난이도 ★★☆

문제해결을 위해 선택 가능한 대안들을 놓고, 각 대안별로 선택할 경우와 선택하지 않을 경우에 나타날 결과를 분석하여, 각 대안들이 갖게 될 장·단점에 대해 균형된 시각을 갖도록 돕는 의사결정 기법은?

① 의사결정나무분석(decision tree analysis)
② 대안선택흐름도표(alternative choice flowchart)
③ 델파이 기법(Delphi technique)
④ 명목집단 기법(nominal group technique)
⑤ 동의달력(consent calendar)

답 ①

✔ 응시생들의 선택

① 53%	② 38%	③ 2%	④ 5%	⑤ 2%

➕ 덧붙임

의사결정나무분석과 대안선택흐름도표를 헷갈려하는 수험생들이 꽤 많다. 의사결정나무분석은 대안들을 나열해 놓고, 각 대안에 대한 확률을 계산해서 최적의 결과를 찾아가는 방식이다. 반면, 대안선택흐름도표는 '예' 혹은 '아니오'로 답할 수 있는 질문을 연속적으로 만들어 선택해나가는 방법이다.

다음 내용이 왜 틀렸는지를 확인해보자

15-07-02

01 직관적 결정은 <u>개인의 지식과 경험에 의해</u> 이루어진다.

> 직관적 결정은 개인의 직감, 감정 등에 따라 이루어진다.

02 직원채용에 있어 직관적 의사결정은 <u>적절하지 않다.</u>

> 직원을 채용함에 있어서는 직관적 의사결정이 크게 작용하기도 한다. 요건이 엇비슷한 두 사람이 경합할 때 '이 사람의 인상이 더 좋다'라고 하는 경우가 직관적 결정에 해당한다.

03 실무자들이 일상적 업무에 대해 자신의 지식과 경험에 따라 결정하는 방법을 <u>직관적 의사결정</u>이라고 한다.

> 실무자들이 일상적 업무에 대해 자신의 지식과 경험에 따라 결정하는 것은 판단적 의사결정 방법이다.

04 문제해결적 결정은 <u>즉각적인 결정이 필요한 경우</u>에 주로 사용된다.

> 문제해결적 결정은 정보수집, 연구, 분석 등의 과학적 과정과 합리적인 절차를 통한 의사결정 방법이다. 따라서 즉각적인 결정이 필요한 경우에는 적합하지 않다.

14-07-03

05 <u>정형적 의사결정</u>은 사전에 결정된 기준 없이 이루어지며 보통 단발적이고 예상하지 못한 상황에 대한 결정이다.

> 비정형적 의사결정에 대한 설명이다.
> 정형적 의사결정은 명시적인 업무규정에 따르는 것을 말한다.

다음 내용이 옳은지 그른지 판단해보자

01 대안선택흐름도표, 의사결정나무분석, 델파이 기법 등은 개인적 의사결정기법에 해당한다. ⊙⊗

15-07-02
02 브레인스토밍은 지도자만 주제를 알고 그 집단에는 문제를 제시하지 않은 상태에서 장시간 자유롭 ⊙⊗
게 토론하는 방법이다.

01-07-05
03 델파이 기법은 이메일이나 우편을 통해 전문가들의 의견을 묻고 결과를 반복적으로 환류(feed- ⊙⊗
back)하여 만족스런 결과를 얻을 때까지 계속하여 합의점을 만들어내는 방식이다.

04 개인이 생각할 수 있는 대안들을 열거하고 각 대안들에 대한 확률을 계산하여 그것을 선택했을 때 ⊙⊗
와 선택하지 않았을 때의 결과를 파악하면서 의사결정을 하는 방식은 대안선택흐름도표이다.

06-07-15
05 명목집단 기법은 한 장소에 모인 전문가들이 의견을 무기명으로 제출하면 진행자가 제출된 의견을 ⊙⊗
정리하여 발표한다. 이후 각자 각 의견에 대한 투표를 하거나 우선순위를 매기면 진행자는 이를 합
산하여 최종결론을 도출한다.

06 명목집단 기법과 델파이 기법은 참여자들 간의 영향력을 차단할 수 있다는 장점이 있다. ⊙⊗

답 **01** ✕ **02** ✕ **03** ○ **04** ✕ **05** ○ **06** ○

해설 **01** 델파이 기법은 집단적 의사결정기법에 해당한다.
02 브레인스토밍은 참여자들이 한 자리에 모여 자유롭게 의사를 개진하며 아이디어를 나누는 방법이지만 그렇다고 해서 참여자들에게
주제를 공개하지 않는 것은 아니다.
04 의사결정나무분석에 대한 설명이다. 대안선택흐름도표는 '예' '아니요'로 답할 수 있는 질문들을 연속적으로 만들어 예상되는 결과를
결정하는 도표이다.

7장

리더십과 조직문화

이 장에서는

특성이론 → 행동이론(대표: 블레이크와 머튼의 관리격자이론) → 상황이론(대표: 허시와 블랜차드의 상황이론) 등 전통적 리더십 이론을 비롯해 거래적 리더십과 변혁적 리더십, 경쟁가치 모델 등의 리더십 이론을 학습한다. 참여적 리더 유형은 지시적 리더 및 자율적 리더와 구분할 수 있도록 하자. 이따금씩 조직문화에 대한 문제가 출제되기도 했다.

10년간 출제분포도

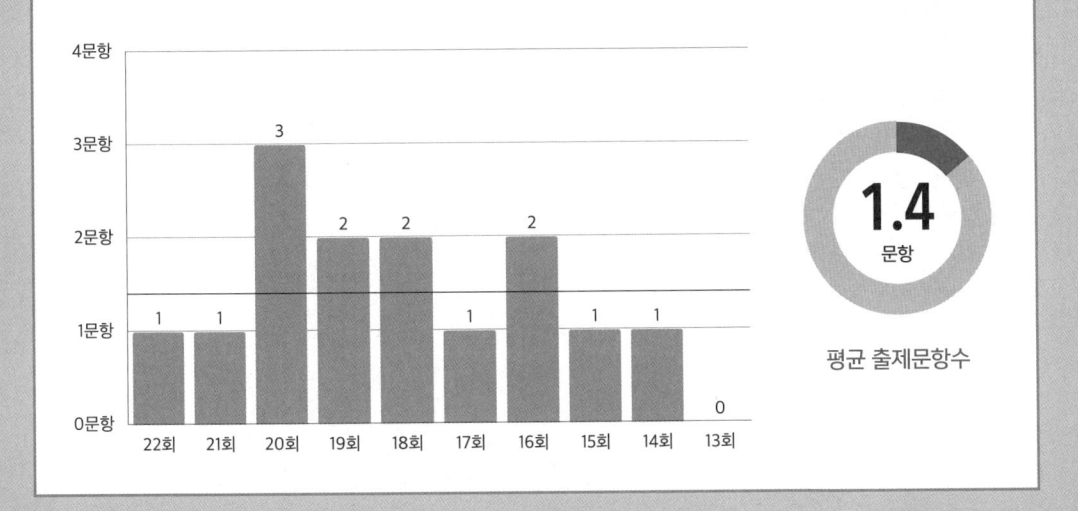

평균 출제문항수

206 리더십 이론

강의 QR코드

1회독	2회독	3회독
월 일	월 일	월 일

★ ★ ★
최근 10년간 **10문항** 출제

복습

1 이론요약

특성이론(특성론적 접근, 자질이론)

기본개념

강의로 채우는
기본개념

사회복지행정론
pp.141~

• <u>리더만이 갖는 고유한 개인적인 특성</u>을 살펴본 이론
• 초기 특성이론은 성공적인 리더가 보통사람들과 다른 구별되는 자질이 무엇인지에 초점을 둠
• 후기 특성이론은 선천적 특성뿐만 아니라 **후천적 노력으로도 리더의 특성을 획득할 수 있다고 봄**
• 신체적 특성, 사회적 배경, 지능, 성격, 과업과 관련된 특성, 사회적 특성 등에서 나타나는 성공적인 리더의 특징을 살펴봄

행동이론(행태론적 접근)

<u>지도자가 어떻게 행동하는가에 주목</u>하여 리더십의 행동 유형을 밝히고자 한 접근

▶**오하이오 연구**
• 리더 행동을 구조주도 행동과 배려 행동이라는 2가지 차원으로 구분
• 어느 한 쪽에 치우치거나 부족함 없는 리더가 높은 성과를 가져온다고 봄

▶**미시간 연구**
• 직무 중심적 리더와 구성원 중심적 리더의 유형으로 구분
• <u>구성원 중심적 리더가 더 성과가 큰 것으로 결론</u>

▶**블레이크와 머튼의 관리격자모형**
• '인간'에 대한 관심과 '생산'에 대한 관심이라는 2가지 차원에서 5가지 행동 유형 제시
• **팀형 리더가 가장 생산성이 높다고 결론**
　– 무기력형(1-1): 생산 ↓ 인간 ↓
　– 과업형(9-1): 생산 ↑ 인간 ↓
　– 중도형(5-5): 생산과 인간에 대한 관심 모두 중간 수준
　– 컨트리 클럽형(1-9): 생산 ↓ 인간 ↑
　– 팀형(9-9): 생산 ↑ 인간 ↑

상황이론(상황론적 접근)

성공적인 리더의 특징이나 행동은 **상황변수에 따라 달라짐**을 강조한 접근

▶피들러의 상황적합이론

- 과업지향적 리더와 관계지향적 리더 유형으로 구분
- 더 효과적인 리더는 상황에 따라 다르게 나타남을 설명

▶하우스의 경로−목표이론

업무환경의 특성과 직원의 특성이라는 2가지 상황적 요인에 따라 리더 유형 제시

- 지시적 리더십: 업무 비구조화, 직원들의 경험이 부족할 때
- 지지적 리더십: 업무 구조화, 난이도 높아 직원의 스트레스가 클 때
- 참여적 리더십: 업무 구조화, 자율성 욕구가 높을 때
- 성취지향 리더십: 업무 비구조화, 직원의 참여를 통해 목표를 달성할 때

▶허시와 블랜차드의 상황이론

부하직원의 능력과 의지에 따라 적절한 리더십 유형을 제시한 이론

- 능력과 의지 둘 다 없는 경우: **지시형**
- 능력은 없고 의지만 있는 경우: **제시형**
- 의지는 없고 능력만 있는 경우: **참여형**
- 능력과 의지 둘 다 있는 경우: **위임형**

거래적 리더십과 변혁적 리더십

- 거래적 리더십: 현상유지 강조, 적절한 보상에 의한 관리
- **변혁적 리더십: 환경변화에 대처, 혁신, 위험 감수**

경쟁가치 모델(Quinn)

내부지향−외부지향의 가로축과 유연성−통제성의 세로축으로 구분하여 4가지 영역별 리더십을 제시

- 1 영역. 경계잇기기술: 외부지향적인 동시에 조직활동의 유연성을 추구하는 리더십. 비전제시가
- 2 영역. 지휘기술: 외부지향적인 동시에 합리성, 생산성, 능률성 향상을 강조하는 리더십. 목표달성가
- 3 영역. 조정기술: 내부지향적이면서 조직의 안정과 유지에 초점을 둔 통제적인 리더십. 분석가
- 4 영역. 인간관계기술: 내부지향적인 동시에 인간관계의 향상에 관심을 두는 리더십. 동기부여가

서번트 리더십(섬김 리더십)

- 구성원들을 인격적으로 존중하고 봉사하며, 그들이 잠재력을 발휘할 수 있도록 이끔
- 경청하는 자세, 공감대 형성을 위한 노력, 부하들의 고통치유에 대한 관심, 분명한 인식을 통한 대안 제시, 설득에 의한 동반 추구, 폭넓은 사고를 통한 비전 제시, 예리한 통찰력으로 미래예측을 지원, 청지기적인 태도로 봉사, 부하들의 능력개발에 대한 노력, 구성원들 간 공동체 형성을 위한 조력

01 (22-07-09) 섬김 리더십은 인간 존중, 정의, 정직성, 공동체적 윤리성 등을 강조한다.

02 (22-07-09) 섬김 리더십은 청지기 의식을 바탕으로 한 책무적 활동을 강조한다.

03 (21-07-10) 상황이론에 의하면 상황에 따라 적합하게 대응하는 리더십이 효과적이다.

04 (21-07-10) 행동이론에서 과업형은 일에만 관심이 있고 사람에 대해서는 전혀 관심이 없는 리더이다.

05 (21-07-10) 생산성 측면에서 서번트 리더십은 자발적 행동의 정도를 중시한다.

06 (20-07-18) 변혁적 리더십은 구성원들 스스로 혁신할 수 있도록 비전을 제시해주는 것을 강조한다.

07 (20-07-20) 허시와 블랜차드의 상황적 리더십 모형에서는 구성원의 성숙도를 중요하게 고려한다.

08 (19-07-09) 관리격자이론에서 생산에 대한 관심은 낮지만 인간에 대한 관심은 높은 유형은 컨트리클럽형 리더이다.

09 (18-07-09) 특성이론의 비판적 대안으로 행동이론이 등장하였다.

10 (18-07-09) 거래적 리더십은 교환관계를 기반으로 하여 조직성과를 높이고자 한다.

11 (18-07-09) 상황이론은 과업환경에 따라 적합하게 대응하는 리더십이 효과적이라고 가정한다.

12 (18-07-09) 섬김의 리더십(servant leadership)은 힘과 권력에 의한 조직지배를 지양한다.

13 (18-07-17) 변혁적 리더십은 새로운 비전제시 및 지적 자극, 조직 문화 창출을 지향한다.

14 (16-07-15) 상황이론: 한 조직에서 성공한 리더가 타 조직에서도 반드시 성공하는 것은 아니다. 리더의 지위권력 정도, 직원과의 관계, 과업의 구조화가 중요하다. 직원의 성숙도가 중요하다.

15 (14-07-17) 변혁적 리더십이론: 리더의 개혁적·변화지향적인 모습과 비전 제시는 조직구성원에게 높은 수준의 동기를 부여한다.

16 (12-07-23) 행동이론: 바람직한 리더십 행동은 훈련을 통해서 개발된다.

17 (12-07-23) 상황이론: 업무의 환경 특성에 따라서 필요한 리더십이 달라진다.

18 (12-07-23) 특성이론: 리더십은 타고나야 한다.

19 (12-07-23) 변혁이론: 리더십은 지도자와 추종자가 협력하는 과정에서 형성된다.

20 (11-07-05) 상황적 리더십 이론은 리더는 팔로워의 성숙도에 따라 리더십 행동을 변화시켜 나간다고 보았다.

21 (10-07-09) 상황이론은 주어진 상황에 따라 요구되는 지도자의 행태와 자질이 달라진다고 본다.

22 (09-07-27) 신임 사회복지기관의 장이 직원들의 업무수행 능력을 평가한 결과, 직원들의 직무수행 능력은 전반적으로 높게 나타났다. 한편, 직원들은 대체로 조직발전을 바라고 있으나 솔선수범하여 일을 하려는 의지는 매우 약한 것으로 나타났다. ⇒ 허쉬와 블랜차드의 리더십 유형 중 참여형 리더십이 적합

23 (07-07-09) 관리격자 이론: 리더의 생산에 대한 관심과 인간에 대한 관심으로 나누어 살펴본다.

24 (07-07-09) 경로─목표 이론: 핵심적인 리더의 유형과 상황 요소들을 다루고 있다.

25 (07-07-09) 특성이론: 성공적 리더의 특성과 자질을 탐구하였다.

26 (06-07-20) 관리격자이론에서 리더십 유형을 분류하는 2가지 차원은 생산과 인간이다.

27 (05-07-12) 부하직원이 일에 대한 의지는 강하나 직무수행능력에 개선 여지가 많은 경우 제시형 리더십이 적절하다.

28 (05-07-13) 미시간 연구에서는 구성원중심적 리더십이 직무위주 리더십보다 효과적이라는 결론을 도출했다.

29 (03-07-12) 관리격자이론은 행동이론에 속한다.

30 (03-07-23) 변혁적 리더십은 도덕적 가치와 이상에 호소하여 개인의 관심을 바꾸려고 한다.

대표기출 확인하기

21-07-10 난이도 ★★☆

리더십 이론에 관한 설명으로 옳지 않은 것은?

① 상황이론에 의하면 상황에 따라 적합하게 대응하는 리더십이 효과적이다.
② 행동이론에서 컨트리클럽형(country club management)은 사람에 대한 관심과 일에 대한 관심이 모두 높은 리더이다.
③ 행동이론에서 과업형은 일에만 관심이 있고 사람에 대해서는 전혀 관심이 없는 리더이다.
④ 서번트 리더십(servant leadership)은 사회복지조직 관리에 적합한 리더십이 될 수 있다.
⑤ 생산성 측면에서 서번트 리더십은 자발적 행동의 정도를 중시한다.

알짜확인

• 특성이론 → 행동이론 → 상황이론 등의 주요 특징을 발달 흐름에 따라 정리해두어야 한다.
• 관리격자이론은 행동이론에 속하며, 가장 이상적인 리더 유형은 팀형 리더라는 점 기억해두자.
• 상황이론에서는 허시와 블랜차드의 리더십 유형이 사례제시형 문제로도 심심치 않게 등장했으므로 어떤 상황에 어떤 리더십 유형이 적합한지 적용할 수 있도록 해야 한다.
• 변혁적 리더십은 거래적 리더십과 대치되는 개념은 아니라는 점도 헷갈릴 수 있으므로 유의하자.

답 ②

✅ 응시생들의 선택

① 2%	② 72%	③ 12%	④ 6%	⑤ 8%

② 컨트리클럽형은 사람에 대한 관심은 많지만 일(생산)에 대한 관심은 낮은 리더 유형이다.

관련기출 더 보기

22-07-09 난이도 ★★☆

섬김 리더십(servant leadership)에 관한 설명으로 옳은 것을 모두 고른 것은?

> ㄱ. 인간 존중, 정의, 정직성, 공동체적 윤리성 강조
> ㄴ. 가치의 협상과 계약
> ㄷ. 청지기(stewardship) 책무 활동
> ㄹ. 지능, 사회적 지위, 교육 정도, 외모 강조

① ㄱ, ㄷ
② ㄴ, ㄹ
③ ㄷ, ㄹ
④ ㄱ, ㄴ, ㄷ
⑤ ㄱ, ㄴ, ㄷ, ㄹ

답 ①

✅ 응시생들의 선택

① 53%	② 3%	③ 3%	④ 30%	⑤ 11%

ㄴ. 부하직원과의 관계에서 협상, 교환, 계약 등을 바탕으로 하는 것은 거래적 리더십이다.
ㄹ. 리더의 지능, 사회적 지위, 교육 정도, 외모 등과 같은 특성에 초점을 둔 것은 리더십 특성이론이다.

난이도 ★★★

리더십 이론에 관한 설명으로 옳은 것은?

① 블레이크와 머튼(R. Blake & J. Mouton)의 관리격자 모형은 자질이론 중 하나이다.
② 블레이크와 머튼의 관리격자 모형에서 가장 바람직한 행동유형은 극단에 치우치지 않는 중도형이다.
③ 허시와 블랜차드(P. Hersey & K. H. Blanchard)의 상황적 리더십 모형에서는 구성원의 성숙도를 중요하게 고려한다.
④ 퀸(R. Quinn)의 경쟁가치 리더십 모형은 행동이론의 대표적 모형이다.
⑤ 퀸의 경쟁가치 리더십 모형에서는 조직환경의 변화에 따라 리더십이 달라져서는 안 된다는 것을 강조한다.

답 ③

✔ 응시생들의 선택

① 13%	② 14%	③ 51%	④ 15%	⑤ 7%

① 블레이크와 머튼의 관리격자 모형은 행동이론 중 하나이다.
② 블레이크와 머튼의 관리격자 모형에서 가장 바람직한 행동유형은 생산에 대한 관심과 인간에 대한 관심이 모두 높은 팀형이다.
④ 퀸의 경쟁가치 리더십 모형은 특성이론(자질이론), 행동이론, 상황이론 등 전통적인 3가지 분류에 따라 제시된 것은 아니다.
⑤ 퀸의 경쟁가치 리더십 모형은 내부지향 대 외부지향, 분권성 대 집권성 등의 두 가지 축에 따라 경계잇기기술 영역, 지휘기술 영역, 조정기술 영역, 인간관계기술 영역 등 4가지 영역을 구분하여 리더십을 제시하였다.

난이도 ★☆☆

변혁적 리더십에 관한 설명으로 옳은 것을 모두 고른 것은?

> ㄱ. 구성원들에게 봉사하는 것을 핵심적 가치로 한다.
> ㄴ. 구성원들에 대한 상벌체계를 강조한다.
> ㄷ. 구성원들 스스로 혁신할 수 있도록 비전을 제시해주는 것을 강조한다.

① ㄱ	② ㄴ
③ ㄷ	④ ㄱ, ㄴ
⑤ ㄴ, ㄷ	

답 ③

✔ 응시생들의 선택

① 3%	② 3%	③ 86%	④ 2%	⑤ 6%

ㄱ. 변혁적 리더는 구성원들에게 봉사하는 것이 아니라 상호독립적이면서 추종자로부터 지지와 신뢰를 확보하고 변화를 주도한다. 구성원들에게 봉사하는 것을 핵심적 가치로 삼는 것은 서번트 리더십이다.
ㄴ. 구성원들에 대한 상벌체계를 강조하는 것은 거래적 리더십이다.

난이도 ★★★

관리격자(managerial grid) 이론에 따르면 다음에 해당하는 리더십 유형은?

> A사회복지관의 관장은 직원 개인의 문제와 상황에 관심을 갖고 적극적으로 지원한다. 관장은 조직 내 인간관계도 중요하게 여겨서 공식·비공식적 방식으로 직원들의 공동체 의식을 키우기 위해 노력한다. 사회복지관 사업관리는 서비스제공 팀장에게 일임하고 있으며, 자신은 화기애애한 조직 분위기를 조성하는 역할에 전념한다.

① 무력형(impoverished management)
② 과업형(task management)
③ 팀형(team management)
④ 중도형(middle of the road management)
⑤ 컨트리클럽형(country club management)

답 ⑤

✔ 응시생들의 선택

① 1%	② 2%	③ 47%	④ 6%	⑤ 44%

⑤ 컨트리클럽형은 생산에 대한 관심은 낮지만 인간에 대한 관심은 높은 유형이다.

난이도 ★★★

리더십이론에 관한 설명으로 옳은 것은?

① 블레이크와 머튼(R. Blake & J. Mouton)의 관리격자이론에 의하면 과업형(1.9)이 가장 이상적인 리더이다.
② 피들러(F. E. Fiedler)의 상황이론에 의하면 상황의 호의성이 모두 불리하면 리더가 인간중심의 행동을 해야 효과적이다.
③ 허시와 블랜차드(P. Hersey & K. H. Blanchard)의 상황이론에 의하면 구성원의 성숙도가 낮을 경우 위임형 리더십이 적합하다.
④ 퀸(R. Quinn)의 경쟁적 가치 리더십에 의하면 동기부여형 리더십은 목표달성가 리더십과 상반된 가치를 추구한다.
⑤ 배스(B. M. Bass)의 변혁적 리더십에 의하면 변혁적 리더는 구성원의 욕구와 보상에 주된 관심을 갖는다.

답 ④

✅ 응시생들의 선택

① 5%	② 24%	③ 15%	④ 36%	⑤ 20%

① 팀형/단합형(9-9형)이 가장 이상적인 리더이다.
② 상황의 호의성이 모두 불리하면 과업지향적 리더가 더 높은 성과를 올리는 경향이 있다.
③ 구성원의 성숙도와 의지가 모두 낮은 경우에는 지시형 리더십이, 성숙도는 낮지만 의지가 높은 경우에는 제시형 리더십이 효과적이다.
⑤ 구성원의 욕구와 보상에 관심을 갖는 것은 거래적 리더십이다.

난이도 ★★☆

다음에서 설명하는 리더십이론은?

- 리더의 지위권력 정도, 직원과의 관계, 과업의 구조화가 중요하다.
- 직원의 성숙도가 중요하다.
- 한 조직에서 성공한 리더가 타 조직에서도 반드시 성공하는 것은 아니다.

① 행동이론
② 상황이론
③ 특성이론
④ 공동체이론
⑤ 카리스마이론

답 ②

✅ 응시생들의 선택

① 7%	② 58%	③ 6%	④ 19%	⑤ 10%

상황이론은 상황에 따라 성공적인 리더 유형은 달라질 수 있다고 보았다. 상황적 요인으로는 조직의 목표와 성격, 조직의 구조, 조직의 유형, 발전 정도, 구성원의 자질과 행동 등 제시한 학자마다 다르다.

난이도 ★★☆

(   )에 들어갈 리더십에 대한 접근방식과 그 설명의 연결이 옳은 것은?

- (ㄱ) - 바람직한 리더십 행동은 훈련을 통해서 개발된다.
- (ㄴ) - 업무의 환경 특성에 따라서 필요한 리더십이 달라진다.
- (ㄷ) - 리더십은 타고나야 한다.
- (ㄹ) - 리더십은 지도자와 추종자가 협력하는 과정에서 형성된다.

① ㄱ: 행동이론 ㄴ: 상황이론
　ㄷ: 특성이론 ㄹ: 변혁이론
② ㄱ: 상황이론 ㄴ: 행동이론
　ㄷ: 특성이론 ㄹ: 경쟁가치이론
③ ㄱ: 행동이론 ㄴ: 상황이론
　ㄷ: 경쟁가치이론 ㄹ: 변혁이론
④ ㄱ: 경쟁가치이론 ㄴ: 행동이론
　ㄷ: 상황이론 ㄹ: 특성이론
⑤ ㄱ: 행동이론 ㄴ: 상황이론
　ㄷ: 변혁이론 ㄹ: 경쟁가치이론

답 ①

✅ 응시생들의 선택

① 51%	② 6%	③ 11%	④ 1%	⑤ 31%

다음 내용이 왜 틀렸는지를 확인해보자

---

01 리더십이론은 행동이론 → 특성이론 → 상황이론의 순서로 발달했다.

> 특성이론 → 행동이론→ 상황이론의 순서로 발달했다.

`07-07-09`

02 행동이론에는 오하이오 연구, 미시간 연구, 호손실험 등이 있다.

> 호손연구는 인간관계이론의 시작이 된 연구이다.

`11-07-05`

03 상황적 리더십 이론은 참여적 리더십 스타일을 선호한다.

> 상황적 리더십 이론은 상황변수에 따라 효과적인 리더의 특성이나 행동이 다르다고 보았기 때문에 특정 리더십을 선호한다고 말할 수 없다.

`10-07-09`

04 관리격자이론에서는 중도형이 최적의 리더십 스타일이다.

> 관리격자이론에서는 팀형 리더십이 가장 높은 생산성을 보인다고 설명한다.

---

05 오하이오 연구에서는 직원에 대한 배려 행동을 강조하는 리더가 더 높은 성과를 낸다고 보았다.

> 리더 행동을 구조주도 행동과 배려 행동이라는 2가지 차원으로 구분하여 어느 한 쪽에 치우치거나 부족함 없는 리더가 높은 성과를 가져온다고 보았다.

`10-07-09`

06 거래적 리더십은 높은 도덕적 가치와 이상에 호소하여 추종자의 의식을 변화시킨다.

> 변혁적 리더십에 대한 설명이다.

07 <u>변혁적 리더십</u>은 성과에 대한 금전적인 보상을 통해 구성원의 높은 헌신을 가능하게 한다.

> 거래적 리더십에 해당한다.

08 퀸의 경쟁가치 모델은 내부지향과 외부지향의 가로축, **효과성과 효율성**의 세로축에 따라 4가지 영역의 리더십을 제시하였다.

> 세로축은 유연성(분권성)과 통제성(집권성)을 토대로 한다.

09 퀸의 경쟁가치 모델에서 **목표달성가 리더십**은 내부지향적이면서 조직의 안정과 유지에 초점을 둔다.

> 목표달성가 리더십은 외부지향적이면서 생산성 향상을 강조한다. 내부지향적이면서 조직의 안정과 유지에 초점을 두는 것은 분석가 리더십에 해당한다.

빈칸에 들어갈 알맞은 말을 채워보자

01 블레이크와 머튼의 관리격자이론은 (①   )에 대한 관심과 (②   )에 대한 관심에 따라 리더십의 유형을 구분하였다.

02 거래적 리더십은 조직의 안정을 추구하는 반면, (   )적 리더십은 조직의 변화와 개혁을 추구한다.

03 허시와 블랜차드가 제시한 리더십 유형 중 부하직원이 일에 대한 의지는 강하지만 업무수행능력에 있어서 개선의 여지가 많은 경우에는 (   )형 리더십이 적합하다.

04 하우스의 경로−목표이론은 (①   )의 특성 및 (②   )의 특성 등 두 요인을 바탕으로 지시적 리더십, 지지적 리더십, 참여적 리더십, 성취지향적 리더십 등 4가지 유형의 리더십을 살펴보았다.

답 **01** ① 인간 ② 생산   **02** 변혁   **03** 제시   **04** ① 직원 ② 업무환경

다음 내용이 옳은지 그른지 판단해보자

[08-07-30]

01 입사성적은 뛰어나지만 잦은 지각을 하는 직원에게는 참여형 리더십이 적절하다. ◎ ⊗

[18-07-09]

02 관리격자이론은 조직원의 특성과 같은 상황적 요소를 고려하고 있다. ◎ ⊗

[16-07-15]

03 상황이론은 한 조직에서 성공한 리더가 타 조직에서도 반드시 성공하는 것은 아니라고 보았다. ◎ ⊗

[05-07-13]

04 미시간 연구에서는 직무위주 리더십이 구성원 중심적 리더십보다 효과적이라고 보았다. ◎ ⊗

[14-07-17]

05 특성이론은 구성원의 성장에 대한 헌신과 공동체 의식 형성에 초점을 둔다. ◎ ⊗

답 **01** ○ **02** × **03** ○ **04** × **05** ×

해설 **02** 관리격자이론은 행태론적 접근(행동이론)으로, 상황적 요소를 고려하지는 않았다.
04 미시간 연구에서는 구성원 중심적 리더십이 직무위주 리더십보다 효과적이라고 보았다.
05 구성원의 성장에 대한 헌신과 공동체 의식 형성에 초점을 두는 것은 섬김 리더십의 주요 특징이다.

강의 QR코드

207 리더십 유형

1회독	2회독	3회독
월 일	월 일	월 일

최근 10년간 **4문항** 출제

복습 1 이론요약

리더십 유형

▶ **지시적 리더십**

• 명령과 복종을 강조하고 독선적, 보상과 처벌로 통제

• 장점: 일관성, 신속한 결정, 위기 시에 유리함

• 단점: 경직성, 구성원들의 사기저하

▶ **참여적(민주적) 리더십**

• **민주적 리더십**, 의사결정 과정에 부하직원의 **참여 유도**

• 장점: 동기유발적, 개인의 지식과 기술이 반영될 수 있음

• 단점: 긴급한 결정이 필요할 때는 불리함

▶ **자율적(방임적) 리더십**

• 대부분의 의사결정이 **부하직원에게 위임**되는 형태

• 장점: 개개인의 자율성이 극대화됨

• 단점: 구성원 간 갈등 상황에 개입하기 어려움

기본개념

강의로 잡는
기본개념

사회복지행정론
pp.149~

01 (20-07-21) 참여적 리더십은 하급자가 의사결정에 참여하는 것을 강조한다.

02 (20-07-21) 참여적 리더십은 동기부여 수준이 높은 업무자로 구성된 조직에서 효과적이다.

03 (20-07-21) 참여적 리더십은 책임성 소재가 모호해질 수 있다.

04 (20-07-21) 참여적 리더십은 사회복지의 가치와 부합한다.

05 (19-07-10) 참여적 리더십의 특징: 조직의 목표에 대한 구성원의 참여동기가 증대될 수 있다. 조직의 리더와 구성원 간 의사소통이 활발해질 수 있다. 집단의 지식, 경험, 기술의 활용이 용이하다.

06 (15-07-04) 참여적 리더십은 직원들의 지식과 기술 활용이 용이하고, 리더와 직원들 간의 양방향 의사소통이 가능하다.

07 (15-07-04) 참여적 리더십은 책임 분산으로 인해 조직이 무기력하게 될 수 있다.

08 (10-07-11) 참여적 리더십에서는 지시적 리더십에서보다 구성원들 간 정보교환이 활발하게 일어난다.

09 (04-07-12) 참여형 리더십은 구성원들의 동기를 이끌어내는 데에 유리한 측면이 있다.

10 (02-07-25) 참여적 리더십은 부하 직원을 의사결정 과정에 참여시켜 개인의 지식과 기술을 활용하는 민주적 리더 유형이다.

대표기출 확인하기

20-07-21 난이도 ★★☆

참여적 리더십에 관한 설명으로 옳지 않은 것은?

① 의사결정의 시간과 에너지가 절약될 수 있다.
② 하급자가 의사결정에 참여하는 것을 강조한다.
③ 동기부여 수준이 높은 업무자로 구성된 조직에서 효과적이다.
④ 책임성 소재가 모호해질 수 있다.
⑤ 사회복지의 가치와 부합한다.

 알짜확인

- 지시적 리더십, 참여적 리더십, 자율적(방임적) 리더십 등의 주요 특징 및 장단점을 구분해두어야 한다.
- 주로 참여적 리더십의 특징을 파악하는 문제로 출제되어 왔지만, 결국 지시적 리더십, 참여적 리더십, 자율적 리더십의 특징을 비교하여 옳은 내용 혹은 옳지 않은 내용을 추려낼 수 있는지를 확인하도록 출제되고 있다. 따라서 참여적 리더십에 대해서만 집중해서 학습하기보다는 3가지 리더십 유형의 특징을 구분할 수 있도록 해야 한다.

답 ①

✅ 응시생들의 선택

① 64%	② 13%	③ 7%	④ 12%	⑤ 4%

① 참여적 리더십은 민주적 방식의 의사결정을 강조하기 때문에 하급자의 참여를 강조한다. 이로 인해 구성원들의 의견을 수렴하는 과정에서 시간과 에너지가 소요된다는 단점도 있다.

관련기출 더 보기

16-07-13 난이도 ★☆☆

참여적 리더십에 관한 설명으로 옳지 않은 것은?

① 집단지식과 기술 활용이 용이하다.
② 상급자의 권한과 책임을 포기하는 것이다.
③ 소요시간과 책임소재 문제 등이 단점이다.
④ 기술수준이 높고, 동기부여 된 직원들이 있을 때 효과적이다.
⑤ 직원들을 의사결정에 참여시켜 일에 대한 적극적 동기부여가 가능하다.

답 ②

✅ 응시생들의 선택

① 1%	② 92%	③ 3%	④ 3%	⑤ 1%

② 참여적 리더십은 민주적 리더십으로 결정에 있어 부하직원을 결정 과정에 참여시킨다. 그렇다고 해서 상급자의 권한과 책임을 하급자에게 미루는 것은 아니다.

15-07-04 난이도 ★★★

참여적 리더십에 관한 설명으로 옳지 않은 것은?

① 직원들의 지식과 기술 활용이 용이하다.
② 직원들의 사명감이 증진될 수 있다.
③ 책임 분산으로 인해 조직이 무기력하게 될 수 있다.
④ 하급자들이 의사결정을 적극적으로 주도한다.
⑤ 리더 직원들 간의 양방향 의사소통이 가능하다.

답 ④

✅ 응시생들의 선택

① 1%	② 2%	③ 73%	④ 23%	⑤ 1%

④ 참여적 리더십은 하급자들의 의견을 모아 리더가 최종적인 결정을 내린다. 결정권한이 하급자들에게 이양된 것은 위임형 리더십이다.

➕ 덧붙임

③번을 선택한 응시생들이 많았는데, ③의 내용은 참여적 리더십의 단점이다.

다음 내용이 왜 틀렸는지를 확인해보자

01 위임적 리더십은 <u>민주적 리더십</u>으로 대부분의 의사결정 권한이 부하직원에게 위임된다.

> 민주적 리더십은 참여적 리더십이며, 직원들의 참여를 강조하지만 권한을 위임하지는 않는다.

`04-07-12`

02 참여형 리더십 하에서는 <u>조정과 결정이 신속히 이루어진다.</u>

> 참여형 리더십은 직원들의 의견수렴 과정을 거침에 따라 조정과 결정에 많은 시간이 소요될 수 있다.

`19-07-10`

03 <u>방임적 리더십</u>은 리더와 구성원 간 의사소통이 활발하게 일어나며 집단의 지식, 경험, 기술을 활용하기에 용이하다.

> 참여적 리더십에 해당한다.
> 방임적 리더십에서는 집단의 협력적 분위기가 약해 의사소통이 활발하지 않다. 개인의 역량을 자주적으로 펼치는 데에 용이하다.

`10-07-11`

04 <u>참여적 리더십</u>은 명령과 복종을 강조하므로 통제와 조정이 쉽다.

> 지시적 리더십에 해당한다.

05 자율적 리더는 <u>직원들에게 다양하고 풍부한 정보를 적극적으로 제공함</u>으로써 직원들의 효과적인 판단과 결정을 이끌어낸다.

> 자율적 리더십은 직원들이 스스로 판단하고 결정할 수 있도록 책임과 권한을 위임한다. 리더가 직원들에게 제공하는 정보는 거의 없거나 제한적이다.

`07-07-15`

06 <u>지시적 리더십은 참여적 리더십에 비해</u> 의사결정에 많은 시간과 비용이 부과된다.

> 참여적 리더십은 지시적 리더십에 비해 의사결정에 많은 시간과 비용이 부과된다.

8장

인적자원관리

이 장에서는

인적자원관리 전반을 종합적으로 다룬 문제가 자주 출제된다. 직무분석을 토대로 직무기술서 및 직무명세서를 작성한다는 점이나 소진의 단계(열성-침체-좌절-무관심)를 기억해두자. 순환보직, 계속교육, OJT 등의 훈련방법이나 동기-위생이론, ERG이론, 성취동기이론, 형평성이론, 목표설정이론 등의 동기부여이론 등은 단독으로도 출제된다. 최근 출제빈도는 낮아졌지만 슈퍼비전의 행정적 · 지지적 · 교육적 기능도 놓치지 말자.

10년간 출제분포도

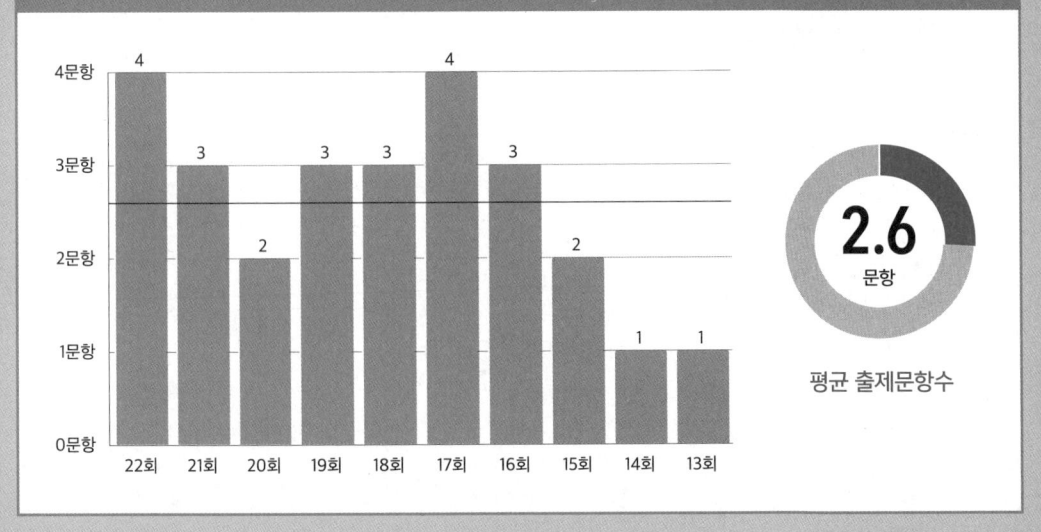

	22회	21회	20회	19회	18회	17회	16회	15회	14회	13회
출제문항수	4	3	2	3	3	4	3	2	1	1

2.6 문항

평균 출제문항수

208 사회복지조직에서의 인적자원관리

1회독	2회독	3회독
월 일	월 일	월 일

복습 1 이론요약

인적자원관리란?

- 구성원의 <u>성과관리, 보상관리, 개발관리 등을 포함</u>
- 성과에 따른 보상을 중심으로 했던 인사관리에서 **구성원을 인적자원으로 보고** 인적
  자원을 관리한다는 개념으로 확장됨

인사관리의 과정

충원계획 수립 → 모집 · 선발 → 채용 및 배치 → 오리엔테이션 → 평가 → 승진

모집 · 선발

- <u>직무기술서와 직무명세서: 직무분석을 바탕으로 작성</u>
  - 직무기술서: 직무의 성격, 내용, 수행방법, 직무에서 기대되는 결과, 임무와 책임 명시
  - 직무명세서: 직무수행에 필요한 지식, 능력 및 교육수준, 경력, 자격증 등에 대한 요건 명시
- 시험의 종류
  - 필기시험: 객관식 시험은 채점의 객관도 확보 및 채점이 용이하지만 출제에 많은 시간이 걸림. 주관식 시험은 복잡한
    사고능력 측정이 가능하지만 채점에 시간과 비용이 들고 채점자의 주관에 영향을 받게 됨
  - 실기시험: 채점에 있어 객관성을 확보하기 어려우며, 다수에게 적용하기는 어려움
  - 면접: 응시자의 태도, 성격 등을 파악할 수 있으나 면접관의 선입견이 개입될 여지가 큼

직원능력개발의 방법

- 신디케이트(syndicate, 분임토의): 소집단으로 나누어 따로 토의를 진행한 후 전체가 모여 발표 및 토론을 진행
- OJT: 직장 내 훈련, 직무상 훈련, 현장훈련
- 사례발표: 직원들이 돌아가며 사례를 발표
- 역할연기: 실제 연기 후 여러 직원들이 평가, 토론
- 임시대역(understudy): 상사의 부재를 대비하여 직무수행 대리
- 순환보직: 일정한 기간 간격을 두고 여러 보직을 돌아가며 수행
- 계속교육: 정규교육을 모두 수료한 사람들에게 지속적으로 교육을 제공하여 전문성 유지 및 향상

기본개념

강의로 쓴는 **기본개념**

사회복지행정론
pp.158~

직무평가 순서

직무수행 기준 확립 → 직원에게 직무수행의 기대치 전달 → 평가도구를 통해 직무수행 측정 → 직무수행 기준과 실제 직무수행 비교 → 평가회의: 평가결과에 대한 토의 (→ 직무수행 기대치 및 직무수행 기준 등을 수정)

소진

- 직업에서 경험하는 스트레스와 고통들에 대한 반응으로 직무에서부터 멀어져 가는 과정을 의미
- 직업에 대한 이상, 열정, 목적의식이나 관심을 점차적으로 상실해가는 과정
- **소진의 4단계: 열성 → 침체 → 좌절 → 무관심**

기출문장 CHECK

01 (22-07-11) 인적자원관리의 구성요소로는 확보, 개발, 보상, 유지 등이 있다.

02 (21-07-11) 인적자원관리에는 직원채용, 직무수행 평가, 직원개발을 포함한다.

03 (21-07-11) 인적자원관리에는 직무만족도 개선과 소진관리가 포함된다.

04 (21-07-12) 직무기술서는 직무의 성격, 내용, 수행 방법 등을 정리한 문서이다.

05 (21-07-12) 직무기술서는 작업조건을 파악해서 작성한다.

06 (21-07-12) 직무기술서에는 직무수행을 위한 책임과 행동을 명시한다.

07 (20-07-19) 직무명세는 특정 직무수행을 위해 필요한 지식과 기능, 능력 등을 작성하는 것이다.

08 (20-07-19) 직무평가에서는 조직목표 달성에 대한 구성원의 기여도를 고려한다.

09 (19-07-11) 인적자원관리의 영역에는 채용, 배치, 평가, 승진 등이 포함된다.

10 (19-07-12) 직무를 통한 연수(OJT)는 조직의 상사나 선배를 통해 일상적인 업무 과정에서 이루어진다.

11 (19-07-13) 직무기술서에는 직무 명칭, 직무 내용 및 수행방법, 핵심 과업 등을 작성한다.

12 (18-07-12) 직무수행평가는 조직원들에게 직무수행의 기대치를 전달하는 목적을 지니고 있다.

13 (18-07-15) 계속교육: 지속적이고 새로운 전문지식 습득 방법, 지역사회의 필요 및 구성원의 욕구에 따라 융통성 있게 실시 가능, 사회복지사에게 직무연수 방식으로 제공

14 (18-07-16) 소진은 직무에서 비롯되는 스트레스에 대한 반응이다.

15 (18-07-16) 소진은 목적의식이나 관심을 점차적으로 상실하는 과정이다.

16 (18-07-16) 소진은 감정이입이 업무의 주요 기술인 직무현장에서 발생하는 현상이다.\

17 (17-07-13) 소진은 일반적으로 열성-침체-좌절-무관심의 단계로 진행된다.

18 (17-07-14) 직무분석: 직무에 대한 업무내용과 책임을 종합적으로 분류한다. 직무명세서 작성의 전 단계이다.

19 (15-07-13) 직무기술서는 직무 자체에 대한 기술이다. 직무명세서는 직무수행자의 요건에 대한 기술이다.

20 (15-07-13) 인사관리는 성과관리, 개발관리, 보상관리 등을 포함한다.

21 (14-07-14) 인적자원관리는 인적자원 확보와 조직구성원에 대한 훈련, 교육, 보상관리 등을 의미한다.

22 (14-07-14) 인적자원관리는 조직구성원의 혁신적 사고와 행동이 조직의 경쟁력이라고 전제한다.

23 (14-07-14) 조직구성원의 능력과 성향이 조직성과에 주는 영향이 크기 때문에 인적자원관리가 중요하다.

24 (10-07-12) 직원을 모집하기 위해서는 단기·중기·장기의 충원계획 수립이 필요하다.

25 (10-07-12) 직무기술서(job description)는 직무명칭과 개요 등 직무 자체에 관한 내용이다.

26 (07-07-07) 사회복지사의 소진은 서비스의 질 저하 및 클라이언트에 대한 부정적 태도 등을 야기할 수 있다.

27 (07-07-20) 직원의 전문성 개발을 위해 사례발표, 보수교육, 역할연기, 슈퍼비전 등의 실시를 고려해볼 수 있다.

28 (06-07-18) 직무분석에는 구체적인 업무 내용 함께 수행에 필요한 시간, 업무 및 감독에 대한 책임 능을 포함한다.

29 (05-07-14) 인사관리의 핵심요소: 개발관리, 성과관리, 보상관리

30 (02-07-13) 사회복지조직에서 활동하는 직원들의 소양과 능력을 개발하고 필요한 지식과 기술을 향상시키는 것은 직원들의 직무수행력을 높이기 위한 것이며, 이에 따라 적절한 업무 배치와 업무수행에 따른 보상이 주어져야 직무만족도가 높아진다.

31 (01-07-07) 소진: 과도한 스트레스에 노출되어 신체적·정신적 기력이 고갈되어 직무수행능력이 떨어지고 단순 업무에만 치중하게 되는 현상이다.

대표기출 확인하기

21-07-11
난이도 ★★★

사회복지조직의 인적자원관리에 관한 설명으로 옳지 않은 것은?

① 동기부여를 위한 보상관리는 해당되지 않는다.
② 직원채용, 직무수행 평가, 직원개발을 포함한다.
③ 목표관리법(MBO)으로 직원을 평가할 수 있다.
④ 직무수행 과정에서 경력을 개발해 나갈 수 있도록 한다.
⑤ 직무만족도 개선과 소진관리가 포함된다.

 알짜확인

• 어렵게 출제되는 편은 아니지만 직원선발, 교육, 훈련, 소진 등 다양한 내용이 한 문제에 종합적으로 다뤄지고 있다.
• 직무에 대한 분석을 진행한 후 그 내용을 바탕으로 직무기술서와 직무명세서가 작성된다는 순서를 기억하면서 직무기술서와 직무명세서의 차이점도 파악해두자.
• OJT, 신디케이트처럼 이름만 봐서는 알 수 없는 교육·훈련 방법을 확인해두어야 한다.

답 ①

응시생들의 선택

① 89%	② 2%	③ 6%	④ 1%	⑤ 2%

① 인사관리의 핵심적인 요소로 업무분석 및 업무성과에 대한 평가, 직원개발 및 보상 등을 꼽을 수 있다. 구성원의 채용·배치부터 교육 및 훈련, 업무평가, 동기부여 및 사기진작, 근무시간·급여·성과급·승진·퇴직금, 노사협조 등에 관한 사항을 포함한다.

관련기출 더 보기

22-07-13
난이도 ★★☆

직무수행평가 순서로 옳은 것은?

> ㄱ. 실제 직무수행을 직무수행 평가기준과 비교
> ㄴ. 직원과 평가결과 회의 진행
> ㄷ. 평가도구를 사용하여 직원의 실제 직무수행을 측정
> ㄹ. 직무수행 기준 확립
> ㅁ. 직무수행 기대치를 직원에게 전달

① ㄷ-ㄹ-ㅁ-ㄱ-ㄴ
② ㄹ-ㄷ-ㄴ-ㅁ-ㄱ
③ ㄹ-ㅁ-ㄷ-ㄱ-ㄴ
④ ㅁ-ㄱ-ㄷ-ㄴ-ㄹ
⑤ ㅁ-ㄹ-ㄴ-ㄷ-ㄱ

답 ③

응시생들의 선택

① 3%	② 9%	③ 74%	④ 5%	⑤ 9%

21-07-12
난이도 ★★☆

직무기술서에 관한 설명으로 옳은 것을 모두 고른 것은?

> ㄱ. 작업조건을 파악해서 작성한다.
> ㄴ. 직무수행을 위한 책임과 행동을 명시한다.
> ㄷ. 종사자의 교육수준, 기술, 능력 등을 포함한다.
> ㄹ. 직무의 성격, 내용, 수행 방법 등을 정리한 문서이다.

① ㄱ, ㄴ
② ㄱ, ㄷ
③ ㄱ, ㄴ, ㄹ
④ ㄴ, ㄷ, ㄹ
⑤ ㄱ, ㄴ, ㄷ, ㄹ

답 ③

응시생들의 선택

① 3%	② 5%	③ 53%	④ 7%	⑤ 32%

ㄷ. 종사자의 교육수준, 기술, 능력 등을 포함하여 작성하는 것은 직무명세서이다.

인적자원관리에 관한 설명으로 옳은 것을 모두 고른 것은?

> ㄱ. 직무분석은 직무명세 이후 가능하다.
> ㄴ. 직무명세는 특정 직무수행을 위해 필요한 지식과 기능, 능력 등을 작성하는 것이다.
> ㄷ. 직무평가에서는 조직목표 달성에 대한 구성원의 기여도를 고려한다.

① ㄴ   ② ㄱ, ㄴ
③ ㄱ, ㄷ   ④ ㄴ, ㄷ
⑤ ㄱ, ㄴ, ㄷ

답 ④

✅ 응시생들의 선택

① 6%	② 3%	③ 4%	④ 68%	⑤ 19%

ㄱ. 직무분석의 결과를 토대로 직무명세서를 작성한다.

직무를 통한 연수(OJT)에 관한 설명으로 옳은 것을 모두 고른 것은?

> ㄱ. 직원이 지출한 자기개발 비용을 조직에서 지원한다.
> ㄴ. 일반적으로 조직의 상사나 선배를 통해 이루어진다.
> ㄷ. 일상적인 업무를 통해 이루어지는 경우가 많다.
> ㄹ. 조직 외부의 전문교육 기관에서 제공된다.

① ㄱ, ㄴ   ② ㄱ, ㄷ
③ ㄱ, ㄹ   ④ ㄴ, ㄷ
⑤ ㄷ, ㄹ

답 ④

✅ 응시생들의 선택

① 3%	② 5%	③ 22%	④ 64%	⑤ 6%

ㄱ. OJT는 직장 내에서 해당 업무를 수행하면서 그에 대한 지도와 교육을 받는 것이기 때문에 비용이 별도로 발생하지 않는다.
ㄹ. OJT는 외부기관에서 받는 교육이 아닌 회사 내에서 직무를 수행하면서 받게 되는 교육훈련 방법이다.

사회복지조직의 인적자원관리에 관한 설명으로 옳은 것은?

① 직무만족은 조직몰입에 부정적인 영향을 미친다.
② 신규채용은 비공개모집을 원칙으로 한다.
③ 브레인스토밍은 제시된 아이디어의 양보다는 질을 더욱 중시한다.
④ 갈등은 조직 내에 비능률을 가져오는 역기능만을 갖는다.
⑤ 소진은 일반적으로 열성-침체-좌절-무관심의 단계로 진행된다.

답 ⑤

✅ 응시생들의 선택

① 1%	② 2%	③ 10%	④ 3%	⑤ 84%

① 직무만족은 조직몰입에 긍정적인 영향을 미친다. 조직몰입은 구성원 개인이 조직에 대해 갖는 애착 정도라고 말할 수 있다. 대체로 직무에 대한 만족이 높을수록 조직몰입도 높게 나타난다.
② 채용은 대체로 공개적으로 진행된다.
③ 브레인스토밍은 아이디어의 양이 많을수록 좋다.
④ 갈등은 역기능적일 수도 있지만, 대립적인 생각들 속에서 유의미한 대안이 창출되기도 한다는 점에서 역기능만 있는 것은 아니다.

인력개발에 관한 설명으로 옳은 것은?

① 구성원의 사기 진작을 위해 인력개발프로그램은 평가를 하지 않는다.
② 구성원의 가치 및 태도 변화를 위한 교육은 하지 않는다.
③ 인력개발은 상급자보다 하급자들에 의해 주도된다.
④ 역할연기는 인간관계훈련에 효과적인 프로그램이다.
⑤ 구성원 개인의 욕구와 선호는 고려되지 않는다.

답 ④

✅ 응시생들의 선택

① 18%	② 43%	③ 5%	④ 33%	⑤ 1%

① 프로그램에 참여한 직원들이 느끼는 만족도를 비롯해 실질적인 효과나 성과가 있는지 등을 살펴보기 위한 평가를 진행한다.
② 구성원의 가치 및 태도 변화를 위한 교육도 진행할 수 있다. 이는 조직이 추구하는 가치나 조직문화를 공유하기 위한 교육이 될 수도 있고, 직원들이 클라이언트를 어떻게 대해야 할지에 대한 교육이 될 수도 있다.
③ 필요한 프로그램이 무엇인지, 어느 정도의 예산이 소요될지 등을 고려하여 상급자에 의해 주도된다.
⑤ 구성원 개인의 욕구와 선호를 고려하는 것이 더 적극적인 참여를 이끌어낼 수 있다.

다음 내용이 왜 틀렸는지를 확인해보자

01 직무수행평가는 **직원의 승진 및 해임을 결정**하기 위해 실시되어야 한다.

> 직무수행평가의 결과가 직원의 승진 및 해임을 결정하는 데에 자료가 되기는 하지만, 직무수행평가의 주된 목적은 직원의 직무수행능력, 전문성을 발전시키는 것에 있다.

02 구성원의 전문성을 강화하기 위해서는 **끊임없는 순환보직을 통해 역량을 개발**한다.

> 순환보직을 통해 다양한 업무를 경험해볼 수 있지만, 지나치게 잦거나 많으면 전문성과 능률성, 책임성이 저하되고 행정의 일관성을 해칠 우려도 있다.

`10-07-12`

03 직무명세서를 작성한 후 해당 직무에 대한 **직무분석**이 이루어져야 한다.

> 직무분석의 결과를 바탕으로 직무명세서를 작성한다.

04 직원능력개발의 대상은 **신규채용자 및 일반 직원에 한정**된다.

> 상급자 및 관리자에 대해서도 슈퍼바이저 혹은 멘토로서의 역할이나 리더십에 관한 교육, 환경변화에 맞는 조직의 정책 수립을 위한 교육 등이 진행된다.

05 인력개발에 관한 교육 및 훈련이 길어지면 업무에 지장을 줄 수 있으므로 **1회성 혹은 단기간에 진행**해야 한다.

> 교육 및 훈련이 어떤 목적으로 어떤 내용으로 진행되는가에 따라 1회 혹은 단기적으로 진행될 수도 있으며 장기적으로 진행될 수도 있다.

`11-07-07`

06 인력의 소진을 최소화하기 위한 전략으로 **개인별 성과평가에 기초한 연봉제 임금 방식을 도입**한다.

> 개인별 성과평가로 인해 구성원 간 불필요한 경쟁이 심화될 수 있다는 점에서 오히려 소진이 촉진될 수 있다.

빈칸에 들어갈 알맞은 말을 채워보자

18-07-16

01 ( )은/는 직무에서 비롯되는 스트레스에 대한 반응으로, 목적의식이나 관심을 점차적으로 상실하는 과정이다.

17-07-13

02 소진은 열성 → ( ) → 좌절 → 무관심의 단계로 진행된다.

18-07-15

03 ( )은/는 새로운 전문지식을 습득할 수 있도록 하는 직원능력 개발방법으로, 구성원의 욕구에 따라 융통성 있게 실시할 수 있으며, 사회복지사에게 직무연수 방식으로 제공할 수 있다.

21-07-12

04 ( )은/는 작업조건을 파악하여 작성하며, 직무의 성격, 내용, 수행 방법 등과 함께 직무수행을 위한 책임과 행동을 명시하는 문서이다.

19-07-12

05 ( )은/는 조직의 상사나 선배를 통해 일상적인 업무 과정에서 이루어지는 직원능력개발 방법이다.

22-07-12

06 ( )은/는 짧은 시간에 많은 사람을 대상으로 교육내용을 체계적으로 전달할 때 사용하는 방법으로, 예를 들어 직원들에게 사회복지시설 평가제도에 대한 이해를 높여 기관평가에 좋은 결과를 얻도록 하기 위해 실시할 수 있다.

답 **01** 소진 **02** 침체 **03** 계속교육 **04** 직무기술서 **05** OJT **06** 강의

다음 내용이 옳은지 그른지 판단해보자

19-07-13
01 직무기술서에는 급여 수준, 직무 명칭, 직무 내용, 직무 수행방법, 핵심 과업 등이 포함되어야 한다. ◎ ✕

05-07-14
02 인사관리의 핵심요소로 개발관리, 성과관리, 보상관리 등을 꼽을 수 있다. ◎ ✕

17-07-14
03 직무평가는 직무명세서를 작성하기에 앞서 직무에 대한 업무내용과 책임을 종합적으로 살펴보는 것으로, 이는 인적자원관리의 기초가 된다. ◎ ✕

09-07-21
04 구성원의 사기 진작을 위해 인력개발 프로그램에 대한 평가는 하지 않는다. ◎ ✕

03-07-27
05 승진 기회 제공, 급여 인상 및 각종 포상 제도를 비롯해 슈퍼비전, 의사결정 과정에의 참여 등은 직무만족에 영향을 준다. ◎ ✕

15-07-13
06 직무분석 이전에 직무명세서와 직무기술서를 작성한다. ◎ ✕

15-07-13
07 직무명세서는 직무수행자의 요건에 대한 기술이다. ◎ ✕

14-07-14
08 인적자원관리는 인적자원 확보와 조직구성원에 대한 훈련, 교육, 보상 관리 등을 의미한다. ◎ ✕

답 01 ✕ 02 ○ 03 ✕ 04 ✕ 05 ○ 06 ✕ 07 ○ 08 ○

해설 **01** 직무기술서는 직무와 관련된 사항을 정리하여 작성하는 것으로, 급여 수준이 포함되지는 않는다.
03 직무평가가 아닌 직무분석에 관한 설명이다.
04 인력개발 프로그램의 효율성, 효과성 등을 평가하여 이후 프로그램이 개선될 수 있도록 반영한다.
06 해당 직무에 대한 직무분석을 진행한 후에 분석내용을 토대로 직무기술서 및 직무명세서를 작성한다.

209 동기부여 이론

1회독	2회독	3회독
월 일	월 일	월 일

최근 10년간 **7문항** 출제

이론요약

내용이론

▶ **매슬로우(Maslow)의 욕구계층이론**

기본개념

사회복지행정론
pp.166~

- 욕구를 <u>위계적으로</u> 제시
- 1단계: 생리적 욕구 → 2단계: 안전의 욕구 → 3단계: 사랑과 소속에 대한 욕구(사회적 욕구) → 4단계: 자기존중의 욕구 → 5단계: 자아실현의 욕구

▶ **허즈버그(Herzberg)의 동기-위생이론(2요인이론)**

불만족요인과 만족요인은 다른 차원으로, **불만족요인의 충족이 만족상태는 아님**

- <u>위생요인(=불만족요인)</u>: 조직의 정책과 경영, 감독기술, 급여, 인간관계, 작업조건 등. 매슬로우의 욕구 중 저차원적 욕구와 관련
- <u>동기요인(=만족요인)</u>: 일에 대한 책임, 일 그 자체, 승진 등을 통한 성장 및 자기실현. 매슬로우의 욕구 중 고차원적 욕구와 관련

▶ **알더퍼(Alderfer)의 ERG이론**

욕구가 순서대로 나타나는 것은 아니지만, **고순위 욕구가 좌절되면 저순위 욕구가 중요해진다는 좌절-퇴행 접근** 주장

- E(존재욕구, Existence): 급여, 육체적 작업에 대한 욕구, 물질적 욕구 등
- R(관계욕구, Relatedness): 소속감, 인간관계 등
- G(성장욕구, Growth): 자아실현, 잠재력 개발 등

▶ **맥클리랜드(McClelland)의 성취동기이론**

욕구가 위계적인 관계는 아니라고 하면서도 성취욕구가 가장 중요하다고 봄

- 성취욕구: 어려운 일을 달성하려는 욕구, 다른 사람들과 경쟁하여 이기고 싶은 욕구, 자신의 능력을 최대한 발휘하고자 하는 욕구 등
- 권력욕구: 구성원들에게 통제력을 행사하거나 행동에 영향을 미치려는 욕구
- 친화욕구(귀속욕구): 다른 사람과 친근하고 밀접한 관계를 맺으려는 욕구

▶ **맥그리거(McGregor)의 X·Y이론**

- X이론: 매슬로우의 하위욕구와 관련. 권위적 관리
- Y이론: 매슬로우의 상위욕구와 관련. '자율에 의한 통제'를 강조한 민주적 관리

과정이론

▶ 아담스(Adams)의 형평성/공평성이론
- 자신의 투입과 자신이 받은 보상 사이의 균형을 맞추는 방향으로 동기가 발생
- 자신의 투입/산출과 다른 사람의 투입/산출을 비교함으로써 그 차이를 줄이기 위해 동기가 발생

▶ 브룸(Vroom)의 기대이론(VIE이론)
인간이 행동하는 방향과 강도는 그 행동이 일정한 성과(O: Outcome)로 이어진다는 '기대(E)'의 강도와 실제로 이어진 '결과(I)'에 대해 느끼는 '매력(V)'에 달림

▶ 로크(Locke)의 목표설정이론
- 목표설정 자체가 동기화에 결정적인 역할을 함
- 더 높은 목표를 달성하면 더 좋은 평가를 받는다는 점에서 동기가 발생

기출문장 CHECK

01 (22-07-10) 허즈버그의 동기위생이론 예: 사회복지행정가 A는 직원의 불만족 요인을 낮추기 위하여 급여를 높이고, 업무환경 개선을 위한 사무실 리모델링을 진행하여 조직의 성과를 높이고자 하였다.

02 (20-07-17) 알더퍼(C. Alderfer)의 ERG이론은 고순위 욕구가 충족되지 못하면 저순위 욕구를 더욱 원하게 된다는 좌절퇴행(frustration regression) 개념을 제시한다.

03 (18-07-10) 형평성이론의 예: A는 자신보다 승진이 빠른 입사 동기인 사회복지사 B와의 비교로, 보충해야 할 업무역량을 분석하였다. A는 B가 가진 프로그램 기획력과 사례관리 역량의 필요성을 알게 되었고, 직무 향상과 승진을 위해 대학원 진학을 결정하였다.

04 (17-07-12) 매슬로우의 욕구단계이론에서 최상위 단계는 자아실현욕구이다.

05 (17-07-12) 알더퍼의 ERG이론은 인간의 욕구를 세 가지 범주로 나누었다.

06 (17-07-12) 허즈버그의 동기-위생이론에 의하면 감독, 안전은 위생요인에 해당한다.

07 (17-07-12) 아담스는 공평성이론에서 조직이 공평성을 실천함으로써 구성원을 동기부여 할 수 있다고 하였다.

08 (16-07-14) 목표설정이론: 인지에 초점을 둔 이론이다. 동기 형성을 위한 목표설정이 필요하다고 본다. 목표가 구체적일수록 효과적이라고 본다. 의미 있는 목표는 동기유발을 일으켜 조직성과 달성에 기여한다고 본다.

09 (15-07-25) 맥클리랜드(McClelland)는 성취동기이론을 제시한 학자이다.

10 (10-07-02) 허즈버그(Herzberg)의 이론에서 봉급과 작업조건은 위생요인에 해당된다.

11 (10-07-02) 공평성 이론은 개인의 투입 · 산출에 대해 형평에 맞게 보상하는 동기부여를 강조한다.

12 (10-07-02) X이론의 인간관은 생리적 수준에서 동기가 부여되므로 하위욕구 관리전략이 필요하다.

13 (09-07-22) 매슬로우의 욕구이론에서는 하위욕구가 충족되어야 상위욕구가 나타난다.

14 (09-07-22) 아담스의 형평성 이론에서는 노력과 보상 간의 공정성이 동기부여의 핵심요소이다.

15 (09-07-22) 알더퍼의 ERG이론에서 존재욕구, 관계욕구, 성장욕구는 동시에 추구될 수 있다.

16 (09-07-22) 허즈버그의 동기위생이론에서 봉급과 근무환경은 위생요인이다.

17 (04-07-15) 동기이론은 내용이론과 과정이론으로 나눌 수 있다.

18 (04-07-15) 매슬로우의 욕구 이론은 욕구계층을 단계적으로 설명한다.

19 (04-07-15) 동기-위생이론에서 금전, 근무여건 등은 소극적 동기, 즉 위생요인에 해당한다.

대표기출 확인하기

난이도 ★★★

동기부여 이론에 관한 설명으로 옳은 것은?

① 알더퍼(C. Alderfer)의 ERG이론은 고순위 욕구가 충족되지 못하면 저순위 욕구를 더욱 원하게 된다는 좌절퇴행(frustration regression) 개념을 제시한다.

② 맥그리거(D. McGregor)의 X·Y이론은 조직에 대한 기대와 현실 간 차이가 동기수준을 결정한다는 점을 강조한다.

③ 허즈버그(F. Herzberg)의 동기-위생요인 이론은 불만 초래 요인을 동기요인으로 규정한다.

④ 맥클리랜드(D. McClelland)의 성취동기이론은 조직공정성을 성취동기 고취를 위한 핵심요소로 간주한다.

⑤ 매슬로우(A. Maslow)의 욕구단계 이론은 욕구가 존재, 관계, 성장욕구의 세 단계로 구성된다고 주장한다.

> **알짜확인**
>
> • 동기부여이론들이 갖는 핵심은 직원들의 업무 욕구를 어떻게 발생시켜 생산성을 향상시킬 것인가에 초점을 둔다는 것이다. 각 이론마다 제시한 욕구 단계나 접근방법이 다르기 때문에 이러한 특징들을 구분해서 정리해두기 바란다.

답 ①

◆ 응시생들의 선택

① 30%	② 15%	③ 13%	④ 36%	⑤ 6%

② 조직에 대한 기대와 현실 간 차이가 동기수준을 결정한다는 점을 강조한 것은 브룸(V. Vroom)의 기대이론이다.

③ 허즈버그의 동기-위생요인 이론에서 충족되지 않았을 때 불만을 초래하는 요인은 위생요인이며, 충족되었을 때 만족을 주고 동기를 일으키는 요인이 동기요인이다.

④ 조직의 공정성을 성취동기 고취를 위한 핵심요소로 간주한 것은 아담스(Adams)의 공평성이론이다.

⑤ 욕구를 존재, 관계, 성장욕구의 세 가지로 설명한 것은 알더퍼(Alderfer)의 ERG이론이다.

관련기출 더 보기

난이도 ★★☆

사회복지행정가 A는 직원의 불만족 요인을 낮추기 위하여 급여를 높이고, 업무환경 개선을 위한 사무실 리모델링을 진행하여 조직의 성과를 높이고자 하였다. 이때 적용한 이론은?

① 브룸(V. H. Vroom)의 기대이론

② 허즈버그(F. Herzberg)의 동기위생이론

③ 스위스(K. E. Swiss)의 TQM이론

④ 맥그리거(D. McGregor)의 XY이론

⑤ 아담스(J. S. Adams)의 형평성 이론

답 ②

◆ 응시생들의 선택

① 14%	② 76%	③ 6%	④ 3%	⑤ 1%

② 허즈버그는 구성원에게 불만족을 주는 요인을 위생요인, 만족을 주는 요인을 동기요인으로 구분하면서 동기위생이론을 제시하였다. 문제에서 급여 인상은 위생요인에 해당하며, 업무환경 개선은 동기요인에 해당한다. 허즈버그는 위생요인의 충족은 불만족스럽지 않은 상태일 뿐 그것이 만족스러운 상태인 것은 아니라고 보았으며, 동기요인의 충족이 만족을 일으켜 동기가 발생한다고 보았다.

다음 (   )에 들어갈 내용으로 옳은 것은?

맥클랜드(D. McClelland)의 성취동기이론을 자원봉사자관리에 적용할 경우 자원봉사자의 욕구 유형에 따라 배정할 업무가 다를 것이다. 가령 (ㄱ)욕구가 강한 자원봉사자에게는 말벗되기 등 대면서비스를 담당하도록 배정하고, (ㄴ) 욕구가 강한 자원봉사자에게는 팀장 등 관리 업무를 맡기고, (ㄷ)욕구가 강한 자원봉사자에게는 후원자 개발 등 다소 어려운 업무를 배정한다.

① ㄱ: 인간관계, ㄴ: 성취, ㄷ: 권력
② ㄱ: 친교, ㄴ: 권력, ㄷ: 성취
③ ㄱ: 관계, ㄴ: 성장, ㄷ: 자아실현
④ ㄱ: 사회적, ㄴ: 권력, ㄷ: 성장
⑤ ㄱ: 친교, ㄴ: 존경, ㄷ: 권력

답 ②

응시생들의 선택

① 4%	② 59%	③ 12%	④ 24%	⑤ 19%

동기부여이론에 관한 설명으로 옳지 않은 것은?

① 매슬로우(A. Maslow)의 욕구단계이론에서 최상위 단계는 자아실현욕구이다.
② 알더퍼(C. Alderfer)의 ERG이론은 인간의 욕구를 세 가지 범주로 나누었다.
③ 허즈버그(F. Herzberg)의 동기-위생이론에 의하면 감독, 안전은 위생요인에 해당한다.
④ 맥클랜드(D. McClelland)의 성취동기이론에 의하면 성장욕구는 관계욕구보다 상위 단계이다.
⑤ 아담스(J. Adams)는 공평성이론에서 조직이 공평성을 실천함으로써 구성원을 동기부여 할 수 있다고 하였다.

답 ④

응시생들의 선택

① 2%	② 8%	③ 42%	④ 29%	⑤ 19%

④ 성취동기이론은 욕구를 계층화하지는 않았다.

목표설정(Goal Setting)이론에 관한 설명으로 옳지 않은 것은?

① 위계적 욕구이론이다.
② 인지에 초점을 둔 이론이다.
③ 동기 형성을 위한 목표설정이 필요하다고 본다.
④ 목표가 구체적일수록 효과적이라고 본다.
⑤ 의미 있는 목표는 동기유발을 일으켜 조직성과 달성에 기여한다고 본다.

답 ①

응시생들의 선택

① 63%	② 34%	③ 1%	④ 1%	⑤ 1%

① 욕구를 위계적으로 제시하지는 않았다.

동기부여에 관한 설명으로 옳지 않은 것은?

① X이론의 인간관은 생리적 수준에서 동기가 부여되므로 하위욕구 관리전략이 필요하다.
② 과업환경상의 동기부여를 위해서는 작업환경의 개선이 필요하다.
③ 공평성 이론은 개인의 투입·산출에 대해 형평에 맞게 보상하는 동기부여를 강조한다.
④ 허즈버그(Herzberg)의 이론에서 봉급과 작업조건은 위생요인에 해당된다.
⑤ Y이론에 의하면 안전의 욕구가 강한 계층에서 동기부여가 가능하다.

답 ⑤

응시생들의 선택

① 8%	② 5%	③ 4%	④ 14%	⑤ 69%

⑤ Y이론은 매슬로우의 상위욕구에 초점을 맞춘 이론으로, 자아실현 수준의 욕구를 가진 인간을 대상으로 고차원적인 욕구를 충족시킬 수 있는 민주적 방식으로 동기부여를 해야 한다고 보았다.

다음 내용이 왜 틀렸는지를 확인해보자

15-07-25

01 맥그리거(McGregor)는 <u>욕구를 계층화하여 제시</u>하였다.

> 맥그리거는 X·Y이론을 제시한 학자이다. 욕구를 계층화하여 설명한 학자는 매슬로우이다.

09-07-22

02 맥클랜드의 성취동기이론은 <u>X·Y이론에 바탕</u>을 두고 있다.

> X·Y이론에 바탕을 두고 있는 이론은 매슬로우의 욕구단계이론이다. 매슬로우의 욕구 위계 중 생리적 욕구, 안전에 대한 욕구, 사회적 욕구는 X이론에 바탕을 두고 있으며, 자기존중의 욕구와 자아실현의 욕구는 Y이론에 바탕을 두고 있다.

04-07-15

03 ERG이론은 <u>낮은 수준의 욕구가 좌절되면 높은 수준의 욕구가 중요해진다</u>고 설명했다.

> ERG이론에서는 좌절-퇴행 접근에 따라 상위욕구가 충족되지 않거나 좌절될 때 그보다 낮은 하위욕구의 중요성이 커진다고 설명했다.

04 공평성(형평성) 이론은 <u>다른 사람과의 비교가 아닌</u> 자신의 투입과 산출을 비교하여 동기를 부여한다고 설명한다.

> 자신의 투입과 산출을 비교하기도 하지만, 한편으로는 자신의 투입 대비 산출과 다른 사람의 투입 대비 산출을 비교하여 그 차이를 줄일 수 있는 방향으로 동기를 부여한다고 설명했다.

05 로크(Locke)는 <u>목표설정만으로는 동기를 일으킬 수 없다</u>고 보았다.

> 로크는 목표설정 자체가 동기화에 결정적인 역할을 할 수 있다고 보면서 목표설정이론을 제시하였다.

15-07-25

06 알더퍼(Alderfer)는 <u>X·Y이론을</u>, 허즈버그(Herzberg)는 <u>ERG이론</u>을 제시하였다.

> 알더퍼는 ERG이론을, 허즈버그는 동기위생이론을 제시하였다.

빈칸에 들어갈 알맞은 말을 채워보자

01 매슬로우의 5가지 욕구계층: 생리적 욕구 → 안전의 욕구 → 사회적 욕구 → (①   )의 욕구 → (②   )의 욕구

02 허즈버그의 2요인이론에서 (   )요인은 일 그 자체, 일에 대한 책임, 승진 등 3요소를 통해 만족과 동기를 이끌어낼 수 있는 요인이다.

03 존재욕구, 관계욕구, 성장욕구 등을 제시하면서 각 욕구는 순서대로 나타나지는 않지만, 고순위 욕구가 좌절될 경우 저순위 욕구가 중요해진다는 좌절−퇴행 접근을 주장한 학자는 (   )이다.

04 브룸이 제시한 기대이론은 인간의 행동이 어떤 성과로 이어진다는 기대(E)의 강도와 실제로 이어진 결과(I)에 대해 느끼는 (   )에 달려 있다고 본다.

05 맥클리랜드는 성취욕구, 권력욕구, 친화욕구 등에 대해 제시하면서 각 욕구를 위계적으로 설명하지는 않았지만 (   )욕구가 가장 중요하다고 보았다.

06 아담스의 (   )이론은 노력과 보상의 간극, 다른 사람과의 투입 대비 산출 비교 등을 통해 동기가 발생하게 됨을 설명한 것으로, 조직은 구성원들에 대해 보상하는 과정에서 이를 인식하고 공정성을 확보해야 한다고 보았다.

07 (   )의 목표설정이론은 목표설정 자체가 인간의 행동이 동기화하는 데에 결정적인 역할을 할 수 있다고 본 것이다.

 01 ① 자기존중 ② 자아실현 **02** 동기(만족) **03** 알더퍼 **04** 매력(V) **05** 성취(달성) **06** 형평성(공평성) **07** 로크

강의 QR코드

최근 10년간 **3문항** 출제

복습 1 이론요약

슈퍼비전의 3가지 기능
- **행정적 기능**: 직원채용, 선발, 임명, 업무 위임, 서비스 제공에 대한 **감독 · 평가**
- **교육적 기능**: 기관의 기본가치, 목적, 실천이론과 모델에 대한 **교육 훈련, 정보제공**
- **지지적 기능**: 스트레스 및 긴장감 해소 지원, **동기부여 및 사기진작**

슈퍼바이저의 조건과 자질
풍부한 지식, 기술, 접근의 용이성, 진지한 자세, 솔직함, 칭찬과 인정

슈퍼비전의 모형(왓슨)
- **동료집단 슈퍼비전**: 특정한 슈퍼바이저의 지정 없이 모든 집단 구성원이 동등한 자격으로 참여
- **직렬 슈퍼비전**: 두 업무자가 동등한 자격으로 상호간에 슈퍼비전을 제공
- **팀 슈퍼비전**: 다양한 성격을 가진 구성원으로 팀을 구성하여 진행
- **개인교습 모델**: 개인교사와 학생의 관계처럼 1:1의 관계로 슈퍼비전을 진행
- **슈퍼비전 집단**: 한 명의 슈퍼바이저와 한 집단의 슈퍼바이지로 구성(개인교습 모델에서 발전된 방식)
- **케이스 상담**: 업무자와 상담인의 체계로 형성

기본개념
사회복지행정론
pp.171~

기출문장 CHECK

01 (12-07-20) 슈퍼바이저는 풍부한 지식, 실천기술과 경험, 개방적 접근의 용이성, 솔직성 등의 자질을 갖춰야 한다.

02 (11-07-24) 슈퍼비전은 인적 자원의 개발에 관심을 두는 행정행위의 일종으로, 리더십과 연결성을 갖는다.

03 (11-07-24) 슈퍼바이저는 행정적 상급자, 교육자, 상담자로서의 복수 역할 간 갈등을 겪을 수 있다.

04 (09-07-18) 슈퍼바이저는 업무에 대한 조정과 통제의 임무를 수행한다.

05 (05-07-16) 슈퍼바이저는 행정적 상급자로서 업무계획 수립 및 업무지시에 관여하며 직무수행에 대해 모니터링 한다.

06 (04-07-13) 슈퍼바이저는 풍부한 지식과 진지한 태도를 갖춰야 한다.

대표기출 확인하기

21-07-13 난이도 ★☆☆

사회복지 슈퍼비전에 관한 설명으로 옳지 않은 것은?

① 행정적 기능, 교육적 기능, 지지적 기능이 있다.
② 소진 발생 및 예방에 영향을 미친다.
③ 동료집단 간에는 슈퍼비전이 수행되지 않는다.
④ 슈퍼바이저는 직속상관이나 중간관리자가 주로 담당한다.
⑤ 직무를 수행하면서 훈련을 받을 수 있다는 장점이 있다.

▶ **알짜확인**

• 슈퍼비전은 최근 출제율은 주춤하지만 한동안 출제율이 매우 높았던 내용이다. 단독으로 출제되지 않더라도 인적자원관리에 관한 종합적인 문제에서 다뤄질 수 있으므로 슈퍼비전의 3가지 기능 및 슈퍼바이저의 역할, 자질, 슈퍼비전의 유형 등 기본적인 내용은 알아두도록 해야 한다.
• 슈퍼바이저의 역할과 관련해서는 슈퍼바이저가 다양한 역할을 수행함에 따라 역할갈등을 느낄 수도 있다는 점 같이 기억해두자.

답 ③

✅ **응시생들의 선택**

① 0%	② 3%	③ 92%	④ 3%	⑤ 2%

③ 슈퍼비전은 항상 슈퍼바이저와 슈퍼바이지가 1:1의 관계로 진행되어야 하는 것은 아니다. 특정한 슈퍼바이저를 지정하지 않고 슈퍼비전 집단을 구성한 사람들끼리 서로 동등한 자격으로 슈퍼비전을 제공하는 동료집단 슈퍼비전의 방식도 있다.

관련기출 더 보기

13-07-18 난이도 ★★☆

사회복지서비스 기관에서의 슈퍼비전에 관한 설명으로 옳지 않은 것은?

① 카두신(A. Kadushin)은 슈퍼비전을 행정적, 지지적, 교육적 기능으로 설명한다.
② 긍정적 슈퍼비전은 사회복지사의 소진 예방에 도움을 준다.
③ 슈퍼바이지(Supervisee) 간 동료 슈퍼비전은 인정되지 않는다.
④ 사회복지사의 관리 및 통제의 수단으로도 활용된다.
⑤ 슈퍼비전의 질은 슈퍼바이저의 역량에 좌우된다.

답 ③

✅ **응시생들의 선택**

① 35%	② 3%	③ 52%	④ 7%	⑤ 3%

③ 동료집단 슈퍼비전, 직렬 슈퍼비전 등 동료 간 서로가 서로에게 슈퍼바이저의 역할을 할 수 있다.

09-07-18 난이도 ★★☆

일선 슈퍼바이저의 슈퍼비전 기능으로 옳지 않은 것은?

① 개별 사례에 대한 목표 및 과업을 결정한다.
② 일선 사회복지사가 제공하는 서비스를 감독한다.
③ 업무에 대한 조정과 통제의 임무를 수행한다.
④ 일선 사회복지사의 동기와 사기를 진작시킨다.
⑤ 일선 사회복지사의 지식과 기술을 향상시킨다.

답 ①

✅ **응시생들의 선택**

① 56%	② 7%	③ 25%	④ 2%	⑤ 10%

① 슈퍼비전은 슈퍼바이저가 직접 서비스 전달에 관여하는 것이 아니기 때문에 개별 사례에 대한 목표나 과업 결정에 있어 정보를 제공할 뿐이다.

다음 내용이 왜 틀렸는지를 확인해보자

01 슈퍼바이저는 슈퍼바이지가 맡은 업무에 대해 최종적인 책임을 지며, 슈퍼바이지가 업무 과정에서 어려워하는 결정을 대신한다.

> 슈퍼바이저는 슈퍼바이지가 업무 과정에 필요한 지식과 기술을 잘 사용할 수 있도록 지원하는 역할을 수행한다. 책임을 공유하지만 전적으로 책임을 지는 것은 아니며, 결정이나 업무를 대신하는 것은 아니다.

02 카두신이 제시한 슈퍼비전의 기능 중 **업무수행에 대한 책임 공유**, 정보 제공 등은 교육적 슈퍼비전에 해당한다.

> 업무수행에 대한 책임을 공유함으로써 슈퍼바이지가 갖는 부담감이 완화될 수 있다는 점에서 지지적 슈퍼비전에 해당한다.

`05-07-16`

03 슈퍼바이저가 일선 사회복지사에게 새로운 이론과 모델에 대해 알려주는 것은 **행정적 기능에 해당**한다.

> 교육적 기능에 해당한다.

`11-07-24`

04 사회복지기관의 슈퍼비전은 **가치와 감정의 문제를 배제**하고, 전문적 기술의 전수를 중심에 둔다.

> 사기를 진작시키고, 좌절과 불만에 대해 도움을 제공하며, 전문가로서의 가치를 느끼고 기관에 대한 소속감과 직무수행에 있어 안정감을 갖도록 한다는 점에서 가치와 감정의 문제를 배제하기보다 오히려 강조한다.

05 슈퍼비전은 반드시 **한 명의 슈퍼바이저와 한 명의 슈퍼바이지로 진행되어야 한다.**

> 슈퍼비전은 1:1 관계가 아니더라도 다양한 형태로 이루어질 수 있다.

`09-07-18`

06 슈퍼바이저는 **개별 사례에 대한 목표 및 과업을 결정**한다.

> 개별 사례에 대한 목표나 과업 결정에 있어 정보를 제공할 뿐이다.

9장

재정관리/재무관리

이 장에서는

가장 많이 출제되는 내용은 예산 기법이다. 품목별 예산, 성과주의 예산, 프로그램 기획예산(PPBS), 영기준 예산 등의 주요 특징을 정리해두어야 한다. 그 밖에 예·결산, 회계 등과 관련해「사회복지법인 및 사회복지시설 재무·회계 규칙」상 준예산, 예산 첨부서류, 결산 첨부서류, 예산 집행 과정 및 후원금 관리 규정 등도 다뤄진 바 있다.

10년간 출제분포도

평균 출제문항수 **1.5** 문항

회차	22회	21회	20회	19회	18회	17회	16회	15회	14회	13회
문항수	2	1	2	1	2	2	1	1	1	2

211 예산모형

강의 QR코드

★★★
최근 10년간 **5문항** 출제

복습 1 이론요약

항목/품목별 예산(LIB)

- 구입하고자 하는 **물품 또는 서비스별로 편성하는 예산**
- 프로그램의 목표나 내용, 결과 등을 알 수 없음
- **항목별로 정리되어 예산 통제에 효과적**
- 전년도의 예산을 참고하여 물가상승률 정도를 반영하는 **점증주의적 성격이 강하게** 나타남

기본개념

사회복지행정론
pp.180~

성과주의 예산(PB, 기능적 예산)

- 활동을 기능별 또는 프로그램별로 나누고 **각 프로그램의 단위원가와 업무량을 계산하여 편성**
- 예산에 **표시된 업무량을 실제로 달성했는가에 따라 성과를 관리**
- 단위원가를 계산하여 합리적 배분이 가능하지만, 단위원가 계산이 어려운 경우도 있음
- 성과가 예산 할당의 기준이 되기 때문에 효율성을 기할 수 있음

프로그램기획 예산(PPBS, 계획예산)

- **프로그램의 목표를 달성하기 위해 예산을 편성하는 방식**
- **프로그램의 계획과 예산이 결합**되어 조직 운영의 통합성을 꾀할 수 있음
- 예산편성이 독립적으로 이루어지는 것이 아니라 조직 차원에서 이루어지기 때문에 중앙집권화의 우려가 있음
- 사업에 필요한 품목이나 단위원가가 직접 제시되지 않음

영기준 예산(ZBB)

- **전년도 예산을 고려하지 않고 올해 운영될 모든 프로그램에 대해 우선순위에 따라 예산을 편성**
- 낭비되는 예산을 줄일 수 있지만 다음 연도의 예산을 예측하기 어려워 **장기적으로 진행될 프로그램에는 불리함**

01 (리-D٦-١४) 품목별 예산은 수입과 지출을 항목별로 명시하여 수립한다.

02 (١٩-D٦-١४) 영기준 예산은 예산의 효율성을 중요시 한다. 전년도 예산을 고려하지 않는다.

03 (١٩-D٦-١४) 성과주의 예산은 업무에 중점을 두는 관리지향의 예산제도이다.

04 (١٩-D٦-١४) 품목별 예산은 전년도 예산을 근거로 한다.

05 (١8-D٦-२४) 품목별 예산: 예산의 남용을 방지할 수 있다. 회계책임을 명백히 할 수 있다. 급여와 재화 및 서비스 구매에 효과적이다.

06 (١5-D٦-२3) 성과주의 예산: 사업별 예산통제가 가능하다. 목표수행에 중점을 두는 관리지향 예산제도이다. 예산집행에 있어 신축성을 부여한다. 실적을 평가하기에 용이하다.

07 (١४-D٦-١٩) 성과주의 예산은 각 세부사업을 '단위원가 X 업무량 = 예산액'으로 표시하여 편성을 한다.

08 (١४-D٦-١٩) 성과주의 예산은 기관의 사업과 목표를 이해하는 데 도움을 주며, 예산집행에 신축성을 부여한다.

09 (١२-D٦-२२) 계획예산제도: 목표개발에서부터 시작된다. 조직의 통합적 운영이 편리하다. 조직품목과 예산이 직접 연결되지 않아 환산작업에 어려움이 있다. 의사결정에 있어서 과학적이고 합리적인 기법을 활용한다.

10 (١D-D٦-١٦) 영기준 예산: 전년도 예산과 무관하게 매년 프로그램 우선순위에 따라 예산을 편성한다. 사업의 우선순위에 따라 합리적으로 재원을 배분한다.

11 (D8-D٦-D٩) 항목별 예산: 간편성으로 인해 가장 오랫동안 사용해 온 예산 방식이다.

12 (D8-D٦-D٩) 성과주의 예산: 개별예산과 지출을 조직활동과 연결시킴으로써 산출에 관심을 둔다.

13 (D8-D٦-D٩) 프로그램기획 예산: 개별예산과 지출을 사업의 목표에 연결한다.

14 (D6-D٦-١D) 성과주의 예산: 1990년대 후반부터 우리나라 예산계획에서 활용하고 있는 예산제도로 목표와 프로그램을 분명히 하고 프로그램별 단위원가를 화폐가치로 환산하여 이를 기반으로 예산을 책정하는 방식이다.

15 (D3-D٦-२४) 성과주의 예산: 예산편성 방법 중 '기능 → 세부기능 및 활동 → 단위원가와 업무량 계산'의 순서로 예산을 측정한다.

16 (D२-D٦-١5) 품목별 예산방식은 점증주의적 특징이 강하게 나타난다.

17 (D२-D٦-١6) 영기준 예산방식은 점증주의적 예산에서 나타나는 단점을 보완하기 위해 만들어졌으며, 합리성에 기반하여 예산을 수립한다.

18 (D١-D٦-D8) 영기준 예산방식: 점증모형의 단점을 보완하기 위한 방법으로 전년도의 예산방식을 전혀 고려하지 않는다.

대표기출 확인하기

난이도 ★★☆

예산에 관한 설명으로 옳은 것은?

① 영기준 예산(Zero Based Budgeting)은 전년도 예산 내역을 반영하여 수립한다.
② 계획 예산(Planning Programming Budgeting System)은 국가의 단기적 계획 수립을 위한 장기적 예산편성 방식이다.
③ 영기준 예산(Zero Based Budgeting)은 비용-편익분석, 비용-효과분석을 거치지 않고 수립한다.
④ 성과주의 예산(Performance Budgeting)은 전년도 사업의 성과를 고려하지 않고 수립한다.
⑤ 품목별 예산(Line Item Budgeting)은 수입과 지출을 항목별로 명시하여 수립한다.

▶ **알짜확인**

• 항목별 예산은 점증주의적 성격이 강하게 나타나지만 작성이 용이하다는 점, 성과주의 예산은 단위원가를 계산한다는 점, PPBS는 조직의 기획과 목표를 연결하여 예산을 편성한다는 점, 영기준 예산은 전년도 예산을 고려하지 않는다는 점 등 주요 특징을 정리해두자.

답 ⑤

✅ **응시생들의 선택**

① 5%	② 7%	③ 10%	④ 3%	⑤ 75%

①③ 영기준 예산은 전년도 사업 및 예산배분을 고려하지 않고 비용-편익분석, 비용-효과분석 등을 통해, 즉 사업의 효율성 평가를 통해 사업의 우선순위를 결정하여 예산을 편성한다.
② 계획 예산은 계획지향 또는 기획지향적 입장에서 장기적인 계획수립과 단기적인 예산편성을 프로그램 계획의 작성을 통해 유기적으로 결합시키는 방식이다.
④ 성과주의 예산은 사업계획을 세부사업으로 분류하고 각 세부사업별 단위원가와 제공량을 계산하여 예산액으로 표시하는 방식이다. 지난해 성과를 토대로 올해 예산에서의 단위원가 및 제공량이 증가할 수 있다.

관련기출 더 보기

난이도 ★★☆

예산에 관한 설명으로 옳지 않은 것은?

① 영기준 예산(Zero Based Budgeting)은 예산의 효율성을 중요시 한다.
② 영기준 예산(Zero Based Budgeting)은 전년도 예산을 고려하지 않는다.
③ 성과주의 예산(Performance Budgeting)은 업무에 중점을 두는 관리지향의 예산제도이다.
④ 기획예산제도(Planning programming Budgeting System)는 미래의 비용을 고려하지 않는다.
⑤ 품목별 예산(Line Item Budgeting)은 전년도 예산을 근거로 한다.

답 ④

✅ **응시생들의 선택**

① 8%	② 6%	③ 8%	④ 75%	⑤ 3%

④ 기획예산제도는 조직의 장기적인 비전이나 계획을 고려하여 예산을 편성하기 때문에 미래의 비용이 많이 고려된다.

난이도 ★★☆

품목별 예산에 관한 설명으로 옳지 않은 것은?

① 예산의 남용을 방지할 수 있다.
② 회계책임을 명백히 할 수 있다.
③ 신축성 있게 예산을 집행할 수 있다.
④ 급여와 재화 및 서비스 구매에 효과적이다.
⑤ 정책 및 사업의 우선순위를 소홀히 할 수 있다.

답 ③

✅ **응시생들의 선택**

① 3%	② 7%	③ 42%	④ 4%	⑤ 44%

③ 품목별 예산은 지출항목에 따라 예산을 편성하는 방식으로 해당 항목에 해당 예산을 집행하는 것을 원칙으로 한다. 실제 사용에 있어 어떤 품목에서 예산을 증감해야 할지를 판단하기가 어렵기 때문에 상황변화에 따라 예산을 탄력적으로 집행하기에는 불리하다.

성과주의 예산모형에 관한 설명으로 옳지 않은 것은?

① 사업별 예산통제가 가능하다.
② 예산 배정에 있어서 직관적 성격이 강하다.
③ 목표수행에 중점을 두는 관리지향 예산제도이다.
④ 예산집행에 있어 신축성을 부여한다.
⑤ 실적의 평가를 용이하게 한다.

답 ②

✔ 응시생들의 선택

① 9%	② 44%	③ 17%	④ 25%	⑤ 5%

② 성과주의 예산모형은 단위원가와 수량이라는 객관적인 산출 근거를 토대로 예산을 수립한다.

계획예산제도(PPBS)에 관한 설명으로 옳지 않은 것은?

① 목표개발에서부터 시작된다.
② 조직의 통합적 운영이 편리하다.
③ 조직품목과 예산이 직접 연결되지 않아 환산작업에 어려움이 있다.
④ 단위원가계산이 쉬워 단기적 예산변경이 유리하다.
⑤ 의사결정에 있어서 과학적이고 합리적인 기법을 활용한다.

답 ④

✔ 응시생들의 선택

① 3%	② 2%	③ 22%	④ 40%	⑤ 33%

④ PPBS에는 구체적으로 사업에 필요한 품목들이나 단위원가를 제시하지 않는다.

예산모형에 대한 설명으로 옳은 것은?

① 품목별 예산은 회계책임을 명확히 하고 기관운영이나 활동내용을 명확하게 보여준다.
② 성과주의 예산은 지출과 조직의 장기적 목표를 연동시켜 목표를 합리적으로 달성하는 데 유용하다.
③ 영기준 예산은 모든 사업 예산을 효과성과 효율성의 관점에서 재평가하여 장기적 계획수립에 유용하다.
④ 프로그램기획 예산은 예산제도의 편성과 운영에서 분권을 강화하여 조직의 목표달성을 극대화할 수 있다.
⑤ 품목별 예산은 다른 예산모형과 결합하여 사회복지조직에서 널리 활용되고 있다.

답 ⑤

✔ 응시생들의 선택

① 15%	② 9%	③ 3%	④ 26%	⑤ 47%

① 품목별 예산은 기관운영 및 활동내용을 살펴보기에는 한계가 있다.
② 성과주의 예산은 단기적으로 목표를 달성하는 사업에 더 적합한 측면이 있다.
③ 영기준 예산은 전년도 예산을 고려하지 않은 채 해당 회계연도에 대해 예산을 수립한다. 이로 인해 다음 연도의 예산을 예측할 수 없어 몇 년에 걸쳐 진행되는 장기적 계획수립에는 불리하다.
④ 프로그램기획 예산(PPBS)은 목표를 중심으로 예산을 편성하는 방식이기 때문에 조직의 목표달성을 중심으로 중앙집권화될 경향이 있다.

각 예산기획 기법에 대한 효과가 바르게 제시된 것은?

ㄱ. 품목별 예산 – 통제효과
ㄴ. 성과주의 예산 – 관리기능
ㄷ. 프로그램별 예산 – 기획기능
ㄹ. 영기준 예산 – 예산 확충

① ㄱ, ㄴ, ㄷ	② ㄱ, ㄷ
③ ㄴ, ㄹ	④ ㄹ
⑤ ㄱ, ㄴ, ㄷ, ㄹ	

답 ①

✔ 응시생들의 선택

① 53%	② 13%	③ 7%	④ 1%	⑤ 25%

ㄹ. 영기준 예산은 예산이 증가할지, 감소할지 혹은 증감의 폭이 어느 정도일지를 예측하기가 쉽지 않다.

다음 내용이 왜 틀렸는지를 확인해보자

`07-07-25`

01 품목별 예산은 <u>프로그램의 성과 및 산출물에 관심을 둔다.</u>

> 프로그램의 성과 및 산출물에 관심을 두는 예산 방식은 성과주의 예산이다.

`05-07-18`

02 품목별 예산방법은 **기관의 목적이나 사업을 이해하는 데 용이**하다.

> 품목별 예산은 지출 항목에 따라 작성되기 때문에 지출근거는 명확하지만 목표나 내용 등이 나타나지는 않는다.

`05-07-18`

03 성과주의 예산은 <u>비용절감에 용이</u>하다.

> 점증주의적 성격이 남아 있기 때문에 비용절감에 효과적이라고 보기는 어렵다.

`14-07-19`

04 성과주의 예산은 <u>간편하고 주로 점증식으로 평가</u>된다.

> 성과주의 예산은 단위원가를 계산해야 하는데 단위를 정하는 과정부터 어려울 수 있기 때문에 간편한 방식은 아니다. 실제 성과주의 예산을 활용함에 있어서 점증적인 특성이 미약하게 나타나기는 한다.

---

05 프로그램 기획 예산 방식은 프로그램의 목표에 예산을 통합적으로 고려하면서도 **사업에 필요한 품목과 단위원가를 직접 제시하여 예산관리가 용이**하다.

> PPBS 방식에서는 품목이나 단위원가가 제시되지 않기 때문에 관리적 측면에서는 불리하다.

`02-07-16`

06 영기준 예산방식은 애초에 **예산절감을 목적으로 개발**된 것이다.

> 전년도 예산과 무관하게 현재의 시점에서 합리적으로 예산을 수립함에 따라 예산을 절약하는 효과를 가져올 수는 있지만, 예산절감 자체가 영기준 예산의 목적이라고 볼 수는 없다.

빈칸에 들어갈 알맞은 말을 채워보자

01 성과주의 예산은 각 세부사업을 '(   ) × 업무량 = 예산액'으로 표시하여 편성한다.

02 품목별 예산 − 통제기능, 성과주의 예산 − (   ) 기능, 프로그램기획 예산 − 기획기능

03 간편성으로 인해 가장 오랫동안 사용해 온 예산 형식은 (①   ) 예산이고, 개별예산과 지출을 조직활동
과 연결시킴으로써 산출에 관심을 두는 예산 형식은 (②   ) 예산이며, 개별예산과 지출을 사업의 목표
에 연결하는 예산 형식은 (③   ) 예산이다.

> **답**   **01** 단위원가   **02** 관리   **03** ① 항목별 ② 성과주의 ③ 프로그램기획

다음 내용이 옳은지 그른지 판단해보자

01 영기준 예산방법은 전년도 예산을 고려한다.   ◎ ⊗

02 성과주의 예산은 예산집행에 신축성을 부여한다.   ◎ ⊗

03 기획예산제도(PPBS)는 사업의 목적과 내용을 고려하여 합리적인 예산을 추구하지만, 기관의 목적
에 따라 결정될 가능성도 높다.   ◎ ⊗

04 품목별 예산제도는 예산통제에 불리하다.   ◎ ⊗

05 영기준 예산은 효율적이고 탄력적으로 재정운영이 가능하다는 장점이 있다.   ◎ ⊗

> **답**   **01** ×   **02** ○   **03** ○   **04** ×   **05** ○

> **해설**   **01** 영기준 예산은 모든 사업을 처음 시작하는 것처럼 모두 '0'으로 놓고 예산을 책정하기 때문에 전년도 예산을 고려하지 않는다.
> **04** 품목별 예산제도는 항목별로 비용이 계산되어 예산통제에 용이하다.

212 사회복지조직에서의 재정관리

1회독	2회독	3회독
월 일	월 일	월 일

★★★
최근 10년간 **10문항** 출제

이론요약

제정관리 관련 개념

▶ **예산의 개념 등**

기본개념

사회복지행정론
pp.176~

- 예산은 일반적으로 다음 1년 동안의 조직목표를 금전적으로 표시한 것을 말한다.
- 예산의 기능: 통제기능, 관리기능, 기획기능
- 예산의 원칙: 공개성, 명료성, 사전의결, 정확성, 한정성, 통일성, 단일성, 포괄성, 연례성, 배타성
- 예산 통제의 원칙: 개별화, 강제, 예외, 보고, 개정, 효율성, 의미, 환류, 생산성

▶ **회계**

- 회계는 금전 거래 등 어떤 조직체의 재정적 활동과 수지에 관한 사실을 확인하는 것이다.
  - 재무회계: 일정기간 동안의 수입과 지출 사항을 측정하여 외부의 이해관계자에게 보고
  - 관리회계: 예산의 실행성과 분석을 비롯한 회계정보를 정리하여 내부 행정책임자에게 보고
- 회계감사는 수입·지출 결과에 관한 사실의 확인, 검증, 보고를 위해 장부 및 기타 기록을 검사하는 것이다.
  - 규정순응감사: 기관의 재정운영이 적절한 절차를 따르고 있는지, 각종 규칙과 규제들을 잘 준수하고 있는지를 확인
  - 운영감사: 예산과 관련하여 바람직한 프로그램 운영의 산출 여부, 조직의 목표달성에 있어서 효과성과 능률성 등에 초점

▶ **결산**

회계기간이 경과한 시점의 재정상태를 파악하기 위해 장부를 마감하고 결산서를 작성하는 절차이다.

「사회복지법인 및 사회복지시설 재무·회계 규칙」 중 주요 사항

▶ **예산에 관한 규정**

- **예산총계주의 원칙**: 세입과 세출은 모두 예산에 계상하여야 한다.
- 법인의 대표이사 및 시설의 장은 예산을 편성하여 각각 법인 이사회의 의결 및 시설운영위원회에의 보고를 거쳐 확정한다. 법인의 대표이사 및 시설의 장은 확정한 예산을 매 회계연도 개시 5일전까지 관할 시·군·구청장에게 제출하여야 한다.
- 법인회계 및 시설회계의 예산은 **세출예산이 정한 목적 외에 이를 사용하지 못한다**.
- 법인의 대표이사 및 시설의 장은 **관·항·목간의 예산을 전용할 수 있다**.

- 법인의 대표이사 및 시설의 장은 연도 내에 지출하지 못한 경비를 각각 이사회의 의결 및 시설운영위원회에의 보고를 거쳐 **다음 연도에 이월하여 사용할 수 있다.**
- **준예산**: 회계연도 개시전까지 법인 및 시설의 예산이 성립되지 아니한 때에는 법인의 대표이사 및 시설의 장은 시·군·구청장에게 그 사유를 보고하고 예산이 성립될 때까지 **1. 임·직원의 보수, 2. 법인 및 시설운영에 직접 사용되는 필수적인 경비, 3. 법령상 지급의무가 있는 경비**에 대해 **전년도 예산에 준하여 집행**할 수 있다.
- 법인의 대표이사 및 시설의 장은 2회계연도 이상에 걸쳐서 그 재원을 적립할 필요가 있는 때에는 회계연도마다 일정액을 예산에 계상하여 **특정목적사업을 위한 적립금으로 적립**할 수 있다.

▶ **결산에 관한 규정**
- 법인의 대표이사는 법인회계와 시설회계의 **세입·세출결산보고서를 작성하여 각각 이사회의 의결 및 시설운영위원회에의 보고를 거친 후** 다음 연도 3월 31일까지 **시장·군수·구청장에게 제출**하여야 한다.
- 시장·군수·구청장은 제출받은 결산보고서의 개요를 시·군·구의 게시판과 홈페이지에 20일 이상 공고하고, 법인의 대표이사도 당해 법인과 시설의 게시판과 홈페이지에 20일 이상 공고해야 한다.

▶ **회계에 관한 규정**
- 회계는 법인회계, 시설회계, 수익사업회계로 구분한다.
- 법인 및 시설의 회계연도는 **정부의 회계연도에 따른다.**
- **회계는 단식부기에 의한다.** 다만, 법인회계와 수익사업회계에 있어서 복식부기의 필요가 있는 경우에는 복식부기에 의한다.

▶ **후원금 관리에 관한 규정**
- 법인의 대표이사와 시설의 장은 후원금을 받은 때에는 기부금영수증 서식에 따라 **후원금 영수증을 발급해야 한다.**
- 법인의 대표이사와 시설의 장은 계좌입금을 통해 후원금을 받은 때에는 후원금전용계좌나 시설의 명칭이 부기된 시설장 명의의 계좌를 사용해야 한다.
- 법인의 대표이사와 시설의 장은 연 1회 이상 해당 후원금의 수입 및 사용내용을 후원금을 낸 법인·단체 또는 개인에게 통보하여야 한다(정기간행물 또는 홍보지 등을 통한 일괄통보 가능).
- 법인의 대표이사와 시설의 장은 후원금을 **후원자가 지정한 사용용도 외의 용도로 사용하지 못한다.** 보건복지부장관은 후원자가 사용용도를 지정하지 아니한 후원금에 대하여 그 사용기준을 정할 수 있다. 후원금의 수입 및 지출은 세입·세출예산에 편성하여 사용하여야 한다.

▶ **감사에 관한 규정**
- 법인의 감사는 당해 법인과 시설에 대하여 **매년 1회 이상 감사를 실시**하여야 한다.

01 (22-07-14) 사회복지조직의 재정관리는 「사회복지법인 및 사회복지시설 재무·회계 규칙」을 따른다.

02 (22-07-14) 사회복지법인과 시설은 매년 1회 이상 감사를 실시한다.

03 (22-07-14) 사회복지법인의 회계년도는 정부의 회계년도를 따른다.

04 (22-07-14) 사회복지법인이 설치·운영하는 시설의 경우 시설운영위원회에 보고하고 법인 이사회의 의결을 통해 예산편성을 확정한다.

05 (20-07-11) 예산총칙, 세입·세출명세서, 임직원 보수 일람표, 예산을 의결한 이사회 회의록 또는 예산을 보고받은 시설운영위원회 회의록 사본 등은 사회복지법인 및 시설 재무·회계 규칙상 사회복지관에서 예산서류를 제출할 때 첨부하는 서류이다.

06 (18-07-19) 과목 전용조서, 사업수입명세서, 사업비명세서, 인건비명세서 등은 사회복지관의 결산보고서에 첨부해야 하는 서류이다.

07 (17-07-09) 직원 급여, 전기요금, 국민연금 보험료 사용자 부담분 등은 준예산으로 집행할 수 있다.

08 (16-07-12) 준예산: 회계연도 개시 전까지 법인 예산이 성립되지 아니한 때에는 시장·군수·구청장에게 그 사유를 보고하고 예산 성립 전까지 임·직원의 보수, 법인 및 시설운영에 직접 사용되는 필수경비, 법령상 지급의무가 있는 경비는 전년도 예산에 준하여 집행할 수 있다.

09 (13-07-06) 예산통제의 원칙 중 강제의 원칙은 재정통제가 명시적 강제규정에 근거해야 함을 의미하며, 환류의 원칙은 재정통제의 결과를 환류받아 개정의 기초로 사용해야 함을 의미한다.

10 (10-07-16) 관리회계는 행정적 의사결정을 내리는 데 필요하도록 재정관계 자료를 정리하는 것이다.

11 (10-07-16) 운영회계감사는 조직목표 달성을 위해 규정준수 회계감사의 약점을 보완하는 감사이다.

12 (10-07-16) 재정활동에 대한 보고의 원칙이 없으면 재정관련 행위를 공식적으로 감시하고 통제할 수 없다.

13 (10-07-24) 법인의 대표이사는 법인회계와 시설회계의 세입·세출 결산보고서를 작성해야 한다.

14 (10-07-24) 결산은 예산집행의 경제성, 효율성, 효과성과 같은 평가 내용까지 포함한다.

15 (10-07-24) 결산심사 결과는 다음 연도 예산편성 및 심의에 반영된다.

16 (09-07-24) 후원금은 후원자가 지정한 용도 외에는 사용하지 못한다.

17 (06-07-14) 예산에 첨부해야 할 서류: 예산총칙, 세입·세출명세서, 추정대차대조표, 추정수지계산서, 임직원 보수 일람표, 당해 예산을 의결한 이사회 회의록 또는 해당 예산을 보고받은 시설운영위원회 회의록 사본

18 (05-07-17) 법인회계연도는 정부의 회계연도에 의한다.

19 (04-07-19) 세입과 세출은 모두 예산에 계상하여야 한다.

20 (04-07-19) 법인의 대표이사는 법인회계와 시설회계의 세입·세출 결산보고서를 작성하여 각각 이사회의 의결 및 시설운영위원회에의 보고를 거친 후 다음연도 3월 31일 까지 시장·군수·구청장에게 제출하여야 한다.

21 (04-07-19) 법인의 대표이사와 시설의 장은 후원금을 후원자가 지정한 사용용도 외의 용도로 사용하지 못한다.

대표기출 확인하기

사회복지조직의 재정관리에 관한 설명으로 옳지 않은 것은?

① 「사회복지법인 및 사회복지시설 재무 · 회계 규칙」을 따른다.
② 사회복지법인과 시설은 매년 1회 이상 감사를 실시한다.
③ 시설운영 사회복지법인인 경우, 시설회계와 법인회계는 통합하여 관리한다.
④ 사회복지법인의 회계년도는 정부의 회계년도를 따른다.
⑤ 사회복지법인이 설치 · 운영하는 시설의 경우 시설운영위원회에 보고하고 법인 이사회의 의결을 통해 예산편성을 확정한다.

▶ **알짜확인**

• 「사회복지법인 및 사회복지시설 재무 · 회계 규칙」의 규정들 중 예산총계주의 원칙, 확정 예산의 제출 및 공고, 예산의 전용 및 이월, 준예산 등에 관한 내용을 확인해두자.
• 예산을 수립 · 집행함에 있어 고려해야 할 사항들이나 재정 활동과 관련된 주요 개념들도 간헐적으로 출제되곤 했다.

답 ③

✔ **응시생들의 선택**

① 2%	② 13%	③ 69%	④ 5%	⑤ 11%

③ 법인이 시설을 운영하는 경우 법인의 회계는 법인회계로, 시설의 회계는 시설회계로 구분해야 한다.

관련기출 더 보기

사회복지법인 및 시설 재무·회계 규칙상 사회복지관에서 예산서류를 제출할 때 첨부하는 서류가 아닌 것은?

① 예산총칙
② 세입 · 세출명세서
③ 사업수입 명세서
④ 임직원 보수 일람표
⑤ 예산을 의결한 이사회 회의록 또는 예산을 보고받은 시설운영위원회 회의록 사본

답 ③

✔ **응시생들의 선택**

① 7%	② 28%	③ 22%	④ 21%	⑤ 22%

③ 사업수입 명세서는 사업에 관한 내역, 금액 등을 정리한 표이다. 사업이 진행된 이후에 산출 내역에 대해 작성하는 것이기 때문에 사업이 시작되기 전인 예산 작성 시에는 작성할 수가 없다. 이는 사업종료 후 결산에 첨부한다.

➕ **덧붙임**

예산 첨부서류와 결산 첨부서류는 첨부서류의 종류가 많아 구분해서 암기하기가 어렵다. 사업이 진행되기 전에 작성할 수 있으면 예산 첨부서류, 반드시 사업이 진행된 이후에 작성할 수 있는 서류면 결산 첨부서류라고 구분할 수 있기 때문에 서류 명칭을 보고 이를 판단할 수 있는 감이 있으면 답을 찾을 수 있다. 혹은 예산 첨부서류는 1. 예산총칙, 2. 세입 · 세출명세서, 3. 추정대차대조표, 4. 추정수지계산서, 5. 임 · 직원 보수일람표, 6. 당해 예산을 의결한 이사회 회의록 또는 해당 예산을 보고받은 시설운영위 원회 회의록 사본 등 6가지이므로 예산 첨부서류만 암기해두는 것도 요령일 수 있다.

예산 통제의 원칙으로 옳지 않은 것은?

① 강제의 원칙
② 개별화의 원칙
③ 접근성의 원칙
④ 효율성의 원칙
⑤ 예외의 원칙

답 ③

✅ 응시생들의 선택

① 36%	② 16%	③ 27%	④ 2%	⑤ 19%

예산 통제의 원칙으로 개별화, 강제, 예외, 보고, 개정, 효율성, 의미, 환류, 생산성 등이 있다.
접근성은 전달체계 구축에 있어 고려해야 할 원칙이다(5장 키워드 201 참조).

사회복지조직의 예산 수립 원칙으로 옳은 것은?

① 회계연도 개시와 동시에 결정되어야 한다.
② 수지 균형을 맞춰 흑자 예산이 되어야 한다.
③ 회계연도가 중첩되도록 다년도로 수립하여야 한다.
④ 예산이 집행된 후 즉시 심의·의결을 거쳐야 한다.
⑤ 세입과 세출은 모두 예산에 계상하여야 한다.

답 ⑤

✅ 응시생들의 선택

① 8%	② 5%	③ 2%	④ 18%	⑤ 67%

①④ 예산은 집행 전에 승인을 받아야 한다.(사전의결의 원칙)
② 예산과 결산은 가급적 일치해야 한다.(정확성의 원칙)
③ 예산은 회계연도 단위로 작성되어야 한다.(예산단연주의)

사회복지법인 및 사회복지시설 재무·회계규칙상 준예산 체제 하에서 집행할 수 있는 항목을 모두 고른 것은?

> ㄱ. 직원 급여
> ㄴ. 전기요금
> ㄷ. 한국사회복지관협회 회비
> ㄹ. 국민연금 보험료 사용자 부담분

① ㄱ, ㄴ   ② ㄱ, ㄷ
③ ㄱ, ㄴ, ㄹ   ④ ㄴ, ㄷ, ㄹ
⑤ ㄱ, ㄴ, ㄷ, ㄹ

답 ③

✅ 응시생들의 선택

① 18%	② 15%	③ 29%	④ 12%	⑤ 26%

준예산은 예산이 미처 성립되지 못한 채 올해 연도 사업을 진행해야 하는 경우 작년 예산에 준하여 집행할 수 있는 항목을 말한다. 임·직원 보수, 법인 및 시설운영에 직접 사용되는 필수적인 경비, 법령상 지급 의무가 있는 경비 등의 경우 준예산으로 집행할 수 있다.

사회복지조직의 결산에 관한 설명으로 옳지 않은 것은?

① 법인의 대표이사 및 시설의 장은 법인회계와 시설회계의 세입·세출 결산보고서를 작성하여야 한다.
② 시장·군수·구청장에게 결산보고서를 제출한 후 이사회의 의결 및 시설운영위원회에의 보고를 거쳐야 한다.
③ 결산은 예산집행의 경제성, 효율성, 효과성과 같은 평가 내용까지 포함한다.
④ 결산심사 결과는 다음 연도 예산편성 및 심의에 반영된다.
⑤ 결산은 회계연도 기간 동안의 재정보고서를 작성하기 위한 과정이다.

답 ②

✅ 응시생들의 선택

① 6%	② 62%	③ 15%	④ 3%	⑤ 14%

② 법인의 대표이사 및 시설의 장은 법인회계와 시설회계의 세입·세출 결산보고서를 작성하여 각각 이사회의 의결 및 시설운영위원회에의 보고를 거친 후 다음 연도 3월 31일까지(어린이집은 5월 31일까지) 시장·군수·구청장에게 제출하여야 한다.

다음 내용이 왜 틀렸는지를 확인해보자

10-07-16

01 사회복지재정은 민주성을 강하게 띠고 있으며 **기획기능보다 통제기능이 강조**된다.

> 재정관리를 하는 목적은 통제, 관리, 기획의 세 가지가 있다. 통제는 재정이 예정대로 쓰이고 있는가, 관리는 의도한 산출을 도출했는가(생산성), 기획은 목표를 달성할 수 있는가(효과성)에 대한 관리이다. 따라서 기획기능보다 통제기능이 더 강조된다는 설명은 적절하지 않다.

13-07-06

02 예산통제의 원칙 중 개별화의 원칙은 **예외적인 상황에 적용할 수 있는 예외적 규칙이 있어야 함**을 의미한다.

> 예외적인 상황에 적용할 수 있는 예외적 규칙이 있어야 함을 의미하는 원칙은 예외의 원칙이다.
> 개별화의 원칙은 재정통제 체계는 기관의 제약조건, 요구사항 및 기대사항에 맞게 고안해야 함을 의미한다.

04-07-18

03 회계 및 사업 내용이 기관의 목표에 맞게 잘되었는지 평가하는 것을 **결산**이라고 한다.

> 감사에 해당한다.

04 재정감사에 가까우며, 전형적인 품목예산 방식과 잘 맞지만 프로그램의 목표달성 여부나 효율성 문제를 다루기 어려운 감사 방식은 **운영감사**이다.

> 규정순응 감사에 해당한다.

18-07-19

05 사회복지법인 및 사회복지시설 재무 · 회계 규칙에 따라 결산보고서에 **세입 · 세출명세서를 첨부**해야 한다.

> 세입 · 세출명세서는 예산서류 제출 시 첨부해야 한다.

다음 내용이 옳은지 그른지 판단해보자

01 법인회계 및 시설회계의 예산은 세출예산이 정한 목적 외에 이를 사용하지 못한다. ◎ ✕

05-07-17
02 법인 및 시설의 회계연도는 정부의 회계연도에 따라 매년 1월 1일에 시작해 동년 12월 31일에 종료된다. ◎ ✕

03-07-14
03 단식부기를 사용하는 사회복지기관에서는 총계정원장, 현금출납부, 대차대조표 등의 회계장부를 비치해야 한다. ◎ ✕

09-07-24
04 사회복지법인의 법인회계, 시설회계, 수익사업회계는 통합하여 예산을 편성한다. ◎ ✕

09-07-24
05 후원금은 후원자가 지정한 용도 외에는 사용하지 못한다. ◎ ✕

06 법인의 대표이사와 시설의 장은 계좌입금을 통해 후원금을 받을 때 후원금전용계좌나 시설의 명칭이 부기된 시설장 명의의 계좌를 사용해야 한다. ◎ ✕

07 후원자가 후원금 영수증의 발급을 원하지 않더라도 회계관리를 위해 영수증 발급을 해야 한다. ◎ ✕

08 예산총계주의 원칙에 따라 세입과 세출은 모두 예산에 계상하여야 한다. ◎ ✕

09-07-24
09 동일 관 내의 항간의 전용은 시장·군수·구청장의 승인을 얻어야 한다. ◎ ✕

10 예산성립과정에서 이사회에서 삭감한 관·항·목으로는 전용하지 못한다. ◎ ✕

답 01○ 02○ 03✕ 04✕ 05○ 06○ 07✕ 08○ 09✕ 10○

해설 **03** 대차대조표는 복식부기를 하는 기관에서 결산보고서에 첨부해야 할 서류이다.
04 법인의 회계는 법인회계, 해당 법인이 설치·운영하는 시설의 시설회계 및 수익사업회계로 구분해야 한다.
07 후원자가 후원금 영수증 발급을 원하지 않을 때에는 생략할 수 있다.
09 법인의 대표이사는 관·항·목간의 예산을 전용할 수 있다. 관·항 간 예산을 전용한 경우에는 관할 시·군·구청장에게 과목 전용조서를 첨부하여 결산보고서를 제출해야 한다.

10장

프로그램 개발과 평가

이 장에서는

해마다 출제되는 효과성, 효율성, 노력성, 공평성, 서비스 질 등 평가기준을 헷갈리지 않게 해야 하고, 형성평가와 총괄평가의 차이를 정리하자. 효율성 평가 방식인 비용-효과 분석과 비용-편익 분석도 구분해야 한다. 투입-전환-산출-성과로 진행되는 논리모델은 사례에 적용할 수 있도록 해야 하며, 그 밖에 브래드쇼의 욕구 유형, 욕구조사 방법, 대상집단 구분(일반-위험-표적-클라이언트) 등도 살펴보자.

10년간 출제분포도

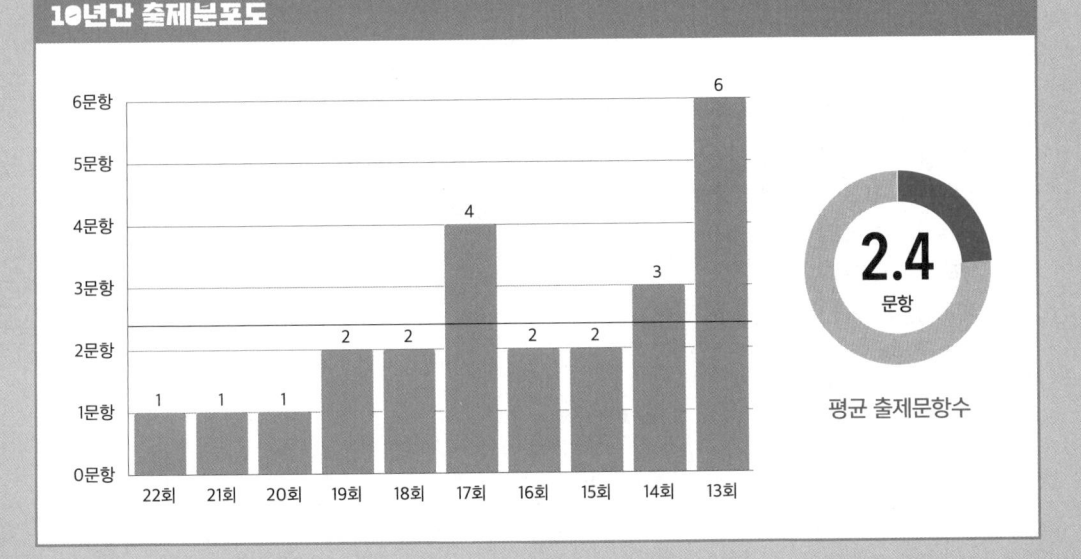

평균 출제문항수 2.4문항

213 평가 유형 및 기준

강의 QR코드

최근 10년간 **11문항** 출제 ★★★

복습 1 이론요약

프로그램 평가 유형

- **형성평가**: 프로그램 진행 과정 중에 실시하여 이후에 수정, 보완할 사항을 살펴볼 수 있는 기회가 됨(모니터링도 형성평가에 속함)
- **총괄평가**: 프로그램이 끝난 뒤에 진행되는 평가
- 메타평가: 평가에 대한 평가

기본개념
강의로 쓰는 **기본개념**
사회복지행정론
pp.211~

프로그램 평가 기준

- **노력성 평가**: 얼마나 많은 서비스가 제공되었으며, 어떤 활동들이 있었는지를 평가
- **효율성 평가**: 투입된 비용 대비 산출된 서비스의 양을 평가
  - **비용-편익 분석**: 대안이 초래할 비용과 편익을 비교하여 분석하는 기법(편익: 금전적 가치로 환산한 이익)
  - **비용-효과 분석**: 편익 또는 산출을 금전적 가치로 환산하지 않고 산출물 그대로 분석에 활용
- **효과성 평가**: 제공된 프로그램과 서비스에 의해 의도했던 목표들이 달성되었는지에 대한 평가
  - 목표달성모형: 계획한 목표를 달성하는 조직이 효과적인 조직이라는 관점의 모형. 조직 내부의 효율성보다는 고객만족에 집중하며, 외부환경적 요인에 큰 관심을 두지 않음
  - 체계모형: 목표나 산출 자체보다는 목표달성을 위해 필요로 하는 수단이나 과정에 초점을 두는 모형. 모든 조직을 상호연관된 하위체계들로 이루어져 있다고 보며, 외부환경적 요인을 고려함
- **서비스의 질 평가**: 제공되는 서비스들이 전문적인 지식과 기술을 가진 직원들에 의해 제공되었는지의 여부를 평가
- **영향 평가**: 사회문제 해결에 어느 정도 영향을 미쳤는지(지역사회 내 파급효과) 등을 평가
- **공평성 평가**: 프로그램의 효과와 비용이 사회집단 간에 공평하게 배분되었는지에 대한 평가
- 과정 평가: 한 프로그램의 성공이나 실패의 이유를 평가
- 성과 평가: 프로그램으로 인해 나타나는 궁극적인 클라이언트의 변화에 초점을 두어 목표달성의 측면 및 목표달성을 위한 비용적 측면 등을 종합적으로 평가

01 (근1-07-근근) 효과성 평가는 프로그램의 목표 달성 정도를 평가한다.

02 (근1-07-근근) 노력성 평가는 프로그램 수행에 투입된 인적 · 물적 자원 등을 기준으로 평가한다.

03 (근1-07-근근) 비용-편익분석은 프로그램의 비용과 결과를 금전적 가치로 환산하여 평가한다.

04 (근0-07-14) 노력성: 서비스를 받은 클라이언트 수, 목표달성을 위해 투입된 시간 및 자원의 양, 프로그램 담당자의 제반활동 등

05 (19-07-근근) 형성평가는 과정을 파악하는 동태적 분석으로 프로그램 진행 중에 실시할 수 있다.

06 (19-07-근근) 효율성 평가를 위하여 비용편익분석을 실시할 수 있다.

07 (19-07-근4) 효율성 평가: 투입한 자원과 산출된 결과의 비율을 측정한다. 자금이나 시간의 투입과 서비스 제공 실적의 비율을 파악한다. 최소한의 비용으로 최대한의 효과를 거둘 수 있도록 한다.

08 (17-07-근3) 과정 평가는 절차나 규정준수 여부 등으로 측정된다.

09 (17-07-근4) 총괄평가는 성과와 비용에 관심이 크다.

10 (16-07-근3) 효과성은 목표달성 정도를 의미한다.

11 (16-07-근3) 노력성은 프로그램을 위해 동원된 자원 정도를 의미한다.

12 (16-07-근3) 서비스 질은 이용자의 욕구 충족 수준과 전문가의 서비스 제공여부 등을 의미한다.

13 (16-07-근3) 효율성은 투입 대비 산출을 의미한다.

14 (15-07-07) 효과성 평가는 서비스의 목표 달성 정도에 초점이 있다.

15 (15-07-07) 과정 평가에서는 프로그램 진행과정에서의 환경적 조건을 살펴본다.

16 (15-07-07) 영향 평가는 사회문제 해결에 미친 영향 정도를 파악한다.

17 (14-07-07) 서비스 제공 인력이 자격증을 갖추도록 하는 것은 서비스의 질 평가와 관련된다.

18 (14-07-근근) 형성평가는 프로그램의 수정 · 변경 · 중단에 대한 여부를 결정한다.

19 (13-07-근0) 비용-편익 분석: 효율성 평가를 위하여 성과를 화폐적 가치로 환산해서 비용과 대비해 보는 방법

20 (근-07-근) 목표달성척도를 통해 효과성을 평가할 수 있다.

21 (근-07-14) 형성평가는 프로그램 진행 과정 중 개선을 위한 정보수집이 강조된다.

22 (11-07-근0) 형성평가는 프로그램 운영 과정 중 개선이나 변화 필요성에 대한 결정을 돕는다.

23 (11-07-30) 노력성: 프로그램에 참여한 사회복지사의 수와 활동시간

24 (11-07-30) 효율성: 프로그램 단위 요소 당 투입된 예산

25 (11-07-30) 효과성: 클라이언트의 문제해결 능력 향상도

26 (09-07-근9) 효과성 평가 모형 중 하나인 체계모형은 조직의 환경적응력에 관심을 두며, 목표 자체보다 조직의 하위체계 간의 관계와 과정에 초점을 둔다.

27 (09-07-근9) 효과성 평가 모형 중 하나인 목표달성모형은 조직을 특정한 목표달성을 위한 합리적인 도구로 보며, 조직의 활동이나 과업의 지향점을 구체화한다.

28 (08-07-0근) 효과성 평가는 사회복지관의 직원을 평가할 때 클라이언트의 목표달성 정도에 얼마나 기여했는지를 평가하는 기준이다.

29 (08-07-08) 효율성 평가는 서비스 단위당 비용절감을 고려한다.

30 (0근-07-근4) 평가를 진행할 때에는 노력성, 책임성, 공평성, 효율성 등을 살펴본다.

기출확인

대표기출 확인하기

21-07-22   난이도 ★★★

프로그램 평가에 관한 설명으로 옳은 것을 모두 고른 것은?

ㄱ. 비용-효과분석은 프로그램의 비용과 결과의 금전적 가치를 고려하지 않는다.
ㄴ. 비용-편익분석은 프로그램의 비용과 결과를 금전적 가치로 환산하여 평가한다.
ㄷ. 노력성 평가는 프로그램 수행에 투입된 인적·물적 자원 등을 기준으로 평가한다.
ㄹ. 효과성 평가는 프로그램의 목표 달성 정도를 평가한다.

① ㄱ, ㄴ   ② ㄱ, ㄷ
③ ㄴ, ㄹ   ④ ㄴ, ㄷ, ㄹ
⑤ ㄱ, ㄴ, ㄷ, ㄹ

> ▶ **알짜확인**
>
> • 효율성, 효과성, 노력성, 서비스의 질, 전문성, 영향 등 각 평가기준의 초점이 어디에 있는지를 잘 파악해두고, 효율성 평가 도구 및 효과성 평가 모형에 대해서도 살펴봐야 한다.
> • 형성평가와 총괄평가의 차이점을 파악해두고, 평가에 대해 평가하는 메타평가의 개념도 기억해두도록 하자.

답 ④

✅ 응시생들의 선택

① 2%	② 1%	③ 11%	④ 50%	⑤ 36%

ㄱ. 비용-효과분석은 투입 비용은 금전적 가치로 환산하고, 산출 효과는 금전적 가치로 환산하지 않고 그대로 분석에 활용하는 것이다.

관련기출 더 보기

20-07-14   난이도 ★☆☆

다음에서 설명하는 프로그램 평가의 기준은?

• 서비스를 받은 클라이언트 수
• 목표달성을 위해 투입된 시간 및 자원의 양
• 프로그램 담당자의 제반활동

① 노력   ② 영향
③ 효과   ④ 효율성
⑤ 서비스의 질

답 ①

✅ 응시생들의 선택

① 41%	② 2%	③ 13%	④ 35%	⑤ 9%

➕ 덧붙임

④번 효율성은 투입된 시간 및 자원 대비 그에 따른 산출 및 성과를 비교하는 것이다. 워낙 기출도 많이 됐고 수험서 곳곳에서 강조했기 때문에 ④번을 선택한 35%의 응시생들도 채점을 하면서 '아차' 했을 것이다. 이렇듯 막상 시험장에서는 다 알면서도 순간적으로 놓칠 수 있기 때문에 문제를 꼼꼼히 읽고 답을 선택해야 한다.

19-07-24   난이도 ★☆☆

사회복지평가의 기준이 되는 효율성에 관한 설명으로 옳지 않은 것은?

① 사회복지조직의 책임성 평가 방식이다.
② 투입한 자원과 산출된 결과의 비율을 측정한다.
③ 자금이나 시간의 투입과 서비스 제공 실적의 비율을 파악한다.
④ 비용 절감은 서비스 이용자의 욕구 충족을 위한 목표와 관련성이 없다.
⑤ 최소한의 비용으로 최대한의 효과를 거둘 수 있도록 한다.

답 ④

✅ 응시생들의 선택

① 13%	② 1%	③ 1%	④ 84%	⑤ 1%

④ 비용 부담으로 이용을 망설이던 클라이언트가 서비스를 이용할 수 있게 된다는 점에서 비용 절감은 이용자의 욕구 충족과 관련된다.

난이도 ★★☆

사회복지 평가기준과 내용이 바르게 연결된 것은?

① 노력: 클라이언트의 변화정도로 측정됨
② 효율성: 목표 달성 정도로 측정됨
③ 효과성: 대안비용과의 비교로 측정됨
④ 영향: 서비스가 인구집단에 형평성 있게 배분된 정도로 측정됨
⑤ 과정: 절차나 규정준수 여부 등으로 측정됨

답 ⑤

✔ 응시생들의 선택

① 7%	② 4%	③ 3%	④ 5%	⑤ 81%

① 노력: 얼마나 많은 양의 서비스가 제공되었는지
② 효율성: 비용 대비 산출(혹은 성과)을 비교
③ 효과성: 목표 달성 정도로 평가
④ 영향: 의도했던 사회문제의 해결에 끼친 영향

난이도 ★★☆

사회복지평가의 유형에 관한 설명으로 옳은 것은?

① 총괄평가는 주로 프로그램 개발을 목적으로 한다.
② 형성평가의 대표적인 예는 효과성 평가이다.
③ 총괄평가는 모니터링 평가라고도 한다.
④ 형성평가는 목표달성도에 주된 관심을 갖는다.
⑤ 총괄평가는 성과와 비용에 관심이 크다.

답 ⑤

✔ 응시생들의 선택

① 6%	② 9%	③ 11%	④ 10%	⑤ 64%

• 형성평가: 프로그램 진행 과정에서 피드백을 받아 이후에 진행될 프로그램에 반영하기 위한 목적으로 실시된다. 개선할 점에 주목하기 때문에 과정지향적 특징을 갖는다. 모니터링은 형성평가의 대표적인 방식이다.
• 총괄평가: 프로그램의 결과에 해당하는 성과의 발생 여부와 그 성과에 수반된 비용의 문제에 초점을 둔다.

난이도 ★★☆

프로그램 평가기준에 관한 내용으로 옳지 않은 것은?

① 노력성: 비용-효과분석
② 효율성: 비용-편익분석
③ 효과성: 서비스 목표 달성 정도
④ 과정: 프로그램 환경 조건
⑤ 영향: 사회문제 해결에 미친 영향 정도

답 ①

✔ 응시생들의 선택

① 76%	② 2%	③ 1%	④ 20%	⑤ 1%

① 비용-효과분석은 효율성을 분석하는 방법이다. 노력성은 얼마나 많은 양의 서비스가 제공되었는지, 어떤 활동들이 있었는지 등을 의미한다.

난이도 ★★★

다음에 해당하는 평가기준은?

> • 프로그램의 전문성을 강조하며 제대로 된 서비스가 주어졌는지 여부를 판단하는 것
> • 서비스의 우월성과 관련된 전반적인 판단

① 노력성(effort)　　② 효율성(efficiency)
③ 효과성(effectiveness)　　④ 질(quality)
⑤ 영향(impact)

답 ④

✔ 응시생들의 선택

① 5%	② 7%	③ 46%	④ 39%	⑤ 3%

④ 질(quality)은 제공된 서비스들이 전문적인 지식과 기술을 가진 직원들에 의해 제공되었는지 여부와 서비스를 제공받은 사람들의 신체적·정서적·인지적·사회적·경제적 욕구를 충족시킬 수 있는 수준으로 제공되었는지를 평가하는 기준이다.

➕ 덧붙임

효과성은 목표 대비 성과를 파악하는 것에 초점이 있기 때문에 전문성이나 우월성 같은 서비스의 질에 초점을 두지는 않는다.

다음 내용이 왜 틀렸는지를 확인해보자

16-07-23

01 영향성은 사회집단 간 <u>얼마나 공평하게 배분되었는가</u>를 의미한다.

> 영향성은 해당 서비스가 관련된 사회문제의 해결에 얼마나 영향을 미쳤는가에 대해 판단하는 것이다.
> 사회집단 간 얼마나 공평하게 배분되었는가는 공평성에 해당한다.

12-07-14

02 형성평가는 <u>전문적인 외부 평가가 우선</u>된다.

> 형성평가는 대체로 내부적으로 진행되며, 총괄평가는 전문적인 외부 평가를 우선으로 한다.

12-07-14

03 형성평가는 <u>목표지향적</u>이다.

> 형성평가는 진행과정을 점검하고 피드백하기 위해 실시되는 것이기 때문에 과정지향적이다.

19-07-22

04 <u>효과성</u> 평가를 위하여 비용편익분석을 실시한다.

> 비용편익분석 및 비용효과분석은 효율성 평가를 위한 방법이다.

14-07-22

05 비용-편익 분석은 <u>효과성을 측정하며 타 프로그램과의 비교를 포함</u>한다.

> 비용-편익 분석은 투입된 비용 대비 산출을 모두 금전적 가치로 환산하여 효율성을 측정하는 방법이다. 타 프로그램과 비교하는 방식은 아니다.

17-07-23

06 노력성은 <u>클라이언트의 변화정도로 측정</u>된다.

> 노력성은 얼마나 많은 양의 서비스가 제공되었는지를 중심으로 한다.

빈칸에 들어갈 알맞은 말을 채워보자

`11-07-30`
01 프로그램에 참여한 사회복지사의 수와 활동시간 등에 초점을 두는 것은 (　　　　　) 평가이다.

`17-07-23`
02 (　　　　　) 평가는 프로그램 참여자의 행동변화에 초점을 두고 살펴본다.

03 서비스의 (　　　　　)에 대한 평가는 서비스가 전문성 있게 제공되었는지와 함께 이용자의 욕구충족 수준을 파악하기 위해 진행된다.

`04-07-28`
04 평가기준 중 사회문제 해결에 어느 정도 기여했는지를 파악하는 것은 (　　　　　) 평가이다.

05 (　　　　　) 평가는 프로그램이 종료된 후 그 과정상에 문제는 없었는지를 되짚어보며 프로그램의 성공 혹은 실패의 이유를 탐색해보는 평가이다.

`11-07-20`
06 (　　　　　) 평가는 평가에 대한 평가이다.

07 (　　　　　) 평가는 프로그램 초기나 중기에 실시하여 이후에 수정할 사항은 없는지 등을 파악할 목적으로 실시한다.

08 형성평가가 과정지향적이라면, 총괄평가는 (　　　　　)지향적이다.

09 (　　　　　)모형은 목표나 산출 그 자체보다는 목표달성을 위해 필요로 하는 수단이나 과정에 초점을 두어 효과성을 평가한다.

`13-07-20`
10 비용(　　　　　)분석은 프로그램의 효율성 평가를 위하여 성과를 화폐적 가치로 환산해서 비용과 대비해 보는 방법이다.

답 **01** 노력성 **02** 효과성 **03** 질 **04** 영향 **05** 과정 **06** 메타 **07** 형성 **08** 목표(혹은 결과) **09** 체계 **10** 편익

강의 QR코드

1회독	2회독	3회독
월 일	월 일	월 일

★ ★ ★
최근 10년간 **6문항** 출제

이론요약

특징

- 체계이론을 기반으로 한다.
- **'투입-전환-산출-성과'**의 흐름으로 이루어진다.
- 프로그램의 목표와 결과 사이의 인과관계를 설명하기 위한 것이다.
- 각 단계별 인과관계가 성립되어야 한다.

기본개념

사회복지행정론
pp.215~

단계

- 투입: 프로그램에 투여되는 인적·물적 자원
- 전환(활동, 과정): 투입된 요소들이 클라이언트에게 전달되는 과정으로 프로그램에서 제공하는 서비스 및 개입방법 등을 의미
- **산출**: 프로그램을 통해 **제공된 실적**(주로 양적으로 표시됨)
- **성과**: 프로그램 종결 후 **클라이언트에게서 나타나는 변화**(주로 질적 측면으로 제시됨)
- 영향: 장기적, 거시적 차원의 성과
- 환류(피드백): 프로그램 전반에 대한 재검토

기출문장 CHECK

01 (16-07-22) 산출: 프로그램 활동 후 얻은 양적인 최종 실적을 의미한다. 서비스 제공시간과 프로그램 참가자 수 등으로 나타난다.

02 (14-07-23) 성과: 태도, 지식, 기술 등 프로그램 종료 후 구체적으로 나타나는 참여자의 내적인 변화를 의미한다.

03 (13-07-13) 프로그램 체계에서 성과와 산출은 혼잡스럽게 사용된다. 그럼에도 이를 구분하는 것은 프로그램의 이론적 발전뿐만 아니라, 내·외부적 책임성을 제시하는 데도 중요하다. 성과는 프로그램이 의도하는 변화 목적의 성취 상태를 나타내야 하고, 산출은 성과를 위한 프로그램 활동의 직접적 결과 상태를 제시하는 것이어야 한다.

04 (10-07-07) 장애인 직업재활프로그램을 논리모델로 구성하였을 때 프로그램 참가자들의 취업은 성과에 해당한다.

대표기출 확인하기

17-07-20 · 난이도 ★★☆

논리모델을 적용하여 치매부모부양 가족원 스트레스 완화 프로그램을 설계했을 때, 옳은 것을 모두 고른 것은?

> ㄱ. 투입: 스트레스 완화 프로그램 실행 비용 1,500만원
> ㄴ. 활동: 프로그램 참여자의 스트레스 완화
> ㄷ. 산출: 상담전문가 10인
> ㄹ. 성과: 치매부모부양 가족원 삶의 질 향상

① ㄱ
② ㄱ, ㄹ
③ ㄴ, ㄷ
④ ㄷ, ㄹ
⑤ ㄴ, ㄷ, ㄹ

 알짜확인

- 투입, 전환, 산출, 성과로 이어지는 논리모델의 흐름을 이해하고 각 요소가 의미하는 바에 대해 파악해두어야 한다.
- 산출과 성과는 쉽게 헷갈려하는 개념이므로 이 둘의 차이를 꼭 이해해두자.

답 ②

✅ 응시생들의 선택

① 8%	② 80%	③ 2%	④ 4%	⑤ 6%

ㄴ. 프로그램 참여자의 스트레스 완화는 성과에 해당한다.
ㄷ. 상담전문가 10인은 투입에 해당한다.

➕ 덧붙임

수험생들이 가장 많이 헷갈려 하는 개념이 산출과 성과인데, 산출은 프로그램 진행에 따른 사회복지사의 실적이라고 보면 되고 성과는 클라이언트의 변화라고 구분하면 된다. 간혹 투입을 비용으로만 생각하는데 인적, 물적 자원을 모두 포함한다는 것도 기억해두자.

관련기출 더 보기

15-07-21 · 난이도 ★★★

논리모델(logic model)을 적용한 '독거노인 사회관계형성 프로그램'의 내용으로 옳지 않은 것은?

① 투입: 독거노인 20명, 사회복지사 2명
② 활동: 자원봉사자 모집, 사회성 향상 프로그램 실시
③ 산출: 교육시간, 출석률
④ 성과: 노인의 자살률 감소, 노인부양의식 향상
⑤ 영향: 지역의 독거노인 관심도 향상

답 ④

✅ 응시생들의 선택

① 11%	② 26%	③ 23%	④ 31%	⑤ 9%

④ 노인의 자살률 감소나 노인부양의식의 향상은 문제에 제시된 프로그램인 독거노인의 사회관계형성과 관련된 성과 내용이라고 보기는 어렵다.

13-07-07 · 난이도 ★★★

프로그램 논리모델에서 산출(outputs)을 나타내는 기준으로 적절하지 않은 것은?

① 이용자의 서비스 참여 횟수
② 서비스 종료 여부
③ 서비스에 소요된 비용
④ 서비스 제공자와 이용자 간 접촉 건수
⑤ 이용자가 서비스를 활용한 총시간

답 ③

✅ 응시생들의 선택

① 2%	② 60%	③ 20%	④ 17%	⑤ 1%

③ 서비스를 위해 투입된 비용은 투입에 해당한다.

➕ 덧붙임

'② 서비스 종료 여부가 왜 산출인가요?'라는 질문을 정말 많이 받았는데, 산출 요소를 구분하는 가장 쉬운 방법은 사회복지사가 서비스를 종료함에 따라 나타난 결과물들, 실적들인가를 살펴보면 된다. 따라서 서비스가 계획대로 종료되었는가, 계획한 만큼의 회기가 진행되었는가를 비롯해 전체 참여자의 수, 출석률, 이용시간 등이 산출 내용이 된다.

다음 내용이 왜 틀렸는지를 확인해보자

08-07-03

01 논리모델의 흐름: 투입 → 목표 → 전환 → 성과 → 산출

> 목표 → 투입 → 전환 → 산출 → 성과

---

02 프로그램 논리모델에서 서비스에 소요된 **인적, 물적 자원은 활동에 해당**한다.

> 인적, 물적 자원은 투입에 해당하며, 그 자원을 어떻게 활용하여 어떤 서비스를 제공하는가가 활동이 된다.

---

03 투입과 전환 사이에는 인과관계가 나타나지만, **전환과 산출 사이에는 인과관계가 나타나지 않는다.**

> 논리모델은 각 단계 사이에 인과관계가 설명될 수 있어야 한다.

03-07-26

04 사회복지사, 장비, 클라이언트, 서비스 전달, 참여한 클라이언트의 수 중에서 **전환에 해당하는 요소는 참여한 클라이언트의 수**이다.

> 이 중에서 서비스 전달이 전환에 해당하는 요소이다.
> 사회복지사, 장비, 클라이언트는 투입에 해당하며, 참여한 클라이언트의 수는 산출에 해당한다.

12-07-07

05 학교폭력예방 교육프로그램을 논리모델(Logic Model)로 구성하였을 때, '학생들의 참여율'은 산출, **'학교 내 안전감 증가'는 성과**에 해당한다.

> 성과보다 더 장기적이고 거시적인 영향에 해당한다.

10-07-07

06 장애인 직업재활프로그램을 논리모델로 구성하였을 때 **'장애발생률 감소'는 영향에 해당**한다.

> 영향 역시 해당 프로그램과 논리적인 인과관계를 가져야 한다. 이 프로그램의 영향으로는 장애인의 자아존중감 고취, 장애인 고용에 대한 인식 개선 등이 더 적절하다.

강의 QR코드

1회독 월 일 → 2회독 월 일 → 3회독 월 일

최근 10년간 **7문항** 출제

이론요약

프로그램 설계 과정

문제확인과 욕구사정 → 목표설정 → 대안모색 및 개입전략 선정 → 구체적 프로그램 설계 및 구성 → 예산 편성 → 평가 계획

기본개념

사회복지행정론
pp.200~

대상자 집단 선정

• 문제확인 단계 및 욕구사정 단계에서는 자원배분의 기준을 세우고 잠재적 수요를 파악해야 함
• '일반집단 > 위기(위험)집단 > 표적집단 > 클라이언트집단'으로 범위를 좁혀가며 대상자 집단을 선정함(이때 표적집단과 클라이언트집단은 동일할 수 있음)

욕구조사

▶ **브래드쇼의 욕구유형**

• 규범적 욕구: 전문가 혹은 정부의 판단에 따른 욕구
• 인지적(감촉적) 욕구: 개인이 느끼는 욕구(주로 사회조사를 통해 파악된 선호도)
• 표출적(표현적) 욕구: 클라이언트가 적극적으로 서비스를 찾아나섰는가를 기준으로 하는 욕구(서비스를 알아본다고 해서 실제 수요로 이어지는 것은 아니라는 한계가 있음)
• 상대적(비교적) 욕구: 다른 사람이 받는 서비스 혹은 다른 지역의 서비스와 비교하여 느끼게 되는 욕구(형평성 가치와 관련됨)

▶ **욕구조사 방법**

• 델파이 기법: 전문가들에게 이메일이나 우편으로 의견을 묻고 답변을 받는 방식을 반복
• 명목집단기법: 참석자들이 각자의 의견을 적어서 제출하면 진행자가 취합하여 발표한 후 투표를 통해 최종안을 선택
• 초점집단조사 기법: 문제를 경험하는 개인들을 위주로 선발하여 문제에 관한 정보 및 의견을 듣는다(직접적 욕구조사)
• 기타: 지역사회 포럼, 참여관찰, 공식 인터뷰, 비공식 인터뷰, 서베이 등

목표설정

▶ **목표설정을 위한 SMART 기준**

• Specific: <u>구체적으로 명료하게</u> 작성한다.

• Measurable: <u>측정가능하게 양적으로</u> 작성한다.

• Achievable/Appropriate: <u>달성가능성을 고려</u>하여 적절하게 작성한다.

• Realistic: <u>현실적으로</u> 작성한다.

• Time-frame: <u>시간구조</u>를 갖도록 작성한다. 시간의 제한이 있어야 한다.

▶ **목표의 위계**

• '소비자목표 → 활동목표 → 성취(성과)목표 → 영향목표'의 순으로 위계화할 수 있음(모든 프로그램들이 반드시 이 목표들을 포함해야 함을 의미하는 것은 아님)

▶ **결과에 따른 목표 구분**

• 산출(output) 목표: 프로그램에 따른 직접적인 산출물을 중심으로 한다.

• 성과(outcome) 목표: 프로그램의 결과로 나타난 변화와 관련된 내용으로 기술한다.

기출문장 CHECK

01 (18-07-23) 성과목표의 예: 자아존중감을 10% 이상 향상한다.

02 (17-07-25) 대상인구 규정에서 클라이언트인구란 프로그램에 실제 참여하는 사람을 말한다.

03 (13-07-04) 프로그램 설계 과정: 문제 확인 → 목적 설정 → 프로그래밍 → 실행 → 평가

04 (13-07-16) 브래드쇼가 제시한 욕구 중 비교적 욕구는 집단 간 상대적 수준의 차이를 고려한다. 느껴진(감촉적) 욕구는 잠재적 대상자들이 스스로 인지하는 것을 기준으로 한다. 표현된 욕구는 대기자 명단 등에 나타난 사람들의 요구 행위를 근거로 한다.

05 (13-07-16) 브래드쇼가 제시한 욕구 유형이 중첩적으로 나타날수록 프로그램화의 필요성은 증가한다.

06 (11-07-01) SMART 기준: 구체적(Specific), 측정가능(Measurable), 획득가능(Attainable), 현실성(Realistic), 시간제한(Time-related)

07 (11-07-16) 주요 정보제공자 기법의 예: 종합사회복지관이 학업 중도탈락 청소년 대상의 프로그램 개발을 시도한다. 이때 학교 교사들과 학교사회복지사들을 대상으로 심층면접과 간담회를 통해 필요한 서비스를 파악하고자 한다.

08 (11-07-28) 결혼이주여성의 사회경제적 자립을 목적으로 하는 프로그램에서는 '참여자의 취업률을 50% 이상으로 한다'고 성과목표로 설정할 수 있다.

09 (08-07-17) 성과목표의 예: 노인복지 프로그램 참가자의 자기만족도를 70% 향상시킨다.

10 (08-07-17) 산출목표의 예: 아동집단상담 프로그램에 25명이 참여하도록 한다.

11 (07-07-13) SMART 기준: 구체성, 측정가능, 달성가능, 현실성, 시간제한

12 (03-07-07) 목표는 정확하고 명료하며 쉽게 작성되어야 한다.

13 (02-07-21) 프로그램 설계의 과정: 문제확인 – 목표설정 – 대안확인 – 실행

14 (02-07-22) 대상집단의 크기: 일반집단 > 위기집단 > 표적집단 > 클라이언트집단

대표기출 확인하기

난이도 ★★☆

사회복지 프로그램 목표에서 성과목표로 옳은 것은?

① 1시간씩 학습지도를 제공한다.
② 월 1회 요리교실을 진행한다.
③ 자아존중감을 10% 이상 향상한다.
④ 10분씩 명상훈련을 실시한다.
⑤ 주 2회 물리치료를 제공한다.

▶ **알짜확인**

• 문제확인, 대상자 선정, 브래드쇼의 욕구 유형, 욕구사정 방법, 목표설정, 프로그램 구성 등과 관련된 내용들이 이따금씩 출제되고 있다.

답 ③

✔ **응시생들의 선택**

① 3%	② 3%	③ 91%	④ 1%	⑤ 2%

①②④⑤는 활동목표에 해당한다.

➕ **덧붙임**

목표의 위계에서 활동목표와 성과목표는 앞서 논리모델에서 공부한 활동, 성과와 같다고 봐도 무방하다.

관련기출 더 보기

난이도 ★★☆

사회복지프로그램 기획과정에서 대상인구 규정에 관한 설명으로 옳은 것은?

① 위험인구란 프로그램 수급 자격을 갖춘 사람을 말한다.
② 클라이언트인구란 프로그램에 실제 참여하는 사람을 말한다.
③ 일반인구란 프로그램이 해결하려는 문제에 취약성이 있는 사람을 말한다.
④ 일반적으로 표적인구가 일반인구보다 많다.
⑤ 자원이 부족하면 클라이언트인구가 표적인구보다 많아진다.

답 ②

✔ **응시생들의 선택**

① 8%	② 78%	③ 2%	④ 1%	⑤ 11%

① 위험인구란 문제에 노출되었거나 문제를 경험한 사람들을 말한다.
③ 일반인구란 대상집단이 속한 모집단을 말한다.
④ 표적인구보다 일반인구가 많다.
⑤ 자원이 부족하면 제공할 수 있는 서비스의 수가 줄어들기 때문에 표적인구보다 클라이언트인구는 적어지게 된다.

13-07-16 · 난이도 ★★☆

브래드쇼(J. Bradshaw)의 다차원적 욕구 규정에 관한 설명으로 옳지 않은 것은?

① 규범적(normative) 욕구는 지역 주민의 원함(wants)에서 파악된 문화적 규준을 따른다.
② 비교적(comparative) 욕구는 집단 간 상대적 수준의 차이를 고려한다.
③ 느껴진(felt) 욕구는 잠재적 대상자들이 스스로 인지하는 것을 기준으로 삼는다.
④ 표현된(expressed) 욕구는 대기자 명단 등에 나타난 사람들의 요구 행위를 근거로 한다.
⑤ 위의 욕구들이 중첩될수록 프로그램화의 필요성은 증가한다.

답 ①

✅ 응시생들의 선택

① 59%	② 19%	③ 9%	④ 5%	⑤ 8%

① 규범적 욕구는 정부나 전문가 등에 의해 정의된 욕구이다.

12-07-24 · 난이도 ★★☆

소수의 이해관계자(12~15명 정도)를 모아 자유롭게 의견을 개진하고 토론하게 하여 문제를 깊이 파악할 수 있는 욕구조사 방법은?

① 델파이
② 지역사회 공개토론회
③ 명목집단기법
④ 서베이조사
⑤ 초점집단조사

답 ⑤

✅ 응시생들의 선택

① 47%	② 8%	③ 10%	④ 1%	⑤ 34%

① 델파이 기법은 우편이나 이메일로 의견을 받기 때문에 한 자리에 모이지 않는다.
② 공개토론회는 주민에게 개방되므로 규모 있게 진행된다.
③ 명목집단기법은 한 자리에 모이기는 하지만 자유롭게 의견을 개진하는 것이 아니라 무기명으로 의견을 제출하여 사회자가 발표한 후 토론을 진행한다.
④ 서베이조사는 설문조사 방식이다.

11-07-01 · 난이도 ★★☆

프로그램의 성과목표를 작성하는 SMART 기준에 해당하지 않는 것은?

① 구체적(Specific)
② 측정가능(Measurable)
③ 획득가능(Attainable)
④ 관계지향적(Relation oriented)
⑤ 시관관련(Time-related)

답 ④

✅ 응시생들의 선택

① 1%	② 1%	③ 26%	④ 54%	⑤ 18%

④ SMART 기준에서 R은 Realistic, 즉 현실성을 의미한다.

10-07-05 · 난이도 ★★☆

다음 예시에 해당하는 욕구유형은?

> 정부가 제시한 노인인구 천 명당 적정 병원수로 A지역의 보건의료서비스 욕구를 파악하였다.

① 규범적 욕구　　　② 표출적 욕구
③ 비교적 욕구　　　④ 인지적 욕구
⑤ 생존의 욕구

답 ①

✅ 응시생들의 선택

① 53%	② 15%	③ 17%	④ 13%	⑤ 2%

정부나 전문가 등에 의해 정의된 욕구는 규범적 욕구에 해당한다.

다음 내용이 왜 틀렸는지를 확인해보자

01 대상자 집단을 선정할 때에는 <u>일반집단 > 표적집단 > 위험집단 > 클라이언트집단</u>의 순서로 좁혀간다.

> 대상자 집단 선정: 일반집단 > 위기(위험)집단 > 표적집단 > 클라이언트집단

02 대상자 선정에 있어 <u>클라이언트집단은 항상 표적집단보다 작은 규모로</u> 나타난다.

> 표적집단은 서비스를 받아야 하는 집단이며, 클라이언트 집단은 서비스를 실제로 받는 집단이다. 따라서 표적집단의 사람들이 모두 서비스를 받는다면 동일하게 나타날 수도 있다.

`07-07-13`
03 SMART 기준에 따라 목표를 설정할 때 목표달성을 위한 기간은 **가능한 길게 잡아야** 한다.

> SMART 기준에서 T는 Time Frame으로, 이는 시간적 구조 및 제한이 있어야 함을 의미하는 것이다.

04 문제확인 단계에서는 **문제의 원인을 파악하기보다는 문제의 실태를 조사하는 데에 초점을** 두어야 한다.

> 문제의 원인도 파악해야 한다.

`03-07-07`
05 프로그램을 설계할 때 **목표는 실현되지 못하더라도 원대하게 설정**하는 것이 좋다.

> 목표는 달성가능한 것이어야 한다.

06 지역사회 내 청소년 비행률을 10% 이상 감소시킨다. — **산출목표**에 해당한다.

> 성과목표에 해당한다.

`18-07-23`
07 '월 1회 요리교실을 진행한다', '10분씩 명상훈련을 실시한다' 등은 **성과목표**에 해당한다.

> 프로그램을 통해 어떤 활동을 얼마나 실시할 것인가와 관련된 목표는 활동목표에 해당한다.

빈칸에 들어갈 알맞은 말을 채워보자

01 욕구조사에 참여하는 전문가들이 서로의 의견을 알 수 없도록 이메일을 통해 의견을 취합하는 방식을 ( ) 기법이라고 한다.

`09-07-23`
02 ( ) 기법은 비교적 짧은 시간에 이루어지면서도 집단 구성원 간의 상호 영향력을 감소시킬 수 있는 욕구조사 기법이다.

`12-07-24`
03 ( ) 기법의 예: 문제를 경험하는 지역주민을 중심으로 12~15명 정도의 인원을 한 자리에 모아 자유 롭게 의견을 개진하고 토론하게 하여 문제를 파악하였다.

답 01 델파이 **02** 명목집단 **03** 초점집단

다음 내용이 옳은지 그른지 판단해보자

01 프로그램 설계는 문제 확인 → 목적 설정 → 프로그래밍 → 실행 → 평가 등의 과정으로 이루어진다. ◎ ⊗

`11-07-01`
02 목표설정에서는 SMART 기준에 따라 구체성, 측정가능성, 획득가능성, 현실성, 시간제한성 등을 살 펴본다. ◎ ⊗

03 위기집단은 반드시 개입이 이루어져야 하는 인구집단을 의미한다. ◎ ⊗

`13-07-16`
04 브래드쇼가 제시한 욕구 유형이 중첩적으로 나타날수록 프로그램화의 필요성은 낮다. ◎ ⊗

`07-07-03`
05 브래드쇼가 제시한 욕구 중 표현적 욕구는 대기자의 명단(리스트)을 통해 파악할 수 있다. ◎ ⊗

답 01 ○ **02** ○ **03** × **04** × **05** ○

해설 03 위기집단(위험집단)은 문제를 겪은 혹은 겪고 있는 인구집단을 의미한다. 문제를 겪고 있어도 개입 없이 문제해결이 가능할 수 있기 때 문에 위기집단이라고 해서 반드시 개입이 이루어져야 하는 것은 아니다.
04 브래드쇼가 제시한 욕구 유형이 중첩적으로 나타날수록 프로그램화의 필요성은 높다.

11장

사회복지조직의
책임성과 평가

이 장에서는

사회복지 시설평가에 관한 내용이 가장 많이 출제되었다. 평가의 목적, 원칙 등과 함께 사회복지사업법상 시설평가에 관한 규정을 살펴봐야 한다. 그 밖에 사회복지조직의 책임성과 관련된 내용이나 성과관리와 관련된 내용들도 간헐적으로 출제되곤 했다.

10년간 출제분포도

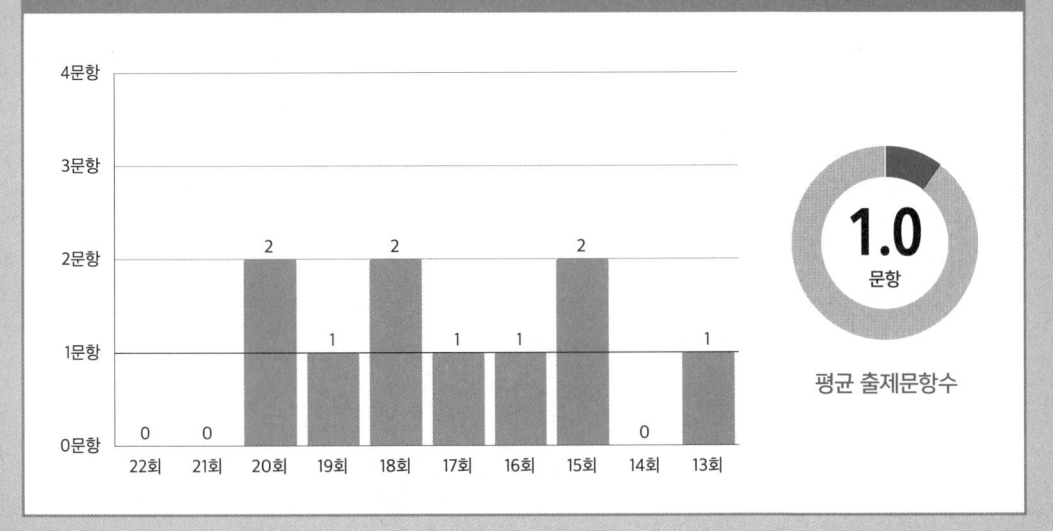

1.0
문항

평균 출제문항수

216 사회복지 시설평가

강의 QR코드

최근 10년간 **6문항** 출제 ★ ★ ★

이론요약

도입 배경

• 서비스 공급 확대에 따른 <u>책임성 검증</u> 요구
• 사회복지기관의 <u>개방성·투명성·효율성 확보</u>에 대한 요구
• <u>1997년 사회복지사업법 개정으로 1999년 1기 평가 시작</u>

기본개념

사회복지행정론
pp.225~

주요 내용

• <u>3년마다 1회 실시</u>
• 종사자 처우개선의 일환으로 우수시설에 대해서는 직원에 대한 역량개발비 지급 등의
  인센티브 지원 가능
• 평가결과 하위시설에 대해서는 컨설팅 지원 가능

평가의 목적

• <u>기관운영 개선</u>
• <u>서비스 질적 수준 제고</u>
• 시설 운영수준의 균형화
• 효과성 및 효율성 검증
• 전문성, 책임성 확보
• 시설의 운영상태에 대한 정보 제공으로 클라이언트의 선택권 보장

평가의 원칙

• 평가는 운영의 개선 및 질 제고를 유도하기 위한 수단이어야 한다.
• 평가기준은 누구나 쉽게 이해할 수 있도록 구성되어야 한다.
• <u>평가기준과 평가과정은 사전에 공개함으로써 평가절차의 투명성을 확보해야 한다.</u>
• 평가대상 기관이 평가과정에 참여함으로써 기관의 문제점을 <u>스스로 인식하고 개선</u>할 수 있도록 해야 한다.
• <u>사회복지기관이 전체적으로 최저수준 이상을 확보할 수 있도록 유도하는 것을 목표로 한다.</u>
• 이용자 중심의 평가가 되도록 해야 한다.
• <u>시설의 유형에 따라 적절하게 평가 영역 및 기준을 마련해야 한다.</u>

평가영역

- 서비스 최저기준 적용 사항: 시설 이용자의 인권, 시설의 환경, 시설의 운영, 시설의 안전관리, 시설의 인력관리, 지역사회 연계, 서비스의 과정 및 결과, 그 밖에 서비스 최저기준 유지에 필요한 사항(※보건복지부장관은 이 사항들을 고려하여 시설평가의 기준을 정함)
- 시설 및 환경, 재정 및 조직운영, 인적자원관리, 이용자의 권리, 지역사회관계, 프로그램 및 서비스, 시설운영전반 등을 평가(구체적인 평가영역 및 배점은 시설평가 시행 회차마다 바뀜)

기출문장 CHECK

01 (20-07-16) 시설의 환경, 시설의 안전관리, 시설의 인력관리, 시설 이용자의 인권 등은 사회복지관에서 제공해야 하는 서비스 최저기준의 적용 사항에 해당한다.

02 (19-07-23) 사회복지 시설평가는 3년마다 실시되며, 평가 결과는 시설 지원에 반영할 수 있다.

03 (18-07-11) 시설평가의 근거는 1997년 개정된 사회복지사업법이다.

04 (18-07-11) 평가의 목적은 시설운영의 효율화 등이다.

05 (18-07-11) 개별 사회복지시설의 고유성이 반영되지 못하는 점은 시설평가의 한계점으로 여겨진다.

06 (18-07-11) 평가지표 선정 시 현장의견수렴 절차가 필요하다.

07 (16-07-17) 보건복지부장관이 시설의 서비스 최저기준을 고려하여 평가기준을 정한다.

08 (15-07-20) 평가는 책무성을 강조한다.

09 (15-07-20) 평가는 기관의 외부자원 확보에 영향을 미친다.

10 (13-07-22) 시설 이용자의 인권, 서비스의 과정 및 결과, 지역사회 연계, 시설의 인력관리 등은 사회복지시설 평가에 포함된 서비스 최저기준의 적용 사항에 해당한다.

11 (11-07-26) 사회복지 시설평가는 시설 운영의 객관적 기준을 제시하기 위한 것이다.

12 (11-07-26) 사회복지 시설평가의 기대효과로 시설 운영의 책임성 강화를 꼽을 수 있다.

13 (11-07-26) 사회복지 시설평가를 통해 사회복지 시설의 투명성을 제고할 수 있다.

14 (08-07-20) 시설평가는 3년마다 1회 실시한다.

15 (08-07-20) 시설의 평가에 따른 결과는 향후 시설 지원을 위한 자료로 반영될 수 있다.

16 (04-07-29) 시설평가는 기관을 일정 수준 이상으로 끌어올리는 데에 초점을 둔다.

대표기출 확인하기

19-07-23 난이도 ★☆☆

우리나라의 사회복지시설 평가제도에 관한 설명으로 옳은 것은?

> ㄱ. 3년마다 평가 실시
> ㄴ. 5년마다 평가 실시
> ㄷ. 평가 결과의 비공개원칙
> ㄹ. 평가 결과를 시설 지원에 반영

① ㄱ, ㄷ   ② ㄱ, ㄹ
③ ㄴ, ㄷ   ④ ㄴ, ㄹ
⑤ ㄷ, ㄹ

▶ 알짜확인

- 시설평가는 1997년 사회복지사업법 개정으로 도입되어 1999년 1기 평가가 시작되었고, 3년마다 1회 의무적으로 실시된다는 점 등은 기본적으로 알아두어야 한다.
- 시설평가는 투명성 확보를 위해 공개적으로 실시한다는 점, 시설의 최저수준을 확보하기 위해 진행된다는 점, 시설의 유형에 따라 구체적인 평가기준은 다르다는 점 등도 꼭 기억해두자.

답 ②

✔ 응시생들의 선택

① 2%	② 86%	③ 1%	④ 10%	⑤ 1%

사회복지 시설평가는 3년마다 진행된다. 평가 결과는 해당 기관의 홈페이지 등에 게시하도록 하고 있다.

관련기출 더 보기

20-07-16 난이도 ★★☆

사회복지관에서 제공해야 하는 서비스의 최저기준에 포함되지 않는 것은?

① 시설의 환경
② 시설의 규모
③ 시설의 안전관리
④ 시설의 인력관리
⑤ 시설 이용자의 인권

답 ②

✔ 응시생들의 선택

① 4%	② 44%	③ 4%	④ 14%	⑤ 34%

② 시설의 규모는 시설의 종류에 따라 관련 법령에서 각기 다른 기준으로 제시되며 그 기준을 충족해야 설립이 가능하다.

16-07-17 난이도 ★★★

사회복지사업법상 사회복지 시설평가에 관한 설명으로 옳은 것은?

① 보건복지부장관이 시설의 서비스 최저기준을 고려하여 평가기준을 정한다.
② 1997년에 처음으로 시행되었다.
③ 보건복지부장관과 시·군·구의 장이 시설평가의 주체이다.
④ 4년마다 한번 씩 평가를 실시한다.
⑤ 시설평가 결과를 공표할 수 없으나 시설의 지원에는 반영할 수 있다.

답 ①

✔ 응시생들의 선택

① 30%	② 41%	③ 14%	④ 10%	⑤ 5%

② 1997년에 사회복지사업법 개정으로 관련 규정이 마련되었으며, 실제 1기 평가는 1999년에 이루어졌다.
③ 시설평가의 주체는 보건복지부장관 및 시·도지사이다.
④ 시설평가는 3년마다 실시한다.
⑤ 시설평가의 결과를 해당 기관의 홈페이지 등에 게시하도록 규정하고 있다.

다음 내용이 왜 틀렸는지를 확인해보자

01 사회복지 시설평가는 「사회보장급여의 이용·제공 및 수급권자 발굴에 관한 법률」에서 규정하고 있다.

> 사회복지사업법에서 규정하고 있다.

`15-07-20`
02 평가결과는 기관의 변화를 반드시 수반한다.

> 결과가 좋지 않은 경우 개선에 따른 변화가 일어나겠지만, 결과가 좋은 경우 변화보다는 유지에 초점을 둘 수도 있다.

03 시설평가에서 평가기준과 평가과정은 사전에 공개되지 않도록 해야 한다.

> 평가의 투명성을 확보하기 위해 평가기준 및 평가과정을 사전에 공개하고 있다.

04 보건복지부장관과 시·도지사는 시설평가의 결과를 시설 지원에 반영할 수는 있지만 시설 거주자를 다른 시설로 보내는 조치를 할 수는 없다.

> 해당 법령의 규정에 따라 시설 거주자를 다른 시설로 보내는 등의 조치를 할 수 있다.

`04-07-29`
05 사회복지기관 유형에 관계없이 평가항목이나 초점은 일정해야 한다.

> 기관의 유형에 따라 갖춰야 할 조건이 다를 수밖에 없기 때문에 평가항목이나 초점이 조금씩 다르다.

06 시설평가에 따른 결과는 공개하지 않는 것을 원칙으로 한다.

> 보건복지부장관과 시·도지사는 평가의 결과를 해당 기관의 홈페이지 등에 게시하여야 한다.

`11-07-26`
07 시설평가는 사회복지시설의 서열화를 유도하기 위한 것이다.

> 사회복지 시설평가는 기관 간 경쟁을 유도하거나 줄 세우기식의 서열화를 목적으로 이루어지는 것은 아니다.

08 이용자의 권리에 관한 지표의 경우 **생활시설에 한해서** 적용하여 평가한다.

> 시설 및 환경, 재정 및 조직운영, 인적자원관리, 이용자의 권리, 지역사회관계, 프로그램 및 서비스 등은 생활시설 및 이용시설을 막론하고 모두 동일하게 적용되는 평가영역이다.

09 시설평가에는 시설의 자체평가를 **포함하지 않는다.**

> 시설평가에는 시설의 자체평가를 포함한다.
> 시설평가는 자체평가 → 평가위원의 현장평가 → 이의신청 및 결과분석 → 확인평가 및 결과 확정 → 평가종료의 과정으로 진행된다.

10 시설평가의 주체는 **한국사회복지협의회**이다.

> 시설평가의 주체는 보건복지부장관과 시 · 도지사라고 할 수 있으며, 현재 시행기관은 중앙사회서비스원이다.

`13-07-22`

11 사회복지사업법령상 서비스 최저기준의 적용 사항에는 시설 이용자의 인권, 서비스의 과정 및 결과, 지역사회 연계, 시설의 인력관리, **시설의 마케팅 역량** 등이 포함된다.

> 서비스 최저기준의 적용 사항에는 시설 이용자의 인권, 시설의 환경, 시설의 운영, 시설의 안전관리, 시설의 인력관리, 지역사회 연계, 서비스의 과정 및 결과, 그 밖에 서비스 최저기준 유지에 필요한 사항 등이 규정되어 있다.

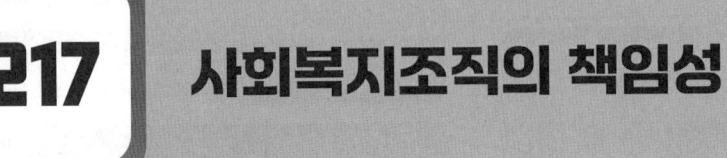

217 사회복지조직의 책임성

강의 QR코드

1회독	2회독	3회독
월 일	월 일	월 일

최근 10년간 **2문항** 출제

이론요약

정의

- 활동 과정의 정당성, 결과에 대한 책임감, 프로그램의 효과성·효율성 등을 포괄
- 조직 내부에서의 책임성과 조직 외부(지역사회 등)와의 관계에서의 책임성을 모두 포함
- 도의적 책임(공익 증진), 법적 책임, 책무적 책임(직업윤리, 전문적 기준) 등을 고려

기본개념

사회복지행정론
pp.218~

주체 및 대상

- 주체: 정부, 민간 사회복지조직, 사회복지 전문직, **클라이언트, 국민 모두**
- 대상: 클라이언트에 대한 책임(자기결정권 존중, 개인정보/사생활 보호, 이용자 중심의 서비스 전달), 사회에 대한 책임(사회적 공동 목표 추구, 공평성 확보 등)

사회복지조직의 책임성에 영향을 미친 요인들

- 내부적 요인: 서비스의 다양성, 기술의 복잡성, 목표의 불확실성
- 외부적 요인: 공급주체의 다원화, 민영화 경향, 시설평가제 시행

기출문장 CHECK

01 (20-07-12) 책임성은 업무수행 결과에 대한 책임뿐만 아니라 업무과정에 대한 정당성을 의미한다.

02 (20-07-12) 책임성을 위해서는 지역사회와의 관계뿐만 아니라 조직 내 상호작용에서도 정당성을 확보해야 한다.

03 (18-07-13) 사회복지예산 수립에 주민참여제도를 시행하는 것 역시 책임성을 확보하기 위한 노력의 일환이다.

04 (11-07-12) 조직의 책임성 증진을 위한 노력: 재정 집행의 투명성을 높인다. 이해관계자들의 조직운영 참여를 늘린다. 리더십 역할을 통해 조직혁신을 강조한다. 전문적이고 체계적인 평가제도를 운용한다.

05 (04-07-27) 사회복지 시설평가제의 도입은 시설의 책무성 강화에 영향을 미쳤다.

06 (04-07-27) 사회문제가 다양하고 복잡하게 나타남에 따라 사회복지조직에 대한 책임성이 더욱 강조되었다.

07 (02-07-34) 사회복지조직의 책임성은 사회복지 조직이 국가나 사회로부터 사회복지서비스 전달에 대해 위임받은 바를 충실하게 수행했는가에 관한 내용을 포함한다.

대표기출 확인하기

20-07-12 난이도 ★☆☆

사회복지조직의 책임성에 관한 설명으로 옳지 않은 것은?

① 업무수행 결과에 대한 책임뿐만 아니라 업무과정에 대한 정당성을 의미한다.
② 책임성 이행측면에서 효율성을 배제하고 효과성을 극대화해야 한다.
③ 지역사회와의 관계뿐만 아니라 조직 내 상호작용에서도 정당성을 확보해야 한다.
④ 정부 및 재정자원제공자, 사회복지조직, 사회복지전문직, 클라이언트 등에게 책임성을 입증해야 한다.
⑤ 클라이언트 집단의 욕구를 충족시키고 당면한 사회문제를 해결하고 있다는 증거를 보여줘야 한다.

▶ **알짜확인**

• 책임성의 주체 및 대상을 비롯해 책임성이 강조된 배경, 책임성을 제고하기 위한 노력, 책임성에 영향을 미치는 요인 등을 살펴봐야 한다.

답 ②

✔ **응시생들의 선택**

① 1%	② 92%	③ 2%	④ 2%	⑤ 3%

② 책임성은 효율성과 효과성을 모두 포괄한다.

관련기출 더 보기

12-07-05 난이도 ★★☆

책임성이 있는 관리자의 자세에 관한 설명으로 옳지 않은 것은?

① 지역사회의 다양한 이해집단에 대하여 정확하게 파악한다.
② 클라이언트 집단의 관점이 배제되지 않도록 주의한다.
③ 개별 서비스제공자의 활동을 통제하지 않는다.
④ 조직 내 서비스 제공자의 업무수행을 파악한다.
⑤ 동원된 자원의 사용에 관한 정보를 공개한다.

답 ③

✔ **응시생들의 선택**

① 29%	② 8%	③ 50%	④ 5%	⑤ 8%

③ 관리자는 직원들을 적절히 배치하고 업무를 조정하며 합리적인 통제를 행사할 수 있어야 한다.

10-07-22 난이도 ★★☆

사회복지행정의 책임성의 기준으로 옳은 것을 모두 고른 것은?

ㄱ. 명문화된 법적 기준이 있어야 한다.
ㄴ. 사회복지행정 이념이 전제되어야 한다.
ㄷ. 공익이 고려되어야 한다.
ㄹ. 고객의 요구를 반영해야 한다.

① ㄱ, ㄴ, ㄷ   ② ㄱ, ㄷ
③ ㄴ, ㄹ   ④ ㄹ
⑤ ㄱ, ㄴ, ㄷ, ㄹ

답 ⑤

✔ **응시생들의 선택**

① 17%	② 4%	③ 8%	④ 30%	⑤ 41%

사회복지행정 활동은 책임성 확보를 위해 공익, 고객의 요구, 명문화된 기준, 직업윤리, 전문적 기준에 따라 이루어져야 한다.

다음 내용이 옳은지 그른지 판단해보자

11-07-12

01 사회복지조직이 책임성을 증진하기 위해서는 조직에 대한 외부간섭을 배제해야 한다. ◎ⓧ

02 책임성은 단순히 윤리적, 법적 책임을 다한다는 의미에 한정되는 것은 아니다. ◎ⓧ

04-07-27

03 사회복지조직은 공급자 중심의 서비스 제공을 강조한다는 점에서 책임성이 더욱 중요하게 인식되고 있다. ◎ⓧ

04 조직의 관리자는 책임성을 확보하기 위해 일선 실무자들의 업무수행을 파악하며 조직의 목표를 달성할 수 있도록 리더십을 발휘해야 한다. ◎ⓧ

05 사회복지에 있어 책임성의 주체는 서비스의 제공자인 각 기관 및 정부를 의미한다. ◎ⓧ

08-07-24

06 사회복지 부문에서 민간위탁이 증가함에 따라 책임성에 대한 요구도 확대되었다. ◎ⓧ

18-07-13

07 사회복지조직이 책임성을 확보하기 위해서는 후원금 사용 정보를 미공개하여 개인정보를 보호해야 한다. ◎ⓧ

답 01 ✕ 02 ○ 03 ✕ 04 ○ 05 ✕ 06 ○ 07 ✕

해설 **01** 사회복지조직은 대부분의 자원을 외부에서 얻고 외부와 다양한 연결성을 맺기 때문에 외부간섭을 완전히 배제할 수는 없다. 따라서 외부환경과 좋은 관계를 맺으면서도 조직의 독립성과 신뢰성을 확보하기 위한 전략을 수립해야 한다.
03 사회복지서비스는 공급자 중심이 아닌 이용자 중심의 서비스 제공을 지향한다.
05 책임성의 주체는 정부, 사회복지조직, 관련 전문가, 클라이언트, 국민 모두이다.
07 후원금의 투명한 사용을 위해 후원금의 수입 및 사용내용을 후원자에게 알리도록 하고 있으며, 후원금의 수입 및 사용결과에 대해 공개하도록 하고 있다. 다만 후원자의 성명 등은 공개하지 않는다.

강의 QR코드

1회독 월 일   **2회독** 월 일   **3회독** 월 일

최근 10년간 **2문항** 출제

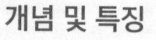
복습 1 **이론요약**

개념 및 특징
• 성과는 조직이 목표를 달성하기 위해 투입된 자원에 대한 결과이다.
• 성과평가는 효과성, 효율성을 모두 포괄한다.
• 활동 그 자체보다 결과에 초점을 둔다.

기본개념

사회복지행정론
pp.228~

성과수준의 결정
• 성과평가를 위해서는 다음 사항을 고려하여 달성 정도를 평가하기 위한 기준선이 되는 성과수준을 결정해야 한다.
• 성과수준은 현실적으로 달성한 정도에서 정한다.
• 성과수준은 초과달성의 여지를 두고 설정한다.
• 성과수준은 기대가 충족되었을 때의 상태를 기술해야 한다.
• 성과의 수량, 품질, 비용, 효과, 방식 또는 행동의 방법 등이 구체적으로 측정가능하게 표현되어야 한다.

성과관리에서 유의할 점
• 성과평가의 결과는 직원의 상벌을 위한 것이 아니라 조직에서 제공하는 서비스의 개선을 목적으로 한다.
• 성과의 결과는 다음 사업의 기획 및 예산 확보를 위한 자료로 활용한다.
• 성과를 지나치게 강조하여 기준행동이 발생하지 않도록 경계해야 한다. 이때 기준행동은 실제 효과성, 효율성과 상관없이 높은 점수를 받는 데만 관심을 쏟는 것을 말한다. 즉 성과평가의 목록을 기준으로 행동하게 되는 현상을 의미한다.

기출문장 CHECK

01 (17-07-22) 기준행동: 평가지표 충족에만 관심이 집중되어 서비스 효과성이 낮아질 수 있다. 사회복지서비스 평가로 인해 발생 가능한 부정적 현상이다. 양적 평가지표가 많을 때 증가되기 쉽다.

02 (12-07-25) 성과수준을 결정할 때에는 현실성, 달성가능성을 고려하여 수량, 품질 등을 측정할 수 있도록 하며 목표가 달성되었을 때의 상태를 기술한다.

대표기출 확인하기

12-07-25   난이도 ★★★

사회복지조직의 성과평가에서 성과수준을 결정할 때 고려할 사항이 아닌 것은?

① 성과수준은 현실적이어야 한다.
② 성과수준은 달성할 수 있어야 한다.
③ 성과수준은 목표가 달성되었을 때의 상태를 기술해야 한다.
④ 성과수준은 수량, 품질 등으로 표현되어야 한다.
⑤ 성과수준은 측정을 전제로 하는 것은 아니다.

> ▶ 알짜확인
>
> • 성과관리의 개념 및 성과관리를 위한 성과기준 설정 등에 관한 내용을 살펴보자.

답 ⑤

✔ 응시생들의 선택

① 1%	② 3%	③ 21%	④ 40%	⑤ 35%

⑤ 성과는 구체적인 방법으로 측정할 수 있어야 한다.

관련기출 더 보기

15-07-19   난이도 ★★☆

사회복지서비스 성과평가의 내용으로 옳은 것을 모두 고른 것은?

> ㄱ. 아동의 자아존중감 향상 정도를 평가한다.
> ㄴ. 유사한 취업프로그램의 1인당 취업비용을 비교한다.
> ㄷ. 프로그램 참여자의 취업률을 측정한다.

① ㄱ   ② ㄴ
③ ㄱ, ㄷ   ④ ㄴ, ㄷ
⑤ ㄱ, ㄴ, ㄷ

답 ⑤

✔ 응시생들의 선택

① 12%	② 1%	③ 70%	④ 5%	⑤ 12%

제시된 내용은 모두 성과평가의 내용에 해당한다.

➕ 덧붙임

성과평가를 효과성의 차원으로만 생각해서 점수를 놓친 수험생들이 많았는데, 성과평가는 효과성만을 의미하는 것이 아니라 효과성과 효율성을 모두 포괄한다는 점 기억해두자.

정답훈련

다음 내용이 **왜 틀렸는지**를 **확인해보자**

01 성과관리에서 성과수준을 결정할 때에는 다소 어려움이 있더라도 **달성가능한 최대한의 수준으로 설정**해야 한다.

> 성과수준은 초과 달성의 여지가 있도록 설정되어야 한다.

`11-07-18`

02 성과평가에서 양적 지표 사용에 따른 부작용으로, 업무자들이 서비스 효과성 자체보다는 지표관리에만 치중하게 되는 현상을 **매몰비용**이라고 한다.

> 기준행동이라고 한다.
> 매몰비용은 한번 사용하면 회수할 수 없는 비용을 말한다. 현재의 업무형태나 상황을 개발하고 유지하기 위해 직원들이 투입하는 시간과 노력 등을 포함한다.

`15-07-19`

03 유사한 취업프로그램의 1인당 취업비용을 비교하는 것은 **성과평가와 무관**하다.

> 성과평가는 효과성과 효율성의 측면을 포괄적으로 살펴본다.

04 성과관리는 조직의 활동과 과정에 관심을 두어 **결과에 대한 관심이 낮다.**

> 성과관리는 조직의 활동과 과정이 조직의 목표에 부합되도록 하기 위한 것이다. 조직의 활동과 과정에도 관심을 두기는 하지만 목표했던 결과를 도출하였는지에 더 초점을 둔다.

12장

홍보와 마케팅

이 장에서는

비영리조직에서 마케팅을 진행함에 있어 고려해야 할 점을 사회복지서비스의 특성과 연결하여 파악하고, 다양한 마케팅 기법들을 살펴봐야 한다. 마케팅 믹스 4P(상품, 가격, 유통, 촉진)도 심심치 않게 등장하고 있으므로 각 요소가 의미하는 바까지 정리해야 한다.

10년간 출제분포도

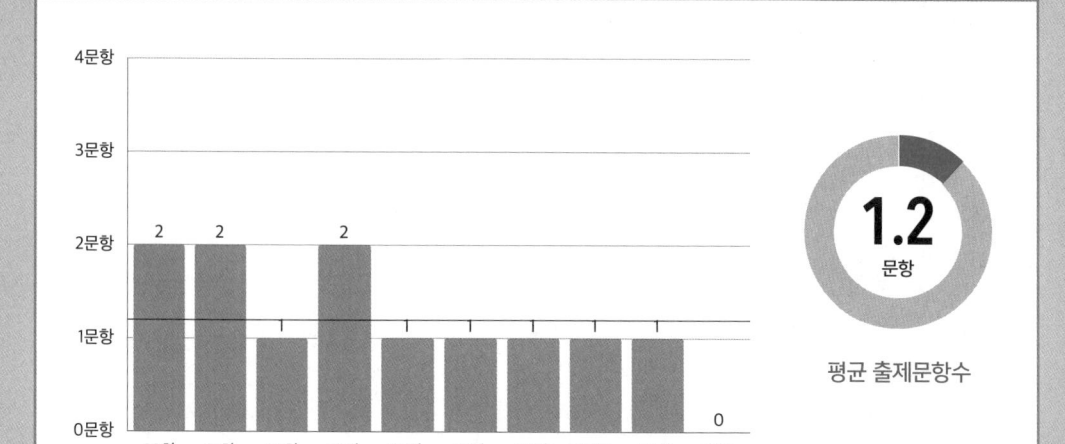

평균 출제문항수

**219**

사회복지 마케팅의 특징 및 전략

강의 QR코드

1 회독	2 회독	3 회독
월 일	월 일	월 일

★ ★ ★
최근 10년간 **7문항** 출제

복습 1 **이론요약**

사회복지 마케팅의 필요성

- 기관의 재정 확보, 기관의 책임성 제고
- 클라이언트, 자원봉사자, 후원자 등에 대한 고객관리
- 외부환경의 변화에 대한 대응적 서비스 개발 및 보급

마케팅에서 고려해야 할 사회복지서비스의 특징

- 서비스의 무형성
- 서비스의 다양성, 복잡성
- 서비스의 소멸성
- 생산과 소비의 동시 발생

기본개념

사회복지행정론
pp.241~

홍보의 최근 경향

- 단발적 홍보에서 지속적 홍보
- 즉흥적 홍보에서 계획적 홍보
- 일방적 홍보에서 쌍방적 홍보
- 소극적 · 수비적 홍보에서 적극적 · 공격적 홍보

기관환경 분석-SWOT

- 기관의 내 · 외부 환경을 분석하기 위한 방법
- 조직 내부의 강점(Strength)과 약점(Weakness) 요인 분석
- 조직 외부의 기회(Opportunity)와 위협(Threat) 요인 분석

기부시장 분석(STP 설계)

- 시장 세분화: 후원자의 특성, 비슷한 욕구 등에 따라 여러 개의 하위시장으로 분류
- 표적 시장선정: 세분화된 시장 중 매력도가 높은 시장(후원가능성이 높은 시장)을 선정
- 시장 포지셔닝: 선정한 표적시장에 대해 마케팅 믹스를 통해 다른 기관과 차별성 있는 위치 정립

마케팅 믹스(4P) 구축

- **상품(Product) 전략**: 어떤 상품을 제공할 것인가
- **가격(Price) 전략**: 가격을 어떻게 결정할 것인가
- **유통(Place) 전략**: 어떻게 판매, 전달할 것인가
- **촉진(Promotion) 전략**: 어떻게 홍보할 것인가

01 (22-07-21) 사회복지서비스 마케팅 과정: 고객 및 시장 조사 → STP 전략 설계 → 마케팅 믹스 → 고객관계관리(CRM)

02 (21-07-21) 마케팅믹스 4P에서 제품(Product)은 고객의 욕구를 충족시키기 위하여 제공하는 재화나 서비스를 의미한다.

03 (21-07-21) 마케팅믹스 4P에서 유통(Place)은 고객이 서비스를 쉽게 이용할 수 있도록 하는 조직적 활동과 관련된다.

04 (19-07-21) 비영리조직의 마케팅은 공익사업과 수익사업의 적절한 운영을 위하여 필요하다.

05 (17-07-21) 마케팅 믹스 4P: 상품(Product), 가격(Price), 촉진(promotion), 유통(Place)

06 (14-07-16) 촉진(promotion)은 사회복지 마케팅 믹스(marketing mix)의 4P에 해당한다.

07 (11-07-21) 사회복지기관의 마케팅은 서비스 이용자의 선택권 확대라는 측면에서 강조되고 있다.

08 (08-07-10) 사회복지 마케팅은 소비자 만족, 품질관리, 비영리조직의 사명을 중요하게 고려한다.

09 (06-07-12) 마케팅 4P에서 서비스를 알리고 더 많은 기금을 확보하기 위한 전략은 촉진 전략이다.

10 (06-07-23) 사회복지 마케팅에서 조직의 내·외부 환경 및 자원을 분석하기 위해 조직의 강점, 약점, 기회, 위협 등의 요인을 분석하는 기법은 SWOT 기법이다.

대표기출 확인하기

난이도 ★★☆

비영리조직 마케팅의 특성으로 옳지 않은 것은?

① 이윤추구보다는 사회적 가치 실현에 주안점을 둔다.
② 마케팅에서 교환되는 것은 유형의 재화보다는 무형의 서비스가 대부분이다.
③ 영리조직에 비해 인간의 태도나 행동을 변화시키는 것이 어렵다.
④ 서비스의 생산과 소비의 동시성을 고려한다.
⑤ 조직의 목표달성과 측정이 용이하다.

> 🔄 **알짜확인**
>
> • 마케팅에 있어 고려해야 할 사회복지서비스의 특징을 1장에서 학습했던 사회복지조직의 특성을 바탕으로 살펴보자.
> • 마케팅 믹스 4P에 해당하는 요소 및 각 요소가 무엇을 의미하는지에 관한 문제도 심심치 않게 출제되므로 꼼꼼히 확인해두기 바란다.

답 ⑤

✅ 응시생들의 선택

① 3%	② 6%	③ 33%	④ 5%	⑤ 53%

⑤ 사회복지서비스는 다양하고 추상적인 목적이 혼재되어 있기 때문에 목적과 관련된 목표를 구체화되지 못할 때가 있다. 그렇기 때문에 목표달성의 기준이 명확하지 않거나 목표를 수치화하여 측정할 수 없는 경우도 있다.

관련기출 더 보기

난이도 ★★☆

사회복지서비스 마케팅 과정을 옳게 연결한 것은?

> ㄱ. STP 전략 설계
> ㄴ. 고객관계관리(CRM)
> ㄷ. 마케팅 믹스
> ㄹ. 고객 및 시장 조사

① ㄱ-ㄴ-ㄷ-ㄹ   ② ㄱ-ㄹ-ㄴ-ㄷ
③ ㄷ-ㄹ-ㄱ-ㄴ   ④ ㄹ-ㄱ-ㄴ-ㄷ
⑤ ㄹ-ㄱ-ㄷ-ㄴ

답 ⑤

✅ 응시생들의 선택

① 1%	② 11%	③ 2%	④ 24%	⑤ 62%

ㄹ. 고객 및 시장 조사: 기관에서 관심을 두고 있는 문제에 대해 지역사회에서도 공감을 하고 있는지, 주민들은 어떤 의견을 가지고 있는지 등을 살펴본다.
ㄱ. STP 전략 설계: 시장 세분화, 표적 시장, 시장 포지셔닝 등 기부시장을 분석한다.
ㄷ. 마케팅 믹스: 상품, 가격, 유통, 촉진(홍보) 등의 부문에 대한 전략을 세우는 것이다.
ㄴ. 고객관계관리(CRM): 클라이언트와 지속적인 관계를 유지하면서 맞춤형 마케팅을 추진하는 방법이다.

마케팅믹스 4P에 관한 설명으로 옳은 것을 모두 고른 것은?

ㄱ. 유통(Place): 고객이 서비스를 쉽게 이용할 수 있도록 하는 조직적 활동
ㄴ. 가격(Price): 판매자가 이윤 극대화를 위하여 임의로 설정하는 금액
ㄷ. 제품(Product): 고객의 욕구를 충족시키기 위하여 제공하는 재화나 서비스
ㄹ. 촉진(Promotion): 판매 실적에 따라 직원을 승진시키는 제도

① ㄱ, ㄴ
② ㄱ, ㄷ
③ ㄱ, ㄴ, ㄷ
④ ㄴ, ㄷ, ㄹ
⑤ ㄱ, ㄴ, ㄷ, ㄹ

답 ②

☑ 응시생들의 선택

① 3%	② 42%	③ 28%	④ 5%	⑤ 22%

ㄴ. 가격(Price): 가격을 어떻게 결정할 것인가. 단순히 이윤만 고려하는 것은 아니며 다른 경쟁상품의 가격, 가격에 대한 부담감 등 여러 요소를 고려하게 된다. 특히 비영리조직에서는 비용 외에 시간, 노력, 부담감, 불안감 등 비금전적 요인이 중요하다.
ㄹ. 촉진(Promotion): 어떻게 홍보할 것인가

마케팅 믹스(Marketing mix)의 4P에 해당하지 않는 것은?

① 제품(Product)
② 가격(Price)
③ 판매촉진(Promotion)
④ 입지(Place)
⑤ 성과(Performance)

답 ⑤

☑ 응시생들의 선택

① 1%	② 2%	③ 12%	④ 27%	⑤ 58%

마케팅 믹스의 4P
• 상품(Product) 전략
• 가격(Price) 전략
• 유통(입지, Place) 전략
• 촉진(Promotion) 전략

사회복지마케팅에서 고려해야 할 서비스 특성으로 옳은 것은?

① 표준화된 서비스로 대량생산할 수 있다.
② 대체로 목표달성에 대한 측정이 가능하다.
③ 일반적으로 소비자가 서비스를 이용하기 전에 평가한다.
④ 서비스의 생산과 소비는 주로 분리된다.
⑤ 제공된 서비스를 반환하거나 되팔기 어렵다.

답 ⑤

☑ 응시생들의 선택

① 7%	② 13%	③ 10%	④ 5%	⑤ 65%

① 사회복지서비스는 사람을 대상으로 하기 때문에 개개 클라이언트마다 다른 서비스가 필요하다. 이로 인해 표준화하기가 어렵고 대량생산이 불가능하다.
② 다양하고 추상적인 목적들이 동시에 존재하여 이에 대한 측정이 어렵다.
③ 서비스 이용 전보다는 이용 후에 평가가 이루어진다.
④ 사회복지서비스는 생산과 소비가 동시에 발생한다.

다음 내용이 왜 틀렸는지를 확인해보자

08-07-10

01 사회복지조직의 마케팅은 <u>생산자 관점을 강화하는 데에 초점</u>을 둔다.

> 사회복지기관 마케팅은 소비자인 클라이언트의 관점을 강조한다.

02 <u>사회복지서비스는 표준화하여 대량생산하기에 용이하다</u>는 점에서 마케팅의 강점이 있다.

> 사회복지서비스는 사람을 대상으로 하기 때문에 개별 클라이언트마다 다른 서비스가 필요하다. 이로 인해 표준화하기가 어렵고 대량생산이 불가능하다.

03 사회복지 마케팅은 <u>일회적, 단발적으로 진행되는 활동을 선호</u>한다.

> 일회적, 단발적 마케팅보다 이용자 혹은 후원자와의 지속적 관계 유지를 위한 마케팅이 강조되고 있다.

07-07-01

04 비영리조직의 모금은 <u>사회복지공동모금회를 필두로 중앙정부에서 대행하고 관리</u>하는 추세이다.

> 사회복지공동모금회는 민간기관이며 비영리조직의 모금을 중앙정부에서 대행하고 관리하고 있지도 않다.

19-07-21

05 비영리조직의 마케팅은 <u>재정자립을 목표로 하지 않는다</u>.

> 비영리조직의 마케팅은 이용자 모집 외에 후원금품을 모집하기 위해 마케팅을 실시하기도 하며, 이는 재정자립이라는 목표와 연결된다.

06-07-12

06 마케팅 4P에서 서비스를 알리고 더 많은 기금확보를 하기 위해 전략을 세우는 것은 <u>유통(Place) 전략</u>이다.

> 촉진(promotion) 전략에 해당한다.
> 유통(Place) 전략은 서비스를 전달하는 방법을 고려하는 것이다.

07 마케팅 믹스(marketing mix) 4P: 가격(Price), 촉진(promotion), 유통(Place), **성과(Performance)**

> 마케팅 믹스 4P: 상품(Product), 가격(Price), 촉진(promotion), 유통(Place)

08 SWOT 방식은 내부환경을 분석하여 조직의 강점을 발견하고, 외부환경을 분석하여 조직의 약점을 찾아내는 분석방법이다.

> SWOT는 내부환경을 분석하여 조직의 강점과 약점을 발견하고, 외부환경을 분석하여 기회와 위협 요인을 찾아내는 분석방법이다.

다음 내용이 옳은지 그른지 판단해보자

01-03-02

01 사회복지기관의 마케팅은 서비스 이용자의 선택권 확대라는 측면에서 강조되고 있다. ◎ ⊗

05-07-20

02 사회복지 마케팅에서는 생산과 소비의 동시성을 고려해야 한다. ◎ ⊗

21-07-20

03 비영리조직의 마케팅은 이윤추구보다 사회적 가치 실현에 주안점을 둔다. ◎ ⊗

04 시장 포지셔닝은 기관이 시장에서 우위를 점하기 위해 다른 기관의 활동을 방해하는 것이다. ◎ ⊗

05 서비스를 포지셔닝하는 과정에서는 마케팅 전략의 수립이 요구된다. ◎ ⊗

(답) **01** ○ **02** ○ **03** ○ **04** × **05** ○

(해설) **04** 시장 포지셔닝은 다른 기관과의 차별화를 바탕으로 시장에서 위치를 점하는 것이다.

220 마케팅 기법

최근 10년간 **5문항** 출제

이론요약

주요 전략

- **기업연계 마케팅(공익연계 마케팅)**: 기업의 이미지를 높여 주어 기업의 상품 판매에 긍정적으로 영향을 미치면서 동시에 사회복지기관의 후원자 개발에도 기여하는 방식

- **고객관계관리 마케팅**: 기존 후원자 관리, 신규 후원자 개발, 잠재적 후원자 개발을 위해 그들의 욕구를 파악하여 이른바 '맞춤 서비스' 제공

- **다이렉트 마케팅**: DM 발송. 우편을 이용하여 상품과 조직 정보 전달. 잠재적 후원자에게 현재 기관의 운영현황이나 서비스/프로그램에 대한 정보 전달

- **데이터베이스 마케팅**: 고객의 지리적·인구통계적·심리적 특성, 생활양식, 행동양식이나 구매기록 같은 개인적인 정보를 데이터베이스화하여 구축함으로써 수익공헌도가 높은 고객에게 마일리지와 같은 차별적 서비스 제공

- **인터넷 마케팅**: 인터넷을 통해 고객에게 정보 전달. 전자우편이나 홈페이지 등을 통하여 이익 극대화. 배너 교환이나 이메일링 서비스 등

- **사회 마케팅**: 정부나 지방자치단체, 시민과 지역사회를 위한 공중의 행동변화를 위한 마케팅기법으로 공익 실현을 위한 집단적·조직적 노력

- **기타**
  - 인터넷 모금, ARS 모금, 캠페인 모금, 이벤트 모금 등
  - 아웃리치: 기관에의 접근성이 떨어지는 잠재적 클라이언트를 직접 찾아가는 것으로 서비스 제공을 위해서도 실시하며, 홍보의 목적으로 활용하기도 한다.

기본개념

사회복지행정론
pp.241~

01 (22-07-22) 기업연계 마케팅은 명분마케팅이라고도 한다.

02 (22-07-22) 데이터베이스 마케팅은 이용자에 대한 각종 정보를 수집, 분석하여 활용하는 방식이다.

03 (22-07-22) 사회 마케팅은 대중에 대한 캠페인 등을 통해 행동변화를 유도하는 방식이다.

04 (22-07-22) 고객관계관리 마케팅은 개별 고객특성에 맞춘 서비스를 지속적으로 제공하는 방식이다.

05 (18-07-18) 다이렉트 마케팅: 사회복지관에서 우편으로 잠재적 후원자에게 기관의 현황이나 정보 등을 제공하여 후원자를 개발하는 마케팅 방법

06 (16-07-20) 공익연계마케팅을 통해 참여 기업과 사회복지조직 모두 혜택을 얻을 수 있다.

07 (15-07-01) 공익연계 마케팅은 고객들이 A기업의 물품을 구입할 경우 A기업이 그 수입의 일정비율을 B복지관에 기부하는 방식이다.

08 (08-17-16) K시 노인보호전문기관의 사회복지사는 농촌 지역에 살고 있는 노인들에게 기관의 프로그램을 알려야 한다. 이 과정에서 외부에 쉽사리 드러나지 않는 노인의 문제와 욕구의 특성을 고려해야 한다. 이러한 상황에서는 가정방문이 효과적일 수 있다.

09 (07-07-02) ○○복지관은 한국어 구사능력이 능숙하지 못한 결혼이주민을 대상으로 외국인 가정의 위기개입 프로그램을 실시할 계획이다. 이를 위해 표적효율성이 높도록 프로그램 대상자를 발굴하려고 한다. 이때에는 아웃리치를 실시하는 것이 좋다.

10 (05-07-19) 인터넷모금: 인터넷을 통해 후원을 호소하는 내용을 알린다.

11 (04-07-22) 사회복지기관이 특정한 이슈와 관련해 TV, 신문 등 대중매체를 활용하는 것은 기관에 대한 인지도를 높이고 기부금을 조성하는 데에 도움이 될 수 있다. 또한 문제가 확산되는 것을 방지하거나 정책입안자에게 압력으로 작용될 수 있다는 이점이 있다.

12 (03-07-15) ARS 모금방식은 전화를 걸어 1통화 당 일정액의 후원금이 자동으로 전화요금에 부과되는 방식이다.

13 (02-07-30) 아웃리치는 서비스 이용자들이 스스로 찾아오길 기다리는 것이 아니라 기관이나 담당자들이 적극적으로 클라이언트를 찾아 나서는 시도를 말한다.

기출확인

| 대표기출 확인하기 | 관련기출 더 보기 |

22-07-22　　난이도 ★★☆

사회복지 마케팅 기법에 관한 설명으로 옳지 않은 것은?

① 다이렉트 마케팅은 방송이나 잡지 등 대중매체를 활용하는 방식이다.
② 기업연계 마케팅은 명분마케팅이라고도 한다.
③ 데이터베이스 마케팅은 이용자에 대한 각종 정보를 수집, 분석하여 활용하는 방식이다.
④ 사회 마케팅은 대중에 대한 캠페인 등을 통해 행동변화를 유도하는 방식이다.
⑤ 고객관계관리 마케팅은 개별 고객특성에 맞춘 서비스를 지속적으로 제공하는 방식이다.

 **알짜확인**

• 사회복지조직에서는 기관이나 서비스를 홍보하고, 자원봉사자 모집 및 후원금 모금 등을 위해 세우는 다양한 마케팅 전략들을 살펴보자.

답 ①

✔ 응시생들의 선택

| ① 67% | ② 22% | ③ 3% | ④ 3% | ⑤ 5% |

① 다이렉트 마케팅은 기관의 소식지나 홍보책자 등을 우편으로 발송하는 것이다.

20-07-13　　난이도 ★☆☆

다음에서 설명하는 마케팅 방법은?

> A초등학교의 학부모들이 사회복지사에게 본인들의 자녀와 연령대가 비슷한 아이들을 돕고 싶다고 이야기하였다. 이에 사회복지사들은 월 1회 아동문화체험 프로그램을 기획하여 이들을 후원자로 참여할 수 있도록 요청하였다.

① 사회 마케팅　　　　② 공익연계 마케팅
③ 다이렉트 마케팅　　④ 데이터베이스 마케팅
⑤ 고객관계관리 마케팅

답 ⑤

✔ 응시생들의 선택

| ① 19% | ② 17% | ③ 20% | ④ 8% | ⑤ 36% |

⑤ 고객관계관리 마케팅: 고객의 특성에 맞춘 마케팅

① 사회 마케팅: 금연운동과 같이 특정 행동을 장려
② 공익연계 마케팅: 기업과의 연계를 통한 마케팅
③ 다이렉트 마케팅: DM 발송
④ 데이터베이스 마케팅: 기관 이용자의 정보를 토대로 진행

18-07-18　　난이도 ★☆☆

사회복지관에서 우편으로 잠재적 후원자에게 기관의 현황이나 정보 등을 제공하여 후원자를 개발하는 마케팅 방법은?

① 고객관계 관리 마케팅　② 데이터베이스 마케팅
③ 다이렉트 마케팅　　　④ 소셜 마케팅
⑤ 클라우드 펀딩

답 ③

✔ 응시생들의 선택

| ① 20% | ② 23% | ③ 44% | ④ 8% | ⑤ 5% |

196 기출회독 사회복지행정론

정답훈련

다음 내용이 왜 틀렸는지를 확인해보자

01 기관의 프로그램을 홍보하기 위한 방법으로 <u>가정방문은 적절하지 않다.</u>

> 만약 프로그램의 표적집단이 거동이 불편하거나 정보수집에 취약한 집단인 경우 가정방문을 고려해볼 수 있다.

02 고객관계관리 마케팅은 <u>신규 후원자를 개발하는 데에는 적합하지 않</u>다.

> 고객관계관리 마케팅은 클라이언트의 욕구에 따라 맞춤 서비스를 제공하는 기법으로 신규 후원자를 개발하는 데에도 활용된다.

03 비영리조직의 마케팅은 <u>한 번에 여러 가지를 사용해서는 안 된다.</u>

> 여러 방법을 동시에 사용하는 경우가 더 많다.

빈칸에 들어갈 알맞은 말을 채워보자

`15-07-01`
01 (   ) 마케팅은 고객들이 A기업의 물품을 구입할 경우 A기업이 그 수입의 일정비율을 B복지관에 기부하는 방식이다.

`05-07-19`
02 (   ) 마케팅은 대량으로 우편물을 보내 홍보자료를 배포하는 방식이다.

`03-07-15`
03 (   ) 모금은 전화를 걸면 1통화 당 일정액의 후원금이 자동으로 전화요금에 부과되는 방식이다.

답 **01** 공익연계 **02** 다이렉트(DM) **03** ARS

다음 내용이 옳은지 그른지 판단해보자

12-07-15

01 사회 마케팅은 아동학대 예방 운동과 같이 대중의 행동 변화를 통해 공익을 실현하기 위한 마케팅 기법이다. ◎ ⊗

02-07-30

02 서비스 이용자들이 스스로 찾아오길 기다리는 것이 아니라 기관이나 담당자들이 적극적으로 클라이언트를 찾아나서기 위한 홍보 전략으로 아웃리치를 실시한다. ◎ ⊗

03 사회복지기관은 재정을 확보하고 기업은 브랜드 이미지 상승을 꾀할 수 있는 전략은 고객관계관리 마케팅이다. ◎ ⊗

04 다이렉트 마케팅은 기관을 홍보하고 모금하기 위한 자료로 활용될 뿐 잠재적 클라이언트를 모집하는 데에는 적절하지 않다. ◎ ⊗

답 **01** ○ **02** ○ **03** × **04** ×

해설 **03** 기업연계 마케팅에 해당하는 설명이다.
04 다이렉트 마케팅은 리플렛, 카탈로그 등을 우편 발송하여 소비자에게 직접 접근하는 방식이다. 후원금 모금, 클라이언트 모집 등을 위해 실시한다.

13장

환경관리와 정보관리

이 장에서는

환경의 영향을 받을 수밖에 없는 사회복지조직의 현실적 상황에 대한 이해를 바탕으로 일반환경과 과업환경을 구분하여 살펴보고, 조직이 환경의 영향에 어떻게 대처해야 하는지를 생각해본다. 사회복지 부문에 새로운 이슈가 있거나 정책적 변화가 많이 일어날 때에는 시기적 상황을 반영하여 환경변화의 흐름을 살펴보는 문제도 출제되곤 한다.

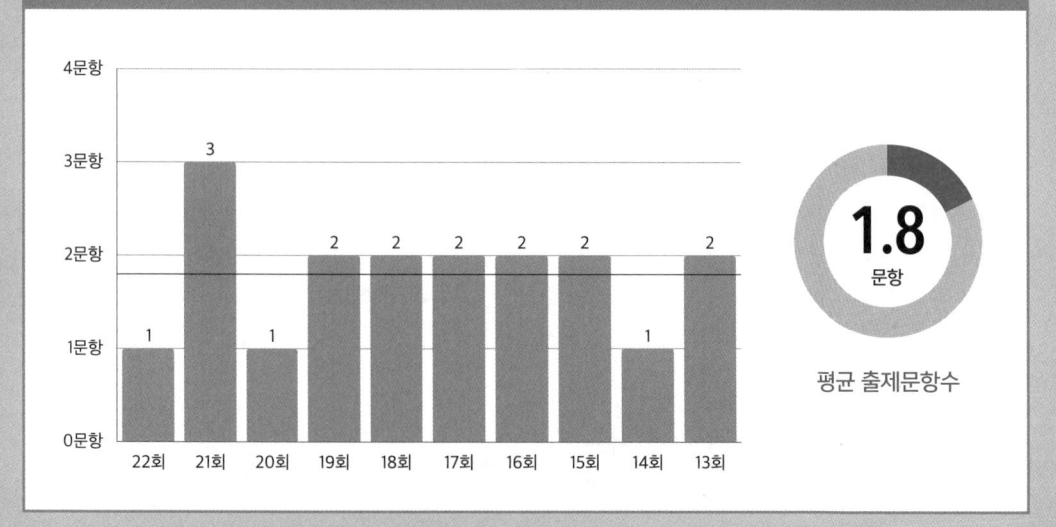

10년간 출제분포도

평균 출제문항수: **1.8** 문항

회차	22회	21회	20회	19회	18회	17회	16회	15회	14회	13회
문항	1	3	1	2	2	2	2	2	1	2

환경변화의 흐름 및 대응

  **이론요약**

최근 경향

- 탈시설화
- 지역사회에 기반을 둔 복지실천
- 소비자 주권주의, 이용자 중심의 서비스
- 품질관리, 성과 등의 강조
- 욕구충족을 넘어 수요충족으로 확대
- 시설의 개방화 및 투명한 운영
- 원조 중심의 서비스에서 자립 및 자활을 강조하는 서비스로 전환
- 사회복지서비스의 **민영화, 시장화**
- 사회적 기업 등 사회복지서비스를 제공하는 다양한 조직형태 출현
- 기업경영론의 확산(조직이론, 리더십론, 마케팅론 등 기업경영을 위해 개발된 이론들의 도입)
- 민간 위탁, 민·관 협력 등 전달체계의 다양화
- 지방분권화에 따라 지역별 현안에 맞는 서비스 제공

기본개념

사회복지행정론
pp.251~

환경관리 전략

- 협동적 전략
  - 계약: 두 조직 간에 지원 혹은 서비스의 교환을 통해 협상된 공식적, 비공식적 합의
  - 연합: 여러 조직들이 사업을 위해 합동하여 자원을 합하는 전략
  - 흡수: 과업환경 내 주요 조직의 대표자들을 조직의 정책수립기구에 참여시키는 전략
- 경쟁적 전략: 다른 조직보다 인적, 물적 자원을 증가시켜 서비스의 질과 절차, 행정절차 등에서 우위를 점할 수 있도록 하는 전략
- 권위주의 전략: 권력을 사용하여 다른 조직의 행동을 이끌고 명령을 내리는 전략
- 방해 전략: 경쟁적 위치에 있는 다른 조직의 활동을 방해하거나 세력을 약화시키는 전략

변화에 대한 수용과 저항

- 과거의 경험을 바탕으로 직원들이 변화에 대해 어떠한 성향을 가지고 있는지를 파악해야 함

- 직원들의 매몰비용이 클수록 변화에 대한 저항이 클 수 있음(※ 매몰비용: 한 번 지출되면 회수할 수 없는 비용으로 직원들의 시간과 노력을 포함)
- 조직이 꾀하는 변화가 현재의 비공식적인 규범과 다를 때 저항이 커질 수 있음
- 기존의 권력 구도나 의사결정 구도가 변화할 경우 저항이 크게 나타날 수 있음
- 변화의 내용이 잘못 알려지거나 잘못 이해될 때에 저항의 가능성이 높아짐

사회복지조직의 혁신

▶ 개념
- 조직혁신: 행정체계를 개선을 통한 **목표지향적, 의도적, 인위적, 계획적 활동**
- 조직혁신을 위해서는 혁신풍토 조성 필요

▶ 사회복지조직의 혁신모델
- 위로부터의 혁신: 변혁적 리더십
- 아래로부터의 혁신: 직원 주도의 조직변화

기출문장 CHECK

01 (22-07-25) 무사안일주의, 비전의 영향력에 대한 과소평가, 비전에 대한 불충분한 의사소통, 변화를 막는 조직구조나 보상체계의 유지 등은 조직혁신의 방해 요인이 된다.

02 (21-07-23) 조직혁신은 목표를 더 효과적으로 달성하기 위한 인위적이고 계획적인 활동이다.

03 (19-07-25) 지방자치단체에서는 주민참여를 활성화하고 있다.

04 (18-07-08) 하센필드의 조직환경 대응전략: 권위주의 전략, 경쟁전략, 협동전략, 방해전략

05 (18-07-14) 사회서비스 공급의 주체로서 영리부문의 참여가 나타나고 있다.

06 (18-07-14) 사회적 경제 기업의 증가에 따라 비영리조직은 시장경쟁력을 강화할 필요성이 대두되고 있다.

07 (17-07-02) 최근 사회복지행정은 지역사회를 중심으로 한 서비스 통합, 민간부문과 공공부문의 협력 강조, 영리기관의 전달체계 참여 증가 등의 양상이 나타나고 있다.

08 (13-07-25) 직원들의 매몰비용이 크면 조직이 혁신과 변화를 시도할 때 저항이 클 수 있다.

09 (08-07-25) 사회복지에서는 이용자 중심주의가 강조됨에 따라 품질관리에 대한 관심도 높아졌다.

10 (07-07-27) 사회복지 환경은 지역중심, 품질관리, 성과, 수요 충족 등에 대한 관심이 증가하고 있다.

11 (03-07-02) 경쟁적 전략은 크리밍(creaming) 현상이나 서비스의 중복 및 누락을 발생시킬 수 있다.

12 (03-07-02) 계약 전략은 서비스 활용에 유리하다.

13 (03-07-02) 정부조직은 권위주의적 전략을 유리하게 사용할 수 있다.

14 (03-07-03) 시설평가가 강화되고 있으며, 지방정부의 책임이 강화되고 있다.

대표기출 확인하기

22-07-25 난이도 ★★★

사회복지조직 혁신의 방해 요인으로 옳지 않은 것은?

① 무사안일주의
② 비전의 영향력을 과소평가
③ 비전에 대한 불충분한 의사소통
④ 핵심리더의 변화노력에 대한 구성원의 공개 지지
⑤ 변화를 막는 조직구조나 보상체계의 유지

▶ 알짜확인

• 환경변화의 흐름을 파악해두고, 사회복지조직이 어떻게 대응해 나가야 하는지를 살펴보자.
• 사회복지조직이 타 조직과의 관계에서 취할 수 있는 다양한 전략들에 대해 알아두자.
• 최근 시험에서 출제되기 시작한 조직혁신은 환경변화에 대한 수동적·소극적 변화가 아닌 개혁적 변화이기 때문에 구성원들의 저항이 크게 나타날 수 있음을 고려해야 하며, 이와 관련하여 매몰비용의 개념도 확인해두기 바란다.

답 ④

✔ 응시생들의 선택

① 1%	② 2%	③ 3%	④ 92%	⑤ 2%

④ 핵심리더의 변화노력에 대한 구성원의 공개 지지는 조직의 혁신에 긍정적 요인이다.

관련기출 더 보기

21-07-23 난이도 ★★★

사회복지조직의 혁신에 관한 설명으로 옳은 것은?

① 변혁적 리더십은 부하 직원의 변화를 필요로 하지 않는다.
② 혁신은 목표를 더 효과적으로 달성하기 위한 인위적이고 계획적인 활동이다.
③ 사회환경 변화와 조직 혁신은 무관하다.
④ 조직 내부환경을 고려하지 않고 변화를 추진할 때 혁신이 성공한다.
⑤ 변혁적 리더십은 조직보다는 개인의 사적 이익을 강조한다.

답 ②

✔ 응시생들의 선택

① 1%	② 92%	③ 3%	④ 1%	⑤ 3%

① 변혁적 리더십은 조직을 변화시키고 개혁하는 과정에서 부하 직원의 신뢰와 지지, 동참을 강조한다.
③ 사회환경의 변화에 맞춰 조직도 변화해야 할 필요가 있다.
④ 조직 내부환경을 고려하지 않고 변화를 추진할 때 혁신은 성공하기 어렵다. 혁신을 이루고자 할 때에는 내부환경에 어떤 문제가 있는지, 변화에 방해가 되는 요소는 무엇인지 등과 함께 조직 구성원들이 변화의 필요성을 인식하고 있는지를 확인해야 한다.
⑤ 변혁적 리더십은 개인의 사적 이익을 넘어 집단의 이익과 목적을 강조한다.

난이도 ★★☆

최근 사회복지조직의 환경변화로 옳은 것을 모두 고른 것은?

ㄱ. 사회복지 공급주체의 다양화
ㄴ. 행정관리능력 향상으로 거주시설 대규모화
ㄷ. 성과에 대한 강조와 마케팅 활성화
ㄹ. 기업의 경영관리 기법 도입

① ㄱ, ㄴ
② ㄱ, ㄷ
③ ㄴ, ㄹ
④ ㄱ, ㄷ, ㄹ
⑤ ㄴ, ㄷ, ㄹ

답 ④

✅ 응시생들의 선택

① 4%	② 11%	③ 2%	④ 81%	⑤ 2%

ㄴ. 대규모의 생활시설 대신 소규모의 그룹홈, 지역사회보호 등이 더 강조되고 있다. 특히 장애인 거주시설은 폐쇄적 운영 및 입소자들에 대한 처우 문제 등이 제기되면서 탈시설화가 추진되고 있다.

난이도 ★★☆

최근 사회복지행정의 환경변화에 관한 설명으로 옳지 않은 것은?

① 사회서비스 공급에서 영리부문의 참여가 감소되고 있다.
② 사회복지조직관리에 기업경영기법이 도입되고 있다.
③ 품질관리를 통한 이용자 중심 서비스가 요구되고 있다.
④ 사회서비스의 시장화 경향성이 뚜렷해지고 있다.
⑤ 서비스 이용자의 권리가 강조되고 있다.

답 ①

✅ 응시생들의 선택

① 77%	② 7%	③ 1%	④ 14%	⑤ 1%

① 공공영역이 충분한 사회서비스를 제공하지 못하는 상황에서 민영화가 촉진되었고, 사회서비스 역시 서비스로서 욕구에 따라 구매할 수 있다는 자유시장 원리 및 이용자의 선택권 강화라는 주장에 힘입어 영리부문의 진출이 활발해지고 있다.

난이도 ★★☆

하센필드(Y. Hasenfeld)가 주장하는 조직환경 대응전략이 아닌 것은?

① 권위주의 전략
② 경쟁전략
③ 협동전략
④ 방해전략
⑤ 전문화 전략

답 ⑤

✅ 응시생들의 선택

① 33%	② 1%	③ 4%	④ 22%	⑤ 40%

다음 내용이 왜 틀렸는지를 확인해보자

01 최근에는 지역복지보다 시설복지가 더 강조되고 있다.

> 지방분권화 이후 지역복지가 더 강조되고 있다.

02 민간 부문은 지방분권화에 따라 지방자치단체와 경쟁해야 한다는 숙제를 떠안았다.

> 지방분권화 이후 민간 부문과 지방자치단체의 연계·협력이 강조되고 있다.

03-07-03
03 최근에는 민간자원동원에 대한 정부의 규제가 강화되고 있다.

> 민간자원동원에 관한 규제는 약화되고 있으며, 오히려 후원이나 자원봉사를 독려하는 추세이다.

07-07-27
04 서비스 제공에 있어 수요 충족보다 욕구 충족이 강조되고 있다.

> 욕구 충족을 넘어 수요 충족에 대한 관심도 증가하고 있다.

17-07-02
05 최근 사회복지행정은 이용시설보다 생활시설 중심의 보호가 강조되는 추세이다.

> 우리나라 사회복지의 발달은 한국전쟁을 겪으며 부모를 잃은 아동들을 위한 생활시설 위주로 발전하다가 최근에는 이용시설, 지역사회복지 중심의 서비스 제공으로 옮겨가고 있다.

18-07-14
06 복지다원주의 패러다임이 등장하면서 국가 주도의 복지 서비스 공급이 강조되고 있다.

> 복지다원주의는 복지 서비스가 국가뿐만 아니라 민간기관, 기업, 자원봉사자 등의 다양한 부문에 의해 다원적으로 공급됨을 의미한다. 즉 복지다원주의 패러다임의 등장으로 국가의 역할 외에 다양한 부문의 역할 확대가 강조되고 있다.

07 권위주의적 전략은 <u>정부조직에서는 사용하면 안 되는 전략</u>이다.

권위주의 전략은 조직이 보유한 자원을 토대로 다른 조직과의 관계에서 우위를 점해 명령을 내리는 방식이 된다. 이로 인해 정부조직과 같이 충분한 자원과 권위를 가진 조직에서 활용할 수 있는 전략이다.

`03-07-02`

08 방해 전략은 <u>사회복지조직에 가장 적합한 전략</u>이다.

방해 전략은 말 그대로 다른 조직의 활동을 방해하거나 다른 조직이 가진 힘을 약화시키는 전략이다. 이에 대한 윤리적 혹은 법적 문제가 발생할 수 있으므로 주의가 필요한 전략이다.

09 협동적 전략 중 하나로 두 조직 간에 지원이나 서비스의 교환을 통해 이루어지는 전략은 **연합 전략**이다.

계약 전략에 해당한다. 연합 전략은 여러 조직들이 사업의 진행을 위해 자원을 합하는 전략이다.

10 사회복지조직이 다른 조직과 <u>**협력을 추진할 때 크리밍 현상**</u>이 나타날 수 있다.

크리밍 현상은 조직이 성공 가능성이 낮은 클라이언트를 거부하거나 반대로 성공 가능성이 높은 클라이언트를 선별적으로 받아들이려는 현상을 말한다. 조직이 다른 조직과의 관계에서 경쟁에 놓여있을 때 크리밍 현상이 발생할 위험이 높아진다.

11 환경변화에 따른 조직의 변화에 있어 구성원들의 <u>**비공식적 규범을 살펴볼 필요는 없다.**</u>

비공식적 규범은 구성원들 사이에 암묵적으로 형성된 규칙, 관행으로 조직의 의사소통 방식이나 조직문화에 영향을 미친다. 따라서 조직의 변화를 꾀할 때에는 이러한 비공식적 규범들을 살펴보는 것도 필요하다.

다음 내용이 옳은지 그른지 판단해보자

17-07-02

01 최근 한국 사회복지행정은 지역사회 중심의 서비스 통합이 강조되고 있다. ◎ⓧ

02 한국의 사회복지 부문에서는 영리기관의 참여를 인정하지 않고 있다. ◎ⓧ

18-07-14

03 한국 사회복지행정은 지역사회보장협의체를 통해 민·관 협력체계를 구축하고 있다. ◎ⓧ

04 정보통신기술의 발달에 영향을 받아 사회복지 부문에서도 정보관리시스템 구축, 인터넷 플랫폼을 통한 홍보, 빅데이터 활용 등에 대한 관심이 높아지고 있다. ◎ⓧ

05 읍·면·동 단위에 행정복지센터가 설치되면서 민간기관의 사업영역이 축소되고 있다. ◎ⓧ

06 최근 한국에서는 행정비용 감소 및 서비스 제공에 있어서의 형평성·효율성 등이 강조됨에 따라 대규모 거주시설의 확대에 대한 요구가 커지고 있다. ◎ⓧ

답 01○ 02✕ 03○ 04○ 05✕ 06✕

해설 02 우리나라 사회복지 부문에서도 영리기관의 전달체계 참여가 증가하고 있다.
05 행정복지센터가 민간기관이 해오던 사업을 대신하기 위해 설치된 것은 아니므로 틀린 설명이다.
06 시설운영의 투명성, 이용자 인권, 지역사회보호 등이 강조되면서 탈시설화에 대한 요구가 커지고 있다.

222 일반환경과 과업환경

강의 QR코드

| 1회독 | 2회독 | 3회독 |
| 월 일 | 월 일 | 월 일 |

최근 10년간 **4문항** 출제

이론요약

조직을 둘러싼 환경은 일반환경과 과업환경으로 구분해볼 수 있는데, 이 구분은 어떤 조직, 어떤 상황에서 동일하게 적용되는 절대적 구분은 아니다. 다시 말해 어떤 조직에서는 과업환경이던 것이 어떤 조직에서는 일반환경이 될 수 있다는 것이다.

기본개념
사회복지행정론
pp.248~

일반환경

• 정치적 · 법적 조건, 경제적 조건, 인구사회학적 조건, 문화적 조건, 기술적 조건 등
• 일반환경은 조직에게 주어진 조건이기 때문에 조직이 일반환경에 큰 영향을 주거나 변화시키기는 어렵다.

과업환경

• **재정지원 제공자**: 정부, 보건복지부, 공적/사적 사회단체, 외국 민간단체, 개인 등
• **합법성과 권위 제공자**: 사회복지사업법, 보건복지부, 시 · 도청, 시 · 군 · 구청, 한국사회복지협의회, 한국사회복지사협회
• **클라이언트의 제공자**: 서비스를 제공받는 개인, 가족, 클라이언트를 의뢰하는 타조직, 집단 · 개인 등 으로 학교, 경찰, 청소년단체, 교회, 사회복지관 등
• **보충적 서비스의 제공자**: 타 기관들과의 공식 · 비공식적 협조체계
• **조직이 산출한 것을 소비 · 인수하는 자**: 클라이언트, 가족 등 클라이언트와 관계된 자, 교정기관, 아동복지시설, 학교 등
• **경쟁조직들**: 클라이언트나 다른 자원들을 놓고 경쟁

01 (19-07-08) 사회인구적 특성은 사회문제와 밀접한 관계가 있다.

02 (19-07-08) 과학기술의 발전은 사회복지기관의 서비스에도 영향을 미친다.

03 (19-07-08) 경제적 상황은 서비스 수요에 영향을 미친다.

04 (19-07-08) 법적 규제가 많을수록 서비스에 대한 클라이언트의 접근이 제한된다.

05 (16-07-03) 조직환경은 조직과 상호작용하는 외부요소를 총칭한다.

06 (16-07-03) 경제적 조건은 조직의 재정적 기반 마련과 관련이 있다.

07 (16-07-03) 조직 간의 의뢰·협력체계는 보충적 서비스 제공 역할을 한다.

08 (16-07-03) 법적 조건은 조직의 활동을 인가하는 기준이 된다.

09 (15-07-14) 클라이언트, 재정자원 제공자, 보충적 서비스 제공자, 경쟁조직 등은 과업환경이 된다.

10 (11-07-03) 사회복지조직은 외부환경에 의존적이다.

11 (11-07-03) 사회복지조직이 직접 상호작용하는 외부 집단들을 과업환경(task environment)이라 한다.

12 (11-07-03) 시장 상황에서 활동하는 사회복지조직은 경쟁조직을 중요한 환경요소로 다룬다.

13 (11-07-03) 사회복지사업법은 사회복지조직의 정당성과 권위를 제공하는 외부환경 중 하나이다.

14 (07-07-24) 공동모금회, 주민, 정부, 사회복지재단 등은 과업환경 중 재정자원의 제공자에 해당한다.

15 (05-07-07) 클라이언트 제공자, 경쟁조직, 보충적 서비스 제공자, 재원과 합법성의 제공자 등은 사회복지조직의 과업환경이 된다.

16 (02-07-04) 클라이언트 제공자, 재정자원 제공자, 경쟁조직 등은 과업환경에 해당하며, 법·제도적 규범은 일반환경에 해당한다.

대표기출 확인하기

19-07-08 난이도 ★★☆

사회복지조직의 환경에 관한 설명으로 옳지 않은 것은?

① 다른 기관과의 경쟁은 고려하지 않는다.
② 과학기술의 발전은 사회복지기관의 서비스에도 영향을 미친다.
③ 사회인구적 특성은 사회문제와 밀접한 관계가 있다.
④ 경제적 상황은 서비스 수요에 영향을 미친다.
⑤ 법적 규제가 많을수록 서비스에 대한 클라이언트의 접근이 제한된다.

 알짜확인

- 환경 요소를 일반환경과 과업환경으로 구분하여 각각의 특징을 살펴보도록 하자. 과업환경은 조직과 직접적인 영향을 주고받으며, 일반환경은 조직이 변화시키기거나 영향을 미치기 어렵다는 점에 대해 이해해두어야 한다.
- 과업환경의 요소들에 대해서도 자세히 봐둘 필요가 있다. 어떤 체계가 어떤 요소에 해당하는지를 파악할 수 있어야 하며, 이와 함께 자원을 제공받는 환경체계뿐만 아니라 경쟁하게 되는 환경체계도 과업환경에 포함된다는 점을 유의하기 바란다.

답 ①

✔ 응시생들의 선택

① 94%	② 1%	③ 0%	④ 1%	⑤ 4%

① 사회복지조직은 이용자 모집뿐만 아니라 후원금이나 자원봉사자 모집에 있어서도 다른 기관과 경쟁에 놓이게 된다.

관련기출 더 보기

17-07-08 난이도 ★★☆

사회복지조직의 환경에 관한 설명으로 옳은 것을 모두 고른 것은?

> ㄱ. 인구사회학적 조건은 사회문제와 욕구를 가늠할 수 있게 한다.
> ㄴ. 빈곤이나 실업에 대한 사람들의 태도는 정책 수립과 실행에 영향을 미친다.
> ㄷ. 과학기술 발전정도는 사회복지조직 운영에 영향을 미친다.
> ㄹ. 조직에 미치는 영향에 따라 일반환경과 과업환경으로 구분할 수 있다.

① ㄷ, ㄹ
② ㄱ, ㄴ, ㄷ
③ ㄱ, ㄴ, ㄹ
④ ㄴ, ㄷ, ㄹ
⑤ ㄱ, ㄴ, ㄷ, ㄹ

답 ⑤

✔ 응시생들의 선택

① 1%	② 12%	③ 13%	④ 10%	⑤ 64%

ㄱ. 지역사회의 인구사회학적 조건을 통해 문제와 욕구를 가늠해볼 수 있다. 이를 테면 지역사회에 노인인구가 급증한다면 이에 관련한 사회문제와 욕구가 증가할 수 있음을 예상할 수 있다.
ㄴ. 지역주민들이 빈곤이나 실업에 관하여 어떤 관점을 갖고 있는지는 정책 수립과 실행에 영향을 미친다. 이 때문에 설문조사나 포럼, 인터뷰 등을 통해 주민들의 의견을 파악한다.
ㄷ. 대표적인 예를 들면, 컴퓨터의 발달이 사회복지조직의 운영체계나 정보관리체계에 변화를 가져왔다.
ㄹ. 지역사회의 인구사회적 조건, 법적 조건, 경제적 조건 등의 일반환경은 조직에 주어지는 환경으로 조직이 변화시키기는 어렵다. 과업환경은 조직과 상호간에 영향을 주고받을 수 있는 요소들이다.

사회복지 조직환경에 관한 설명으로 옳지 않은 것은?

① 조직과 상호작용하는 외부요소를 총칭한다.
② 경제적 조건은 조직의 재정적 기반 마련과 관련이 있다.
③ 조직 간의 의뢰·협력체계는 보충적 서비스 제공 역할을 한다.
④ 법적 조건은 조직의 활동을 인가하는 기준이 된다.
⑤ 정치적 조건은 과업환경으로서 규제를 통해 사회적 기반을 형성한다.

답 ⑤

✔ 응시생들의 선택

① 12%	② 3%	③ 16%	④ 18%	⑤ 51%

⑤ 정치적 조건은 일반환경에 해당한다.

사회복지조직의 과업환경에 해당하지 않는 것은?

① 클라이언트
② 재정자원 제공자
③ 보충적 서비스 제공자
④ 문화적 조건
⑤ 경쟁조직

답 ④

✔ 응시생들의 선택

① 11%	② 2%	③ 8%	④ 53%	⑤ 26%

④ 경제적, 인구통계적, 문화적, 정치적, 법적, 기술적 조건들은 일반환경에 해당한다.

우리나라 사회복지조직의 과업환경으로 볼 수 없는 것은?

① 정부의 재정보조금
② 자원을 놓고 경쟁하는 조직
③ 한국사회복지협의회, 한국사회복지사협회
④ 학교, 경찰, 청소년단체, 교회
⑤ 1인당 GDP, 실업률, 헌법 제34조

답 ⑤

✔ 응시생들의 선택

① 7%	② 21%	③ 10%	④ 21%	⑤ 41%

⑤는 일반환경 요소이다.

우리나라의 사회복지관의 과업환경 구성요소가 바르게 연결된 것은?

ㄱ. 합법성과 권위의 제공자 – 한국사회복지협의회
ㄴ. 클라이언트 제공자 – 서비스를 받는 개인
ㄷ. 보충적 서비스 제공자 – 지역사회 내외의 전문복지기관
ㄹ. 재정자원 제공자 – 보건복지부, 후원자, 법인 전입금

① ㄱ, ㄴ, ㄷ　　　　② ㄱ, ㄷ
③ ㄴ, ㄹ　　　　④ ㄹ
⑤ ㄱ, ㄴ, ㄷ, ㄹ

답 ⑤

✔ 응시생들의 선택

① 15%	② 19%	③ 27%	④ 8%	⑤ 31%

다음 내용이 왜 틀렸는지를 확인해보자

01 사회복지조직에 있어 사회복지사업법은 <u>조직의 정당성과 권위를 제공하는 일반환경</u>이다.

> 사회복지조직에 있어 사회복지사업법은 조직의 정당성과 권위를 제공하는 과업환경이다.

02 경제불황, 인구분포의 변화 등과 같은 <u>지역사회의 상황적 조건들은 과업환경</u>으로서 지역주민의 욕구에 영향을 미친다.

> 과업환경이 아닌 일반환경에 해당한다.

16-07-03

03 사회복지조직을 둘러싼 환경 중 <u>정치적 조건은 과업환경</u>으로서 규제를 통해 사회적 기반을 형성한다.

> 정치적 조건은 일반환경에 해당한다.

04 경쟁하는 조직은 과업환경으로, <u>연계 · 협력하는 조직은 일반환경</u>으로 분류할 수 있다.

> 경쟁하는 조직과 연계 · 협력하는 조직 모두 과업환경의 유형이다.

다음 내용이 옳은지 그른지 판단해보자

01 일반환경은 사회복지조직이 변화시킬 수 있는 외부환경이다. ◎ⓧ

16-07-03
02 사회복지조직의 외부환경 중 경제적 조건은 조직의 재정적 기반 마련과 관련이 있다. ◎ⓧ

04-07-08
03 사회복지조직에 영향을 미치는 인구사회학적 요인, 법적 · 정치적 요인, 클라이언트 제공자 등은 일반환경에 해당한다. ◎ⓧ

04 경쟁조직이 클라이언트 제공자나 재정자원 제공자가 될 수는 없다. ◎ⓧ

19-07-08
05 사회복지조직은 다른 기관과의 경쟁을 고려하지 않는다. ◎ⓧ

(답) **01** ✕ **02** ○ **03** ✕ **04** ✕ **05** ✕

(해설) **01** 조직의 입장에서 일반환경은 주어진 조건이기 때문에 조직이 일반환경을 변화시키기는 어렵다.
03 클라이언트 제공자는 과업환경에 해당한다.
04 경쟁조직은 클라이언트나 자원을 놓고 경쟁하게 되는 조직들을 말하는데, 보통 대상 집단이나 제공하는 서비스가 유사한 시설들이 경쟁조직이 된다. 한편 이러한 시설들은 연계나 의뢰를 통해 클라이언트 제공자가 되기도 하며, 상호간에 필요한 설비를 빌려 쓰거나 작업공간을 공유하는 방식 등으로 재정자원 제공자가 되기도 한다.
05 사회복지조직은 이용자 모집, 후원금이나 자원봉사자 모집 등에 있어 다른 기관과의 경쟁에 놓이게 되며, 이러한 경쟁 조직들은 과업환경의 한 요소이다.

사회복지조직의 정보관리

강의 QR코드

1회독 월 일 　**2회독** 월 일 　**3회독** 월 일

최근 10년간 **3문항** 출제

복습 1 이론요약

정보관리의 의의 및 필요성

- 서비스의 통합적 제공을 위한 **정보 공유**가 용이해짐
- 산재된 **정보의 체계적 관리**
- 성과관리
- **불필요한 행정업무 감소**로 업무효율 상승
- 기관의 책임성 확보를 위한 노력

기본개념

사회복지행정론
pp.258~

정보관리에서 고려할 사항

- **모든 정보가 전산화되어야 하는 것은 아님**
- 전산화에 따른 **개인정보 유출 문제**
- **정보관리 프로그램에서 제시한 문제해결 방법이 갖는 한계 인식**
- 시스템의 관리 및 유지를 위한 지속적인 노력
- 복지정보체계 구축 시 고려사항
  - 강력한 리더십
  - 정보화 사업과 행정개혁의 연계
  - 직무분석, 직무재설계
  - 정보 공유 마인드

정보관리시스템(MIS)의 정의

공식적인 전산화를 통해 정보를 경영활동에 다양하게 활용할 수 있도록 구축한 종합적인 체계

정보관리시스템의 분류

- 자료처리응용단계: 월급명세서 자동처리, 이용자 명부관리, 영수증 자동발급 등 반복 사무처리
- 관리정보체계단계: 정형화된 구조에 따라 다양한 자료들을 수집, 저장, 처리하여 유용한 정보로 전환
- 지식기반시스템
  - 자료, 정보, 지식의 구조 그 이상의 의미로 복잡하고 어려운 처리 기술 요구
  - 전문가 시스템, 사례기반추론 시스템, 자연음성처리 시스템

- 의사결정지원 시스템: 효과성과 의사결정의 특성을 탐구하는 것
- 업무수행지원시스템: 현장에서의 업무수행능력을 향상시키기 위해 개발된 통합적인 정보제공시스템

정보관리체계 설계를 위한 정보 유형

- 지역사회 정보: 인구통계학적 정보, 사회적·경제적 특성에 관한 자료 등
- 클라이언트 정보: 클라이언트의 현존 문제, 서비스 수혜 유형, 서비스 기간, 기타 인적 사항 등
- 서비스 정보: 기관의 서비스 단위, 서비스를 이용하는 클라이언트 수, 서비스 활동들에 대한 설명 등
- 직원 정보: 사업수행에 참여한 시간, 도움을 준 클라이언트 수, 서비스 제공의 양 등
- 자원할당 정보: 전체비용, 특수한 유형의 서비스 비용, 예산 및 결산보고서를 위해 필요한 자료 등

기출문장 CHECK

01 (21-07-19) 정보화에 따라 조직의 업무효율성을 증대시킬 수 있다.

02 (21-07-19) 정보화에 따라 사회복지행정가가 정보를 체계적으로 다룰 수 있다.

03 (21-07-19) 정보화에 따라 대상자 관리의 정확성, 객관성을 확보할 수 있다.

04 (21-07-19) 정보화로 인해 클라이언트에 대한 사생활침해 가능성이 높아졌다.

05 (14-07-21) 정보관리시스템은 사회복지전문가가 복잡한 의사결정을 쉽게 할 수 있도록 지원한다.

06 (14-07-21) 정보관리시스템 구축을 통해 필요한 정보를 통합·제공하여 업무처리가 향상될 수 있다.

07 (14-07-21) 정보관리시스템에 저장된 사례들을 기반으로 이론을 발전시킬 수 있다.

08 (13-07-21) 정보관리체계는 상시적인 평가와 환류에 도움이 된다.

09 (13-07-21) 정보관리체계를 통해 서비스 질에 대한 모니터링이 수월해질 수 있다.

10 (12-07-10) 지식기반시스템(Knowledge-Based System)은 전문가시스템, 사례기반추론, 자연음성체계 등이 있다.

11 (12-07-13) 지식기반시스템(Knowledge-Based System)을 활용하기 위해서는 상황별·유형별 다양한 정보의 축적이 필요하다.

12 (10-07-19) 포괄적인 의미에서 정보관리체계는 사람·절차·기술의 집합체이다.

13 (07-07-12) 정보관리체계의 도입으로 클라이언트에 대한 정보를 체계적으로 관리할 수 있게 되었다.

14 (07-07-12) 사회복지 정보관리체계의 구축으로 사회복지기관의 효과성이 더욱 증대되었다.

15 (05-07-21) 정보관리를 위해 전산화가 반드시 요구되는 것은 아니다.

16 (05-07-21) 지역사회 정보: 지역사회의 인구통계적 자료 등

17 (05-07-21) 클라이언트 정보: 클라이언트의 개인력, 고용상태 등

18 (05-07-21) 서비스 정보: 서비스를 받은 클라이언트의 수, 구체적인 활동에 관한 내용 등

19 (05-07-21) 직원 정보: 도움을 준 클라이언트의 수, 진행에 참여한 시간, 제공한 서비스의 양 등

20 (04-07-23) 정보관리가 강조됨에 따라 정보처리에 유능한 사람이 선발 및 승진에 유리하게 되었다.

21 (04-07-23) 사회복지조직에서 정보관리시스템의 도입은 업무수행 방법에도 변화를 가져왔다.

대표기출 확인하기

사회복지정보화에 관한 설명으로 옳지 않은 것은?

① 조직의 업무효율성을 증대시킬 수 있다.
② 대상자 관리의 정확성, 객관성을 확보할 수 있다.
③ 클라이언트에 대한 사생활침해 가능성이 높아졌다.
④ 학습조직의 필요성이 감소하였다.
⑤ 사회복지행정가가 정보를 체계적으로 다룰 수 있다.

▶ **알짜확인**

• 사회복지조직에서 정보관리의 필요성 및 전산화를 통한 정보관리에 있어 주의해야 할 점들에 대해 생각해보자.

답 ④

✔ **응시생들의 선택**

① 1%	② 2%	③ 13%	④ 83%	⑤ 1%

④ 실무자들에게 정보시스템에 대한 이해와 활용을 위한 학습이 이루어져야 하기 때문에 사회복지정보화는 학습조직의 필요성을 더욱 강조하게 되었다.

관련기출 더 보기

사회복지 기관의 정보관리에 관한 설명으로 옳지 않은 것은?

① 정보관리의 용도가 의사결정의 질을 높이는 방향으로 확장되고 있다.
② 정보관리를 위해서는 전산화가 필수조건이다.
③ 정보관리 시스템 설계에 현장 서비스 인력의 참여가 중요하다.
④ 정보관리에서 조직 간 수준의 개방성이 강조되고 있다.
⑤ 클라이언트 정보의 통합시스템을 대표하는 예가 트래킹 시스템(tracking system)이다.

답 ②

✔ **응시생들의 선택**

① 10%	② 43%	③ 11%	④ 16%	⑤ 20%

② 전산화를 통해 업무의 효율성을 기할 수 있지만 반드시 전산화를 해야 정보관리가 되는 것은 아니다.

➕ **덧붙임**

간혹 정보관리 자체를 정보의 전산화로 생각하는 수험생들이 있는데, 정보관리가 꼭 전산화된 정보관리를 의미하는 것은 아니다. 많은 정보가 전산화되어 행정 업무를 용이하게 하는 측면이 있지만, 개인정보 유출 등의 문제를 방지하기 위해 정보를 전산화하지 않는 경우도 있다.

다음 내용이 옳은지 그른지 판단해보자

01 정보관리시스템의 도입은 모든 정보를 모든 직원과 공유하는 것을 전제로 한다. ◎ ⊗

07-07-12
02 정보관리체계의 도입으로 인해 클라이언트의 개인정보 유출의 위험이 높아졌다. ◎ ⊗

03 정보관리시스템 도입에 따라 클라이언트를 획일적으로 구분하여 표준화된 서비스를 제공할 수 있 ◎ ⊗
게 되었다.

11-07-11
04 사회복지조직에서의 정보관리를 위해서는 전산화가 필수조건이다. ◎ ⊗

13-07-21
05 사회복지시설의 정보관리시스템 구축은 유관기관 간 서비스 연계에도 도움이 된다. ◎ ⊗

06 우리나라는 사회복지통합관리망 및 사회보장정보시스템 구축으로 공공 사회복지의 정보관리체계 ◎ ⊗
를 도입하였다.

10-07-19
07 관리정보체계(MIS)는 지식기반체계(KBS)를 보완하기 위해 개발되었다. ◎ ⊗

05-07-21
08 클라이언트 정보는 클라이언트의 문제, 서비스 수혜 유형, 서비스 기간 등을 다룬다. ◎ ⊗

09 한국사회복지사 윤리강령에 따라 사회복지사는 사회복지실천에 필요한 정보통신 관련 지식과 기술 ◎ ⊗
을 습득하기 위해 노력해야 한다.

(답) **01** × **02** ○ **03** × **04** × **05** ○ **06** ○ **07** × **08** ○ **09** ○

(해설) **01** 모든 정보가 모든 직원들에게 공유되어야 하는 것은 아니다. 사회복지기관은 클라이언트, 자원봉사자, 후원자 등에 대한 개인정보를
수집하게 되기 때문에 기관마다 공유되는 정보의 내용과 범위, 접근 가능한 직원 등에 대한 제한을 두기도 한다.
03 정보관리시스템의 도입은 정보를 더 효율적으로 활용하여 클라이언트에게 더 효과적이고 적절한 서비스를 제공하기 위한 것이다.
사회복지실천에서는 클라이언트의 개별화가 강조되며, 사회복지행정도 이러한 실천원칙을 바탕으로 하기 때문에 표준화된 서비스
제공을 목적으로 하지 않는다.
04 전산화가 필수조건은 아니다. 정보의 내용이나 성격 등에 따라 전산화하지 않기도 한다.
07 관리정보체계는 보고를 목적으로 다양한 자료들을 수집, 저장, 처리하여 유용한 정보로 전환하는 것이며, 지식기반체계는 의사결정
을 지원하기 위한 것이다. 따라서 관리정보체계가 지식기반체계를 보완하기 위해 개발되었다고 보는 것은 적절하지 않다.

나눔의집 **사회복지사1급**

강의로 복습하는

기출회독

8영역

사회복지법제론

사회복지교육연구센터 편저

사회복지
전문출판 나눔의집

사회복지사1급, 이보다 완벽한 기출문제 분석은 없다!

1회 시험부터 함께해온 도서출판 나눔의집에서는 22회 시험까지의 기출문제를 모두 분석, 그동안 출제된 키워드를 정리하여 키워드별로 복습할 수 있도록 『기출회독』을 마련하였다.

최근 10년간 출제빈도를 중심으로 자주 출제된 키워드는 좀 더 집중력 있게 공부할 수 있도록 '빈출' 표시를 하였으며, 자주 출제되지는 않지만 언제든 출제될 가능성이 있는 키워드도 놓치지 않고 공부할 수 있도록 하였다.

10년간 출제되지 않았더라도 향후 출제가능성이 있다고 판단되거나 다른 키워드와 연계하여 봐둘 필요가 있다고 생각되는 경우에는 본 책에 포함하여 소개하였다.

기출문제를 풀어보는 것으로 그치는 것이 아니라 기출문제를 통해 23회 합격이 가능한 학습이 될 것이다.

키워드별 '3단계 복습'으로 효율적으로 공부하자!

『기출회독』은 키워드별 3단계 복습 과정을 제시하여 1회독만으로도 3회독의 효과를 누릴 수 있도록 구성하였다.

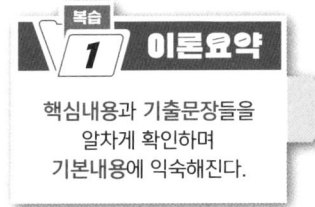

복습 1 이론요약

핵심내용과 기출문장들을 알차게 확인하며 기본내용에 익숙해진다.

복습 2 기출확인

22회 시험까지 출제된 다양한 문제를 통해 기출유형에 익숙해진다.

복습 3 정답훈련

이유확인, 괄호넣기, OX 등 퀴즈 문제를 풀어보며 정답찾기에 익숙해진다.

알림

- 이 책은 '나눔의집'에서 발간한 2025년 23회 대비 『기본개념』(2024년 4월 15일 펴냄)을 바탕으로 한다.
- 8회 이전 기출문제는 공개되지 않은 관계로 당시 응시생들의 기억을 바탕으로 검수 과정을 거쳐 기출문제를 복원하였다.
- <사회복지법제론>을 비롯해 법·제도의 변화와 관련된 기출문제의 경우 현재의 법·제도 내용이 반영될 수 있도록 수정하였다.
- 이 책에서 발생할 수 있는 오류 및 정정사항은 아임패스 내 '정오표' 게시판을 통해 확인할 수 있도록 게시할 예정이다.

■ 빈출

※ 3장 사회복지의 권리성과 4장 국제법과 사회복지는 출제빈도가 낮아 기출회독 키워드에서 제외되었습니다.

들어가기 전에

이 장에서는
각 장마다 학습할 내용을 간략히 소개하였다.

10년간 출제분포도
이 책에서 키워드에 따라 분석한 기출문제 중 10년간 출제문항 수를 그래프로 구성하여 각 장의 출제비중이 얼마나 되는지, 어떻게 변화하고 있는지 등을 확인할 수 있다.

기출 키워드 확인!

이 책은 기출 키워드에 따라 학습하도록 구성하였다. 특히 자주 출제된 키워드나 앞으로도 출제 가능성이 높은 키워드는 따로 '빈출' 표시를 하여 우선 배치하였다. 빈출 키워드는 전체 출제율과 최근 10개년간의 출제율을 중심으로 하되 내용 자체의 어려움, 다른 과목과의 연계성 등을 고려하여 선정하였다.

강의 QR코드
모바일을 통해 해당 키워드의 동영상 강의를 바로 볼 수 있다.

10년간 출제문항수
각 키워드에서 최근 10년간 출제된 문항수를 안내하여 출제빈도를 확인할 수 있도록 하였다.

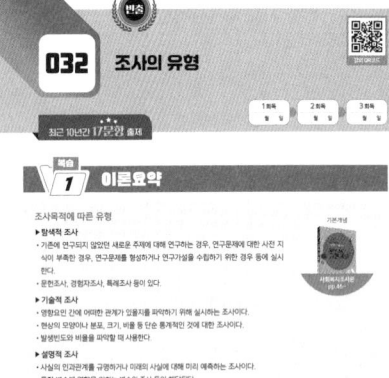

복습 1. 이론요약

요약 내용과 기출문장을 함께 담아 이론을 정답으로 연결하도록 구성하였다.

이론요약
주요 내용을 간략히 정리하였으며 부족한 내용을 보충할 수 있도록 기본개념서의 쪽수를 표시하였다.

기출문장 CHECK
그동안 출제되었던 기출문제의 문장들 중 꼭 알아두어야 할 문장들을 선별하여 제시하였다.

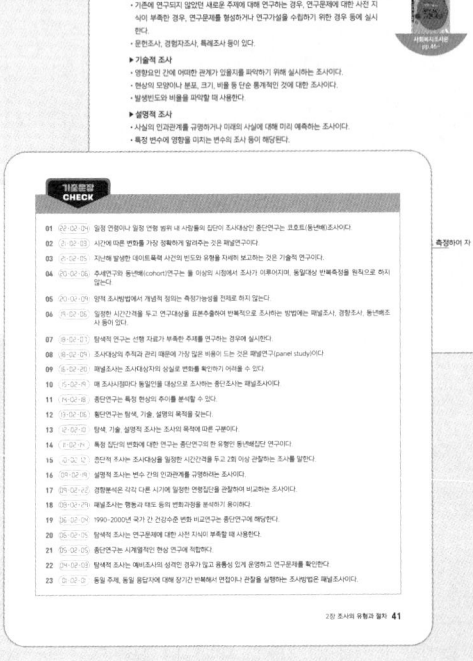

복습 2. 기출확인

바로 기출문제를 풀어보며 학습한 이론을 되짚어보도록 구성하였다.

기출문제 풀기
다양한 유형의 문제를 최대한 접해볼 수 있도록 선정하였다.

알짜확인!
해당 키워드에서 살펴봐야 할 내용들, 주의해야 할 사항들을 짚어 주었다.

난이도
정답률, 내용의 어려움, 출제빈도, 정답의 혼란 정도 등을 고려하여 3단계로 구분하였다.

응시생들의 선택
5개의 선택지에 대한 마킹률을 표시하여 응시생들이 어떤 선택지들을 헷갈려했는지 등을 참고해볼 수 있도록 하였다.

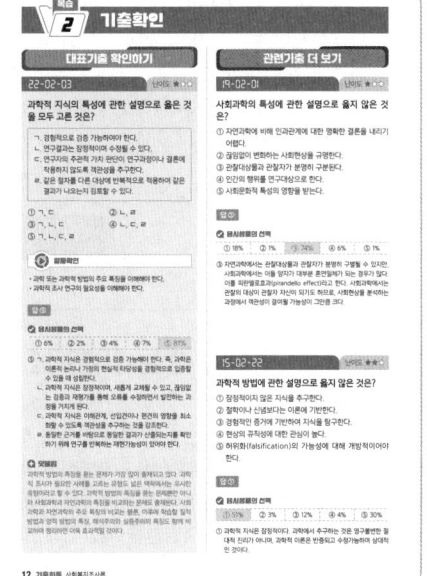

복습 3. 정답훈련

출제빈도와 난이도 등을 고려하여 정답찾기에 능숙해지도록 구성하였다.

이유확인 문제
제시된 문장에서 잘못된 부분을 확인함으로써 헷갈릴 수 있는 부분들을 짚어준다.

괄호넣기 문제
의외로 정답률이 낮게 나타나는 단답형 문제에 대비할 수 있다.

OX 문제
제시된 문장이 옳은 내용인지, 틀린 내용인지를 빠르게 판단해보는 훈련이다.

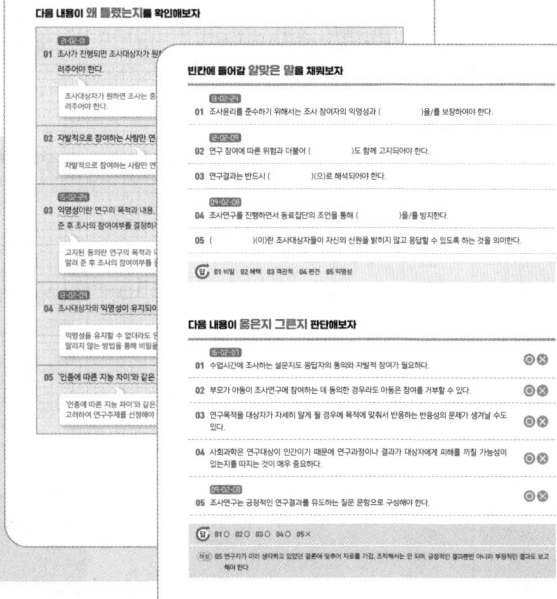

합격을 잡는 학습방법

아임패스와 함께하는 단계별 합격전략

나눔의집의 모든 교재는 강의가 함께한다. 혼자 공부하느라 머리 싸매지 말고, 아임패스를 통해 세공되는 강의와 힘께 기본개념을 이해하고 암기하고 문제풀이 요령을 습득해보자. 또한 아임패스를 통해 선배 합격자들의 합격수기, 학습자료, 과목별 질문 등을 제공하고 있으니 23회 합격을 위해 충분히 활용해보자.

기본개념 학습 과정

강의로 쌓는 기본개념

어떤 유형의, 어떤 난이도의 문제가 출제되더라도 답을 찾기 위해서는 기본적인 개념이 탄탄하게 잡혀있어야 한다. 기본개념서를 통해 2급 취득 후 잊어버리고 있던 개념들을 되살리고, 몰랐던 개념들과 애매했던 개념들을 정확하게 잡아보자. 한 번 봐서는 다 알 수 없고 다 기억할 수도 없지만 이제 1단계, 즉 이제 시작이다. '이렇게 공부해서 될까?'라는 의심 말고 '시작이 반이다'라는 마음으로 자신을 다독여보자.

기본개념 완성을 위한 학습자료

기본개념 강의, 기본쌓기 문제, ○ X 퀴즈, 기출문제, 정오표, 묻고답하기, 지식창고, 보충자료 등을 아임패스를 통해 만나실 수 있습니다.

1단계

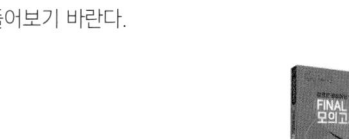

실전대비 과정

강의로 완성하는 FINAL 모의고사 (3회분)

그동안의 학습을 마무리하면서 합격에 대한 확신을 가져보자. 답안카드를 포함하고 있으므로 시험시간에 맞춰 풀어보기 바란다.

강의로 잡는 회차별 기출문제집

학습자가 자체적으로 모의고사처럼 시험시간에 맞춰 풀어볼 것을 추천한다.

4단계

기출문제 번호 보는 법

22 - 01 - 25
기출회차 / 영역 / 문제번호

'기출회차-영역-문제번호'의 순으로 기출문제의 번호 표기를 제시하여 어느 책에서든 쉽게 해당 문제를 찾아볼 수 있도록 하였다.

기출문제 풀이 과정

2단계

강의로 복습하는 기출회독

한 번을 복습하더라도 제대로 된 복습이 되어야 한다는 고민으로 만들어진 책이다. 기출 키워드마다 다음 3단계 과정으로 학습해나간다. 기출회독의 반복훈련을 통해 내 것이 아닌 것 같던 개념들이 내 것이 되어감을 느낄 수 있을 것이다.
1. 기출분석을 통한 이론요약
2. 다양한 유형의 기출문제
3. 정답을 찾아내는 훈련 퀴즈

강의로 잡는 장별 기출문제집

기본개념서의 목차에 따라 편집하여 해당 장의 기출문제를 바로 풀어볼 수 있다.

요약정리 과정

예상문제 풀이 과정

3단계

강의로 끝내는 핵심요약집

8영역을 공부하다 보면 먼저 공부했던 영역은 잊어버리기 일쑤인데, 요약노트를 정리해 두면 어디서 어떤 내용을 공부했는지를 쉽게 찾아볼 수 있다.

강의로 풀이하는 합격예상문제집

내 것이 된 기본개념들로 문제의 답을 찾아보는 시간이다. 합격을 위한 필수문제부터 응용문제까지 다양한 문제를 수록하여 정답을 찾는 응용력을 키울 수 있다.

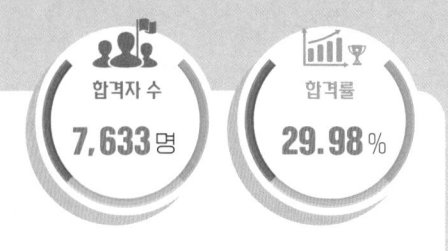

합격자 수 **7,633**명

합격률 **29.98**%

22회 시험 결과

22회 필기시험의 합격률은 지난 21회 40.70%보다 10%가량 떨어진 29.98%로 나타났다. 많은 수험생들이 3교시 과목을 어려워하는데, 이번 22회 시험의 3교시는 순간적으로 답을 찾기에 곤란할 만한 문제들이 더러 포진되어 있었고 그 결과가 합격률에 고르란히 나타난 듯하다. 이번 시험에서 정답논란이 있었던 사회복지정책론 19번 문제는 최종적으로 '전항 정답' 처리되었다.

22회 기출 분석 및 23회 합격 대책

22회 기출 분석

사회복지법제론은 예년의 시험에 비해 난이도가 꽤 높게 출제되었다. 출제영역의 분포에는 큰 변화가 없지만, 다수의 문제에서 기존에 출제되지 않았던 법조항이 출제되었다. 예를 들어 사회복지사업법의 자원봉사활동 지원 · 육성, 국민기초생활보장법의 지역자활센터 사업, 의료급여법의 의료급여심의위원회 등 예년의 시험에서 거의 출제되지 않았던 법조항이 다수의 문제에서 출제되었기 때문에 문제를 접할 때 생소하고 어렵게 느껴졌을 것이다.

23회 합격 대책

최근 사회복지법제론은 법률의 전반적인 내용이 두루 출제되는 경향을 보이고 있으며, 그동안 자주 출제되지 않았던 법조항의 세부적인 내용까지 묻는 문제도 지속적으로 출제되고 있다. 따라서 기초적이면서도 공통적으로 포함되는 영역(용어의 정의, 급여의 종류, 실태조사 등)은 물론, 시행령과 시행규칙에서 언급되는 세부적인 내용도 반드시 살펴봐야 한다. 기존에 자주 출제된 기출 조항에 대한 학습을 탄탄하게 함과 동시에 상대적으로 지엽적이거나 출제되지 않았던 상세한 법조항에 대한 이해도 병행할 필요가 있다.

22회 출제 문항수 및 키워드

장	22회	키워드
1	2	헌법 제10조, 우리나라 사회복지법의 법원
2	1	법률의 제정 연도
3	0	–
4	0	–
5	3	사회보장기본법(사회보장에 관한 국민의 권리, 사회보장제도의 운영, 사회보장위원회 등)
6	2	사회보장급여의 이용 · 제공 및 수급권자 발굴에 관한 법률(지원대상자의 발굴, 급여의 신청, 한국사회보장정보원 등)
7	4	사회복지사업법(사회복지사업 관련 법률, 사회복지법인, 사회복지시설 등)
8	4	국민기초생활보장법(급여의 종류와 방법, 지역자활센터 등), 의료급여법(의료급여증, 의료급여기금, 의료급여심의위원회 등), 기초연금법(기초연금액의 감액, 시효, 수급권 상실 등)
9	5	국민연금법(가입자, 용어의 정의, 사업의 주관 등), 국민건강보험법(가입자, 국민건강종합계획, 자격의 상실 등), 고용보험법(취업촉진 수당, 용어의 정의, 고용보험기금 등), 노인장기요양보험법(용어의 정의, 사업의 관장, 급여의 종류 등)
10	4	노인복지법(노인복지주택, 노인보호전문기관 등), 아동복지법(아동정책조정위원회, 아동위원, 아동정책기본계획 등), 한부모가족지원법(한부모가족의 날, 용어의 정의, 실태조사 등), 사회복지공동모금회법(모금회의 설립 및 사업, 재원과 배분 등)
11	0	–

1장

사회복지법의 개관

법의 일반적 체계, 법원, 사회복지법의 체계, 자치법규, 헌법상의 사회복지법원 등을 다룬다.

10년간 출제분포도

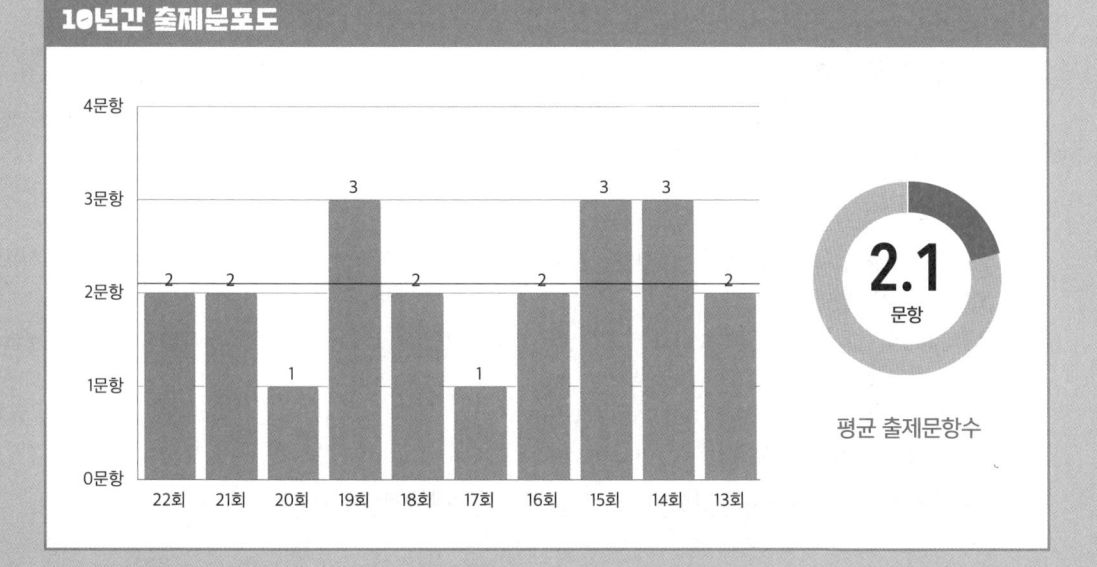

평균 출제문항수

224 법의 체계와 적용

강의 QR코드

1회독	2회독	3회독
월 일	월 일	월 일

최근 10년간 **12문항** 출제

1 이론요약

법원

기본개념

사회복지법제론
pp.22~

▶ 성문법으로서의 법원

- 헌법: **최상위의 법**으로서 헌법의 규정은 사회복지 관련 하위법규의 존립근거이면서 재판의 규범이다.
- 법률: **국회의 의결에 의해 제정**된다.
- 명령(시행령, 시행규칙): 국회의 의결을 거치지 않고 <u>대통령 이하의 행정기관이 제정한 법규</u>이다.
- 자치규규: 조례(지방자치단체가 자치입법권에 의거하여 법령의 범위 안에서 **지방의회의 의결을 거쳐 그 사무에 관하여 제정한 법**)와 규칙(지방자치단체의 장이 법령 또는 조례가 위임한 범위 내에서 <u>그 권한에 속하는 사무에 관하여 정립한 법</u>)을 말한다.
- 국제조약: 국가 간에 맺은 문서에 의한 합의로서 국제기구도 조약을 체결할 수 있다.
- 국제법규: 국제관습과 우리나라가 체결당사자가 아닌 조약으로서 국제사회에 의하여 그 규범성이 일반적으로 승인된 것이다.

▶ 불문법으로서의 법원

- 관습법: 관행이 계속적으로 행해짐에 따라 법으로서의 효력을 가지게 된 경우를 말한다.
- 판례법: 법원이 내리는 판결을 말한다.
- 조리: 사물의 도리, 합리성, 본질적 법칙을 의미한다.

법의 분류방법

- 상위법과 하위법: 우리나라 법체계는 헌법을 정점으로 하여 **법률, 시행령, 시행규칙, 자치법규(조례와 규칙)의 순서**로 위계를 갖고 있다.
- 일반법과 특별법: <u>법의 적용과 효력의 범위가 넓은 법이 일반법이고, 제한된 영역에서 적용되는 법을 특별법</u>이라고 한다.
- 강행법과 임의법: 강행법은 당사자의 의사와 관계없이 적용이 강제되는 법이고, 임의법은 당사자의 의사에 따라 법을 적용할 수도 있고 적용을 배제할 수도 있는 법이다.
- 신법과 구법: **신법은 새로 제정된 법이고, 구법은 신법에 의해 폐지되는 법**을 말한다.

- 실체법과 절차법: 실체법은 법을 실현하고자 하는 그 자체의 법이고, 절차법은 실체법의 실현방법에 관한 법이다. 헌법, 민법, 형법, 상법은 실체법이며, 형사소송법, 민사소송법 등은 절차법에 속한다.

법령 적용과 해석

- 상위법 우선의 원칙: 법형식 간의 위계체계는 헌법, 법률, 명령(대통령령, 총리령·부령), 조례, 규칙 순이 된다. 이 순서에 따라 어느 것이 상위법 또는 하위법인지가 정해지며, 하위법의 내용이 상위법과 저촉되는 경우에는 '상위법 우선의 원칙'을 적용한다.
- 특별법 우선의 원칙: 동등한 법형식 사이에서 어떤 법령이 규정하고 있는 일반적인 사항과 다른 특정의 경우를 한정하거나 특정의 사람 또는 지역을 한정하여 적용하는 법령이 있는 경우에 이 두개의 법령은 일반법과 특별법의 관계에 있다고 하고, 이 경우에는 특별법이 일반법에 우선한다는 것이다.
- 신법 우선의 원칙: 동등한 법형식 사이에 법령내용이 상호 모순·저촉하는 경우에는 시간적으로 나중에 제정된 것이 먼저 제정된 것보다 우선하는 효력을 가진다는 것이다.

법률의 제정

- 법률을 제·개정하는 '입법권'은 국회의 권한으로 규정되어 있다.
- 법률안을 심의·의결하는 과정은 국회의 고유권한이지만, 법률안을 제출하는 것은 정부도 할 수 있다. 국무회의의 심의를 거쳐서 대통령이 서명하고, 국무총리 및 관계 국무위원이 부서하여 국회에 제출 하면 이후 심의와 의결의 과정을 거치게 된다.
- 법률안이 제출되면 소관 상임위원회에 회부되어 심사를 받고, 심사가 끝나고 본회의에 회부되면 법률안에 대한 심의와 의결이 진행된다. 재적의원 과반수의 출석과 출석의원 과반수의 찬성이 있을 경우 의결된다.
- 본회의에서 의결되면 정부에 이송되어 15일 이내에 대통령이 공포하게 된다. 법률안에 이의가 있으면 대통령은 거부권을 행사하고 재의를 요구할 수 있다. 재의 요구된 법률안은 국회가 재적의원 과반수의 출석과 출석의원 2/3 이상의 찬성으로 전과 같은 의결을 하면 그 법률안은 법률로 확정된다.

법률과 그 하위법령의 일반적 입법원칙

- 대통령은 법률에서 구체적으로 범위를 정하여 위임받은 사항과 법률을 집행하기 위하여 필요한 사항에 관하여 대통령령을 발할 수 있다.
- 국무총리 또는 행정각부의 장은 소관 사무에 관하여 법률이나 대통령령의 위임 또는 직권으로 총리령 또는 부령을 발할 수 있다.
- 헌법에 의해 체결·공포된 조약과 일반적으로 승인된 국제법규는 국내법과 같은 효력을 가진다.
- 지방자치단체는 주민의 복리에 관한 사무를 처리하고 재산을 관리하며, 법령의 범위 안에서 자치에 관한 규정을 제정할 수 있다.

01 (22-08-03) 일반적으로 승인된 국제법규는 사회복지법의 법원에 포함된다.

02 (20-08-02) 성문법에는 헌법, 법률, 명령(시행령, 시행규칙), 자치법규(조례, 규칙), 국제조약 및 국제법규 등이 해당한다.

03 (19-08-02) 헌법, 명령은 사회복지법의 성문법원에 해당한다.

04 (19-08-04) 법률은 국회에서 제정하거나 행정부에서 제출하여 국회의 의결을 거쳐 제정된다.

05 (18-08-03) 법률안은 국무회의의 심의를 거쳐야 한다.

06 (16-08-01) 대통령은 이송된 법률안에 이의가 있을 경우 거부권을 행사할 수 있다.

07 (16-08-02) 시행령은 법률 시행에 필요한 지세한 규정을 내용으로 하는 법규 명령으로 대통령령이 발한다.

08 (15-08-01) 사회복지법은 단일 법전 형식이 아니라 개별법 체계로 구성되어 있다.

09 (15-08-12) 국무총리는 사회복지에 관하여 총리령을 직권으로 제정할 수 있다.

10 (14-08-03) 국회에서 의결된 법률안은 정부에 이송되어 15일 이내에 대통령이 공포한다.

11 (13-08-01) 생존권 보장은 사회복지법의 이념 중 하나이다.

12 (13-08-11) 헌법은 법률에 의해 구체화되기 전에도 사회복지법의 법원(法源)이 될 수 있다.

13 (11-08-01) 사회복지법은 공·사법의 성격이 혼재된 사회법의 영역에 속한다.

14 (11-08-02) 우리나라의 경우 단일의 사회복지법전은 존재하지 않고 여러 개별 법률로 구성되어 있다.

15 (10-08-02) 헌법에 의해 체결·공포된 조약, 대통령령은 사회복지법의 성문법원이 될 수 있다.

16 (10-08-06) 법률을 제정하기 위해서는 반드시 국회의 의결을 거쳐야 한다.

17 (08-08-14) 행정 각부의 장은 소관 사무에 관하여 부령을 발할 수 있다.

18 (06-08-02) 우리나라에서는 관습법을 사실상 인정하고 있다.

19 (05-08-01) 헌법은 모든 법령에 우선하는 상위법이다.

20 (04-08-02) 사회보장기본법은 국회에서 제정한 법률이다.

기출확인

대표기출 확인하기

22-08-03 난이도 ★★☆

우리나라 사회복지법의 법원에 관한 설명으로 옳은 것은?

① 관습법은 사회복지법의 법원이 될 수 없다.
② 법률은 정부의 의결을 거쳐 제정·공포된 법을 말한다.
③ 지방자치단체의 조례는 성문법원이다.
④ 명령은 행정기관이 제정한 법규로 국회의 의결을 거쳐야 한다.
⑤ 일반적으로 승인된 국제법규는 사회복지법의 법원에 포함되지 않는다.

 알짜확인

• 법률의 체계와 분류, 법령의 적용과 해석에 대해 이해해야 한다.
• 법률의 제정 과정을 이해해야 한다.

답 ③

응시생들의 선택

① 8%	② 26%	③ 56%	④ 7%	⑤ 3%

① 관습법이란 사회적으로 사실상의 관행이 계속적이고 일반적으로 행해짐에 따라 법으로서의 효력을 가지는 불문법을 말한다. 관습법은 사회복지법의 법원이 될 수 있다.
② 법률은 국회의 의결을 거쳐 제정·공포된 법을 말한다.
④ 명령이란 국회의 의결을 거치지 않고 대통령 이하의 행정기관이 제정한 법규를 의미한다. 여기에는 대통령령, 총리령, 부령(또는 장관령) 등이 있다.
⑤ 국제법규란 우리나라가 체약국(締約國)이 아니라도 국제 사회에서 대다수의 국가에 의하여 일반적으로 그 규범력이 인정된 것과 국제관습법을 말한다. 일반적으로 승인된 국제법규는 사회복지법의 법원에 포함된다.

덧붙임

사회복지법의 법원, 법체계, 법령 제정과 관련한 문제들이 출제되었다. 법률의 제정 과정, 사회복지법의 법원(성문법, 불문법), 체계(헌법, 법률, 명령, 조례, 규칙), 법의 적용과 해석(상위법 우선의 원칙, 특별법 우선의 원칙, 신법우선의 원칙) 등 사회복지법의 전반적인 사항에 관한 문제가 주로 출제되고 있다.

관련기출 더 보기

20-08-02 난이도 ★★☆

우리나라 사회복지법의 법원에 해당하는 것을 모두 고른 것은?

ㄱ. 대통령령
ㄴ. 조례
ㄷ. 일반적으로 승인된 국제법규
ㄹ. 규칙

① ㄱ
② ㄱ, ㄴ
③ ㄱ, ㄴ, ㄹ
④ ㄴ, ㄷ, ㄹ
⑤ ㄱ, ㄴ, ㄷ, ㄹ

답 ⑤

응시생들의 선택

① 9%	② 7%	③ 24%	④ 7%	⑤ 53%

⑤ 우리나라의 법원은 성문법주의를 채택하고 있다. 성문법에는 헌법, 법률, 명령(시행령, 시행규칙), 자치법규(조례, 규칙), 국제조약 및 국제법규 등이 해당한다.

19-08-04 난이도 ★★☆

우리나라 법체계에 관한 설명으로 옳지 않은 것은?

① 법규범 위계에서 최상위 법규범은 헌법이다.
② 법률은 법규범의 위계에서 헌법 다음 단계의 규범이다.
③ 법률은 국회에서 제정하거나 행정부에서 제출하여 국회의 의결을 거쳐 제정된다.
④ 시행령은 국무총리나 행정각부의 장이 발(發)하는 명령이다.
⑤ 명령에는 시행령과 시행규칙이 있다.

답 ④

응시생들의 선택

① 1%	② 13%	③ 18%	④ 58%	⑤ 10%

④ 시행령은 어떤 법률을 시행하는 데 필요한 규정을 주요 내용으로 하는 명령으로서 대통령이 발하는 명령(대통령령)에 해당한다.

법령의 제정에 관한 헌법의 내용으로 옳은 것은?

① 국무총리는 총리령을 발할 수 없다.
② 지방자치단체의 장은 부령을 발할 수 있다.
③ 정부는 법률안을 제출할 수 없다.
④ 법률안은 국무회의의 심의를 거쳐야 한다.
⑤ 법률은 특별한 규정이 없는 한 공포한 날로부터 90일을 경과함으로써 효력을 발생한다.

답 ④

✅ **응시생들의 선택**

① 2%	② 7%	③ 5%	④ 73%	⑤ 13%

①② 국무총리 또는 행정각부의 장은 소관사무에 관하여 법률이나 대통령령의 위임 또는 직권으로 총리령 또는 부령을 발할 수 있다.
③ 국회의원과 정부는 법률안을 제출할 수 있다.
⑤ 법률은 특별한 규정이 없는 한 공포한 날로부터 20일을 경과함으로써 효력을 발생한다.

사회복지법의 법원(法源)에 관한 설명으로 옳은 것은?

① 대통령의 긴급명령은 법원이 될 수 없다.
② 국무총리는 사회복지에 관하여 총리령을 직권으로 제정할 수 없다.
③ 법률의 위임에 의한 조례는 법률과 동등한 자격을 가진다.
④ 법령의 범위를 벗어난 조례는 법적 구속력이 없다.
⑤ 관습법은 사회복지법의 법원이 될 수 없다.

답 ④

✅ **응시생들의 선택**

① 2%	② 3%	③ 22%	④ 67%	⑤ 6%

① 대통령의 긴급명령은 법원이 될 수 있다.
② 국무총리는 사회복지에 관하여 총리령을 직권으로 제정할 수 있다.
③ 법률의 위임에 의한 조례는 법률과 동등한 자격을 갖지 못한다. 법률이 상위의 자격을 가진다.
⑤ 우리나라 대법원은 관습법을 인정하고 있으며, 사회복지법의 법원이 될 수 있다.

우리나라 사회복지법에 관한 설명으로 옳지 않은 것은?

① 헌법상의 생존권을 구체적으로 실현하기 위한 법이 사회복지법이다.
② 사회복지법은 단일 법전 형식이 아니라 개별법 체계로 구성되어 있다.
③ 최저임금법은 실질적 의미의 사회복지법에 포함된다.
④ 사회복지법은 사회법으로서 과실책임의 원칙에 기초하고 있다.
⑤ 사회복지법에는 공법과 사법의 요소들이 공존하고 있다.

답 ④

✅ **응시생들의 선택**

① 4%	② 4%	③ 13%	④ 77%	⑤ 2%

④ 사회복지법은 사회법으로서 무과실책임의 원칙에 기초하고 있다.

법률의 제정에 관한 헌법의 내용으로 옳지 않은 것은?

① 입법권은 국회에 속한다.
② 국회의원과 정부는 법률안을 제출할 수 있다.
③ 국회에서 의결된 법률안은 정부에 이송되어 15일 이내에 대통령이 공포한다.
④ 법률은 특별한 규정이 없는 한 공포한 날로부터 20일을 경과함으로써 효력을 발생한다.
⑤ 대통령은 법률안을 수정하여 재의 요구할 수 있다.

답 ⑤

✅ **응시생들의 선택**

① 4%	② 8%	③ 24%	④ 36%	⑤ 28%

⑤ 법률을 제·개정하는 입법권은 국회의 권한으로 규정되어 있으며, 법률안을 심의·의결하는 과정은 국회의 고유권한이지만, 제출하는 것은 정부도 할 수 있다. 국회에서 의결된 법률안은 정부에 이송되어 15일 이내에 대통령이 공포하게 된다. 법률안에 이의가 있으면 대통령은 거부권을 행사하고 재의를 요구할 수 있다.

사회복지법의 체계와 적용에 관한 설명으로 옳은 것은?

① 사회보장기본법과 사회복지사업법의 규정이 상충하는 경우에는 사회보장기본법이 우선 적용된다.
② 사회서비스 영역의 법제는 실체법적 규정만 두고 있고 절차법적 규정은 두고 있지 않다.
③ 국민연금법은 공공부조법 영역에 속한다.
④ 구법인 특별법과 신법인 일반법 간에 충돌이 있는 경우에는 구법인 특별법이 우선 적용된다.
⑤ 헌법은 법률에 의해 구체화되기 이전에는 사회복지법의 법원(法源)이 될 수 없다.

답 ④

☑ 응시생들의 선택

① 47%	② 6%	③ 6%	④ 35%	⑤ 7%

① 일반법과 특별법의 관계는 상대적인 것인데, 사회복지사업법은 사회보장기본법에 대해서 특별법적 지위를 갖는다. 따라서 사회보장기본법과 사회복지사업법의 규정이 상충하는 경우에는 특별법 우선의 원칙에 따라 사회복지사업법이 우선 적용된다.
② 권리나 의무 등의 실질적인 사항을 규정하는 것이 실체법이고, 절차법은 실체법상의 권리를 실행하기 위한 법을 의미한다. 사회서비스 영역의 법은 실체법적 규정과 절차법적 규정을 함께 두고 있다.
③ 국민연금법은 사회보험법 영역에 속한다.
⑤ 헌법은 법률에 의해 구체화되기 전에도 사회복지법의 법원(法源)이 될 수 있다.

우리나라의 법령 제정에 관한 설명으로 옳은 것은?

① 시행령은 행정 각부의 장이 발하는 명령이다.
② 법률을 제정하기 위해서는 반드시 국회의 의결을 거쳐야 한다.
③ 대통령은 법률에서 구체적으로 범위를 정하여 위임받은 사항에 대해서만 대통령령을 발할 수 있다.
④ 국무총리는 소관사무에 관하여 법률의 위임 없이 직권으로 총리령을 발할 수 없다.
⑤ 법률안 제출은 국회의원만 할 수 있다.

답 ②

☑ 응시생들의 선택

① 12%	② 66%	③ 15%	④ 6%	⑤ 1%

① 시행령은 대통령이 발할 수 있는 명령이다.
③ 대통령령은 구체적으로 범위를 정하여 위임받은 사항과 법률을 집행하기 위하여 필요한 사항에 관하여 대통령이 발할 수 있는 명령을 말한다.
④ 국무총리는 소관사무에 관하여 법률이나 대통령령의 위임 또는 직권으로 총리령을 발할 수 있는 권한을 가진다.
⑤ 법률안은 국회의원과 정부가 국회에 제출할 수 있다.

사회복지법 체계에 대한 설명 중 옳은 것은?

① 시행령은 부처장관이 제정하는 명령이다.
② 사회보장기본법은 사회보장에 관한 특수한 법률이기 때문에 헌법의 내용에 반드시 부합해야 하는 것은 아니다.
③ 시행규칙은 지방자치단체가 제정하는 법규범이다.
④ 내규, 지침, 고시 등은 법규범이다.
⑤ 고용상 연령차별금지 및 고령자고용촉진에 관한 법률은 노인복지법에 우선하여 적용된다.

답 ⑤

☑ 응시생들의 선택

① 8%	② 13%	③ 6%	④ 25%	⑤ 48%

①③ 시행령은 대통령이 제정하며, 부처 장관은 시행규칙을 제정한다.
② 헌법은 모든 법령에 우선하는 상위법이다.
④ 내규, 지침, 고시 등은 어떤 개별 단체나 조직에서 그 실정에 따라 내부에서만 시행할 목적으로 만든 규정의 일종으로 일반적으로 적용되는 법규범과는 구별된다.

다음 내용이 왜 틀렸는지를 확인해보자

19-08-02

01 헌법, 법률, 명령, 자치법규, 국제조약 및 국제법규 등은 <u>불문법으로서의 법원</u>에 해당한다.

> 헌법, 법률, 명령, 자치법규, 국제조약 및 국제법규 등은 성문법으로서의 법원에 해당한다.

14-08-03

02 법률안에 이의가 있어도 대통령은 거부권을 행사하고 <u>재의를 요구할 수 없다</u>.

> 법률안에 이의가 있으면 대통령은 거부권을 행사하고 재의를 요구할 수 있다.

03 형식적 효력이 동등한 법형식 사이에 법령내용이 상호 모순·저촉하는 경우에는 <u>시간적으로 먼저 제정된 것이 나중에 제정된 것보다 우선</u>하는 효력을 가진다.

> 형식적 효력이 동등한 법형식 사이에 법령내용이 상호 모순·저촉하는 경우에는 시간적으로 나중에 제정된 것이 먼저 제정된 것보다 우선하는 효력을 가진다.

04 <u>법률</u>은 국회의 의결을 거치지 않고 대통령 이하의 행정기관이 제정한 법규를 의미하며, 대통령령, 총리령, 부령 등이 있다.

> 명령은 국회의 의결을 거치지 않고 대통령 이하의 행정기관이 제정한 법규를 의미하며, 대통령령, 총리령, 부령 등이 있다.

11-08-01

05 우리 실정법상 <u>사회보장의 정의규정은 존재하지 아니한다</u>.

> 우리나라는 사회보장기본법 제3조에서 사회보장의 정의를 규정하고 있다.

06 우리나라의 법체계는 <u>헌법 - 법률 - 시행규칙 - 시행령 - 자치법규</u>의 순서로 위계를 갖고 있다.

> 우리나라의 법체계는 헌법 - 법률 - 시행령 - 시행규칙 - 자치법규의 순서로 위계를 갖고 있다.

빈칸에 들어갈 알맞은 말을 채워보자

`16-08-01`

01 국회에서 의결된 법률안은 정부에 이송되어 (   )일 이내에 대통령이 공포한다.

`14-08-03`

02 법률은 특별한 규정이 없는 한 공포한 날로부터 (   )일을 경과함으로써 효력을 발생한다.

`10-08-02`

03 관습법과 조리는 사회복지법의 (   )에 속한다.

04 (   )은/는 당사자의 의사와 관계없이 적용이 강제되는 법이고, 임의법은 당사자의 의사에 따라 법을 적용할 수도 있고 적용을 배제할 수도 있는 법이다.

`05-08-01`

05 시행령은 대통령이 제정하며, 부처 장관은 (   )을/를 제정한다.

`04-08-02`

06 특별법과 일반법으로 분류하자면 사회복지사업법은 장애인복지법에 대하여 (   )(으)로 분류할 수 있다.

07 (   )은/는 모든 법령은 헌법을 정점으로 하나의 단계적 구조를 이루고 있으므로 둘 이상 종류의 법령이 그 내용에 있어서 상호 모순·저촉하는 경우에는 상위법령이 하위법령에 우선한다는 것이다.

08 (   )은/는 법원이 내리는 판결을 법으로 보는 경우이며 대법원의 판례에 의해 형성된다.

답 **01** 15 **02** 20 **03** 불문법 **04** 강행법 **05** 시행규칙 **06** 일반법 **07** 상위법 우선의 원칙 **08** 판례법

다음 내용이 옳은지 그른지 판단해보자

01 15-08-01
사회복지법은 단일 법전 형식으로 구성되어 있다. ⊙ⓧ

02 15-08-12
국무총리는 사회복지에 관하어 총리령을 직권으로 제정할 수 있다. ⊙ⓧ

03 둘 이상 종류의 법령이 그 내용에 있어서 상호 저촉하는 경우에는 상위법령이 하위법령에 우선한다. ⊙ⓧ

04 헌법의 규정은 사회복지 관련 하위법규의 존립근거이면서 동시에 재판의 규범으로서도 의미를 지니고 있다. ⊙ⓧ

05 13-08-11
구법인 특별법과 신법인 일반법 간에 충돌이 있는 경우에는 구법인 특별법이 우선 적용된다. ⊙ⓧ

06 10-08-06
대통령은 법률에서 구체적으로 범위를 정하여 위임받은 사항에 대해서만 대통령령을 발할 수 있다. ⊙ⓧ

07 조리란 사물의 도리, 합리성, 본질적 법칙을 의미한다. ⊙ⓧ

08 법률안을 심의·의결하는 과정은 국회의 고유권한이지만, 법률안을 제출하는 것은 정부도 할 수 있다. ⊙ⓧ

답 **01** ✕ **02** ○ **03** ○ **04** ○ **05** ○ **06** ✕ **07** ○ **08** ○

해설 **01** 사회복지법은 단일 법전 형식이 아니라 개별법 체계로 구성되어 있다.
06 대통령령은 구체적으로 범위를 정하여 위임받은 사항과 법률을 집행하기 위하여 필요한 사항에 관하여 대통령이 발할 수 있는 명령을 말한다.

225 자치법규

1회독	2회독	3회독
월 일	월 일	월 일

 최근 10년간 **4문항** 출제

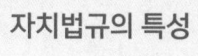
1 이론요약

자치법규의 특성

- 헌법은 지방자치단체에 자치법규의 제정권을 부여하고 있다.
- 지방자치단체는 법률에 의하여 인정된 자치권의 범위 내에서, 즉 법령의 범위 내에서 자기의 사무 또는 주민의 권리, 의무와 자치에 관한 규칙인 자치법규를 제정한다.
- 자치법규에는 조례와 규칙이 있으며, 조례와 규칙에 대한 세부적인 내용은 지방자치법에 규정되어 있다.
- 지방자치단체의 장이 조례·규칙의 제정·개폐 및 공포 등을 하고자 하는 경우에 이를 심의·의결하기 위하여 지방자치단체의 장 소속하에 조례·규칙심의회를 둔다.

기본개념

사회복지법제론
pp.34~

조례

- **지방자치단체가 그 자치입법권에 의거하여 법령의 범위 안에서 지방의회의 의결을 거쳐 그 사무에 관하여 제정한 법**으로서, 조례의 제정과 개폐는 의결기관으로서 지방의회의 권한에 속한다.
- 시·군 및 자치구의 조례나 규칙은 시·도의 조례나 규칙에 위반하여서는 안 된다.
- 특정 분야에 한해서 제정되는 것이 아니라 자치업무의 수행에 필요한 모든 분야를 포함하는 포괄성을 갖고 있다.
- 법령의 범위 내에서만 제정할 수 있도록 함으로써 법질서를 유지하고 법적 일관성을 기하고 있다.
- 자치법규는 원칙적으로 그 지방자치단체의 지방 내에서만 효력을 갖고 있다.

규칙

- **지방자치단체의 장이 법령 또는 조례가 위임한 범위 내에서 그 권한에 속하는 사무에 관하여 정립한 법**이다.
- 규칙제정권은 지방자치단체의 장에게 속한다.
- 일반적으로 조례가 제정되면 조례의 시행에 관하여 필요한 사항을 규칙으로 정하고 있다.

01 (21-08-07) 사회복지시설의 설치 · 운영 및 관리는 주민의 복지증진과 관련된 지방자치단체의 사무이다.

02 (19-08-03) 시 · 군 및 자치구의 조례나 규칙은 시 · 도의 조례나 규칙을 위반하여서는 아니 된다.

03 (14-08-04) 지방자치단체는 법령의 범위 안에서 그 사무에 관하여 조례를 제정할 수 있다.

04 (13-08-10) 법령에 위반한 조례는 효력이 없다.

05 (12-08-14) 아동복지심의위원회의 조직 · 구성 및 운영 등에 필요한 사항은 조례로 정하도록 위임하고 있는 사항이다.

06 (11-08-03) 주민은 복지조례의 제정을 청구할 수 있다.

07 (10-08-04) 조례는 법률이나 명령보다 하위의 법규범이다.

08 (09-08-08) 아동위원에 관하여 필요한 사항은 조례를 필수적으로 제정해야 하는 사항이다.

09 (07-08-24) 조례는 지방자치단체 내에서만 효력이 있다.

10 (06-08-01) 규칙은 법령 또는 조례의 범위 내에서 그 권한에 속하는 사무에 관하여 정립하는 법이다.

11 (05-08-02) 조례는 지방의회에서 정한다.

12 (04-08-06) 시 · 군 · 구에 설치한 종합복지관 운영에 관한 것은 조례를 통해 정해야 한다.

13 (03-08-02) 조례는 법령의 범위 내에서만 유효하다.

대표기출 확인하기

21-08-07
난이도 ★★☆

자치법규에 관한 설명으로 옳지 않은 것은?

① 지방의회는 규칙제정권을 갖고 지방자치단체의 장은 조례제정권을 갖는다.

② 시 · 군 및 자치구의 조례는 시 · 도의 조례를 위반해서는 아니 된다.

③ 사회복지시설의 설치 · 운영 및 관리는 주민의 복지증진과 관련된 지방자치단체의 사무이다.

④ 지방자치단체는 법령의 범위 안에서 자치에 관한 규정을 제정할 수 있다.

⑤ 주민은 지방자치단체의 조례를 제정할 것을 청구할 수 있다.

 알짜확인

• 자치법규인 조례와 규칙의 주요 특징을 파악해야 한다.

답 ①

✔ 응시생들의 선택

① 59%	② 5%	③ 21%	④ 5%	⑤ 10%

① 지방자치법 제28조(조례)에 의하면 지방자치단체(지방의회)는 법령의 범위 안에서 그 사무에 관하여 조례를 제정할 수 있다. 지방자치법 제29조(규칙)에 의하면 지방자치단체의 장은 법령 또는 조례의 범위에서 그 권한에 속하는 사무에 관하여 규칙을 제정할 수 있다. 즉, 지방의회는 조례제정권을 갖고 지방자치단체의 장은 규칙제정권을 갖는다.

➕ 덧붙임

자치법규인 조례와 규칙의 특징, 사회복지법의 개념과 자치법규, 조례로 정하도록 위임하고 있는 사항에 관한 문제가 주로 출제되고 있다. 특히 조례의 주요 특징을 묻는 문제의 경우 사회복지법령 전반에 대한 종합적인 이해가 있어야 해결할 수 있는 문제가 출제되고 있으므로 전반적인 사항을 꼼꼼하게 정리해야 한다.

관련기출 더 보기

19-08-03
난이도 ★☆☆

자치법규에 관한 설명으로 옳지 않은 것은?

① 조례는 지방의회에서 제정하는 자치법규이다.

② 지방자치단체는 법령의 범위와 무관하게 조례를 제정할 수 있다.

③ 규칙은 지방자치단체의 장이 법령이나 조례가 위임한 범위에서 그 권한에 속하는 사무에 관하여 제정할 수 있는 자치법규이다.

④ 시 · 군 및 자치구의 조례나 규칙은 시 · 도의 조례나 규칙을 위반하여서는 아니 된다.

⑤ 조례안이 지방의회에서 의결되면 의장은 의결된 날부터 5일 이내에 그 지방자치단체의 장에게 이를 이송하여야 한다.

답 ②

✔ 응시생들의 선택

① 1%	② 91%	③ 1%	④ 1%	⑤ 6%

② 지방자치단체는 법령의 범위 안에서 그 사무에 관하여 조례를 제정할 수 있다. 다만, 주민의 권리 제한 또는 의무 부과에 관한 사항이나 벌칙을 정할 때에는 법률의 위임이 있어야 한다.

난이도 ★★☆

자치법규인 조례와 규칙에 관한 헌법의 법률의 내용으로 옳은 것을 모두 고른 것은?

> ㄱ. 지방자치단체는 법령의 범위 안에서 그 사무에 관하여 조례를 제정할 수 있다.
> ㄴ. 지방자치단체는 법령의 범위 안에서 자치에 관한 규정을 제정할 수 있다.
> ㄷ. 시·군 및 자치구의 조례는 시·도의 조례를 위반하여서는 아니 된다.
> ㄹ. 조례에서 주민의 권리 제한에 관한 사항을 정할 때에는 법률의 위임이 있어야 힌다.

① ㄱ, ㄴ, ㄷ   ② ㄱ, ㄷ
③ ㄴ, ㄹ   ④ ㄹ
⑤ ㄱ, ㄴ, ㄷ, ㄹ

답 ⑤

✔ 응시생들의 선택

① 21%	② 9%	③ 8%	④ 2%	⑤ 60%

⑤ 모두 옳은 내용이다.

난이도 ★★★

사회복지조례에 관한 설명으로 옳은 것은?

① 사회복지조례는 국가에 대해서 법적 구속력을 가진다.
② 위법한 사회복지조례에 대해서는 취소소송으로 다툴 수 있는 것이 원칙이다.
③ 사회복지조례는 주민의 조례제정·개폐청구권의 대상이 될 수 없다.
④ 사회복지사무의 집행을 위해 지방자치단체의 장이 제정하는 규칙은 사회복지조례와 동등한 효력을 갖는다.
⑤ 법령에 위반한 조례는 효력이 없다.

답 ⑤

✔ 응시생들의 선택

① 5%	② 4%	③ 3%	④ 51%	⑤ 37%

① 사회복지조례는 지방자치단체의 지방 내에서만 효력을 갖는다.
② 취소소송의 대상이 될 수 있는 것은 행정청이 행하는 구체적 사실에 관한 법집행으로서의 공권력의 행사 또는 그 거부와 그 밖에 이에 준하는 행정작용(처분) 및 행정심판에 대한 재결 등이다. 조례와 규칙 등은 취소소송의 대상이 될 수 없다.
③ 사회복지조례는 조례제정·개폐청구권의 대상이 될 수 있다.
④ 조례는 자치단체 전체에 효력이 미치지만 규칙이나 규정은 자치단체 내부에만 효력이 미친다. 조례와 규칙상호 간의 효력은 조례가 우선한다고 보는 것이 타당하다.

난이도 ★★★

사회복지 자치법규에 관한 설명으로 옳지 않은 것은?

① 자치법규로는 조례와 규칙을 들 수 있다.
② 대외적 구속력 있는 법규범에 해당한다.
③ 법체계상 지방자치단체장의 전속권한에 속하는 것으로서 규칙으로 정하여야 하는 사항을 조례로 정하더라도 위법은 아니다.
④ 주민은 복지조례의 제정을 청구할 수 있다.
⑤ 원칙적으로 상위법령의 위임이 없더라도 사회복지에 관한 수익적인 조례를 제정할 수 있다.

답 ③

✔ 응시생들의 선택

① 1%	② 35%	③ 23%	④ 4%	⑤ 36%

③ 조례란 지방자치단체가 자치입법권에 의거하여 법령의 범위 안에서 지방의회의 의결을 거쳐 그 사무에 관하여 제정한 법이다. 조례의 제정과 개폐는 의결기관으로서 지방의회의 권한에 속한다. 규칙은 지방자치단체의 장이 법령 또는 조례가 위임한 범위 내에서 그 권한에 속하는 사무에 관하여 정립한 법이다. 따라서 규칙으로 정해야 하는 사항을 조례로 정하는 것은 위법에 해당할 수 있다.

난이도 ★★☆

자치법규에 관한 설명으로 옳지 않은 것은?

① 조례는 법률이나 명령보다 하위의 법규범이다.
② 주민의 권리 제한 또는 의무 부과에 관한 사항을 정할 때는 법률의 위임 없이 조례를 제정할 수 있다.
③ 조례는 지방의회가 제정한다.
④ 관련 법령에 따라 일정한 요건을 충족한 주민은 조례를 제정·개정·폐지할 것을 청구할 수 있다.
⑤ 지방자치단체는 법령의 범위 안에서 자치에 관한 규정을 제정할 수 있다.

답 ②

✔ 응시생들의 선택

① 3%	② 61%	③ 6%	④ 23%	⑤ 7%

② 주민의 권리 제한 또는 의무 부과에 관한 사항이나 벌칙을 정할 때에는 법률의 위임이 있어야 한다.

다음 내용이 왜 틀렸는지를 확인해보자

01 조례의 제정과 개폐는 의결기관으로서 **국회의 권한**에 속한다.

> 조례의 제정과 개폐는 의결기관으로서 지방의회의 권한에 속한다.

13-08-10

02 사회복지조례는 **국가에 대해서 법적 구속력을 가진다.**

> 사회복지조례는 지방자치단체의 지방 내에서만 효력을 갖는다.

12-08-14

03 장애인에게 공공시설 안의 매점이나 자동판매기 운영을 우선적으로 위탁하는 데 필요한 사항은 조례로 정한다.

> 해당 내용은 조례가 아닌 장애인복지법 제42조에서 규정하고 있다.

04 조례·규칙의 제정·개폐 및 공포 등을 하고자 하는 경우에 이를 심의·의결하기 위하여 **국무총리 소속**하에 조례·규칙심의회를 둔다.

> 조례·규칙의 제정·개폐 및 공포 등을 하고자 하는 경우에 이를 심의·의결하기 위하여 지방자치단체의 장 소속하에 조례·규칙심의회를 둔다.

10-08-04

05 주민의 권리 제한 또는 의무 부과에 관한 사항을 정할 때는 **법률의 위임 없이 조례를 제정**할 수 있다.

> 주민의 권리 제한 또는 의무 부과에 관한 사항이나 벌칙을 정할 때에는 법률의 위임이 있어야 한다.

06 조례와 규칙에 대한 세부적인 내용은 **사회복지사업법에 규정**되어 있다.

> 조례와 규칙에 대한 세부적인 내용은 지방자치법에 규정되어 있다.

빈칸에 들어갈 알맞은 말을 채워보자

21-08-07

01 지방자치단체는 법령의 범위 내에서 자기의 사무 또는 주민의 권리-의무와 자치에 관한 규정인 (   ) 을/를 제정한다.

02 조례는 (   ) 특성을 갖고 있으므로 시·군 및 자치구의 조례나 규칙은 시·도의 조례나 규칙에 위반하여서는 아니 된다.

11-08-03

03 사회복지 자치법규는 (   )이 있는 법규범에 해당한다.

06-08-01

04 (   )은/는 법령 또는 조례의 범위 내에서 그 권한에 속하는 사무에 관하여 정립하는 법이다.

답 **01** 자치법규 **02** 위계적 **03** 대외적 구속력 **04** 규칙

다음 내용이 옳은지 그른지 판단해보자

19-08-03

01 지방자치단체는 법령의 범위와 무관하게 조례를 제정할 수 있다. ⊙⊗

02 지방의회는 조례의 제·개정 및 폐지뿐만 아니라 예산의 심의·확정, 결산의 승인 등과 기타 법령에 의하여 그 권한에 속하는 사항을 의결한다. ⊙⊗

13-08-10

03 사회복지조례는 주민의 조례제정·개폐청구권의 대상이 될 수 없다. ⊙⊗

04 일반적으로 조례가 제정되면 조례의 시행에 관하여 필요한 사항을 규칙으로 정하고 있다. ⊙⊗

05 사회복지조례는 지방자치단체들이 사회복지사업을 수행함에 있어 민주성과 능률성을 도모할 수 있도록 하기 위한 내용을 포함하고 있다. ⊙⊗

답 **01** ✕ **02** ○ **03** ✕ **04** ○ **05** ○

(해설) **01** 지방자치단체는 법령의 범위 안에서 그 사무에 관하여 조례를 제정할 수 있다.
03 사회복지조례는 조례제정·개폐청구권의 대상이 될 수 있다.

 **226** 헌법상의 사회복지법원

강의 QR코드

1회독	2회독	3회독
월 일	월 일	월 일

★ ★ ★
최근 10년간 **6문항** 출제

복습
1 **이론요약**

헌법 제10조

모든 국민은 인간으로서의 존엄과 가치를 가지며, 행복을 추구할 권리를 가진다. 국가는
개인이 가지는 불가침의 기본적 인권을 확인하고 이를 보장할 의무를 진다.

헌법 제34조

- 모든 국민은 인간다운 생활을 할 권리를 가진다.
- 국가는 사회보장·사회복지의 증진에 노력할 의무를 진다.
- 국가는 여자의 복지와 권익의 향상을 위하여 노력하여야 한다.
- 국가는 노인과 청소년의 복지향상을 위한 정책을 실시할 의무를 진다.
- 신체장애자 및 질병·노령 기타의 사유로 생활능력이 없는 국민은 법률이 정하는 바에 의하여 국가의 보호를 받는다.
- 국가는 재해를 예방하고 그 위험으로부터 국민을 보호하기 위하여 노력하여야 한다.

헌법 제35조

- 모든 국민은 건강하고 쾌적한 환경에서 생활할 권리를 가지며, 국가와 국민은 환경보전을 위하여 노력하여야 한다.
- 국가는 주택개발정책 등을 통하여 모든 국민이 쾌적한 주거생활을 할 수 있도록 노력하여야 한다.

헌법 제36조

- 국가는 모성의 보호를 위하여 노력하여야 한다.
- 모든 국민은 보건에 관하여 국가의 보호를 받는다.

기본개념
사회복지법제론
pp.33~

01 (22-08-01) 모든 국민은 인간으로서의 존엄과 가치를 가지며, 행복을 추구할 권리를 가진다.

02 (21-08-02) 신체장애자 및 질병·노령 기타의 사유로 생활능력이 없는 국민은 법률이 정하는 바에 의하여 국가의 보호를 받는다.

03 (18-08-02) 국가는 사회보장·사회복지의 증진에 노력할 의무를 진다.

04 (17-08-03) 지방자치단체는 주민의 복리에 관한 사무를 처리하고 재산을 관리하며, 법령의 범위 안에서 자치에 관한 규정을 제정할 수 있다.

05 (15-08-10) 모든 국민은 능력에 따라 균등하게 교육을 받을 권리를 가진다.

06 (14-08-02) 국가는 노인과 청소년의 복지향상을 위한 정책을 실시할 의무를 진다.

07 (09-08-06) 모든 국민은 인간다운 생활을 할 권리를 가진다.

08 (08-08-26) 모든 국민은 보건에 관하여 국가의 보호를 받는다.

09 (03-08-05) 국가는 사회보장, 사회복지의 증진에 노력할 의무를 진다.

기출확인

복습 2

대표기출 확인하기

22-08-01 난이도 ★★★

헌법 제10조의 일부이다. (   )에 들어갈 내용으로 옳은 것은?

> 모든 국민은 인간으로서의 존엄과 가치를 가지며, (   )을 추구할 권리를 가진다.

① 자유권
② 생존권
③ 인간다운 생활
④ 행복
⑤ 인권

▶ **알짜확인**

• 헌법상에 명시되어 있는 사회복지 관련 법원들을 파악해야 한다.

답 ④

✓ **응시생들의 선택**

① 4%	② 4%	③ 52%	④ 38%	⑤ 2%

④ 모든 국민은 인간으로서의 존엄과 가치를 가지며, 행복을 추구할 권리를 가진다. 국가는 개인이 가지는 불가침의 기본적 인권을 확인하고 이를 보장할 의무를 진다.

➕ **덧붙임**

헌법은 사회복지법의 법원이 되지만, 헌법상의 모든 조항이 사회복지법의 법원이 되는 것은 아니며 사회복지와 관련된 사회권 규정을 사회복지법원이라고 볼 수 있다. 특히 헌법 제10조와 제34조의 내용이 주로 출제되고 있다. 초창기 시험에 출제된 이후 한동안 출제되지 않다가 최근 시험에서 다시 등장하였으므로 헌법상의 주요 사회복지법원들을 반드시 정리하고 넘어가야 한다.

관련기출 더 보기

21-08-02 난이도 ★☆☆

헌법 제34조 규정의 일부이다. ㄱ~ㄷ에 들어갈 내용으로 옳은 것은?

> • 국가는 (ㄱ)·(ㄴ)의 증진에 노력할 의무를 진다.
> • 신체장애자 및 질병·노령 기타의 사유로 생활능력이 없는 국민은 (ㄷ)이 정하는 바에 의하여 국가의 보호를 받는다.

① ㄱ: 사회보장, ㄴ: 사회복지, ㄷ: 법률
② ㄱ: 사회보장, ㄴ: 공공부조, ㄷ: 법률
③ ㄱ: 사회복지, ㄴ: 공공부조, ㄷ: 헌법
④ ㄱ: 사회복지, ㄴ: 사회복지서비스, ㄷ: 헌법
⑤ ㄱ: 공공부조, ㄴ: 사회복지서비스, ㄷ: 법률

답 ①

✓ **응시생들의 선택**

① 76%	② 12%	③ 7%	④ 3%	⑤ 2%

① • 국가는 사회보장·사회복지의 증진에 노력할 의무를 진다.
　• 신체장애자 및 질병·노령 기타의 사유로 생활능력이 없는 국민은 법률이 정하는 바에 의하여 국가의 보호를 받는다.

헌법 규정 중 (   )에 들어갈 내용이 순서대로 옳은 것은?

> • 신체장애자 및 질병·노령 기타의 사유로 생활능력이 없는 국민은 (   )이 정하는 바에 의하여 국가의 보호를 받는다.
> • 지방자치단체는 주민의 복리에 관한 사무를 처리하고 재산을 관리하며, (   )의 범위 안에서 자치에 관한 규정을 제정할 수 있다.

① 대통령령, 법률　　　　② 법률, 대통령령
③ 법률, 법령　　　　　　④ 법령, 법률
⑤ 대통령령, 법령

답 ③

✔ 응시생들의 선택

① 20%	② 3%	③ 44%	④ 15%	⑤ 18%

③ • 헌법 제34조 제5항: 신체장애자 및 질병·노령 기타의 사유로 생활능력이 없는 국민은 법률이 정하는 바에 의하여 국가의 보호를 받는다.
　• 헌법 제117조 제1항: 지방자치단체는 주민의 복리에 관한 사무를 처리하고 재산을 관리하며, 법령의 범위 안에서 자치에 관한 규정을 제정할 수 있다.

사회복지와 관련한 헌법의 내용으로 옳은 것을 모두 고른 것은?

> ㄱ. 헌법 전문에는 사회복지와 관련된 내용이 없다.
> ㄴ. 환경권의 내용과 행사에 관하여는 조례로 정한다.
> ㄷ. 모든 국민은 능력에 따라 균등하게 교육을 받을 권리를 가진다.
> ㄹ. 여자의 근로는 특별한 보호를 받으며, 고용·임금 및 근로조건에 있어서 부당한 차별을 받지 아니한다.

① ㄱ, ㄴ　　　　　　　② ㄴ, ㄷ
③ ㄷ, ㄹ　　　　　　　④ ㄱ, ㄷ, ㄹ
⑤ ㄴ, ㄷ, ㄹ

답 ③

✔ 응시생들의 선택

① 6%	② 15%	③ 55%	④ 5%	⑤ 19%

③ ㄱ. 헌법 제10조, 제34조 등은 사회복지 관련 조항에 해당한다.
　ㄴ. 환경권의 내용과 행사에 관하여는 법률로 정한다.

헌법 제34조에서 규정하고 있지 않은 것은?

① 국가는 사회보장·사회복지의 증진에 노력할 의무를 진다.
② 국가는 여자의 복지와 권익의 향상을 위하여 노력하여야 한다.
③ 국가는 노인과 청소년의 복지향상을 위한 정책을 실시할 의무를 진다.
④ 국가는 장애인 및 질병·연령의 사유로 근로능력이 없는 모든 국민을 경제적으로 보호할 의무를 진다.
⑤ 국가는 재해를 예방하고 그 위험으로부터 국민을 보호하기 위하여 노력하여야 한다.

답 ④

✔ 응시생들의 선택

① 9%	② 14%	③ 10%	④ 49%	⑤ 18%

④ 신체장애자 및 질병·노령 기타의 사유로 생활능력이 없는 국민은 법률이 정하는 바에 의하여 국가의 보호를 받는다.

사회복지에 관한 우리나라 헌법 규정이 아닌 것은?

① 국가는 모든 국민이 건강하고 문화적인 생활을 유지하도록 하여야 한다.
② 모든 국민은 인간다운 생활을 할 권리를 가진다.
③ 국가는 여자의 복지와 권익의 향상을 위하여 노력하여야 한다.
④ 국가는 노인과 청소년의 복지향상을 위한 정책을 실시할 의무를 진다.
⑤ 신체장애자 및 질병·노령 기타의 사유로 생활능력이 없는 국민은 법률이 정하는 바에 의하여 국가의 보호를 받는다.

답 ①

✔ 응시생들의 선택

① 81%	② 2%	③ 7%	④ 4%	⑤ 6%

① 헌법에 규정된 내용이 아니며, 다만 사회보장기본법 제10조에서 사회보장급여의 수준과 관련하여 "국가와 지방자치단체는 모든 국민이 건강하고 문화적인 생활을 유지할 수 있도록 사회보장급여의 수준 향상을 위하여 노력하여야 한다"고 규정하고 있을 뿐이다.

다음 내용이 왜 틀렸는지를 확인해보자

14-08-02

01 헌법 제10조에 의하면 국가는 재해를 예방하고 그 위험으로부터 국민을 보호하기 위하여 노력하여야 한다.

> 헌법 제34조에 의하면 국가는 재해를 예방하고 그 위험으로부터 국민을 보호하기 위하여 노력하여야 한다.

09-08-06

02 헌법 제34조에 의하면 국가는 **미혼모와 청소년의 복지향상을 위한 정책**을 실시할 의무를 진다.

> 국가는 노인과 청소년의 복지향상을 위한 정책을 실시할 의무를 진다.

03 헌법 제34조는 인간의 존엄과 가치 및 행복추구권을 규정하고 있다.

> 헌법 제10조는 인간의 존엄과 가치 및 행복추구권을 규정하고 있다.

04 헌법 제10조는 인간다운 생활을 할 권리를 규정하고 있다.

> 헌법 제34조는 인간다운 생활을 할 권리를 규정하고 있다.

03-08-05

05 헌법에 의하면 국가는 **장애인의 복지향상을 위한 정책**을 실시할 의무를 진다.

> 헌법에는 장애인의 복지향상에 대한 국가의 의무는 명시하지 않았다.

빈칸에 들어갈 알맞은 말을 채워보자

01 헌법 제34조에 의하면 신체장애자 및 질병·노령 기타의 사유로 생활능력이 없는 국민은 (   )이 정하는 바에 의하여 국가의 보호를 받는다.

02 헌법 제34조에 의하면 국가는 (   )의 복지와 권익의 향상을 위하여 노력하여야 한다.

03 헌법 제34조에 의하면 모든 국민은 (   )을/를 할 권리를 가진다.

답 **01** 법률 **02** 여자 **03** 인간다운 생활

다음 내용이 옳은지 그른지 판단해보자

01 헌법 제31조에서부터 제36조까지의 규정은 '사회권' 또는 '생존권' 규정이 사회복지법의 기본 방향이자 기본 근거임을 말해준다. ◎ ✕

02 헌법 제35조에 의하면 모든 국민은 건강하고 쾌적한 환경에서 생활할 권리를 가지며, 국가와 국민은 환경보전을 위하여 노력하여야 한다. ◎ ✕

03 헌법 제35조에 의하면 국가는 주택개발정책 등을 통하여 모든 국민이 쾌적한 주거생활을 할 수 있도록 노력하여야 한다. ◎ ✕

답 **01** ○ **02** ○ **03** ○

2장 사회복지법의 발달사

이 장에서는

한국의 사회복지관련 법률들의 제·개정 발달사를 다룬다.

10년간 출제분포도

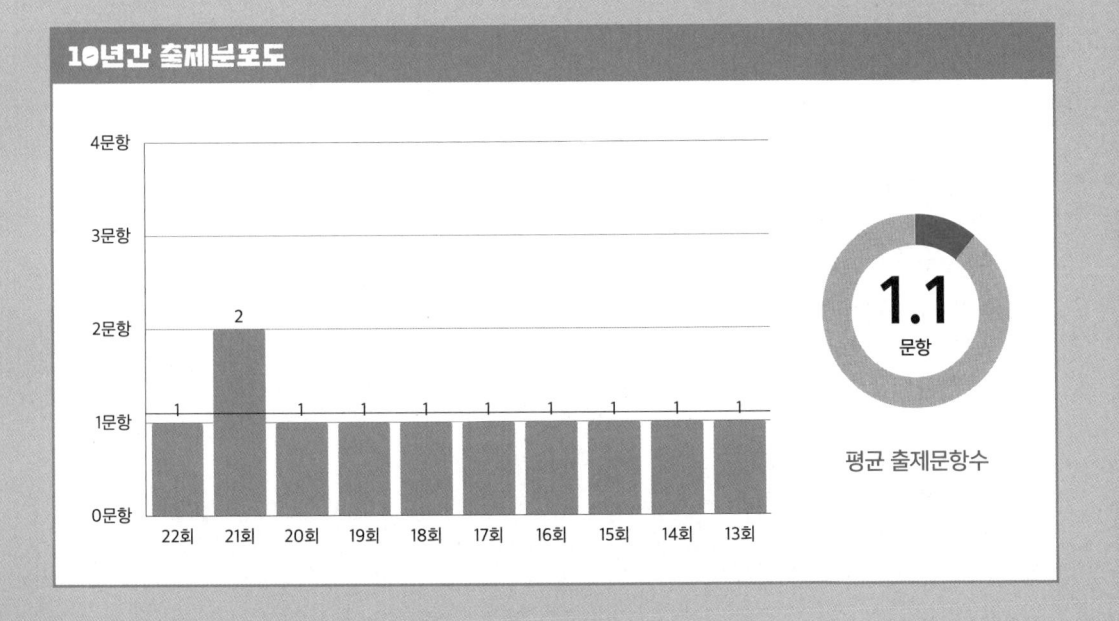

평균 출제문항수

1.1 문항

227 한국 사회복지법률의 역사

 강의 QR코드

1 회독 월 일   2 회독 월 일   3 회독 월 일

최근 10년간 **11문항** 출제

복습 1 이론요약

1960년대

- 공무원연금법 시행(1960년)
- 생활보호법 제정(1961년): 국민기초생활보장법의 전신
- 아동복리법 제정(1961년): 보육사업 본격 실시. 탁아소를 법정 아동복지시설로 인정. 아동복지법의 전신
- **산업재해보상보험법 제정(1963년): 4대 보험 중 가장 먼저 제정된 법**
- 사회보장에 관한 법률 제정(1963년): 사회보장기본법의 전신
- 기타: 재해구호법 제정(1962년), 군인연금법 제정(1963년), 갱생보호법 제정(1961년)

기본개념

사회복지법제론
pp.49~

1970년대

- **사회복지사업법 제정(1970년)**
- 국민복지연금법 제정(1973년): 석유파동으로 시행 연기
- 의료보호법 제정(1977년): 의료급여법의 전신
- 공무원 및 사립학교교직원 의료보험법 제정(1977년)

1980년대

- 아동복지법 전부개정(1981년): 아동복리법 폐지. 어린이날(5월 5일) 제정
- 심신장애자복지법 제정(1981년): 장애인복지법의 전신
- **장애인복지법 개정(1989년): 심신장애자복지법 → 장애인복지법으로 명칭 변경**
- **노인복지법 제정(1981년)**
- 모자복지법 제정(1989년)
- 사회복지사업법 일부개정(1983년): 사회복지사 자격제도가 처음으로 도입
- **국민연금법 개정(1986년): 기존의 국민복지연금법을 전부개정하여 1988년부터 시행**

1990년대

- **사회보장기본법 제정(1995년)**
- **국민기초생활보장법 제정(1999년): 생활보호법 폐지**

- 영유아보육법 제정(1991년)
- 고용보험법 제정(1993년 제정, 1995년 시행)
- 국민건강보험법 제정(1999년)
- 사회복지공동모금법 제정(1997년): 1999년 개정으로 사회복지공동모금회법으로 명칭 변경
- 기타: 장애인고용촉진등에 관한 법률 제정(1990년), 성폭력범죄의 처벌 및 피해보호자 등에 관한 법률 제정(1994년), 정신보건법 제정(1995년), 청소년보호법 제정(1997년), 가정폭력방지 및 피해자보호 등에 관한 법률 제정(1997년)

2000년대

- 장애인복지법 개정(2003년): 장애범주를 10개에서 15개로 확대(추가: 호흡기장애인, 간장애인, 안면 장애인, 장루·요루장애인, 간질장애인)
- 의료급여법 개정(2001년): 의료보호법 → 의료급여법으로 명칭 변경
- 아동복지법 개정(2001년): 아동학대 신고 의무화
- 긴급복지지원법 제정(2005년)
- 노인장기요양보험법 제정(2007년)
- 다문화가족지원법 제정(2008년)
- 장애인연금법 제정(2010년)
- 기초연금법 제정(2014년): 기존 기초노령연금법 폐지
- 국민기초생활보장법 개정(2014년): 급여별 수급자 선정기준을 다층화하고, 최저생계비 대신 최저보장수준 및 기준 중위소득 제도를 도입
- 사회보장급여의 이용·제공 및 수급권자 발굴에 관한 법률 제정(2014년)
- 기타: 건강가정기본법 제정(2004년), 저출산·고령사회기본법 제정(2005년), **자원봉사활동기본법 제정(2005년)**, 한부모가족지원법 개정(2007년, 모자복지법 → 모·부자복지법에서 명칭 변경), 장애인활동지원에 관한 법률 제정(2011년), 노숙인 등의 복지 및 자립지원에 관한 법률 제정(2011년), 치매관리법 제정(2011년), 장애아동복지지원법 제정(2011년), 발달장애인 권리보장 및 지원에 관한 법률 제정(2014년), **아동수당법 제정(2018년)**

01 (22-08-02) 아동복지법, 노인복지법, 장애인복지법, 한부모가족지원법, 다문화가족지원법 중 제정 연도가 가장 최근인 것은 다문화가족지원법이다.

02 (21-08-01) 산업재해보상보험법 – 사회복지사업법 – 노인복지법 – 고용보험법 – 국민기초생활보장법의 순서로 제정되었다.

03 (21-08-03) 1973년 제정된 국민복지연금법은 1986년 국민연금법으로 전부개정되었다.

04 (20-08-03) 사회보장기본법, 국민건강보험법, 고용보험법, 영유아보육법, 노인복지법 중 제정연도가 가장 빠른 것은 노인복지법이다.

05 (19-08-01) 고용보험법과 사회복지공동모금회법은 1990년대에 제정되었다.

06 (18-08-01) 긴급복지지원법, 고용보험법, 노인복지법, 기초연금법 중 노인복지법이 가장 먼저 제정되었고, 기초연금법이 가장 나중에 제정되었다.

07 (17-08-02) 산업재해보상보험법 – 국민연금법 – 고용보험법 – 국민건강보험법의 순서로 제정되었다.

08 (16-08-03) 장애인복지법, 사회복지사업법, 고용보험법, 노인장기요양보험법, 산업재해보상보험법 중 노인장기요양보험법이 가장 최근에 제정되었다.

09 (15-08-05) 영유아보육법, 긴급복지지원법, 노인장기요양보험법, 장애인연금법, 다문화가족지원법 중 영유아보육법만 1990년대에 제정된 사회복지법이고 나머지는 2000년대에 제정되었다.

10 (14-08-01) 고용보험법, 정신보건법, 사회보장기본법, 노인장기요양보험법, 국민기초생활보장법 중 고용보험법이 가장 먼저 제정되었다.

11 (13-08-02) 사회복지사업법 – 노인복지법 – 국민기초생활보장법 – 노인장기요양보험법의 순서로 제정되었다.

12 (12-08-12) 1973년 국민복지연금법이 제정되었지만 시행이 연기되었고, 1986년 국민연금법으로 전부 개정되어 1988년부터 시행되었다.

13 (10-08-01) 재해구호법은 1962년, 산업재해보상보험법은 1963년에 제정되었다.

14 (09-08-03) 사회복지사업법은 1997년 개정법률부터 사회복지 시설평가제를 도입하였다.

15 (08-08-07) 사회복지사업법 – 장애인복지법 – 고용보험법 – 기초노령연금법의 순서로 제정되었다.

16 (07-08-21) 1981년에 아동복지법, 심신장애자복지법, 노인복지법을 제정하였다.

17 (06-08-04) 국민기초생활보장법 제정 이후 수급자 권리가 강화되었다.

대표기출 확인하기

22-08-02 난이도 ★☆☆

법률의 제정 연도가 가장 최근인 것은?

① 아동복지법
② 노인복지법
③ 장애인복지법
④ 한부모가족지원법
⑤ 다문화가족지원법

 알짜확인

• 한국의 사회복지관련 법률들의 제·개정 과정의 특징과 핵심내용을 파악해야 한다.

답 ⑤

✔ 응시생들의 선택

① 3%	② 6%	③ 4%	④ 17%	⑤ 70%

① 아동복지법: 1961년 아동복리법 제정 → 1981년 아동복지법으로 개정
② 노인복지법: 1981년 제정
③ 장애인복지법: 1981년 심신장애자복지법 제정 → 1989년 장애인복지법으로 개정
④ 한부모가족지원법: 1989년 모자복지법 제정 → 2002년 모·부자복지법으로 개정 → 2007년 한부모가족지원법으로 개정
⑤ 다문화가족지원법: 2008년 제정

➕ 덧붙임

시기별로 같은 시기에 제정된 법률이 바르게 짝지어진 것을 찾는 문제, 제시된 법률을 제정된 순서대로 나열하는 문제, 가장 최근에 제정된 법률을 찾는 문제 등 다양한 방식으로 변형해서 출제될 가능성이 있다.

관련기출 더 보기

21-08-01 난이도 ★☆☆

법률의 제정 연도가 빠른 순서대로 옳게 나열된 것은?

ㄱ. 국민기초생활보장법
ㄴ. 산업재해보상보험법
ㄷ. 사회복지사업법
ㄹ. 고용보험법
ㅁ. 노인복지법

① ㄱ - ㄴ - ㄷ - ㄹ - ㅁ
② ㄴ - ㄱ - ㅁ - ㄷ - ㄹ
③ ㄴ - ㄷ - ㅁ - ㄹ - ㄱ
④ ㄷ - ㄱ - ㄹ - ㅁ - ㄴ
⑤ ㄷ - ㅁ - ㄴ - ㄹ - ㄱ

답 ③

✔ 응시생들의 선택

① 6%	② 12%	③ 69%	④ 4%	⑤ 9%

③ ㄴ. 산업재해보상보험법: 1963년 제정
　 ㄷ. 사회복지사업법: 1970년 제정
　 ㅁ. 노인복지법: 1981년 제정
　 ㄹ. 고용보험법: 1993년 제정
　 ㄱ. 국민기초생활보장법: 1999년 제정

사회복지법의 역사적 변천에 관한 설명으로 옳은 것을 모두 고른 것은?

> ㄱ. 2014년 기초노령연금법이 제정되면서 기초연금법은 폐지되었다.
> ㄴ. 1999년 제성된 국민의료보험법은 국민건강보험법을 대체한 것이다.
> ㄷ. 1973년 제정된 국민복지연금법은 1986년 국민연금법으로 전부개정되었다.

① ㄱ   ② ㄴ
③ ㄷ   ④ ㄱ, ㄴ
⑤ ㄴ, ㄷ

답 ③

☑ 응시생들의 선택

① 8%	② 7%	③ 57%	④ 8%	⑤ 20%

③ ㄱ. 2014년 기초연금법이 제정되면서 기존 기초노령연금법은 폐지되었다.
    ㄴ. 1999년 제정된 국민건강보험법은 기존 국민의료보험법을 대체한 것이다.

법률의 제정연도가 가장 빠른 것은?

① 사회보장기본법
② 국민건강보험법
③ 고용보험법
④ 영유아보육법
⑤ 노인복지법

답 ⑤

☑ 응시생들의 선택

① 31%	② 9%	③ 13%	④ 9%	⑤ 38%

① 사회보장기본법: 1995년 제정
② 국민건강보험법: 1999년 제정
③ 고용보험법: 1993년 제정
④ 영유아보육법: 1991년 제정
⑤ 노인복지법: 1981년 제정

법률과 그 제정연대의 연결이 옳은 것은?

① 산업재해보상보험법, 장애인복지법 – 1970년대
② 사회복지사업법, 국민기초생활보장법 – 1980년대
③ 고용보험법, 사회복지공동모금회법 – 1990년대
④ 국민연금법, 노인복지법 – 2000년대
⑤ 아동복지법, 국민건강보험법 – 2010년데

답 ③

☑ 응시생들의 선택

① 7%	② 12%	③ 72%	④ 7%	⑤ 2%

① 산업재해보상보험법은 1963년 11월에 제정되었고, 장애인복지법은 1981년 제정된 심신장애자복지법을 개정하여 1989년 12월에 장애인복지법으로 명칭을 변경하였다.
② 사회복지사업법은 1970년 1월에 제정되었고, 국민기초생활보장법은 1999년 9월에 제정되었다.
③ 고용보험법은 1993년 12월에 제정되었고, 사회복지공동모금회법은 1997년 3월에 제정된 사회복지공동모금법을 개정하여 1999년 3월에 사회복지공동모금회법으로 명칭을 변경하였다.
④ 국민연금법은 1973년 12월에 제정된 국민복지연금법을 개정하여 1986년 12월에 국민연금법으로 명칭을 변경하였고, 노인복지법은 1981년 6월에 제정되었다.
⑤ 아동복지법은 1981년 4월에 제정되었고, 국민건강보험법은 1999년 2월에 제정되었다.

제정연도가 가장 빠른 것과 가장 늦은 것을 순서대로 짝지은 것은?

> ㄱ. 긴급복지지원법
> ㄴ. 고용보험법
> ㄷ. 노인복지법
> ㄹ. 기초연금법

① ㄴ, ㄱ   ② ㄴ, ㄹ
③ ㄷ, ㄱ   ④ ㄷ, ㄴ
⑤ ㄷ, ㄹ

답 ⑤

☑ 응시생들의 선택

① 25%	② 21%	③ 21%	④ 4%	⑤ 29%

⑤ ㄱ. 긴급복지지원법: 2005년 12월 제정
    ㄴ. 고용보험법: 1993년 12월 제정
    ㄷ. 노인복지법: 1981년 6월 제정
    ㄹ. 기초연금법: 2014년 5월 제정

법률의 제정연도가 빠른 순서대로 나열된 것은?

ㄱ. 국민연금법
ㄴ. 고용보험법
ㄷ. 국민건강보험법
ㄹ. 산업재해보상보험법

① ㄱ - ㄴ - ㄷ - ㄹ
② ㄱ - ㄷ - ㄹ - ㄴ
③ ㄹ - ㄱ - ㄴ - ㄷ
④ ㄹ - ㄱ - ㄷ - ㄴ
⑤ ㄹ - ㄴ - ㄱ - ㄷ

답 ③

✅ 응시생들의 선택

① 5%	② 6%	③ 42%	④ 27%	⑤ 20%

③ ㄹ. 산업재해보상보험법: 1963년 제정
　ㄱ. 국민연금법: 1973년 국민복지연금법 제정 → 1986년 국민연금법 개정
　ㄴ. 고용보험법: 1993년 제정
　ㄷ. 국민건강보험법: 1999년 제정

다음 중 가장 최근에 제정된 법률은?

① 장애인복지법
② 사회복지사업법
③ 고용보험법
④ 노인장기요양보험법
⑤ 산업재해보상보험법

답 ④

✅ 응시생들의 선택

① 6%	② 1%	③ 2%	④ 88%	⑤ 3%

① 장애인복지법: 1981년 심신장애자복지법으로 제정 → 1989년 장애인복지법으로 전부개정
② 사회복지사업법: 1970년 제정
③ 고용보험법: 1993년 제정
④ 노인장기요양보험법: 2007년 제정
⑤ 산업재해보상보험법: 1963년 제정

2000년대 제정된 사회복지법이 아닌 것은?

① 영유아보육법
② 긴급복지지원법
③ 노인장기요양보험법
④ 장애인연금법
⑤ 다문화가족지원법

답 ①

✅ 응시생들의 선택

① 51%	② 11%	③ 4%	④ 32%	⑤ 2%

① 영유아보육법(1991. 1. 14. 제정)은 1990년대에 제정된 사회복지법이다. 긴급복지지원법(2005. 12. 23. 제정), 노인장기요양보험법(2007. 4. 27. 제정), 장애인연금법(2010. 4. 12. 제정), 다문화가족지원법(2008. 3. 21. 제정)은 모두 2000년대에 제정된 사회복지법이다.

사회복지법령의 역사적 변천에 관한 설명으로 옳지 않은 것은?

① 1973년 국민복지연금법이 제정되었으나 시행되지 못하고, 1986년 국민연금법으로 전부 개정되어 1988년부터 시행되었다.
② 1999년 국민기초생활보장법이 전부 개정되면서 자활후견기관에 관한 규정이 처음으로 도입되었다.
③ 의료보험법과 공무원 및 사립학교 교직원 의료보험법을 통합하여 1999년 국민건강보험법을 제정하였다.
④ 사회복지사업법은 1970년 제정되었고, 1983년 개정 때 사회복지사 자격제도가 처음으로 도입되었다.
⑤ 사회보장에 관한 법률을 대체하여 1995년 사회보장기본법이 제정되었다.

답 ②

✅ 응시생들의 선택

① 8%	② 24%	③ 20%	④ 38%	⑤ 10%

② 자활후견기관에 관한 규정은 1997년 생활보호법이 개정되면서 추가되었다. 국민기초생활보장법은 1999년 새롭게 제정되어 2000년부터 시행(기존의 생활보호법 폐지)되었다.

다음 내용이 왜 틀렸는지를 확인해보자

15-08-05

01 긴급복지지원법, 노인장기요양보험법, 장애인연금법, 다문화가족지원법은 <u>1990년대 제정</u>된 사회복지법이다.

> 긴급복지지원법(2005년 제정), 노인장기요양보험법(2007년 제정), 장애인연금법(2010년 제정), 다문화가족지원법(2008년 제정)은 모두 2000년대에 제정된 사회복지법이다.

02 장애인연금법은 경제적으로 어려운 장애인을 지원하기 위한 목적으로 <u>2007년에 제정</u>되었다.

> 장애인연금법은 장애로 인하여 생활이 어려운 중증장애인에게 장애인연금을 지급함으로써 중증장애인의 생활 안정 지원과 복지증진 및 사회통합을 도모하는 데 이바지함을 목적으로 2010년에 제정되었다.

03 기초연금법이 <u>2012년에 제정</u>되면서 기존의 기초노령연금법은 폐지되었다.

> 기초연금법이 2014년에 제정되면서 기존의 기초노령연금법은 폐지되었다.

14-08-01

04 고용보험법, 사회보장기본법, 노인장기요양보험법, 국민기초생활보장법 중 가장 먼저 제정된 법률은 <u>노인장기요양보험법</u>이다.

> 고용보험법, 사회보장기본법, 노인장기요양보험법, 국민기초생활보장법 중 가장 먼저 제정된 법률은 고용보험법이다. 고용보험법은 1993년, 사회보장기본법은 1995년, 노인장기요양보험법은 2007년, 국민기초생활보장법은 1999년에 제정되었다.

09-08-03

05 사회복지사업법은 <u>2003년 개정법률</u>부터 사회복지시설 평가제를 도입하였다.

> 사회복지사업법은 1997년 개정으로 사회복지시설 평가제가 도입되었다.

06 <u>2000년</u> 국민건강보험법이 제정되면서 지역과 직장 의료보험이 완전통합되는 국민건강보험제도를 구축하였다.

> 1999년 국민건강보험법이 제정되면서 지역과 직장 의료보험이 완전통합되는 국민건강보험제도를 구축하였다.

07 1995년 제정된 **사회복지사업법**을 통해 사회보장의 범위를 사회보험, 공공부조, 사회복지서비스 및 관련 제도로 정하고 수급권을 보호하는 규정을 마련하였다.

> 1995년 제정된 사회보장기본법을 통해 사회보장의 범위를 사회보험, 공공부조, 사회복지서비스 및 관련 제도로 정하고 수급권을 보호하는 규정을 마련하였다.

08 2007년 노인의 노후생활 안정을 도모하고 가족의 부양부담을 덜어줌으로써 국민의 삶의 질을 향상시키기 위해 **노인복지법이** 제정되었다.

> 2007년 노인의 노후생활 안정을 도모하고 가족의 부양부담을 덜어줌으로써 국민의 삶의 질을 향상시키기 위해 노인장기요양보험법이 제정되었다.

빈칸에 들어갈 알맞은 말을 채워보자

01 1999년 (   )이 제정되면서 전신인 생활보호법은 폐지되었다.

`12-08-12`
02 사회복지사업법은 1970년에 제정되었고, (   )년 개정 때 사회복지사 자격제도가 처음으로 도입되었다.

`10-08-01`
03 재해구호법, 산업재해보상보험법은 모두 (   )년대에 제정된 법이다.

---

04 생활이 어려운 저소득 국민의 건강 증진을 목적으로 하는 의료보호법이 2001년에 개정되면서 (   )으로 법명이 변경되었다.

---

05 2005년 갑작스러운 위기상황이 발생한 경우 누구든지 손쉽게 도움을 청하고 필요한 지원을 받을 수 있도록 (   )이 제정되었다.

(답) **01** 국민기초생활보장법 **02** 1983 **03** 1960 **04** 의료급여법 **05** 긴급복지지원법

다음 내용이 옳은지 그른지 판단해보자

19-08-01
01 국민연금법과 노인복지법은 2000년대에 제정되었다. ◎ ⊗

18-08-01
02 긴급복지지원법, 고용보험법, 노인복지법, 기초연금법 중 제정연도가 가장 빠른 것은 긴급복지지원 ◎ ⊗
법이고, 가장 늦은 것은 기초연금법이다.

17-08-02
03 '산업재해보상보험법 – 국민연금법 – 고용보험법 – 국민건강보험법'은 법률의 제정연도가 빠른 순 ◎ ⊗
서대로 나열한 것이다.

04 정신보건법은 2016년 개정되면서 법률의 명칭이 정신건강증진 및 정신질환자 복지서비스 지원에 ◎ ⊗
관한 법률로 변경되었다.

09-08-03
05 사회복지사업법 제정시 사회복지사 자격에 관한 규정이 있었으나 국가시험은 도입되지 않았다. ◎ ⊗

06-08-04
06 국민연금법, 노인복지법, 산재보험법, 고용보험법 중 가장 최근에 제정된 법은 고용보험법이다. ◎ ⊗

07 요보호아동에서 모든 아동으로 법 적용의 대상을 확대하고자 1991년 아동복리법이 아동복지법으로 ◎ ⊗
전부 개정되었다.

08 1999년 국민기초생활보장법이 제정되면서 수급권자, 보장기관 등의 용어를 사용하여 권리적 성격 ◎ ⊗
을 강화하였다.

답 01✕ 02✕ 03○ 04○ 05✕ 06○ 07✕ 08○

해설 **01** 국민연금법은 1973년 12월에 제정된 국민복지연금법을 개정하여 1986년 12월에 국민연금법으로 명칭을 변경하였고, 노인복지법은 1981년 6월에 제정되었다.
02 긴급복지지원법, 고용보험법, 노인복지법, 기초연금법 중 제정연도가 가장 빠른 것은 노인복지법(1981년)이고, 가장 늦은 것은 기초 연금법(2014년)이다.
05 사회복지사업법 제정시 '사회복지사'라는 용어를 사용하지 않았다. 다만 사회복지사업 종사자에 관한 자격과 관련한 내용을 규정하 기는 하였다.
07 아동복리법이 아동복지법으로 개정된 것은 1981년이다.

5장

사회보장기본법

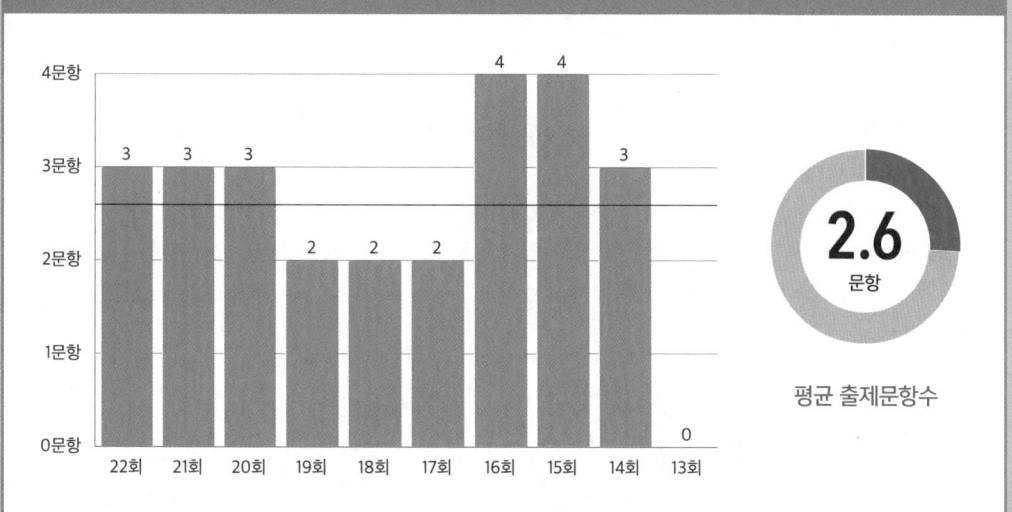

이 장에서는

사회보장기본법의 주요 내용을 다룬다.

10년간 출제분포도

회차	문항수
22회	3
21회	3
20회	3
19회	2
18회	2
17회	2
16회	4
15회	4
14회	3
13회	0

2.6 문항

평균 출제문항수

사회보장기본법

강의 QR코드

1회독	2회독	3회독
월 일	월 일	월 일

최근 10년간 **27문항** 출제

이론요약

용어의 정의

- **사회보장**: 출산, 양육, 실업, 노령, 장애, 질병, 빈곤 및 사망 등의 사회적 위험으로부터 모든 국민을 보호하고 국민 삶의 질을 향상시키는 데 필요한 소득·서비스를 보장하는 **사회보험, 공공부조, 사회서비스**를 말한다.
- **사회보험**: 국민에게 발생하는 사회적 위험을 보험의 방식으로 대처함으로써 국민의 건강과 소득을 보장하는 제도를 말한다.
- **공공부조**: 국가와 지방자치단체의 책임하에 생활 유지 능력이 없거나 생활이 어려운 국민의 최저생활을 보장하고 자립을 지원하는 제도를 말한다.
- **사회서비스**: 국가·지방자치단체 및 민간부문의 도움이 필요한 모든 국민에게 복지, 보건의료, 교육, 고용, 주거, 문화, 환경 등의 분야에서 인간다운 생활을 보장하고 상담, 재활, 돌봄, 정보의 제공, 관련 시설의 이용, 역량 개발, 사회참여 지원 등을 통하여 국민의 삶의 질이 향상되도록 지원하는 제도를 말한다.
- **평생사회안전망**: 생애주기에 걸쳐 보편적으로 충족되어야 하는 기본욕구와 특정한 사회위험에 의하여 발생하는 특수욕구를 동시에 고려하여 소득·서비스를 보장하는 맞춤형 사회보장제도를 말한다.
- **사회보장 행정데이터**: 국가, 지방자치단체, 공공기관 및 법인이 법령에 따라 생성 또는 취득하여 관리하고 있는 자료 또는 정보로서 사회보장 정책 수행에 필요한 자료 또는 정보를 말한다.

기본개념

사회복지법제론
pp.98~

사회보장수급권

- 국가와 지방자치단체는 모든 국민이 건강하고 문화적인 생활을 유지할 수 있도록 사회보장급여의 수준 향상을 위하여 노력하여야 한다.
- 국가는 관계 법령에서 정하는 바에 따라 **최저보장수준과 최저임금을 매년 공표**하여야 한다.
- 국가와 지방자치단체는 **최저보장수준과 최저임금 등을 고려하여 사회보장급여의 수준을 결정**하여야 한다.
- 사회보장급여를 받으려는 사람은 관계 법령에서 정하는 바에 따라 국가나 지방자치단체에 신청하여야 한다.
- 사회보장수급권은 관계 법령에서 정하는 바에 따라 **다른 사람에게 양도하거나 담보로 제공할 수 없으며, 이를 압류할 수 없다**.
- 사회보장수급권은 제한되거나 정지될 수 없다. 다만, 관계 법령에서 따로 정하고 있는 경우에는 그러하지 아니하다.
- 사회보장수급권은 **정당한 권한이 있는 기관에 서면으로 통지하여 포기**할 수 있다. 포기는 취소할 수 있다.

사회보장제도의 운영원칙

- 보편성: 국가와 지방자치단체가 사회보장제도를 운영할 때에는 이 제도를 필요로 하는 모든 국민에게 적용하여야 한다.
- 형평성: 국가와 지방자치단체는 사회보장제도의 급여수준과 비용부담 등에서 형평성을 유지하여야 한다.
- 민주성: 국가와 지방자치단체는 사회보장제도의 정책 결정 및 시행 과정에 공익의 대표자 및 이해관계인 등을 참여시켜 이를 민주적으로 결정하고 시행하여야 한다.
- 효율성, 연계성 및 전문성: 국가와 지방자치단체가 사회보장제도를 운영할 때에는 국민의 다양한 복지 욕구를 효율적으로 충족시키기 위하여 연계성과 전문성을 높여야 한다.
- 공공성: 사회보험은 국가의 책임으로 시행하고, 공공부조와 사회서비스는 국가와 지방자치단체의 책임으로 시행하는 것을 원칙으로 한다. 다만, 국가와 지방자치단체의 재정 형편 등을 고려하여 이를 협의·조정할 수 있다.

사회보장 기본계획

- 보건복지부장관은 관계 중앙행정기관의 장과 협의하여 <u>사회보장에 관한 기본계획을 5년마다 수립</u>하여야 한다. 이는 사회보장위원회와 국무회의의 심의를 거쳐 확정한다.
- 기본계획에는 '국내외 사회보장환경의 변화와 전망, 사회보장의 기본목표 및 중장기 추진방향, 주요 추진과제 및 추진 방법, 필요한 재원의 규모와 조달방안, 사회보장 관련 기금 운용방안, 사회보장 전달체계, 그 밖에 사회보장정책의 추진에 필요한 사항'이 포함되어야 한다.

사회보장위원회

- 사회보장에 관한 주요시책을 심의·조정하기 위하여 <u>국무총리 소속</u>으로 사회보장위원회를 둔다.
- <u>위원장 1명, 부위원장 3명과 행정안전부장관, 고용노동부장관, 여성가족부장관, 국토교통부장관을 포함한 30명 이내의 위원으로 구성한다. 위원장은 국무총리가 되고 부위원장은 기획재정부장관, 교육부장관 및 보건복지부장관</u>이 된다.
- 위원은 대통령령으로 정하는 관계 중앙행정기관의 장과 근로자를 대표하는 사람, 사용자를 대표하는 사람, 사회보장에 관한 학식과 경험이 풍부한 사람, 변호사 자격이 있는 사람 중에서 대통령이 위촉하는 사람으로 한다. 임기는 2년이다. 다만, 공무원의 임기는 재임기간으로 한다.

기출문장 CHECK

01 (22-08-08) 사회보장수급권이 제한되는 경우에는 제한하는 목적에 필요한 최소한의 범위에 그쳐야 한다.

02 (22-08-09) 공공부조 및 관계 법령에서 정하는 일정 소득 수준 이하의 국민에 대한 사회서비스에 드는 비용의 전부 또는 일부는 국가와 지방자치단체가 부담한다.

03 (22-08-10) 사회보장제도를 운영하는 자는 불법행위의 책임이 있는 자에 대하여 구상권을 행사할 수 있다.

04 (21-08-05) 사회보장수급권은 원칙적으로 제한되거나 정지될 수 없다.

05 (21-08-06) 사회보장위원회 위원의 임기는 2년으로 하되, 공무원인 위원의 임기는 그 재임 기간으로 한다.

06 (20-08-04) 사회보험은 국가의 책임으로 시행하고, 공공부조와 사회서비스는 국가와 지방자치단체의 책임으로 시행하는 것을 원칙으로 한다.

07 (20-08-05) 국가는 사회보장제도의 안정적인 운영을 위하여 중장기 사회보장 재정추계를 격년으로 실시하고 이를 공표하여야 한다.

08 (20-08-06) 사회보장위원회는 위원장 1명, 부위원장 3명과 행정안전부장관, 고용노동부장관, 여성가족부장관, 국토교통부장관을 포함한 30명 이내의 위원으로 구성한다.

09 (19-08-07) 사회보장기본법상 사회보험이란 국민에게 발생하는 사회적 위험을 보험의 방식으로 대처함으로써 국민의 건강과 소득을 보장하는 제도를 말한다.

10 (18-08-04) 국가와 지방자치단체는 기존 제도와의 관계, 사회보장 전달체계와 재정 등에 미치는 영향 등을 사전에 충분히 검토하여야 한다.

11 (18-08-05) 모든 국민은 사회보장 관계 법령에서 정하는 바에 따라 사회보장급여를 받을 권리를 가진다.

12 (17-08-05) 모든 국민은 자신의 능력을 최대한 발휘하여 자립·자활할 수 있도록 노력하여야 한다.

13 (17-08-06) 국가는 관계 법령에서 정하는 바에 따라 최저보장수준과 최저임금을 매년 공표하여야 한다.

14 (16-08-04) 사회보장에 관한 주요 시책을 심의·조정하기 위하여 국무총리 소속으로 사회보장위원회를 둔다.

15 (16-08-06) 사회보장에 관한 다른 법률을 제정하거나 개정하는 경우에는 사회보장기본법에 부합되도록 하여야 한다.

16 (15-08-18) 국가와 지방자치단체는 사회보장제도의 급여 수준과 비용 부담 등에서 형평성을 유지하여야 한다.

17 (15-08-21) 사회보장수급권은 관계 법령에서 따로 정하고 있는 경우에는 제한될 수 있다.

18 (15-08-22) 사회보장 비용의 부담은 각각의 사회보장제도의 목적에 따라 국가, 지방자치단체 및 민간부문 간에 합리적으로 조정되어야 한다.

19 (15-08-25) 보건복지부장관은 관계 중앙행정기관의 장과 협의하여 사회보장 증진을 위하여 사회보장에 관한 기본계획을 5년마다 수립하여야 한다.

20 (14-08-05) 국내에 거주하는 외국인에게 사회보장제도를 적용할 때에는 상호주의의 원칙에 따르되, 관계 법령에서 정하는 바에 따른다.

21 (14-08-06) 평생사회안전망이란 생애주기에 걸쳐 보편적으로 충족되어야 하는 기본욕구와 특정한 사회위험에 의하여 발생하는 특수욕구를 동시에 고려하여 소득·서비스를 보장하는 맞춤형 사회보장제도를 말한다.

22 (14-08-07) 사회보장수급권을 포기하는 것이 다른 사람에게 피해를 주거나 사회보장에 관한 관계 법령에 위반되는 경우에는 사회보장수급권을 포기할 수 없다.

23 (12-08-01) 사회보장급여를 신청하는 사람이 다른 기관에 신청한 경우에는 그 기관은 지체 없이 이를 정당한 권한이 있는 기관에 이송하여야 한다.

24 (11-08-07) 사회보장제도의 운영원칙 중 보편성의 원칙은 국가와 지방자치단체가 사회보장제도를 운영할 때에는 이 제도를 필요로 하는 모든 국민에게 적용하여야 한다는 것이다.

25 (10-08-09) 부담능력이 있는 국민에 대한 사회복지서비스에 드는 비용은 그 수익자가 부담하는 것을 원칙으로 한다.

26 (10-08-11) 사회보장수급권은 정당한 권한이 있는 기관에 서면으로 통지하여 포기할 수 있다.

27 (09-08-09) 사회보장수급권은 관계 법령이 정하는 바에 따라 양도할 수 없다.

28 (08-08-29) 국가와 지방자치단체는 지역적으로 고루 분포되고 기능에 따라 균형이 이루어지도록 사회보장 전달체계를 마련하여야 한다.

29 (07-08-11) 국민의 최저생활과 문화생활 수준을 고려하여 사회보장급여의 수준을 정해야 한다.

30 (03-08-07) 사회보장기본법에 명시되어 있는 사회적 위험에는 질병, 장애, 노령 등이 있다.

31 (03-08-08) 사회보장기본법상 국가의 의무에는 사회보장 재원 조달의 의무, 사회보장 통지의 의무, 사회보장 설명의 의무 등이 있다.

대표기출 확인하기

22-08-09   난이도 ★★☆

사회보장기본법상 사회보장제도의 운영에 관한 설명으로 옳은 것은?

① 사회보험은 국가와 지방자치단체의 책임으로 시행한다.
② 국가는 사회보장 관계 법령에서 정하는 바에 따라 사회보장에 관한 상담에 응하여야 한다.
③ 일정 소득 수준 이하의 국민에 대한 사회서비스에 드는 비용은 수익자 부담을 원칙으로 한다.
④ 통계청장은 제출된 사회보장통계를 종합하여 사회보장위원회에 제출하여야 한다.
⑤ 지방자치단체의 장은 사회보장제도를 신설할 경우 보건복지부장관과 합의하여야 한다.

 알짜확인

• 사회보장기본법의 주요 내용(목적, 기본이념, 사회보장수급권, 사회보장 기본계획, 사회보장위원회, 사회보장정보의 관리, 권리구제 등)을 이해해야 한다.

답 ②

✅ 응시생들의 선택

① 9%	② 40%	③ 12%	④ 18%	⑤ 21%

① 사회보험은 국가의 책임으로 시행하고, 공공부조와 사회서비스는 국가와 지방자치단체의 책임으로 시행하는 것을 원칙으로 한다.
③ 공공부조 및 관계 법령에서 정하는 일정 소득 수준 이하의 국민에 대한 사회서비스에 드는 비용의 전부 또는 일부는 국가와 지방자치단체가 부담한다.
④ 보건복지부장관은 제출된 사회보장통계를 종합하여 사회보장위원회에 제출하여야 한다.
⑤ 중앙행정기관의 장과 지방자치단체의 장은 사회보장제도를 신설하거나 변경할 경우 보건복지부장관과 협의하여야 한다.

➕ 덧붙임

사회보장기본법과 관련해서는 법률의 전반적인 내용을 묻는 유형이 주로 출제되었다. 기본이념, 국가와 지방자치단체의 책임, 사회보장 기본계획과 사회보장위원회, 사회보장정책의 기본방향 등 전반적인 내용이 지문으로 다루어졌다. 사회보장수급권에 관한 내용은 사회보장급여의 수준, 신청, 보호, 제한, 포기 등 전반적인 사항이 골고루 출제되고 있다. 이 외에도 사회보장제도의 운영원칙, 비용부담, 전달체계 등과 관련한 내용이 출제되었다.

관련기출 더 보기

22-08-08   난이도 ★★☆

사회보장기본법상 사회보장에 관한 국민의 권리에 대한 설명으로 옳지 않은 것을 모두 고른 것은?

> ㄱ. 지방자치단체는 최저보장수준과 최저임금을 매년 공표하여야 한다.
> ㄴ. 사회보장수급권은 구두로 통지하여 포기할 수 있다.
> ㄷ. 사회보장수급권이 제한되는 경우에는 제한하는 목적에 필요한 최소한의 범위에 그쳐야 한다.
> ㄹ. 사회보장수급권을 포기하는 것이 다른 사람에게 피해를 주게 되는 경우 사회보장수급권을 포기할 수 없다.

① ㄱ, ㄴ   ② ㄴ, ㄹ
③ ㄱ, ㄷ, ㄹ   ④ ㄴ, ㄷ, ㄹ
⑤ ㄱ, ㄴ, ㄷ, ㄹ

답 ①

✅ 응시생들의 선택

① 49%	② 15%	③ 16%	④ 8%	⑤ 12%

① ㄱ. 국가는 관계 법령에서 정하는 바에 따라 최저보장수준과 최저임금을 매년 공표하여야 한다.
    ㄴ. 사회보장수급권은 정당한 권한이 있는 기관에 서면으로 통지하여 포기할 수 있다.

난이도 ★★☆

사회보장기본법의 내용으로 옳지 않은 것은?

① 사회보장위원회의 위원 임기는 3년으로 한다.
② 국가와 지방자치단체는 평생사회안전망을 구축하여야 한다.
③ 사회보장 기본계획에는 사회보장 관련 기금 운용방안이 포함되어야 한다.
④ 사회보장제도를 운영하는 자는 불법행위의 책임이 있는 자에 대하여 구상권을 행사할 수 있다.
⑤ 사회보장에 관한 다른 법률을 개정하는 경우에는 이 법에 부합되도록 하여야 한다.

답 ①

✅ 응시생들의 선택

① 59%	② 9%	③ 7%	④ 20%	⑤ 5%

① 사회보장위원회의 위원 임기는 2년으로 한다.

난이도 ★☆☆

사회보장기본법상 사회보장수급권에 관한 설명으로 옳지 않은 것은?

① 사회보장급여를 받으려는 사람은 국가나 지방자치단체에 신청하는 것을 원칙으로 하고 있다.
② 사회보장수급권은 다른 사람에게 양도하거나 담보로 제공할 수 없다.
③ 사회보장수급권은 원칙적으로 제한되거나 정지될 수 없다.
④ 사회보장수급권은 구두로 통지하여 포기할 수 있다.
⑤ 사회보장수급권의 포기는 취소할 수 있다.

답 ④

✅ 응시생들의 선택

① 6%	② 2%	③ 18%	④ 71%	⑤ 3%

④ 사회보장수급권은 정당한 권한이 있는 기관에 서면으로 통지하여 포기할 수 있다.

난이도 ★☆☆

사회보장기본법상 국가와 지방자치단체의 사회보장 운영원칙에 관한 설명으로 옳지 않은 것은?

① 사회보험은 지방자치단체의 책임으로 시행하는 것을 원칙으로 한다.
② 공공부조와 사회서비스는 국가와 지방자치단체의 책임으로 시행하는 것을 원칙으로 한다.
③ 사회보장제도의 급여수준과 비용부담 등에서 형평성을 유지하여야 한다.
④ 사회보장제도를 필요로 하는 모든 국민에게 적용하여야 한다.
⑤ 국민의 다양한 복지욕구를 효율적으로 충족시키기 위하여 연계성과 전문성을 높여야 한다.

답 ①

✅ 응시생들의 선택

① 92%	② 2%	③ 2%	④ 3%	⑤ 1%

① 사회보험은 국가의 책임으로 시행하고, 공공부조와 사회서비스는 국가와 지방자치단체의 책임으로 시행하는 것을 원칙으로 한다. 다만, 국가와 지방자치단체의 재정 형편 등을 고려하여 이를 협의ㆍ조정할 수 있다.

난이도 ★★☆

사회보장기본법상 사회보장위원회에 관한 설명으로 옳은 것은?

① 대통령 소속의 위원회이다.
② 위원장 1명, 부위원장 2명과 행정안전부장관, 고용노동부장관을 포함한 40명 이내의 위원으로 구성한다.
③ 위원의 임기는 3년으로 하되, 공무원인 위원의 임기는 그 재임 기간으로 한다.
④ 고용노동부에 사무국을 둔다.
⑤ 관계 중앙행정기관의 장은 위원회의 심의ㆍ조정 사항을 반영하여 사회보장제도를 운영 또는 개선하여야 한다.

답 ⑤

✅ 응시생들의 선택

① 2%	② 8%	③ 28%	④ 4%	⑤ 58%

① 사회보장에 관한 주요 시책을 심의ㆍ조정하기 위하여 국무총리 소속으로 사회보장위원회를 둔다.
② 위원회는 위원장 1명, 부위원장 3명과 행정안전부장관, 고용노동부장관, 여성가족부장관, 국토교통부장관을 포함한 30명 이내의 위원으로 구성한다.
③ 위원의 임기는 2년으로 한다. 다만, 공무원인 위원의 임기는 그 재임 기간으로 한다.
④ 위원회의 사무를 효율적으로 처리하기 위하여 보건복지부에 사무국을 둔다.

사회보장기본법상 사회보장제도의 운영원칙에 관한 사항이다. (　)에 들어갈 내용으로 옳은 것은?

> 사회보험은 (ㄱ)의 책임으로 시행하고, 공공부조와 사회서비스는 (ㄴ)의 책임으로 시행하는 것을 원칙으로 한다.

① ㄱ: 국가　　　　　　　　　ㄴ: 국가
② ㄱ: 지방자치단체　　　　　ㄴ: 지방자치단체
③ ㄱ: 국가와 지방자치단체　ㄴ: 국가
④ ㄱ: 국가　　　　　　　　　ㄴ: 국가와 지방자치단체
⑤ ㄱ: 국가와 지방자치단체　ㄴ: 국가와 지방자치단체

답 ④

✔ 응시생들의 선택

① 2%	② 1%	③ 3%	④ 91%	⑤ 3%

④ 사회보험은 (ㄱ) 국가의 책임으로 시행하고, 공공부조와 사회서비스는 (ㄴ) 국가와 지방자치단체의 책임으로 시행하는 것을 원칙으로 한다. 다만, 국가와 지방자치단체의 재정 형편 등을 고려하여 이를 협의·조정할 수 있다.

사회보장기본법상 국가와 지방자치단체에 관한 설명으로 옳지 않은 것은?

① 국가와 지방자치단체는 모든 국민의 인간다운 생활을 유지·증진하는 책임을 가진다.
② 국가와 지방자치단체는 사회보장에 관한 책임과 역할을 합리적으로 분담하여야 한다.
③ 국가와 지방자치단체는 사회보장제도의 안정적인 운영을 위하여 중장기 사회보장 재정추계를 매년 실시하고 이를 공표하여야 한다.
④ 국가와 지방자치단체는 지속가능한 사회보장제도를 확립하고 매년 이에 필요한 재원을 조달하여야 한다.
⑤ 국가와 지방자치단체는 가정이 건전하게 유지되고 그 기능이 향상되도록 노력하여야 한다.

답 ③

✔ 응시생들의 선택

① 2%	② 2%	③ 71%	④ 3%	⑤ 22%

③ 국가는 사회보장제도의 안정적인 운영을 위하여 중장기 사회보장 재정추계를 격년으로 실시하고 이를 공표하여야 한다.

사회보장기본법상 사회보장위원회 위원으로 포함되어야 하는 중앙행정기관의 장을 모두 고른 것은?

> ㄱ. 행정안전부장관　　　ㄴ. 고용노동부장관
> ㄷ. 기획재정부장관　　　ㄹ. 국토교통부장관

① ㄱ, ㄴ, ㄷ　　　　　　② ㄱ, ㄴ, ㄹ
③ ㄱ, ㄷ, ㄹ　　　　　　④ ㄴ, ㄷ, ㄹ
⑤ ㄱ, ㄴ, ㄷ, ㄹ

답 ⑤

✔ 응시생들의 선택

① 33%	② 11%	③ 6%	④ 6%	⑤ 44%

⑤ 사회보장위원회는 위원장 1명, 부위원장 3명과 행정안전부장관, 고용노동부장관, 여성가족부장관, 국토교통부장관을 포함한 30명 이내의 위원으로 구성한다. 위원장은 국무총리가 되고 부위원장은 기획재정부장관, 교육부장관 및 보건복지부장관이 된다.

사회보장기본법상 사회보장수급권에 관한 내용으로 옳은 것을 모두 고른 것은?

> ㄱ. 모든 국민은 사회보장 관계 법령에서 정하는 바에 따라 사회보장급여를 받을 권리인 사회보장수급권을 가진다.
> ㄴ. 사회보장수급권은 정당한 권한이 있는 기관에게 구두로 통지하여 포기할 수 있다.
> ㄷ. 사회보장수급권은 수급자 임의로 다른 사람에게 양도할 수 있다.
> ㄹ. 사회보장수급권의 포기는 취소할 수 없다.

① ㄱ　　　　　　　　　② ㄱ, ㄹ
③ ㄷ, ㄹ　　　　　　　④ ㄱ, ㄴ, ㄹ
⑤ ㄱ, ㄷ, ㄹ

답 ①

✔ 응시생들의 선택

① 84%	② 10%	③ 0%	④ 5%	⑤ 1%

① ㄴ. 사회보장수급권은 정당한 권한이 있는 기관에 서면으로 통지하여 포기할 수 있다.
　ㄷ. 사회보장수급권은 관계 법령에서 정하는 바에 따라 다른 사람에게 양도하거나 담보로 제공할 수 없으며, 이를 압류할 수 없다.
　ㄹ. 사회보장수급권의 포기는 취소할 수 있다.

사회보장기본법상 용어의 정의에 관한 내용으로 옳은 것을 모두 고른 것은?

> ㄱ. "사회보험"이란 국민에게 발생하는 사회적 위험을 보험의 방식으로 대처함으로써 국민의 건강과 소득을 보장하는 제도를 말한다.
> ㄴ. "공공부조"(公共扶助)란 국가와 지방자치단체의 책임 하에 생활 유지 능력이 없거나 생활이 어려운 국민의 최저생활을 보장하고 자립을 지원하는 제도를 말한다.
> ㄷ. "평생사회안전망"이란 생애주기에 걸쳐 보편적으로 충족되어야 하는 기본욕구와 특정한 사회위험에 의하여 발생하는 특수욕구를 동시에 고려하여 소득·서비스를 보장하는 맞춤형 사회보장제도를 말한다.

① ㄱ
② ㄱ, ㄴ
③ ㄱ, ㄷ
④ ㄴ, ㄷ
⑤ ㄱ, ㄴ, ㄷ

답 ⑤

✔ 응시생들의 선택

① 1%	② 9%	③ 6%	④ 2%	⑤ 82%

⑤ 사회보장기본법상 용어의 정의
- 사회보장이란 출산, 양육, 실업, 노령, 장애, 질병, 빈곤 및 사망 등의 사회적 위험으로부터 모든 국민을 보호하고 국민 삶의 질을 향상시키는 데 필요한 소득·서비스를 보장하는 사회보험, 공공부조, 사회서비스를 말한다.
- 사회보험이란 국민에게 발생하는 사회적 위험을 보험의 방식으로 대처함으로써 국민의 건강과 소득을 보장하는 제도를 말한다.
- 공공부조란 국가와 지방자치단체의 책임 하에 생활 유지 능력이 없거나 생활이 어려운 국민의 최저생활을 보장하고 자립을 지원하는 제도를 말한다.
- 사회서비스란 국가·지방자치단체 및 민간부문의 도움이 필요한 모든 국민에게 복지, 보건의료, 교육, 고용, 주거, 문화, 환경 등의 분야에서 인간다운 생활을 보장하고 상담, 재활, 돌봄, 정보의 제공, 관련 시설의 이용, 역량 개발, 사회참여 지원 등을 통하여 국민의 삶의 질이 향상되도록 지원하는 제도를 말한다.
- 평생사회안전망이란 생애주기에 걸쳐 보편적으로 충족되어야 하는 기본욕구와 특정한 사회위험에 의하여 발생하는 특수욕구를 동시에 고려하여 소득·서비스를 보장하는 맞춤형 사회보장제도를 말한다.
- 사회보장 행정데이터란 국가, 지방자치단체, 공공기관 및 법인이 법령에 따라 생성 또는 취득하여 관리하고 있는 자료 또는 정보로서 사회보장 정책 수행에 필요한 자료 또는 정보를 말한다.

사회보장기본법의 내용으로 옳지 않은 것은?

① 국내에 거주하는 외국인에게 사회보장제도를 적용할 때에는 상호주의의 원칙에 따르되, 관계 법령에서 정하는 바에 따른다.
② 보건복지부장관은 사회보장정보시스템의 구축·운영을 총괄한다.
③ 사회보장정보의 보호 및 관리는 사회보장위원회의 심의·조정 사항이 아니다.
④ 모든 국민은 자신의 능력을 최대한 발휘하여 자립·자활할 수 있도록 노력하여야 한다.
⑤ 국가와 지방자치단체는 사회보장에 관한 책임과 역할을 합리적으로 분담하여야 한다.

답 ③

✔ 응시생들의 선택

① 3%	② 9%	③ 82%	④ 4%	⑤ 2%

③ 사회보장위원회는 '사회보장 증진을 위한 기본계획, 사회보장 관련 주요 계획, 사회보장제도의 평가 및 개선, 사회보장제도의 신설 또는 변경에 따른 우선순위, 둘 이상의 중앙행정기관이 관련되는 주요 사회보장정책, 사회보장급여 및 비용 부담, 국가와 지방자치단체의 역할 및 비용 분담, 사회보장의 재정추계 및 재원조달 방안, 사회보장 전달체계 운영 및 개선, 사회보장통계, 사회보장정보의 보호 및 관리, 그 밖에 위원장이 심의에 부치는 사항'을 심의·조정한다.

사회보장기본법상 사회보장 기본계획에 대한 내용이다. (　)에 들어갈 숫자로 옳은 것은?

> 보건복지부장관은 관계 중앙행정기관의 장과 협의하여 사회보장 증진을 위하여 사회보장에 관한 기본계획을 (　)년마다 수립하여야 한다.

① 1
② 2
③ 3
④ 4
⑤ 5

답 ⑤

✔ 응시생들의 선택

① 3%	② 3%	③ 14%	④ 9%	⑤ 71%

⑤ 보건복지부장관은 관계 중앙행정기관의 장과 협의하여 사회보장 증진을 위하여 사회보장에 관한 기본계획을 5년마다 수립하여야 한다.

난이도 ★★☆

사회보장기본법의 내용으로 옳지 않은 것은?

① 국내에 거주하는 외국인에게 사회보장제도를 적용할 때에는 상호주의의 원칙에 따르되, 관계 법령에서 정하는 바에 따른다.
② 국가는 사회보장제도의 안정적인 운영을 위하여 중장기 사회보장 재정추계를 매년 실시하고 이를 공표하여야 한다.
③ 국가와 지방자치단체는 가정이 건전하게 유지되고 그 기능이 향상되도록 노력하여야 한다.
④ 사회보장에 관한 다른 법률을 제정하거나 개정하는 경우에는 이 법에 부합되도록 하여야 한다.
⑤ 사회보장에 관한 기본계획은 다른 법령에 따라 수립되는 사회보장에 관한 계획에 우선하며 그 계획의 기본이 된다.

답 ②

✔ 응시생들의 선택

① 5%	② 54%	③ 16%	④ 3%	⑤ 22%

② 국가는 사회보장제도의 안정적인 운영을 위하여 중장기 사회보장 재정추계를 격년으로 실시하고 이를 공표하여야 한다.

➕ 덧붙임

법률의 전반적인 내용이 한 문제 안에서 지문으로 다루어지고 있는 유형이다. 특히, 국가와 지방자치단체의 책임, 사회보장급여의 수준, 운영원칙, 사회보장수급권의 포기 등의 내용이 지문으로 자주 출제되고 있다.

14-08-07 난이도 ★☆☆

사회보장기본법상 사회보장수급권에 관한 설명으로 옳은 것은?

① 사회보장수급권의 포기는 취소할 수 없다.
② 사회보장수급권은 다른 사람에게 양도하거나 담보로 제공할 수 있다.
③ 국가는 관계 법령에서 정하는 바에 따라 최저생계비를 격년으로 공표하여야 한다.
④ 사회보장수급권을 포기하는 것이 다른 사람에게 피해를 주거나 사회보장에 관한 관계 법령에 위반되는 경우에는 사회보장수급권을 포기할 수 없다.
⑤ 사회보장급여를 정당한 권한이 없는 기관에 신청하더라도 그 기관은 사회보장급여를 직접 지급하여야 한다.

답 ④

✔ 응시생들의 선택

① 5%	② 2%	③ 9%	④ 79%	⑤ 5%

① 사회보장수급권의 포기는 취소할 수 있다.
② 사회보장수급권은 관계 법령에서 정하는 바에 따라 다른 사람에게 양도하거나 담보로 제공할 수 없으며, 이를 압류할 수 없다.
③ 국가는 관계 법령에서 정하는 바에 따라 최저보장수준과 최저임금을 매년 공표하여야 한다.
⑤ 사회보장급여를 신청하는 사람이 다른 기관에 신청한 경우에는 그 기관은 지체 없이 이를 정당한 권한이 있는 기관에 이송하여야 한다.

11-08-07 난이도 ★☆☆

사회보장기본법령상 사회보장제도 운영원칙이 아닌 것은?

① 보편성의 원칙
② 독립성의 원칙
③ 형평성의 원칙
④ 민주성의 원칙
⑤ 전문성의 원칙

답 ②

✔ 응시생들의 선택

① 3%	② 82%	③ 5%	④ 6%	⑤ 4%

② 사회보장기본법령상 사회보장제도 운영원칙으로는 보편성의 원칙, 형평성의 원칙, 민주성의 원칙, 효율성·연계성 및 전문성의 원칙, 공공성의 원칙 등이 있다.

다음 내용이 왜 틀렸는지를 확인해보자

21-08-04

01 사회보험, 공공부조, 사회서비스는 <u>지방자치단체의 책임으로 시행하는 것을 원칙</u>으로 한다.

> 사회보험은 국가의 책임으로 시행하고, 공공부조와 사회서비스는 국가와 지방자치단체의 책임으로 시행하는 것을 원칙으로 한다.

20-08-05

02 국가는 사회보장제도의 안정적인 운영을 위하여 <u>중장기 사회보장 재정추계를 매년 실시</u>하고 이를 공표하여야 한다.

> 국가는 사회보장제도의 안정적인 운영을 위하여 중장기 사회보장 재정추계를 격년으로 실시하고 이를 공표하여야 한다.

03 국가와 지방자치단체는 <u>사회보장급여의 신청을 대신할 수 없다.</u>

> 사회보장급여를 받으려는 사람은 국가나 지방자치단체에 신청하여야 한다. 다만, 관계 법령에서 따로 정하는 경우에는 국가나 지방자치단체가 신청을 대신할 수 있다.

16-08-05

04 사회보장수급권은 <u>이유를 불문하고 제한되거나 정지될 수 없다.</u>

> 사회보장수급권은 제한되거나 정지될 수 없다. 다만, 관계 법령에서 따로 정하고 있는 경우에는 그러하지 아니하다.

11-08-07

05 <u>독립성의 원칙</u>은 사회보장기본법상 사회보장제도의 운영원칙 중 하나이다.

> 사회보장제도의 운영원칙에는 보편성, 형평성, 민주성, 효율성·연계성·전문성, 공공성의 원칙이 있다.

06 사회보장위원회의 <u>위원장은 보건복지부장관이 되고 부위원장은 기획재정부장관, 교육부장관</u>이 된다.

> 사회보장위원회의 위원장은 국무총리가 되고 부위원장은 기획재정부장관, 교육부장관 및 보건복지부장관이 된다.

빈칸에 들어갈 알맞은 말을 채워보자

21-08-05

01 사회보장수급권은 정당한 권한이 있는 기관에 (　　　　　　)(으)로 통지하여 포기할 수 있다.

19-08-07

02 (　　　　　　)(이)란 생애주기에 걸쳐 보편적으로 충족되어야 하는 기본욕구와 특정한 사회위험에 의하여 발생하는 특수욕구를 동시에 고려하여 소득·서비스를 보장하는 맞춤형 사회보장제도를 말한다.

16-08-04

03 사회보장위원회는 위원장 1명, 부위원장 3명과 행정안전부장관, 고용노동부장관, 여성가족부장관, 국토교통부장관을 포함한 (　　　　　)명 이내의 위원으로 구성한다.

16-08-06

04 국내외에 거주하는 외국인에게 (　　　　　)의 원칙에 따라 사회보장제도를 적용하여야 한다.

15-08-25

05 보건복지부장관은 관계 중앙행정기관의 장과 협의하여 사회보장 증진을 위하여 사회보장에 관한 기본계획을 (　　　　　)년 마다 수립하여야 한다.

09-08-09

06 사회보장에 관한 주요 시책을 심의·조정하기 위하여 국무총리 소속으로 (　　　　　)을/를 둔다.

07 (　　　　　)은/는 사회보장정보시스템의 구축·운영을 총괄한다.

08 국가와 지방자치단체는 모든 국민이 건강하고 문화적인 생활을 유지할 수 있도록 (　　　　　)의 수준 향상을 위하여 노력하여야 한다.

08-08-29

09 국가와 지방자치단체는 모든 국민이 쉽게 이용할 수 있고 사회보장급여가 적시에 제공되도록 지역적·기능적으로 균형잡힌 (　　　　　)을/를 구축하여야 한다.

07-08-11

10 국가는 관계 법령에서 정하는 바에 따라 (　　　　　)와/과 최저임금을 매년 공표하여야 한다.

 답 **01** 서면　**02** 평생사회안전망　**03** 30　**04** 상호주의　**05** 5　**06** 사회보장위원회　**07** 보건복지부장관　**08** 사회보장급여
09 사회보장 전달체계　**10** 최저보장수준

다음 내용이 옳은지 그른지 판단해보자

19-08-05
01 사회보장수급권의 포기는 취소할 수 없다. ◎ ⊗

18-08-04
02 국가와 지방자치단체는 기존 제도와의 관계, 사회보장 전달체계와 재정 등에 미치는 영향 등을 사 ◎ ⊗
전에 충분히 검토하여야 한다.

17-08-06
03 모든 국민은 사회보장 관계 법령에서 정하는 바에 따라 사회보장급여를 받을 권리를 가진다. ◎ ⊗

16-08-04
04 사회보장위원회 위원의 임기는 2년으로 하며, 공무원인 위원의 임기는 1년으로 한다. ◎ ⊗

15-08-22
05 부담 능력이 있는 국민에 대한 사회서비스에 대해서는 관계 법령에서 정하는 바에 따라 지방자치단 ◎ ⊗
체가 그 비용의 일부를 부담할 수 있다.

06 사회보장급여를 받으려는 사람은 관계 법령에서 정하는 바에 따라 국가나 지방자치단체에 신청하 ◎ ⊗
여야 한다.

14-08-05
07 사회보장에 관한 기본계획은 다른 법령에 따라 수립되는 사회보장에 관한 계획에 우선하며 그 계획 ◎ ⊗
의 기본이 된다.

10-08-09
08 부담능력이 있는 국민에 대한 사회복지서비스에 드는 비용은 그 수익자가 부담하는 것을 원칙으로 ◎ ⊗
한다.

08-08-29
09 보건복지부장관은 사회보장제도의 발전을 위하여 전문인력의 양성, 학술 조사 및 연구, 국제 교류의 ◎ ⊗
증진 등에 노력하여야 한다.

10 국가와 지방자치단체는 최저보장수준과 최저임금 등을 고려하여 사회보장급여의 수준을 결정하여 ◎ ⊗
야 한다.

답 01 × 02 ○ 03 ○ 04 × 05 ○ 06 ○ 07 ○ 08 ○ 09 × 10 ○

해설 **01** 사회보장수급권의 포기는 취소할 수 있다.
04 사회보장위원회 위원의 임기는 2년으로 하며, 공무원인 위원의 임기는 그 재임 기간으로 한다.
09 국가와 지방자치단체는 사회보장제도의 발전을 위하여 전문인력의 양성, 학술 조사 및 연구, 국제 교류의 증진 등에 노력하여야 한다.

6장

사회보장급여의 이용 · 제공 및 수급권자 발굴에 관한 법률

이 장에서는

사회보장급여의 이용 · 제공 및 수급권자 발굴에 관한 법률의 주요 내용을 다룬다.

10년간 출제분포도

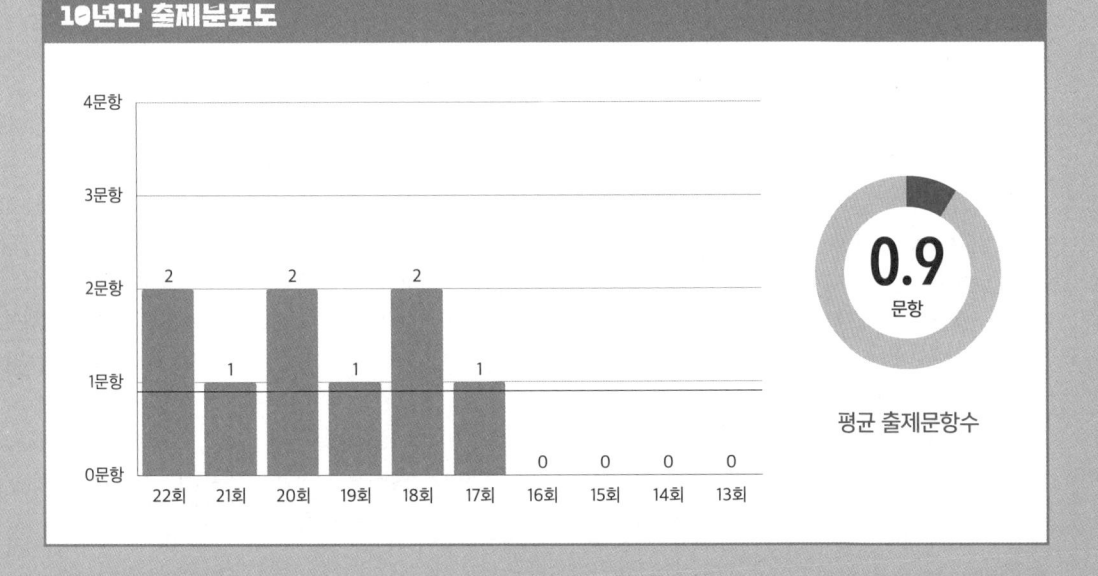

평균 출제문항수 0.9문항

 **229**

사회보장급여의 이용·제공 및 수급권자 발굴에 관한 법률

강의 QR코드

1회독	2회독	3회독
월 일	월 일	월 일

★★★
최근 10년간 **9문항** 출제

복습
1 **이론요약**

용어의 정의

기본개념

사회복지법제론
pp.122~

- 사회보장급여: 보장기관이 사회보장기본법에 따라 제공하는 현금, 현물, 서비스 및 그 이용권을 말한다.
- 수급권자: 사회보장기본법에 따른 사회보장급여를 제공받을 권리를 가진 사람을 말한다.
- 수급자: 사회보장급여를 받고 있는 사람을 말한다.
- 지원대상자: 사회보장급여를 필요로 하는 사람을 말한다.
- 보장기관: 관계 법령 등에 따라 사회보장급여를 제공하는 국가기관과 지방자치단체를 말한다.

사회보장급여

- 신청: **지원대상자와 그 친족, 후견인, 청소년상담사·청소년지도사, 지원대상자를 사실상 보호하고 있는 자(관련 기관 및 단체의 장을 포함) 등은 지원대상자의 주소지 관할 보장기관에 사회보장급여를 신청할 수 있다.** 보장기관 의 업무담당자는 지원대상자가 누락되지 아니하도록 하기 위하여 관할 지역에 거주하는 지원대상자에 대한 사회보장 급여의 제공을 직권으로 신청할 수 있다.
- 제공의 결정: 보장기관의 장이 사회보장 요구의 조사 및 수급자격의 조사를 실시한 경우에는 사회보장급여의 제공 여 부 및 제공 유형을 결정하되, 제공하고자 하는 사회보장급여는 지원대상자가 현재 제공받고 있는 사회보장급여와 보장 내용이 중복되도록 하여서는 아니 된다.
- 발굴조사의 실시 및 실태점검: **보장기관의 장은 지원대상자에 대한 발굴조사를 분기마다 정기적으로 실시하여야 한다.** 다만, 긴급복지지원법에 따라 발굴조사를 실시한 경우에는 그러하지 아니하다. 보건복지부장관은 지원대상자 발 굴체계의 운영 실태를 매년 정기적으로 점검하고 개선방안을 마련하여야 한다.
- 부정수급 실태조사: 보건복지부장관은 속임수 등의 부정한 방법으로 사회보장급여를 받거나 타인으로 하여금 사회보 장급여를 받게 한 경우에 대하여 보장기관이 효과적인 대책을 세울 수 있도록 그 발생 현황, 피해사례 등에 관한 **실태 조사를 3년마다 실시하고, 그 결과를 공개하여야 한다.**
- 변경: 보장기관의 장은 사회보장급여의 적정성 확인조사 및 수급자의 변동신고에 따라 수급자 및 그 부양의무자의 인 적사항, 가족관계, 소득·재산 상태, 근로능력 등에 변동이 있는 경우에는 직권 또는 수급자나 그 친족, 그 밖의 관계인

의 신청에 따라 수급자에 대한 사회보장급여의 종류·지급방법 등을 변경할 수 있다.
- 중지: 사회보장급여의 변경 또는 중지는 서면(수급자의 동의에 의한 전자문서를 포함)으로 그 이유를 명시하여 수급자에게 통지하여야 하며, 필요한 경우 구두 등의 방법을 병행할 수 있다.

사회보장정보

- 사회보장정보시스템의 이용: 보장기관의 장은 업무를 효율적으로 수행하기 위하여 사회보장정보시스템을 이용하거나 관할 업무시스템과 사회보장정보시스템을 연계하여 이용할 수 있다.
- 한국사회보장정보원: **사회보장정보시스템의 운영·지원을 위하여 한국사회보장정보원을 설립**한다. 한국사회보장정보원은 법인으로 한다.
- 보호대책 수립·시행: 보건복지부장관은 사회보장정보시스템의 사회보장정보를 안전하게 보호하기 위하여 물리적·기술적 대책을 포함한 보호대책을 수립·시행하여야 한다.

지역사회보장계획

- 특별시장·광역시장·특별자치시장·도지사·특별자치도지사 및 시장·군수·구청장은 **지역사회보장에 관한 계획을 4년마다 수립**하고, 매년 지역사회보장계획에 따라 연차별 시행계획을 수립하여야 한다. 이 경우 사회보장기본법에 따른 사회보장에 관한 기본계획과 연계되도록 하여야 한다.
- 시·도지사 또는 시장·군수·구청장은 지역사회보장계획을 시행하여야 한다.

지역사회보장 운영체계

- **시·도지사는 시·도의 사회보장 증진을 위하여 시·도사회보장위원회**를 둔다.
- **시장·군수·구청장은 지역의 사회보장을 증진하고, 사회보장과 관련된 서비스를 제공하는 관계 기관·법인·단체·시설과 연계·협력을 강화하기 위하여 해당 시·군·구에 지역사회보장협의체**를 둔다.
- 지역사회보장협의체의 업무를 효율적으로 수행하기 위하여 지역사회보장협의체에 실무협의체를 둔다.
- 특별자치시장 및 시장·군수·구청장은 사회보장에 관한 업무를 효율적으로 수행하기 위하여 관련 조직, 인력, 관계 기관 간 협력체계 등을 마련하여야 하며, 필요한 경우에는 사회보장에 관한 사무를 전담하는 기구를 별도로 설치할 수 있다.
- 통합사례관리를 실시하기 위하여 필요한 경우에는 특별자치시 및 시·군·구에 통합사례관리사를 둘 수 있다.
- 사회복지사업에 관한 업무를 담당하게 하기 위하여 **시·도, 시·군·구, 읍·면·동 또는 사회보장사무 전담기구에 사회복지전담공무원**을 둘 수 있다.

01 (22-08-11) 「청소년 기본법」에 따른 청소년상담사는 지원대상자의 사회보장급여를 신청할 수 있다.

02 (22-08-12) 보장기관의 장은 지원대상자에 대한 발굴조사를 분기마다 정기적으로 실시하여야 한다.

03 (21-08-08) 보건복지부장관은 사회보장급여 부정수급 실태조사를 3년마다 실시하고 그 결과를 공개하여야 한다.

04 (20-08-07) 사회서비스 제공기관의 운영자는 위기가구의 발굴 지원업무 수행을 위해 사회서비스정보시스템을 이용할 수 있다.

05 (20-08-08) 보장기관의 장은 지원대상자와 그 부양의무자에 대하여 수급자격 확인을 위해 소득 · 재산 · 근로능력 및 취업상태에 관한 사항 등을 조사할 수 있다.

06 (19-08-08) 사회보장급여의 이용 · 제공 및 수급권자 발굴에 관한 법률상 수급자란 사회보장급여를 받고 있는 사람을 말한다.

07 (18-08-06) 한국사회보장정보원의 임직원은 그 직무상 알게 된 비밀을 다른 용도로 사용하여서는 아니 된다.

08 (18-08-07) 사회복지전담공무원은 사회복지사업법에 따른 사회복지사의 자격을 가진 사람으로 한다.

09 (17-08-07) 통합사례관리를 실시하기 위하여 필요한 경우에는 특별자치시 및 시 · 군 · 구에 통합사례관리사를 둘 수 있다.

대표기출 확인하기

22-08-11 난이도 ★★☆

사회보장급여의 이용·제공 및 수급권자 발굴에 관한 법률의 내용으로 옳지 않은 것은?

① 보장기관은 지역의 사회보장 수준이 균등하게 실현될 수 있도록 노력하여야 한다.

② 「청소년 기본법」에 따른 청소년상담사는 지원대상자의 사회보장급여를 신청할 수 있다.

③ 보장기관의 장은 위기가구를 발굴하기 위하여 노력하여야 한다.

④ 정부는 한국사회보장정보원의 설립·운영에 필요한 비용을 출연할 수 없다.

⑤ 특별자치시 지역사회보장계획은 사회보장급여 담당 인력의 양성 및 전문성 제고 방안을 포함하여야 한다.

 알짜확인

• 사회보장급여의 이용·제공 및 수급권자 발굴에 관한 법률의 주요 내용(용어의 정의, 사회보장급여, 사회보장정보, 지역사회보장계획, 지역사회보장 운영체계 등)을 이해해야 한다.

답 ④

✔ 응시생들의 선택

① 2%	② 6%	③ 3%	④ 87%	⑤ 2%

④ 정부는 사회보장급여의 이용 및 제공이 원활히 이루어질 수 있도록 한국사회보장정보원의 설립·운영에 필요한 비용을 출연하거나 지원할 수 있다.

➕ 덧붙임

사회보장급여의 이용·제공 및 수급권자 발굴에 관한 법률은 17회 시험부터 출제되기 시작하였다. 이제 막 출제되기 시작한 법률이고 향후 지속적으로 출제될 확률이 매우 높기 때문에 법률의 전반적인 사항을 모두 빠짐없이 살펴봐야 한다.

관련기출 더 보기

22-08-12 난이도 ★★☆

사회보장급여의 이용·제공 및 수급권자 발굴에 관한 법률상 지원대상자의 발굴에 관한 설명으로 옳은 것은?

① "지원대상자"란 사회보장급여를 제공받을 권리를 가진 사람을 말한다.

② 사회복지시설의 장은 사회보장급여의 제공을 직권으로 신청할 수 있다.

③ 국민건강보험공단 이사장은 보험료를 7개월 이상 체납한 사람의 가구정보를 사회보장정보시스템을 통하여 처리할 수 있다.

④ 시·도지사는 지원대상자에 대한 발굴조사를 1년마다 정기적으로 실시하여야 한다.

⑤ 보장기관의 장은 지원대상자를 발굴하기 위하여 사회보장급여의 제공규모에 대한 정보의 제공과 홍보에 노력하여야 한다.

답 ⑤

✔ 응시생들의 선택

① 22%	② 13%	③ 4%	④ 12%	⑤ 49%

① "지원대상자"란 사회보장급여를 필요로 하는 사람을 말한다. 사회보장급여를 제공받을 권리를 가진 사람은 "수급권자"이다.

② 보장기관의 업무담당자는 지원대상자가 누락되지 아니하도록 하기 위하여 관할 지역에 거주하는 지원대상자에 대한 사회보장급여의 제공을 직권으로 신청할 수 있다. 이 경우 지원대상자의 동의를 받아야 하며, 동의를 받은 경우에는 지원대상자가 신청한 것으로 본다.

③ 보건복지부장관은 보장기관이 업무를 효율적으로 수행할 수 있도록 지원하기 위하여 사회보장정보시스템을 통하여 국민건강보험법에 따른 보험료를 3개월 이상 체납한 사람의 가구정보에 대한 자료 또는 정보를 처리할 수 있다.

④ 보장기관의 장은 지원대상자에 대한 발굴조사를 분기마다 정기적으로 실시하여야 한다.

난이도 ★★☆

사회보장급여의 이용·제공 및 수급권자 발굴에 관한 법률의 내용으로 옳은 것은?

① 시장·군수·구청장은 중앙생활보장위원회를 둔다.
② 보건복지부장관은 사회보장급여 부정수급 실태조사를 3년마다 실시하고 그 결과를 공개하여야 한다.
③ "수급권자"란 사회보장급여를 제공하는 국가기관과 지방자치단체를 말한다.
④ 보장기관의 업무담당자는 지원대상자가 심신미약 등 대통령령으로 정하는 경우에 해당하면 지원대상자의 동의 하에서만 직권으로 사회보장급여의 제공을 신청할 수 있다.
⑤ 보장기관의 장은 지원대상자 발굴체계의 운영 실태를 3년마다 점검하고 개선방안을 마련하여야 한다.

답 ②

✅ 응시생들의 선택

① 3%	② 42%	③ 2%	④ 29%	⑤ 24%

① 시장·군수·구청장은 지역사회보장협의체를 둔다.
③ 사회보장급여를 제공하는 국가기관과 지방자치단체는 "보장기관"을 말한다. "수급권자"란 사회보장기본법에 따른 사회보장급여를 제공받을 권리를 가진 사람을 말한다.
④ 보장기관의 업무담당자는 지원대상자가 심신미약 또는 심신상실 등 대통령령으로 정하는 경우에 해당하면 지원대상자의 동의 없이 직권으로 사회보장급여의 제공을 신청할 수 있다.
⑤ 보건복지부장관은 지원대상자 발굴체계의 운영 실태를 매년 정기적으로 점검하고 개선방안을 마련하여야 한다.

난이도 ★★★

사회보장급여의 이용·제공 및 수급권자 발굴에 관한 법률의 내용으로 옳지 않은 것은?

① 보장기관의 장은 「긴급복지지원법」 제7조의2에 따른 발굴조사를 실시한 경우를 제외하고 지원대상자에 대한 발굴조사를 1년마다 정기적으로 실시하여야 한다.
② 보장기관은 지역의 사회보장 수준이 균등하게 실현될 수 있도록 노력하여야 한다.
③ 누구든지 사회적 위험으로 인하여 사회보장급여를 필요로 하는 지원대상자를 발견하였을 때에는 보장기관에 알려야 한다.
④ 이의신청은 그 처분을 받은 날로부터 90일 이내에 처분을 결정한 보장기관의 장에게 할 수 있다.
⑤ 사회서비스 제공기관의 운영자는 위기가구의 발굴 지원업무 수행을 위해 사회서비스정보시스템을 이용할 수 있다.

답 ①

✅ 응시생들의 선택

① 38%	② 8%	③ 13%	④ 31%	⑤ 10%

① 보장기관의 장은 지원대상자에 대한 발굴조사를 분기마다 정기적으로 실시하여야 한다. 다만, 긴급복지지원법 제7조의2에 따라 발굴조사를 실시한 경우에는 그러하지 아니하다.

사회보장급여의 이용·제공 및 수급권자 발굴에 관한 법률상 수급자격 확인을 위해 지원대상자와 그 부양의무자에 대하여 조사할 수 있는 사항을 모두 고른 것은?

ㄱ. 인적사항 및 가족관계 확인에 관한 사항
ㄴ. 소득·재산·근로능력 및 취업상태에 관한 사항
ㄷ. 사회보장급여 수급이력에 관한 사항
ㄹ. 수급권자를 선정하기 위하여 보장기관의 장이 필요하다고 인정하는 사항

① ㄱ, ㄴ
② ㄷ, ㄹ
③ ㄱ, ㄴ, ㄷ
④ ㄴ, ㄷ, ㄹ
⑤ ㄱ, ㄴ, ㄷ, ㄹ

답 ⑤

✅ 응시생들의 선택

① 2%	② 2%	③ 11%	④ 2%	⑤ 83%

⑤ 보장기관의 장은 사회보장급여의 신청을 받으면 지원대상자와 그 부양의무자(배우자와 1촌의 직계혈족 및 그 배우자)에 대하여 사회보장급여의 수급자격 확인을 위하여 '인적사항 및 가족관계 확인에 관한 사항, 소득·재산·근로능력 및 취업상태에 관한 사항, 사회보장급여 수급이력에 관한 사항, 그 밖에 수급권자를 선정하기 위하여 보장기관의 장이 필요하다고 인정하는 사항'에 해당하는 자료 또는 정보를 제공받아 조사하고 처리할 수 있다.

➕ 덧붙임

사회보장급여의 이용·제공 및 수급권자 발굴에 관한 법률은 이제 막 출제되기 시작한 법률이다. 17회 시험을 시작으로 그동안 출제된 내용을 살펴보면, 용어의 정의, 통합사례관리, 한국사회보장정보원, 사회복지전담공무원, 사회보장급여의 신청, 실태조사, 수급자격 확인을 위한 조사, 사회서비스정보시스템, 이의신청 등에 관한 내용이 출제되었다.

사회보장급여의 이용·제공 및 수급권자 발굴에 관한 법률의 설명으로 옳은 것은?

① 2017년 12월 30일에 제정, 2018년 7월 1일부터 시행되었다.
② 지원대상자가 누락되지 않도록 하기 위해 보장기관의 업무담당자는 지원대상자의 동의를 받지 않고도 직권으로 사회보장급여의 제공을 신청할 수 있다.
③ 수급자란 사회보장급여를 받고 있는 사람을 말한다.
④ 보건복지부장관은 사회보장급여 부정수급 실태조사를 5년마다 실시하고 그 결과를 공개해야 한다.
⑤ 이 법에 따른 처분에 이의가 있는 수급권자등은 그 처분을 받은 날부터 30일 이내에 처분을 결정한 보장기관의 장에게 이의신청을 해야 한다.

답 ③

✅ 응시생들의 선택

① 2%	② 6%	③ 77%	④ 8%	⑤ 7%

① 2014년 12월 30일에 제정, 2015년 7월 1일부터 시행되었다.
② 보장기관의 업무담당자는 지원대상자가 누락되지 아니하도록 하기 위하여 관할 지역에 거주하는 지원대상자에 대한 사회보장급여의 제공을 직권으로 신청할 수 있다. 이 경우 지원대상자의 동의를 받아야 하며, 동의를 받은 경우에는 지원대상자가 신청한 것으로 본다.
④ 보건복지부장관은 속임수 등의 부정한 방법으로 사회보장급여를 받거나 타인으로 하여금 사회보장급여를 받게 한 경우에 대하여 보장기관이 효과적인 대책을 세울 수 있도록 그 발생 현황, 피해사례 등에 관한 실태조사를 3년마다 실시하고, 그 결과를 공개하여야 한다.
⑤ 이 법에 따른 처분에 이의가 있는 수급권자등은 그 처분을 받은 날로부터 90일 이내에 처분을 결정한 보장기관의 장에게 이의신청을 할 수 있다. 다만, 정당한 사유로 인하여 그 기간 내에 이의신청을 할 수 없음을 증명한 때에는 그 사유가 소멸한 때부터 60일 이내에 이의신청을 할 수 있다.

사회보장급여의 이용·제공 및 수급권자 발굴에 관한 법률상 한국사회보장정보원에 관한 내용으로 옳지 않은 것은?

① 한국사회보장정보원은 법인으로 한다.
② 정부는 한국사회보장정보원의 설립에 필요한 비용을 출연할 수 있다.
③ 한국사회보장정보원의 운영에 필요한 비용은 정부가 지원할 수 없으며 정보이용자가 지불하는 부담금으로 충당한다.
④ 한국사회보장정보원에 관하여 이 법에서 규정한 사항 외에는 「민법」 중 재단법인에 관한 규정을 준용한다.
⑤ 한국사회보장정보원의 임직원은 그 직무상 알게 된 비밀을 다른 용도로 사용하여서는 아니 된다.

답 ③

✔ 응시생들의 선택

① 2%	② 2%	③ 92%	④ 4%	⑤ 0%

③ 정부는 사회보장급여의 이용 및 제공이 원활히 이루어질 수 있도록 한국사회보장정보원의 설립·운영에 필요한 비용을 출연하거나 지원할 수 있다.

사회보장급여의 이용·제공 및 수급권자 발굴에 관한 법률상 사회복지전담공무원에 관한 내용으로 옳지 않은 것을 모두 고른 것은?

> ㄱ. 시·군·구, 읍·면·동에 사회복지전담공무원을 둘 수 있고 시·도에는 둘 수 없다.
> ㄴ. 사회복지전담공무원은 「사회복지사업법」에 따른 사회복지사의 자격을 가진 사람으로 한다.
> ㄷ. 시·도지사 및 시장·군수·구청장은 「지방공무원 교육훈련법」에 따라 사회복지전담공무원의 교육훈련에 필요한 시책을 수립·시행하여야 한다.

① ㄱ
② ㄴ
③ ㄱ, ㄴ
④ ㄱ, ㄷ
⑤ ㄴ, ㄷ

답 ①

✔ 응시생들의 선택

① 45%	② 6%	③ 8%	④ 21%	⑤ 20%

① ㄱ. 사회복지사업에 관한 업무를 담당하게 하기 위하여 시·도, 시·군·구, 읍·면·동 또는 사회보장사무 전담기구에 사회복지전담공무원을 둘 수 있다.

사회보장급여의 이용·제공 및 수급권자 발굴에 관한 법률의 내용으로 옳은 것을 모두 고른 것은?

> ㄱ. "지원대상자"란 사회보장급여를 필요로 하는 사람을 말한다.
> ㄴ. "보장기관"이란 관계 법령 등에 따라 사회보장급여를 제공하는 국가기관과 지방자치단체를 말한다.
> ㄷ. 통합사례관리를 실시하기 위하여 필요한 경우에는 특별자치시 및 시·군·구에 통합사례관리사를 둘 수 있다.

① ㄱ
② ㄷ
③ ㄱ, ㄷ
④ ㄴ, ㄷ
⑤ ㄱ, ㄴ, ㄷ

답 ⑤

✔ 응시생들의 선택

① 5%	② 2%	③ 7%	④ 12%	⑤ 74%

⑤ **용어의 정의**
- 사회보장급여란 보장기관이 사회보장기본법에 따라 제공하는 현금, 현물, 서비스 및 그 이용권을 말한다.
- 수급권자란 사회보장기본법에 따른 사회보장급여를 제공받을 권리를 가진 사람을 말한다.
- 수급자란 사회보장급여를 받고 있는 사람을 말한다.
- 지원대상자란 사회보장급여를 필요로 하는 사람을 말한다.
- 보장기관이란 관계 법령 등에 따라 사회보장급여를 제공하는 국가기관과 지방자치단체를 말한다.

통합사례관리
- 보건복지부장관, 시·도지사 및 시장·군수·구청장은 지원대상자의 사회보장 수준을 높이기 위하여 지원대상자의 다양하고 복합적인 특성에 따른 상담과 지도, 사회보장에 대한 욕구조사, 서비스 제공 계획의 수립을 실시하고, 그 계획에 따라 지원대상자에게 보건·복지·고용·교육 등에 대한 사회보장급여 및 민간 법인·단체·시설 등이 제공하는 서비스를 종합적으로 연계·제공하는 통합사례관리를 실시할 수 있다.
- 통합사례관리를 실시하기 위하여 필요한 경우에는 특별자치시 및 시·군·구에 통합사례관리사를 둘 수 있다.
- 보건복지부장관은 통합사례관리 사업의 전문적인 지원을 위하여 해당 업무를 공공 또는 민간 기관·단체 등에 위탁하여 실시할 수 있다.

다음 내용이 왜 틀렸는지를 확인해보자

01 국가는 사회복지전담공무원의 보수 등에 드는 비용의 <u>**전부를 보조하여야 한다.**</u>

> 국가는 사회복지전담공무원의 보수 등에 드는 비용의 전부 또는 일부를 보조할 수 있다.

02 시장·군수·구청장은 지역의 사회보장을 증진하고, 사회보장과 관련된 서비스를 제공하는 관계 기관·법인·단체·시설과 연계·협력을 강화하기 위하여 해당 시·군·구에 <u>**사회보장위원회를 둔다.**</u>

> 시장·군수·구청장은 지역의 사회보장을 증진하고, 사회보장과 관련된 서비스를 제공하는 관계 기관·법인·단체·시설과 연계·협력을 강화하기 위하여 해당 시·군·구에 지역사회보장협의체를 둔다.

03 특별시장·광역시장·특별자치시장·도지사·특별자치도지사 및 시장·군수·구청장은 <u>**지역사회보장에 관한 계획을 5년마다 수립하고, 격년을 주기로 지역사회보장계획에 따라**</u> 시행계획을 수립하여야 한다.

> 특별시장·광역시장·특별자치시장·도지사·특별자치도지사 및 시장·군수·구청장은 지역사회보장에 관한 계획을 4년마다 수립하고, 매년 지역사회보장계획에 따라 연차별 시행계획을 수립하여야 한다.

`라-08-08`

04 <u>수급권자란 사회보장급여를 필요로 하는 사람을 말한다.</u>

> 사회보장급여를 필요로 하는 사람은 지원대상자라고 한다. 수급권자는 사회보장기본법에 따른 사회보장급여를 제공받을 권리를 가진 사람을 말한다.

05 보장기관의 업무담당자는 지원대상자에 대한 <u>**사회보장급여의 제공을 직권으로 신청할 수 없다.**</u>

> 보장기관의 업무담당자는 지원대상자가 누락되지 아니하도록 하기 위하여 관할 지역에 거주하는 지원대상자에 대한 사회보장급여의 제공을 직권으로 신청할 수 있다. 이 경우 지원대상자의 동의를 받아야 하며, 동의를 받은 경우에는 지원대상자가 신청한 것으로 본다.

`20-08-07`

06 이의신청은 <u>그 처분을 받은 날로부터 30일 이내</u>에 처분을 결정한 보장기관의 장에게 할 수 있다.

> 이의신청은 그 처분을 받은 날로부터 90일 이내에 처분을 결정한 보장기관의 장에게 할 수 있다.

빈칸에 들어갈 알맞은 말을 채워보자

19-08-08
01 보건복지부장관은 사회보장급여 부정수급 실태조사를 (   )년마다 실시하고 그 결과를 공개해야 한다.

18-08-07
02 사회복지전담공무원은 사회복지사업법에 따른 (   )의 자격을 가진 사람으로 한다.

03 시·도지사는 시·도의 사회보장 증진을 위하여 (   )을/를 둔다.

17-08-07
04 (   )(이)란 관계 법령 등에 따라 사회보장급여를 제공하는 국가기관과 지방자치단체를 말한다.

05 사회보장정보시스템의 운영·지원을 위하여 (   )을/를 설립한다.

답 **01** 3   **02** 사회복지사   **03** 시·도사회보장위원회   **04** 보장기관   **05** 한국사회보장정보원

다음 내용이 옳은지 그른지 판단해보자

01 사회보장급여는 보장기관이 사회복지사업법에 따라 제공하는 현금, 현물, 서비스 및 그 이용권을 말한다. ◎ ⊗

18-08-06
02 한국사회보장정보원은 법인으로 한다. ◎ ⊗

03 사회보장급여는 지원대상자만이 신청할 수 있다. ◎ ⊗

04 시·도지사 또는 시장·군수·구청장은 지역사회보장계획을 시행하여야 한다. ◎ ⊗

17-08-07
05 통합사례관리를 실시하기 위하여 필요한 경우에는 특별자치시 및 시·군·구에 사회복지전담공무원을 둘 수 있다. ◎ ⊗

답 **01** ✕   **02** ○   **03** ✕   **04** ○   **05** ✕

해설 **01** 사회보장급여는 보장기관이 사회보장기본법에 따라 제공하는 현금, 현물, 서비스 및 그 이용권을 말한다.
03 지원대상자와 그 친족, 후견인, 청소년상담사·청소년지도사, 지원대상자를 사실상 보호하고 있는 자 등은 지원대상자의 주소지 관할 보장기관에 사회보장급여를 신청할 수 있다.
05 통합사례관리를 실시하기 위하여 필요한 경우에는 특별자치시 및 시·군·구에 통합사례관리사를 둘 수 있다.

7장

사회복지사업법

이 장에서는

사회복지사업법의 주요 내용을 다룬다.

10년간 출제분포도

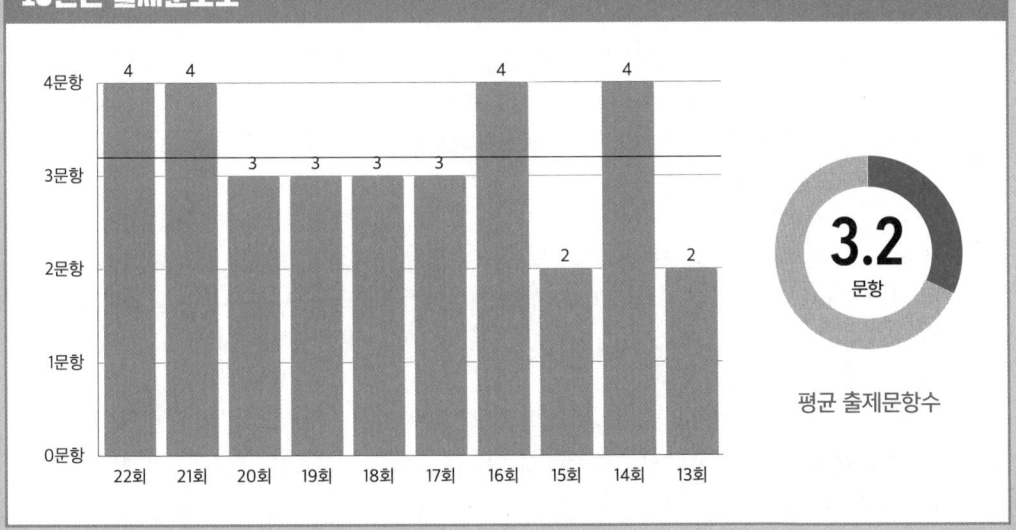

22회	21회	20회	19회	18회	17회	16회	15회	14회	13회
4	4	3	3	3	3	4	2	4	2

3.2 문항

평균 출제문항수

230 사회복지사업법

1회독	2회독	3회독
월 일	월 일	월 일

최근 10년간 **35문항** 출제

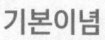 복습 **1** **이론요약**

기본이념

- 사회복지를 필요로 하는 사람은 누구든지 자신의 의사에 따라 서비스를 신청하고 제공받을 수 있다.
- 사회복지법인 및 사회복지시설은 공공성을 가지며 사회복지사업을 시행하는 데 있어서 공공성을 확보하여야 한다.
- 사회복지사업을 시행하는 데 있어서 사회복지를 제공하는 자는 사회복지를 필요로 하는 사람의 인권을 보장하여야 한다.
- 사회복지서비스를 제공하는 자는 필요한 정보를 제공하는 등 사회복지서비스를 이용하는 사람의 선택권을 보장하여야 한다.

기본개념

사회복지법제론
pp.154~

사회복지사

- 자격: 보건복지부장관은 사회복지에 관한 전문지식과 기술을 가진 사람에게 사회복지사 자격증을 발급할 수 있다. **사회복지사의 등급은 1·2급으로 하고 사회복지사 1급 자격증을 받으려는 사람은 국가시험에 합격하여야 한다.** 정신건강·의료·학교 영역에 대해서는 영역별로 정신건강사회복지사·의료사회복지사·학교사회복지사의 자격을 부여할 수 있다.
- 결격사유: 피성년후견인, 금고 이상의 형의 선고를 받고 그 집행이 끝나지 아니하였거나 그 집행을 받지 아니하기로 확정되지 아니한 사람, 법원의 판결에 따라 자격이 상실되거나 정지된 사람, 마약·대마 또는 향정신성의약품의 중독자, 정신건강증진 및 정신질환자 복지서비스 지원에 관한 법률에 따른 정신질환자(다만, 전문의가 사회복지사로서 적합하다고 인정하는 사람은 제외)
- 자격취소: 보건복지부장관은 사회복지사가 '거짓이나 그 밖의 부정한 방법으로 자격을 취득한 경우, 사회복지사 결격사유 중 어느 하나에 해당하게 된 경우, 자격증을 대여·양도 또는 위조·변조한 경우, 사회복지사의 업무수행 중 그 자격과 관련하여 고의나 중대한 과실로 다른 사람에게 손해를 입힌 경우, 자격정지 처분을 3회 이상 받았거나 정지 기간 종료 후 3년 이내에 다시 자격정지 처분에 해당하는 행위를 한 경우, 자격정지 처분 기간에 자격증을 사용하여 자격 관련 업무를 수행한 경우'에 해당하는 경우 그 자격을 취소하거나 1년의 범위에서 정지시킬 수 있다. 다만, 위의 경우 중 **'거짓이나 그 밖의 부정한 방법으로 자격을 취득한 경우, 사회복지사 결격사유 중 어느 하나에 해당하게 된 경우, 자격증을 대여·양도 또는 위조·변조한 경우'에 해당하면 그 자격을 반드시 취소**하여야 한다.

- 보수교육: 사회복지법인 또는 사회복지시설에 종사하는 사회복지사는 **연간 8시간 이상의 보수교육**을 받아야 한다. 보수교육에는 사회복지윤리 및 인권보호, 사회복지정책 및 사회복지실천기술 등이 포함되어야 한다.
- 사회복지사 의무채용시설이 아닌 경우: 노인복지법에 따른 노인여가복지시설(노인복지관은 제외), 장애인복지법에 따른 장애인 지역사회재활시설 중 수화통역센터·점자도서관·점자도서 및 녹음서 출판시설, 영유아보육법에 따른 어린이집, 성매매방지 및 피해자보호 등에 관한 법률에 따른 성매매피해자등을 위한 지원시설 및 성매매피해상담소, 정신건강증진 및 정신질환자 복지서비스 지원에 관한 법률에 따른 정신요양시설 및 정신재활시설, 성폭력방지 및 피해자보호 등에 관한 법률에 따른 성폭력피해상담소

사회복지법인

- 설립: 사회복지법인을 설립하려는 자는 대통령령으로 정하는 바에 따라 **시·도지사의 허가**를 받아야 한다.
- 구성: 법인은 대표이사를 포함한 **이사 7명 이상과 감사 2명** 이상을 두어야 한다. 법인은 이사 정수의 3분의 1(소수점 이하 버림) 이상을 시·도사회보장위원회, 지역사회보장협의체의 어느 하나에 해당하는 기관이 3배수로 추천한 사람 중에서 선임하여야 한다.
- 임원의 보충: 이사 또는 감사 중 결원이 생긴 때에는 **2개월 이내에 보충**해야 한다.
- 겸직 금지: 이사는 법인이 설치한 사회복지시설의 장을 제외한 그 시설의 직원을 겸할 수 없다. 감사는 법인의 이사, 법인이 설치한 사회복지시설의 장 또는 그 직원을 겸할 수 없다.
- 수익사업: 법인은 목적사업의 경비에 충당하기 위하여 필요할 때에는 법인의 설립 목적 수행에 지장이 없는 범위에서 수익사업을 할 수 있다.

사회복지시설

- 설치: 국가나 지방자치단체는 사회복지시설을 설치·운영할 수 있다. 국가나 지방자치단체가 설치한 시설은 필요한 경우 **사회복지법인이나 비영리법인에 위탁하여 운영**하게 할 수 있다. **국가 또는 지방자치단체 외의 자가 시설을 설치·운영하려는 경우에는 보건복지부령으로 정하는 바에 따라 시장·군수·구청장에게 신고**하여야 한다.
- 시설 수용인원 제한: 각 시설의 수용인원은 300명을 초과할 수 없다. 다만, '노인복지법에 따른 노인주거복지시설 중 양로시설과 노인복지주택, 노인복지법에 따른 노인의료복지시설 중 노인요양시설, 보건복지부장관이 사회복지시설의 종류·지역별 사회복지시설의 수·지역 및 종류별 사회복지서비스 수요·사회복지사업 관련 종사자의 수 등을 고려하여 정하여 고시하는 기준에 적합하다고 시장·군수·구청장이 인정하는 사회복지시설'은 300명을 초과할 수 있다.
- 업무의 전자화: 보건복지부장관은 사회복지법인 및 사회복지시설의 종사자, 거주자 및 이용자에 관한 자료 등 운영에 필요한 정보의 효율적 처리와 기록·관리 업무의 전자화를 위하여 정보시스템을 구축·운영할 수 있다. 보건복지부장관은 정보시스템을 효율적으로 운영하기 위하여 전담기구에 그 운영에 관한 업무를 위탁할 수 있다.
- 사회복지관의 서비스 우선제공 대상자: 국민기초생활보장법에 따른 수급자 및 차상위계층, 장애인·노인·한부모가족 및 다문화가족, 직업 및 취업 알선이 필요한 사람, 보호와 교육이 필요한 유아·아동 및 청소년, 그 밖에 사회복지관의 사회복지 서비스를 우선 제공할 필요가 있다고 인정되는 사람

법정단체

- 한국사회복지사협회: 사회복지사는 사회복지에 관한 전문지식과 기술을 개발·보급하고 사회복지사의 자질향상을 위한 교육훈련 및 사회복지사의 복지증진을 도모하기 위하여 한국사회복지사협회를 설립한다.
- 한국사회복지협의회: 사회복지에 관한 업무를 수행하기 위하여 전국 단위의 한국사회복지협의회(중앙협의회), 시·도 단위의 시·도 사회복지협의회(시·도협의회) 및 시·군·구(자치구) 단위의 시·군·구 사회복지협의회(시·군·구협의회)를 둔다.

01 (22-08-05) 이사 또는 감사 중에 결원이 생겼을 때에는 2개월 이내에 보충하여야 한다.

02 (22-08-06) 사회복지관은 직업 및 취업 알선이 필요한 지역주민에게 사회복지서비스를 우선 제공하여야 한다.

03 (22-08-07) 사회복지에 관한 조사·연구 및 정책 건의를 위하여 한국사회복지협의회를 둔다.

04 (21-08-09) 시장·군수·구청장은 보호대상자에게 사회복지서비스 이용권을 지급할 수 있다.

05 (21-08-10) 보건복지부장관은 정신건강사회복지사·의료사회복지사·학교사회복지사의 자격을 부여할 수 있다.

06 (21-08-11) 사회복지시설은 둘 이상의 사회복지사업을 통합하여 수행할 수 있다.

07 (21-08-16) 사회복지관, 아동양육시설, 장애인 지역사회재활시설, 부자가족복지시설 등은 보건복지부장관이 시설에서 제공하는 서비스의 최저기준 대상시설에 해당한다.

08 (20-08-09) 시·도지사는 사회복지법인이 법인 설립 후 기본재산을 출연하지 아니한 때에는 설립허가를 취소하여야 한다.

09 (20-08-10) 사회복지시설의 장은 시설의 운영에 관한 사항을 심의하기 위하여 시설에 운영위원회를 두어야 한다.

10 (20-08-11) 파산선고를 받고 복권되지 아니한 사람은 사회복지법인의 임원이 될 수 없다.

11 (19-08-10) 보건복지부장관은 사회복지사가 사회복지사의 자격취소 사유에 해당하는 경우 그 자격을 취소하거나 1년의 범위에서 정지시킬 수 있다.

12 (19-08-11) 사회복지사업법상 사회복지의 날은 9월 7일이다.

13 (18-08-08) 아동복지법, 노인복지법, 입양특례법, 사회복지공동모금회법은 사회복지사업법에서 열거하고 있는 사회복지사업 관련 법률에 해당한다.

14 (18-08-09) 해산한 법인의 남은 재산은 정관으로 정하는 바에 따라 국가 또는 지방자치단체에 귀속된다.

15 (18-08-10) 사회복지시설 시설 거주자의 보호자 대표는 운영위원이 될 수 있다.

16 (17-08-08) 국가 또는 지방자치단체 외의 자가 시설을 설치·운영하려는 경우에는 보건복지부령으로 정하는 바에 따라 시장·군수·구청장에게 신고하여야 한다.

17 (17-08-09) 법인은 수익사업에서 생긴 수익을 법인 또는 법인이 설치한 사회복지시설의 운영 외의 목적에 사용할 수 없다.

18 (17-08-10) 사회복지서비스를 필요로 하는 사람에 대한 사회복지서비스 제공은 현물(現物)로 제공하는 것을 원칙으로 한다.

19 (16-08-11) 사회복지법인의 이사는 해당 법인이 설치한 사회복지시설의 장을 제외한 그 시설의 직원을 겸할 수 없다.

20 (16-08-12) 사회복지시설의 장은 상근(常勤)하여야 한다.

21 (16-08-17) 법인은 대표이사를 포함한 이사 7명 이상과 감사 2명 이상을 두어야 한다.

22 (15-08-02) 노인복지법에 따른 노인여가복지시설(노인복지관은 제외)은 사회복지사 의무채용 제외시설에 해당한다.

23 (15-08-08) 사회복지법인의 정관에는 회의에 관한 사항, 자산 및 회계에 관한 사항, 임원의 임면 등에 관한 사항, 공고 및 공고방법에 관한 사항 등이 포함되어야 한다.

24 (14-08-08) 해산한 법인의 남은 재산은 정관으로 정하는 바에 따라 국가 또는 지방자치단체에 귀속된다.

25 (14-08-09) 보건복지부장관은 정보시스템을 효율적으로 운영하기 위하여 전담기구에 그 운영에 관한 업무를 위탁할 수 있다.

26 (14-08-10) 국민기초생활보장법에 따른 차상위계층은 사회복지관이 실시하는 사회복지서비스의 우선제공대상자에 해당한다.

27 (14-08-11) 사회복지시설에 종사하는 사회복지사는 정기적으로 인권에 관한 내용이 포함된 보수교육을 받아야 한다.

28 (13-08-05) 사회복지법인은 사회복지사업의 운영에 필요한 재산을 소유하여야 한다.

29 (13-08-06) 국민연금법은 사회복지사업법령상 사회복지사업의 근거가 되는 법에 포함되지 않는다.

30 (12-08-15) 국가 또는 지방자치단체 외의 자가 시설을 설치·운영하려는 경우에는 시장·군수·구청장에게 신고하여야 한다.

31 (12-08-16) 사회복지를 필요로 하는 사람은 누구든지 자신의 의사에 따라 서비스를 신청하고 제공받을 수 있다.

32 (12-08-17) 사회복지서비스와 보건의료서비스를 함께 필요로 하는 사람에게 이들 서비스가 연계되어 제공되도록 노력하여야 한다.

33 (11-08-19) 정당한 이유 없이 사회복지시설의 설치를 방해하는 경우 1년 이하의 징역 또는 1천만원 이하의 벌금에 처한다.

34 (11-08-20) 한국사회복지사협회는 사회복지사에 대한 전문지식 및 기술을 개발·보급한다.

35 (11-08-21) 사회복지시설 운영위원회는 시설운영계획의 수립·평가에 관한 사항을 심의한다.

36 (10-08-07) 사회복지사의 등급은 1급·2급으로 하고 등급별 자격기준 및 자격증의 발급절차 등은 대통령령으로 정한다.

37 (10-08-20) 시설의 운영자는 그 운영을 일정 기간 중단하거나 다시 시작하거나 시설을 폐지하려는 경우에는 보건복지부령으로 정하는 바에 따라 시장·군수·구청장에게 신고하여야 한다.

38 (10-08-21) 법인은 목적사업의 경비를 충당하기 위하여 필요한 때에는 법인의 설립 목적 수행에 지장이 없는 범위에서 수익사업을 할 수 있다.

39 (09-08-18) 정관변경을 하고자 할 때에는 원칙적으로 시·도지사의 인가를 받아야 한다.

40 (08-08-03) 사회복지시설 운영위원회의 위원은 위원장을 포함하여 5명 이상 15명 이하의 위원으로 구성한다.

41 (08-08-15) 사회복지법인 또는 사회복지시설에 종사하는 사회복지사는 연간 8시간 이상의 보수교육을 받아야 한다.

42 (07-08-17) 사회복지시설의 수용인원은 대통령령에서 규정한 예외 시설을 제외하고는 300인을 초과할 수 없다.

43 (06-08-14) 사회복지시설의 운영위원회는 시설종사자의 근무 환경 개선에 관한 사항을 다룬다.

44 (05-08-09) 사회복지법인을 설립하려는 자는 대통령령으로 정하는 바에 따라 시·도지사의 허가를 받아야 한다.

45 (04-08-15) 영유아보육법에 따른 어린이집은 사회복지사 의무채용 예외시설에 해당한다.

46 (03-08-13) 2003년 7월 30일 개정된 사회복지사업법에서는 사회복지서비스를 필요로 하는 자에 대하여 개인별 보호계획을 수립하도록 하였다.

대표기출 확인하기

22-08-07

난이도 ★★☆

사회복지사업법의 내용으로 옳은 것은?

① 사회복지서비스는 현금과 현물로 제공하는 것을 원칙으로 한다.

② 국가는 사회복지 자원봉사활동을 지원·육성하기 위하여 자원봉사활동의 홍보 및 교육을 실시하여야 한다.

③ 사회복지에 관한 조사·연구 및 정책 건의를 위하여 한국사회복지사협회를 둔다.

④ 사회복지사 자격증을 다른 사람에게 빌려주거나 빌린 사람은 10년 이하의 징역 또는 1억원 이하의 벌금에 처한다.

⑤ 시·도지사는 사회복지에 관한 전문지식과 기술을 가진 사람에게 사회복지사 자격증을 발급할 수 있다.

 **알짜확인**

• 사회복지사업법의 주요 내용(기본이념, 주요 용어, 사회복지법인, 사회복지시설, 사회복지사, 법정 단체, 수급자의 권리보호 등)을 이해해야 한다.

답 ②

☑ **응시생들의 선택**

① 11%	② 49%	③ 26%	④ 6%	⑤ 8%

① 사회복지서비스를 필요로 하는 사람(보호대상자)에 대한 사회복지서비스 제공은 현물(現物)로 제공하는 것을 원칙으로 한다.

③ 사회복지에 관한 조사·연구 및 정책 건의를 위하여 한국사회복지협의회를 둔다.

④ 사회복지사 자격증을 다른 사람에게 빌려주거나 빌린 사람은 1년 이하의 징역 또는 1천만원 이하의 벌금에 처한다.

⑤ 보건복지부장관은 사회복지에 관한 전문지식과 기술을 가진 사람에게 사회복지사 자격증을 발급할 수 있다.

➕ **덧붙임**

사회복지사업법은 단일 법률로서는 출제빈도가 가장 높은 법률이다. 그동안 출제된 영역을 크게 살펴보면 사회복지법인, 사회복지인력, 사회복지시설, 사회복지서비스에 관한 내용이 주요 출제 영역이다. 최근 시험에서는 시행령, 시행규칙의 세부적인 법률 내용도 출제되면서 난이도가 높아지고 있는 모습을 보이므로 전반적인 모든 사항을 꼼꼼하게 학습할 필요가 있다.

관련기출 더 보기

22-08-05

난이도 ★★☆

사회복지사업법상 사회복지법인(이하 '법인'으로 한다)에 관한 설명으로 옳지 않은 것은?

① 정관에는 회의에 관한 사항이 포함되어야 한다.

② 법인은 사회복지사업의 운영에 필요한 재산을 소유하여야 한다.

③ 감사 중에 결원이 생겼을 때 3개월 이내에 보충하여야 한다.

④ 법인은 임원을 임면하는 경우에 지체 없이 시·도지사에게 보고하여야 한다.

⑤ 법인이 목적사업 외의 사업을 하였을 때 설립허가가 취소될 수 있다.

답 ③

☑ **응시생들의 선택**

① 4%	② 8%	③ 62%	④ 16%	⑤ 10%

③ 이사 또는 감사 중에 결원이 생겼을 때에는 2개월 이내에 보충하여야 한다.

22-08-06

난이도 ★★☆

사회복지사업법상 사회복지시설(이하 '시설'이라 한다)에 관한 설명으로 옳지 않은 것은?

① 사회복지관은 직업 및 취업 알선이 필요한 지역주민에게 사회복지서비스를 우선 제공하여야 한다.

② 지방자치단체는 시설의 책임보험 가입에 드는 비용의 전부를 보조할 수 없다.

③ 국가는 시설을 운영할 수 있다.

④ 시설 종사자의 근무환경 개선에 관한 사항은 운영위원회에서 심의한다.

⑤ 회계부정이 발견되었을 때 보건복지부장관은 시설의 폐쇄를 명할 수 있다.

답 ②

☑ **응시생들의 선택**

① 10%	② 57%	③ 8%	④ 4%	⑤ 21%

② 국가나 지방자치단체는 예산의 범위에서 책임보험 또는 책임공제의 가입에 드는 비용의 전부 또는 일부를 보조할 수 있다.

사회복지사업법상 사회복지서비스 제공의 원칙에 관한 설명으로 옳지 않은 것은?

① 사회복지서비스는 현물로 제공하는 것이 원칙이다.
② 지방자치단체는 사회복지서비스의 품질향상을 위하여 필요한 시책을 마련하여야 한다.
③ 지방자치단체는 사회복지시설의 서비스 환경 등을 평가할 수 있다.
④ 시장 · 군수 · 구청장은 보호대상자에게 사회복지서비스 이용권을 지급할 수 있다.
⑤ 보건복지부장관은 사회복지서비스 품질 평가를 위한 전문기관을 직접 설치 · 운영해야 하며, 관계기관 등에 위탁하여서는 아니 된다.

답 ⑤

응시생들의 선택

① 15%	② 2%	③ 3%	④ 4%	⑤ 76%

⑤ 보건복지부장관은 사회복지서비스 품질 평가를 위하여 평가기관을 설치 · 운영하거나, 평가의 전부 또는 일부를 관계 기관 또는 단체에 위탁할 수 있다.

사회복지사업법상 사회복지사에 관한 설명으로 옳지 않은 것은?

① 사회복지사의 등급은 1급 · 2급으로 한다.
② 보건복지부장관은 정신건강사회복지사 · 의료사회복지사 · 학교사회복지사의 자격을 부여할 수 있다.
③ 보건복지부장관은 사회복지사가 거짓이나 그 밖의 부정한 방법으로 자격을 취득한 경우 그 자격을 1년의 범위에서 정지할 수 있다.
④ 사회복지법인에 종사하는 사회복지사는 정기적으로 보수교육을 받아야 한다.
⑤ 자신의 사회복지사 자격증은 타인에게 빌려주어서는 아니 된다.

답 ③

응시생들의 선택

① 2%	② 10%	③ 84%	④ 3%	⑤ 1%

③ 보건복지부장관은 사회복지사가 거짓이나 그 밖의 부정한 방법으로 자격을 취득한 경우 그 자격을 취소하여야 한다.

사회복지사업법상 사회복지법인(이하 '법인'으로 한다)에 관한 설명으로 옳지 않은 것은?

① 법인이 설치한 사회복지시설의 장과 직원은 그 법인의 이사를 겸할 수 없다.
② 파산선고를 받고 복권되지 아니한 사람은 임원이 될 수 없다.
③ 법인은 대표이사를 포함한 이사 7명 이상과 감사 2명 이상을 두어야 한다.
④ 이사회는 안건, 표결수 등을 기재한 회의록을 작성하여야 한다.
⑤ 해산한 법인의 남은 재산은 정관으로 정하는 바에 따라 국가 또는 지방자치단체에 귀속된다.

답 ①

응시생들의 선택

① 67%	② 6%	③ 15%	④ 5%	⑤ 7%

① 법인이 설치한 사회복지시설의 경우 이사는 사회복지시설의 장을 겸할 수 있다. 다만, 이사는 법인이 설치한 사회복지시설의 장을 제외한 그 시설의 직원을 겸할 수 없다.

사회복지사업법의 내용으로 옳은 것은?

① 「사회보장기본법」상 사회서비스는 사회복지서비스의 범위에 포함되는 개념이다.
② 사회복지서비스 제공은 현물 제공이 원칙이다.
③ 사회복지사 자격은 1년을 초과하여 정지시킬 수 있다.
④ 사회복지법인은 보건복지부장관의 허가를 받아 설립한다.
⑤ 보건복지부장관은 시설에서 제공하는 서비스의 적정기준을 마련하여야 한다.

답 ②

응시생들의 선택

① 15%	② 50%	③ 4%	④ 11%	⑤ 20%

① 사회복지서비스란 국가 · 지방자치단체 및 민간부문의 도움을 필요로 하는 모든 국민에게 사회보장기본법상의 사회서비스 중 사회복지사업을 통한 서비스를 제공하여 삶의 질이 향상되도록 제도적으로 지원하는 것을 말한다.
③ 보건복지부장관은 사회복지사가 사회복지사의 자격취소 사유에 해당하는 경우 그 자격을 취소하거나 1년의 범위에서 정지시킬 수 있다.
④ 사회복지법인을 설립하려는 자는 대통령령으로 정하는 바에 따라 시 · 도지사의 허가를 받아야 한다.
⑤ 보건복지부장관은 시설에서 제공하는 서비스의 최저기준을 마련하여야 한다.

난이도 ★★☆

사회복지사업법의 내용으로 옳지 않은 것은?

① 사회복지서비스를 제공하는 자는 사회복지서비스를 이용하는 사람의 선택권을 보장하여야 한다.
② 사회복지서비스를 필요로 하는 사람에 대한 사회복지서비스 제공은 현금으로 제공하는 것이 원칙이다.
③ 국가는 매년 9월 7일을 사회복지의 날로 한다.
④ 보건복지부장관은 사회복지사가 법원의 판결에 따라 자격이 정지된 경우에는 그 자격을 취소하여야 한다.
⑤ 시장·군수·구청장은 정당한 이유 없이 사회복지시설의 설치를 지연시키는 조치를 하여서는 아니 된다.

답 ②

✔ 응시생들의 선택

① 1%	② 91%	③ 1%	④ 6%	⑤ 1%

② 사회복지서비스를 필요로 하는 사람에 대한 사회복지서비스 제공은 현물(現物)로 제공하는 것을 원칙으로 한다.

난이도 ★☆☆

사회복지사업법상 사회복지의 날은?

① 4월 20일
② 6월 5일
③ 7월 11일
④ 9월 7일
⑤ 10월 2일

답 ④

✔ 응시생들의 선택

① 10%	② 3%	③ 3%	④ 78%	⑤ 6%

④ 국가는 국민의 사회복지에 대한 이해를 증진하고 사회복지사업 종사자의 활동을 장려하기 위하여 매년 9월 7일을 사회복지의 날로 하고, 사회복지의 날부터 1주간을 사회복지주간으로 한다.

난이도 ★★☆

사회복지사업법상 사회복지법인에 관한 설명으로 옳지 않은 것은?

① 사회복지법인의 이사 중에 결원이 생겼을 때에는 3개월 이내에 보충하여야 한다.
② 사회복지법인의 이사는 해당 법인이 설치한 사회복지시설의 장을 제외한 그 시설의 직원을 겸할 수 없다.
③ 시·도지사는 임시이사가 선임되었음에도 불구하고 해당 사회복지법인이 정당한 사유 없이 이사회 소집을 기피할 경우 이사회 소집을 권고할 수 있다.
④ 해산한 사회복지법인의 남은 재산은 정관으로 정하는 바에 따라 국가 또는 지방자치단체에 귀속된다.
⑤ 사회복지법인을 설립하려는 자는 시·도지사의 허가를 받아야 한다.

답 ①

✔ 응시생들의 선택

① 53%	② 13%	③ 12%	④ 6%	⑤ 16%

① 이사 또는 감사 중에 결원이 생겼을 때에는 2개월 이내에 보충하여야 한다.

난이도 ★★☆

사회복지사업법상 사회복지사 의무채용 제외시설이 아닌 곳은?

① 영유아보육법에 따른 어린이집
② 노인복지법에 따른 노인복지관
③ 장애인복지법에 따른 점자도서관
④ 정신건강증진 및 정신질환자 복지서비스 지원에 관한 법률에 따른 정신재활시설
⑤ 성매매방지 및 피해자보호 등에 관한 법률에 따른 성매매피해상담소

답 ②

✔ 응시생들의 선택

① 23%	② 65%	③ 4%	④ 4%	⑤ 4%

② 사회복지사업법에 따른 사회복지사 의무채용 제외시설은 '노인복지법에 따른 노인여가복지시설(노인복지관은 제외), 장애인복지법에 따른 장애인 지역사회재활시설 중 수화통역센터·점자도서관·점자도서 및 녹음서 출판시설, 영유아보육법에 따른 어린이집, 성매매방지 및 피해자보호 등에 관한 법률에 따른 성매매피해자등을 위한 지원시설 및 성매매피해상담소, 정신건강증진 및 정신질환자 복지서비스 지원에 관한 법률에 따른 정신요양시설 및 정신재활시설, 성폭력방지 및 피해자보호 등에 관한 법률에 따른 성폭력피해상담소'가 있다.

사회복지사업법상 사회복지법인에 관한 설명으로 옳은 것은?

① 법인은 대표이사를 포함한 이사 5명 이상을 두어야 한다.
② 해산한 법인의 남은 재산은 정관으로 정하는 바에 따라 국가 또는 지방자치단체에 귀속된다.
③ 이사회의 구성은 대통령령으로 정하는 특별한 관계에 있는 사람이 이사 현원의 3분의 1을 초과할 수 없다.
④ 이사는 법인이 설치한 사회복지시설의 장을 겸할 수 없다.
⑤ 법인 이사의 임기는 2년으로 하고 연임할 수 있다.

답 ②

✔ 응시생들의 선택

① 4%	② 62%	③ 5%	④ 12%	⑤ 17%

① 법인은 대표이사를 포함한 이사 7명 이상과 감사 2명 이상을 두어야 한다.
③ 이사회의 구성에 있어서 대통령령으로 정하는 특별한 관계에 있는 사람이 이사 현원의 5분의 1을 초과할 수 없다.
④ 이사는 법인이 설치한 사회복지시설의 장을 제외한 그 시설의 직원을 겸할 수 없다.
⑤ 이사의 임기는 3년으로 하고 감사의 임기는 2년으로 하며, 각각 연임할 수 있다.

사회복지사업법상 사회복지관이 실시하는 사회복지서비스의 우선제공대상자로 명시되지 않은 자는?

① 국민기초생활보장법에 따른 차상위계층
② 다문화가족
③ 사회복지관의 후원자
④ 직업 및 취업 알선이 필요한 사람
⑤ 보호와 교육이 필요한 유아

답 ③

✔ 응시생들의 선택

① 1%	② 1%	③ 91%	④ 6%	⑤ 1%

③ 사회복지관은 모든 지역주민을 대상으로 사회복지서비스를 실시하되, 지역주민 중 '국민기초생활보장법에 따른 수급자 및 차상위계층, 장애인·노인·한부모가족 및 다문화가족, 직업 및 취업 알선이 필요한 사람, 보호와 교육이 필요한 유아·아동 및 청소년, 그 밖에 우선 제공할 필요가 있다고 인정되는 사람'에게 우선 제공해야 한다.

사회복지사업법령상 기본이념을 모두 고른 것은?

> ㄱ. 사회복지를 필요로 하는 사람은 누구든지 자신의 의사에 따라 서비스를 신청하고 제공받을 수 있다.
> ㄴ. 사회복지법인 및 사회복지시설은 공공성을 가지며 사회복지사업을 시행하는 데 있어서 공공성을 확보하여야 한다.
> ㄷ. 사회복지사업을 시행하는 데 있어서 사회복지를 제공하는 자는 사회복지를 필요로 하는 사람의 인권을 보장하여야 한다.
> ㄹ. 생활이 어려운 사람에게 필요한 급여를 실시하여 이들의 최저생활을 보장하고 자활을 돕는 것을 목적으로 한다.

① ㄱ, ㄴ, ㄷ　　　　② ㄱ, ㄷ
③ ㄴ, ㄹ　　　　　④ ㄹ
⑤ ㄱ, ㄴ, ㄷ, ㄹ

답 ①

✔ 응시생들의 선택

① 18%	② 2%	③ 43%	④ 1%	⑤ 36%

① ㄹ. 국민기초생활보장법의 목적에 해당하는 내용이다.

사회복지사업법령상 사회복지시설 운영위원회의 역할로 옳은 것을 모두 고른 것은?

> ㄱ. 시설운영계획의 수립·평가에 관한 심의
> ㄴ. 시설종사자의 근무환경 개선에 관한 심의
> ㄷ. 시설과 지역사회의 협력에 관한 심의
> ㄹ. 시설거주자의 인권보호에 관한 심의

① ㄱ, ㄴ, ㄷ　　　　② ㄱ, ㄷ
③ ㄴ, ㄹ　　　　　④ ㄹ
⑤ ㄱ, ㄴ, ㄷ, ㄹ

답 ⑤

✔ 응시생들의 선택

① 32%	② 9%	③ 6%	④ 1%	⑤ 52%

⑤ 사회복지시설 운영위원회는 '시설운영계획의 수립·평가에 관한 사항, 사회복지프로그램의 개발·평가에 관한 사항, 시설종사자의 근무환경 개선에 관한 사항, 시설거주자의 생활환경 개선 및 고충 처리 등에 관한 사항, 시설종사자와 거주자의 인권보호 및 권익증진에 관한 사항, 시설과 지역사회와의 협력에 관한 사항, 그 밖에 시설의 장이 회의에 부치는 사항'을 심의한다.

다음 내용이 왜 틀렸는지를 확인해보자

16-08-11

01 사회복지법인의 이사 중에 결원이 생겼을 때에는 **3개월 이내에 보충**하여야 한다.

> 이사 또는 감사 중에 결원이 생겼을 때에는 2개월 이내에 보충하여야 한다.

14-08-10

02 **사회복지관의 후원자**는 사회복지사업법상 사회복지관이 실시하는 사회복지서비스의 우선제공대상자에 해당한다.

> 사회복지관은 모든 지역주민을 대상으로 사회복지서비스를 실시하되, 지역주민 중 '국민기초생활보장법에 따른 수급자 및 차상위계층, 장애인·노인·한부모가족 및 다문화가족, 직업 및 취업 알선이 필요한 사람, 보호와 교육이 필요한 유아·아동 및 청소년, 그 밖에 우선 제공할 필요가 있다고 인정되는 사람'에게 우선제공해야 한다.

12-08-15

03 국가나 지방자치단체 외의 자가 설치·운영하는 사회복지시설은 **신고의 의무가 없다.**

> 국가 또는 지방자치단체 외의 자가 시설을 설치·운영하려는 경우에는 시장·군수·구청장에게 신고하여야 한다.

04 **금고 이상의 형을 선고받고 그 집행이 끝나지 아니한 사람**은 사회복지사가 될 수 있다.

> 금고 이상의 형을 선고받고 그 집행이 끝나지 아니하였거나 그 집행을 받지 아니하기로 확정되지 아니한 사람은 사회복지사가 될 수 없다.

09-08-18

05 법인이 정관을 변경하고자 할 때에는 **보건복지부장관의 허가**를 받아야 한다.

> 법인이 정관을 변경하고자 할 때에는 시·도지사의 인가를 받아야 한다.

06 국가는 국민의 사회복지에 대한 이해를 증진하고 사회복지사업 종사자의 활동을 장려하기 위하여 **매년 7월 9일을 사회복지의 날로 하고, 사회복지의 날부터 한 달간을 사회복지의 달로 한다.**

> 국가는 국민의 사회복지에 대한 이해를 증진하고 사회복지사업 종사자의 활동을 장려하기 위하여 매년 9월 7일을 사회복지의 날로 하고, 사회복지의 날부터 1주간을 사회복지주간으로 한다.

빈칸에 들어갈 알맞은 말을 채워보자

20-08-11

01 법인은 대표이사를 포함한 이사 (   )명 이상과 감사 2명 이상을 두어야 한다.

19-08-10

02 (   )은/는 시설에서 제공하는 서비스의 최저기준을 마련하여야 한다.

18-08-09

03 해산한 법인의 남은 재산은 (   )에 귀속된다.

14-08-11

04 사회복지시설에 종사하는 사회복지사는 정기적으로 인권에 관한 내용이 포함된 (   )을/를 받아야 한다.

05 대통령령으로 정하는 경우를 제외하고 각 사회복지시설의 수용인원은 (   )명을 초과할 수 없다.

11-08-20

06 사회복지사에 대한 전문지식 및 기술의 개발·보급, 사회복지사의 전문성 향상을 위한 교육훈련, 사회복지사제도에 대한 조사연구 등을 수행하는 조직은 (   )이다.

07 (   )(이)란 국가·지방자치단체 및 민간부문의 도움을 필요로 하는 모든 국민에게 사회보장기본법에 따른 사회서비스 중 사회복지사업을 통한 서비스를 제공하여 삶의 질이 향상되도록 제도적으로 지원하는 것을 말한다.

08 사회복지사업법은 사회복지사업에 관한 기본적 사항을 규정하여 사회복지를 필요로 하는 사람에 대하여 인간의 존엄성과 (   )을/를 보장하고 사회복지의 전문성을 높이는 것을 목적으로 한다.

08-08-15

09 사회복지사업법령상 사회복지시설에 종사하고 있는 사회복지사는 보수교육을 연간 (   )시간 이상 받아야 한다.

10 사회복지법인은 시·도지사의 (   )을/를 받아 이 법에 따른 다른 법인과 합병할 수 있다.

답 01 7 **02** 보건복지부장관 **03** 국가 또는 지방자치단체 **04** 보수교육 **05** 300 **06** 한국사회복지사협회 **07** 사회복지서비스
08 인간다운 생활을 할 권리 **09** 8 **10** 허가

다음 내용이 옳은지 그른지 판단해보자

21-08-10
01 사회복지사의 등급은 1급 · 2급으로 하되, 정신건강 · 의료 · 학교 영역에 대해서는 영역별로 정신건 ◎ ✕
강사회복지사 · 의료사회복지사 · 학교사회복지사의 자격을 부여할 수 있다.

18-08-08
02 국민건강보험법은 사회복지사업법에서 열거하고 있는 사회복지사업 관련 법률에 해당한다. ◎ ✕

17-08-10
03 사회복지서비스를 필요로 하는 사람에 대한 사회복지서비스 제공은 현금으로 제공하는 것이 원칙 ◎ ✕
이다.

16-08-11
04 사회복지법인을 설립하려는 자는 시 · 도지사의 인가를 받아야 한다. ◎ ✕

05 사회복지사업 또는 사회복지업무에 종사하였거나 종사하고 있는 사람은 그 업무 수행 과정에서 알 ◎ ✕
게 된 다른 사람의 비밀을 누설하여서는 아니 된다.

15-08-08
06 자산 및 회계에 관한 사항, 임원의 임면 등에 관한 사항은 사회복지법인의 정관에 포함되어야 한다. ◎ ✕

14-08-09
07 보건복지부장관은 사회복지법인 및 사회복지시설의 종사자, 거주자 및 이용자에 관한 자료 등 운영에 ◎ ✕
필요한 정보의 효율적 처리와 기록 · 관리 업무의 전자화를 위하여 정보시스템을 구축 · 운영할 수 있다.

12-08-16
08 사회복지를 필요로 하는 사람은 전문가의 진단에 따라 서비스를 신청하고 제공받을 수 있다. ◎ ✕

09 사회복지서비스를 이용하는 사람의 선택권을 보장하는 것은 사회복지사업법상의 기본이념에 해당 ◎ ✕
한다.

05-08-10
10 법인은 목적 사업의 경비에 충당하기 위하여 필요한 때에는 법인의 설립목적 수행에 지장이 없는 ◎ ✕
범위 안에서 수익 사업을 할 수 있다.

답 01○ 02✕ 03✕ 04✕ 05○ 06○ 07○ 08✕ 09○ 10○

해설 02 국민건강보험법과 같은 사회보험법은 사회복지사업법에서 열거하고 있는 사회복지사업 관련 법률에 해당하지 않는다.
03 사회복지서비스를 필요로 하는 사람에 대한 사회복지서비스 제공은 현물(現物)로 제공하는 것을 원칙으로 한다.
04 사회복지법인을 설립하려는 자는 시 · 도지사의 허가를 받아야 한다.
08 사회복지를 필요로 하는 사람은 누구든지 자신의 의사에 따라 서비스를 신청하고 제공받을 수 있다.

8장

공공부조법

이 장에서는

국민기초생활보장법, 기초연금법, 의료급여법, 긴급복지지원법의 주요 내용을 다룬다.

10년간 출제분포도

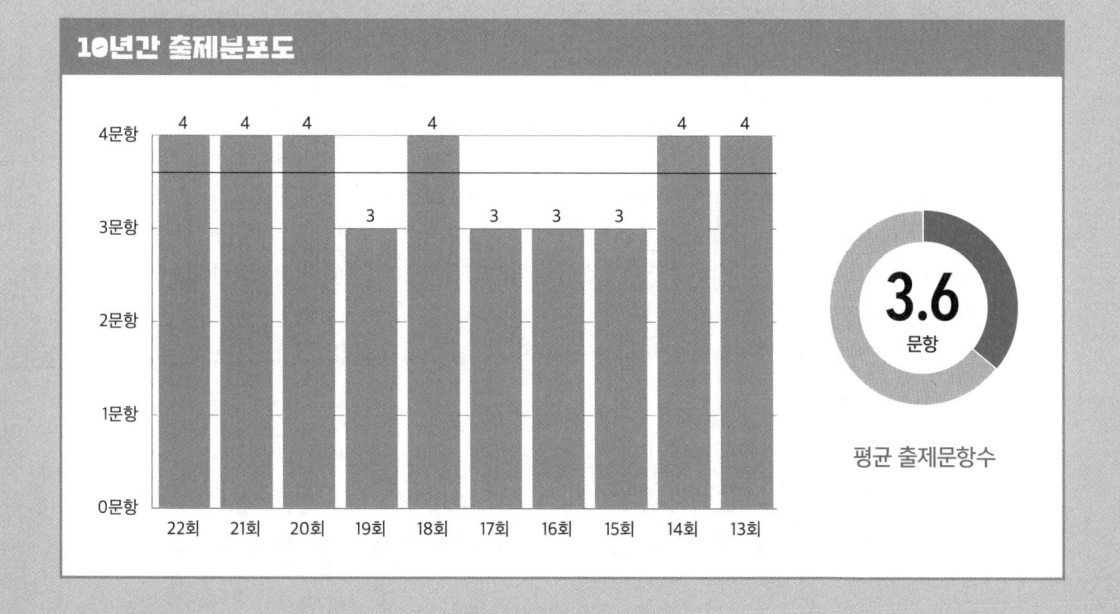

	22회	21회	20회	19회	18회	17회	16회	15회	14회	13회
문항	4	4	4	3	4	3	3	3	4	4

3.6 문항

평균 출제문항수

231 국민기초생활보장법

1회독	2회독	3회독
월 일	월 일	월 일

최근 10년간 **16문항** 출제 ★★★

복습 1 이론요약

용어의 정의

기본개념

사회복지법제론
pp.187~

- 보장기관: 급여를 실시하는 국가 또는 지방자치단체를 말한다.
- 부양의무자: 수급권자를 부양할 책임이 있는 사람으로서 수급권자의 1촌의 직계혈족 및 그 배우자(다만, 사망한 1촌의 직계혈족의 배우자는 제외)를 말한다.
- 최저보장수준: 국민의 소득·지출 수준과 수급권자의 가구 유형 등 생활실태, 물가상승률 등을 고려하여 급여의 종류별로 공표하는 금액이나 보장수준을 말한다.
- 소득인정액: 보장기관이 급여의 결정 및 실시 등에 사용하기 위하여 산출한 개별가구의 소득평가액과 재산의 소득환산액을 합산한 금액을 말한다.
- 최저생계비: 국민이 건강하고 문화적인 생활을 유지하기 위하여 필요한 최소한의 비용으로서 보건복지부장관이 계측하는 금액을 말한다.
- 기준 중위소득: 보건복지부장관이 급여의 기준 등에 활용하기 위하여 중앙생활보장위원회의 심의·의결을 거쳐 고시하는 국민 가구소득의 중위값을 말한다.
- 차상위계층: 수급권자(특례 수급권자로 보는 사람은 제외)에 해당하지 아니하는 계층으로서 소득인정액이 기준 중위소득의 100분의 50 이하인 사람을 말한다.

급여의 기준

- 급여의 기준은 수급자의 연령, 가구 규모, 거주지역, 그 밖의 생활여건 등을 고려하여 급여의 종류별로 보건복지부장관이 정하거나 급여를 지급하는 중앙행정기관의 장이 보건복지부장관과 협의하여 정한다.
- 보장기관은 <u>이 법에 따른 급여를 개별가구 단위로 실시하되, 장애인복지법에 따라 등록한 장애인 중 장애의 정도가 심한 장애인으로서 보건복지부장관이 정하는 사람에 대한 급여 등 특히 필요하다고 인정하는 경우에는 개인 단위로 실시</u>할 수 있다.
- 보건복지부장관 또는 소관 중앙행정기관의 장은 <u>급여의 종류별 수급자 선정기준 및 최저보장수준을 결정</u>하여야 한다.

급여의 종류

- 생계급여: 생계급여는 수급자에게 의복, 음식물 및 연료비와 그 밖에 일상생활에 기본적으로 필요한 금품을 지급하여 그 생계를 유지하게 하는 것으로 한다. 수급권자는 그 소득인정액이 생계급여 선정기준 이하인 사람으로 하며, 이 경우 생계급여 선정기준은 기준 중위소득의 100분의 30 이상으로 한다(**현재 제도상 생계급여 수급권자: 기준 중위소득의**

32% 이하인 사람).

- 주거급여: 주거급여는 수급자에게 주거 안정에 필요한 임차료, 수선유지비, 그 밖의 수급품을 지급하는 것으로 한다. 수급권자는 그 소득인정액이 주거급여 선정기준 이하인 사람으로 하며, 이 경우 주거급여 선정기준은 기준 중위소득의 100분의 43 이상으로 한다(**현재 제도상 주거급여 수급권자: 기준 중위소득의 48% 이하인 사람**). 주거급여에 관하여 필요한 사항은 따로 법률(주거급여법)에서 정한다.
- 의료급여: 의료급여는 수급자에게 건강한 생활을 유지하는 데 필요한 각종 검사 및 치료 등을 지급하는 것으로 한다. 수급권자는 부양의무자가 없거나, 부양의무자가 있어도 부양능력이 없거나 부양을 받을 수 없는 사람으로서 그 소득인정액이 의료급여 선정기준 이하인 사람으로 하며, 이 경우 의료급여 선정기준은 기준 중위소득의 100분의 40 이상으로 한다(**현재 제도상 의료급여 수급권자: 기준 중위소득의 40% 이하인 사람**). 의료급여에 필요한 사항은 따로 법률(의료급여법)에서 정한다.
- 교육급여: 교육급여는 수급자에게 입학금, 수업료, 학용품비, 그 밖의 수급품을 지급하는 것으로 하되, 학교의 종류·범위 등에 관하여 필요한 사항은 대통령령으로 정한다. 수급권자는 그 소득인정액이 교육급여 선정기준 이하인 사람으로 하며, 이 경우 교육급여 선정기준은 기준 중위소득의 100분의 50 이상으로 한다(**현재 제도상 교육급여 수급권자: 기준 중위소득의 50% 이하인 사람**).
- 해산급여: 생계급여, 주거급여, 의료급여 중 하나 이상의 급여를 받는 수급자에게 조산이나 분만 전과 분만 후에 필요한 조치와 보호를 실시하는 것으로 한다.
- 장제급여: 장제급여는 생계급여, 주거급여, 의료급여 중 하나 이상의 급여를 받는 수급자가 사망한 경우 사체의 검안(檢案)·운반·화장 또는 매장, 그 밖의 장제조치를 하는 것으로 한다.
- 자활급여: 자활급여는 수급자의 자활을 돕기 위하여 실시하는 급여를 말한다.

급여의 실시

- 수급권자에 대한 급여는 수급자의 필요에 따라 생계급여부터 자활급여까지의 급여의 전부 또는 일부를 실시하는 것으로 한다.
- 차상위계층에 속하는 사람(차상위자)에 대한 급여는 보장기관이 차상위자의 가구별 생활여건을 고려하여 예산의 범위에서 주거급여, 의료급여, 교육급여, 장제급여, 자활급여의 전부 또는 일부를 실시할 수 있다. 차상위자에게 지급하는 급여는 자활급여로 한다.
- **수급권자와 그 친족, 그 밖의 관계인은 관할 시장·군수·구청장에게 수급권자에 대한 급여를 신청**할 수 있다.
- 사회복지전담공무원은 이 법에 따른 급여를 필요로 하는 사람이 누락되지 아니하도록 하기 위하여 **관할지역에 거주하는 수급권자에 대한 급여를 직권으로 신청**할 수 있다. 이 경우 수급권자의 동의를 구하여야 하며 수급권자의 동의는 수급권자의 신청으로 볼 수 있다.

보장기관 및 생활보장위원회

- 보장기관: 이 법에 따른 급여를 실시하는 국가 또는 지방자치단체를 말한다. 급여는 수급권자 또는 수급자의 거주지를 관할하는 시·도지사와 시장·군수·구청장이 실시한다. 다만, 주거가 일정하지 아니한 경우에는 수급권자 또는 수급자가 실제 거주하는 지역을 관할하는 시장·군수·구청장이 실시한다.
- 생활보장위원회: 생활보장사업의 기획·조사·실시 등에 관한 사항을 심의·의결하기 위하여 보건복지부와 시·도 및 시·군·구에 각각 생활보장위원회를 둔다.

수급자의 권리와 의무

- 수급자에 대한 급여는 정당한 사유 없이 수급자에게 불리하게 변경할 수 없다.
- 수급자에게 지급된 수급품과 이를 받을 권리는 압류할 수 없다.
- 수급자는 급여를 받을 권리를 타인에게 양도할 수 없다.

01 (22-08-13) 교육급여는 교육부장관의 소관으로 한다.

02 (22-08-14) 자활을 위한 정보제공, 상담, 직업교육 및 취업알선 등은 지역자활센터의 사업에 해당한다.

03 (21-08-12) 부양의무자가 병역법에 따라 징집되거나 소집된 경우에는 부양의무자가 있어도 부양을 받을 수 없는 것으로 본다.

04 (21-08-13) 국민기초생활보장법상 급여의 기본원칙에는 근로능력 활용, 보충급여, 타법 우선 등이 있다.

05 (21-08-17) 생계급여는 수급자의 거주지를 관할하는 시·도지사와 시장·군수·구청장이 실시한다.

06 (20-08-12) 보장시설이란 국민기초생활보장법상의 급여를 실시하는 사회복지사업법에 따른 사회복지시설을 말한다.

07 (19-08-12) 국내에 체류하고 있는 외국인 중 대한민국 국민과 혼인하여 본인 또는 배우자가 임신 중이거나 대한민국 국적의 미성년 자녀를 양육하고 있거나 배우자의 대한민국 국적인 직계존속과 생계나 주거를 같이하고 있는 사람으로서 대통령령으로 정하는 사람이 이 법에 따른 급여를 받을 수 있는 자격을 가진 경우에는 수급권자가 된다.

08 (19-08-13) 수급권자의 금융정보등을 이 법에서 정한 목적 외의 다른 용도로 사용하거나 다른 사람 또는 기관에 제공하거나 누설한 자는 5년 이하의 징역 또는 5천만원 이하의 벌금에 처한다.

09 (18-08-11) 소득인정액이란 보장기관이 급여의 결정 및 실시 등에 사용하기 위하여 산출한 개별가구의 소득평가액과 재산의 소득환산액을 합산한 금액을 말한다.

10 (18-08-12) 보장기관은 수급자 및 차상위자가 자활에 필요한 자산을 형성할 수 있도록 재정적인 지원을 할 수 있다.

11 (17-08-11) 수급자에 대한 급여는 정당한 사유 없이 수급자에게 불리하게 변경할 수 없다.

12 (16-08-14) 소관 중앙행정기관의 장은 수급자의 최저생활을 보장하기 위하여 3년마다 소관별로 기초생활보장 기본계획을 수립하여 보건복지부장관에게 제출하여야 한다.

13 (15-08-07) 퇴직금은 국민기초생활보장법상 소득의 범위에 해당하지 않는다.

14 (14-08-12) 기준 중위소득은 통계법 제27조에 따라 통계청이 공표하는 통계자료의 가구 경상소득의 중간값에 최근 가구소득 평균 증가율, 가구규모에 따른 소득수준의 차이 등을 반영하여 가구규모별로 산정한다.

15 (13-08-15) 부양의무자의 부양은 국민기초생활보장법에 따른 급여에 우선하여 행하여진다.

16 (13-08-17) 보장기관은 수급자의 소득·재산·근로능력 등이 변동된 경우 직권으로 급여의 종류·방법 등을 변경할 수 있다.

17 (12-08-10) 국민기초생활보장법상 차상위계층이란 수급권자에 해당하지 아니하는 계층으로서 소득인정액이 기준 중위소득의 100분의 50 이하인 사람을 말한다.

18 (11-08-13) 부양의무자가 수급자인 경우는 부양의무자가 있어도 부양능력이 없는 경우에 해당한다.

19 (10-08-10) 부양의무자란 수급권자를 부양할 책임이 있는 사람으로서 수급권자의 1촌의 직계혈족 및 그 배우자를 말한다.

20 (10-08-12) 급여는 건강하고 문화적인 최저생활을 유지할 수 있는 것이어야 한다.

21 (09-08-11) 생계급여는 매월 정기적으로 지급하여야 한다.

22 (08-08-18) 수급자는 세대 구성에 변동이 있는 경우 관할 보장기관에 신고해야 한다.

23 (08-08-22) 자활급여는 자활에 필요한 금품을 지급 또는 대여하는 것을 말한다.

24 (07-08-02) 보장기관은 개별가구 단위로 실시하는 것을 원칙으로 한다.

25 (06-08-16) 최저생계비란 국민이 건강하고 문화적인 생활을 유지하기 위하여 필요한 최소한의 비용으로서 보건복지부장관이 계측하는 금액을 말한다.

26 (04-08-17) 국민기초생활보장법상 급여의 종류는 생계급여, 주거급여, 의료급여, 교육급여, 해산급여, 장제급여, 자활급여가 있다.

대표기출 확인하기

22-08-13 난이도 ★★☆

국민기초생활보장법상 급여의 종류와 방법에 관한 설명으로 옳은 것은?

① 생계급여는 물품으로는 지급할 수 없다.
② 생계급여는 수급자에게 주거 안정에 필요한 임차료, 수선유지비, 그 밖의 수급품을 지급하는 것으로 한다.
③ 장제급여는 자활급여를 받는 수급자가 사망한 경우 장제조치를 하는 것으로 한다.
④ 자활급여는 관련 비영리법인에 위탁하여 실시할 수 있다.
⑤ 교육급여는 보건복지부장관의 소관으로 한다.

 알짜확인

• 국민기초생활보장법의 주요 내용(목적, 용어의 정의, 급여, 수급권자, 보장기관, 보장시설, 수급자의 권리와 의무 등)을 이해해야 한다.

답 ④

✔ 응시생들의 선택

① 11%	② 15%	③ 20%	④ 51%	⑤ 3%

① 생계급여는 금전을 지급하는 것으로 한다. 다만, 금전으로 지급할 수 없거나 금전으로 지급하는 것이 적당하지 아니하다고 인정하는 경우에는 물품을 지급할 수 있다.
② 수급자에게 주거 안정에 필요한 임차료, 수선유지비, 그 밖의 수급품을 지급하는 것은 주거급여이다.
③ 장제급여는 생계급여, 주거급여, 의료급여 중 하나 이상의 급여를 받는 수급자가 사망한 경우 사체의 검안·운반·화장 또는 매장, 그 밖의 장제조치를 하는 것으로 한다.
⑤ 교육급여는 교육부장관의 소관으로 한다.

➕ 덧붙임

국민기초생활보장법과 관련해서는 급여와 관련된 내용이 가장 많이 출제되었다. 급여의 원칙, 급여의 종류, 급여의 기준 등의 내용이 출제되었다. 이 외에도 수급권자의 선정기준, 부양의무자의 범위, 차상위계층의 정의 및 조사 등에 관한 내용이 출제되었다. 국민기초생활보장법에 관한 문제는 대부분 국민기초생활보장법의 전반적인 사항을 묻는 유형으로 출제되지만, 종종 세부적인 내용(소득의 범위, 기준 중위소득, 부양의무자, 자활 등)을 묻는 단독문제도 출제되므로 이에 대비해야 한다.

관련기출 더 보기

21-08-12 난이도 ★☆☆

국민기초생활보장법상 급여의 종류와 방법에 관한 설명으로 옳은 것은?

① 부양의무자가 「병역법」에 따라 징집되거나 소집된 경우 부양능력이 있는 것으로 본다.
② 보장기관은 차상위자의 가구별 생활여건을 고려하여 예산의 범위에서 급여의 전부 또는 일부를 실시할 수 있다.
③ 생계급여 선정기준은 기준 중위소득의 100분의 50 이상으로 한다.
④ 생계급여는 상반기·하반기로 나누어 지급하여야 한다.
⑤ 주거급여는 주택 매입비, 수선유지비 등이 포함된다.

답 ②

✔ 응시생들의 선택

① 4%	② 72%	③ 7%	④ 3%	⑤ 14%

① 부양의무자가 병역법에 따라 징집되거나 소집된 경우에는 부양의무자가 있어도 부양을 받을 수 없는 것으로 본다.
③ 교육급여 선정기준은 기준 중위소득의 100분의 50 이상으로 한다.
④ 생계급여는 매월 정기적으로 지급한다.
⑤ 주거급여는 수급자에게 주거 안정에 필요한 임차료, 수선유지비, 그 밖의 수급품을 지급하는 것으로 한다.

국민기초생활보장법상 보장기관에 관한 설명으로 옳은 것은?

① 교육급여 및 의료급여는 시 · 도교육감이 실시한다.
② 생계급여는 수급자의 거주지를 관할하는 시 · 도지사와 시장 · 군수 · 구청장이 실시한다.
③ 보장기관은 위기개입상담원을 배치하여야 한다.
④ 생활보장위원회는 자문기구이다.
⑤ 소관 중앙행정기관의 장은 5년마다 기초생활보장 시행계획을 수립하여야 한다.

답 ②

✔ 응시생들의 선택

① 1%	② 52%	③ 20%	④ 9%	⑤ 18%

① 이 법에 따른 급여는 수급권자 또는 수급자의 거주지를 관할하는 시 · 도지사와 시장 · 군수 · 구청장(단, 교육급여는 시 · 도교육감)이 실시한다.
③ 보장기관은 이 법에 따른 보장업무를 수행하게 하기 위하여 사회복지전담공무원을 배치하여야 한다.
④ 생활보장위원회는 심의 · 의결 기구이다.
⑤ 소관 중앙행정기관의 장은 수급자의 최저생활을 보장하기 위하여 3년마다 소관별로 기초생활보장 기본계획을 수립하여 보건복지부장관에게 제출하여야 한다.

국민기초생활보장법상 자활지원에 관한 내용으로 옳지 않은 것은?

① 보장기관은 자활지원사업의 원활한 추진을 위하여 자활기금을 적립한다.
② 보장기관은 지역자활센터에 국유 · 공유 재산의 무상임대 지원을 할 수 있다.
③ 보장기관은 수급자 및 차상위자가 자활에 필요한 자산을 형성할 수 있도록 재정적인 지원을 할 수 있다.
④ 보장기관은 수급자 및 차상위자의 자활 촉진에 필요한 사업을 수행하게 하기 위하여 법인등의 신청을 받아 지역자활센터를 지정할 수 있다.
⑤ 수급자 및 소득인정액이 기준 중위소득의 100분의 70 이상인 자는 상호 협력하여 자활기업을 설립 · 운영할 수 있다.

답 ⑤

✔ 응시생들의 선택

① 6%	② 15%	③ 7%	④ 9%	⑤ 63%

⑤ 수급자 및 차상위자(소득인정액이 기준 중위소득의 100분의 50 이하인 사람)는 상호 협력하여 자활기업을 설립 · 운영할 수 있다.

국민기초생활보장법의 내용으로 옳지 않은 것은?

① 수급자에 대한 급여는 정당한 사유 없이 수급자에게 불리하게 변경할 수 없다.
② "수급자"란 이 법에 따른 급여를 받는 사람을 말한다.
③ 이 법에 따른 급여는 건강하고 문화적인 최저생활을 유지할 수 있는 것이어야 한다.
④ 수급자 및 차상위자는 상호 협력하여 자활기업을 설립 · 운영할 수 있다.
⑤ 교육급여는 보건복지부장관의 소관으로 한다.

답 ⑤

✔ 응시생들의 선택

① 1%	② 1%	③ 4%	④ 17%	⑤ 77%

⑤ 교육급여는 교육부장관의 소관으로 한다.

국민기초생활보장법의 내용으로 옳은 것은?

① 국외에 체류하는 외국인도 수급권자가 된다.
② 기준 중위소득은 지방자치단체별로 중앙생활보장위원회가 고시한다.
③ 주거급여는 여성가족부 소관으로 한다.
④ 보장기관은 차상위자가 자활에 필요한 자산을 형성할 수 있도록 재정적인 지원을 할 수는 없다.
⑤ 소관 중앙행정기관의 장은 수급자의 최저생활을 보장하기 위하여 3년마다 소관별로 기초생활보장 기본계획을 수립하여 보건복지부장관에게 제출하여야 한다.

답 ⑤

✔ 응시생들의 선택

① 3%	② 32%	③ 3%	④ 9%	⑤ 53%

① 국외에 체류하는 외국인은 수급권자가 될 수 없다. 국내에 체류하고 있는 외국인 중 대한민국 국민과 혼인하여 본인 또는 배우자가 임신 중이거나 대한민국 국적의 미성년 자녀를 양육하고 있거나 배우자의 대한민국 국적인 직계존속과 생계나 주거를 같이하고 있는 사람으로서 대통령령으로 정하는 사람이 이 법에 따른 급여를 받을 수 있는 자격을 가진 경우에는 수급권자가 된다.
② 기준 중위소득은 보건복지부장관이 급여의 기준 등에 활용하기 위하여 중앙생활보장위원회의 심의 · 의결을 거쳐 고시하는 국민 가구 소득의 중위값이다.
③ 주거급여는 국토교통부 소관으로 한다.
④ 보장기관은 수급자 및 차상위자가 자활에 필요한 자산을 형성할 수 있도록 재정적인 지원을 할 수

국민기초생활보장법령에 관한 설명으로 옳지 않은 것은?

① 수급권자를 부양할 책임이 있는 부양의무자에는 수급권자의 손자는 포함되지 않는다.
② 수급권자의 친족도 수급권자에 대한 급여를 신청할 수 있다.
③ 보장기관은 급여를 개인 단위로 실시하되, 특히 필요하다고 인정하는 경우는 개별가구 단위로 실시할 수 있다.
④ 부양의무자의 부양은 국민기초생활보장법에 따른 급여에 우선하여 행하여진다.
⑤ 수급자가 검진 지시에 따르지 아니한 것을 이유로 보장기관이 수급자에 대한 급여 결정을 취소하려면 청문을 하여야 한다.

답 ③

✔ 응시생들의 선택

① 10%	② 6%	③ 54%	④ 10%	⑤ 20%

③ 보장기관은 이 법에 따른 급여를 개별가구 단위로 실시하되, 장애인복지법에 따라 등록한 장애인 중 장애의 정도가 심한 장애인으로서 보건복지부장관이 정하는 사람에 대한 급여 등 특히 필요하다고 인정하는 경우에는 개인 단위로 실시할 수 있다.

국민기초생활보장법령에 따른 급여의 종류에 해당하지 않는 것은?

① 생계급여
② 휴업급여
③ 주거급여
④ 의료급여
⑤ 교육급여

답 ②

✔ 응시생들의 선택

① 5%	② 50%	③ 23%	④ 17%	⑤ 5%

② 국민기초생활보장법상 급여의 종류에는 생계급여, 주거급여, 의료급여, 교육급여, 해산급여, 장제급여, 자활급여가 있다. 휴업급여는 산재보험법상 급여의 종류에 해당한다.

국민기초생활보장법령상 부양의무자가 있어도 부양능력이 없는 것으로 보는 경우는?

① 부양의무자가 징집되거나 소집된 경우
② 부양의무자가 해외이주자에 해당하는 경우
③ 부양의무자가 교도소, 구치소, 치료감호시설 등에 수용 중인 경우
④ 직계존속 또는 중증장애인인 직계비속을 자신의 주거에서 부양하는 경우로서 보건복지부장관이 정하여 고시하는 경우
⑤ 부양의무자에 대하여 실종선고 절차가 진행 중인 경우

답 ④

✔ 응시생들의 선택

① 26%	② 7%	③ 13%	④ 46%	⑤ 8%

④ 부양의무자가 있어도 부양능력이 없는 경우
  • 기준 중위소득 수준을 고려하여 대통령령으로 정하는 소득·재산 기준 미만인 경우
  • 직계존속 또는 중증장애인인 직계비속을 자신의 주거에서 부양하는 경우로서 보건복지부장관이 정하여 고시하는 경우
  • 그 밖에 질병, 교육, 가구 특성 등으로 부양능력이 없다고 보건복지부장관이 정하는 경우

국민기초생활보장법상 급여에 관한 설명으로 옳지 않은 것은?

① 급여는 건강하고 문화적인 최저생활을 유지할 수 있는 것이어야 한다.
② 급여는 다른 법령에 의한 보호에 우선하여 행하여지는 것으로 한다.
③ 부양의무자의 부양은 급여에 우선하여 행하여지는 것으로 한다.
④ 국내에 체류하는 외국인의 일부도 수급권자가 될 수 있다.
⑤ 생계급여는 금전을 지급하는 것을 원칙으로 하지만, 이에 의할 수 없다고 인정되는 경우에는 물품을 지급함으로써 행할 수 있다.

답 ②

✔ 응시생들의 선택

① 7%	② 42%	③ 13%	④ 22%	⑤ 16%

② 국민기초생활보장법에 의하면, 부양의무자의 부양과 다른 법령에 따른 보호는 이 법에 따른 급여에 우선하여 행하여지는 것으로 한다. 따라서 타법우선의 원칙이 적용된다.

다음 내용이 왜 틀렸는지를 확인해보자

19-08-12

01 국내에 체류하고 있는 외국인은 **국민기초생활보장법에 따른 수급권자가 될 수 없다.**

> 국내에 체류하고 있는 외국인 중 대한민국 국민과 혼인하여 본인 또는 배우자가 임신 중이거나 대한민국 국적의 미성년 자녀를 양육하고 있거나 배우자의 대한민국 국적인 직계존속과 생계나 주거를 같이하고 있는 사람으로서 대통령령으로 정하는 사람이 이 법에 따른 급여를 받을 수 있는 자격을 가진 경우에는 수급권자가 된다.

13-08-15

02 보장기관은 이 법에 따른 급여를 **개인 단위로 실시하되, 특히 필요하다고 인정하는 경우에는 개별가구 단위로 실시할 수 있다.**

> 보장기관은 이 법에 따른 급여를 개별가구 단위로 실시하되, 장애인복지법에 따라 등록한 장애인 중 장애의 정도가 심한 장애인으로서 보건복지부장관이 정하는 사람에 대한 급여 등 특히 필요하다고 인정하는 경우에는 개인 단위로 실시할 수 있다.

12-08-04

03 국민기초생활보장법에 따른 급여의 종류는 **생계급여, 주거급여, 의료급여, 교육급여, 해산급여, 장제급여, 구직급여가 있다.**

> 국민기초생활보장법에 따른 급여의 종류는 생계급여, 주거급여, 의료급여, 교육급여, 해산급여, 장제급여, 자활급여가 있다.

11-08-14

04 차상위계층은 수급권자에 해당하지 아니하는 계층으로서 소득인정액이 기준 중위소득의 **100분의 70 이하인** 계층이다.

> 차상위계층은 수급권자에 해당하지 아니하는 계층으로서 소득인정액이 기준 중위소득의 100분의 50 이하인 계층이다.

05 소관 중앙행정기관의 장은 수급자의 최저생활을 보장하기 위하여 **5년마다 소관별로 기초생활보장 기본계획을 수립**하여 보건복지부장관에게 제출하여야 한다.

> 소관 중앙행정기관의 장은 수급자의 최저생활을 보장하기 위하여 3년마다 소관별로 기초생활보장 기본계획을 수립하여 보건복지부장관에게 제출하여야 한다.

06 의료급여는 수급자에게 건강한 생활을 유지하는 데 필요한 각종 검사 및 치료 등을 지급하는 것으로써 <u>의료급여</u>에 필요한 사항은 따로 국민건강보험법에서 정한다.

> 의료급여는 수급자에게 건강한 생활을 유지하는 데 필요한 각종 검사 및 치료 등을 지급하는 것으로써 의료급여에 필요한 사항은 따로 의료급여법에서 정한다.

빈칸에 들어갈 알맞은 말을 채워보자

`21-08-17`

01 보장기관은 이 법에 따른 보장업무를 수행하게 하기 위하여 (   )을/를 배치하여야 한다.

`17-08-11`

02 국민기초생활보장법상 교육급여는 (   )의 소관으로 한다.

`16-08-14`

03 (   )은/는 보건복지부장관이 급여의 기준 등에 활용하기 위하여 중앙생활보장위원회의 심의·의결을 거쳐 고시하는 국민 가구소득의 중위값이다.

04 (   )은/는 수급권자를 부양할 책임이 있는 사람으로서 수급권자의 1촌의 직계혈족과 그 배우자를 말하며, 사망한 1촌의 직계혈족의 배우자는 제외한다.

05 (   )(이)란 국민의 소득·지출 수준과 수급권자의 가구 유형 등 생활실태, 물가상승률 등을 고려하여 급여의 종류별로 공표하는 금액이나 보장수준을 말한다.

`14-08-12`

06 기준 중위소득은 통계청이 공표하는 통계자료의 가구 (   )의 중간값에 최근 가구소득 평균 증가율, 가구규모에 따른 소득수준의 차이 등을 반영하여 가구규모별로 산정한다.

답 **01** 사회복지전담공무원 **02** 교육부장관 **03** 기준 중위소득 **04** 부양의무자 **05** 최저보장수준 **06** 경상소득

다음 내용이 옳은지 그른지 판단해보자

18-08-11
01 최저생계비란 국민이 쾌적한 문화생활을 유지하기 위하여 필요한 적정선의 비용을 말한다. ◎ ⊗

18-08-12
02 보장기관은 수급자 및 차상위자가 자활에 필요한 자산을 형성할 수 있도록 재정적이 지원을 할 수 있다. ◎ ⊗

03 수급자 및 차상위자는 상호 협력하여 자활기업을 설립·운영할 수 있다. ◎ ⊗

15-08-07
04 퇴직금은 국민기초생활보장법상 소득의 범위에 해당하지 않는다. ◎ ⊗

13-08-15
05 부양의무자의 부양과 다른 법령에 따른 보호는 이 법에 따른 급여에 우선하여 행하여지는 것으로 한다. ◎ ⊗

10-08-12
06 국내에 체류하고 있는 외국인 중 대한민국 국민과 혼인하여 본인 또는 배우자가 임신 중인 사람으로서 이 법에 따른 급여를 받을 수 있는 자격을 가진 경우에는 수급권자가 된다. ◎ ⊗

07 수급자는 급여를 받을 권리를 타인에게 양도할 수 있다. ◎ ⊗

08 자활급여는 관련 공공기관·비영리법인·시설과 그 밖에 대통령령으로 정하는 기관에 위탁하여 실시할 수 있다. ◎ ⊗

（답） **01** × **02** ○ **03** ○ **04** ○ **05** ○ **06** ○ **07** × **08** ○

（해설） **01** 최저생계비란 국민이 건강하고 문화적인 생활을 유지하기 위하여 필요한 최소한의 비용으로서 보건복지부장관이 계측하는 금액을 말한다.
07 수급자는 급여를 받을 권리를 타인에게 양도할 수 없다.

232 기초연금법

강의 QR코드

최근 10년간 **9문항** 출제

이론요약

지급대상

- 65세 이상인 사람으로서 소득인정액이 선정기준액(보건복지부장관이 정하여 고시하는 금액) 이하인 사람에게 지급한다.
- 보건복지부장관은 선정기준액을 정하는 경우 65세 이상인 사람 중 기초연금 수급자가 100분의 70 수준이 되도록 한다.

기본개념

사회복지법제론
pp.252~

기초연금 지급의 정지 및 수급권의 상실

- **지급의 정지**: 특별자치시장·특별자치도지사·시장·군수·구청장은 '기초연금 수급자가 금고 이상의 형을 선고 받고 교정시설 또는 치료감호시설에 수용되어 있는 경우, 기초연금 수급자가 행방불명되거나 실종되는 등 대통령령으로 정하는 바에 따라 사망한 것으로 추정되는 경우, 기초연금 수급자의 국외 체류기간이 60일 이상 지속되는 경우, 그 밖에 위에서 언급한 세 가지 경우에 준하는 경우로서 대통령령(기초연금 수급자가 거주불명자로 등록된 경우)으로 정하는 경우'에 해당하면 그 사유가 발생한 날이 속하는 달의 다음 달부터 그 사유가 소멸한 날이 속하는 달까지는 기초연금의 지급을 정지한다.
- **수급권 상실**: 기초연금 수급권자는 '사망한 때, 국적을 상실하거나 국외로 이주한 때, 기초연금 수급권자에 해당하지 아니하게 된 때'의 어느 하나에 해당하게 된 때에 기초연금 수급권을 상실한다.

급여의 신청, 결정, 지급

- 기초연금을 지급받으려는 사람(기초연금 수급희망자) 또는 대리인(배우자, 자녀, 형제자매, 친족 등), 관계공무원은 특별자치시장·특별자치도지사·시장·군수·구청장에게 기초연금의 지급을 신청할 수 있다.
- 특별자치시장·특별자치도지사·시장·군수·구청장은 조사를 한 후 기초연금 수급권의 발생·변경·상실 등을 결정한다. 결정을 한 경우에는 그 결정 내용을 서면으로 그 이유를 구체적으로 밝혀 기초연금 수급권자에게 지체 없이 통지하여야 한다.
- 특별자치시장·특별자치도지사·시장·군수·구청장은 기초연금 수급권자로 결정한 사람에 대하여 기초연금의 지급을 신청한 날이 속하는 달부터 기초연금 수급권을 상실한 날이 속하는 달까지 매월 정기적으로 기초연금을 지급한다.
- 기초연금의 지급이 정지된 기간에는 기초연금을 지급하지 아니한다.

기초연금액의 감액

- 본인과 그 배우자가 모두 기초연금 수급권자인 경우에는 각각의 기초연금액에서 **기초연금액의 100분의 20에 해당하는 금액을 감액**한다.
- 소득인정액과 기초연금액(부부감액이 적용되는 경우에는 그 감액분이 반영된 금액을 말함)을 합산한 금액이 선정기준액 이상인 경우에는 선정기준액을 초과하는 금액의 범위에서 기초연금액의 일부를 감액할 수 있다.

비용의 분담

- 국가는 지방자치단체의 노인인구 비율 및 재정 여건 등을 고려하여 기초연금의 지급에 드는 비용 중 100분의 40 이상 100분의 90 이하의 범위에서 대통령령으로 정하는 비율에 해당하는 비용을 부담한다.
- 국가가 부담하는 비용을 뺀 비용은 특별시·광역시·특별자치시·도·특별자치도와 시·군·구가 상호 분담한다. 이 경우, 그 부담비율은 노인인구 비율 및 재정여건 등을 고려하여 보건복지부장관과 협의하여 시·도의 조례 및 시·군·구의 조례로 정한다.

수급자의 권리보호

- 기초연금 **수급권은 양도하거나 담보로 제공할 수 없으며, 압류 대상으로 할 수 없다.**
- 기초연금으로 **지급받은 금품은 압류할 수 없다.**
- 지급 결정이나 그 밖에 이 법에 따른 처분에 이의가 있는 사람은 특별자치시장·특별자치도지사·시장·군수·구청장에게 이의신청을 할 수 있다.
- 기초연금 수급권자의 권리는 **5년간 행사하지 아니하면 시효의 완성으로 소멸**한다.

기출문장 CHECK

01 (22-08-16) 기초연금 수급자가 대통령령으로 정하는 바에 따라 사망한 것으로 추정되는 경우에는 기초연금 지급이 정지된다.

02 (20-08-14) '기초연금 수급자의 국외 체류기간이 60일 이상 지속되는 경우'는 기초연금법상 기초연금의 지급정지 사유에 해당한다.

03 (19-08-15) 기초연금은 65세 이상인 사람으로서 소득인정액이 보건복지부장관이 정하여 고시하는 금액 이하인 사람에게 지급한다.

04 (18-08-14) 보건복지부장관은 선정기준액을 정하는 경우 65세 이상 사람 중 기초연금 수급자가 100분의 70 수준이 되도록 한다.

05 (17-08-13) "소득인정액"이란 본인 및 배우자의 소득평가액과 재산의 소득환산액을 합산한 금액을 말한다.

06 (16-08-15) 환수금을 환수할 권리와 기초연금 수급권자의 권리는 5년간 행사하지 아니하면 시효의 완성으로 소멸한다.

07 (15-08-03) 본인과 그 배우자가 모두 기초연금 수급권자인 경우에는 각각의 기초연금액에서 기초연금액의 100분의 20에 해당하는 금액을 감액한다.

08 (14-08-15) 기초연금액이 기준연금액을 초과하는 경우 기준연금액을 기초연금액으로 본다.

09 (12-08-09) 기초연금 수급권자의 권리는 5년 행사하지 아니하면 시효의 완성으로 소멸한다.

10 (11-08-17) 수급권은 양도·압류하거나 담보로 제공할 수 없다.

11 (10-08-14) 수급희망자의 연금지급 신청은 그 친족이 대신 할 수 있다.

12 (09-08-12) 기초연금은 소득인정액이 선정기준액 이하인 65세 이상의 노인에게 지급한다.

13 (06-08-15) 기초연금은 65세 이상의 생활이 어려운 노인을 적용대상으로 한다.

대표기출 확인하기

22-08-16 난이도 ★★★

기초연금법의 내용으로 옳은 것을 모두 고른 것은?

> ㄱ. 본인과 그 배우자가 모두 기초연금 수급권자인 경우에는 각각의 기초연금액에서 기초연금액의 100분의 20에 해당하는 금액을 감액한다.
> ㄴ. 기초연금 수급권자의 권리는 3년간 행사하지 아니하면 시효의 완성으로 소멸한다.
> ㄷ. 기초연금 수급자가 대통령령으로 정하는 바에 따라 사망한 것으로 추정되는 경우 수급권을 상실한다.

① ㄱ   ② ㄱ, ㄴ
③ ㄱ, ㄷ   ④ ㄴ, ㄷ
⑤ ㄱ, ㄴ, ㄷ

 **알짜확인**

- 기초연금법의 주요 내용(목적, 지급대상, 연금의 신청 및 지급, 연금액의 산정 및 급여액 결정, 수급권의 소멸 및 지급정지 등)을 이해해야 한다.

답 ①

✔ **응시생들의 선택**

① 29%	② 9%	③ 40%	④ 5%	⑤ 17%

① ㄴ. 환수금을 환수할 권리와 기초연금 수급권자의 권리는 5년간 행사하지 아니하면 시효의 완성으로 소멸한다.
   ㄷ. 기초연금 수급자가 대통령령으로 정하는 바에 따라 사망한 것으로 추정되는 경우에는 수급권이 상실되는 것이 아니라 기초연금 지급이 정지된다.

➕ **덧붙임**

기초연금법에 관한 문제는 주로 전반적인 내용을 묻는 유형으로 출제된다. 기초연금법 전반에 대한 내용들이 선택지로 출제되었는데, 지급대상, 신청, 연금액, 비용부담, 수급권의 상실과 보호, 소멸시효 등에 관한 내용들이 주로 다루어졌다.

관련기출 더 보기

20-08-14 난이도 ★★★

기초연금법상 기초연금의 지급정지 사유에 해당하는 것을 모두 고른 것은?

> ㄱ. 기초연금 수급자가 금고 이상의 형을 선고받고 교정시설 또는 치료감호시설에 수용되어 있는 경우
> ㄴ. 기초연금 수급자가 행방불명되거나 실종되는 등 대통령령으로 정하는 바에 따라 사망한 것으로 추정되는 경우
> ㄷ. 기초연금 수급권자가 국적을 상실한 때
> ㄹ. 기초연금 수급자의 국외 체류기간이 60일 이상 지속되는 경우

① ㄱ, ㄴ   ② ㄷ, ㄹ
③ ㄱ, ㄴ, ㄷ   ④ ㄱ, ㄴ, ㄹ
⑤ ㄱ, ㄴ, ㄷ, ㄹ

답 ④

✔ **응시생들의 선택**

① 2%	② 3%	③ 24%	④ 9%	⑤ 62%

④ 특별자치시장·특별자치도지사·시장·군수·구청장은 기초연금 수급자가 다음의 어느 하나의 경우에 해당하면 그 사유가 발생한 날이 속하는 달의 다음 달부터 그 사유가 소멸한 날이 속하는 달까지는 기초연금의 지급을 정지한다.
- 기초연금 수급자가 금고 이상의 형을 선고받고 교정시설 또는 치료감호시설에 수용되어 있는 경우
- 기초연금 수급자가 행방불명되거나 실종되는 등 대통령령으로 정하는 바에 따라 사망한 것으로 추정되는 경우
- 기초연금 수급자의 국외 체류기간이 60일 이상 지속되는 경우 (이 경우 국외 체류 60일이 되는 날을 지급 정지의 사유가 발생한 날로 봄)
- 그 밖에 위에서 언급한 세 가지 경우에 준하는 경우로서 대통령령(기초연금 수급자가 거주불명자로 등록된 경우)으로 정하는 경우

➕ **덧붙임**

최근 시험에서 기초연금 '지급의 정지 사유'와 '수급권의 상실 사유'를 구분할 수 있는지를 묻는 문제가 지속적으로 출제되고 있다. 이 둘의 사유는 비슷해 보이지만 기초연금법에서 분명히 구분하여 명시하고 있기 때문에 반드시 명확하게 정리해야 한다.

기초연금법상 수급권자의 범위에 관한 내용이다. ( )에 들어갈 숫자가 옳은 것은?

> • 기초연금은 (ㄱ)세 이상인 사람으로서 소득인정액이 보건복지부장관이 정하여 고시하는 금액(이하 "선정기준액"이라 한다) 이하인 사람에게 지급한다.
> • 보건복지부장관은 선정기준액을 정하는 경우 (ㄱ)세 이상인 사람 중 기초연금 수급자가 100분의 (ㄴ) 수준이 되도록 한다.

① ㄱ: 60, ㄴ: 70
② ㄱ: 65, ㄴ: 70
③ ㄱ: 65, ㄴ: 80
④ ㄱ: 70, ㄴ: 70
⑤ ㄱ: 70, ㄴ: 80

답 ②

✔ 응시생들의 선택

① 8%	② 85%	③ 6%	④ 0%	⑤ 1%

② • 기초연금은 65세 이상인 사람으로서 소득인정액이 보건복지부장관이 정하여 고시하는 금액 이하인 사람에게 지급한다.
　• 보건복지부장관은 선정기준액을 정하는 경우 65세 이상인 사람 중 기초연금 수급자가 100분의 70 수준이 되도록 한다.

➕ 덧붙임

기초연금법에서 지속적으로 출제되는 주요 수치는 반드시 기억해야 한다. 선정기준액을 65세 이상인 사람 중 기초연금 수급자의 100분의 70 수준이 되도록 한다는 내용, 부부가 모두 기초연금 수급자일 경우 각각의 기초연금액에서 100분의 20을 감액한다는 내용, 수급권자의 권리는 5년간 행사하지 아니하면 시효의 완성으로 소멸한다는 내용의 수치는 반드시 기억하자.

기초연금법의 내용으로 옳은 것은?

① "소득인정액"이란 본인 및 배우자의 소득평가액과 재산의 소득환산액을 합산한 금액을 말한다.
② 기초연금 수급권자가 국외로 이주하더라도 기초연금 수급권을 상실하지 않는다.
③ 기초연금으로 지급받은 금품은 압류할 수 있다.
④ 기초연금은 기초연금의 지급을 신청한 날이 속하는 달의 다음 달부터 지급한다.
⑤ 본인과 그 배우자가 모두 기초연금 수급권자인 경우에는 각각의 기초연금액에서 기초연금액의 100분의 50에 해당하는 금액을 감액한다.

답 ①

✔ 응시생들의 선택

① 77%	② 1%	③ 3%	④ 15%	⑤ 4%

② 기초연금 수급권자가 국외로 이주한 때에는 기초연금 수급권을 상실한다.
③ 기초연금으로 지급받은 금품은 압류할 수 없다.
④ 기초연금의 지급을 신청한 날이 속하는 달부터 기초연금 수급권을 상실한 날이 속하는 달까지 매월 정기적으로 기초연금을 지급한다.
⑤ 본인과 그 배우자가 모두 기초연금 수급권자인 경우에는 각각의 기초연금액에서 기초연금액의 100분의 20에 해당하는 금액을 감액한다.

기초연금법의 내용으로 옳지 않은 것은?

① 보건복지부장관은 선정기준액을 정하는 경우 65세 이상인 사람 중 기초연금 수급자가 100분의 70 수준이 되도록 한다.
② 기초연금으로 지급받은 금품은 압류할 수 없다.
③ 기초연금의 지급이 정지된 기간에는 기초연금을 지급하지 아니한다.
④ 기초연금 수급권자가 국외로 이주한 때에는 기초연금 수급권을 상실한다.
⑤ 기초연금 수급권자의 권리는 3년간 행사하지 아니하면 시효의 완성으로 소멸한다.

답 ⑤

✔ 응시생들의 선택

① 13%	② 12%	③ 4%	④ 8%	⑤ 63%

⑤ 환수금을 환수할 권리와 기초연금 수급권자의 권리는 5년간 행사하지 아니하면 시효의 완성으로 소멸한다.

15-08-03 난이도 ★★☆

기초연금법에 관한 설명으로 옳지 않은 것은?

① 기초연금은 65세 이상인 사람으로서 소득인정액이 선정 기준액 이하인 사람에게 지급한다.

② 기초연금 수급희망자는 특별자치시장·특별자치도지사·시장·군수·구청장에게 기초연금의 지급을 신청할 수 있다.

③ 부부가 모두 기초연금 수급권자인 경우 각각의 기초연금액에서 기초연금액의 100분의 30에 해당하는 금액을 감액한다.

④ 수급권자가 국외로 이주한 경우 수급권을 상실한다.

⑤ 시장은 수급자가 법령에 따라 사망한 것으로 추정되는 경우 그 사유가 발생한 날이 속하는 달의 다음 달부터 그 사유가 소멸한 날이 속하는 달까지는 기초연금의 지급을 정지한다.

답 ③

✅ 응시생들의 선택

① 3%	② 5%	③ 81%	④ 2%	⑤ 9%

③ 본인과 그 배우자가 모두 기초연금 수급권자인 경우에는 각각의 기초연금액에서 기초연금액의 100분의 20에 해당하는 금액을 감액한다.

14-08-15 난이도 ★★★

기초연금법의 내용으로 옳지 않은 것은?

① 기초연금 수급권자에 대한 기초연금의 금액은 기준연금액과 국민연금 급여액 등을 고려하여 산정한다.

② 기초연금액이 기준연금액을 초과하는 경우 기준연금액을 기초연금액으로 본다.

③ 본인과 그 배우자가 모두 기초연금 수급권자인 경우에는 각각의 기초연금액에서 기초연금액의 100분의 20에 해당하는 금액을 감액한다.

④ 보건복지부장관은 3년마다 기초연금 수급권자의 생활수준 등을 고려하여 기초연금액의 적정성을 평가하여야 한다.

⑤ 기초연금 수급권자의 권리는 5년간 행사하지 아니하면 시효의 완성으로 소멸한다.

답 ④

✅ 응시생들의 선택

① 16%	② 18%	③ 8%	④ 35%	⑤ 23%

④ 보건복지부장관은 5년마다 기초연금 수급권자의 생활수준, 금액의 변동률, 전국소비자물가변동률 등을 종합적으로 고려하여 기초연금액의 적정성을 평가하고 그 결과를 반영하여 기준연금액을 조정하여야 한다.

11-08-17 난이도 ★★☆

기초연금법령에 관한 설명으로 옳지 않은 것은?

① 연금은 연금을 신청한 날이 속하는 달부터 수급권이 소멸한 날이 속하는 달까지 매월 정기적으로 지급한다.

② 수급자가 금고 이상의 형을 선고받고 교정시설 또는 치료감호시설에 수용 중인 기간 동안에는 연금의 지급을 정지한다.

③ 이 법에 따른 처분에 이의가 있는 자는 기초연금심의위원회의 심의를 거쳐 보건복지부장관에게 이의신청을 할 수 있다.

④ 수급권은 양도·압류하거나 담보로 제공할 수 없다.

⑤ 보건복지부장관은 선정기준액을 정하는 경우 65세 이상인 사람 중 기초연금 수급자가 100분의 70 수준이 되도록 한다.

답 ③

✅ 응시생들의 선택

① 30%	② 15%	③ 43%	④ 2%	⑤ 10%

③ 수급권자의 자격인정, 그 밖에 기초연금법에 따른 처분에 이의가 있는 사람은 특별자치시장·특별자치도지사·시장·군수·구청장에게 이의신청을 할 수 있다. 기초연금심의위원회는 존재하지 않는다.

10-08-14 난이도 ★☆☆

기초연금법상 기초연금에 관한 설명으로 옳지 않은 것은?

① 65세 이상인 사람으로서 소득인정액이 선정기준액 이하인 사람에게 지급한다.

② 연금지급에 드는 비용은 지방자치단체가 모두 부담한다.

③ 기초연금액은 기준연금액과 국민연금 급여액 등을 고려하여 산정한다.

④ 국외로 이주한 때에는 수급권을 상실한다.

⑤ 수급희망자의 연금지급 신청은 그 친족이 대신할 수 있다.

답 ②

✅ 응시생들의 선택

① 5%	② 77%	③ 7%	④ 3%	⑤ 8%

② 국가는 지방자치단체의 노인인구 비율 및 재정여건 등을 고려하여 100분의 40 이상 100분의 90 이하의 범위에서 대통령령으로 정하는 비율에 해당하는 비용을 부담한다. 국가가 부담하는 비용을 뺀 비용은 특별시·광역시·특별자치시·도·특별자치도와 시·군·구가 상호 분담한다.

다음 내용이 왜 틀렸는지를 확인해보자

16-08-15

01 기초연금법령상 수급권자의 권리의 <u>소멸시효는 3년</u>이다.

> 기초연금법령상 수급권자의 권리의 소멸시효는 5년이다.

11-08-17

02 특별자치시장·특별자치도지사·시장·군수·구청장은 기초연금 수급권자로 결정한 사람에 대하여 **기초연금의 지급을 신청한 날이 속하는 다음 달부터** 기초연금 수급권을 상실한 날이 속하는 달까지 매월 정기적으로 기초 연금을 지급한다.

> 특별자치시장·특별자치도지사·시장·군수·구청장은 기초연금 수급권자로 결정한 사람에 대하여 기초연금의 지급을 신청한 날이 속하는 달부터 기초연금 수급권을 상실한 날이 속하는 달까지 매월 정기적으로 기초연금을 지급한다.

09-08-12

03 기초연금 수급자가 사망한 경우 기초연금 수급자에게 지급되지 않은 <u>미지급 연금액은 소멸</u>된다.

> 기초연금 수급자가 사망한 경우로서 그 기초연금 수급자에게 지급되지 아니한 기초연금액이 있는 경우에는 그 기초연금 수급자의 사망 당시 생계를 같이 한 부양의무자(배우자와 직계혈족 및 그 배우자)가 미지급 기초연금을 청구할 수 있다.

04 국가는 지방자치단체의 노인인구 비율 및 재정 여건 등을 고려하여 기초연금의 지급에 드는 비용 중 <u>100분의 60 이상 100분의 90 이하의 범위</u>에서 대통령령으로 정하는 비율에 해당하는 비용을 부담한다.

> 국가는 지방자치단체의 노인인구 비율 및 재정 여건 등을 고려하여 기초연금의 지급에 드는 비용 중 100분의 40 이상 100분의 90 이하의 범위에서 대통령령으로 정하는 비율에 해당하는 비용을 부담한다.

05 기초연금의 이의신청은 그 처분이 있음을 안 날부터 <u>30일 이내에 서면</u>으로 하여야 한다.

> 기초연금의 이의신청은 그 처분이 있음을 안 날부터 90일 이내에 서면으로 하여야 한다.

빈칸에 들어갈 알맞은 말을 채워보자

18-08-14
01 본인과 그 배우자가 모두 기초연금 수급권자인 경우에는 각각의 기초연금액에서 기초연금액의 100분의 (   )에 해당하는 금액을 감액한다.

16-08-15
02 보건복지부장관은 선정기준액을 정하는 경우 65세 이상인 사람 중 기초연금 수급자가 100분의 (   ) 수준이 되도록 한다.

14-08-15
03 기초연금 수급권자에 대한 기초연금액은 기준연금액과 (   ) 등을 고려하여 산정한다.

04 기초연금을 지급받으려는 사람 또는 대리인은 (   )에게 기초연금의 지급을 신청할 수 있다.

13-08-12
05 소득인정액은 본인 및 배우자의 (   )와/과 재산의 소득환산액을 합산한 금액을 말한다.

답 **01** 20 **02** 70 **03** 국민연금 급여액 **04** 특별자치시장·특별자치도지사·시장·군수·구청장 **05** 소득평가액

다음 내용이 옳은지 그른지 판단해보자

01 기초연금액의 적정성 평가를 할 때에는 노인 빈곤에 대한 실태조사와 기초연금의 장기적인 재정 소요에 대한 전망을 함께 실시하여야 한다. ◎ ⊗

11-08-17
02 기초연금 수급권은 양도하거나 담보로 제공할 수 없으나, 압류는 가능하다. ◎ ⊗

03 기초연금 수급권자가 사망한 때에는 기초연금 수급권을 상실한다. ◎ ⊗

04 기초연금 수급자의 국외 체류기간이 90일 이상 지속되는 경우에는 기초연금의 지급을 정지한다. ◎ ⊗

05 국가와 지방자치단체는 기초연금의 지급에 따라 계층 간 소득역전 현상이 발생하지 아니하고 근로의욕 및 저축 유인이 저하되지 아니하도록 최대한 노력하여야 한다. ◎ ⊗

답 **01** ○ **02** × **03** ○ **04** × **05** ○

해설 **02** 기초연금 수급권은 양도하거나 담보로 제공할 수 없으며, 압류 대상으로 할 수 없다.
04 기초연금 수급자의 국외 체류기간이 60일 이상 지속되는 경우에는 기초연금의 지급을 정지한다.

233 의료급여법

★★★
최근 10년간 **6문항** 출제

복습 1 이론요약

의료급여의 내용

수급권자의 질병·부상·출산 등에 대해 '진찰·검사, 약제·치료재료의 지급, 처치·수술과 그 밖의 치료, 예방·재활, 입원, 간호, 이송과 그 밖의 의료목적의 달성을 위한 조치' 등을 실시한다.

기본개념

사회복지법제론
pp.217~

의료급여의 제한 및 중지

• 수급권자가 업무 또는 공무로 생긴 질병·부상·재해로 다른 법령에 따른 급여나 보상 또는 보상을 받게 되는 경우에는 이 법에 따른 의료급여를 하지 아니한다. 수급권자가 다른 법령에 따라 국가나 지방자치단체 등으로부터 의료급여에 상당하는 급여 또는 비용을 받게 되는 경우에는 그 한도에서 이 법에 따른 의료급여를 하지 아니한다.

• 시장·군수·구청장은 수급권자가 자신의 고의 또는 중대한 과실로 인한 범죄행위에 그 원인이 있거나 고의로 사고를 일으켜 의료급여가 필요하게 된 경우와 정당한 이유없이 이 법의 규정이나 의료급여 기관의 진료에 관한 지시에 따르지 아니한 경우에는 의료급여를 하지 아니한다.

• 시장·군수·구청장은 수급권자가 수급권자에 대한 의료급여가 필요 없게 된 경우, 수급권자가 의료 급여를 거부한 경우에는 의료급여를 중지하여야 한다. 시장·군수·구청장은 의료급여를 거부한 경우에는 수급권자가 속한 가구원 전부에 대하여 의료급여를 중지하여야 한다.

의료급여기관

의료급여는 '의료법에 따라 개설된 의료기관, 지역보건법에 따라 설치된 보건소·보건의료원 및 보건지소, 농어촌 등 보건의료를 위한 특별조치법에 따라 설치된 보건진료소, 약사법에 따라 개설 등록된 약국 및 한국희귀·필수의약품센터'에서 실시한다.

급여비용의 본인부담

급여비용은 대통령령으로 정하는 바에 따라 그 전부 또는 일부를 의료급여기금에서 부담하되, 의료급여기금에서 일부를 부담하는 경우 그 나머지 비용은 본인이 부담한다.

수급권자

- 국민기초생활보장법에 따른 의료급여 수급자
- 재해구호법에 따른 이재민으로서 보건복지부장관이 의료급여가 필요하다고 인정한 사람
- 의사상자 등 예우 및 지원에 관한 법률에 따라 의료급여를 받는 사람
- 입양특례법에 따라 국내에 입양된 18세 미만의 아동
- 독립유공자예우에 관한 법률, 국가유공자 등 예우 및 지원에 관한 법률 및 보훈보상대상자 지원에 관한 법률의 적용을 받고 있는 사람과 그 가족으로서 국가보훈부장관이 의료급여가 필요하다고 추천한 사람 중에서 보건복지부장관이 의료급여가 필요하다고 인정한 사람
- 무형유산의 보전 및 진흥에 관한 법률에 따라 지정된 국가무형유산의 보유자(명예보유자를 포함)와 그 가족으로서 국가유산청장이 의료급여가 필요하다고 추천한 사람 중에서 보건복지부장관이 의료급여가 필요하다고 인정한 사람
- 북한이탈주민의 보호 및 정착지원에 관한 법률의 적용을 받고 있는 사람과 그 가족으로서 보건복지부장관이 의료급여가 필요하다고 인정한 사람
- 5·18민주화운동 관련자 보상 등에 관한 법률에 따라 보상금등을 받은 사람과 그 가족으로서 보건복지부장관이 의료급여가 필요하다고 인정한 사람
- 노숙인 등의 복지 및 자립지원에 관한 법률에 따른 노숙인 등으로서 보건복지부장관이 의료급여가 필요하다고 인정한 사람
- 그 밖에 생활유지 능력이 없거나 생활이 어려운 사람으로서 대통령령으로 정하는 사람

기출문장 CHECK

01 (22-08-15) 시장·군수·구청장은 수급권자가 의료급여를 거부한 경우 의료급여를 중지하여야 한다.

02 (20-08-13) 의료급여법상 의료급여의 내용은 '진찰·검사, 약제·치료재료의 지급, 처치·수술과 그 밖의 치료, 예방·재활, 입원, 간호, 이송과 그 밖의 의료목적 달성을 위한 조치'가 있다.

03 (16-08-13) 의료급여기관은 의료급여가 끝난 날부터 5년간 보건복지부령으로 정하는 바에 따라 급여비용의 청구에 관한 서류를 보존하여야 한다.

04 (15-08-04) 65세인 자, 장애인고용촉진 및 직업재활법에 따른 중증장애인, 임신 중에 있는 자, 병역법에 따른 병역의무를 이행 중인 자 등은 국민기초생활보장법에 따른 의료급여 수급자로서 의료급여법상 1종 수급권자에 해당한다.

05 (14-08-13) 농어촌 등 보건의료를 위한 특별조치법에 따라 설치된 보건진료소는 의료급여법상 의료급여기관에 해당한다.

06 (13-08-13) 수급권자가 다른 법령에 따라 의료급여를 받고 있는 경우에는 의료급여법에 따른 의료급여를 하지 아니 한다.

07 (12-08-06) 시장·군수·구청장은 장애인복지법에 따라 등록한 장애인인 수급권자에게 보장구에 대하여 급여를 실시할 수 있다.

08 (11-08-15) 수급권자는 1종 수급권자와 2종 수급권자로 구분한다.

09 (10-08-16) 의료급여기관 외의 장소에서 출산을 한 경우에는 요양비를 지급한다.

10 (09-08-10) 급여비용의 일부를 본인에게 부담하게 할 수 있다.

11 (08-08-11) 의료급여의 내용에는 예방, 재활 조치도 포함된다.

12 (07-08-15) 약사법에 따라 등록된 약국은 의료급여법에 의한 의료기관이다.

13 (06-08-19) 의료급여를 받을 권리는 압류할 수 없다.

14 (05-08-14) 의료급여의 내용에는 간호, 이송, 수술, 처치, 예방 및 재활 등이 있다.

대표기출 확인하기

난이도 ★★★

의료급여법의 내용으로 옳은 것은?

① 시 · 도지사는 의료급여증을 발급하여야 한다.
② 급여비용의 재원을 충당하기 위하여 보건복지부에 의료급여기금을 설치한다.
③ 보건복지부에 두는 의료급여심의위원회는 의료급여의 수가에 관한 사항을 심의한다.
④ 시 · 도지사는 상환받은 대지급금을 의료급여기금에 납입하여야 한다.
⑤ 수급권자가 의료급여를 거부한 경우 시 · 도지사는 의료급여를 중지해야 한다.

 알짜확인

• 의료급여법의 주요 내용(목적, 용어의 정의, 의료급여, 1종 및 2종 수급권자, 보장기관, 수급자의 권리와 의무 등)을 이해해야 한다.

답 ③

☑ **응시생들의 선택**

① 6%	② 16%	③ 32%	④ 9%	⑤ 37%

① 시장 · 군수 · 구청장은 수급권자가 신청하는 경우 의료급여증을 발급하여야 한다.
② 급여비용의 재원에 충당하기 위하여 시 · 도에 의료급여기금을 설치한다.
④ 대지급금을 상환받은 시장 · 군수 · 구청장은 이를 의료급여기금에 납입하여야 한다.
⑤ 시장 · 군수 · 구청장은 수급권자가 의료급여를 거부한 경우 의료급여를 중지하여야 한다.

➕ **덧붙임**

의료급여법에 관한 문제는 기본적인 목적, 용어의 정의부터 1종 및 2종 수급권자, 의료급여의 내용, 급여의 개시, 급여의 제한 및 중지, 의료급여기관, 급여의 본인부담, 보장기관, 수급권자의 권리보호 등 전반적인 내용을 모두 꼼꼼하게 정리해두어야 한다. 최근 시험에서는 의료급여기관, 1종 수급권자, 의료급여기관의 서류 보존 기간 등 세부적인 내용을 묻는 단독문제도 출제된 바 있다.

관련기출 더 보기

난이도 ★☆☆

의료급여법상 의료급여의 내용에 해당하지 않는 것은?

① 진찰 · 검사
② 예방 · 재활
③ 입원
④ 간호
⑤ 화장 또는 매장 등 장제 조치

답 ⑤

☑ **응시생들의 선택**

① 1%	② 6%	③ 2%	④ 13%	⑤ 78%

⑤ 의료급여법에 따른 수급권자의 질병 · 부상 · 출산 등에 대한 의료급여의 내용은 '진찰 · 검사, 약제 · 치료재료의 지급, 처치, 수술과 그 밖의 치료, 예방 · 재활, 입원, 간호, 이송과 그 밖의 의료목적 달성을 위한 조치'가 있다.

난이도 ★★☆

의료급여법의 내용이다. ( )에 들어갈 숫자를 옳게 짝지은 것은?

• 의료급여기관은 의료급여가 끝난 날부터 (ㄱ)년간 보건복지부령으로 정하는 바에 따라 급여비용의 청구에 관한 서류를 보존하여야 한다.
• 약국 등 보건복지부령으로 정하는 의료급여기관은 처방전을 급여비용을 청구한 날부터 (ㄴ)년간 보존하여야 한다.

① ㄱ: 2, ㄴ: 3   ② ㄱ: 3, ㄴ: 3
③ ㄱ: 3, ㄴ: 5   ④ ㄱ: 5, ㄴ: 3
⑤ ㄱ: 5, ㄴ: 5

답 ④

☑ **응시생들의 선택**

① 3%	② 14%	③ 13%	④ 51%	⑤ 19%

④ • 의료급여기관은 의료급여가 끝난 날부터 5년간 보건복지부령으로 정하는 바에 따라 급여비용의 청구에 관한 서류를 보존하여야 한다.
• 약국 등 보건복지부령으로 정하는 의료급여기관은 처방전을 급여비용을 청구한 날부터 3년간 보존하여야 한다.

국민기초생활보장법에 따른 의료급여 수급자로서 의료급여법상 1종 수급권자가 아닌 사람은?

① 18세인 자
② 65세인 자
③ 장애인고용촉진 및 직업재활법에 따른 중증장애인
④ 임신 중에 있는 자
⑤ 병역법에 따른 병역의무를 이행 중인 자

답 ①

✅ **응시생들의 선택**

① 24%	② 2%	③ 11%	④ 18%	⑤ 45%

① '18세인 자'가 아닌 '18세 미만인 자'이다.

의료급여법령에 관한 설명으로 옳지 않은 것은?

① 국민기초생활보장법에 따른 의료급여 수급자는 수급권자에 해당한다.
② 수급권자가 다른 법령에 따라 의료급여를 받고 있는 경우에는 의료급여법에 따른 의료급여를 하지 아니한다.
③ 관할 시장·군수·구청장은 수급권자가 되려는 자의 인정 신청이 없더라도 직권으로 수급권자를 정할 수 있다.
④ 지역보건법에 따라 설치된 보건지소는 제1차 의료급여기관이다.
⑤ 의료급여기관은 의료급여를 하기 전에 수급권자에게 본인부담금을 청구하여서는 아니 된다.

답 ③

✅ **응시생들의 선택**

① 5%	② 46%	③ 33%	④ 8%	⑤ 9%

③ 수급권자가 되려는 사람은 보건복지부령으로 정하는 바에 따라 특별자치시장·특별자치도지사·시장(특별자치도의 행정시장은 제외)·군수·구청장에게 수급권자 인정 신청을 하여야 한다.

의료급여법상 의료급여기관에 해당하는 것을 모두 고른 것은? (단, 법령에 따라 보건복지부장관이 의료급여기관에서 제외하는 경우는 고려하지 않음)

> ㄱ. 농어촌 등 보건의료를 위한 특별조치법에 따라 설치된 보건진료소
> ㄴ. 지역보건법에 따라 설치된 보건의료원
> ㄷ. 약사법에 따라 설립된 한국희귀·필수의약품센터
> ㄹ. 약사법에 따라 개설등록된 약국

① ㄱ, ㄴ, ㄷ   ② ㄱ, ㄷ
③ ㄴ, ㄹ   ④ ㄹ
⑤ ㄱ, ㄴ, ㄷ, ㄹ

답 ⑤

✅ **응시생들의 선택**

① 13%	② 4%	③ 5%	④ 2%	⑤ 76%

⑤ 의료급여법상 의료급여기관으로는 '의료법에 따라 개설된 의료기관, 지역보건법에 따라 설치된 보건소·보건의료원 및 보건지소, 농어촌 등 보건의료를 위한 특별조치법에 따라 설치된 보건진료소, 약사법에 따라 개설등록된 약국 및 설립된 한국희귀·필수의약품센터'가 있다.

의료급여법령의 내용으로 옳지 않은 것은?

① 약사법에 따라 등록된 약국은 처방전을 급여비용을 청구한 날부터 3년간 보존하여야 한다.
② 시장·군수·구청장은 장애인복지법에 따라 등록한 장애인인 수급권자에게 보장구에 대하여 급여를 실시할 수 있다.
③ 의료급여기관은 의료급여를 하기 전에 수급권자에게 본인부담금을 청구할 수 있다.
④ 시장·군수·구청장은 수급권자의 소득, 재산상황, 근로능력 등이 변동되었을 때에는 직권으로 의료급여의 내용 등을 변경할 수 있다.
⑤ 시장·군수·구청장은 수급권자에 대한 의료급여가 필요 없게 된 경우에는 의료급여를 중지하여야 한다.

답 ③

✅ **응시생들의 선택**

① 5%	② 45%	③ 28%	④ 18%	⑤ 4%

③ 의료급여기관은 의료급여를 하기 전에 수급권자에게 본인부담금을 청구하거나 수급권자가 의료급여법에 따라 부담하여야 하는 비용과 비급여비용 외에 입원보증금 등 다른 명목의 비용을 청구하여서는 안 된다.

다음 내용이 왜 틀렸는지를 확인해보자

`13-08-13`

01 지역보건법에 따라 설치된 보건지소는 **제2차 의료급여기관**이다.

> 지역보건법에 따라 설치된 보건지소는 제1차 의료급여기관이다.

---

02 급여비용은 **본인부담금이 없으며, 그 전부를 의료급여기금에서 부담**한다.

> 급여비용은 대통령령으로 정하는 바에 따라 그 전부 또는 일부를 의료급여기금에서 부담하되, 의료급여기금에서 일부를 부담하는 경우 그 나머지 비용은 본인이 부담한다.

---

03 입양특례법에 따라 국내에 입양된 **6세 미만의 아동**은 의료급여법에 따른 수급권자이다.

> 입양특례법에 따라 국내에 입양된 18세 미만의 아동은 의료급여법에 따른 수급권자이다.

---

04 의료급여를 받을 권리, 급여비용을 받을 권리, 대지급금을 상환받을 권리는 **5년간 행사하지 아니하면** 소멸시효가 완성된다.

> 의료급여를 받을 권리, 급여비용을 받을 권리, 대지급금을 상환받을 권리는 3년간 행사하지 아니하면 소멸시효가 완성된다.

`10-08-16`

05 **보건복지부장관**은 장애인복지법에 따라 등록한 장애인인 수급권자에게 보조기기에 대하여 급여를 실시할 수 있다.

> 시장·군수·구청장은 장애인복지법에 따라 등록한 장애인인 수급권자에게 보조기기에 대하여 급여를 실시할 수 있다.

---

06 의료급여를 받을 권리는 **양도할 수 없으나 압류는 가능하다**.

> 의료급여를 받을 권리는 양도하거나 압류할 수 없다.

빈칸에 들어갈 알맞은 말을 채워보자

`16-08-13`
01 의료급여기관은 의료급여가 끝난 날부터 (   )년간 보건복지부령으로 정하는 바에 따라 급여비용의 청구에 관한 서류를 보존하여야 한다.

`12-08-06`
02 의료급여기관은 의료급여를 하기 전에 수급권자에게 (   )을/를 청구하여서는 아니 된다.

`08-08-11`
03 중앙의료급여심의위원회의 위원장은 (   )(으)로 한다.

04 급여비용의 재원을 충당하기 위하여 시·도에 (   )을/를 설치한다.

05 의료급여사업의 실시에 관한 사항을 심의하기 위하여 보건복지부, 시·도 및 시·군·구에 각각 (   )을/를 둔다.

답 **01** 5   **02** 본인부담금   **03** 보건복지부차관   **04** 의료급여기금   **05** 의료급여심의위원회

다음 내용이 옳은지 그른지 판단해보자

`20-08-13`
01 간호, 이송, 수술·처치, 예방 및 재활은 모두 의료급여의 내용에 속한다. ⭕❌

`14-08-13`
02 농어촌 등 보건의료를 위한 특별조치법에 따라 설치된 보건진료소도 의료급여법상 의료급여기관에 해당한다. ⭕❌

`13-08-13`
03 수급권자가 다른 법령에 따라 의료급여를 받고 있는 경우에는 의료급여법에 따른 의료급여를 하지 아니한다. ⭕❌

04 의료급여 수급권자는 1종·2종·3종 수급권자로 구분한다. ⭕❌

05 재해구호법에 따른 이재민으로서 보건복지부장관이 의료급여가 필요하다고 인정한 사람은 수급권자에 해당한다. ⭕❌

답 **01** ⭕   **02** ⭕   **03** ⭕   **04** ❌   **05** ⭕

(해설) **04** 수급권자는 1종 수급권자와 2종 수급권자로 구분한다.

234 긴급복지지원법

1 회독	2 회독	3 회독
월 일	월 일	월 일

최근 10년간 **5문항** 출제

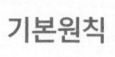
이론요약

기본원칙

- 이 법에 따른 지원은 **위기상황에 처한 사람에게 일시적으로 신속하게 지원하는 것**을 기본원칙으로 한다.
- 재해구호법, 국민기초생활보장법, 의료급여법, 사회복지사업법, 가정폭력방지 및 피해자보호 등에 관한 법률, 성폭력방지 및 피해자보호 등에 관한 법률 등 다른 법률에 따라 이 법에 따른 지원 내용과 동일한 내용의 구호·보호 또는 지원을 받고 있는 경우에는 이 법에 의한 지원을 하지 아니한다(타급여 우선의 원칙).

기본개념

사회복지법제론
pp.238~

위기상황

본인 또는 본인과 생계 및 주거를 같이 하고 있는 가구구성원이 다음 중 어느 하나에 해당하는 사유로 인하여 생계유지 등이 어렵게 된 것을 말한다.

- 주소득자가 사망, 가출, 행방불명, 구금시설에 수용되는 등의 사유로 소득을 상실한 경우
- 중한 질병 또는 부상을 당한 경우
- 가구구성원으로부터 방임·유기되거나 학대 등을 당한 경우
- 가정폭력을 당하여 가구구성원과 함께 원만한 가정생활을 하기 곤란하거나 가구구성원으로부터 성폭력을 당한 경우
- 화재 또는 자연재해 등으로 인하여 거주하는 주택 또는 건물에서 생활하기 곤란하게 된 경우
- 주소득자 또는 부소득자의 휴업, 폐업 또는 사업장의 화재 등으로 인하여 실질적인 영업이 곤란하게 된 경우
- 주소득자 또는 부소득자의 실직으로 소득을 상실한 경우
- 보건복지부령으로 정하는 기준에 따라 지방자치단체의 조례로 정한 사유가 발생한 경우
- 그 밖에 보건복지부장관이 정하여 고시하는 사유가 발생한 경우

위기상황의 발굴

- 국가 및 지방자치단체는 위기상황에 처한 사람에 대한 발굴조사를 연 1회 이상 정기적으로 실시하여야 한다.
- 국가 및 지방자치단체는 위기상황에 처한 사람에 대한 발굴체계의 운영 실태를 정기적으로 점검하고 개선방안을 수립하여야 한다.

긴급지원 대상자

- 위기상황에 처한 사람으로서 이 법에 따른 지원이 긴급하게 필요한 사람을 말한다.
- 국내에 체류하고 있는 외국인 중 '대한민국 국민과 혼인 중인 사람, 대한민국 국민인 배우자와 이혼하거나 그 배우자가 사망한 사람으로서 대한민국 국적을 가진 직계존비속을 돌보고 있는 사람, 난민법에 따른 난민으로 인정된 사람, 본인의 귀책사유 없이 화재·범죄·천재지변으로 피해를 입은 사람, 그 밖에 보건복지부장관이 긴급한 지원이 필요하다고 인정하는 사람'이 위기상황에 처한 경우에는 긴급지원 대상자가 된다.

급여의 종류

▶ **금전 또는 현물(現物) 등의 직접지원**

- **생계지원**: 식료품비·의복비 등 생계유지에 필요한 비용 또는 현물 지원
- **의료지원**: 각종 검사 및 치료 등 의료서비스 지원
- **주거지원**: 임시거소 제공 또는 이에 해당하는 비용 지원
- **사회복지시설 이용 지원**: 사회복지사업법에 따른 사회복지시설 입소 또는 이용 서비스의 제공이나 이에 필요한 비용 지원
- **교육지원**: 초·중·고등학생의 수업료, 입학금, 학교운영지원비 및 학용품비 등 필요한 비용 지원
- **그 밖의 지원**: 연료비 및 해산비 그 밖에 보건복지부장관이 정하는 지원

▶ **민간기관·단체와의 연계 등의 지원**

- 대한적십자사, 사회복지공동모금회 등의 사회복지기관·단체와의 연계 지원
- 상담·정보제공, 그 밖의 지원

긴급지원의 기간

- 생계지원에 따른 긴급지원은 3개월간, 주거지원·사회복지시설 이용 지원·그 밖의 지원(연료비나 그 밖에 위기상황의 극복에 필요한 비용 또는 현물 지원)에 따른 긴급지원은 1개월간의 생계유지 등에 필요한 지원으로 한다. 다만, 주거지원, 사회복지시설 이용 지원, 그 밖의 지원에 따른 긴급지원은 시장·군수·구청장이 긴급지원대상자의 위기상황이 계속된다고 판단하는 경우에는 1개월씩 두 번의 범위에서 기간을 연장할 수 있다.
- 의료지원은 위기상황의 원인이 되는 질병 또는 부상을 검사·치료하기 위한 범위에서 한 번 실시하고, 교육지원도 한 번 실시한다.
- 시장·군수·구청장은 위 규정에 의한 지원에도 불구하고 위기상황이 계속되는 경우에는 긴급지원심의위원회의 심의를 거쳐 지원을 연장할 수 있다. 이 경우 생계지원, 사회복지시설 이용 지원, 그 밖의 지원은 규정된 지원기간을 합하여 총 6개월을 초과해서는 안 되고, 주거지원은 규정된 지원기간을 합하여 총 12개월을 초과해서는 안 되며, 의료지원은 규정된 지원횟수를 합하여 총 2번, 교육지원은 규정된 지원횟수를 합하여 총 4번을 초과하여서는 안 된다.

01 (21-08-14) 본인이 가구구성원으로부터 방임 등을 당하여 생계유지가 어렵게 된 경우는 긴급복지지원법상 위기상황에 해당한다.

02 (20-08-15) 의료법에 따른 의료기관의 종사자는 직무수행 과정에서 긴급지원대상자가 있음을 알게 된 경우 이를 신고하고, 긴급지원대상자가 신속하게 지원을 받을 수 있도록 노력하여야 한다.

03 (18-08-13) 누구든지 긴급지원대상자를 발견한 경우에는 관할 시장·군수·구청장에게 신고하여야 한다.

04 (17-08-12) 긴급지원 중 금전 또는 현물(現物) 등의 직접지원으로는 생계지원, 의료지원, 주거지원, 사회복지시설 이용 지원, 교육지원, 그 밖의 지원 등이 있다.

05 (14-08-14) 사회복지공동모금회법에 따른 사회복지공동모금회와의 연계 지원은 민간기관·단체와의 연계 등의 지원에 해당한다.

06 (12-08-08) 국가 및 지방자치단체는 긴급지원 업무를 수행하기 위하여 필요한 비용을 분담하여야 한다.

07 (11-08-16) 위기상황에 처한 사람에게 일시적으로 신속하게 지원하는 것을 기본원칙으로 한다.

08 (08-08-24) 지원종류는 생계지원, 의료지원, 주거지원 등이다.

09 (07-08-01) 주소득자가 사망 등의 이유로 소득을 상실한 경우는 긴급복지지원법상의 위기상황에 해당한다.

10 (06-08-18) 긴급복지지원은 필요할 경우 기간을 연장할 수 있다.

대표기출 확인하기

18-08-13   난이도 ★★☆

긴급복지지원법의 내용으로 옳지 않은 것은?

① 주거지가 불분명한 자도 긴급지원대상자가 될 수 있다.

② 국내에 체류하는 모든 외국인은 긴급지원대상자가 될 수 없다.

③ 위기상황에 처한 사람에게 일시적으로 신속하게 지원하는 것을 기본원칙으로 한다.

④ 누구든지 긴급지원대상자를 발견한 경우에는 관할 시장·군수·구청장에게 신고하여야 한다.

⑤ 국가 및 지방자치단체는 위기상황에 처한 사람에 대한 발굴조사를 연 1회 이상 정기적으로 실시하여야 한다.

> ▶ **알짜확인**
>
> • 긴급복지지원법과 관련된 주요 내용(기본원칙, 긴급지원 대상자, 긴급지원기관, 긴급지원의 종류, 위기상황, 긴급지원의 적정성 심사, 사후조사 등)을 파악해야 한다.

답 ②

✔ 응시생들의 선택

① 5%	② 83%	③ 1%	④ 5%	⑤ 6%

② 국내에 체류하고 있는 외국인 중 '대한민국 국민과 혼인 중인 사람, 대한민국 국민인 배우자와 이혼하거나 그 배우자가 사망한 사람으로서 대한민국 국적을 가진 직계존비속을 돌보고 있는 사람, 난민법에 따른 난민으로 인정된 사람, 본인의 귀책사유 없이 화재·범죄·천재지변으로 피해를 입은 사람, 그 밖에 보건복지부장관이 긴급한 지원이 필요하다고 인정하는 사람'이 위기상황에 처한 경우에는 긴급지원 대상자가 된다.

➕ 덧붙임

긴급복지지원법의 전반적인 사항을 묻는 유형으로 주로 출제되고 있으며, 위기상황, 기본원칙, 긴급지원 대상자 및 긴급지원기관, 긴급지원의 종류 및 기간 등이 주로 다루어졌다.

관련기출 더 보기

21-08-14   난이도 ★★☆

긴급복지지원법상 "위기상황"에 해당하는 사유를 모두 고른 것은?

> ㄱ. 주소득자가 사망, 가출, 행방불명 등으로 소득을 상실하여 생계유지가 어렵게 된 경우
>
> ㄴ. 본인이 중한 질병 또는 부상을 당하여 생계유지가 어렵게 된 경우
>
> ㄷ. 본인이 가구구성원으로부터 방임 등을 당하여 생계유지가 어렵게 된 경우
>
> ㄹ. 본인이 가구구성원으로부터 성폭력을 당하여 생계유지가 어렵게 된 경우

① ㄱ, ㄴ, ㄷ   ② ㄱ, ㄴ, ㄹ

③ ㄱ, ㄷ, ㄹ   ④ ㄴ, ㄷ, ㄹ

⑤ ㄱ, ㄴ, ㄷ, ㄹ

답 ⑤

✔ 응시생들의 선택

① 9%	② 4%	③ 7%	④ 2%	⑤ 78%

⑤ 이 법에서 "위기상황"이란 본인 또는 본인과 생계 및 주거를 같이 하고 있는 가구구성원이 다음의 어느 하나에 해당하는 사유로 인하여 생계유지 등이 어렵게 된 것을 말한다.

- 주소득자가 사망, 가출, 행방불명, 구금시설에 수용되는 등의 사유로 소득을 상실한 경우
- 중한 질병 또는 부상을 당한 경우
- 가구구성원으로부터 방임 또는 유기되거나 학대 등을 당한 경우
- 가정폭력을 당하여 가구구성원과 함께 원만한 가정생활을 하기 곤란하거나 가구구성원으로부터 성폭력을 당한 경우
- 화재 또는 자연재해 등으로 인하여 거주하는 주택 또는 건물에서 생활하기 곤란하게 된 경우
- 주소득자 또는 부소득자의 휴업, 폐업 또는 사업장의 화재 등으로 인하여 실질적인 영업이 곤란하게 된 경우
- 주소득자 또는 부소득자의 실직으로 소득을 상실한 경우
- 보건복지부령으로 정하는 기준에 따라 지방자치단체의 조례로 정한 사유가 발생한 경우
- 그 밖에 보건복지부장관이 정하여 고시하는 사유가 발생한 경우

난이도 ★★☆

긴급복지지원법상 긴급지원 중 '금전 또는 현물 (現物) 등의 직접지원'에 해당하지 않는 것은?

① 초·중·고등학생의 수업료 등 필요한 비용지원
② 사회복지공동모금회법에 따른 사회복지공동모금회와의 연계 지원
③ 각종 검사 및 치료 등 의료서비스 지원
④ 사회복지사업법에 따른 사회복지시설 입소
⑤ 임시거소 제공

답 ②

✔ 응시생들의 선택

① 7%	② 67%	③ 3%	④ 17%	⑤ 6%

② 금전 또는 현물 등의 직접지원이 아닌 민간기관·단체와의 연계 등의 지원에 해당한다.

난이도 ★★☆

긴급복지지원법령의 내용으로 옳지 않은 것은?

① 시장·군수·구청장은 긴급지원담당공무원을 지정하여야 한다.
② 누구든지 긴급지원대상자를 발견한 경우에는 관할 시장·군수·구청장에게 신고하여야 한다.
③ 사회복지사업법에 따라 긴급복지지원법에 따른 지원 내용과 동일한 내용의 지원을 받고 있는 경우라도 긴급복지지원법에 따른 지원을 하여야 한다.
④ 국가 및 지방자치단체는 긴급지원 업무를 수행하기 위하여 필요한 비용을 분담하여야 한다.
⑤ 보건복지부장관은 위기상황에 처한 사람에게 상담·정보 제공 및 관련 기관·단체 등과의 연계서비스를 제공하기 위하여 담당기구를 설치·운영할 수 있다.

답 ③

✔ 응시생들의 선택

① 29%	② 15%	③ 47%	④ 2%	⑤ 7%

③ 긴급복지지원법 제3조에 따르면, 재해구호법, 국민기초생활보장법, 의료급여법, 사회복지사업법, 가정폭력방지 및 피해자보호 등에 관한 법률, 성폭력방지 및 피해자보호 등에 관한 법률 등 다른 법률에 따라 긴급복지지원법에 따른 지원 내용과 동일한 내용의 구호·보호 또는 지원을 받고 있는 경우에는 긴급복지지원법에 따른 지원을 하지 아니한다.

난이도 ★★☆

긴급복지지원법령에 관한 설명으로 옳지 않은 것은?

① 위기상황에 처한 사람에게 일시적으로 신속하게 지원하는 것을 기본원칙으로 한다.
② 가구구성원으로부터 방임 또는 유기되거나 학대 등을 당하여 생계유지가 어렵게 된 경우도 위기상황에 포함된다.
③ 긴급지원대상자의 거주지가 분명하지 아니한 경우에는 긴급지원요청 또는 신고를 받은 시장·군수·구청장이 지원한다.
④ 주거지원을 연장하는 경우 규정된 지원기간을 합하여 총 12개월을 초과해서는 안 된다.
⑤ 긴급지원대상자가 국민기초생활보장법에 따른 수급권자로 결정된 경우에도 긴급지원의 적정성 심사를 하여야 한다.

답 ⑤

✔ 응시생들의 선택

① 1%	② 4%	③ 16%	④ 18%	⑤ 61%

⑤ 긴급지원심의위원회는 시장·군수·구청장이 한 사후조사 결과를 참고하여 긴급지원의 적정성을 심사한다. 긴급지원심의위원회는 긴급지원대상자가 국민기초생활보장법 또는 의료급여법에 따른 수급권자로 결정된 경우에는 적정성 심사를 하지 아니할 수 있다.

난이도 ★☆☆

긴급복지지원법상의 '위기상황'이 아닌 것은?

① 주소득자가 사망 등의 이유로 소득을 상실하고 가구구성원에게 다른 소득이 없는 때
② 중한 질병이나 부상을 당한 때
③ 일반적인 성폭력으로 인해 사회적 적응이 어려울 때
④ 가정폭력으로 인해 가구구성원들과 함께 원만한 가정생활이 곤란할 때
⑤ 화재 등으로 인해 거주하는 주택 또는 건물에서 생활하기 곤란하게 된 때

답 ③

✔ 응시생들의 선택

① 2%	② 9%	③ 76%	④ 8%	⑤ 5%

③ 일반적인 성폭력으로 인해 사회적 적응이 어려울 때가 아니라 가구구성원으로부터 성폭력을 당한 경우에만 위기상황으로 정의된다.

다음 내용이 왜 틀렸는지를 확인해보자

01 본인의 귀책사유 없이 천재지변으로 피해를 입은 외국인은 긴급지원 대상자가 아니다.

> 본인의 귀책사유 없이 화재, 범죄, 천재지변으로 피해를 입은 외국인은 긴급지원 대상자가 된다.

`20-08-05`
02 긴급복지지원법상에서 **국가공무원법 및 지방공무원법에 따른 공무원**은 직무수행 과정에서 긴급지원대상자가 있음을 알게 된 경우 이를 신고하고, 신속하게 지원을 받을 수 있도록 노력해야 하는 자에 해당하지 않는다.

> 국가공무원법 및 지방공무원법에 따른 공무원은 긴급복지지원법상 긴급지원대상자 신고의무대상자에 해당한다.

03 긴급지원대상자는 지급되는 금전 또는 현물을 생계유지 등의 **목적 외의 다른 용도로 사용하기 위하여 양도할 수 있다.**

> 긴급지원대상자는 지급되는 금전 또는 현물을 생계유지 등의 목적 외의 다른 용도로 사용하기 위하여 양도하거나 담보로 제공할 수 없다.

04 국가 및 지방자치단체는 위기상황에 처한 사람에 대한 발굴조사를 **월 1회 이상** 정기적으로 실시하여야 한다.

> 국가 및 지방자치단체는 위기상황에 처한 사람에 대한 발굴조사를 연 1회 이상 정기적으로 실시하여야 한다.

05 긴급지원대상자와 친족, 그 밖의 관계인은 구술 또는 서면 등으로 **보건복지부장관**에게 이 법에 따른 지원을 요청할 수 있다.

> 긴급지원대상자와 친족, 그 밖의 관계인은 구술 또는 서면 등으로 시장·군수·구청장에게 이 법에 따른 지원을 요청할 수 있다.

빈칸에 들어갈 알맞은 말을 채워보자

01 (   )은/는 식료품비·의복비 등 생계유지에 필요한 비용 또는 현물을 지원하는 것이다.

12-08-08

02 누구든지 긴급지원 대상자를 발견한 경우에는 관할 (   )에게 신고하여야 한다.

03 이 법에 따른 지원은 (   )에 처한 사람에게 일시적으로 신속하게 지원하는 것을 기본원칙으로 한다.

답 **01** 생계지원 **02** 시장·군수·구청장 **03** 위기상황

다음 내용이 옳은지 그른지 판단해보자

11-08-16

01 가구구성원으로부터 유기된 경우에도 긴급복지지원법상의 위기상황에 해당한다. ◎ⓧ

02 국내에 체류하고 있는 외국인 중 대한민국 국민과 혼인 중인 사람이 위기상황에 처한 경우에는 긴급지원 대상자가 된다. ◎ⓧ

03 생계지원을 연장할 경우 규정된 지원기간을 합하여 총 12개월을 초과해서는 안 된다. ◎ⓧ

답 **01**○ **02**○ **03**✕

(해설) **03** 생계지원은 규정된 지원기간을 합하여 총 6개월을 초과해서는 안 된다.

9장

사회보험법

이 장에서는

국민연금법, 국민건강보험법, 고용보험법, 산업재해보상보험법, 노인장기요양보험법의 주요 내용을 다룬다.

10년간 출제분포도

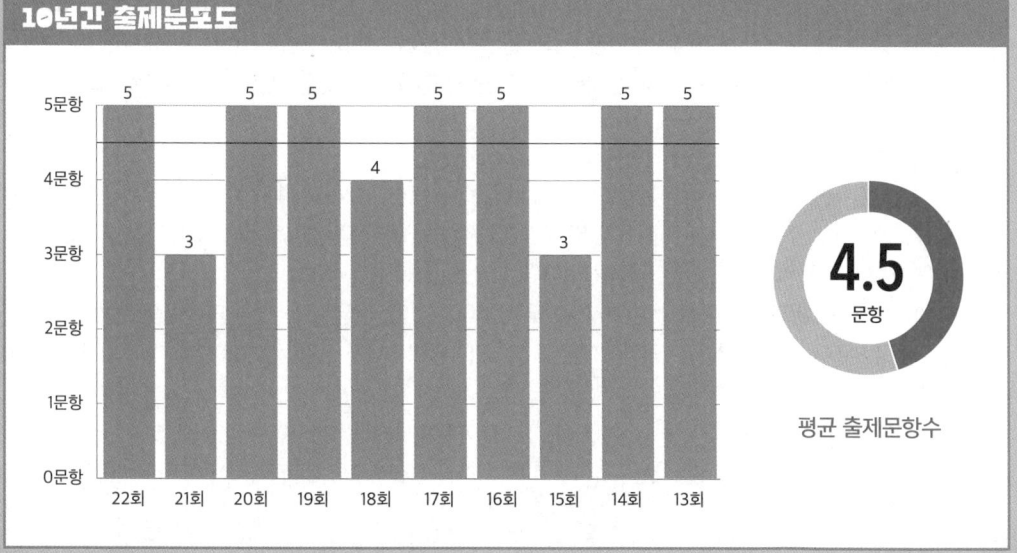

	5문항									
	5	3	5	5	4	5	5	3	5	5
회차	22회	21회	20회	19회	18회	17회	16회	15회	14회	13회

4.5
문항

평균 출제문항수

235 국민연금법

강의 QR코드

최근 10년간 **9문항** 출제

이론요약

용어의 정의

- **사용자**: 근로자가 소속되어 있는 사업장의 사업주를 말한다.
- **부담금**: 사업장가입자의 사용자가 부담하는 금액을 말한다.
- **기여금**: 사업장가입자가 부담하는 금액을 말한다.
- **사업장**: 근로자를 사용하는 사업소 및 사무소를 말한다.

기본개념

사회복지법제론
pp.275~

가입자의 종류

- **사업장가입자**: 사업의 종류, 근로자의 수 등을 고려하여 대통령령으로 정하는 사업장, 즉 당연적용 사업장의 **18세 이상 60세 미만인 근로자와 사용자는 당연히 사업장가입자**가 된다.
- **지역가입자**: **사업장가입자가 아닌 자**로서 18세 이상 60세 미만인 자는 당연히 지역가입자가 된다.
- **임의가입자**: 사업장가입자도 아니고 지역가입자도 아닌 자로서 18세 이상 60세 미만인 자가 국민연금공단에 가입을 신청하면 임의가입자가 될 수 있다.
- **임의계속가입자**: 국민연금 가입자 또는 가입자였던 자로서 60세가 된 자(연금보험료를 납부한 사실이 없거나 노령연금 수급권자로서 급여를 지급받고 있는 자, 반환일시금을 지급받은 자는 제외)이거나, 특수직종근로자로서 노령연금 수급권을 취득한 사람이나 특례노령연금 수급권을 취득한 사람 중 노령연금 급여를 지급받지 않는 사람의 경우 65세가 될 때까지 보건복지부령으로 정하는 바에 따라 국민연금공단에 가입을 신청하면 임의계속가입자가 될 수 있다.

가입자 자격의 상실 시기

- 사업장가입자는 '사망한 때, 국적을 상실하거나 국외로 이주한 때, 사용관계가 끝난 때, 60세가 된 때'는 다음 날에 자격을 상실하고, '공무원 · 군인 · 교직원 · 별정우체국 직원 등 제6조(가입대상)의 단서에 따른 국민연금 가입 대상 제외자에 해당하게 된 때'는 그 날에 자격을 상실한다.
- 지역가입자는 '사망한 때, 국적을 상실하거나 국외로 이주한 때, 배우자로서 별도의 소득이 없게 된 때, 60세가 된 때'는 다음 날에 자격을 상실하고, '공무원 · 군인 · 교직원 · 별정우체국 직원 등 제6조(가입대상)의 단서에 따른 국민연금 가입 대상 제외자에 해당하게 된 때, 사업장가입자의 자격을 취득한 때'는 그 날에 자격을 상실한다.
- 임의가입자는 '사망한 때, 국적을 상실하거나 국외로 이주한 때, 탈퇴 신청이 수리된 때, 60세가 된 때, 일정 기간 이상 계속하여 연금보험료를 체납한 때'는 그 다음 날에 자격을 상실하고, '사업장가입자 또는 지역가입자의 자격을 취득한

때, 공무원 · 군인 · 교직원 · 별정우체국 직원 등 제6조(가입대상)의 단서에 따른 국민연금 가입 대상 제외자에 해당하게 된 때'는 그 날에 자격을 상실한다.
- 임의계속가입자는 보건복지부령으로 정하는 바에 따라 국민연금공단에 신청하면 탈퇴할 수 있다. '사망한 때, 국적을 상실하거나 국외로 이주한 때, 탈퇴 신청이 수리된 때, 일정 기간 이상 계속하여 연금 보험료를 체납한 때'의 다음 날 그 자격을 상실한다.

급여의 종류

- **노령연금**: 가입기간이 10년 이상인 가입자 또는 가입자였던 자에 대하여는 60세(특수직종근로자 55세)가 된 때부터 그가 생존하는 동안 노령연금을 지급한다. 노령연금액은 기본연금액에 부양가족연금액을 더한 금액으로 한다.
  - 조기노령연금: 가입기간이 10년 이상인 가입자 또는 가입자였던 자로서 55세 이상인 자가 대통령령으로 정하는 소득이 있는 업무에 종사하지 아니하는 경우 본인이 희망하면 60세가 되기 전이라도 본인이 청구한 때부터 그가 생존하는 동안 일정한 금액의 연금을 받을 수 있다.
  - 분할연금: 혼인 기간이 5년 이상인 자가 '배우자와 이혼하였을 것, 배우자였던 사람이 노령연금 수급권자일 것, 60세가 되었을 것'의 요건을 모두 갖추면 그때부터 그가 생존하는 동안 배우자였던 자의 노령연금을 분할한 일정한 금액의 연금을 받을 수 있다. 분할연금은 요건을 모두 갖추게 된 때부터 5년 이내에 청구하여야 한다.
- **장애연금**: 가입자 또는 가입자였던 자가 질병이나 부상으로 신체상 또는 정신상의 장애가 있고 '해당 질병 또는 부상의 초진일 당시 연령이 18세 이상이고 노령연금의 지급 연령 미만일 것, 해당 질병 또는 부상의 초진일 당시 연금보험료를 낸 기간이 가입대상 기간의 3분의 1 이상일 것, 해당 질병 또는 부상의 초진일 5년 전부터 초진일까지의 기간 중 연금보험료를 낸 기간이 3년 이상일 것, 해당 질병 또는 부상의 초진일 당시 가입기간이 10년 이상일 것'의 요건을 모두 충족하는 경우에는 장애 정도를 결정하는 기준이 되는 날부터 그 장애가 계속되는 기간 동안 장애 정도에 따라 장애연금을 지급한다.
- **유족연금**: '노령연금 수급권자, 가입기간이 10년 이상인 가입자 또는 가입자였던 자, 연금보험료를 낸 기간이 가입대상기간의 3분의 1 이상인 가입자 또는 가입자였던 자, 사망일 5년 전부터 사망일까지의 기간 중 연금보험료를 낸 기간이 3년 이상인 가입자 또는 가입자였던 자(가입대상 기간 중 체납기간이 3년 이상인 사람은 제외), 장애등급이 2급 이상인 장애연금 수급권자' 중 어느 하나에 해당하는 사람이 사망하면 그 유족에게 유족연금을 지급한다.
- **반환일시금**: 가입자 또는 가입자였던 자가 '가입기간이 10년 미만인 자가 60세가 된 때, 가입자 또는 가입자였던 자가 사망한 때(다만, 유족연금이 지급되는 경우에는 제외), 국적을 상실하거나 국외로 이주한 때'에 해당하게 되면 본인이나 그 유족의 청구에 의하여 반환일시금을 지급받을 수 있다.
- **사망일시금**: '가입자 또는 가입자였던 사람, 노령연금 수급권자, 장애등급이 3급 이상인 장애연금 수급권자'가 사망한 때에 국민연금법에 명시된 유족의 범위에 해당하는 유족이 없으면 그 배우자 · 자녀 · 부모 · 손자녀 · 조부모 · 형제자매 또는 4촌 이내 방계혈족에게 사망일시금을 지급한다.

01 (22-08-19) 이 법에 따른 국민연금사업은 보건복지부장관이 맡아 주관한다.

02 (20-08-17) 국민연금법에 따른 급여의 종류로는 '노령연금, 장애연금, 유족연금, 반환일시금'이 있다.

03 (19-08-06) 국민연금법의 권리구제 절차는 심사청구와 재심사청구의 순으로 진행된다.

04 (19-08-16) 국민연금법에 따른 급여의 종류는 노령연금, 장애연금, 유족연금, 반환일시금이다.

05 (17-08-15) 가입자는 사업장가입자, 지역가입자, 임의가입자 및 임의계속가입자로 구분한다.

06 (16-08-21) 국민연금법에 따른 급여의 종류에는 노령연금, 장애연금, 유족연금, 반환일시금이 있다.

07 (15-08-24) 유족연금 수급권자인 배우자가 재혼한 때에는 그 수급권은 소멸한다.

08 (14-08-17) 18세 이상 27세 미만인 자로서 학생이거나 군 복무 등의 이유로 소득이 없는 자(연금보험료를 납부한 사실이 있는 자는 제외)는 지역가입자에서 제외한다.

09 (13-08-22) 연금액은 지급사유에 따라 기본연금액과 부양가족연금액을 기초로 산정한다.

10 (12-08-05) 사업장가입자의 사용자가 부담하는 금액은 부담금이라고 한다.

11 (12-08-07) 국민연금법상 급여의 종류에는 노령연금, 장애연금, 유족연금, 반환일시금이 있다.

12 (11-08-09) 분할연금은 요건을 모두 갖추게 된 때부터 5년 이내에 청구하여야 한다.

13 (10-08-15) 공공사업을 위한 공공부문에 대한 투자 등으로 국민연금기금을 운용할 수 있다.

14 (09-08-15) 배우자인 수급권자가 재혼하면 유족연금 수급권은 소멸된다.

15 (07-08-26) 장애연금은 장애 정도에 따라 지급받는 급여액이 다르다.

16 (06-08-22) 임의계속가입자는 가입해오고 있는 자가 연령 등의 문제로 가입대상에서 제외되는 자이거나, 특별한 경우 본인의 희망으로 계속하여 가입자 자격이 유지되는 자이다.

17 (05-08-18) 해외 이주로 국적을 상실했을 때에는 국민연금 가입자격이 없어진다.

18 (04-08-19) 노령연금, 장애연금, 유족연금, 반환일시금 등은 국민연금법에 규정된 급여이다.

22-08-19 난이도 ★★☆

국민연금법의 내용으로 옳은 것은?

① 가입자의 가입 종류가 변동되면 그 가입자의 가입기간은 각 종류별 가입기간을 합산한 기간으로 한다.
② 국민연금사업은 기획재정부장관이 맡아 주관한다.
③ "수급권자"란 이 법에 따른 급여를 받을 권리를 말한다.
④ 국내에 거주하는 국민으로서 18세 이상 65세 미만인 자는 국민연금 가입 대상이 된다.
⑤ 「국민연금법」을 적용할 때 배우자에는 사실상의 혼인관계에 있는 자는 포함되지 않는다.

▶ **알짜확인**

• 국민연금법과 관련된 주요 내용(용어의 정의, 가입대상 및 가입자의 종류, 가입자 자격의 취득 및 상실, 급여의 종류, 국민연금 관리 및 운영 기구 등)을 파악해야 한다.

답 ①

✓ **응시생들의 선택**

① 45%	② 3%	③ 25%	④ 23%	⑤ 4%

② 이 법에 따른 국민연금사업은 보건복지부장관이 맡아 주관한다.
③ "수급권자"란 수급권을 가진 자를 말한다. 이 법에 따른 급여를 받을 권리는 "수급권"이다.
④ 국내에 거주하는 국민으로서 18세 이상 60세 미만인 자는 국민연금 가입 대상이 된다.
⑤ 이 법을 적용할 때 배우자, 남편 또는 아내에는 사실상의 혼인관계에 있는 자를 포함한다.

➕ **덧붙임**

국민연금법과 관련해서는 급여의 종류(노령연금, 장애연금, 유족연금 등) 및 내용, 분할연금 수급요건, 가입대상 및 가입유형(가입자의 종류), 부양가족연금, 중복급여의 조정, 국민연금기금 등 법률의 모든 내용을 빠짐없이 꼼꼼하게 정리해두어야 한다.

20-08-17 난이도 ★★☆

국민연금법상 급여의 종류에 해당하는 것을 모두 고른 것은?

> ㄱ. 노령연금
> ㄴ. 장애인연금
> ㄷ. 장해급여
> ㄹ. 장애연금
> ㅁ. 반환일시금

① ㄱ, ㄴ, ㄹ   ② ㄱ, ㄴ, ㅁ
③ ㄱ, ㄷ, ㅁ   ④ ㄱ, ㄹ, ㅁ
⑤ ㄴ, ㄷ, ㄹ

답 ④

✓ **응시생들의 선택**

① 15%	② 10%	③ 7%	④ 66%	⑤ 2%

④ 국민연금법에 따른 급여의 종류로는 '노령연금, 장애연금, 유족연금, 반환일시금'이 있다.

➕ **덧붙임**

국민연금법상 급여의 종류에 관한 내용은 단독문제로도 자주 출제되며, 국민연금법의 내용을 종합적으로 묻는 문제에서 선택지로도 자주 다뤄진다. 국민연금법뿐만 아니라 공공부조법과 사회보험법에 해당하는 각각의 법률상 급여의 종류는 반드시 비교하여 정리해야 한다.

국민연금법의 내용으로 옳은 것은?

① 이 법을 적용할 때 배우자의 범위에는 사실상의 혼인관계에 있는 자를 제외한다.
② 수급권을 취득할 당시 가입자였던 자의 태아가 출생하면 그 자녀는 가입자였던 자에 의하여 생계를 유지하고 있던 자녀로 본다.
③ 가입자의 종류는 사업장가입자와 지역가입자의 2가지로 구분된다.
④ 지역가입자가 사업장가입자의 자격을 취득한 때에는 그에 해당하게 된 날의 다음 날에 지역가입자의 자격을 상실한다.
⑤ 수급권자가 사망한 경우 그 수급권자에게 미지급 급여가 있으면 그 급여를 받을 순위는 자녀, 배우자, 부모의 순으로 한다.

답 ②

✔ 응시생들의 선택

① 6%	② 47%	③ 24%	④ 19%	⑤ 4%

① 이 법을 적용할 때 배우자, 남편 또는 아내에는 사실상의 혼인관계에 있는 자를 포함한다.
③ 가입자는 사업장가입자, 지역가입자, 임의가입자 및 임의계속가입자로 구분한다.
④ 지역가입자가 사업장가입자의 자격을 취득한 때에는 해당하게 된 날에 자격을 상실한다.
⑤ 미지급 급여를 받을 순위는 배우자, 자녀, 부모, 손자녀, 조부모, 형제자매의 순으로 한다.

국민연금법상 유족연금에 관한 설명으로 옳지 않은 것은?

① 노령연금 수급권자가 사망하면 그 유족에게 유족연금이 지급된다.
② 가입기간이 10년 이상인 가입자가 사망하면 그 유족에게 유족연금이 지급된다.
③ 유족연금 수급권자인 배우자가 재혼한 때에는 그 수급권은 소멸한다.
④ 자녀인 유족연금 수급권자가 파양된 때에는 그 수급권은 소멸하지 않는다.
⑤ 장애등급이 3급인 장애연금 수급권자가 사망하면 그 유족에게 유족연금이 지급되지 아니한다.

답 ④

✔ 응시생들의 선택

① 10%	② 2%	③ 15%	④ 45%	⑤ 28%

④ 자녀나 손자녀인 유족연금 수급권자가 파양된 때에는 그 수급권은 소멸한다.

국민연금법상 지역가입자에 관한 내용이다. (　　)에 들어갈 숫자가 순서대로 옳은 것은?

> (　　)세 이상 (　　)세 미만인 자로서 학생이거나 군 복무 등의 이유로 소득이 없는 자(연금 보험료를 납부한 사실이 있는 자는 제외한다)는 지역가입자에서 제외한다.

① 15, 25
② 15, 27
③ 18, 27
④ 18, 30
⑤ 20, 30

답 ③

✔ 응시생들의 선택

① 7%	② 8%	③ 57%	④ 26%	⑤ 2%

③ 18세 이상 27세 미만인 자로서 학생이거나 군 복무 등의 이유로 소득이 없는 자(연금 보험료를 납부한 사실이 있는 자는 제외한다)는 지역가입자에서 제외한다.

국민연금법령에 관한 설명으로 옳지 않은 것은?

① 부담금이란 사업장가입자가 부담하는 금액을 말한다.
② 가입자는 사업장가입자, 지역가입자, 임의가입자 및 임의계속가입자로 구분한다.
③ 가입자의 가입 종류가 변동되면 그 가입자의 가입기간은 각 종류별 가입기간을 합산한 기간으로 한다.
④ 국민연금공단은 법인으로 한다.
⑤ 연금액은 지급사유에 따라 기본연금액과 부양가족연금액을 기초로 산정한다.

답 ①

✔ 응시생들의 선택

① 43%	② 7%	③ 7%	④ 19%	⑤ 23%

① 부담금이란 사업장가입자의 사용자가 부담하는 금액을 말한다. 사업장가입자가 부담하는 금액은 기여금이라고 한다.

국민연금법령상 급여의 종류에 해당하지 않는 것은?

① 노령연금
② 상병보상연금
③ 유족연금
④ 장애연금
⑤ 반환일시금

답 ②

✔ 응시생들의 선택

① 2%	② 80%	③ 5%	④ 5%	⑤ 8%

② 국민연금법상 급여의 종류에는 '노령연금, 장애연금, 유족연금, 반환일시금'이 있다. 상병보상연금은 산업재해보상보험법상 급여의 종류에 해당한다.

국민연금법령상 분할연금을 받으려는 자가 모두 갖추어야 할 요건으로 옳지 않은 것은?

① 배우자의 국민연금 가입기간 중의 혼인 기간이 5년 이상일 것
② 배우자와 이혼하였을 것
③ 배우자였던 사람이 노령연금 수급권자일 것
④ 60세가 되었을 것
⑤ 요건을 모두 갖추게 된 때부터 1년 이내에 청구할 것

답 ⑤

✔ 응시생들의 선택

① 4%	② 14%	③ 16%	④ 17%	⑤ 48%

⑤ 분할연금은 요건을 모두 갖추게 된 때부터 5년 이내에 청구하여야 한다.

국민연금법상 국민연금기금을 운용할 수 있는 방법으로 옳은 것을 모두 고른 것은?

ㄱ. 은행법에 따른 은행에 대한 예입 또는 신탁
ㄴ. 공공사업을 위한 공공부문에 대한 투자
ㄷ. 기금의 본래 사업 목적을 수행하기 위한 재산의 취득 및 처분
ㄹ. 노인복지법에 따른 노인복지시설의 설치·공급·임대

① ㄱ, ㄴ, ㄷ	② ㄱ, ㄷ
③ ㄴ, ㄹ	④ ㄹ
⑤ ㄱ, ㄴ, ㄷ, ㄹ	

답 ⑤

✔ 응시생들의 선택

① 56%	② 13%	③ 12%	④ 2%	⑤ 17%

⑤ 국민연금기금의 운용은 '대통령령으로 정하는 금융기관에 대한 예입 또는 신탁, 공공사업을 위한 공공부문에 대한 투자, 자본시장과 금융투자업에 관한 법률에 따른 증권의 매매 및 대여, 자본시장과 금융투자업에 관한 법률에 따른 지수 중 금융투자상품지수에 관한 파생상품시장에서의 거래, 복지사업 및 대여사업, 기금의 본래 사업 목적을 수행하기 위한 재산의 취득 및 처분, 그 밖에 기금의 증식을 위하여 대통령령으로 정하는 사업'의 방법으로 운용한다.

다음 내용이 왜 틀렸는지를 확인해보자

20-08-17

01 국민연금법에 따른 급여의 종류에는 <u>노령연금, 장해급여, 장애연금, 반환일시금</u>이 있다.

> 국민연금법에 따른 급여의 종류에는 노령연금, 장애연금, 유족연금, 반환일시금이 있다. 장해급여는 산업재해보상보험법상의 급여이다.

15-08-24

02 자녀인 유족연금 수급권자가 파양된 때에는 <u>그 수급권은 소멸하지 않는다.</u>

> 자녀나 손자녀인 수급권자가 파양된 때에 해당하게 되면 그 수급권은 소멸한다.

12-08-05

03 <u>수급권자</u>란 해당 근로자가 소속되어 있는 사업장의 사업주를 말한다.

> 사용자란 해당 근로자가 소속되어 있는 사업장의 사업주를 말한다.

04 사업장가입자가 국외로 이주하여도 <u>가입자 자격은 1년간 유지</u>된다.

> 사업장가입자는 국적을 상실하거나 국외로 이주한 때의 다음 날에 자격을 상실한다.

05 수급권자에게 이 법에 따른 <u>2 이상의 급여 수급권이 생기면 모두 지급</u>한다.

> 수급권자에게 이 법에 따른 2 이상의 급여 수급권이 생기면 수급권자의 선택에 따라 그 중 하나만 지급하고 다른 급여의 지급은 정지된다.

07-08-26

06 분할연금은 가입기간 중 <u>혼인기간이 3년 이상일 경우</u>에 한하여 이혼 후 60세가 되었을 때부터 지급받는다.

> 분할연금은 가입기간 중 혼인기간이 5년 이상일 경우에 한하여 이혼 후 60세가 되었을 때부터 지급받는다.

07 2명 이상의 자녀가 있는 가입자 또는 가입자였던 자가 노령연금수급권을 취득한 때에는 가입기간을 추가로 산입하며, 추가 산입기간은 <u>36개월을 초과할 수 없다.</u>

> 2명 이상의 자녀가 있는 가입자 또는 가입자였던 자가 노령연금수급권을 취득한 때에는 가입기간을 추가로 산입하며, 추가 산입기간은 50개월을 초과할 수 없다.

빈칸에 들어갈 알맞은 말을 채워보자

`17-08-15`
01 국민연금법상 가입자는 사업장가입자, (   ), 임의가입자, 임의계속가입자로 구분한다.

`13-08-22`
02 (   )(이)란 사업장가입자의 사용자가 부담하는 금액을 말한다.

03 가입기간이 10년 이상인 가입자 또는 가입자였던 자로서 55세 이상인 자가 소득이 있는 업무에 종사하지 아니하는 경우 본인이 희망하면 60세가 되기 전이라도 본인이 청구한 때부터 그가 생존하는 동안 일정한 금액의 (   )을/를 받을 수 있다.

`11-08-09`
04 분할연금은 요건을 모두 갖추게 된 때부터 (   )년 이내에 청구하여야 한다.

05 연금액은 지급사유에 따라 (   )와/과 부양가족연금액을 기초로 산정한다.

답 **01** 지역가입자 **02** 부담금 **03** 조기노령연금 **04** 5 **05** 기본연금액

다음 내용이 옳은지 그른지 판단해보자

15-08-24
01 유족연금 수급권자인 배우자가 재혼한 때에도 그 수급권은 유지된다. ◎ ⊗

02 국민연금 가입기간은 월 단위로 계산하되, 가입자의 자격을 취득한 날이 속하는 달부터 자격을 상실한 날의 전날이 속하는 달까지로 한다. ◎ ⊗

09-08-15
03 유족연금액은 가입기간에 상관없이 정액을 지급한다. ◎ ⊗

04 수급권자가 사망한 경우 그 수급권자에게 지급해야 할 급여 중 아직 지급되지 않은 것이 있으면 유족의 청구에 따라 그 미지급 급여를 지급한다. ◎ ⊗

05 보건복지부장관의 위탁을 받아 국민연금공단을 설립하며, 공단은 법인으로 한다. ◎ ⊗

06 수급권자에게 지급된 급여로서 대통령령으로 정하는 금액 이하의 급여는 압류할 수 없다. ◎ ⊗

07 분할연금 수급권은 그 수급권을 취득한 후에 배우자였던 자에게 생긴 사유로 노령연금 수급권이 소멸 · 정지되어도 영향을 받지 아니한다. ◎ ⊗

08 심사청구에 대한 결정에 불복하는 자는 대통령령으로 정하는 사항을 적은 재심사청구서에 따라 국민연금공단에 재심사를 청구할 수 있다. ◎ ⊗

답 01✕ 02✕ 03✕ 04○ 05○ 06○ 07○ 08✕

해설 **01** 유족연금 수급권자인 배우자가 재혼한 때에는 그 수급권은 소멸한다.
02 국민연금 가입기간은 월 단위로 계산하되, 가입자의 자격을 취득한 날이 속하는 달의 다음 달부터 자격을 상실한 날의 전날이 속하는 달까지로 한다.
03 유족연금액은 가입기간에 따라 상이한 금액을 규정하고 있다.
08 심사청구에 대한 결정에 불복하는 자는 대통령령으로 정하는 사항을 적은 재심사청구서에 따라 국민연금재심사위원회에 재심사를 청구할 수 있다.

236 국민건강보험법

강의 QR코드

★★★
최근 10년간 **10문항** 출제

복습
1 **이론요약**

적용대상 및 가입자의 종류

- 국내에 거주하는 국민(의료급여 수급권자, 유공자 등 의료보호대상자는 제외)은 건강보험의 가입자 또는 피부양자가 된다. 피부양자는 **직장가입자의 배우자, 직장가입자의 직계존속(배우자의 직계존속을 포함), 직장가입자의 직계비속(배우자의 직계비속을 포함) 및 그 배우자, 직장가입자의 형제·자매** 중 직장가입자에게 주로 생계를 의존하는 사람으로서 소득 및 재산이 보건복지부령으로 정하는 기준 이하에 해당하는 사람을 말한다.

기본개념

사회복지법제론
pp.312~

- 직장가입자: 모든 사업장의 근로자 및 사용자와 공무원 및 교직원은 직장가입자가 된다.
- 지역가입자: 가입자 중 직장가입자와 그 피부양자를 제외한 가입자를 말한다.
- 가입자는 '**사망한 날의 다음 날, 국적을 잃은 날의 다음 날, 국내에 거주하지 아니하게 된 날의 다음 날, 직장가입자의 피부양자가 된 날, 수급권자가 된 날, 건강보험을 적용받고 있던 사람이 유공자등 의료보호대상자가 되어 건강보험의 적용배제 신청을 한 날**' 등에 해당하게 된 날에 자격을 상실하며, 자격을 잃은 날부터 14일 이내에 보험자에게 신고하여야 한다.

보험급여

- 요양급여: 가입자 및 피부양자의 질병·부상·출산 등에 대하여 '**진찰·검사, 약제·치료재료의 지급, 처치·수술 기타의 치료, 예방·재활, 입원, 간호, 이송**'의 요양급여를 실시한다. 요양급여(간호 및 이송은 제외)는 '**의료법에 따라 개설된 의료기관, 약사법에 따라 등록된 약국과 한국희귀·필수의약품센터, 지역보건법에 따른 보건소·보건의료원 및 보건지소, 농어촌 등 보건의료를 위한 특별조치법에 따라 설치된 보건진료소**' 등의 요양기관에서 행한다. 요양기관은 정당한 이유 없이 요양급여를 거부하지 못한다.
- 요양비: 공단은 가입자 또는 피부양자가 긴급, 기타 부득이한 사유로 인하여 요양기관과 비슷한 기능을 수행하는 기관으로서 보건복지부령으로 정하는 기관에서 질병·부상·출산 등에 대하여 요양을 받거나 요양기관이 아닌 장소에서 출산한 경우에는 그 요양급여에 상당하는 금액을 그 가입자 또는 피부양자에게 요양비로 지급한다.
- 임신·출산 진료비(부가급여): 임신·출산 진료비는 임신한 가입자 또는 피부양자(출산한 가입자 또는 피부양자를 포함)가 지정된 요양기관에서 받는 임신과 출산에 관련된 진료(출산 전후 건강관리 와 관련된 진료를 포함)에 드는 비용으로 한다.

- 장애인에 대한 특례: 공단은 장애인복지법에 따라 등록한 장애인인 가입자 및 피부양자에게는 보조기기에 대하여 보험급여를 할 수 있다.
- 건강검진: 공단은 가입자 및 피부양자에 대하여 질병의 조기발견과 그에 따른 요양급여를 하기 위하여 건강검진을 실시한다.

보험료

- 직장가입자의 월별 보험료액: 보수월액보험료(보수월액에 보험료율을 곱하여 얻은 금액), 보수 외 소득월액보험료(보수 외 소득월액에 보험료율을 곱하여 얻은 금액)
- 지역가입자의 월별 보험료액: 소득(소득월액에 보험료율을 곱하여 얻은 금액)과 재산(재산보험료부과점수에 재산보험료부과점수당 금액을 곱하여 얻은 금액)을 합산한 금액

급여의 제한 및 정지

- 급여의 제한: 공단은 보험급여를 받을 수 있는 사람이 '고의 또는 중대한 과실로 인한 범죄행위에 그 원인이 있거나 고의로 사고를 일으킨 경우, 고의 또는 중대한 과실로 공단이나 요양기관의 요양에 관한 지시에 따르지 아니한 경우, 고의 또는 중대한 과실로 문서 및 기타 물건의 제출을 거부하거나 질문 또는 진단을 기피한 경우, 업무상 또는 공무상 질병·부상·재해로 인하여 다른 법령에 따른 보험급여나 보상 또는 보상을 받게 된 경우'에 해당하면 보험급여를 하지 아니한다.
- 급여의 정지: 보험급여를 받을 수 있는 사람이 '국외에 체류하는 경우, 병역법의 규정에 의한 현역병(지원에 의하지 아니하고 임용된 하사 포함) 또는 전환 복무된 사람 및 군간부후보생이 된 경우, 교도소 기타 이에 준하는 시설에 수용되어 있는 경우'에는 그 기간에는 보험급여를 하지 아니한다.

국민건강보험종합계획의 수립

- 보건복지부장관은 건강보험의 건전한 운영을 위하여 건강보험정책심의위원회의 심의를 거쳐 5년마다 국민건강보험종합계획을 수립하여야 한다. 수립된 종합계획을 변경할 때도 또한 같다.
- 종합계획에는 '건강보험정책의 기본목표 및 추진방향, 건강보험 보장성 강화의 추진계획 및 추진방법, 건강보험의 중장기 재정 전망 및 운영, 보험료 부과체계에 관한 사항, 요양급여비용에 관한 사항, 건강증진 사업에 관한 사항, 취약계층 지원에 관한 사항, 건강보험에 관한 통계 및 정보의 관리에 관한 사항'이 포함되어야 한다.

관련 기관

▶ 국민건강보험공단

'가입자 및 피부양자의 자격 관리, 보험료와 그 밖에 이 법에 따른 징수금의 부과·징수, 보험급여의 관리, 가입자 및 피부양자의 질병의 조기발견·예방 및 건강관리를 위하여 요양급여 실시 현황과 건강검진 결과 등을 활용하여 실시하는 예방사업으로서 대통령령으로 정하는 사업, 보험급여 비용의 지급, 자산의 관리·운영 및 증식사업, 의료시설의 운영, 건강보험에 관한 교육훈련 및 홍보, 건강보험에 관한 조사연구 및 국제협력, 이 법에서 공단의 업무로 정하고 있는 사항, 국민연금법·고용보험 및 산업재해보상보험의 보험료징수 등에 관한 법률·임금채권보장법 및 석면피해구제법에 따라 위탁받은 업무, 그 밖에 이 법 또는 다른 법령에 따라 위탁받은 업무, 그 밖에 건강보험과 관련하여 보건복지부장관이 필요하다고 인정한 업무' 등을 관장한다.

▶ 건강보험정책심의위원회

'종합계획 및 시행계획에 관한 사항(의결은 제외), 요양급여의 기준, 요양급여비용에 관한 사항, 직장가입자의 보험료율, 지역가입자의 보험료율과 재산보험료부과점수당 금액, 보험료 부과 관련 제도 개선에 관한 사항(건강보험 가입자의 소득 파악 실태에 관한 조사 및 연구에 관한 사항, 가입자의 소득 파악 및 소득에 대한 보험료 부과 강화를 위한 개선 방안에 관한 사항, 그 밖에 보험료 부과와 관련된 제도 개선 사항으로서 심의위원회 위원장이 회의에 부치는 사항), 그 밖에 건강

보험에 관한 주요 사항으로서 대통령령으로 정하는 사항'을 심의·의결하기 위하여 보건복지부장관 소속으로 건강보험 정책심의위원회를 둔다.

▶ **건강보험심사평가원**

'요양급여비용의 심사, 요양급여의 적정성 평가, 심사기준 및 평가기준의 개발, 업무와 관련된 조사연구 및 국제협력, 다른 법률에 따라 지급되는 급여비용의 심사 또는 의료의 적정성 평가에 관하여 위탁받은 업무, 그 밖에 이 법 또는 다른 법령에 따라 위탁받은 업무, 건강보험과 관련하여 보건복지부장관이 필요하다고 인정한 업무, 그 밖에 보험급여 비용의 심사와 보험급여의 적정성 평가와 관련하여 대통령령으로 정하는 업무' 등을 관장한다.

기출문장 CHECK

01 (22-08-17) 의료급여법에 따라 의료급여를 받는 사람은 건강보험의 가입자가 될 수 없다.

02 (20-08-16) '요양급여의 적정성 평가'는 국민건강보험법상 건강보험심사평가원의 업무에 해당한다.

03 (19-08-18) 국민건강보험공단은 가입자 및 피부양자의 자격관리, 자산의 관리·운영 및 증식사업, 의료시설의 운영, 건강보험에 관한 교육훈련 및 홍보 등의 업무를 관장한다.

04 (18-08-15) 요양병원 간병비는 국민건강보험법상 요양급여에 해당하지 않는다.

05 (17-08-18) 가입자는 사망한 날의 다음 날에 그 자격을 상실한다.

06 (16-08-19) 국민건강보험종합계획에는 보험료 부과체계에 관한 사항, 요양급여비용에 관한 사항, 취약계층 지원에 관한 사항, 건강보험에 관한 통계 및 정보의 관리에 관한 사항 등이 포함되어 있다.

07 (14-08-16) 직장가입자의 배우자의 자매는 국민건강보험법령상 직장가입자의 피부양자가 될 수 없다.

08 (13-08-21) 가입자는 국내에 거주하지 아니하게 된 날의 다음 날에 그 자격을 상실한다.

09 (12-08-03) 사회복지사업법에 따른 사회복지시설에 수용된 사람의 진료를 주된 목적으로 개설된 의료기관은 요양기관에서 제외할 수 있다.

10 (11-08-08) 이의신청에 대한 결정에 불복하는 자는 건강보험분쟁조정위원회에 심판청구를 할 수 있다.

11 (10-08-13) 국민건강보험공단은 가입자 및 피부양자의 자격관리, 국민건강보험 보험료의 부과·징수, 보험급여비용의 지급, 건강보험에 관한 교육훈련 등의 업무를 수행한다.

12 (09-08-14) 보험급여를 받을 수 있는 사람이 국외에 체류하는 경우에는 급여가 정지된다.

13 (08-08-05) 가입자는 직장가입자의 피부양자가 된 날에 그 자격을 상실한다.

14 (07-08-09) 고의로 요양기관의 지시를 따르지 아니한 때는 급여가 제한된다.

15 (06-08-20) 보수월액은 직장가입자가 지급받는 보수를 기준으로 산정한다.

16 (05-08-17) 고의로 사고를 발생시킨 경우에는 급여가 제한된다.

17 (04-08-21) 국민건강보험은 강제 가입 방식이다.

18 (03-08-18) 국민건강보험의 가입자는 직장가입자와 지역가입자로 구분한다.

대표기출 확인하기

22-08-17　　　　난이도 ★★☆

국민건강보험법의 내용으로 옳지 않은 것은?

① 의료급여법에 따라 의료급여를 받는 사람은 건강보험의 가입자가 될 수 없다.
② 보건복지부장관은 국민건강보험종합계획에 따라 연도별 시행계획에 따른 추진실적을 매년 평가하여야 한다.
③ 건강보험 가입자는 국내에 거주하지 아니하게 된 날에 그 자격을 잃는다.
④ 건강보험정책에 관한 사항을 심의·의결하기 위하여 보건복지부장관 소속으로 건강보험정책심의위원회를 둔다.
⑤ 건강보험 지역가입자는 직장가입자와 그 피부양자를 제외한 가입자를 말한다.

▶ 알짜확인

- 국민건강보험법과 관련된 주요 내용(용어의 정의, 국민건강보험종합계획, 적용대상 및 가입자의 종류, 자격의 취득 및 상실, 보험급여, 보험료, 국민건강보험관련 기관, 수급자의 권리보호 등)을 파악해야 한다.

답 ③

✅ 응시생들의 선택

① 17%	② 4%	③ 66%	④ 6%	⑤ 7%

③ 건강보험 가입자는 '사망한 날의 다음 날, 국적을 잃은 날의 다음 날, 국내에 거주하지 아니하게 된 날의 다음 날, 직장가입자의 피부양자가 된 날, 수급권자가 된 날, 건강보험을 적용받고 있던 사람이 유공자등 의료보호대상자가 되어 건강보험의 적용배제 신청을 한 날' 등에 해당하게 된 날에 자격을 상실하며, 자격을 잃은 날부터 14일 이내에 보험자에게 신고하여야 한다.

➕ 덧붙임

국민건강보험법과 관련해서는 요양기관, 자격의 취득·변동·상실, 보험료, 급여의 종류 및 내용, 급여의 제한 및 정지, 이의신청 및 심판청구, 국민건강보험공단의 업무에 관한 문제 등 전반적인 내용이 두루 출제되었다. 법률의 세부적인 사항을 알아야 해결할 수 있는 문제가 주로 출제된다.

관련기출 더 보기

20-08-16　　　　난이도 ★★☆

국민건강보험법상 건강보험심사평가원의 업무에 해당하는 것은?

① 요양급여의 적정성 평가
② 가입자의 자격 관리
③ 보험급여의 관리
④ 보험급여 비용의 지급
⑤ 보험료의 부과·징수

답 ①

✅ 응시생들의 선택

① 62%	② 20%	③ 3%	④ 7%	⑤ 8%

① 요양급여비용을 심사하고 요양급여의 적정성을 평가하기 위하여 건강보험심사평가원을 설립한다. 건강보험심사평가원은 다음의 업무를 관장한다.
- 요양급여비용의 심사
- 요양급여의 적정성 평가
- 심사기준 및 평가기준의 개발
- 요양급여비용의 심사·요양급여의 적정성 평가·심사기준 및 평가기준의 개발에 따른 업무와 관련된 조사연구 및 국제협력
- 다른 법률에 따라 지급되는 급여비용의 심사 또는 의료의 적정성 평가에 관하여 위탁받은 업무
- 그 밖에 이 법 또는 다른 법령에 따라 위탁받은 업무
- 건강보험과 관련하여 보건복지부장관이 필요하다고 인정한 업무
- 그 밖에 보험급여 비용의 심사와 보험급여의 적정성 평가와 관련하여 대통령령으로 정하는 업무

국민건강보험법상 국민건강보험공단이 관장하는 업무에 해당하지 않는 것은?

① 가입자 및 피부양자의 자격관리
② 자산의 관리 · 운영 및 증식사업
③ 의료시설의 운영
④ 건강보험에 관한 교육훈련 및 홍보
⑤ 요양급여비용의 심사

답 ⑤

✅ 응시생들의 선택

① 1%	② 19%	③ 52%	④ 3%	⑤ 25%

⑤ 요양급여비용의 심사는 건강보험심사평가원의 업무이다. 국민건강보험공단은 '가입자 및 피부양자의 자격관리, 보험료 및 이 법에 따른 징수금의 부과 · 징수, 보험급여의 관리, 가입자 및 피부양자의 질병의 조기발견 · 예방 및 건강관리를 위하여 요양급여 실시 현황과 건강검진 결과 등을 활용하여 실시하는 예방사업으로서 대통령령으로 정하는 사업, 보험급여비용의 지급, 자산의 관리 · 운영 및 증식사업, 의료시설의 운영, 건강보험에 관한 교육훈련 및 홍보, 건강보험에 관한 조사연구 및 국제협력, 이 법에서 공단의 업무로 정하고 있는 사항, 국민연금법 · 고용보험 및 산업재해보상보험의 보험료징수 등에 관한 법률 · 임금채권보장 법 및 석면피해구제법(징수위탁근거법)에 따라 위탁받은 업무, 이 법 또는 다른 법령에 의하여 위탁받은 업무, 기타 건강보험과 관련하여 보건복지부장관이 필요하다고 인정한 업무'를 관장한다.

국민건강보험법상 요양급여에 해당하지 않는 것은?

① 예방 · 재활
② 이송(移送)
③ 요양병원 간병비
④ 처치 · 수술 및 그 밖의 치료
⑤ 약제(藥劑) · 치료재료의 지급

답 ③

✅ 응시생들의 선택

① 17%	② 20%	③ 48%	④ 6%	⑤ 9%

③ 가입자와 피부양자의 질병, 부상, 출산 등에 대하여 '진찰 · 검사, 약제(藥劑) · 치료재료의 지급, 처치 · 수술 및 그 밖의 치료, 예방 · 재활, 입원, 간호, 이송(移送)'의 요양급여를 실시한다.

국민건강보험법상 가입자가 자격을 상실하는 시기로 옳은 것은?

① 사망한 날의 다음 날
② 국적을 잃은 날
③ 국내에 거주하지 아니하게 된 날
④ 직장가입자의 피부양자가 된 다음 날
⑤ 수급권자가 된 다음 날

답 ①

✅ 응시생들의 선택

① 66%	② 15%	③ 9%	④ 7%	⑤ 3%

① 가입자는 '사망한 날의 다음 날, 국적을 잃은 날의 다음 날, 국내에 거주하지 아니하게 된 날의 다음 날, 직장가입자의 피부양자가 된 날, 수급권자가 된 날, 건강보험을 적용받고 있던 사람이 유공자등 의료보호대상자가 되어 건강보험의 적용배제 신청을 한 날'에 해당하게 된 날에 그 자격을 상실한다.

다음 중 국민건강보험법상 국민건강보험종합계획에 포함되어야 할 사항을 모두 고른 것은?

ㄱ. 보험료 부과체계에 관한 사항
ㄴ. 요양급여비용에 관한 사항
ㄷ. 취약계층 지원에 관한 사항
ㄹ. 건강보험에 관한 통계 및 정보의 관리에 관한 사항

① ㄱ, ㄴ
② ㄴ, ㄹ
③ ㄱ, ㄷ, ㄹ
④ ㄴ, ㄷ, ㄹ
⑤ ㄱ, ㄴ, ㄷ, ㄹ

답 ⑤

✅ 응시생들의 선택

① 7%	② 2%	③ 19%	④ 2%	⑤ 70%

⑤ 국민건강보험종합계획에 포함되어야 하는 사항으로는 '건강보험정책의 기본목표 및 추진방향, 건강보험 보장성 강화의 추진계획 및 추진방법, 건강보험의 중장기 재정 전망 및 운영, 보험료 부과체계에 관한 사항, 요양급여비용에 관한 사항, 건강증진 사업에 관한 사항, 취약계층 지원에 관한 사항, 건강보험에 관한 통계 및 정보의 관리에 관한 사항, 그 밖에 건강보험의 개선을 위하여 필요한 사항으로 대통령령으로 정하는 사항'이 있다.

국민건강보험법령상 직장가입자의 피부양자가 될 수 없는 자는? (단, 직장가입자에게 주로 생계를 의존하는 사람으로서 소득 및 재산이 보건복지부령으로 정하는 기준 이하에 해당하는 사람에 한함)

① 직장가입자의 배우자의 자매
② 직장가입자의 배우자
③ 직장가입자의 자녀
④ 직장가입자의 부모
⑤ 직장가입자의 조부모

답 ①

✔ 응시생들의 선택

① 83%	② 1%	③ 2%	④ 0%	⑤ 14%

① 직장가입자의 피부양자는 '직장가입자의 배우자, 직장가입자의 직계존속(배우자의 직계존속 포함), 직장가입자의 직계비속(배우자의 직계비속 포함)과 그 배우자, 직장가입자의 형제·자매'의 어느 하나에 해당하는 사람 중 직장가입자에게 주로 생계를 의존하는 사람으로서 소득 및 재산이 보건복지부령으로 정하는 기준 이하에 해당하는 사람을 말한다.

국민건강보험법령상 요양기관에서 제외할 수 있는 기관은?

① 의료법에 따라 개설된 의료기관
② 약사법에 따라 등록된 약국
③ 약사법에 따라 설립된 한국희귀·필수의약품센터
④ 지역보건법에 따른 보건소
⑤ 사회복지사업법에 따른 사회복지시설에 수용된 사람의 진료를 주된 목적으로 개설된 의료기관

답 ⑤

✔ 응시생들의 선택

① 18%	② 12%	③ 23%	④ 15%	⑤ 32%

⑤ 요양기관에서 제외할 수 있는 의료기관에는 '의료법에 따라 개설된 부속 의료기관, 사회복지사업법에 따른 사회복지시설에 수용된 사람의 진료를 주된 목적으로 개설된 의료기관, 본인일부부담금을 받지 아니하거나 경감하여 받는 등의 방법으로 가입자나 피부양자를 유인(誘引)하는 행위 또는 이와 관련하여 과잉 진료행위를 하거나 부당하게 많은 진료비를 요구하는 행위를 하여 업무정지 또는 과징금 처분을 5년 동안 2회 이상 받은 의료기관, 의료법에 따른 면허자격정지 처분을 5년 동안 2회 이상 받은 의료인이 개설·운영하는 의료기관, 업무정지 처분 절차가 진행 중이거나 업무정지 처분을 받은 요양기관의 개설자가 개설한 의료기관 또는 약국'이 있다.

국민건강보험법령상 이의신청 및 심판청구 등에 관한 설명으로 옳지 않은 것은?

① 국민건강보험공단의 처분에 이의가 있는 자는 공단에 이의신청을 할 수 있다.
② 건강보험심사평가원의 처분에 이의가 있는 자는 심사평가원에 이의신청을 할 수 있다.
③ 이의신청은 처분이 있은 날로부터 180일을 지나면 제기하지 못하는 것이 원칙이다.
④ 이의신청에 대한 결정에 불복하는 자는 건강보험분쟁조정위원회에 심판청구를 할 수 있다.
⑤ 이의신청에 대한 결정에 불복하는 자는 건강보험분쟁조정위원회에 심판청구를 한 후가 아니면 행정소송을 제기할 수 없다.

답 ⑤

✔ 응시생들의 선택

① 6%	② 18%	③ 31%	④ 2%	⑤ 43%

⑤ 심판청구를 한 후가 아니더라도 행정소송을 제기할 수 있다.

국민건강보험법상 국민건강보험공단의 업무가 아닌 것은?

① 요양급여의 적정성에 대한 평가
② 가입자 및 피부양자의 자격관리
③ 국민건강보험 보험료의 부과·징수
④ 보험급여비용의 지급
⑤ 건강보험에 관한 교육훈련

답 ①

✔ 응시생들의 선택

① 57%	② 5%	③ 3%	④ 8%	⑤ 27%

① 요양급여의 적정성에 대한 평가는 건강보험심사평가원의 업무이다.

다음 내용이 왜 틀렸는지를 확인해보자

01 지역가입자의 월별 보험료액은 보수월액보험료와 보수 외 소득월액보험료에 따라 산정한 금액으로 한다.

> 직장가입자의 월별 보험료액은 보수월액보험료와 보수 외 소득월액보험료에 따라 산정한 금액으로 한다.

`16-08-19`

02 취약계층 지원에 관한 사항은 **국민건강보험법상 국민건강보험종합계획에 포함되지 않아도 된다.**

> 취약계층 지원에 관한 사항은 국민건강보험법상 국민건강보험종합계획에 포함되어야 한다.

`14-08-19`

03 **직장가입자의 배우자의 자매는** 국민건강보험법령상 직장가입자의 피부양자가 될 수 있다.

> 직장가입자의 피부양자는 '직장가입자의 배우자, 직장가입자의 직계존속(배우자의 직계존속 포함), 직장가입자의 직계비속(배우자의 직계비속 포함)과 그 배우자, 직장가입자의 형제·자매'의 어느 하나에 해당하는 사람 중 직장가입자에게 주로 생계를 의존하는 사람으로서 소득 및 재산이 보건복지부령으로 정하는 기준 이하에 해당하는 사람을 말한다.

04 의료급여 수급권자와 유공자등 의료보호대상자는 **국민건강보험의 적용 대상에 해당한다.**

> 의료급여 수급권자와 유공자등 의료보호대상자는 국민건강보험의 적용 대상에서 제외한다.

`11-08-08`

05 이의신청에 대한 결정에 불복하는 자는 **건강보험공단에** 심판청구를 할 수 있다.

> 이의신청에 대한 결정에 불복하는 자는 건강보험분쟁조정위원회에 심판청구를 할 수 있다.

`10-08-13`

06 가입자 및 피부양자의 자격 관리, 보험급여의 관리, 보험급여 비용의 지급, 자산의 관리·운영 및 증식사업은 <u>건강보험심사평가원</u>의 업무이다.

> 가입자 및 피부양자의 자격 관리, 보험급여의 관리, 보험급여 비용의 지급, 자산의 관리·운영 및 증식사업은 국민건강보험공단의 업무이다.

07 가입자는 **국적을 잃은 날**에 그 자격을 상실하며, 자격을 잃은 날부터 14일 이내에 보험자에게 신고하여야 한다.

> 가입자는 국적을 잃은 날의 다음 날에 그 자격을 상실하며, 자격을 잃은 날부터 14일 이내에 보험자에게 신고하여야 한다.

빈칸에 들어갈 알맞은 말을 채워보자

01 보건복지부장관은 건강보험의 건전한 운영을 위하여 건강보험정책심의위원회의 심의를 거쳐 5년마다 (   )을/를 수립하여야 한다.

08-08-15

02 요양급여에는 진찰·검사, 약제·치료재료의 지급, 처치·수술 및 그 밖의 치료, 예방·재활, 입원, (   ), 이송이 있다.

---

03 요양급여비용은 공단의 이사장과 의약계를 대표하는 사람들의 계약으로 정하며, 계약기간은 (   )년으로 한다.

06-08-20

04 직장가입자의 (   )은/는 직장가입자가 지급받는 보수를 기준으로 하여 산정한다.

03-08-18

05 건강보험의 보험자는 (   )(으)로 한다.

답 **01** 국민건강보험종합계획 **02** 간호 **03** 1 **04** 보수월액 **05** 국민건강보험공단

다음 내용이 옳은지 그른지 판단해보자

01 가입자가 수급권자가 되면 수급권자가 된 다음 날에 자격을 상실한다. ◎ ⊗

02 사회복지사업법에 따른 사회복지시설에 수용된 사람의 진료를 주된 목적으로 개설된 의료기관은 국민건강보험법령상 요양기관에서 제외할 수 있는 기관이다. ◎ ⊗

03 공단은 이 법에서 정한 요양급여 외에 임신·출산 진료비, 장제비, 상병수당, 그 밖의 급여를 실시할 수 있다. ◎ ⊗

04 섬·벽지·농어촌 등 대통령령으로 정하는 지역에 거주하는 사람은 보험료의 일부를 경감할 수 있다. ◎ ⊗

05 보험급여를 받을 수 있는 사람이 국외에 체류하는 경우에도 그 기간에 보험급여를 받을 수 있다. ◎ ⊗

(답) **01**× **02**○ **03**○ **04**○ **05**×

(해설) **01** 가입자가 수급권자가 되면 수급권자가 된 날에 자격을 상실한다.
05 보험급여를 받을 수 있는 사람이 국외에 체류하는 경우에는 그 기간에는 보험급여를 하지 아니한다.

237 고용보험법

1회독	2회독	3회독
월 일	월 일	월 일

최근 10년간 **10문항** 출제

1 이론요약

고용안정·직업능력개발사업

고용노동부장관은 피보험자 및 피보험자였던 자, 그 밖에 취업할 의사를 가진 자에 대한 실업의 예방, 취업의 촉진, 고용기회의 확대, 직업능력개발·향상의 기회 제공 및 지원, 그 밖에 고용안정과 사업주에 대한 인력 확보를 지원하기 위하여 고용안정·직업능력개발사업을 실시한다.

기본개념

사회복지법제론
pp.339~

실업급여

• 실업급여는 구직급여와 취업촉진 수당으로 구분한다. 취업촉진 수당의 종류는 조기재취업 수당, 직업능력개발 수당, 광역 구직활동비, 이주비가 있다.
• 구직급여의 수급요건: 구직급여는 이직한 근로자인 피보험자가 '기준기간 동안의 피보험 단위기간이 합산하여 180일 이상일 것, 근로의 의사와 능력이 있음에도 불구하고 취업(영리를 목적으로 사업을 영위하는 경우를 포함)하지 못한 상태에 있을 것, 이직 사유가 피보험자가 자기의 중대한 귀책 사유로 해고되거나 자기 사정으로 이직한 경우와 같이 수급자격의 제한 사유에 해당하지 아니할 것, 재취업을 위한 노력을 적극적으로 할 것, 수급자격 인정신청일이 속한 달의 직전 달 초일부터 수급자격 인정신청일까지의 근로일 수의 합이 같은 기간 동안의 총 일수의 3분의 1 미만일 것, 건설일용근로자(일용근로자로서 이직 당시에 통계청장이 고시하는 한국표준산업분류의 대분류상 건설업에 종사한 사람을 말함)로서 수급자격 인정신청일 이전 14일간 연속하여 근로내역이 없을 것, 최종 이직 당시의 기준기간 동안의 피보험 단위기간 중 다른 사업에서 수급자격의 제한 사유에 해당하는 사유로 이직한 사실이 있는 경우에는 그 피보험 단위기간 중 90일 이상을 일용근로자로 근로하였을 것(최종 이직 당시 일용근로자이었던 자에 한함)'의 요건을 모두 갖춘 경우에 지급한다.
• 조기재취업 수당: 수급자격자가 안정된 직업에 재취직하거나 스스로 영리를 목적으로 하는 사업을 영위하는 경우로서 대통령령으로 정하는 기준에 해당하면 지급한다.
• 직업능력개발 수당: 수급자격자가 직업안정기관의 장이 지시한 직업능력개발 훈련 등을 받는 경우에 그 직업능력개발 훈련 등을 받는 기간에 대하여 지급한다.
• 광역 구직활동비: 수급자격자가 직업안정기관의 소개에 따라 광범위한 지역에 걸쳐 구직 활동을 하는 경우로서 대통령령으로 정하는 기준에 따라 직업안정기관의 장이 필요하다고 인정하면 지급할 수 있다.
• 이주비: 수급자격자가 취업하거나 직업안정기관의 장이 지시한 직업능력개발 훈련 등을 받기 위하여 그 주거를 이전하는 경우로서 대통령령으로 정하는 기준에 따라 직업안정기관의 장이 필요하다고 인정하면 지급할 수 있다.

육아휴직 급여

- 고용노동부장관은 육아휴직을 30일(근로기준법에 따른 출산전후휴가기간과 중복되는 기간은 제외) 이상 부여받은 피보험자 중 **육아휴직을 시작한 날 이전에 피보험 단위기간이 합산하여 180일 이상**인 피보험자에게 육아휴직 급여를 지급한다.
- 육아휴직 급여를 지급받으려는 사람은 육아휴직을 시작한 날 이후 1개월부터 육아휴직이 끝난 날 이후 12개월 이내에 신청하여야 한다.
- 육아휴직기간은 1년 이내이다. 자녀 1명당 1년 사용가능하므로 자녀가 2명이면 각각 1년씩 2년 사용 가능하다. 근로자의 권리이므로 부모가 모두 근로자이면 한 자녀에 대하여 아버지도 1년, 어머니도 1년 사용이 가능하다.

출산전후휴가 급여

- 임신 중의 여성에게 **출산 전과 출산 후를 통하여 90일의 출산전후휴가**를 주어야 하며, 이 경우 휴가기간의 배정은 출산 후에 45일 이상이 되어야 한다.
- 고용노동부장관은 피보험자가 출산전후휴가 또는 유산·사산휴가를 받은 경우와 배우자 출산휴가를 받은 경우로서 '휴가가 끝난 날 이전에 피보험 단위기간이 통산하여 180일 이상일 것, 휴가를 시작한 날[출산전후휴가 또는 유산·사산휴가를 받은 피보험자가 속한 사업장이 우선지원 대상기업이 아닌 경우에는 휴가 시작 후 60일(한 번에 둘 이상의 자녀를 임신한 경우에는 75일)이 지난 날로 봄] 이후 1개월부터 휴가가 끝난 날 이후 12개월 이내에 신청할 것'의 요건을 모두 갖춘 경우에 출산전후휴가 급여 등을 지급한다.

기출문장 CHECK

01 (22-08-20) 고용보험기금은 고용노동부장관이 관리·운용한다.

02 (21-08-18) 중대한 귀책사유로 해고된 피보험자로서 형법 또는 직무와 관련된 법률을 위반하여 금고 이상의 형을 선고받은 경우에 해당한다고 직업안정기관의 장이 인정하는 경우에는 수급자격이 없는 것으로 본다.

03 (20-08-19) 국가는 매년 보험사업에 드는 비용의 일부를 일반회계에서 부담하여야 한다.

04 (19-08-17) 구직급여를 지급받으려는 사람은 이직 후 지체없이 직업안정기관에 출석하여 실업을 신고하여야 한다.

05 (18-08-17) 고용보험사업으로 고용안정·직업능력개발 사업, 실업급여, 육아휴직 급여 및 출산전후휴가 급여 등을 실시한다.

06 (17-08-14) 구직급여를 지급받으려는 자는 이직 후 지체없이 직업안정기관에 출석하여 실업을 신고하여야 한다.

07 (16-08-23) 구직급여를 받기 위해서는 이직한 피보험자가 이직일 이전 18개월간 피보험 단위기간이 통산하여 180일 이상이어야 한다.

08 (14-08-19) 피보험자가 육아휴직 급여 기간 중에 이직(離職)한 경우에는 그 사실을 직업안정기관의 장에게 신고하여야 한다.

09 (13-08-20) 취업촉진 수당의 종류에는 조기재취업 수당, 직업능력개발 수당, 광역 구직활동비, 이주비가 있다.

10 (12-08-20) 자영업자인 피보험자의 실업급여에서 연장급여(훈련연장급여, 개별연장급여, 특별연장급여)와 조기재취업 수당은 제외한다.

11 (11-08-10) 취업촉진 수당의 종류에는 조기(早期)재취업 수당, 직업능력개발 수당, 광역 구직활동비, 이주비 등이 있다.

12 (10-08-18) 직업안정기관의 장은 부정한 방법으로 급여를 받은 자에게 그 급여의 반환을 명할 수 있다.

13 (09-08-28) 고용보험기금은 보험료의 반환, 육아휴직 급여의 지급, 실업급여의 지급, 출산전후휴가 급여의 지급 등의 용도로 쓰인다.

14 (05-08-19) 고용보험법에서 명시하는 급여에는 실업급여, 유아휴직 급여, 산전산후 급여 등이 있다.

대표기출 확인하기

22-08-20 　　　　 난이도 ★★★

고용보험법의 내용으로 옳은 것은?

① "실업의 인정"이란 근로의 의사와 능력이 있음에도 불구하고 취업하지 못한 상태에 있는 것을 말한다.
② "일용근로자"란 3개월 미만 동안 고용되는 사람을 말한다.
③ 지방자치단체는 매년 보험사업에 드는 비용의 일부를 일반회계에서 부담하여야 한다.
④ 고용보험기금은 고용노동부장관이 관리 · 운용한다.
⑤ 실업급여를 받을 권리는 양도 또는 압류하거나 담보로 제공할 수 있다.

> **알짜확인**
>
> • 고용보험법과 관련된 주요 내용(용어의 정의, 가입대상, 보험급여, 보험료 및 운영, 권리구제, 수급자의 권리보호 등)을 파악해야 한다.

답 ④

✔ 응시생들의 선택

① 68%	② 5%	③ 8%	④ 17%	⑤ 2%

① "실업의 인정"이란 직업안정기관의 장이 수급자격자가 실업한 상태에서 적극적으로 직업을 구하기 위하여 노력하고 있다고 인정하는 것을 말한다. 근로의 의사와 능력이 있음에도 불구하고 취업하지 못한 상태에 있는 것은 "실업"이다.
② "일용근로자"란 1개월 미만 동안 고용되는 사람을 말한다.
③ 국가는 매년 보험사업에 드는 비용의 일부를 일반회계에서 부담하여야 한다.
⑤ 실업급여를 받을 권리는 양도 또는 압류하거나 담보로 제공할 수 없다.

➕ 덧붙임

고용보험법과 관련해서는 구직급여(수급요건), 자영업자인 피보험자의 실업급여의 종류, 취업촉진 수당의 종류, 고용보험기금의 용도 등에 관한 내용이 주로 출제되고 있다. 특히 실업급여, 육아휴직급여 등 보험급여에 관한 문제가 가장 많이 출제되므로 이와 관련된 법률은 물론 실제 시행되는 제도의 급여에 관한 특성도 함께 정리해두면 더욱 효과적일 것이다.

관련기출 더 보기

22-08-21 　　　　 난이도 ★☆☆

고용보험법상 실업급여의 종류로 취업촉진 수당에 해당하는 것을 모두 고른 것은?

ㄱ. 이주비	ㄴ. 광역 구직활동비
ㄷ. 직업능력개발 수당	ㄹ. 조기재취업 수당

① ㄱ, ㄴ, ㄷ　　　　　② ㄱ, ㄴ, ㄹ
③ ㄱ, ㄷ, ㄹ　　　　　④ ㄴ, ㄷ, ㄹ
⑤ ㄱ, ㄴ, ㄷ, ㄹ

답 ⑤

✔ 응시생들의 선택

① 2%	② 6%	③ 1%	④ 21%	⑤ 70%

⑤ 취업촉진 수당의 종류는 '조기재취업 수당, 직업능력개발 수당, 광역 구직활동비, 이주비'가 있다.

20-08-19 　　　　 난이도 ★★☆

고용보험법의 내용으로 옳은 것은?

① 고용보험기금은 기획재정부장관이 관리 · 운용한다.
② 국가는 매년 보험사업에 드는 비용의 일부를 일반회계에서 부담하여야 한다.
③ 취업촉진 수당의 종류로는 구직급여, 직업능력개발 수당 등이 있다.
④ "실업"이란 근로의 의사와 능력이 없어 취업하지 못한 상태에 있는 것을 말한다.
⑤ "일용근로자"란 6개월 미만 동안 고용되는 사람을 말한다.

답 ②

✔ 응시생들의 선택

① 7%	② 40%	③ 38%	④ 6%	⑤ 9%

① 고용보험기금은 고용노동부장관이 관리 · 운용한다.
③ 취업촉진 수당의 종류로는 '조기재취업 수당, 직업능력개발 수당, 광역 구직활동비, 이주비'가 있다.
④ 실업이란 근로의 의사와 능력이 있음에도 불구하고 취업하지 못한 상태에 있는 것을 말한다.
⑤ 일용근로자란 1개월 미만 동안 고용되는 사람을 말한다.

고용보험법의 내용으로 옳은 것은?

① 구직급여를 지급받으려는 사람은 이직 후 지체없이 직업 안정기관에 출석하여 실업을 신고하여야 한다.
② 농업·임업 및 어업 중 법인이 아닌 자가 상시 4명의 근로자를 사용하는 사업에 대하여 고용보험법은 적용된다.
③ 구직급여의 수급 요건으로서 기준기간은 피보험자의 이직일 이전 36개월로 한다.
④ 실업 신고일부터 계산하기 시작하여 14일간의 대기기간 중에는 구직급여를 지급하지 않는다.
⑤ 이주비는 구직급여의 종류에 해당한다.

답 ①

✅ **응시생들의 선택**

① 41%	② 15%	③ 3%	④ 15%	⑤ 26%

② 농업·임업 및 어업 중 법인이 아닌 자가 상시 4명 이하의 근로자를 사용하는 사업에 대해서는 적용하지 아니한다.
③ 구직급여의 수급 요건으로서 기준기간은 피보험자의 이직일 이전 18개월로 한다.
④ 실업의 신고일부터 계산하기 시작하여 7일간은 대기기간으로 보아 구직급여를 지급하지 아니한다.
⑤ 이주비는 취업촉진 수당의 종류에 해당한다.

고용보험법의 내용으로 옳지 않은 것은?

① "일용근로자"는 1개월 미만 동안 고용되는 자를 말한다.
② 실업급여에는 취업촉진수당이 포함되지 않는다.
③ "실업"이란 근로의 의사와 능력이 있음에도 불구하고 취업하지 못한 상태에 있는 것을 말한다.
④ 구직급여를 지급받으려는 자는 이직 후 지체없이 직업안정기관에 출석하여 실업을 신고하여야 한다.
⑤ 65세 이후에 고용되거나 자영업을 개시한 자에 대한 고용안정·직업능력개발 사업에 관하여는 이 법을 적용한다.

답 ②

✅ **응시생들의 선택**

① 5%	② 55%	③ 3%	④ 16%	⑤ 21%

② 실업급여는 구직급여와 취업촉진수당으로 구분한다. 취업촉진 수당의 종류는 조기재취업 수당, 직업능력개발 수당, 광역 구직활동비, 이주비가 있다.

고용보험법령상 자영업자인 피보험자의 실업급여의 종류에 해당하는 것은?

① 훈련연장급여
② 개별연장급여
③ 특별연장급여
④ 조기재취업 수당
⑤ 이주비

답 ⑤

✅ **응시생들의 선택**

① 20%	② 16%	③ 14%	④ 11%	⑤ 39%

⑤ 자영업자인 피보험자의 실업급여의 종류에는 구직급여, 취업촉진 수당(조기재취업 수당, 직업능력개발 수당, 광역 구직활동비, 이주비)이 있는데, 연장급여(훈련연장급여, 개별연장급여, 특별연장급여)와 조기재취업 수당은 제외한다.

고용보험법상 구직급여에 관한 설명으로 옳지 않은 것은?

① 급여를 지급받으려는 자는 이직 후 지체없이 직업안정기관에 출석하여 실업을 신고하여야 한다.
② 급여를 받으려면 이직일 이전 18개월간 피보험 단위기간이 합산하여 180일 이상이어야 한다.
③ 자기 사정으로 자영업을 하기 위하여 이직한 경우에는 수급자격이 있다.
④ 직무와 관련된 법률을 위반하여 금고 이상의 형을 선고받고, 그 사유로 해고된 자는 수급자격이 없는 것으로 본다.
⑤ 직업안정기관의 장은 부정한 방법으로 급여를 받은 자에게 그 급여의 반환을 명할 수 있다.

답 ③

✅ **응시생들의 선택**

① 7%	② 5%	③ 85%	④ 2%	⑤ 1%

③ 고용보험법 수급자격의 제한에 따르면, 중대한 귀책사유로 해고된 피보험자나 자기 사정으로 이직한 피보험자는 수급자격이 없는 것으로 본다.

다음 내용이 왜 틀렸는지를 확인해보자

20-08-19

01 보험사업에 필요한 재원을 충당하기 위하여 설치된 고용보험기금은 **보건복지부장관이 관리·운용**한다.

> 보험사업에 필요한 재원을 충당하기 위하여 설치된 고용보험기금은 고용노동부장관이 관리·운용한다.

16-08-23

02 이직한 피보험자가 구직급여를 받기 위해서는 이직일 이전 **18개월간 피보험 단위기간이 합산하여 120일 이상**이어야 한다.

> 이직한 피보험자가 구직급여를 받기 위해서는 이직일 이전 18개월간 피보험 단위기간이 합산하여 180일 이상이어야 한다.

03 실업급여는 **생계급여와 취업촉진 수당**으로 구분한다.

> 실업급여는 구직급여와 취업촉진 수당으로 구분한다.

11-08-10

04 취업촉진 수당의 종류에는 **조기재취업 수당, 직업능력개발 수당, 광역 구직활동비, 육아휴직 급여**가 있다.

> 취업촉진 수당의 종류에는 조기재취업 수당, 직업능력개발 수당, 광역 구직활동비, 이주비가 있다.

05 피보험자가 이직한 경우에는 **이직한 날에 그 피보험자격을 상실**한다.

> 피보험자가 이직한 경우에는 이직한 날의 다음 날에 그 피보험자격을 상실한다.

06 육아휴직 급여를 지급받으려는 사람은 **육아휴직을 시작한 날 이후 1개월부터 육아휴직이 끝난 날 이후 24개월 이내**에 신청하여야 한다.

> 육아휴직 급여를 지급받으려는 사람은 육아휴직을 시작한 날 이후 1개월부터 육아휴직이 끝난 날 이후 12개월 이내에 신청하여야 한다.

빈칸에 들어갈 알맞은 말을 채워보자

19-08-17
01 실업의 신고일부터 계산하기 시작하여 (　　　　　)일간은 대기기간으로 보아 구직급여를 지급하지 아니한다.

17-08-14
02 구직급여를 지급받으려는 자는 이직 후 지체없이 (　　　　　)에 출석하여 실업을 신고하여야 한다.

12-08-20
03 자영업자인 피보험자의 실업급여의 종류에는 구직급여, 취업촉진 수당이 있는데, 연장급여와 (　　　　　)은/는 제외한다.

09-08-28
04 (　　　　　)은/는 보험료의 반환, 육아휴직 급여의 지급, 실업급여의 지급, 산전후휴가 급여의 지급 등으로 사용된다.

05 자영업자인 피보험자로서 폐업한 수급자격자에 대한 구직급여일액은 그 수급자격자의 기초일액에 100분의 (　　　　　)을 곱한 금액으로 한다.

답 **01** 7　**02** 직업안정기관　**03** 조기재취업 수당　**04** 고용보험기금　**05** 60

다음 내용이 옳은지 그른지 판단해보자

18-08-17
01 피보험자는 이 법이 적용되는 사업에 고용된 날의 다음 달부터 피보험자격을 취득한다.　◎ ⊗

14-08-19
02 피보험자가 육아휴직 기간 중에 그 사업에서 이직한 경우에는 그 이직하였을 때부터 육아휴직 급여를 지급하지 아니한다.　◎ ⊗

03 정당한 사유 없이 근로계약 또는 취업규칙 등을 위반하여 장기간 무단 결근한 경우 구직급여 수급 자격이 없는 것으로 본다.　◎ ⊗

04 직업안정기관의 장은 부정한 방법으로 구직급여를 지급받은 사람에게 지급받은 구직급여의 전부 또는 일부의 반환을 명할 수 있다.　◎ ⊗

05 실업급여를 받을 권리는 양도 또는 압류하거나 담보로 제공할 수 없다.　◎ ⊗

답 **01** ✕　**02** ○　**03** ○　**04** ○　**05** ○

해설 **01** 피보험자는 이 법이 적용되는 사업에 고용된 날에 피보험자격을 취득한다.

238 산업재해보상보험법

강의 QR코드

1회독	2회독	3회독
월 일	월 일	월 일

최근 10년간 **9문항** 출제 ★★★

이론요약

용어의 정의

- 업무상의 재해: 업무상의 사유에 따른 근로자의 부상·질병·장해 또는 사망을 말한다.
- 유족: 사망한 자의 배우자(사실상 혼인 관계에 있는 자를 포함)·자녀·부모·손자녀·조부모 또는 형제자매를 말한다.
- 치유: 부상 또는 질병이 완치되거나 치료의 효과를 더 이상 기대할 수 없고 그 증상이 고정된 상태에 이르게 된 것을 말한다.
- 장해: 부상 또는 질병이 치유되었으나 정신적 또는 육체적 훼손으로 인하여 노동능력이 상실되거나 감소된 상태를 말한다.
- 중증요양상태: 업무상의 부상 또는 질병에 따른 정신적 또는 육체적 훼손으로 노동능력이 상실되거나 감소된 상태로서 그 부상 또는 질병이 치유되지 아니한 상태를 말한다.
- 진폐: 분진을 흡입하여 폐에 생기는 섬유증식성 변화를 주된 증상으로 하는 질병을 말한다.

기본개념

사회복지법제론
pp.364~

업무상 재해

- **업무상 사고**: 근로자가 근로계약에 따른 업무나 그에 따르는 행위를 하던 중 발생한 사고, 사업주가 제공한 시설물 등을 이용하던 중 그 시설물 등의 결함이나 관리소홀로 발생한 사고, 사업주가 주관하거나 사업주의 지시에 따라 참여한 행사나 행사준비 중에 발생한 사고, 휴게시간 중 사업주의 지배관리하에 있다고 볼 수 있는 행위로 발생한 사고, 그 밖에 업무와 관련하여 발생한 사고
- **업무상 질병**: 업무수행 과정에서 물리적 인자(因子)·화학물질·분진·병원체·신체에 부담을 주는 업무 등 근로자의 건강에 장해를 일으킬 수 있는 요인을 취급하거나 그에 노출되어 발생한 질병, 업무상 부상이 원인이 되어 발생한 질병, 근로기준법에 따른 직장 내 괴롭힘·고객의 폭언 등으로 인한 업무상 정신적 스트레스가 원인이 되어 발생한 질병, 그 밖에 업무와 관련하여 발생한 질병
- **출퇴근 재해**: 사업주가 제공한 교통수단이나 그에 준하는 교통수단을 이용하는 등 사업주의 지배관리하에서 출퇴근하는 중 발생한 사고, 그 밖에 통상적인 경로와 방법으로 출퇴근하는 중 발생한 사고

급여의 종류

- 요양급여: 근로자가 업무상의 사유로 부상을 당하거나 질병에 걸린 경우 그 근로자에게 지급한다. 요양급여의 범위는

'진찰 및 검사, 약제 또는 진료재료와 의지(義肢), 그 밖의 보조기의 지급, 처치, 수술, 그 밖의 치료, 재활치료, 입원, 간호 및 간병, 이송, 그 밖에 고용노동부령으로 정하는 사항' 등이다.

- 휴업급여: 업무상 사유로 부상을 당하거나 질병에 걸린 근로자에게 요양으로 취업하지 못한 기간에 대하여 지급하되, 1일당 지급액은 평균임금의 100분의 70에 상당하는 금액으로 한다. 다만, 취업하지 못한 기간이 3일 이내이면 지급하지 아니한다.
- 장해급여: 근로자가 업무상의 사유로 부상을 당하거나 질병에 걸려 치유된 후 신체 등에 장해가 있는 경우에 그 근로자에게 지급한다.
- 간병급여: 요양급여를 받은 자 중 치유 후 의학적으로 상시 또는 수시로 간병이 필요하여 실제로 간병을 받는 자에게 지급한다.
- 유족급여: 근로자가 업무상의 사유로 사망한 경우에 유족에게 지급한다. 유족급여는 유족보상연금이나 유족보상일시금으로 하되, 유족보상일시금은 근로자가 사망할 당시 유족보상연금을 받을 수 있는 자격이 있는 자가 없는 경우에 지급한다.
- 상병보상연금: 요양급여를 받는 근로자가 요양을 시작하고 2년이 지난 날 이후에 '그 부상이나 질병이 치유되지 아니한 상태인 경우, 그 부상이나 질병에 따른 중증요양상태의 정도가 대통령령이 정하는 중증요양상태등급 기준에 해당하는 경우, 요양으로 인하여 취업하지 못하였을 경우' 휴업급여 대신 상병보상연금을 그 근로자에게 지급한다.
- 장례비: 근로자가 업무상의 사유로 사망한 경우에 지급하되, 평균임금의 120일분에 상당하는 금액을 그 장례를 지낸 유족에게 지급한다.
- 직업재활급여: 장해급여자 중 취업을 위하여 직업훈련이 필요한 자에 대하여 실시하는 직업훈련에 드는 비용 및 직업훈련수당, 업무상의 재해가 발생할 당시의 사업에 복귀한 장해급여자에 대하여 사업주가 고용을 유지하거나 직장적응훈련 또는 재활운동을 실시하는 경우에 각각 지급하는 직장복귀지원금, 직장적응훈련비 및 재활운동비를 말한다.

급여의 지급 및 제한

- 보험급여는 지급 결정일로부터 14일 이내에 지급해야 한다.
- 공단은 근로자가 '요양 중인 근로자가 정당한 사유 없이 요양에 관한 지시를 위반하여 부상·질병 또는 장해 상태를 악화시키거나 치유를 방해한 경우, 장해보상연금 또는 진폐보상연금 수급권자가 장해등급 또는 진폐장해등급 재판정 전에 자해 등 고의로 장해 상태를 악화시킨 경우'의 어느 하나에 해당되면 보험급여의 전부 또는 일부를 지급하지 아니할 수 있다.

근로복지공단의 사업

보험가입자와 수급권자에 관한 기록의 관리·유지, 보험료징수법에 따른 보험료와 그 밖의 징수금의 징수, 보험급여의 결정과 지급, 보험급여 결정 등에 관한 심사 청구의 심리·결정, 산업재해보상보험 시설의 설치·운영, 업무상 재해를 입은 근로자 등의 진료·요양 및 재활, 재활보조기구의 연구개발·검정 및 보급, 보험급여 결정 및 지급을 위한 업무상 질병 관련 연구, 근로자 등의 건강을 유지·증진하기 위하여 필요한 건강진단 등 예방 사업, 근로자의 복지 증진을 위한 사업, 그 밖에 정부로부터 위탁받은 사업

01 (21-08-19) 유족보상연금 수급 권리는 배우자 · 자녀 · 부모 · 손자녀 · 조부모 및 형제자매의 순서로 한다.

02 (20-08-18) "출퇴근"이란 취업과 관련하여 주거와 취업장소 사이의 이동 또는 한 취업장소에서 다른 취업장소로의 이동을 말한다.

03 (19-08-14) 휴게시간 중 사업주의 지배관리히에 있다고 볼 수 있는 행위로 발생한 사고는 업무상 사고에 해당한다.

04 (18-08-16) 근로자가 근로계약에 따른 업무나 그에 따르는 행위를 하던 중 발생한 사고는 업무상 사고에 해당한다.

05 (17-08-17) 산업재해보상보험법상 보험급여의 종류에는 요양급여, 휴업급여, 장해급여, 간병급여, 유족급여, 상병보상연금, 장례비, 직업재활급여가 있다.

06 (16-08-09) 산업재해보상보험법상 업무상 새해를 입은 근로자 등의 진료 · 요양 및 재활 사업을 수헹하는 기관은 근로복지공단이다.

07 (15-08-19) 진폐는 분진을 흡입하여 폐에 생기는 섬유증식성 변화를 주된 증상으로 하는 질병이다.

08 (14-08-18) 장해는 부상 또는 질병이 치유되었으나 정신적 또는 육체적 훼손으로 인하여 노동능력이 상실되거나 감소된 상태를 말한다.

09 (13-08-25) 보험급여의 종류에는 요양급여, 휴업급여, 장해급여, 간병급여, 유족급여, 상병보상연금, 장례비, 직업재활급여가 있다.

10 (12-08-18) 업무를 준비하거나 마무리하는 행위를 하던 중에 발생한 사고는 산업재해보상보험법령상 업무상 사고에 해당한다.

11 (12-08-19) 보험급여의 결정과 지급은 근로복지공단에서 수행한다.

12 (11-08-11) 진폐에 따른 보험급여의 특례가 규정되어 있다.

13 (10-08-17) 업무상의 재해란 업무상의 사유에 따른 근로자의 부상 · 질병 · 장해 또는 사망을 말한다.

14 (08-08-17) 산업재해보상보험법 급여에는 요양급여, 휴업급여, 장해급여, 간병급여, 유족급여, 상병보상연금, 장례비, 직업재활급여가 포함된다.

15 (06-08-21) 산업재해보상보험의 보험료는 사업주가 단독 부담한다.

16 (05-08-20) 휴업급여, 요양급여, 간병급여, 상병보상연금 등은 산재보험의 보험급여 유형에 해당한다.

20-08-18　　　　난이도 ★★☆

산업재해보상보험법의 내용으로 옳지 않은 것은?

① "업무상의 재해"란 업무상의 사유에 따른 근로자의 부상·질병·장해 또는 사망을 말한다.
② 보험급여에는 간병급여, 상병보상연금, 실업급여 등이 있다.
③ 근로복지공단은 법인으로 한다.
④ "출퇴근"이란 취업과 관련하여 주거와 취업장소 사이의 이동 또는 한 취업장소에서 다른 취업장소로의 이동을 말한다.
⑤ 요양급여는 근로자가 업무상의 사유로 부상을 당하거나 질병에 걸린 경우에 그 근로자에게 지급한다.

 **알짜확인**

• 산업재해보상보험법과 관련된 주요 내용(용어의 정의, 업무상 재해, 적용사업, 보험료 및 보험급여, 근로복지사업, 수급자의 권리보호 등)을 파악해야 한다.

답 ②

✔ 응시생들의 선택

① 1%	② 55%	③ 8%	④ 22%	⑤ 14%

② 산업재해보상보험법에 따른 급여의 종류로는 '요양급여, 휴업급여, 장해급여, 간병급여, 유족급여, 상병보상연금, 장례비, 직업재활급여'가 있다.

➕ 덧붙임

산업재해보상보험법과 관련해서는 용어의 정의, 업무상 사고, 가입자, 적용사업/적용제외사업, 급여의 종류, 근로복지공단 등에 관한 문제가 출제되었다. 주로 전반적인 내용을 묻는 형태로 출제되고 있다.

21-08-19　　　　난이도 ★★★

산업재해보상보험법상 유족급여에 관한 설명으로 옳지 않은 것은?

① 근로자가 업무상의 사유로 사망한 경우 유족에게 지급한다.
② 유족보상연금 수급권자가 2명 이상 있을 때 그 중 1명을 대표자로 선임할 수 있다.
③ 근로자와 「주민등록법」상 세대를 같이 하고 동거하던 유족으로서 근로자의 소득으로 생계의 상당 부분을 유지하고 있던 사람은 유족에 해당한다.
④ 근로자의 소득으로 생계의 전부를 유지하고 있던 유족으로서 학업으로 주민등록을 달리하였거나 동거하지 않았던 사람은 유족에 해당되지 않는다.
⑤ 유족보상연금 수급 권리는 배우자·자녀·부모·손자녀·조부모 및 형제자매의 순서로 한다.

답 ④

✔ 응시생들의 선택

① 1%	② 8%	③ 10%	④ 75%	⑤ 6%

④ 근로자가 사망할 당시 근로자의 소득으로 생계의 전부 또는 상당 부분을 유지하고 있던 유족으로서 학업·취업·요양, 그 밖에 주거상의 형편 등으로 주민등록을 달리하였거나 동거하지 않았던 사람도 유족에 해당된다.

19-08-14

산업재해보상보험법상 '업무상 사고'에 해당하지 않는 것은?

① 근로자가 근로계약에 따른 업무나 그에 따르는 행위를 하던 중 발생한 사고
② 사업주가 제공한 시설물 등을 이용하던 중 그 시설물 등의 결함이나 관리소홀로 발생한 사고
③ 사업주가 주관하거나 사업주의 지시에 따라 참여한 행사나 행사준비 중에 발생한 사고
④ 비통상적인 경로와 방법으로 출퇴근하는 중 발생한 사고
⑤ 휴게시간 중 사업주의 지배관리하에 있다고 볼 수 있는 행위로 발생한 사고

답 ④

✔ 응시생들의 선택

① 0%	② 2%	③ 1%	④ 95%	⑤ 2%

④ 업무상 사고
- 근로자가 근로계약에 따른 업무나 그에 따르는 행위를 하던 중 발생한 사고
- 사업주가 제공한 시설물 등을 이용하던 중 그 시설물 등의 결함이나 관리소홀로 발생한 사고
- 사업주가 주관하거나 사업주의 지시에 따라 참여한 행사나 행사준비 중에 발생한 사고
- 휴게시간 중 사업주의 지배관리하에 있다고 볼 수 있는 행위로 발생한 사고
- 그 밖에 업무와 관련하여 발생한 사고

17-08-17

산업재해보상보험법상 보험급여의 종류로 명시되지 않은 것은?

① 휴업급여
② 구직급여
③ 유족급여
④ 상병보상연금
⑤ 장해급여

답 ②

✔ 응시생들의 선택

① 9%	② 73%	③ 3%	④ 12%	⑤ 3%

② 구직급여는 고용보험법상의 보험급여에 해당한다.

16-08-09

산업재해보상보험법상 업무상 재해를 입은 근로자 등의 진료·요양 및 재활 사업을 수행하는 기관은?

① 국민연금공단
② 국민건강보험공단
③ 근로복지공단
④ 한국장애인고용공단
⑤ 한국산업인력공단

답 ③

✔ 응시생들의 선택

① 2%	② 10%	③ 81%	④ 1%	⑤ 6%

③ 고용노동부장관의 위탁을 받아 근로자의 업무상의 재해를 신속하고 공정하게 보상하고, 재해근로자의 재활 및 사회복귀를 촉진하기 위하여 이에 필요한 보험시설을 설치·운영하며 재해예방, 기타 근로자의 복지증진을 위한 사업을 효율적으로 수행하기 위하여 근로복지공단을 설립한다.

15-08-19

산업재해보상보험법상 용어에 관한 설명으로 옳지 않은 것은?

① 업무상의 사유에 따른 근로자의 부상·질병·장해 또는 사망은 업무상의 재해이다.
② 근로자란 근로기준법에 따른 근로자를 말한다.
③ 사실혼 관계에 있는 배우자는 유족에 포함되지 않는다.
④ 치유란 부상 또는 질병이 완치되거나 치료의 효과를 더 이상 기대할 수 없고 그 증상이 고정된 상태에 이르게 된 것을 말한다.
⑤ 진폐는 분진을 흡입하여 폐에 생기는 섬유증식성 변화를 주된 증상으로 하는 질병이다.

답 ③

✔ 응시생들의 선택

① 1%	② 1%	③ 72%	④ 23%	⑤ 3%

③ 유족이란 사망한 자의 배우자(사실상 혼인 관계에 있는 자를 포함), 자녀, 부모, 손자녀, 조부모 또는 형제자매를 말한다.

다음 내용이 왜 틀렸는지를 확인해보자

`21-08-19`

01 유족보상연금 수급 권리는 <u>부모 · 자녀 · 배우자 · 손자녀 · 조부모 및 형제자매</u>의 순서로 한다.

> 유족보상연금 수급 권리는 배우자 · 자녀 · 부모 · 손자녀 · 조부모 및 형제자매의 순서로 한다.

`20-08-18`

02 업무상의 재해란 업무상의 사유에 따른 <u>근로자의 부상 · 질병 · 사망을 말하며, 장해는 제외된다.</u>

> 업무상의 재해란 업무상의 사유에 따른 근로자의 부상 · 질병 · 장해 또는 사망을 말한다.

03 보험급여는 지급 결정일로부터 <u>**7일 이내에 지급**</u>해야 한다.

> 보험급여는 지급 결정일로부터 14일 이내에 지급해야 한다.

`11-08-11`

04 **직업재활급여**는 요양급여를 받은 자 중 치유 후 의학적으로 상시 또는 수시로 간병이 필요하여 실제로 간병을 받는 자에게 지급한다.

> 간병급여는 요양급여를 받은 자 중 치유 후 의학적으로 상시 또는 수시로 간병이 필요하여 실제로 간병을 받는 자에게 지급한다.

`09-08-16`

05 <u>간호 및 간병은 요양급여 범위에서 제외된다.</u>

> 요양급여의 범위에는 진찰 및 검사, 약제 또는 진료재료와 의지 그 밖의 보조기의 지급, 처치, 수술, 그 밖의 치료, 재활치료, 입원, 간호 및 간병, 이송 등이 있다.

06 장례비는 근로자가 업무상의 사유로 사망한 경우에 지급하되, **평균임금의 90일분**에 상당하는 금액을 그 장례를 지낸 유족에게 지급한다.

> 장례비는 근로자가 업무상의 사유로 사망한 경우에 지급하되, 평균임금의 120일분에 상당하는 금액을 그 장례를 지낸 유족에게 지급한다.

빈칸에 들어갈 알맞은 말을 채워보자

16-08-09

01 고용노동부장관의 위탁을 받아 산업재해보상보험법의 목적을 달성하기 위한 사업을 효율적으로 수행하기 위하여 (   )을/를 설립한다.

14-08-18

02 (   )(이)란 부상 또는 질병이 치유되었으나 정신적 또는 육체적 훼손으로 인하여 노동능력이 상실되거나 감소된 상태를 말한다.

13-08-25

03 산재보험의 급여에는 요양급여, 휴업급여, (   ), 간병급여, 유족급여, 상병보상연금, 장례비, 직업재활 급여가 있다.

12-08-18

04 휴게시간 중 사업주의 지배관리하에 있다고 볼 수 있는 행위로 발생한 사고는 (   )에 해당한다.

09-08-16

05 부상 또는 질병이 (   )일 이내의 요양으로 치유될 수 있으면 요양급여를 지급하지 아니한다.

답 **01** 근로복지공단 **02** 장해 **03** 장해급여 **04** 업무상 사고 **05** 3

다음 내용이 옳은지 그른지 판단해보자

18-08-16
01 사업주가 제공한 시설물 등을 이용하던 중 그 시설물 등의 결함이나 관리소홀로 발생한 사고는 업무상 사고에 해당한다. ◎ ⊗

15-08-19
02 중증요양상태는 분진을 흡입하여 폐에 생기는 섬유증식성 변화를 주된 증상으로 하는 질병이다. ◎ ⊗

12-08-19
03 사망한 자와 사실상 혼인 관계에 있는 자는 유족의 범위에 포함되지 않는다. ◎ ⊗

04 사업주가 제공한 교통수단이나 그에 준하는 교통수단을 이용하는 등 사업주의 지배관리하에서 출퇴근하는 중 발생한 사고는 출퇴근 재해로 본다. ◎ ⊗

05 근로자의 보험급여를 받을 권리는 퇴직하여도 소멸되지 아니한다. ◎ ⊗

답 01○ 02× 03× 04○ 05○

해설 **02** 분진을 흡입하여 폐에 생기는 섬유증식성 변화를 주된 증상으로 하는 질병은 진폐이다.
03 유족이란 사망한 자의 배우자(사실상 혼인 관계에 있는 자를 포함), 자녀, 부모, 손자녀, 조부모 또는 형제자매를 말한다.

강의 QR코드

1회독	2회독	3회독
월 일	월 일	월 일

최근 10년간 **9문항** 출제

복습 1 이론요약

보험료의 징수 및 산정

기본개념

사회복지법제론
pp.385~

- 장기요양보험사업은 <u>보건복지부장관이 관장</u>하며, 보험자는 <u>국민건강보험공단</u>이다. 가입자는 국민건강보험가입자이다. 공단은 <u>건강보험료와 통합하여 장기요양보험료를 징수</u>하되, 각각 구분하여 고지해야 하고, 통합 징수한 보험료를 <u>각각의 독립회계로 관리</u>하여야 한다.
- 보험료는 국민건강보험법의 단서에 따라 산정한 월별 보험료액에서 경감 또는 면제되는 비용을 공제한 금액에 건강보험료율 대비 장기요양보험료율의 비율을 곱하여 산정한 금액으로 한다. 장기요양보험료율은 장기요양위원회의 심의를 거쳐 대통령령으로 정한다.

장기요양인정의 신청자격 및 유효기간

- 장기요양인정을 신청할 수 있는 자는 <u>노인등으로서 장기요양보험가입자 또는 그 피부양자이거나 의료급여 수급권자</u>이어야 한다.
- <u>장기요양인정 유효기간은 최소 1년 이상</u>으로서 대통령령으로 정한다. 대통령령(시행령 제8조)에 따르면 장기요양인정 유효기간은 2년으로 한다. 다만, 장기요양인정의 갱신 결과 직전 등급과 같은 등급으로 판정된 경우에는 그 갱신된 장기요양인정의 유효기간은 장기요양 1등급의 경우 4년, 장기요양 2등급부터 4등급까지의 경우 3년, 장기요양 5등급 및 인지지원등급의 경우 2년으로 한다.

장기요양인정의 신청

- 장기요양인정을 신청하는 자는 공단에 보건복지부령으로 정하는 바에 따라 장기요양인정신청서에 의사 또는 한의사가 발급하는 소견서를 첨부하여 제출하여야 한다. 다만, 의사소견서는 공단이 등급판정위원회에 자료를 제출하기 전까지 제출할 수 있다.
- 거동이 현저하게 불편하거나 도서·벽지 지역에 거주하여 의료기관을 방문하기 어려운 자 등 대통령령으로 정하는 자는 의사소견서를 제출하지 아니할 수 있다.

장기요양인정의 갱신 및 변경

- 수급자는 장기요양인정의 유효기간이 만료된 후 장기요양급여를 계속하여 받고자 하는 경우 공단에 장기요양인정의

갱신을 신청하여야 한다.

- 장기요양급여를 받고 있는 수급자는 장기요양등급, 장기요양급여의 종류 또는 내용을 변경하여 장기요양급여를 받고자 하는 경우 공단에 변경신청을 하여야 한다.

장기요양급여의 제공시기

- 수급자는 **장기요양인정서와 개인별장기요양이용계획서가 도달한 날부터** 장기요양급여를 받을 수 있다.
- 수급자는 돌볼 가족이 없는 경우 등 대통령령으로 정하는 사유가 있는 경우 신청서를 제출한 날부터 장기요양인정서가 도달되는 날까지의 기간 중에도 장기요양급여를 받을 수 있다.

본인부담금

- 장기요양급여(특별현금급여는 제외)를 받는 자는 대통령령으로 정하는 바에 따라 **비용의 일부를 본인이 부담한다(재가급여 15%, 시설급여 20%)**. 이 경우 장기요양급여를 받는 수급자의 장기요양등급, 이용하는 장기요양급여의 종류 및 수준 등에 따라 본인부담의 수준을 달리 정할 수 있다.
- 국민기초생활보장법에 따른 **의료급여 수급자는 본인부담금을 부담하지 아니한다.**
- '의료급여법의 규정에 따른 수급권자(국민기초생활 보장법에 따른 의료급여 수급자는 제외), 소득·재산 등이 보건복지부장관이 정하여 고시하는 일정 금액 이하인 자, 천재지변 등 보건복지부령으로 정하는 사유로 인하여 생계가 곤란한 자'에 대해서는 본인부담금의 100분의 60의 범위에서 보건복지부장관이 정하는 바에 따라 차등하여 감경할 수 있다.

급여의 종류

- 재가급여: **방문요양**(장기요양요원이 수급자의 가정 등을 방문하여 신체활동 및 가사활동 등을 지원하는 장기요양급여), **방문목욕**(장기요양요원이 목욕설비를 갖춘 장비를 이용하여 수급자의 가정 등을 방문하여 목욕을 제공하는 장기요양급여), **방문간호**(장기요양요원인 간호사 등이 의사, 한의사 또는 치과의사의 지시서에 따라 수급자의 가정 등을 방문하여 간호, 진료의 보조, 요양에 관한 상담 또는 구강위생 등을 제공하는 장기요양급여), **주·야간보호**(수급자를 하루 중 일정한 시간 동안 장기요양기관에 보호하여 신체활동 지원 및 심신기능의 유지·향상을 위한 교육·훈련 등을 제공하는 장기요양 급여), **단기보호**(수급자를 보건복지부령으로 정하는 범위 안에서 일정 기간 동안 장기요양기관에 보호하여 신체활동 지원 및 심신기능의 유지·향상을 위한 교육·훈련 등을 제공하는 장기요양급여), **기타재가급여**(수급자의 일상생활·신체활동 지원 및 인지기능의 유지·향상에 필요한 용구를 제공하거나 가정을 방문하여 재활에 관한 지원 등을 제공하는 장기요양급여로서 대통령령으로 정하는 것)
- 시설급여: 장기요양기관이 운영하는 노인의료복지시설 등에 장기간 동안 입소하여 신체활동 지원 및 심신기능의 유지·향상을 위한 교육·훈련 등을 제공하는 장기요양급여
- 특별현금급여: 가족요양비, 특례요양비, 요양병원간병비

01 (22-08-18) 장기요양보험사업은 보건복지부장관이 관장한다.

02 (21-08-23) 장기요양요원지원센터는 장기요양요원의 권리 침해에 관한 상담 및 지원을 수행한다.

03 (20-08-20) "노인등"이란 65세 이상의 노인 또는 65세 미만의 자로서 치매 · 뇌혈관성질환 등 대통령령으로 정하는 노인성 질병을 가진 자를 말한다.

04 (18-08-18) 노인등이 가족과 함께 생활하면서 가정에서 장기요양을 받는 재가급여를 우선적으로 제공하여야 한다.

05 (17-08-16) 65세 이상의 노인으로 국민건강보험법 제5조에 따른 건강보험 가입자의 피부양자는 장기요양인정을 신청할 수 있다.

06 (16-08-08) 장기요양사업이란 장기요양보험료, 국가 및 지방자치단체의 부담금 등을 재원으로 하여 노인등에게 장기요양급여를 제공하는 사업을 말한다.

07 (15-08-20) 방문요양은 장기요양요원이 수급자의 가정 등을 방문하여 신체활동 및 가사활동 등을 지원하는 장기요양급여를 말한다.

08 (14-08-20) 시설급여, 가족요양비, 특례요양비, 요양병원간병비 등은 노인장기요양보험법상 장기요양급여에 해당한다.

09 (13-08-23) 국민건강보험공단은 장기요양심사위원회를 구성하여 심사청구 사항을 심의하게 하여야 한다.

10 (12-08-25) 장기요양보험사업의 보험자는 국민건강보험공단으로 한다.

11 (11-08-12) 장기요양급여를 받고 있는 수급자가 장기요양등급, 장기요양급여의 종류 또는 내용을 변경하여 장기요양급여를 받고자 하는 경우에는 공단에 변경신청을 하여야 한다.

12 (10-08-19) 수급자로 판정받기 위해서는 신청자격요건을 충족하고 6개월 이상 동안 혼자서 일상생활을 수행하기 어렵다고 인정되어야 한다.

13 (09-08-13) 장기요양기관을 운영하려는 자는 소재지를 관할 구역으로 하는 특별자치시장 · 특별자치도지사 · 시장 · 군수 · 구청장으로부터 지정을 받아야 한다.

14 (08-08-28) 재가급여에는 방문요양, 방문목욕, 방문간호, 주 · 야간보호, 단기보호 등이 포함된다.

대표기출 확인하기

22-08-18　　　　난이도 ★★☆

노인장기요양보험법의 내용으로 옳지 않은 것은?

① "노인등"이란 65세 이상의 노인 또는 65세 미만의 자로서 치매·뇌혈관성질환 등 대통령령으로 정하는 노인성 질병을 가진 자를 말한다.

② 장기요양급여는 노인등이 가족과 함께 생활하면서 가정에서 장기요양을 받는 재가급여를 우선적으로 제공하여야 한다.

③ 장기요양보험사업은 보건복지부장관이 관장한다.

④ 장기요양급여를 받고 있는 수급자는 장기요양등급의 내용을 변경하여 장기요양급여를 받고자 하는 경우 국민건강보험공단에 변경 신청을 하여야 한다.

⑤ 재가급여에는 방문요양, 방문목욕, 특별현금급여가 포함된다.

> ▶ **알짜확인**
>
> • 노인장기요양보험법과 관련된 주요 내용(용어의 정의, 보험료의 징수 및 산정, 장기요양인정, 장기요양급여, 장기요양기관, 수급자의 권리보호 등)을 파악해야 한다.

답 ⑤

✔ 응시생들의 선택

① 8%	② 10%	③ 10%	④ 9%	⑤ 63%

⑤ 재가급여에는 '방문요양, 방문목욕, 방문간호, 주·야간보호, 단기보호, 기타 재가급여'가 있다.

➕ 덧붙임

노인장기요양보험법과 관련해서는 장기요양인정 신청, 장기요양급여의 종류, 장기요양등급판정위원회, 장기요양급여의 제한, 장기요양기관 등 관련한 내용들이 골고루 출제되었다. 법률의 전반적인 사항을 모두 정리해두어야 한다.

관련기출 더 보기

20-08-20　　　　난이도 ★★☆

노인장기요양보험법의 내용으로 옳은 것은?

① 장기요양보험사업은 보건복지부장관이 관장한다.

② "장기요양급여"란 장기요양등급판정 결과에 따라 1개월 이상 동안 혼자서 일상생활을 수행하기 어렵다고 인정되는 자에게 신체활동·가사활동의 지원 또는 간병 등의 서비스를 말한다.

③ 장기요양기관은 수급자에게 재가급여 또는 시설급여를 제공한 경우 시·도지사에게 장기요양급여 비용을 청구하여야 한다.

④ "노인등"이란 60세 이상의 노인 또는 60세 미만의 자로서 치매·뇌혈관성질환 등 대통령령으로 정하는 노인성 질병을 가진 자를 말한다.

⑤ 재가급여에는 방문요양, 방문목욕, 특별현금급여가 있다.

답 ①

✔ 응시생들의 선택

① 43%	② 18%	③ 11%	④ 12%	⑤ 16%

② 장기요양급여란 장기요양등급판정 결과에 따라 6개월 이상 동안 혼자서 일상생활을 수행하기 어렵다고 인정되는 자에게 신체활동·가사활동의 지원 또는 간병 등의 서비스나 이에 갈음하여 지급하는 현금 등을 말한다.

③ 장기요양기관은 수급자에게 재가급여 또는 시설급여를 제공한 경우 국민건강보험공단에 장기요양급여비용을 청구하여야 한다.

④ 노인등이란 65세 이상의 노인 또는 65세 미만의 자로서 치매·뇌혈관성질환 등 대통령령으로 정하는 노인성 질병을 가진 자를 말한다.

⑤ 재가급여에는 '방문요양, 방문목욕, 방문간호, 주·야간보호, 단기보호, 기타 재가급여'가 있다.

난이도 ★★★

노인장기요양보험법상 장기요양급여 제공의 기본 원칙에 해당하는 것을 모두 고른 것은?

ㄱ. 노인등의 심신상태나 건강 등이 악화되지 아니하도록 의료서비스와 연계하여 이를 제공하여야 한다.
ㄴ. 노인등이 자신의 의사와 능력에 따라 최대한 자립적으로 일상생활을 수행할 수 있도록 제공하여야 한다.
ㄷ. 노인등이 가족과 함께 생활하면서 가정에서 장기요양을 받는 재가급여를 우선적으로 제공하여야 한다.
ㄹ. 노인등의 심신상태 · 생활환경과 노인등 및 그 가족의 욕구 · 선택을 종합적으로 고려하여 필요한 범위 안에서 이를 적정하게 제공하여야 한다.

① ㄴ, ㄹ
② ㄱ, ㄴ, ㄷ
③ ㄱ, ㄷ, ㄹ
④ ㄴ, ㄷ, ㄹ
⑤ ㄱ, ㄴ, ㄷ, ㄹ

답 ⑤

✔ 응시생들의 선택

① 4%	② 4%	③ 12%	④ 6%	⑤ 74%

⑤ **노인장기요양급여 제공의 기본원칙**
  • 장기요양급여는 노인등이 자신의 의사와 능력에 따라 최대한 자립적으로 일상생활을 수행할 수 있도록 제공하여야 한다.
  • 장기요양급여는 노인등의 심신상태 · 생활환경과 노인등 및 그 가족의 욕구 · 선택을 종합적으로 고려하여 필요한 범위 안에서 이를 적정하게 제공하여야 한다.
  • 장기요양급여는 노인등이 가족과 함께 생활하면서 가정에서 장기요양을 받는 재가급여를 우선적으로 제공하여야 한다.
  • 장기요양급여는 노인등의 심신상태나 건강 등이 악화되지 아니하도록 의료서비스와 연계하여 이를 제공하여야 한다.

난이도 ★★☆

노인장기요양보험법상 장기요양인정을 신청할 수 있는 자격을 갖춘 자를 모두 고른 것은?

ㄱ. 65세 미만의 자로서 대통령령으로 정하는 노인성 질병을 가진 자로 「의료급여법」 제3조제1항에 따른 수급권자
ㄴ. 대통령령으로 정하는 노인성 질병이 없는 65세 미만의 외국인으로서 「국민건강보험법」 제109조에 따른 건강보험의 가입자
ㄷ. 65세 이상의 노인으로 「국민건강보험법」 제5조에 따른 건강보험 가입자의 피부양자

① ㄱ
② ㄷ
③ ㄱ, ㄴ
④ ㄱ, ㄷ
⑤ ㄱ, ㄴ, ㄷ

답 ④

✔ 응시생들의 선택

① 20%	② 16%	③ 3%	④ 53%	⑤ 8%

④ 장기요양인정을 신청할 수 있는 자는 노인등으로서 '장기요양 보험 가입자 또는 그 피부양자(국민건강보험 가입자 또는 피부양자와 동일), 의료급여법 제3조제1항에 따른 수급권자'의 어느 하나에 해당하는 자격을 갖추어야 한다.

난이도 ★★★

노인장기요양보험법의 내용으로 옳지 않은 것은?

① 장기요양사업이란 장기요양보험료, 국가 및 지방자치단체의 부담금 등을 재원으로 하여 노인등에게 장기요양급여를 제공하는 사업을 말한다.
② 장기요양보험사업의 피보험자는 국민건강보험법에 따른 국민건강보험공단으로 한다.
③ 국가는 노인성질환예방사업을 수행하는 지방자치단체에 대하여 이에 소요되는 비용을 지원할 수 있다.
④ 장기요양급여는 노인등이 가족과 함께 생활하면서 가정에서 장기요양을 받는 재가급여를 우선적으로 제공하여야 한다.
⑤ 보건복지부장관은 장기요양사업의 실태를 파악하기 위하여 3년마다 장기요양인정에 관한 사항 등에 관한 조사를 정기적으로 실시하고 그 결과를 공표하여야 한다.

답 ②

✔ 응시생들의 선택

① 12%	② 37%	③ 8%	④ 21%	⑤ 22%

② 장기요양보험사업의 보험자는 국민건강보험공단으로 한다.

난이도 ★★☆

노인장기요양보험법상 다음은 어떤 장기요양급여에 관한 설명인가?

> 수급자를 하루 중 일정한 시간 동안 장기요양기관에 보호하여 신체활동 지원 및 심신기능의 유지·향상을 위한 교육·훈련 등을 제공하는 장기요양급여

① 방문요양 ② 방문간호
③ 주·야간보호 ④ 단기보호
⑤ 기타 재가급여

답 ③

✅ 응시생들의 선택

① 4%	② 1%	③ 80%	④ 14%	⑤ 1%

① 방문요양: 장기요양요원이 수급자의 가정 등을 방문하여 신체활동 및 가사활동 등을 지원하는 장기요양급여
② 방문간호: 장기요양요원인 간호사 등이 의사, 한의사 또는 치과의사의 지시서에 따라 수급자의 가정 등을 방문하여 간호, 진료의 보조, 요양에 관한 상담 또는 구강위생 등을 제공하는 장기요양급여
④ 단기보호: 수급자를 보건복지부령으로 정하는 범위 안에서 일정 기간 동안 장기요양기관에 보호하여 신체활동 지원 및 심신기능의 유지·향상을 위한 교육·훈련 등을 제공하는 장기요양급여
⑤ 기타 재가급여: 수급자의 일상생활·신체활동 지원 및 인지기능의 유지·향상에 필요한 용구를 제공하거나 가정을 방문하여 재활에 관한 지원 등을 제공하는 장기요양급여로서 대통령령으로 정하는 것

난이도 ★★☆

노인장기요양보험법상 장기요양급여에 해당하지 않는 것은?

① 시설급여 ② 가족요양비
③ 특례요양비 ④ 요양병원간병비
⑤ 장례비

답 ⑤

✅ 응시생들의 선택

① 9%	② 14%	③ 7%	④ 15%	⑤ 55%

⑤ 장례비는 산업재해보상보험법상의 급여에 해당한다.

➕ 덧붙임

장기요양급여에 관한 내용은 매년 반드시 출제되는 내용이다. 내용을 제시하고 이에 해당하는 급여를 묻는 유형도 자주 출제되고 있다. 따라서 타 법률의 급여와 구별하는 것은 물론, 장기요양급여의 종류별로도 내용을 보고 구분할 수 있어야 한다.

난이도 ★★★

노인장기요양보험법령의 내용으로 옳은 것은?

① 장기요양보험사업은 고용노동부장관이 관장한다.
② 장기요양보험사업의 보험자는 국민연금공단으로 한다.
③ 장기요양보험료는 건강보험료와 통합하여 고지하여야 한다.
④ 통합 징수한 장기요양보험료와 건강보험료를 각각 독립회계로 관리하여야 한다.
⑤ 장기요양급여는 시설급여를 우선적으로 제공하는 것을 기본원칙으로 한다.

답 ④

✅ 응시생들의 선택

① 15%	② 8%	③ 22%	④ 29%	⑤ 26%

① 장기요양보험사업은 보건복지부장관이 관장한다.
② 장기요양보험사업의 보험자는 국민건강보험공단으로 한다.
③ 장기요양보험료는 건강보험료와 통합하여 징수한다. 이 경우 공단은 장기요양보험료와 건강보험료를 구분하여 고지하여야 한다.
⑤ 장기요양급여는 노인등이 가족과 함께 생활하면서 가정에서 장기요양을 받는 재가급여를 우선적으로 제공하여야 한다.

난이도 ★★★

노인장기요양보험법령상 장기요양인정 신청에 관한 설명으로 옳지 않은 것은?

① 장기요양보험가입자 또는 그 피부양자는 장기요양인정 신청을 할 수 있다.
② 장기요양인정 신청자는 원칙적으로 의사소견서를 제출하여야 한다.
③ 보건복지부장관이 정하여 고시하는 도서·벽지 지역에 거주하는 자는 의사소견서를 제출하지 아니할 수 있다.
④ 장기요양등급 변경을 원하는 수급자는 장기요양인정의 갱신 신청을 하여야 한다.
⑤ 신청자가 직접 신청할 수 없는 사유가 있을 때에는 그 가족이나 친족, 그 밖의 이해관계인이 대리 신청할 수 있다.

답 ④

✅ 응시생들의 선택

① 3%	② 7%	③ 60%	④ 27%	⑤ 2%

④ 갱신 신청이 아니라 변경 신청에 해당한다.

다음 내용이 왜 틀렸는지를 확인해보자

`15-08-20`

01 방문요양은 수급자를 하루 중 일정한 시간 동안 장기요양기관에 보호히여 신체활동 지원 및 심신기능의 유지·향상을 위한 교육·훈련 등을 제공하는 장기요양급여이다.

> 수급자를 하루 중 일정한 시간 동안 장기요양기관에 보호하여 신체활동 지원 및 심신기능의 유지·향상을 위한 교육·훈련 등을 제공하는 장기요양급여는 주·야간보호이다.

---

02 수급자는 **장기요양인정서와 개인별장기요양이용계획서가 도달한 날의 다음 날부터** 장기요양급여를 받을 수 있다.

> 수급자는 장기요양인정서와 개인별장기요양이용계획서가 도달한 날부터 장기요양급여를 받을 수 있다.

`13-08-23`

03 심사청구는 그 처분이 있음을 안 날부터 **60일 이내에 문서**로 하여야 한다.

> 심사청구는 그 처분이 있음을 안 날부터 90일 이내에 문서로 하여야 하며, 처분이 있은 날부터 180일을 경과하면 이를 제기하지 못한다.

`11-08-12`

04 장기요양인정의 유효기간이 만료된 후 장기요양급여를 계속하여 받고자 하는 경우 공단에 **장기요양등급의 변경을 신청**하여야 한다.

> 장기요양인정의 유효기간이 만료된 후 장기요양급여를 계속하여 받고자 하는 경우 공단에 장기요양인정의 갱신을 신청하여야 한다.

---

05 국가는 매년 예산의 범위 안에서 당해 연도 장기요양보험료 예상수입액의 **100분의 30에 상당하는 금액**을 공단에 지원한다.

> 국가는 매년 예산의 범위 안에서 당해 연도 장기요양보험료 예상수입액의 100분의 20에 상당하는 금액을 공단에 지원한다.

06 장기요양보험료율, 재가 및 시설 급여비용 등을 심의하기 위하여 **국무총리 소속**으로 장기요양위원회를 둔다.

> 장기요양보험료율, 재가 및 시설 급여비용 등을 심의하기 위하여 보건복지부장관 소속으로 장기요양위원회를 둔다.

빈칸에 들어갈 알맞은 말을 채워보자

`20-08-20`
01 장기요양급여란 장기요양등급판정에 따라 (   )개월 이상 동안 혼자서 일상생활을 수행하기 어렵다고 인정되는 자에게 신체활동·가사활동의 지원 또는 간병 등의 서비스나 이에 갈음하여 지급하는 현금 등을 말한다.

`16-08-08`
02 보건복지부장관은 장기요양사업의 실태를 파악하기 위하여 (   )년마다 실태조사를 정기적으로 실시하고 그 결과를 공표하여야 한다.

`15-08-20`
03 (   )은/는 장기요양요원이 수급자의 가정 등을 방문하여 신체활동 및 가사활동 등을 지원하는 장기요양급여이다.

04 재가급여의 경우 해당 장기요양급여비용의 100분의 (   )을/를 수급자가 부담한다.

05 보건복지부장관은 노인등에 대한 장기요양급여를 원활하게 제공하기 위하여 (   )년 단위로 장기요양기본계획을 수립·시행해야 한다.

답 **01** 6 **02** 3 **03** 방문요양 **04** 15 **05** 5

다음 내용이 옳은지 그른지 판단해보자

16-08-08
01 장기요양급여는 시설급여를 우선적으로 제공해야 한다. ◎ ✕

15-08-20
02 방문간호는 수급자를 보건복지부령으로 정하는 범위 안에서 일정 기간 동안 장기요양기관에 보호 ◎ ✕
하여 신체활동 지원 및 심신기능의 유지·향상을 위한 교육·훈련 등을 제공하는 장기요양급여이다.

03 장기요양인정을 신청할 수 있는 자는 노인등으로서 장기요양보험가입자 또는 그 피부양자, 의료급 ◎ ✕
여 수급권자의 어느 하나에 해당하는 자격을 갖추어야 한다.

04 특별현금급여에는 가족요양비, 특례요양비, 시설급여가 있다. ◎ ✕

12-08-25
05 공단은 건강보험료와 통합하여 장기요양보험료를 징수하되, 각각 구분하여 고지해야 하고, 통합 징 ◎ ✕
수한 보험료를 각각의 독립회계로 관리하여야 한다.

답 **01** ✕ **02** ✕ **03** ○ **04** ✕ **05** ○

해설 **01** 장기요양급여는 노인등이 가족과 함께 생활하면서 가정에서 장기요양을 받는 재가급여를 우선적으로 제공하여야 한다.
02 수급자를 보건복지부령으로 정하는 범위 안에서 일정 기간 동안 장기요양기관에 보호하여 신체활동 지원 및 심신기능의 유지·향상
을 위한 교육·훈련 등을 제공하는 장기요양급여는 단기보호이다.
04 특별현금급여에는 가족요양비, 특례요양비, 요양병원간병비가 있다.

10장

사회서비스법

이 장에서는

노인복지법, 아동복지법, 장애인복지법, 한부모가족지원법, 기타 사회서비스법 등의 주요 내용을 다룬다.

10년간 출제분포도

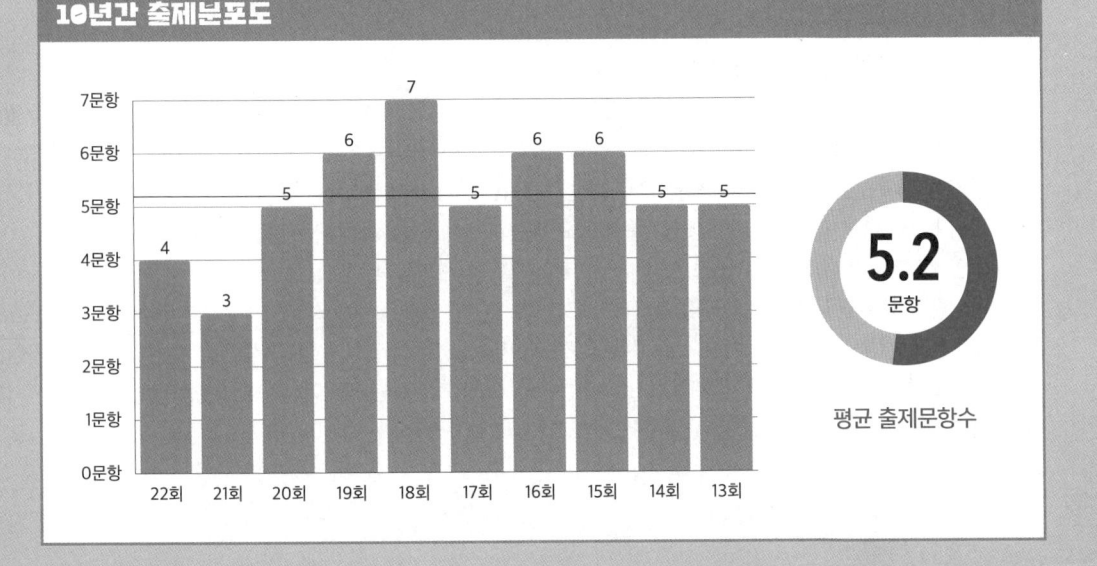

평균 출제문항수 5.2문항

240 노인복지법

1회독	2회독	3회독
월 일	월 일	월 일

최근 10년간 **8문항** 출제 ★★★

복습 1 이론요약

실태조사 및 노인의 날

- 보건복지부장관은 노인의 보건 및 복지에 관한 <u>실태조사를 3년마다 실시하고 그 결과를 공표</u>하여야 한다.
- 노인에 대한 사회적 관심과 공경의식을 높이기 위하여 매년 10월 2일을 노인의 날로, 매년 10월을 경로의 달로 한다.

기본개념

사회복지법제론
pp.409~

보건 · 복지조치

노인사회참여 지원, 노인일자리전담기관의 설치 · 운영, 생산품 우선구매, 지역봉사지도원 위촉 및 업무, 생업지원, 경로우대, 건강진단, 독거노인 지원, 독거노인종합지원센터, 노인성 질환에 대한 의료지원, 상담 · 입소 조치, 노인재활요양사업 등

노인복지시설

- 노인주거복지시설: **양로시설**(노인을 입소시켜 급식과 그 밖에 일상생활에 필요한 편의를 제공함을 목적으로 하는 시설), **노인공동생활가정**(노인들에게 가정과 같은 주거여건과 급식, 그 밖에 일상생활에 필요한 편의를 제공함을 목적으로 하는 시설), **노인복지주택**(노인에게 주거시설을 임대하여 주거의 편의 · 생활지도 · 상담 및 안전관리 등 일상생활에 필요한 편의를 제공함을 목적으로 하는 시설)
- 노인의료복지시설: **노인요양시설**(치매 · 중풍 등 노인성질환 등으로 심신에 상당한 장애가 발생하여 도움을 필요로 하는 노인을 입소시켜 급식 · 요양과 그 밖에 일상생활에 필요한 편의를 제공함을 목적으로 하는 시설), **노인요양공동생활가정**(치매 · 중풍 등 노인성질환 등으로 심신에 상당한 장애가 발생하여 도움을 필요로 하는 노인에게 가정과 같은 주거여건과 급식 · 요양, 그 밖에 일상생활에 필요한 편의를 제공함을 목적으로 하는 시설)
- 노인여가복지시설: **노인복지관**(노인의 교양 · 취미생활 및 사회참여활동 등에 대한 각종 정보와 서비스를 제공하고, 건강증진 및 질병예방과 소득보장 · 재가복지, 그 밖에 노인의 복지증진에 필요한 서비스를 제공함을 목적으로 하는 시설), **경로당**(지역노인들이 자율적으로 친목도모 · 취미활동 · 공동 작업장 운영 및 각종 정보교환과 기타 여가활동을 할 수 있도록 하는 장소를 제공함을 목적으로 하는 시설), **노인교실**(노인들에 대하여 사회활동 참여욕구를 충족시키기 위하여 건전한 취미생활 · 노인건 강유지 · 소득보장 기타 일상생활과 관련한 학습프로그램을 제공함을 목적으로 하는 시설)

- 재가노인복지시설: **방문요양서비스**(가정에서 일상생활을 영위하고 있는 노인으로서 신체적·정신적 장애로 어려움을 겪고 있는 노인에게 필요한 각종 편의를 제공하여 지역사회 안에서 건전하고 안정된 노후를 영위하도록 하는 서비스), **주·야간보호서비스**(부득이한 사유로 가족의 보호를 받을 수 없는 심신이 허약한 노인과 장애노인을 주간 또는 야간 동안 보호시설에 입소시켜 필요한 각종 편의를 제공하여 이들의 생활안정과 심신기능의 유지·향상을 도모하고, 그 가족의 신체적·정신적 부담을 덜어 주기 위한 서비스), **단기보호서비스**(부득이한 사유로 가족의 보호를 받을 수 없어 일시적으로 보호가 필요한 심신이 허약한 노인과 장애노인을 보호시설에 단기간 입소시켜 보호함으로써 노인 및 노인 가정의 복지 증진을 도모하기 위한 서비스), **방문 목욕서비스**(목욕장비를 갖추고 재가노인을 방문하여 목욕을 제공하는 서비스)
- 노인보호전문기관: 노인학대 예방
- 노인일자리지원기관: 지역사회 등에서 노인일자리의 개발·지원, 창업·육성 및 노인에 의한 재화의 생산·판매 등을 직접 담당하는 기관
- 학대피해노인 전용쉼터: 학대피해노인을 일정기간 보호하고 심신 치유 프로그램을 제공

요양보호사

- 노인복지시설의 설치·운영자는 보건복지부령으로 정하는 바에 따라 **노인 등의 신체활동 또는 가사활동 지원 등의 업무를 전문적으로 수행하는 요양보호사**를 두어야 한다.
- 시·도지사는 '요양보호사의 결격사유에 해당하게 된 경우, 노인에 대한 금지행위로 처벌을 받은 경우, 거짓이나 그 밖의 부정한 방법으로 자격증을 취득한 경우'에는 자격을 반드시 취소하여야 한다. 그리고 '영리를 목적으로 노인 등에게 불필요한 요양서비스를 알선·유인하거나 이를 조장한 경우, 자격증을 대여·양도 또는 위조·변조한 경우'에는 자격을 취소할 수 있다.
- 시·도지사는 요양보호사의 양성을 위하여 보건복지부령으로 정하는 지정기준에 적합한 시설을 요양보호사 교육기관으로 지정·운영하여야 한다.

노인에 대한 금지행위

- 노인의 신체에 폭행을 가하거나 상해를 입히는 행위
- 노인에게 성적 수치심을 주는 성폭행·성희롱 등의 행위
- 자신의 보호·감독을 받는 노인을 유기하거나 의식주를 포함한 기본적 보호 및 치료를 소홀히 하는 방임행위
- 노인에게 구걸을 하게 하거나 노인을 이용하여 구걸하는 행위
- 노인을 위하여 증여 또는 급여된 금품을 그 목적 외의 용도에 사용하는 행위
- 폭언, 협박, 위협 등으로 노인의 정신건강에 해를 끼치는 정서적 학대행위

노인학대 예방조치

- 국가와 지방자치단체는 노인학대를 예방하고 수시로 신고를 받을 수 있도록 번호(1577-1389)로 긴급전화를 설치하여야 한다.
- **누구든지 노인학대를 알게 된 때에는 노인보호전문기관 또는 수사기관에 신고**할 수 있다. 노인학대신고를 접수한 노인보호전문기관의 직원이나 사법경찰관리는 지체없이 노인학대의 현장에 출동하여야 한다.
- 학대노인의 보호와 관련된 업무에 종사하였거나 종사하는 자는 **그 직무상 알게 된 비밀을 누설하지 못한다.**
- 누구든지 정당한 사유없이 사고 등의 사유로 인하여 보호자로부터 이탈된 노인(실종노인)을 경찰관서 또는 지방자치단체의 장에게 신고하지 아니하고 보호해서는 안 된다.

01 (22-08-22) 국가는 지역 간의 연계체계를 구축하고 노인학대를 예방하기 위하여 중앙노인보호전문기관을 설치 · 운영하여야 한다.

02 (20-08-22) 노인복지주택 입소자격자는 60세 이상의 노인이다.

03 (19-08-20) 노인복지시설의 종류에는 '노인주거복지시설, 노인의료복지시설, 노인여가복지시설, 재가노인복지시설, 노인보호전문기관, 노인일자리지원기관, 학대피해노인 전용쉼터'가 있다.

04 (18-08-21) 노인학대신고를 접수한 노인보호전문기관의 직원은 지체없이 노인학대의 현장에 출동하여야 한다.

05 (16-08-25) 국가는 노인보건복지관련 연구시설을 위하여 필요하다고 인정하는 경우 국유재산법 규정에 불구하고 국유재산을 무상으로 대부할 수 있다.

06 (15-08-13) 지방자치단체는 노인학대를 예방하기 위하여 긴급전화를 설치하여야 한다.

07 (14-08-22) 노인에 대한 사회적 관심과 공경의식을 높이기 위하여 매년 10월 2일을 노인의 날로 한다.

08 (13-08-08) 노인복지주택은 노인주거복지시설이다.

09 (12-08-23) 노인복지법상 노인복지시설의 종류에는 '노인주거복지시설, 노인의료복지시설, 노인여가복지시설, 재가노인복지시설, 노인보호전문기관, 노인일자리지원기관, 학대피해노인 전용쉼터' 등이 있다.

10 (11-08-25) 중앙노인보호전문기관은 노인인권보호정책을 제안할 수 있다.

11 (10-08-28) 요양보호사의 직무와 자격증의 교부에 대해 규정하고 있는 법은 노인복지법이다.

12 (09-08-25) 노인복지상담원, 사회복지전담공무원, 가정폭력피해자 보호시설의 종사자, 의료법상 의료기관에서 의료업을 행하는 의료인 등은 노인학대 신고의무자이다.

13 (09-08-30) 요양보호사가 되려는 사람은 요양보호사 교육기관에서 교육과정을 마치고 시 · 도지사가 실시하는 요양보호사 자격시험에 합격하여야 한다.

14 (08-08-09) 국가 또는 지방자치단체 외의 자가 노인의료복지시설을 설치하고자 하는 경우에는 시장 · 군수 · 구청장에게 신고하여야 한다.

15 (07-08-27) 의료기관에서 의료업을 행하는 의료인, 가정폭력관련 상담소의 상담원, 노인복지시설의 장 및 그 종사자, 사회복지전담공무원 등은 노인학대 신고의무자이다.

16 (06-08-24) 노인복지법상 보건복지 조치에는 노인의 사회참여 지원, 생업지원, 경로우대, 노인재활요양사업 등이 있다.

17 (05-08-21) 노인에게 구걸을 하게 하거나 노인을 이용하여 구걸하는 행위는 노인복지법상 노인에 대한 금지행위에 해당한다.

18 (03-08-19) 노인복지법상 재가노인복지시설에서 제공하는 서비스에는 방문요양서비스, 주 · 야간보호서비스, 단기보호서비스, 방문목욕서비스 등이 있다.

대표기출 확인하기

22-08-22 난이도 ★★★

노인복지법의 내용으로 옳은 것은?

① 노인복지주택에 입소할 수 있는 자는 65세 이상의 노인으로 한다.
② 국가는 지역 간의 연계체계를 구축하고 노인학대를 예방하기 위하여 중앙노인보호전문기관을 설치·운영하여야 한다.
③ 노인취업알선기관은 지역사회 등에서 노인에 의한 재화의 생산·판매 등을 직접 담당하는 기관이다.
④ 노인요양공동생활가정은 노인들에게 일상생활에 필요한 편의를 제공함을 목적으로 하는 노인주거복지시설이다.
⑤ 지역노인보호전문기관은 시·군·구에 둔다.

 알짜확인

• 노인복지법과 관련된 주요 내용(용어의 정의, 보건·복지조치, 노인복지시설, 요양보호사, 노인학대, 벌칙 등)을 파악해야 한다.

답 ②

✅ 응시생들의 선택

① 8%	② 34%	③ 4%	④ 36%	⑤ 18%

① 노인복지주택에 입소할 수 있는 자는 60세 이상의 노인으로 한다.
③ 노인취업알선기관은 노인에게 취업 상담 및 정보를 제공하거나 노인일자리를 알선하는 기관이다.
  ※ 2023.10.31.(시행 2024.11.1.)에 「노인 일자리 및 사회활동 지원에 관한 법률」이 신규제정되면서 해당 내용이 노인복지법에서는 삭제되었다. 해당 내용은 「노인 일자리 및 사회활동 지원에 관한 법률」에서 명시되고 있다.
④ 노인요양공동생활가정은 치매·중풍 등 노인성질환 등으로 심신에 상당한 장애가 발생하여 도움을 필요로 하는 노인에게 가정과 같은 주거여건과 급식·요양, 그 밖에 일상생활에 필요한 편의를 제공함을 목적으로 하는 노인의료복지시설이다.
⑤ 학대받는 노인의 발견·보호·치료 등을 신속히 처리하고 노인학대를 예방하기 위하여 지역노인보호전문기관을 특별시·광역시·도·특별자치도(시·도)에 둔다.

➕ 덧붙임

최근 시험에서는 노인의 날, 보건·복지조치, 노인복지시설, 노인보호전문기관, 요양보호사, 노인학대 신고의무자 등에 관한 문제가 출제되었다. 전반적인 내용을 잘 정리해둔다면 어렵지 않게 해결할 수 있는 문제들이 출제되고 있다.

관련기출 더 보기

20-08-22 난이도 ★★★

노인복지법의 내용으로 옳지 않은 것은?

① 노인복지주택 입소자격자는 60세 이상의 노인이다.
② 보건복지부장관은 요양보호사가 거짓으로 자격증을 취득한 경우 그 자격을 취소하여야 한다.
③ 누구든지 노인학대를 알게 된 때에는 노인보호전문기관 또는 수사기관에 신고할 수 있다.
④ 노인일자리지원기관은 노인복지시설에 해당한다.
⑤ 지방자치단체는 65세 이상의 자에 대하여 건강진단과 보건교육을 실시할 수 있다.

답 ②

✅ 응시생들의 선택

① 54%	② 10%	③ 6%	④ 10%	⑤ 20%

② 시·도지사는 요양보호사가 거짓이나 그 밖의 부정한 방법으로 자격증을 취득한 경우 그 자격을 취소하여야 한다.

19-08-20 난이도 ★★★

노인복지법상 노인복지시설의 종류에 해당하지 않는 것은?

① 노인주거복지시설
② 독거노인종합지원센터
③ 노인보호전문기관
④ 학대피해노인 전용쉼터
⑤ 노인일자리지원기관

답 ②

✅ 응시생들의 선택

① 7%	② 32%	③ 7%	④ 21%	⑤ 33%

② 노인복지시설의 종류에는 '노인주거복지시설, 노인의료복지시설, 노인여가복지시설, 재가노인복지시설, 노인보호전문기관, 노인일자리지원기관, 학대피해노인 전용쉼터'가 있다.

노인복지법상 노인학대에 관한 내용으로 옳지 않은 것은?

① 「119구조·구급에 관한 법률」에 따른 119구급대의 구급대원은 65세 이상의 사람에 대한 노인학대 신고의무자에 속한다.
② 노인하대를 알게 된 때에는 신고의무자만 신고할 수 있다.
③ 법원이 노인학대관련범죄자에 대하여 취업제한명령을 하는 경우, 취업제한기간은 10년을 초과하지 못한다.
④ 노인학대신고를 접수한 노인보호전문기관의 직원은 지체 없이 노인학대의 현장에 출동하여야 한다.
⑤ 국가와 지방자치단체는 노인학대를 예방하고 수시로 신고를 받을 수 있도록 긴급전화를 설치하여야 한다.

답 ②

👍 응시생들의 선택

① 1%	② 96%	③ 2%	④ 1%	⑤ 0%

② 누구든지 노인학대를 알게 된 때에는 노인보호전문기관 또는 수사기관에 신고할 수 있다.

노인복지법의 내용으로 옳지 않은 것은?

① 국가는 노인보건복지관련 연구시설을 위하여 필요하다고 인정하는 경우 국유재산법 규정에 불구하고 국유재산을 무상으로 대부할 수 있다.
② 지방자치단체는 노인보건복지관련 사업의 육성을 위하여 필요하다고 인정하는 경우 지방재정법의 규정에 불구하고 공유재산을 무상으로 사용하게 할 수 있다.
③ 재가노인복지시설, 노인공동생활가정 및 노인요양공동생활가정은 공동주택에만 설치할 수 있다.
④ 노인복지법에 의한 노인복지주택의 건축물의 용도는 건축관계법령에 불구하고 노유자시설로 본다.
⑤ 노인복지시설에서 노인을 위하여 사용하는 건물·토지 등에 대하여는 관계법령이 정하는 바에 의하여 조세 기타 공과금을 감면할 수 있다.

답 ③

👍 응시생들의 선택

① 8%	② 11%	③ 70%	④ 9%	⑤ 2%

③ 노인복지법에 의한 재가노인복지시설, 노인공동생활가정, 노인요양공동생활가정 및 학대피해노인 전용쉼터는 건축법의 규정에 불구하고 단독주택 또는 공동주택에 설치할 수 있다.

노인복지법상 노인학대에 관한 설명으로 옳지 않은 것은?

① 지방자치단체는 노인학대를 예방하기 위하여 긴급전화를 설치하여야 한다.
② 누구든지 노인학대를 알게 된 때에는 수사기관에 신고할 수 있다.
③ 누구든지 정당한 사유 없이 노인학대 현장에 출동한 자에 대하여 현장조사를 거부하여서는 아니 된다.
④ 부양의무자인 자녀는 노인을 위하여 지급된 금품을 그 목적 외의 용도에 사용할 수 있다.
⑤ 노인학대신고를 접수한 노인보호전문기관의 직원은 지체 없이 노인학대의 현장에 출동하여야 한다.

답 ④

👍 응시생들의 선택

① 5%	② 3%	③ 3%	④ 85%	⑤ 4%

④ 누구든지 65세 이상의 사람에 대하여 증여 또는 급여된 금품을 그 목적 외의 용도에 사용하는 행위를 하여서는 아니 된다.

노인복지법상 노인의 날은?

① 매년 3월 15일
② 매년 5월 8일
③ 매년 9월 1일
④ 매년 10월 2일
⑤ 매년 12월 1일

답 ④

👍 응시생들의 선택

① 3%	② 3%	③ 12%	④ 79%	⑤ 3%

④ 노인에 대한 사회적 관심과 공경의식을 높이기 위하여 매년 10월 2일을 노인의 날로, 매년 10월을 경로의 달로 한다.

노인복지법령상 노인복지시설에 관한 설명으로 옳지 않은 것은?

① 노인복지주택은 노인주거복지시설이다.
② 노인교실은 노인여가복지시설이다.
③ 노인학대 신고전화 운영은 지역노인보호전문기관의 업무이다.
④ 노인공동생활가정은 노인의료복지시설이다.
⑤ 방문요양서비스의 제공을 목적으로 하는 시설은 재가노인복지시설이다.

답 ④

✔ 응시생들의 선택

① 1%	② 40%	③ 4%	④ 54%	⑤ 1%

④ 노인공동생활가정은 노인주거복지시설이다.

노인복지법령에 관한 설명으로 옳은 것은?

① 60세 이상의 노인은 국가 또는 지방자치단체의 수송시설을 무료로 또는 할인하여 이용할 수 있다.
② 자격이 취소된 요양보호사는 취소된 날로부터 3년이 경과되지 않으면 요양보호사가 될 수 없다.
③ 노인요양공동생활가정은 노인주거복지시설이다.
④ 중앙노인보호전문기관은 노인인권보호정책을 제안할 수 있다.
⑤ 노인복지관은 재가노인복지시설이다.

답 ④

✔ 응시생들의 선택

① 9%	② 10%	③ 49%	④ 28%	⑤ 5%

① 65세 이상의 노인은 국가 또는 지방자치단체의 수송시설을 무료로 또는 할인하여 이용할 수 있다.
② 요양보호사의 자격이 취소된 날부터 1년이 경과되지 아니한 사람은 요양보호사가 될 수 없다.
③ 노인요양공동생활가정은 노인의료복지시설이다.
⑤ 노인복지관은 노인여가복지시설이다.

노인복지법령상 노인복지시설의 종류에 해당하는 것을 모두 고른 것은?

> ㄱ. 노인여가복지시설
> ㄴ. 재가노인복지시설
> ㄷ. 노인주거복지시설
> ㄹ. 노인보호전문기관

① ㄱ, ㄴ, ㄷ　　　　② ㄱ, ㄷ
③ ㄴ, ㄹ　　　　　　④ ㄹ
⑤ ㄱ, ㄴ, ㄷ, ㄹ

답 ⑤

✔ 응시생들의 선택

① 16%	② 7%	③ 21%	④ 24%	⑤ 32%

⑤ 노인복지법상 노인복지시설의 종류에는 '노인주거복지시설, 노인의료복지시설, 노인여가복지시설, 재가노인복지시설, 노인보호전문기관, 노인일자리지원기관, 학대피해노인 전용쉼터' 등이 있다.

요양보호사의 직무와 자격증의 교부에 대해 규정하고 있는 법은?

① 노인장기요양보험법
② 국민건강보험법
③ 사회복지사업법
④ 자원봉사활동기본법
⑤ 노인복지법

답 ⑤

✔ 응시생들의 선택

① 57%	② 2%	③ 15%	④ 1%	⑤ 25%

⑤ 요양보호사의 직무와 자격증의 교부에 대해서는 노인복지법에서 다루고 있다.

다음 내용이 왜 틀렸는지를 확인해보자

`20-08-22`

01 노인복지주택 입소자격은 **65세 이상의 노인**으로 한다.

> 노인복지주택 입소자격은 60세 이상의 노인으로 한다. 다만, 입소자격자의 배우자나 입소자격자가 부양을 책임지고 있는 19세 미만의 자녀·손자녀는 입소자격자와 함께 입소할 수 있다.

`13-08-08`

02 노인공동생활가정은 **노인의료복지시설**이다.

> 노인공동생활가정은 노인주거복지시설이다. 노인주거복지시설에는 양로시설, 노인공동생활가정, 노인복지주택이 있다. 노인의료복지시설에는 노인요양시설, 노인요양공동생활가정이 있다.

---

03 학대노인의 보호와 관련된 업무에 종사하는 자는 **그 직무상 알게 된 비밀을 즉시 보고한다.**

> 학대노인의 보호와 관련된 업무에 종사하였거나 종사하는 자는 그 직무상 알게 된 비밀을 누설하지 못한다.

---

04 노인학대 신고전화의 운영 및 사례접수, 노인학대 의심사례에 대한 현장조사, 피해노인 및 노인학대자에 대한 상담 등은 **중앙노인보호전문기관의 업무**이다.

> 노인학대 신고전화의 운영 및 사례접수, 노인학대 의심사례에 대한 현장조사, 피해노인 및 노인학대자에 대한 상담 등은 지역노인보호전문기관의 업무이다.

`10-08-28`

05 요양보호사의 직무와 자격증의 교부에 대해 규정하고 있는 법은 **노인장기요양보험법**이다.

> 요양보호사의 직무와 자격증의 교부에 대해 규정하고 있는 법은 노인복지법이다.

---

06 보건복지부장관은 노인의 보건 및 복지에 관한 실태조사를 **5년마다 실시**하고 그 결과를 공표하여야 한다.

> 보건복지부장관은 노인의 보건 및 복지에 관한 실태조사를 3년마다 실시하고 그 결과를 공표하여야 한다.

빈칸에 들어갈 알맞은 말을 채워보자

19-08-20

01 노인복지법상 노인복지시설의 종류에는 노인주거복지시설, 노인의료복지시설, (　　　　　), 재가노인복지시설, 노인보호전문기관, 노인일자리지원기관, 학대피해노인 전용쉼터 등이 있다.

15-08-13

02 국가 및 지방자치단체는 노인학대를 예방하고 수시로 신고를 받을 수 있도록 (　　　　　)을/를 설치하여야 한다.

14-08-22

03 노인에 대한 사회적 관심과 공경의식을 높이기 위하여 매년 (　　　　　)을 노인의 날로, 매년 10월을 경로의 달로 한다.

04 누구든지 노인학대를 알게 된 때에는 (　　　　　) 또는 수사기관에 신고할 수 있다.

05 노인복지시설의 설치·운영자는 노인 등의 신체활동 또는 가사활동 지원 등의 업무를 전문적으로 수행하는 (　　　　　)을/를 두어야 한다.

답 **01** 노인여가복지시설 **02** 긴급전화 **03** 10월 2일 **04** 노인보호전문기관 **05** 요양보호사

다음 내용이 옳은지 그른지 판단해보자

20-08-22
01 시·도지사는 요양보호사가 거짓이나 그 밖의 부정한 방법으로 자격증을 취득한 경우 그 자격을 취소할 수 있다. ⓞⓧ

02 보호자로부터 이탈된 노인을 발견하였을 경우 안전한 곳으로 즉시 이동시켜 보호하여야 한다. ⓞⓧ

11-08-25
03 60세 이상의 노인은 국가 또는 지방자치단체의 수송시설을 무료로 또는 할인하여 이용할 수 있다. ⓞⓧ

04 노인보호전문기관의 장은 노인학대가 종료된 후에도 노인학내의 재발 방지를 위하여 필요하다고 인정하는 경우 피해노인 및 보호자를 포함한 피해노인의 가족에게 상담, 교육 및 의료적·심리적 치료 등의 지원을 하여야 한다. ⓞⓧ

05 다문화가족지원센터의 장과 그 종사자는 노인학대 신고의무자이다. ⓞⓧ

답 01 ✕ 02 ✕ 03 ✕ 04 ○ 05 ○

해설 **01** 시·도지사는 요양보호사가 거짓이나 그 밖의 부정한 방법으로 자격증을 취득한 경우에는 반드시 그 자격을 취소하여야 한다.
02 누구든지 정당한 사유 없이 사고 등의 사유로 인하여 보호자로부터 이탈된 노인을 경찰관서 또는 지방자치단체의 장에게 신고하지 아니하고 보호하여서는 아니 된다.
03 65세 이상의 노인은 국가 또는 지방자치단체의 수송시설을 무료로 또는 할인하여 이용할 수 있다.

241 아동복지법

1회독	2회독	3회독
월 일	월 일	월 일

최근 10년간 **9문항** 출제

이론요약

아동정책 기본계획 및 아동종합 실태조사

기본개념

사회복지법제론
pp.431~

- 보건복지부장관은 아동정책의 효율적인 추진을 위하여 '이전의 기본계획에 관한 분석·평가, 아동정책에 관한 기본방향 및 추진목표, 주요 추진과제 및 추진방법, 재원조달방안, 그 밖에 아동정책을 시행하기 위하여 특히 필요하다고 인정되는 사항'을 포함한 **아동정책기본계획을 5년마다 수립**하여야 한다.
- **보건복지부장관은 3년마다** 아동의 양육 및 생활환경, 언어 및 인지 발달, 정서적·신체적 건강, 아동 안전, 아동학대 등 아동의 종합실태를 조사하여 그 결과를 공표하고, 이를 기본계획과 시행계획에 반영하여야 한다.

아동에 대한 금지행위

- 아동을 매매하는 행위
- 아동에게 음란한 행위를 시키거나 이를 매개하는 행위 또는 아동에게 성적 수치심을 주는 성희롱 등의 성적 학대행위
- 아동의 신체에 손상을 주거나 신체의 건강 및 발달을 해치는 신체적 학대행위
- 아동의 정신건강 및 발달에 해를 끼치는 정서적 학대행위
- 자신의 보호·감독을 받는 아동을 유기하거나 의식주를 포함한 기본적 보호·양육·치료 및 교육을 소홀히 하는 방임행위
- 장애를 가진 아동을 공중에 관람시키는 행위
- 아동에게 구걸을 시키거나 아동을 이용하여 구걸하는 행위
- 공중의 오락 또는 흥행을 목적으로 아동의 건강 또는 안전에 유해한 곡예를 시키는 행위 또는 이를 위하여 아동을 제3자에게 인도하는 행위
- 정당한 권한을 가진 알선기관 외의 자가 아동의 양육을 알선하고 금품을 취득하거나 금품을 요구 또는 약속하는 행위
- 아동을 위하여 증여 또는 급여된 금품을 그 목적 외의 용도에 사용하는 행위

아동 관련 행정기관 등

- 아동정책조정위원회: 아동의 권리증진과 건강한 출생 및 성장을 위하여 종합적인 아동정책을 수립하고 관계 부처의 의견을 조정하며 그 정책의 이행을 감독하고 평가하기 위하여 **국무총리 소속으로 아동정책조정위원회**를 둔다.

- 아동권리보장원: 보건복지부장관은 아동정책에 대한 종합적인 수행과 아동복지 관련 사업의 효과적인 추진을 위하여 필요한 정책의 수립을 지원하고 사업평가 등의 업무를 수행할 수 있도록 아동권리보장원을 설립한다.
- 아동복지심의위원회: '시행계획 수립 및 시행에 관한 사항, 보호조치에 관한 사항, 퇴소조치에 관한 사항, 보호기간의 연장 및 보호조치의 종료에 관한 사항, 재보호조치 및 보호조치의 종료에 관한 사항, 친권행사의 제한이나 친권상실 선고 청구에 관한 사항, 아동의 후견인의 선임이나 변경 청구에 관한 사항, 지원대상아동의 선정과 그 지원에 관한 사항, 그 밖에 아동의 보호 및 지원서비스를 위하여 시·도지사 또는 시장·군수·구청장이 필요하다고 인정하는 사항'을 심의하기 위하여 **시·도지사, 시장·군수·구청장 소속으로 아동복지심의위원회**를 각각 둔다.
- 아동복지전담공무원: 아동복지에 관한 업무를 담당하기 위하여 **특별시·광역시·도·특별자치도 및 시·군·구에 각각 아동복지전담공무원**을 둘 수 있다.
- 아동위원: **시·군·구에 아동위원**을 둔다. 아동위원은 그 관할구역 안의 아동에 대하여 항상 그 생활상태 및 가정환경을 상세히 파악하고 아동복지에 관하여 필요한 원조와 지도를 행하며 전담공무원 및 관계 행정기관과 협력하여야 한다.
- 가정위탁지원센터: 지방자치단체는 보호대상아동에 대한 가정위탁사업을 활성화하기 위하여 **시·도 및 시·군·구에 가정위탁지원센터**를 둔다.

아동복지시설

- 아동양육시설: 보호대상아동을 입소시켜 보호, 양육 및 취업훈련, 자립지원 서비스 등을 제공하는 것을 목적으로 하는 시설
- 아동일시보호시설: 보호대상아동을 일시보호하고 아동에 대한 향후의 양육대책수립 및 보호조치를 행하는 것을 목적으로 하는 시설
- 아동보호치료시설: 불량행위를 하거나 불량행위를 할 우려가 있는 아동으로서 보호자가 없거나 친권자나 후견인이 입소를 신청한 아동 또는 가정법원·지방법원소년부지원에서 보호위탁된 19세 미만인 사람을 입소시켜 치료와 선도를 통하여 건전한 사회인으로 육성하는 것을 목적으로 하는 시설, 정서적·행동적 장애로 인하여 어려움을 겪고 있는 아동 또는 학대로 인하여 부모로부터 일시 격리되어 치료받을 필요가 있는 아동을 보호·치료하는 시설
- 공동생활가정: 보호대상아동에게 가정과 같은 주거여건과 보호, 양육, 자립지원서비스를 제공하는 것을 목적으로 하는 시설
- 자립지원시설: 아동복지시설에서 퇴소한 사람에게 취업준비기간 또는 취업 후 일정기간 보호함으로써 자립을 지원하는 것을 목적으로 하는 시설
- 아동상담소: 아동과 그 가족의 문제에 관한 상담, 치료, 예방 및 연구 등을 목적으로 하는 시설
- 아동전용시설: 어린이공원, 어린이놀이터, 아동회관, 체육, 연극, 영화, 과학실험전시시설, 아동휴게숙박시설, 야영장 등 아동에게 건전한 놀이·오락 기타 각종 편의를 제공하여 심신의 건강유지와 복지증진에 필요한 서비스를 제공하는 것을 목적으로 하는 시설
- 지역아동센터: 지역사회 아동의 보호·교육, 건전한 놀이와 오락의 제공, 보호자와 지역사회의 연계 등 아동의 건전육성을 위하여 종합적인 아동복지서비스를 제공하는 시설
- 아동보호전문기관: 학대받은 아동의 발견, 보호, 치료에 대한 신속처리 및 아동학대예방을 담당하는 시설
- 가정위탁지원센터: 보호대상아동에 대한 가정위탁사업을 활성화하기 위한 시설
- 아동권리보장원: 아동정책에 대한 종합적인 수행과 아동복지 관련 사업의 효과적인 추진을 위하여 필요한 정책의 수립을 지원하고 사업평가 등의 업무를 수행
- 자립지원전담기관: 보호대상아동의 위탁보호 종료 또는 아동복지시설 퇴소 이후의 자립을 지원
- 학대피해아동쉼터: 피해아동에 대한 보호, 치료, 양육 서비스 등을 제공하는 시설

01 (22-08-23) 아동정책조정위원회 위원장은 국무총리가 된다.

02 (21-08-24) 다함께돌봄센터에서는 안전하고 균형 있는 급식 및 간식의 제공, 체험활동 등 교육 · 문화 · 예술 · 체육 프로그램의 연계 · 제공 등의 돌봄서비스를 실시한다.

03 (21-08-25) 보호가 필요한 아동을 발견하고 양육환경을 개선할 수 있도록 지원하기 위하여 국민건강보험법에 따른 요양급여 실시 기록을 이용할 수 있다.

04 (20-08-24) 아동의 권리증진과 건강한 출생 및 성장을 위하여 종합적인 아동정책을 수립하고 관계 부처의 의견을 조정하며 그 정책의 이행을 감독하고 평가하기 위하여 국무총리 소속으로 아동정책조정위원회를 둔다.

05 (18-08-19) 보건복지부장관은 아동정책의 효율적인 추진을 위하여 5년마다 아동정책기본계획을 수립하여야 한다.

06 (17-08-22) 국가 또는 지방자치단체 외의 자는 관할 시장 · 군수 · 구청장에게 신고하고 아동복지시설을 설치할 수 있다.

07 (16-08-22) 누구든지 아동의 정신건강 및 발달에 해를 끼치는 정서적 학대행위를 하여서는 아니 된다.

08 (14-08-21) 보호자가 아동을 학대하는 등 그 보호자가 아동을 양육하기에 적당하지 아니한 경우 그 아동은 보호대상 아동에 포함된다.

09 (13-08-04) 피해아동, 피해아동의 가족 및 아동학대행위자를 위한 상담 · 치료 및 교육은 아동보호전문기관의 업무에 해당한다.

10 (12-08-21) 아동의 건강한 성장을 도모하고, 범국민적으로 아동학대의 예방과 방지에 관한 관심을 높이기 위하여 매년 11월 19일을 아동학대예방의 날로 지정하였다.

11 (11-08-24) 가정위탁지원센터의 장, 응급구조사, 사회복지전담공무원 등은 아동학대 신고의무자에 해당한다.

12 (10-08-22) 누구든지 아동을 위하여 증여 또는 급여된 금품을 그 목적 외의 용도에 사용하는 행위를 하여서는 아니 된다.

13 (09-08-22) 아동복지시설에 입소 중인 보호대상 아동에 대하여는 보호시설에 있는 미성년자의 후견직무에 관한 법률을 적용한다.

14 (08-08-08) 아동복지시설에 입소한 아동이 18세가 되면 퇴소하도록 규정하고 있다.

15 (07-08-25) 아동에게 음란한 행위를 시키거나 이를 매개하는 행위를 한 자는 10년 이하의 징역 또는 1억원 이하의 벌금에 처한다.

16 (06-08-25) 아동복지시설에는 아동양육시설, 아동일시보호시설, 아동보호치료시설, 공동생활가정, 자립지원시설, 아동상담소, 아동전용시설, 지역아동센터, 아동보호전문기관, 가정위탁지원센터, 아동권리보장원, 자립지원전담기관, 학대피해아동쉼터가 있다.

17 (05-08-26) 의사, 교사, 전담공무원, 보육종사자 등은 아동학대 신고의무자에 해당한다.

대표기출 확인하기

22-08-23 난이도 ★★☆

아동복지법의 내용으로 옳지 않은 것은?

① 지방자치단체는 아동이 항상 이용할 수 있는 아동전용시설을 설치하도록 노력하여야 한다.
② 시·도지사 또는 시장·군수·구청장은 보호조치 중인 보호대상아동의 양육상황을 분기별로 점검하여야 한다.
③ 아동정책조정위원회 위원장은 국무총리가 된다.
④ 아동위원은 명예직으로 하되, 아동위원에 대하여는 수당을 지급할 수 있다.
⑤ 보건복지부장관은 아동정책의 효율적인 추진을 위하여 5년마다 아동정책기본계획을 수립하여야 한다.

▶ **알짜확인**

• 아동복지법과 관련된 주요 내용(용어의 정의, 아동지원 서비스, 아동복지시설, 아동학대, 아동 관련 행정기관, 벌칙 등)을 파악해야 한다.

답 ②

✅ **응시생들의 선택**

① 10%	② 43%	③ 21%	④ 12%	⑤ 14%

② 시·도지사 또는 시장·군수·구청장은 보호조치 중인 보호대상아동의 양육상황을 보건복지부령으로 정하는 바에 따라 매년 점검하여야 한다.

➕ **덧붙임**

아동복지법과 관련해서는 아동 관련 행정기관, 아동보호전문기관의 업무, 아동학대 신고의무자, 아동학대예방의 날, 보호대상아동의 연령에 관한 문제, 친권상실 선고의 청구 등과 관련한 문제나 벌칙과 관련한 문제, 아동보호 조치, 아동복지시설의 종류 등에 관한 문제가 출제되었다.

관련기출 더 보기

20-08-24 난이도 ★★☆

아동복지법의 내용으로 옳은 것은?

① 시장·군수·구청장은 보호조치 중인 보호대상아동의 양육상황을 3년마다 점검하여야 한다.
② 시·군·구에 두는 아동위원은 명예직으로 수당을 지급할 수 없다.
③ 보건복지부장관 소속으로 아동정책조정위원회를 둔다.
④ 아동권리보장원의 장은 아동학대가 종료된 이후에도 아동학대의 재발 여부를 확인하여야 한다.
⑤ 아동복지시설의 장은 보호하고 있는 12세 이상의 아동을 대상으로 자립지원계획을 수립하여야 한다.

답 ④

✅ **응시생들의 선택**

① 7%	② 6%	③ 14%	④ 67%	⑤ 6%

① 시·도지사 또는 시장·군수·구청장은 보호조치 중인 보호대상아동의 양육상황을 보건복지부령으로 정하는 바에 따라 매년 점검하여야 한다.
② 시·군·구에 두는 아동위원은 명예직으로 하되, 아동위원에 대하여는 수당을 지급할 수 있다.
③ 아동의 권리증진과 건강한 출생 및 성장을 위하여 종합적인 아동정책을 수립하고 관계 부처의 의견을 조정하며 그 정책의 이행을 감독하고 평가하기 위하여 국무총리 소속으로 아동정책조정위원회를 둔다.
⑤ 보장원의 장, 가정위탁지원센터의 장 및 아동복지시설의 장은 보호하고 있는 15세 이상의 아동을 대상으로 매년 개별 아동에 대한 자립지원계획을 수립하고, 그 계획을 수행하는 종사자를 대상으로 자립지원에 관한 교육을 실시하여야 한다.

아동복지법의 내용이다. (　)에 들어갈 내용이 순서대로 옳은 것은?

- 국무총리 소속으로 (　)를 둔다.
- 시·도지사, 시장·군수·구청장 소속으로 (　)를 각각 둔다.
- 보건복지부장관은 아동정책기본계획을 (　)년마다 수립하여야 한다.
- 보건복지부장관은 아동종합실태를 (　)년마다 조사하여 그 결과를 공표하여야 한다.

① 아동복지심의위원회, 아동정책조정위원회, 3, 5
② 아동정책조정위원회, 아동복지심의위원회, 3, 5
③ 아동복지심의위원회, 아동정책조정위원회, 5, 3
④ 아동정책조정위원회, 아동복지심의위원회, 5, 3
⑤ 아동정책조정위원회, 아동복지심의위원회, 5, 5

답 ④

✔ 응시생들의 선택

① 2%	② 9%	③ 10%	④ 40%	⑤ 39%

④ • 국무총리 소속으로 아동정책조정위원회를 둔다.
- 시·도지사, 시장·군수·구청장 소속으로 아동복지심의위원회를 각각 둔다.
- 보건복지부장관은 아동정책기본계획을 5년마다 수립하여야 한다.
- 보건복지부장관은 아동종합실태를 3년마다 조사하여 그 결과를 공표하여야 한다.

아동복지법의 내용으로 옳지 않은 것은?

① "아동"이란 18세 미만인 사람을 말한다.
② 보건복지부장관은 5년마다 아동정책기본계획을 수립하여야 한다.
③ 국가 또는 지방자치단체 외의 자는 관할 시장·군수·구청장에게 신고하고 아동복지시설을 설치할 수 있다.
④ 아동정책조정위원회는 국무총리 소속으로 둔다.
⑤ 국가기관은 아동학대 예방교육을 연 2회 이상 실시하여야 한다.

답 ⑤

✔ 응시생들의 선택

① 8%	② 10%	③ 21%	④ 26%	⑤ 35%

⑤ 국가기관과 지방자치단체의 장, 공공기관과 대통령령으로 정하는 공공단체의 장은 아동학대의 예방과 방지를 위하여 필요한 교육을 연 1회 이상 실시하고, 그 결과를 보건복지부장관에게 제출하여야 한다.

아동복지법의 내용으로 옳지 않은 것은?

① 학교의 장은 친권자가 없는 아동을 발견한 경우 그 복지를 위하여 필요하다고 인정할 때에는 시장·군수·구청장에게 친권자의 선임을 청구하여야 한다.
② 아동위원은 명예직으로 하되, 아동위원에 대하여는 수당을 지급할 수 있다.
③ 누구든지 아동의 정신건강 및 발달에 해를 끼치는 정서적 학대행위를 하여서는 아니 된다.
④ 매년 5월 5일을 어린이날로 하며, 5월 1일부터 5월 7일까지를 어린이주간으로 한다.
⑤ 법원의 심리과정에서 변호사가 아닌 아동보호전문기관의 상담원은 학대아동사건의 심리에 있어서 법원의 허가를 받아 보조인이 될 수 있다.

답 ①

✔ 응시생들의 선택

① 36%	② 31%	③ 1%	④ 15%	⑤ 17%

① 시·도지사, 시장·군수·구청장, 아동복지시설의 장 및 학교의 장은 친권자 또는 후견인이 없는 아동을 발견한 경우 그 복지를 위하여 필요하다고 인정할 때에는 법원에 후견인의 선임을 청구하여야 한다.

아동복지법의 내용으로 옳지 않은 것은?

① 아동을 15세 미만인 사람으로 정의하고 있다.
② 보호자로부터 이탈된 아동은 보호대상아동에 포함된다.
③ 보호자가 아동을 학대하는 등 그 보호자가 아동을 양육하기에 적당하지 아니한 경우 그 아동은 보호대상아동에 포함된다.
④ 보호자를 포함한 성인이 아동의 정상적 발달을 저해할 수 있는 성적 폭력이나 가혹행위를 하는 것은 아동학대에 포함된다.
⑤ 아동의 보호자가 아동을 방임하는 것은 아동학대에 포함된다.

답 ①

✔ 응시생들의 선택

① 82%	② 13%	③ 2%	④ 1%	⑤ 2%

① 아동복지법에서 아동이란 18세 미만인 사람을 말한다.

다음 내용이 왜 틀렸는지를 확인해보자

18-08-09

01 보건복지부장관은 <u>매년 아동의 양육 및 생활환경, 언어 및 인지 발달, 정서적·신체적 건강, 아동안전, 아동학대 등 아동의 종합실태를 조사</u>하여 그 결과를 공표하고, 이를 기본계획과 시행계획에 반영하여야 한다.

> 보건복지부장관은 3년마다 아동의 양육 및 생활환경, 언어 및 인지 발달, 정서적·신체적 건강, 아동안전, 아동학대 등 아동의 종합실태를 조사하여 그 결과를 공표하고, 이를 기본계획과 시행계획에 반영하여야 한다.

17-08-22

02 보건복지부장관은 아동정책의 효율적인 추진을 위하여 아동정책기본계획을 <u>3년마다 수립</u>하여야 한다.

> 보건복지부장관은 아동정책의 효율적인 추진을 위하여 아동정책기본계획을 5년마다 수립하여야 한다.

12-08-21

03 아동의 건강한 성장을 도모하고, 범국민적으로 아동학대의 예방과 방지에 관한 관심을 높이기 위하여 **매년 9월 19일을 아동학대예방의 날**로 지정한다.

> 아동의 건강한 성장을 도모하고, 범국민적으로 아동학대의 예방과 방지에 관한 관심을 높이기 위하여 매년 11월 19일을 아동학대예방의 날로 지정한다.

10-08-22

04 **자립지원시설**은 보호대상아동에게 가정과 같은 주거여건과 보호, 양육, 자립지원서비스를 제공하는 것을 목적으로 하는 시설이다.

> 보호대상아동에게 가정과 같은 주거여건과 보호, 양육, 자립지원서비스를 제공하는 것을 목적으로 하는 시설은 공동생활가정이다.

08-08-08

05 보호조치 중인 <u>보호대상아동의 연령이 20세에 달하면</u> 그 보호 중인 아동의 보호조치를 종료하거나 해당 시설에서 퇴소시켜야 한다.

> 보호조치 중인 보호대상아동의 연령이 18세에 달하면 그 보호 중인 아동의 보호조치를 종료하거나 해당 시설에서 퇴소시켜야 한다.

빈칸에 들어갈 알맞은 말을 채워보자

01 아동의 권리증진과 건강한 출생 및 성장을 위하여 종합적인 아동정책을 수립하고 관계 부처의 의견을 조정하며 그 정책의 이행을 감독하고 평가하기 위하여 (   ) 소속으로 아동정책조정위원회를 둔다.

02 아동복지법에서 정의한 아동이란 (   )세 미만인 사람을 말한다.

03 지방자치단체는 학대받은 아동의 치료, 아동학대의 재발 방지 등 사례관리 및 아동학대예방을 담당하는 (   )을/를 시·도 및 시·군·구에 1개소 이상 두어야 한다.

04 보건복지부장관은 아동학대 관련 정보를 공유하고 아동학대를 예방하기 위하여 (   )을/를 구축·운영하여야 한다.

05 (   )은/는 보호대상아동을 일시보호하고 아동에 대한 향후의 양육대책수립 및 보호조치를 행하는 것을 목적으로 하는 시설이다.

답 **01** 국무총리 **02** 18 **03** 아동보호전문기관 **04** 국가아동학대정보시스템 **05** 아동일시보호시설

다음 내용이 옳은지 그른지 판단해보자

01 시·군·구에 두는 아동위원은 명예직으로 하되, 수당을 지급할 수 있다. ◎ⓧ

02 국가 또는 지방자치단체 외의 자는 자치 관할 시장·군수·구청장에게 신고하고 아동복지시설을 설치할 수 있다. ◎ⓧ

03 시·도지사 및 시·군·구청장은 아동학대예방 사업을 목적으로 하는 비영리법인을 지정하여 아동보호전문기관의 운영을 위탁할 수 있다. ◎ⓧ

04 누구든지 아동을 위하여 증여 또는 급여된 금품을 그 목적 외의 용도에 사용하는 행위를 하여서는 아니 된다. ◎ⓧ

05 보건복지부는 아동학대를 예방하고 수시로 신고를 받을 수 있도록 긴급전화를 설치하여야 한다. ◎ⓧ

답 **01**○ **02**○ **03**○ **04**○ **05**✕

(해설) **05** 지방자치단체는 아동학대를 예방하고 수시로 신고를 받을 수 있도록 긴급전화를 설치하여야 한다.

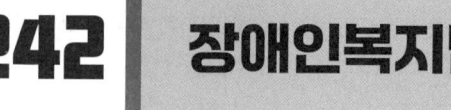

242 장애인복지법

강의 QR코드

1회독	2회독	3회독
월 일	월 일	월 일

최근 10년간 **8문항** 출제 ★★★

1 이론요약

장애인정책종합계획 및 실태조사

- 보건복지부장관은 장애인의 권익과 복지증진을 위하여 관계 중앙행정기관의 장과 협의하여 **5년마다 장애인정책종합계획을 수립·시행**하여야 한다.
- 보건복지부장관은 장애인 복지정책의 수립에 필요한 기초자료로 활용하기 위하여 **3년마다 장애실태조사를 실시**하여야 한다.

기본개념

사회복지법제론
pp.465~

장애인 등록 및 취소

- 장애인, 그 법정대리인 또는 대통령령으로 정하는 보호자는 장애 상태와 그 밖에 보건복지부령이 정하는 사항을 <u>특별자치시장·특별자치도지사·시장·군수 또는 구청장에게 등록</u>하여야 하며, 특별자치시장·특별자치도지사·시장·군수·구청장은 등록을 신청한 장애인이 기준에 맞으면 장애인등록증을 내주어야 한다.
- 재외동포 및 외국인 중 '<u>국내거소신고를 한 사람, 재외국민으로 주민등록을 한 사람, 외국인 등록을 한 사람으로서 체류자격 중 대한민국에 영주할 수 있는 체류자격을 가진 사람, 결혼이민자, 난민인정자</u>'에 해당하는 사람은 장애인 등록을 할 수 있다.
- 특별자치시장·특별자치도지사·시장·군수·구청장은 등록증을 받은 사람이 '<u>사망한 경우, 장애인의 정의에 대한 기준에 맞지 아니하게 된 경우, 정당한 사유 없이 보건복지부령으로 정하는 기간 동안 장애 진단 명령 등 필요한 조치를 따르지 아니한 경우, 장애인 등록 취소를 신청하는 경우</u>'의 어느 하나에 해당하는 경우에는 장애인 등록을 취소하여야 한다.

장애인 복지조치

- 기본정책의 강구: 장애발생 예방, 의료와 재활치료, 사회적응 훈련, 교육, 직업, 정보에의 접근, 편의시설, 안전대책 강구, 사회적 인식개선, 선거권 행사를 위한 편의 제공, 주택 보급, 문화환경 정비 등, 복지 연구 등의 진흥, 경제적 부담 경감 노력, 장애인 가족 지원
- 상담서비스: 장애인 복지 향상을 위한 상담 및 지원 업무를 맡기기 위하여 시·군·구에 장애인복지상담원을 둔다. 장애인복지 실시기관은 장애인에 대한 검진 및 재활상담을 실시하고, 필요하다고 인정할 때에는 의료·보건지도 및 복지서비스 등을 받도록 하여야 한다.
- 사회경제적 재활: 산후조리도우미 지원, 자녀교육비 지급, 자금 대여, 생업 지원, 자립훈련비 지급, 생산품 구매, 고용

촉진 및 장애인 응시자에 대한 편의제공, 공공시설의 우선 이용, 국유·공유 재산의 우선매각이나 유상·무상 대여, 장애수당 지급, 장애아동수당과 보호수당 지급, 장애인 사용 자동차와 장애인 보조견 등에 대한 지원
- 자립생활지원: 국가와 지방자치단체는 장애인의 자립생활을 실현하기 위하여 장애인자립생활지원센터를 통하여 필요한 각종 지원서비스를 제공한다. 국가와 지방자치단체는 장애인이 일상생활 또는 사회생활을 원활히 할 수 있도록 활동지원급여를 지원할 수 있다. 국가와 지방자치단체는 장애인이 장애를 극복하는 데 도움이 되도록 장애동료 간 상호 대화나 상담의 기회를 제공하도록 노력하여야 한다.

수당

- 장애수당: 국가와 지방자치단체는 장애인의 장애 정도와 경제적 수준을 고려하여 장애로 인한 추가적 비용을 보전하게 하기 위하여 장애수당을 지급할 수 있다. 다만, 국민기초생활보장법에 따른 생계급여 또는 의료급여를 받는 장애인에게는 장애수당을 반드시 지급하여야 한다.
- 장애아동수당: 국가와 지방자치단체는 장애아동에게 보호자의 경제적 생활수준 및 장애아동의 장애 정도를 고려하여 장애로 인한 추가적 비용을 보전하게 하기 위하여 장애아동수당을 지급할 수 있다.
- 보호수당: 국가와 지방자치단체는 장애인을 보호하는 자에게 그의 경제적 수준과 장애인의 장애 정도를 고려하여 장애로 인한 추가적 비용을 보전하게 하기 위하여 보호수당을 지급할 수 있다.

장애인복지시설

- 장애인 거주시설: 거주공간을 활용하여 일반가정에서 생활하기 어려운 장애인에게 일정 기간 동안 거주·요양·지원 등의 서비스를 제공하는 동시에 지역사회생활을 지원하는 시설
- 장애인 지역사회재활시설: 장애인을 전문적으로 상담·치료·훈련하거나 장애인의 일상생활, 여가활동 및 사회참여활동 등을 지원하는 시설
- 장애인 직업재활시설: 일반 작업환경에서는 일하기 어려운 장애인이 특별히 준비된 작업환경에서 직업훈련을 받거나 직업 생활을 할 수 있도록 하는 시설(직업훈련 및 직업 생활을 위하여 필요한 제조·가공 시설, 공장 및 영업장 등 부속 용도의 시설로서 보건복지부령으로 정하는 시설을 포함)
- 장애인 의료재활시설: 장애인을 입원 또는 통원하게 하여 상담, 진단·판정, 치료 등 의료재활서비스를 제공하는 시설
- 기타 대통령령이 정하는 시설: 장애인 쉼터, 피해장애아동 쉼터, 장애인 생산품판매시설

장애인학대

- 장애인학대란 장애인에 대하여 **신체적·정신적·정서적·언어적·성적 폭력이나 가혹행위, 경제적 착취, 유기 또는 방임**을 하는 것을 말한다.
- 누구든지 장애인학대 및 장애인 대상 성범죄를 알게 된 때에는 중앙장애인권익옹호기관 또는 지역장애인권익옹호기관이나 수사기관에 신고할 수 있다.
- 누구든지 장애인학대 및 장애인 대상 성범죄 신고인에게 장애인학대범죄 신고 등을 이유로 불이익조치를 하여서는 아니 된다.
- 장애인학대 신고를 접수한 장애인권익옹호기관의 직원이나 사법경찰관리는 지체 없이 장애인학대현장에 출동하여야 한다. 장애인학대현장에 출동한 자는 학대받은 장애인을 학대행위자로부터 분리하거나 치료가 필요하다고 인정할 때에는 장애인권익옹호기관 또는 의료기관에 인도하여야 한다.

01 (20-08-23) 보건복지부장관은 장애인의 권익과 복지증진을 위하여 관계 중앙행정기관의 장과 협의하여 5년마다 장애인정책 종합계획을 수립 · 시행하여야 한다.

02 (19-08-19) 장애인학대란 장애인에 대하여 신체적 · 정신적 · 정서적 · 언어적 · 성적 폭력이나 가혹행위, 경제적 착취, 유기 또는 방임을 하는 것을 말한다.

03 (18-08-20) 한국장애인개발원은 장애인복지법에 근거하여 설립되었다.

04 (17-08-21) 장애인의 신체에 폭행을 가한 사람은 5년 이하의 징역 또는 5천만원 이하의 벌금에 처한다.

05 (16-08-24) 국가는 초 · 중등교육법에 따른 학교에서 사용하는 교과용도서에 장애인에 대한 인식개선을 위한 내용이 포함되도록 하여야 한다.

06 (15-08-11) 장애인, 그 법정대리인 또는 대통령령으로 정하는 보호자도 장애인 등록을 신청할 수 있다.

07 (14-08-23) 보건복지부장관은 장애인 복지정책의 수립에 필요한 기초 자료로 활용하기 위하여 3년마다 장애실태조사를 실시하여야 한다.

08 (13-08-07) 장애인복지법에서 규정하는 장애인복지 전문인력에는 의지 · 보조기 기사, 언어재활사, 장애인재활상담사, 한국수어 통역사, 점역사(點譯士) · 교정사(矯正士) 등이 있다.

09 (12-08-24) 장애인은 장애인 관련 정책결정과정에 우선적으로 참여할 권리가 있다.

10 (11-08-23) 장애인복지법에서는 장애 발생의 예방과 장애의 조기 발견을 위한 국민의 노력, 장애인 대상 성범죄의 신고의무, 장애인에 대한 차별금지 등에 대해 명시하고 있다.

11 (10-08-27) "장애인"이란 신체적 · 정신적 장애로 오랫동안 일상생활이나 사회생활에서 상당한 제약을 받는 자를 말한다.

12 (09-08-19) 국가와 지방자치단체는 장애인의 장애 정도와 경제적 수준을 고려하여 장애로 인한 추가적 비용을 보전하게 하기 위한 장애수당을 지급할 수 있다.

13 (08-08-19) 지적장애인은 정신 발육이 항구적으로 지체되어 지적 능력의 발달이 불충분하거나 불완전하고 자신의 일을 처리하는 것과 사회생활에 적응하는 것이 상당히 곤란한 사람을 말한다.

14 (07-08-13) 국가와 지방자치단체는 여성장애인의 권익을 보호하기 위하여 필요한 시책을 강구하여야 한다.

15 (05-08-24) 장애인복지의 기본이념은 장애인의 완전한 사회참여와 평등을 통하여 사회통합을 이루는 데 있다.

16 (03-08-21) 장애인복지법상 장애인의 종류에는 지체장애인, 뇌병변장애인, 시각장애인, 청각장애인, 언어장애인, 지적장애인, 자폐성장애인, 정신장애인, 신장장애인, 심장장애인, 호흡기장애인, 간장애인, 안면장애인, 장루 · 요루장애인, 뇌전증장애인이 있다.

대표기출 확인하기

20-08-23   난이도 ★★☆

장애인복지법의 내용으로 옳은 것은?

① 「난민법」제2조 제2호에 따른 난민인정자는 장애인 등록을 할 수 있다.

② 보건복지부장관은 3년마다 장애인정책종합계획을 수립·시행하여야 한다.

③ 보건복지부장관은 5년마다 장애실태조사를 실시하여야 한다.

④ 보건복지부장관은 피해장애인의 임시 보호 및 사회복귀 지원을 위하여 장애인 쉼터를 설치·운영할 수 있다.

⑤ 장애인복지시설의 장은 장애인 거주시설에서 제공하여야 하는 서비스의 최저기준을 마련하여야 한다.

알짜확인

• 장애인복지법과 관련된 주요 내용(용어의 정의, 국가·지방자치단체·국민의 책임, 장애인의 종류, 장애인 등록 및 취소, 장애인복지조치, 장애인복지시설, 벌칙 등)을 파악해야 한다.

답 ①

✔ 응시생들의 선택

① 41%	② 6%	③ 10%	④ 23%	⑤ 20%

② 보건복지부장관은 장애인의 권익과 복지증진을 위하여 관계 중앙행정기관의 장과 협의하여 5년마다 장애인정책종합계획을 수립·시행하여야 한다.

③ 보건복지부장관은 장애인 복지정책의 수립에 필요한 기초 자료로 활용하기 위하여 3년마다 장애실태조사를 실시하여야 한다.

④ 특별시장·광역시장·특별자치시장·도지사·특별자치도지사는 피해장애인의 임시 보호 및 사회복귀 지원을 위하여 장애인 쉼터를 설치·운영할 수 있다.

⑤ 보건복지부장관은 장애인 거주시설에서 제공하여야 하는 서비스의 최저기준을 마련하여야 하며, 장애인복지실시기관은 그 기준이 충족될 수 있도록 필요한 조치를 취하여야 한다.

➕ 덧붙임

장애인복지법과 관련해서는 전반적인 사항이 두루 출제되고 있어 비교적 정리할 내용이 많다. 최근 시험에서는 실태조사, 장애인의 정의 및 종류, 장애인의 등록 및 취소와 같은 기본적인 사항부터 벌칙, 복지조치의 내용, 장애수당·장애아동수당·보호수당 등 장애인복지법에서 규정하고 있는 급여, 장애인정책조정위원회, 국가와 지자체의 책임 등에 관한 문제가 출제되었다.

관련기출 더 보기

18-08-20   난이도 ★★★

장애인복지법에 근거하여 설치 또는 설립하는 것이 아닌 것은?

① 장애인 거주시설

② 한국장애인개발원

③ 장애인권익옹호기관

④ 발달장애인지원센터

⑤ 장애인자립생활지원센터

답 ④

✔ 응시생들의 선택

① 8%	② 49%	③ 33%	④ 7%	⑤ 3%

④ 발달장애인지원센터는 발달장애인 권리보장 및 지원에 관한 법률에 근거하여 설치하여야 한다.

발달장애인 권리보장 및 지원에 관한 법률 제33조(발달장애인지원센터)

• 보건복지부장관은 책무를 효과적으로 수행하고 발달장애인에 대한 통합적 지원체계를 마련하기 위하여 중앙발달장애인지원센터를 설치하여야 한다.

• 시·도지사는 발달장애인의 권리보호 활동, 당사자와 그 가족에 대한 상담 등을 담당하는 지역발달장애인지원센터를 시·도에 설치하여야 한다. 이 경우 시·도지사는 필요성을 고려하여 지역발달장애인지원센터를 시·군·구에 설치할 수 있다.

난이도 ★☆☆

장애인복지법의 내용으로 옳지 않은 것은?

① 중앙행정기관의 장은 해당 기관의 장애인정책을 효율적으로 수립·시행하기 위하여 소속공무원 중에서 장애인 정책책임관을 지정할 수 있다.
② 재한외국인 처우 기본법에 따른 결혼이민자는 장애인복지법에 따른 장애인 등록을 할 수 없다.
③ 국가와 지방자치단체는 장애 정도가 심하여 자립하기가 매우 곤란한 장애인이 필요한 보호 등을 평생 받을 수 있도록 알맞은 정책을 강구하여야 한다.
④ 장애인은 장애인 관련 정책결정과정에 우선적으로 참여할 권리가 있다.
⑤ 국가는 초·중등교육법에 따른 학교에서 사용하는 교과용도서에 장애인에 대한 인식개선을 위한 내용이 포함되도록 하여야 한다.

답 ②

✔ 응시생들의 선택

① 4%	② 86%	③ 5%	④ 2%	⑤ 3%

② 재외동포 및 외국인 중 '재외동포의 출입국과 법적 지위에 관한 법률에 따라 국내거소신고를 한 사람, 주민등록법에 따라 재외국민으로 주민등록을 한 사람, 출입국관리법에 따라 외국인등록을 한 사람으로서 체류자격 중 대한민국에 영주할 수 있는 체류자격을 가진 사람, 재한외국인 처우 기본법에 따른 결혼이민자, 난민법에 따른 난민인정자'에 해당하는 사람은 장애인 등록을 할 수 있다.

난이도 ★★★

장애인복지법상 장애인등록에 관한 설명으로 옳은 것은?

① 장애인 등록을 할 수 있는 자는 장애인 본인에 한한다.
② 국가는 외국인이 장애인으로 등록된 경우 예산 등을 고려하여 장애인복지사업의 지원을 제한할 수 있다.
③ 장애인 등록증을 받은 자가 사망하면 그 등록에 따른 권한은 상속권자에게 상속된다.
④ 구청장은 장애인의 장애 정도 사정을 위하여 구청장 직속의 정밀심사기관을 두어야 한다.
⑤ 재외동포 및 외국인 중 난민법에 따른 난민인정자는 장애인 등록을 할 수 없다.

답 ②

✔ 응시생들의 선택

① 10%	② 28%	③ 9%	④ 29%	⑤ 24%

① 장애인, 그 법정대리인 또는 대통령령으로 정하는 보호자도 장애인 등록 신청을 할 수 있다.
③ 특별자치시장·특별자치도지사·시장·군수·구청장은 등록증을 받은 사람이 사망한 경우에는 장애인 등록을 취소하여야 한다.
④ 특별자치시장·특별자치도지사·시장·군수·구청장은 장애인 등록 및 장애 상태의 변화에 따른 장애 정도를 조정함에 있어 장애인의 장애인정과 장애 정도 사정이 적정한지를 확인하기 위하여 필요한 경우 대통령령으로 정하는 공공기관에 장애 정도에 관한 정밀심사를 의뢰할 수 있다.
⑤ 재외동포 및 외국인 중 난민법에 따른 난민인정자는 장애인 등록을 할 수 있다.

난이도 ★☆☆

장애인복지법상 실태조사에 관한 내용이다. (   )에 들어갈 내용이 순서대로 옳은 것은?

> (   )은 장애인 복지정책의 수립에 필요한 기초 자료로 활용하기 위하여 (   )년마다 장애실태조사를 실시하여야 한다.

① 보건복지부장관, 2
② 보건복지부장관, 3
③ 보건복지부장관, 5
④ 고용노동부장관, 3
⑤ 고용노동부장관, 5

답 ②

✔ 응시생들의 선택

① 4%	② 74%	③ 20%	④ 1%	⑤ 1%

② 보건복지부장관은 장애인 복지정책의 수립에 필요한 기초자료로 활용하기 위하여 3년마다 장애실태조사를 실시하여야 한다.

장애인복지법령상 장애인복지전문인력에 속하지 않는 사람은?

① 의지·보조기 기사　　　② 한국수어 통역사
③ 언어재활사　　　　　　④ 장애상담치료사
⑤ 점역사·교정사

답 ④

✔ 응시생들의 선택

① 48%	② 7%	③ 10%	④ 23%	⑤ 13%

④ 국가와 지방자치단체 그 밖의 공공단체는 의지·보조기 기사, 언어재활사, 장애인재활상담사, 한국수어 통역사, 점역·교정사 등 장애인복지 전문인력, 그 밖에 장애인복지에 관한 업무에 종사하는 자를 양성·훈련하는 데에 노력해야 한다.

장애인복지법령의 내용으로 옳은 것은?

① 보건복지부장관은 장애실태조사를 5년마다 실시하여야 한다.
② 모든 재외동포 및 외국인은 장애인 등록을 할 수 없다.
③ 보건복지부장관은 3년마다 장애인정책종합계획을 수립·시행하여야 한다.
④ 장애인은 장애인 관련 정책결정과정에 우선적으로 참여할 권리가 있다.
⑤ 장애인복지 향상을 위한 상담 업무를 맡기기 위해 시·군·구에 사회복지전담공무원을 둔다.

답 ④

✔ 응시생들의 선택

① 18%	② 11%	③ 29%	④ 32%	⑤ 10%

① 보건복지부장관은 장애인 복지정책의 수립에 필요한 기초 자료로 활용하기 위하여 3년마다 장애실태조사를 실시하여야 한다.
② 재외동포 및 외국인 중 '재외동포의 출입국과 법적 지위에 관한 법률에 따라 국내거소신고를 한 사람, 주민등록법에 따라 재외국민으로 주민등록을 한 사람, 출입국관리법에 따라 외국인등록을 한 사람으로서 체류자격 중 대한민국에 영주할 수 있는 체류자격을 가진 사람, 재한외국인 처우 기본법에 따른 결혼이민자, 난민법에 따른 난민인정자'에 해당하는 사람은 장애인 등록을 할 수 있다.
③ 보건복지부장관은 장애인의 권익과 복지증진을 위하여 관계 중앙행정기관의 장과 협의하여 5년마다 장애인정책종합계획을 수립·시행하여야 한다.
⑤ 장애인복지 향상을 위한 상담 업무를 맡기기 위해 시·군·구에 장애인복지상담원을 둔다.

장애인복지법령에서 명시하고 있는 사항으로 옳은 것을 모두 고른 것은?

> ㄱ. 장애 발생 예방과 조기발견을 위한 국민의 노력
> ㄴ. 장애인 대상 성범죄의 신고의무
> ㄷ. 장애인에 대한 차별금지
> ㄹ. 장애인의 가족계획 수립 및 지도

① ㄱ, ㄴ, ㄷ　　　　② ㄱ, ㄷ
③ ㄴ, ㄹ　　　　　　④ ㄹ
⑤ ㄱ, ㄴ, ㄷ, ㄹ

답 ①

✔ 응시생들의 선택

① 56%	② 21%	③ 3%	④ 1%	⑤ 9%

① ㄹ. 장애인의 가족계획 수립 및 지도는 명시되어 있지 않다.

장애인복지법에 관한 내용으로 옳은 것은?

① 장애인정책조정위원회는 보건복지부 소속하에 둔다.
② 장애인의 실태조사는 5년마다 실시하여야 한다.
③ 국가와 지방자치단체는 장애인에게 적합한 사업을 경영하는 자에게 장애인의 능력과 적성에 따라 장애인을 고용하도록 권유할 수 있다.
④ 장애는 크게 신체적 장애, 정신적 장애, 사회적 장애로 구분된다.
⑤ 국가는 대학에서 사용하는 교양도서에 장애인에 대한 인식개선을 위한 내용이 포함되도록 하여야 한다.

답 ③

✔ 응시생들의 선택

① 17%	② 17%	③ 42%	④ 15%	⑤ 9%

① 장애인 종합정책을 수립하고 관계 부처 간의 의견을 조정하며 그 정책의 이행을 감독·평가하기 위하여 국무총리 소속하에 장애인정책조정위원회를 둔다.
② 보건복지부장관은 장애인 복지정책의 수립에 필요한 기초 자료로 활용하기 위하여 3년마다 장애실태조사를 실시하여야 한다.
④ '장애인'이란 신체적·정신적 장애로 오랫동안 일상생활이나 사회생활에서 상당한 제약을 받는 자를 말한다.
⑤ 국가는 초·중등교육법에 따른 학교에서 사용하는 교과용도서에 장애인에 대한 인식개선을 위한 내용이 포함되도록 하여야 한다.

다음 내용이 왜 틀렸는지를 확인해보자

`15-08-11`

01 보건복지부장관은 등록증을 받은 사람이 사망한 경우 장애인 등록을 취소하여야 한다.

> 특별자치시장·특별자치도지사·시장·군수·구청장은 등록증을 받은 사람이 사망한 경우 장애인 등록을 취소하여야 한다.

`13-08-07`

02 장애인복지법령상 **장애상담치료사**는 장애인복지 전문인력에 포함된다.

> 장애인복지 전문인력에는 의지·보조기 기사, 언어재활사, 장애인재활상담사, 한국수어 통역사, 점역·교정사 등이 있다.

`11-08-23`

03 국가와 지방자치단체는 장애인의 장애 정도와 경제적 수준을 고려하여 장애로 인한 추가적 비용을 보전하게 하기 위하여 **보호수당을 지급**할 수 있다.

> 국가와 지방자치단체는 장애인의 장애 정도와 경제적 수준을 고려하여 장애로 인한 추가적 비용을 보전하게 하기 위하여 장애수당을 지급할 수 있다. 보호수당은 장애인을 보호하는 자에게 그의 경제적 수준과 장애인의 장애 정도를 고려하여 장애로 인한 추가적 비용을 보전하게 하기 위하여 지급하는 것이다.

04 **장애인 거주시설**은 일반 작업환경에서는 일하기 어려운 장애인이 특별히 준비된 작업환경에서 직업훈련을 받거나 직업 생활을 할 수 있도록 하는 시설이다.

> 일반 작업환경에서는 일하기 어려운 장애인이 특별히 준비된 작업환경에서 직업훈련을 받거나 직업 생활을 할 수 있도록 하는 시설은 장애인 직업재활시설이다. 장애인 거주시설은 거주공간을 활용하여 일반가정에서 생활하기 어려운 장애인에게 일정 기간 동안 거주·요양·지원 등의 서비스를 제공하는 동시에 지역사회생활을 지원하는 시설이다.

05 **보건복지부장관**은 사회통합의 이념에 따라 장애인이 연령·능력·장애의 종류 및 정도에 따라 충분히 교육 받을 수 있도록 교육 내용과 방법을 개선하는 등 필요한 정책을 강구하여야 한다.

> 국가와 지방자치단체는 사회통합의 이념에 따라 장애인이 연령·능력·장애의 종류 및 정도에 따라 충분히 교육 받을 수 있도록 교육 내용과 방법을 개선하는 등 필요한 정책을 강구하여야 한다.

06 장애인에 대한 국민의 이해를 깊게 하고 장애인의 재활의욕을 높이기 위하여 <u>매년 5월 20일을 장애인의 날로</u> 한다.

> 장애인에 대한 국민의 이해를 깊게 하고 장애인의 재활의욕을 높이기 위하여 매년 4월 20일을 장애인의 날로 한다.

07 국가와 지방자치단체는 장애인의 자립생활을 실현하기 위하여 <u>장애인종합복지관을 통하여 필요한 각종 지원 서비스를 제공</u>한다.

> 국가와 지방자치단체는 장애인의 자립생활을 실현하기 위하여 장애인자립생활지원센터를 통하여 필요한 각종 지원서비스를 제공한다.

빈칸에 들어갈 알맞은 말을 채워보자

`20-08-23`
01 보건복지부장관은 장애인 복지정책의 수립에 필요한 기초자료로 활용하기 위하여 (   )년마다 장애실 태조사를 실시하여야 한다.

`18-08-20`
02 국가는 지역 간의 연계체계를 구축하고 장애인학대를 예방하기 위하여 (   )을/를 설치·운영하여야 한다.

03 장애인학대란 장애인에 대하여 신체적·정신적·정서적·언어적·(   ) 폭력이나 가혹행위, 경제적 착취, 유기 또는 방임을 하는 것을 말한다.

`12-08-24`
04 보건복지부장관은 장애인의 권익과 복지증진을 위하여 관계 중앙행정기관의 장과 협의하여 (   )년마 다 장애인정책종합계획을 수립·시행하여야 한다.

`10-08-27`
05 장애인 종합정책을 수립하고 관계부처 간의 의견을 조정하며 그 정책의 이행을 감독·평가하기 위하여 (   ) 소속하에 장애인정책조정위원회를 둔다.

답 01 3   **02** 중앙장애인권익옹호기관   **03** 성적   **04** 5   **05** 국무총리

다음 내용이 옳은지 그른지 판단해보자

18-08-20

01 장애인 관련 조사·연구 및 정책개발·복지진흥 등을 위하여 한국장애인고용공단을 설립한다. ◎ ⊗

12-08-24

02 재외동포 및 외국인 중 난민법에 따른 난민인정자는 장애인 등록을 할 수 없다. ◎ ⊗

10-08-27

03 국가는 초·중등교육법에 따른 학교에서 사용하는 교과용도서에 장애인에 대한 인식개선을 위한 내용이 포함되도록 하여야 한다. ◎ ⊗

04 장애인복지실시기관은 경제적 부담능력 등을 고려하여 장애인이 부양하는 자녀 또는 장애인인 자녀의 교육비를 지급할 수 있다. ◎ ⊗

05 국가와 지방자치단체 외의 자가 장애인복지시설을 설치·운영하려면 보건복지부장관에게 신고하여야 한다. ◎ ⊗

답 01 × 02 × 03 ○ 04 ○ 05 ×

해설 01 장애인 관련 조사·연구 및 정책개발·복지진흥 등을 위하여 한국장애인개발원을 설립한다.
02 재외동포 및 외국인 중 난민법에 따른 난민인정자는 장애인 등록을 할 수 있다.
05 국가와 지방자치단체 외의 자가 장애인복지시설을 설치·운영하려면 해당 시설 소재지 관할 시장·군수·구청장에게 신고하여야 한다.

243 한부모가족지원법

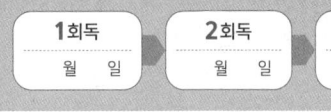

강의 QR코드

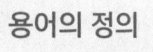

기본개념

사회복지법제론
pp.496~

1회독	2회독	3회독
월 일	월 일	월 일

최근 10년간 **7문항** 출제

1 이론요약

용어의 정의

- 모(母) 또는 부(父): '배우자와 사별 또는 이혼하거나 배우자로부터 유기된 자, 정신이나 신체의 장애로 장기간 노동능력을 상실한 배우자를 가진 자, 교정시설 · 치료감호시설에 입소한 배우자 또는 병역 복무 중인 배우자를 가진 사람, 미혼자(사실혼 관계에 있는 자는 제외), 위의 규정에 준하는 자로서 여성가족부령으로 정하는 자'의 어느 하나에 해당하는 자로서 아동인 자녀를 양육하는 자를 말한다.
- 청소년 한부모: **24세 이하**의 모 또는 부를 말한다.
- 한부모가족: 모자가족 또는 부자가족을 말한다.
- 모자가족: 모가 세대주(세대주가 아니더라도 세대원을 사실상 부양하는 자를 포함)인 가족을 말한다.
- 부자가족: 부가 세대주(세대주가 아니더라도 세대원을 사실상 부양하는 자를 포함)인 가족을 말한다.
- 아동: **18세 미만**(취학 중인 경우에는 22세 미만을 말하되, 병역법에 따른 병역의무를 이행하고 취학 중인 경우에는 병역의무를 이행한 기간을 가산한 연령 미만을 말함)의 자를 말한다.

수급권자

- 수급권자는 이 법에 따른 지원대상자이며(이 법에서 정하는 모 또는 부, 한부모가족, 모자가족, 부자가족, 아동 등이 해당), 지원대상자의 범위는 지원대상자 중 아동의 연령을 초과하는 자녀가 있는 한부모가족의 경우 그 자녀를 제외한 나머지 가족구성원을 지원대상자로 한다.
- 미혼모에 대한 특례: 혼인 관계에 있지 아니한 자로서 출산 전 임신부와 출산 후 해당 아동을 양육하지 아니하는 모는 출산지원시설을 이용할 때에는 이 법에 따른 지원대상자가 된다.
- 외국인에 대한 특례: 국내에 체류하고 있는 외국인 중 대한민국 국적의 아동을 양육하고 있는 모 또는 부로서 대통령령으로 정하는 사람이 지원대상자에 해당하면 이 법에 따른 지원대상자가 된다.
- 조손가정에 대한 특례: '부모가 사망하거나 생사가 분명하지 아니한 아동, 부모가 정신 또는 신체의 장애 · 질병으로 장기간 노동능력을 상실한 아동, 부모의 장기복역 등으로 부양을 받을 수 없는 아동, 부모가 이혼하거나 유기하여 부양을 받을 수 없는 아동, 이상에 해당되는 자에 준하는 자로서 여성가족부령으로 정하는 아동'의 어느 하나에 해당하는 아동과 그 아동을 양육하는 조부 또는 조모는 지원대상자가 된다.

실태조사

여성가족부장관은 한부모가족 지원을 위한 정책수립에 활용하기 위하여 **3년마다 한부모가족에 대한 실태조사를 실시하고 그 결과를 공표**하여야 한다.

가족지원서비스

- 아동의 양육 및 교육 서비스
- 장애인, 노인, 만성질환자 등의 부양 서비스
- 취사, 청소, 세탁 등 가사 서비스
- 교육·상담 등 가족 관계 증진 서비스
- 인지청구 및 자녀양육비 청구 등을 위한 법률상담, 소송대리 등 법률구조서비스
- 그 밖에 대통령령으로 정하는 한부모가족에 대한 가족지원서비스

한부모가족복지시설

- 출산지원시설: '모(母), 혼인 관계에 있지 아니한 자로서 출산 전 임신부, 혼인 관계에 있지 아니한 자로서 출산 후 해당 아동을 양육하지 아니하는 모'의 어느 하나에 해당하는 자의 임신·출산 및 그 출산 아동(3세 미만에 한정)의 양육을 위하여 주거 등을 지원하는 시설
- 양육지원시설: 6세 미만 자녀를 동반한 한부모가족에게 자녀를 양육할 수 있도록 주거 등을 지원하는 시설
- 생활지원시설: 18세 미만(취학 중인 경우에는 22세 미만을 말하되, 병역의무를 이행하고 취학 중인 경우에는 병역의무를 이행한 기간을 가산한 연령 미만을 말함) 자녀를 동반한 한부모가족에게 자립을 준비할 수 있도록 주거 등을 지원하는 시설
- 일시지원시설: 배우자(사실혼 관계에 있는 사람을 포함)가 있으나 배우자의 물리적·정신적 학대로 아동의 건전한 양육이나 모 또는 부의 건강에 지장을 초래할 우려가 있을 경우 일시적 또는 일정 기간 동안 모와 아동, 부와 아동, 모 또는 부에게 주거 등을 지원하는 시설
- 한부모가족복지상담소: 한부모가족에 대한 위기·자립 상담 또는 문제해결 지원 등을 목적으로 하는 시설

기출문장 CHECK

01 (22-08-24) 한부모가족에 대한 국민의 이해와 관심을 제고하기 위하여 매년 5월 10일을 한부모가족의 날로 한다.

02 (21-08-21) 일시지원시설은 배우자가 있으나 배우자의 물리적·정신적 학대로 아동의 건전한 양육이나 모 또는 부의 건강에 지장을 초래할 우려가 있을 경우 일시적 또는 일정 기간 동안 모와 아동, 부와 아동, 모 또는 부에게 주거 등을 지원하는 시설이다.

03 (20-08-21) 한부모가족의 모 또는 부와 아동은 한부모가족 관련 정책결정과정에 참여할 권리가 있다.

04 (19-08-21) 한부모가족지원법상 취학 중인 경우의 아동은 22세 미만인 사람을 말한다.

05 (15-08-15) 부모가 사망하거나 생사가 분명하지 아니한 아동과 그 아동을 양육하는 조부 또는 조모로서 여성가족부령으로 정하는 자는 이 법에 따른 지원대상자가 된다.

06 (14-08-24) 배우자와 이혼한 자로서 아동인 자녀를 양육하는 자는 한부모가족지원법상 "모" 또는 "부"에 해당한다.

07 (11-08-26) 여성가족부장관은 한부모가족 지원을 위한 정책수립에 활용하기 위하여 3년마다 한부모가족에 대한 실태조사를 실시하고 그 결과를 공표하여야 한다.

08 (10-08-23) 한부모가족지원법상 "청소년 한부모"란 24세 이하의 모 또는 부를 말하며, "아동"이란 18세 미만의 자를 말하나 취학 중인 경우에는 22세 미만을 말한다.

09 (09-08-21) 국가와 지방자치단체는 한부모가족에게 '아동의 양육 및 교육 서비스, 장애인·노인·만성질환자 등의 부양서비스, 취사·청소·세탁 등 가사 서비스, 교육·상담 등 가족관계 증진 서비스, 인지청구 및 자녀양육비 청구 등을 위한 법률상담·소송대리 등 법률구조서비스, 그 밖에 대통령령으로 정하는 한부모가족에 대한 가족지원 서비스'를 제공하도록 노력해야 한다.

10 (05-08-22) 국가 또는 지방자치단체는 복지급여의 신청이 있는 경우 생계비, 아동교육지원비, 아동양육비, 그 밖에 대통령령이 정하는 비용의 복지급여를 실시할 수 있다.

대표기출 확인하기

22-08-24

난이도 ★★☆

한부모가족지원법의 내용으로 옳은 것은?

① 여성가족부장관은 5년마다 한부모가족에 대한 실태조사를 실시하고 그 결과를 공표하여야 한다.
② "청소년 한부모"란 18세 이하의 모 또는 부를 말한다.
③ 교육부장관은 청소년 한부모가 학업을 계속할 수 있도록 여성가족부장관에게 협조를 요청하여야 한다.
④ "모" 또는 "부"에는 아동인 자녀를 양육하는 미혼자(사실혼 관계에 있는 자는 제외한다)도 해당된다.
⑤ 한부모가족에 대한 국민의 이해와 관심을 제고하기 위하여 매년 9월 7일을 한부모가족의 날로 한다.

 알짜확인

• 한부모가족지원법과 관련된 주요 내용(용어의 정의, 수급권자, 한부모가족복지 시설 및 서비스 등)을 파악해야 한다.

답 ④

✔ 응시생들의 선택

① 8%	② 13%	③ 15%	④ 59%	⑤ 5%

① 여성가족부장관은 한부모가족 지원을 위한 정책수립에 활용하기 위하여 3년마다 한부모가족에 대한 실태조사를 실시하고 그 결과를 공표하여야 한다.
② "청소년 한부모"란 24세 이하의 모 또는 부를 말한다.
③ 여성가족부장관은 청소년 한부모가 학업을 계속할 수 있도록 교육부장관에게 협조를 요청하여야 한다.
⑤ 한부모가족에 대한 국민의 이해와 관심을 제고하기 위하여 매년 5월 10일을 한부모가족의 날로 한다.

➕ 덧붙임

청소년 한부모, 아동 등 법에서 규정하고 있는 정의에 관한 문제나 시설의 종류에 관한 문제, 복지서비스의 내용에 관한 문제도 출제된 바 있다. 지원대상자의 범위에 관한 내용도 다루어졌다.

관련기출 더 보기

21-08-21

난이도 ★★★

다음이 설명하는 한부모가족지원법상의 한부모가족복지시설은?

> 배우자(사실혼 관계에 있는 사람을 포함한다)가 있으나 배우자의 물리적·정신적 학대로 아동의 건전한 양육이나 모 또는 부의 건강에 지장을 초래할 우려가 있을 경우 일시적 또는 일정 기간 동안 모와 아동, 부와 아동, 모 또는 부에게 주거 등을 지원하는 시설

① 일시지원시설
② 출산지원시설
③ 양육지원시설
④ 생활지원시설
⑤ 한부모가족복지상담소

답 ①

✔ 응시생들의 선택

① 33%	② 1%	③ 59%	④ 2%	⑤ 5%

① 한부모가족복지시설 중 일시지원시설에 해당한다.

20-08-21

난이도 ★★☆

한부모가족지원법의 내용으로 옳지 않은 것은?

① "청소년 한부모"란 24세 이하의 모 또는 부를 말한다.
② 한부모가족의 모 또는 부와 아동은 한부모가족 관련 정책 결정과정에 참여할 권리가 있다.
③ 여성가족부장관은 자녀양육비 산정을 위한 자녀양육비 가이드라인을 마련하여 법원이 이혼 판결 시 적극 활용할 수 있도록 노력하여야 한다.
④ 국가와 지방자치단체는 청소년 한부모의 건강증진을 위하여 건강진단을 실시할 수 있다.
⑤ 국가나 지방자치단체는 아동양육비를 대여할 수 있다.

답 ⑤

✔ 응시생들의 선택

① 12%	② 6%	③ 24%	④ 9%	⑤ 49%

⑤ 국가나 지방자치단체는 한부모가족의 생활안정과 자립을 촉진하기 위하여 '사업에 필요한 자금, 아동교육비, 의료비, 주택자금, 그 밖에 대통령령으로 정하는 한부모가족의 복지를 위하여 필요한 자금'을 대여할 수 있다.

난이도 ★★☆

한부모가족지원법상 지원대상자인 아동으로 옳은 것은 모두 몇 개인가?

> ㄱ. 부모의 생사가 분명하지 아니한 아동
> ㄴ. 부모가 유기하여 부양을 받을 수 없는 아동
> ㄷ. 부모가 신체의 질병으로 장기간 노동능력을 상실한 아동
> ㄹ. 부모가 가정의 불화로 가출하여 부모의 부양을 받을 수 없는 아동
> ㅁ. 부모의 장기복역으로 부양을 받을 수 없는 아동

① 1개   ② 2개   ③ 3개   ④ 4개   ⑤ 5개

답⑤

✔ 응시생들의 선택

① 2%	② 6%	③ 12%	④ 23%	⑤ 57%

⑤ 다음의 어느 하나에 해당하는 아동과 그 아동을 양육하는 조부 또는 조모로서 여성가족부령으로 정하는 자는 지원대상자의 범위(제5조)에도 불구하고 이 법에 따른 지원대상자가 된다.
- 부모가 사망하거나 생사가 분명하지 아니한 아동
- 부모가 정신 또는 신체의 장애·질병으로 장기간 노동능력을 상실한 아동
- 부모의 장기복역 등으로 부양을 받을 수 없는 아동
- 부모가 이혼하거나 유기하여 부양을 받을 수 없는 아동
- 위에 규정된 자에 준하는 자로서 여성가족부령으로 정하는 아동

난이도 ★☆☆

한부모가족지원법상 정의규정에서 "모" 또는 "부"에 해당하는 자를 모두 고른 것은?

> ㄱ. 배우자와 이혼한 자로서 아동인 자녀를 양육하는 자
> ㄴ. 교정시설에 입소한 배우자를 가진 사람으로서 아동인 자녀를 양육하는 자
> ㄷ. 배우자로부터 유기된 자로서 아동인 자녀를 양육하는 자
> ㄹ. 미혼자(사실혼 관계에 있는 자를 제외한다)로서 아동인 자녀를 양육하는 자

① ㄱ, ㄴ, ㄷ   ② ㄱ, ㄷ
③ ㄴ, ㄹ   ④ ㄹ
⑤ ㄱ, ㄴ, ㄷ, ㄹ

답⑤

✔ 응시생들의 선택

① 10%	② 11%	③ 2%	④ 2%	⑤ 75%

⑤ 모두 "모" 또는 "부"에 해당한다.

난이도 ★★☆

한부모가족지원법령에 관한 설명으로 옳은 것은?

① 청소년 한부모란 22세 미만의 모 또는 부를 말한다.
② 출산 후 해당 아동을 양육하지 않는 미혼모도 출산지원시설을 이용할 수 있다.
③ 보건복지부장관은 5년마다 한부모가족에 대한 실태조사를 실시하여야 한다.
④ 사업에 필요한 자금은 복지 자금 대여의 대상이 아니다.
⑤ 한부모가족복지상담소는 자립욕구가 강한 모자가족에게 일정 기간 동안 주거를 지원하는 시설이다.

답②

✔ 응시생들의 선택

① 12%	② 47%	③ 26%	④ 10%	⑤ 5%

① 청소년 한부모란 24세 이하의 모 또는 부를 말한다.
③ 여성가족부장관은 한부모가족 지원을 위한 정책수립에 활용하기 위하여 3년마다 한부모가족에 대한 실태조사를 실시하고 그 결과를 공표하여야 한다.
④ 국가나 지방자치단체는 한부모가족의 생활안정과 자립을 촉진하기 위하여 복지자금(사업에 필요한 자금, 아동교육비, 의료비, 주택자금, 그 밖에 대통령령으로 정하는 한부모가족의 복지를 위하여 필요한 자금)을 대여할 수 있다.
⑤ 한부모가족복지상담소는 한부모가족에 대한 위기·자립 상담 또는 문제해결 지원 등을 목적으로 하는 시설이다.

난이도 ★★★

국가나 지방자치단체가 한부모가족에게 제공하도록 노력하여야 하는 가족지원서비스의 종류가 아닌 것은?

① 아동의 양육 및 교육 서비스
② 취사, 청소, 세탁 등 가사 서비스
③ 교육·상담 등 가족관계 증진 서비스
④ 의료비·주택자금 대여 등 생활지원 서비스
⑤ 장애인, 노인, 만성질환자 등의 부양 서비스

답④

✔ 응시생들의 선택

① 8%	② 45%	③ 18%	④ 21%	⑤ 8%

④ 국가나 지방자치단체는 한부모가족에게 '아동의 양육 및 교육 서비스, 장애인·노인·만성질환자 등의 부양 서비스, 취사·청소·세탁 등 가사 서비스, 교육·상담 등 가족관계 증진 서비스, 인지청구 및 자녀양육비 청구 등을 위한 법률상담·소송대리 등 법률구조 서비스, 그 밖에 대통령령으로 정하는 한부모가족에 대한 가족지원 서비스'를 제공하도록 노력하여야 한다.

다음 내용이 왜 틀렸는지를 확인해보자

21-08-21

01 한부모가족복지시설에는 **출산지원시설, 양육지원시설, 여가지원시설, 교육지원시설, 미혼모복지상담소**가 있다.

> 한부모가족복지시설에는 출산지원시설, 양육지원시설, 생활지원시설, 일시지원시설, 한부모가족복지상담소가 있다.

10-08-23

02 한부모가족지원법상 아동이란 **16세 미만의 자를 말하나 취학 중인 경우에는 20세 미만**을 말한다.

> 한부모가족지원법상 아동이란 18세 미만의 자를 말하나 취학 중인 경우에는 22세 미만을 말한다.

03 지원대상자 중 아동의 연령을 초과하는 자녀가 있는 한부모가족의 경우 **그 자녀를 포함한 모든 가족구성원을 지원대상자**로 한다.

> 지원대상자 중 아동의 연령을 초과하는 자녀가 있는 한부모가족의 경우 그 자녀를 제외한 나머지 가족구성원을 지원대상자로 한다.

05-08-22

04 한부모가족지원법상 규정된 복지급여로는 **생계비, 의료비, 주거비, 교육비, 그 밖에 대통령령으로 정하는 비용**이 있다.

> 국가나 지방자치단체는 복지급여의 신청이 있으면 생계비, 아동교육지원비, 아동양육비, 그 밖에 대통령령으로 정하는 비용의 복지급여를 실시하여야 한다.

05 **보건복지부장관**은 한부모가족 지원을 위한 정책수립에 활용하기 위하여 3년마다 한부모가족에 대한 실태조사를 실시하고 그 결과를 공표하여야 한다.

> 여성가족부장관은 한부모가족 지원을 위한 정책수립에 활용하기 위하여 3년마다 한부모가족에 대한 실태조사를 실시하고 그 결과를 공표하여야 한다.

06 제2조에서는 특별히 부(父)자가족의 자립을 위하여 국가와 지방자치단체가 노력하여야 한다는 국가 등의 책임을 명시하고 있다.

> 제2조에서는 특별히 "국가와 지방자치단체는 청소년 한부모가족의 자립을 위하여 노력하여야 한다."라는 국가 등의 책임을 명시하고 있다.

07 특별자치시장 · 특별자치도지사 · 시장 · 군수 · 구청장은 매월 1회 이상 관할구역 안의 지원대상자의 가족상황, 생활실태 등을 조사하여야 한다.

> 특별자치시장 · 특별자치도지사 · 시장 · 군수 · 구청장은 매년 1회 이상 관할구역 안의 지원대상자의 가족상황, 생활실태 등을 조사하여야 한다.

빈칸에 들어갈 알맞은 말을 채워보자

`21-08-21`
01 ( )은/는 한부모가족에 대한 위기 · 자립 상담 또는 문제해결 지원 등을 목적으로 하는 시설이다.

02 한부모가족지원법상 아동이란 ( )세 미만의 자를 말한다.

`20-08-21`
03 한부모가족지원법상 청소년 한부모란 ( )세 이하의 모 또는 부를 말한다.

04 ( )은/는 6세 미만 자녀를 동반한 한부모가족에게 자녀를 양육할 수 있도록 주거 등을 지원하는 시설이다.

05 특별자치시장 · 특별자치도지사 · 시장 · 군수 · 구청장은 한부모가족복지시설의 사업 폐지를 명하거나 시설을 폐쇄하려면 ( )을/를 하여야 한다.

답 01 한부모가족복지상담소 **02** 18 **03** 24 **04** 양육지원시설 **05** 청문

다음 내용이 옳은지 그른지 판단해보자

01 한부모가족에 대한 국민의 이해와 관심을 제고하기 위하여 매년 9월 7일을 한부모가족의 날로
한다. ◎ ⊗

02 여성가족부장관은 한부모가족 지원을 위하여 한부모가족 정책에 관한 기본계획을 3년마다 수립하
여야 한다. ◎ ⊗

03 국가나 지방자치단체는 청소년 한부모가 주거마련 등 자립에 필요한 자산을 형성할 수 있도록 재정
적인 지원을 할 수 있다. ◎ ⊗

`14-08-24`
04 교정시설·치료감호시설에 입소한 배우자 또는 병역복무 중인 배우자를 가진 사람이 아동인 자녀를
양육하는 경우 이 법에 따른 '모' 또는 '부'에 해당된다. ◎ ⊗

05 국가나 지방자치단체는 한부모가족의 아동이 공공의 아동 편의 시설과 그 밖의 공공시설을 우선적
으로 이용할 수 있도록 노력해야 한다. ◎ ⊗

답 **01**✕ **02**✕ **03**○ **04**○ **05**○

해설 **01** 한부모가족에 대한 국민의 이해와 관심을 제고하기 위하여 매년 5월 10일을 한부모가족의 날로 한다.
02 여성가족부장관은 한부모가족 지원을 위하여 한부모가족 정책에 관한 기본계획을 5년마다 수립하여야 한다.

강의 QR코드

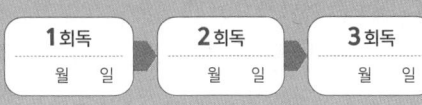

이론요약

어린이집의 종류

- 국공립어린이집: 국가나 지방자치단체가 설치 · 운영하는 어린이집
- 사회복지법인어린이집: 사회복지법인이 설치 · 운영하는 어린이집
- 법인 · 단체등어린이집: 각종 법인(사회복지법인 제외한 비영리법인)이나 단체 등이 설치 · 운영하는 어린이집으로서 대통령령으로 정하는 어린이집
- 직장어린이집: 사업주가 사업장의 근로자를 위하여 설치 · 운영하는 어린이집(국가나 지방자치단체의 장이 소속 공무원 및 국가나 지방자치단체의 장과 근로계약을 체결한 자로서 공무원이 아닌 자를 위하여 설치 · 운영하는 어린이집을 포함)
- 가정어린이집: 개인이 가정이나 그에 준하는 곳에 설치 · 운영하는 어린이집
- 협동어린이집: 보호자 또는 보호자와 보육교직원이 조합을 결성하여 설치 · 운영하는 어린이집
- 민간어린이집: 위에 해당하지 아니하는 어린이집

기본개념

사회복지법제론
pp.509~

어린이집의 설치

- 국공립어린이집 외의 어린이집의 설치: **국공립어린이집 외의 어린이집을 설치 · 운영하려는 자는 특별자치시장 · 특별자치도지사 · 시장 · 군수 · 구청장의 인가**를 받아야 한다. 인가받은 사항 중 중요 사항을 변경하려는 경우에도 또한 같다.
- 직장어린이집의 설치: **상시 여성근로자 300명 이상 또는 상시근로자 500명 이상을 고용하고 있는 사업장의 사업주는 직장어린이집을 설치**하여야 한다. 다만, 사업장의 사업주가 직장어린이집을 단독으로 설치할 수 없을 때에는 사업주 공동으로 직장어린이집을 설치 · 운영하거나, 지역의 어린이집과 위탁계약을 맺어 근로자 자녀의 보육을 지원(위탁보육)하여야 한다. 사업장의 사업주가 위탁보육을 하는 경우에는 사업장 내 보육대상이 되는 근로자 자녀 중에서 위탁보육을 받는 근로자 자녀가 100분의 30 이상이 되도록 하여야 한다.

어린이집의 운영

- 어린이집의 이용대상은 보육이 필요한 영유아를 원칙으로 한다. 다만, 필요한 경우 어린이집의 원장은 만 12세까지 연장하여 보육할 수 있다.
- **어린이집에는 보육교직원을 두어야 하며**, 보육교사의 업무 부담을 경감할 수 있도록 보조교사 등을 둔다. 휴가 또는

보수교육 등으로 보육교사를 비롯한 보육교직원의 업무에 공백이 생기는 경우에는 이를 대체할 수 있는 대체교사 등 보육교직원 대체인력을 배치한다.

- 국가나 지방자치단체, 사회복지법인, 그 밖의 비영리법인이 설치한 어린이집과 대통령령으로 정하는 어린이집의 원장은 '국민기초생활보장법에 따른 수급자, 한부모가족지원법에 따른 지원대상자의 자녀, 한부모가족지원법에 따른 지원대상자의 손자녀, 국민기초생활보장법에 따른 차상위계층의 자녀, 장애인복지법에 따른 장애인 중 교육부령으로 정하는 장애 정도에 해당하는 자의 자녀, 장애인복지법에 따른 장애인 중 교육부령으로 정하는 장애 정도에 해당하는 자가 형제자매인 영유아, 다문화가족지원법에 따른 다문화가족의 자녀, 국가유공자 등 예우 및 지원에 관한 법률에 따른 국가유공자 중 전몰군경, 전상군경 · 공상군경 · 4 · 19혁명부상자 · 공상공무원 · 특별공로상이자의 상이자로서 교육부령으로 정하는 자, 순직군경 · 순직공무원 · 특별공로순직자의 순직자의 자녀, 제1형 당뇨를 가진 경우로서 의학적 조치가 용이하고 일상생활이 가능하여 보육에 지장이 없는 영유아, 그 밖에 소득수준 및 보육수요 등을 고려하여 교육부령으로 정하는 자의 자녀' 중 어느 하나에 해당하는 자가 우선적으로 어린이집을 이용할 수 있도록 해야 한다.

기출문장 CHECK

01 (13-08-09) 국공립어린이집 외의 어린이집을 설치 · 운영하려는 자는 특별자치도지사 · 시장 · 군수 · 구청장의 인가를 받아야 한다.

02 (10-08-30) 미성년자, 정신질환자, 마약류에 중독된 자는 어린이집을 설치 · 운영할 수 없다.

03 (07-08-30) 직장어린이집이란 사업주가 사업장의 근로자를 위하여 설치 · 운영하는 어린이집을 말한다.

04 (06-08-27) 한부모가족지원법에 따른 보호대상자의 자녀는 어린이집을 우선적으로 이용할 수 있다.

대표기출 확인하기

13-08-09 　난이도 ★★☆

영유아보육법의 내용이다. (　)에 들어갈 말은?

> 국공립어린이집 외의 어린이집을 설치·운영하려는 자는 특별자치도지사·시장·군수·구청장의 (　)를(을) 받아야 한다.

① 인가
② 보증
③ 인증
④ 허가
⑤ 특허

 알짜확인

- 영유아보육법과 관련된 주요 내용(용어의 정의, 실태조사, 보호자 교육, 어린이집, 행정기관 등)을 파악해야 한다.

답 ①

응시생들의 선택

① 57%	② 2%	③ 8%	④ 27%	⑤ 6%

① 국공립어린이집 외의 어린이집을 설치·운영하려는 자는 특별자치도지사·시장·군수·구청장의 인가를 받아야 한다.

덧붙임

영유아보육법상 어린이집의 종류, 직장어린이집의 설치, 어린이집의 우선 이용자, 운영자 결격사유에 대한 문제가 출제된 바 있다. 다른 사회서비스법에 비해 비교적 출제비중은 높지 않다.

관련기출 더 보기

10-08-30 　난이도 ★★☆

영유아보육법상 어린이집을 설치·운영할 수 있는 자는?

① 정신질환자
② 마약류에 중독된 자
③ 만 18세인 자
④ 금고 이상의 실형을 선고받고 그 집행이 종료된 날로부터 1년이 경과한 자
⑤ 금고 이상의 형의 집행유예를 선고받고 그 유예기간이 종료된 자

답 ⑤

응시생들의 선택

① 1%	② 1%	③ 20%	④ 18%	⑤ 60%

⑤ 어린이집 설치·운영 결격사유
- 미성년자·피성년후견인 또는 피한정후견인
- 정신질환자
- 마약류에 중독된 자
- 파산선고를 받고 복권되지 아니한 자
- 금고 이상의 실형을 선고받고 그 집행이 종료(집행이 종료된 것으로 보는 경우를 포함)되거나 집행이 면제된 날부터 5년(아동복지법 제3조제7호의2에 따른 아동학대관련범죄를 저지른 경우에는 20년)이 경과되지 아니한 자
- 금고 이상의 형의 집행유예를 선고받고 그 유예기간 중에 있는 사람. 다만, 아동복지법 제3조제7호의2에 따른 아동학대관련범죄로 금고 이상의 형의 집행유예를 선고받은 경우에는 그 집행유예가 확정된 날부터 20년이 지나지 아니한 사람
- 어린이집의 폐쇄명령을 받고 5년이 경과되지 아니한 자 또는 유치원의 폐쇄명령을 받고 5년이 경과되지 아니한 자
- 300만원 이상의 벌금형이 확정된 날부터 2년이 지나지 아니한 사람 또는 아동복지법 제3조제7호의2에 따른 아동학대관련범죄로 벌금형이 확정된 날부터 10년이 지나지 아니한 사람
- 아동학대 방지를 위한 교육명령을 이행하지 아니한 자

어린이집 중 직장어린이집에 관한 설명으로 틀린 것은?

① 직장어린이집은 사업주가 사업장의 근로자를 위하여 설치·운영하는 어린이집이다.
② 교육부장관 및 고용노동부장관, 시·도지사는 직장어린이집 설치 등 의무이행에 관한 실태조사를 매년 실시하여야 한다.
③ 상시 여성근로자 100명 이상 또는 상시근로자 300명 이상을 고용하고 있는 사업장의 사업주는 직장어린이집을 설치하여야 한다.
④ 직장어린이집을 단독으로 설치할 수 없을 때에는 사업주 공동으로 직장어린이집을 설치·운영하여야 한다.
⑤ 직장어린이집을 단독으로 설치할 수 없을 때에는 지역의 어린이집과 위탁계약을 맺어 근로자 자녀의 보육을 지원하여야 한다.

답 ③

✅ 응시생들의 선택

① 8%	② 6%	③ 66%	④ 8%	⑤ 12%

③ 상시 여성근로자 300명 이상 또는 상시근로자 500명 이상을 고용하고 있는 사업장의 사업주는 직장어린이집을 설치하여야 한다.

➕ 덧붙임

영유아보육법에서는 주로 어린이집에 관한 문제가 출제되고 있다. 어린이집의 종류별 특징과 어린이집의 우선 이용자, 어린이집의 설치에 관한 내용을 반드시 정리해두자.

다음 중 영유아보육법상 어린이집 우선 이용자는?

> ㄱ. 국민기초생활보장법상 수급자
> ㄴ. 국민기초생활보장법상 차상위계층의 자녀
> ㄷ. 한부모가족지원법상 모자가족의 자녀
> ㄹ. 한부모가족지원법상 부자가족의 자녀

① ㄱ, ㄴ, ㄷ   ② ㄱ, ㄷ
③ ㄴ, ㄹ   ④ ㄹ
⑤ ㄱ, ㄴ, ㄷ, ㄹ

답 ⑤

✅ 응시생들의 선택

① 8%	② 3%	③ 7%	④ 4%	⑤ 78%

⑤ 어린이집 우선 이용자
- 국민기초생활보장법에 따른 수급자
- 한부모가족지원법에 따른 지원대상자의 자녀
- 한부모가족지원법에 따른 지원대상자의 손자녀
- 국민기초생활보장법에 따른 차상위계층의 자녀
- 장애인복지법에 따른 장애인 중 교육부령으로 정하는 장애 정도에 해당하는 자의 자녀
- 장애인복지법에 따른 장애인 중 교육부령으로 정하는 장애 정도에 해당하는 자가 형제자매인 영유아
- 다문화가족지원법에 따른 다문화가족의 자녀
- 국가유공자 등 예우 및 지원에 관한 법률에 따른 국가유공자 중 전몰군경, 전상군경 · 공상군경 · 4 · 19혁명부상자 · 공상공무원 · 특별공로상이자의 상이자로서 교육부령으로 정하는 자, 순직군경 · 순직공무원 · 특별공로순직자의 순직자의 자녀
- 제1형 당뇨를 가진 경우로서 의학적 조치가 용이하고 일상생활이 가능하여 보육에 지장이 없는 영유아
- 그 밖에 소득수준 및 보육수요 등을 고려하여 교육부령으로 정하는 자의 자녀

다음 내용이 왜 틀렸는지를 확인해보자

13-08-09

01 국공립어린이집 외의 어린이집을 설치·운영하려는 자는 <u>교육부장관의 허가</u>를 받아야 한다.

> 국공립어린이집 외의 어린이집을 설치·운영하려는 자는 특별자치도지사·시장·군수·구청장의 인가를 받아야 한다.

02 영유아보육법상 영유아란 <u>8세 미만의 취학 전 아동</u>이다.

> 영유아보육법상 영유아란 7세 이하의 취학 전 아동이다.

03 어린이집의 폐쇄명령을 받고 5년이 경과되지 아니한 자는 <u>어린이집을 설치·운영할 수 있다</u>.

> 어린이집의 폐쇄명령을 받고 5년이 경과되지 아니한 자는 어린이집을 설치·운영할 수 없다.

07-08-30

04 <u>상시 여성근로자 150명 이상 또는 상시근로자 300명 이상</u>을 고용하고 있는 사업장의 사업주는 직장어린이집을 설치하여야 한다.

> 상시 여성근로자 300명 이상 또는 상시근로자 500명 이상을 고용하고 있는 사업장의 사업주는 직장어린이집을 설치하여야 한다.

05 가정어린이집은 보호자 또는 보호자와 보육교직원이 조합을 결성하여 설치·운영하는 어린이집을 말한다.

> 보호자 또는 보호자와 보육교직원이 조합을 결성하여 설치·운영하는 어린이집은 협동어린이집이다. 가정어린이집은 개인이 가정이나 그에 준하는 곳에 설치·운영하는 어린이집을 말한다.

빈칸에 들어갈 알맞은 말을 채워보자

01 교육부장관은 보육교사의 자질 향상을 위한 (   )을/를 실시하여야 한다.

`07-08-30`

02 (   )은/는 사업주가 사업장의 근로자를 위하여 설치·운영하는 어린이집이다.

03 어린이집의 이용대상은 보육이 필요한 영유아를 원칙으로 하며, 필요한 경우 어린이집의 원장은 만 (   )세까지 연장하여 보육할 수 있다.

 01 보수교육 **02** 직장어린이집 **03** 12

다음 내용이 옳은지 그른지 판단해보자

01 어린이집을 설치·운영하는 자는 아동학대 방지 등 영유아의 안전과 어린이집의 보안을 위하여 폐쇄회로 텔레비전을 설치·관리하여야 한다. ◎ ⊗

`06-08-27`

02 국민기초생활보장법상 차상위계층의 자녀는 어린이집 우선 이용자에서 제외된다. ◎ ⊗

03 국가와 지방자치단체는 어린이집이나 유치원을 이용하지 아니하는 영유아에 대하여 영유아의 연령을 고려하여 양육에 필요한 비용을 지원할 수 있다. ◎ ⊗

 01 ○ **02** × **03** ○

(해설) **02** 국민기초생활보장법에 따른 차상위계층의 자녀는 우선적으로 어린이집을 이용할 수 있도록 해야 한다.

245 사회복지공동모금회법

강의 QR코드

1회독	2회독	3회독
월 일	월 일	월 일

★★★ 최근 10년간 **5문항** 출제

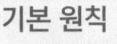
복습
1
이론요약

기본 원칙

- 기부하는 자의 의사에 반하여 기부금품을 모집하여서는 아니 된다.
- 공동모금재원은 지역·단체·대상자 및 사업별로 복지수요가 공정하게 충족되도록 배분하여야 하고, 목적 및 용도에 맞도록 공정하게 관리·운용하여야 한다.
- 공동모금재원의 배분은 객관적인 기준에 따라 효율적으로 이루어지도록 하고, 그 결과를 공개하여야 한다.

기본개념

사회복지법제론
pp.540~

사회복지공동모금회

- 사회복지공동모금사업을 관장하도록 하기 위하여 사회복지공동모금회를 둔다. 모금회는 사회복지법인으로 한다. 모금회는 정관을 작성하여 보건복지부장관의 인가를 받아 등기함으로써 설립한다.
- 사업: 사회복지공동모금사업, 공동모금재원의 배분, 공동모금재원의 운용 및 관리, 사회복지공동모금에 관한 조사·연구·홍보 및 교육·훈련, 사회복지공동모금지회의 운영, 사회복지공동모금과 관련된 국제교류 및 협력증진사업, 다른 기부금품 모집자와의 협력사업, 그 밖에 모금회의 목적 달성에 필요한 사업
- 모금회에는 회장 1명, 부회장 3명, 이사(회장, 부회장 및 사무총장 포함) 15명 이상 20명 이하, 감사 2명의 임원을 둔다. 임원의 임기는 3년으로 하며, 한 차례만 연임할 수 있다.
- 모금회에 지역단위의 사회복지공동모금사업을 관장하기 위하여 특별시·광역시·특별자치시·도·특별자치도 단위 사회복지공동모금지회를 둔다.
- 모금회는 사회복지사업이나 그 밖의 사회복지활동을 지원하기 위하여 연중 기부금품을 모집·접수할 수 있다. 기부금품의 기부자는 배분지역, 배분대상자 또는 사용 용도를 지정할 수 있다.
- 모금회는 사회복지사업이나 그 밖의 사회복지활동 등을 지원하기 위한 재원을 조성하기 위하여 복권을 발행할 수 있다. 복권을 발행하려면 그 종류·조건·금액 및 방법 등에 관하여 미리 보건복지부장관의 승인을 받아야 한다.
- 모금회는 기부금품의 접수를 효율적이고 공정하게 하기 위하여 언론기관을 모금창구로 지정하고, 지정된 언론기관의 명의로 모금계좌를 개설할 수 있다.
- 모금회는 매년 8월 31일까지 '공동모금재원의 배분대상, 배분한도액, 배분신청기간 및 배분신청서 제출 장소, 배분심사기준, 배분재원의 과부족 시 조정방법, 배분신청 시 제출할 서류'의 사항이 포함된 다음 회계연도의 공동모금재원 배분기준을 정하여 공고하여야 한다.

01 (22-08-25) 모금회는 정관을 작성하여 보건복지부장관의 인가를 받아 등기함으로써 설립된다.

02 (20-08-25) 기부금품의 기부자는 배분지역, 배분대상자 또는 사용 용도를 지정할 수 있다.

03 (19-00-22) 국가나 지방자치단체는 모금회에 기부금품 모집에 필요한 비용과 모금회의 관리 · 운영에 필요한 비용을 보조할 수 있다.

04 (18-08-23) 사회복지공동모금회법상 공동모금재원 배분기준에는 '공동모금재원의 배분대상, 배분한도액, 배분신청기간 및 배분신청서 제출 장소, 배분심사기준 등'이 포함되어 있다.

05 (17-08-19) 사회복지공동모금회에는 15명 이상 20명 이하의 이사를 둔다.

06 (11-08-30) 사회복지공동모금회는 복권을 발행할 수 있다.

07 (07-08-23) 사회복지공동모금회의 사업에는 '공동모금재원의 배분, 공동모금재원의 운용 및 관리, 사회복지공동모금지회의 운영, 다른 기부금품 모집자와의 협력사업 등'이 있다.

08 (05-08-20) 특별시 · 광역시 · 특별자치시 · 도 · 특별자치도 단위 사회복지공동모금지회를 둔다.

대표기출 확인하기

22-08-25 　　　　　 난이도 ★★★

사회복지공동모금회법상 사회복지공동모금회 (이하 '모금회'라 한다)에 관한 설명으로 옳지 않은 것은?

① 모금회는 사회복지사업을 지원하기 위하여 연중 기부금품을 모집할 수 있다.

② 지방자치단체는 모금회에 기부금품 모집에 필요한 비용을 보조할 수 있다.

③ 배분분과실행위원회는 20명 이상의 위원으로 구성된다.

④ 모금회는 정관을 작성하여 보건복지부장관의 허가를 받아 등기함으로써 설립된다.

⑤ 모금회는 매년 8월 31일까지 다음 회계연도의 공동모금재원 배분기준을 정하여 공고하여야 한다.

> ▶ **알짜확인**
>
> • 사회복지공동모금회법과 관련된 주요 내용(사회복지공동모금회 설립, 사회복지공동모금회의 사업, 분과실행위원회, 사회복지공동모금지회, 재원과 배분 등)을 파악해야 한다.

답 ④

✔ **응시생들의 선택**

① 3%	② 7%	③ 30%	④ 28%	⑤ 32%

④ 모금회는 정관을 작성하여 보건복지부장관의 인가를 받아 등기함으로써 설립된다.

➕ **덧붙임**

사회복지공동모금회법은 한동안 출제되지 않다가 최근 시험에서 지속적으로 출제되고 있다. 사회복지공동모금회의 설립과 주요 사업을 중심으로 꼼꼼하게 정리해야 한다.

관련기출 더 보기

20-08-25 　　　　　 난이도 ★☆☆

사회복지공동모금회법의 내용으로 옳은 것은?

① 배분분과실행위원회는 위원장 1명을 포함하여 20명 이내의 위원으로 구성한다.

② 국가나 지방자치단체는 모금회의 관리·운영에 필요한 비용을 보조할 수 있다.

③ 기부금품의 기부자는 배분지역, 배분대상자 또는 사용 용도를 지정할 수 없다.

④ 사회복지공동모금회는 언론기관을 모금창구로 지정할 수 있으나 지정된 언론기관의 명의로 모금계좌를 개설할 수 없다.

⑤ 모금회의 정관으로 규정하지 아니한 사항은 「민법」 중 사단법인에 관한 규정을 준용한다.

답 ②

✔ **응시생들의 선택**

① 5%	② 73%	③ 5%	④ 10%	⑤ 7%

① 분과실행위원회는 위원장 1명을 포함하여 20명 이내의 위원으로 구성한다. 다만, 모금분과실행위원회 및 배분분과실행위원회는 각각 20명 이상의 위원으로 구성한다.

③ 기부금품의 기부자는 배분지역, 배분대상자 또는 사용 용도를 지정할 수 있다.

④ 사회복지공동모금회는 기부금품의 접수를 효율적이고 공정하게 하기 위하여 언론기관을 모금창구로 지정하고, 지정된 언론기관의 명의로 모금계좌를 개설할 수 있다.

⑤ 이 법 또는 사회복지공동모금회의 정관으로 규정하지 아니한 사항은 「민법」 중 재단법인에 관한 규정을 준용한다.

사회복지공동모금회법의 내용으로 옳지 않은 것은?

① 기부하는 자의 의사에 반하여 기부금품을 모집하여서는 아니 된다.
② 공동모금재원은 지역·단체·대상자 및 사업별로 복지수요가 공정하게 충족되도록 배분하여야 한다.
③ 공동모금재원의 배분은 객관적인 기준에 따라 효율적으로 이루어지도록 하고, 그 결과를 공개하여야 한다.
④ 이 법 또는 모금회의 정관으로 규정하지 아니한 사항은 「민법」 중 사단법인에 관한 규정을 준용한다.
⑤ 국가나 지방자치단체는 모금회에 기부금품 모집에 필요한 비용과 모금회의 관리·운영에 필요한 비용을 보조할 수 있다.

답 ④

✅ 응시생들의 선택

① 15%	② 2%	③ 2%	④ 71%	⑤ 10%

④ 이 법 또는 모금회의 정관으로 규정하지 아니한 사항은 민법 중 재단법인에 관한 규정을 준용한다.

사회복지공동모금회법상 공동모금재원 배분기준에 포함되어야 하는 사항으로 명시되지 않은 것은?

① 배분한도액
② 배분심사기준
③ 배분신청자의 재산
④ 공동모금재원의 배분대상
⑤ 배분신청기간 및 배분신청서 제출 장소

답 ③

✅ 응시생들의 선택

① 3%	② 1%	③ 76%	④ 2%	⑤ 18%

③ 모금회는 매년 8월 31일까지 '공동모금재원의 배분대상, 배분한도액, 배분신청기간 및 배분신청서 제출 장소, 배분심사기준, 배분재원의 과부족(過不足) 시 조정방법, 배분신청 시 제출할 서류, 그 밖에 공동모금재원의 배분에 필요한 사항'이 포함된 다음 회계연도의 공동모금재원 배분기준을 정하여 공고하여야 한다.

사회복지공동모금회법의 내용으로 옳은 것은?

① 사회복지공동모금회에는 20명 이상 25명 이하의 이사를 둔다.
② 사회복지공동모금회는 보건복지부장관의 승인 없이 복권을 발행할 수 있다.
③ 사회복지공동모금회는 모금창구로 지정된 언론기관의 명의로 모금계좌를 개설할 수 없다.
④ 사회복지공동모금회의 회계연도는 1월 1일부터 12월 31일까지로 한다.
⑤ 기부금품의 기부자는 사용 용도를 지정할 수 없다.

답 ④

✅ 응시생들의 선택

① 7%	② 9%	③ 10%	④ 71%	⑤ 3%

① 사회복지공동모금회에는 15명 이상 20명 이하의 이사를 둔다.
② 사회복지공동모금회는 사회복지사업이나 그 밖의 사회복지활동 등을 지원하기 위한 재원을 조성하기 위하여 복권을 발행할 수 있다. 복권을 발행하려면 그 종류·조건·금액 및 방법 등에 관하여 미리 보건복지부장관의 승인을 받아야 한다.
③ 사회복지공동모금회는 기부금품의 접수를 효율적이고 공정하게 하기 위하여 언론기관을 모금창구로 지정하고, 지정된 언론기관의 명의로 모금계좌를 개설할 수 있다.
⑤ 기부금품의 기부자는 배분지역, 배분대상자 또는 사용 용도를 지정할 수 있다.

사회복지공동모금회법령에 관한 설명으로 옳지 않은 것은?

① 사회복지공동모금회는 사회복지법인에 해당한다.
② 사회복지공동모금회는 복권을 발행할 수 있다.
③ 기부하는 자의 의사에 반하여 기부금품을 모집하여서는 아니 된다.
④ 언론기관을 모금창구로 지정한 경우라도 모금계좌는 사회복지공동모금회 명의로 한다.
⑤ 기부금품의 기부자는 배분지역, 배분대상자 또는 사용 용도를 지정할 수 있다.

답 ④

✅ 응시생들의 선택

① 14%	② 32%	③ 18%	④ 27%	⑤ 9%

④ 사회복지공동모금회는 기부금품의 접수를 효율적이고 공정하게 하기 위하여 언론기관을 모금창구로 지정하고, 지정된 언론기관의 명의로 모금계좌를 개설할 수 있다.

다음 내용이 왜 틀렸는지를 확인해보자

19-08-22
01 공동모금재원의 배분은 **사회복지공동모금회 위원회의 주관적 판단에 따라** 효율적으로 이루어지도록 하고, 그 결과를 공개하여야 한다.

> 공동모금재원의 배분은 객관적인 기준에 따라 효율적으로 이루어지도록 하고, 그 결과를 공개하여야 한다.

02 사회복지공동모금회는 정관을 작성하여 **행정안전부장관의 인가를** 받아 등기함으로써 설립한다.

> 사회복지공동모금회는 정관을 작성하여 보건복지부장관의 인가를 받아 등기함으로써 설립한다.

17-08-19
03 기부금품의 기부자는 **사용 용도를 지정할 수 없다.**

> 기부금품의 기부자는 배분지역, 배분대상자 또는 사용 용도를 지정할 수 있다.

04 모금회는 사회복지사업이나 그 밖의 사회복지활동 등을 지원하기 위한 재원을 조성하기 위하여 **기획재정부장관의 승인을 받아** 복권을 발행할 수 있다.

> 모금회는 사회복지사업이나 그 밖의 사회복지활동 등을 지원하기 위한 재원을 조성하기 위하여 복권을 발행할 수 있다. 복권을 발행하려면 그 종류·조건·금액 및 방법 등에 관하여 미리 보건복지부장관의 승인을 받아야 한다.

05-08-20
05 모금회에 지역단위의 사회복지공동모금사업을 관장하기 위하여 특별시·광역시·특별자치시·도·특별자치도 단위 **사회복지공동기금회를 둔다.**

> 모금회에 지역단위의 사회복지공동모금사업을 관장하기 위하여 특별시·광역시·특별자치시·도·특별자치도 단위 사회복지공동모금지회를 둔다.

빈칸에 들어갈 알맞은 말을 채워보자

20-08-25
01 이 법 또는 사회복지공동모금회의 정관으로 규정하지 아니한 사항은 민법 중 (   )에 관한 규정을 준용한다.

17-08-19
02 사회복지공동모금회에는 (   )명 이상 20명 이하의 이사를 둔다.

03 모금회는 매년 (   )까지 '공동모금재원의 배분대상, 배분한도액, 배분신청기간 및 배분신청서 제출 장소, 배분심사기준, 배분재원의 과부족 시 조정방법, 배분신청 시 제출할 서류'의 사항이 포함된 다음 회계연도의 공동모금재원 배분기준을 정하여 공고하여야 한다.

답 **01** 재단법인 **02** 15 **03** 8월 31일

다음 내용이 옳은지 그른지 판단해보자

19-08-22
01 기부하는 자의 의사에 반하여 기부금품을 모집하여서는 아니 된다.

11-08-30
02 사회복지공동모금회는 기부금품의 접수를 효율적이고 공정하게 하기 위하여 언론기관을 모금창구로 지정하고, 지정된 언론기관의 명의로 모금계좌를 개설할 수 있다. ◎ ⊗

07-08-23
03 사회복지공동모금회는 '사회복지공동모금에 관한 조사 · 연구 · 홍보 및 교육 · 훈련, 사회복지공동모금지회의 운영, 사회복지공동모금과 관련된 국제교류 및 협력증진사업 등'을 수행한다. ◎ ⊗

답 **01** ○ **02** ○ **03** ○

246 다문화가족지원법

1회독	2회독	3회독
월 일	월 일	월 일

최근 10년간 **3문항** 출제

복습 1 이론요약

용어의 정의

- 다문화가족: 재한외국인 처우 기본법의 결혼이민자와 국적법의 규정에 따라 대한민국 국적을 취득한 자로 이루어진 가족, 국적법에 따라 대한민국 국적을 취득한 자와 대한민국 국적을 취득한 자로 이루어진 가족을 말한다.
- 결혼이민자 등: 다문화가족의 구성원으로서 재한외국인 처우 기본법의 결혼이민자, 국적법에 따라 귀화허가를 받은 자를 말한다.
- 아동·청소년: 24세 이하인 사람을 말한다.

기본개념

사회복지법제론
pp.520~

기본계획의 수립 및 실태조사

- 여성가족부장관은 다문화가족 지원을 위하여 **5년마다 다문화가족정책에 관한 기본계획을 수립**하여야 한다.
- 여성가족부장관은 다문화가족의 현황 및 실태를 파악하고 다문화가족 지원을 위한 정책수립에 활용하기 위하여 **3년마다 다문화가족에 대한 실태조사를 실시**하고 그 결과를 공표하여야 한다.

다문화가족정책위원회

- 다문화가족의 삶의 질 향상과 사회통합에 관한 중요 사항을 심의·조정하기 위하여 **국무총리 소속으로 다문화가족정책위원회**를 둔다.
- 심의·조정 사항: 다문화가족정책에 관한 기본계획의 수립 및 추진에 관한 사항, 다문화가족정책의 시행계획의 수립·추진실적 점검 및 평가에 관한 사항, 다문화가족과 관련된 각종 조사·연구 및 정책의 분석·평가에 관한 사항, 각종 다문화가족 지원 관련 사업의 조정 및 협력에 관한 사항, 다문화가족정책과 관련된 국가 간 협력에 관한 사항, 그 밖에 다문화가족의 사회통합에 관한 중요 사항으로 위원장이 필요하다고 인정하는 사항
- 정책위원회는 위원장 1명을 포함한 20명 이내의 위원으로 구성하고, 위원장은 국무총리가 되며, 위원은 '대통령령으로 정하는 중앙행정기관의 장, 다문화가족정책에 관하여 학식과 경험이 풍부한 사람 중에서 위원장이 위촉하는 사람'이 된다.

보호 및 지원

- 국가와 지방자치단체는 다문화가족에 대한 사회적 차별 및 편견을 예방하고 사회구성원이 문화적 다양성을 인정하고 존중할 수 있도록 다문화 이해교육을 실시하고 홍보 등 필요한 조치를 하여야 한다.

- 국가와 지방자치단체는 결혼이민자등이 대한민국에서 생활하는데 필요한 기본적 정보(아동·청소년에 대한 학습 및 생활지도 관련 정보를 포함)를 제공하고, 사회적응교육과 직업교육·훈련 및 언어소통 능력 향상을 위한 한국어교육 등을 받을 수 있도록 필요한 지원을 할 수 있다.
- 국가와 지방자치단체는 다문화가족이 민주적이고 양성평등한 가족관계를 누릴 수 있도록 가족상담, 부부교육, 부모교육, 가족생활교육 등을 추진하여야 한다. 이 경우 문화의 차이 등을 고려한 전문적인 서비스가 제공될 수 있도록 노력하여야 한다.
- 국가와 지방자치단체는 다문화가족 내 가정폭력을 예방하기 위하여 노력하여야 한다.
- 국가와 지방자치단체는 결혼이민자등이 건강하게 생활할 수 있도록 영양·건강에 대한 교육, 산전·산후 도우미 파견, 건강검진 등의 의료서비스를 지원할 수 있다.
- 국가와 지방자치단체는 아동·청소년 보육·교육을 실시함에 있어서 다문화가족 구성원인 아동·청소년을 차별하여서는 아니 된다.
- 국가와 지방자치단체는 결혼이민자등의 의사소통의 어려움을 해소하고 서비스 접근성을 제고하기 위하여 다국어에 의한 서비스 제공이 이루어지도록 노력하여야 한다.

다문화가족지원센터의 설치·운영

- 국가와 지방자치단체는 다문화가족지원센터를 설치·운영할 수 있다.
- 국가 또는 지방자치단체는 지원센터의 설치·운영을 대통령령으로 정하는 법인이나 단체에 위탁할 수 있다.
- 국가 또는 지방자치단체 아닌 자가 지원센터를 설치·운영하고자 할 때에는 미리 시·도지사 또는 시장·군수·구청장의 지정을 받아야 한다.
- 다문화가족지원센터는 '다문화가족을 위한 교육·상담 등 지원사업의 실시, 결혼이민자등에 대한 한국어교육, 다문화가족 지원서비스 정보제공 및 홍보, 다문화가족 지원 관련 기관·단체와의 서비스 연계, 일자리에 관한 정보제공 및 일자리의 알선, 다문화가족을 위한 통역·번역 지원사업, 다문화가족 내 가정폭력 방지 및 피해자 연계 지원, 그 밖에 다문화가족 지원을 위하여 필요한 사업'을 수행한다.

기출문장 CHECK

01 (18-08-22) 국가와 지방자치단체는 다문화가족에 대해 가족생활교육 등을 추진하는 경우, 문화의 차이를 고려한 전문적인 서비스가 제공될 수 있도록 노력하여야 한다.

02 (16-08-20) 다문화가족의 삶의 질 향상과 사회통합에 관한 중요 사항을 심의·조정하기 위하여 국무총리 소속으로 다문화가족정책위원회를 둔다.

03 (15-08-16) 여성가족부장관은 다문화가족의 현황 및 실태를 파악하고 다문화가족 지원을 위한 정책수립에 활용하기 위하여 3년마다 다문화가족에 대한 실태조사를 실시하고 그 결과를 공표하여야 한다.

04 (11-08-29) 대한민국 국민과 사실혼 관계에서 출생한 자녀를 양육하고 있는 다문화가족 구성원도 다문화가족지원법의 지원대상이 된다.

05 (10-08-24) 여성가족부장관은 관계 기관의 장에게 기본계획의 수립에 필요한 자료의 제출을 요구할 수 있다.

06 (08-08-06) 다문화가족지원법의 관장부처는 여성가족부이다.

대표기출 확인하기

다문화가족지원법의 내용으로 옳지 않은 것은?

① 다문화가족은 대한민국 국적을 취득한 자로 이루어진 가족이어야 한다.

② 다문화가족이 이혼 등의 사유로 해체된 경우에도 그 구성원이었던 자녀에 대하여 이 법을 적용한다.

③ 다문화가족지원센터는 결혼이민자등에 대한 한국어 교육 업무를 수행한다.

④ 국가와 지방자치단체는 다문화가족에 대해 가족생활교육 등을 추진하는 경우, 문화의 차이를 고려한 전문적인 서비스가 제공될 수 있도록 노력하여야 한다.

⑤ 여성가족부장관은 5년마다 다문화가족정책에 관한 기본계획을 수립하여야 한다.

 알짜확인

• 다문화가족지원법과 관련된 주요 내용(용어의 정의, 실태조사, 보호 및 지원, 다문화가족지원센터 등)을 파악해야 한다.

답 ①

✔ 응시생들의 선택

| ① 66% | ② 13% | ③ 4% | ④ 2% | ⑤ 15% |

① 다문화가족이란 재한외국인 처우 기본법에 따른 결혼이민자(대한민국 국민과 혼인한 적이 있거나 혼인관계에 있는 재한외국인)와 국적법에 따른 대한민국 국적을 취득한 자(출생에 의한 국적 취득, 인지(認知)에 의한 국적 취득, 귀화에 의한 국적 취득)로 이루어진 가족을 말한다.

➕ 덧붙임

다문화가족지원법에 관한 문제는 기타 사회서비스법에서 출제비중이 높다. 실태조사, 지원대상, 보호 및 지원서비스 등 법률의 전반적인 사항을 묻는 문제가 주로 출제되고 있다.

관련기출 더 보기

다문화가족지원법의 내용으로 옳은 것은?

① 여성가족부장관은 다문화가족 지원을 위하여 3년마다 다문화가족정책에 관한 기본계획을 수립하여야 한다.

② 다문화가족의 삶의 질 향상과 사회통합에 관한 중요 사항을 심의·조정하기 위하여 여성가족부장관 소속으로 다문화가족정책위원회를 둔다.

③ 지방자치단체는 다문화가족의 현황 및 실태를 파악하고 다문화가족 지원을 위한 정책수립에 활용하기 위하여 5년마다 다문화가족에 대한 실태조사를 실시하고 그 결과를 공표하여야 한다.

④ 시·도에는 다문화가족 지원을 담당할 기구와 공무원을 두어야 한다.

⑤ 기업은 다문화가족에 대한 사회적 차별 및 편견을 예방하고 사회구성원이 문화적 다양성을 인정하고 존중할 수 있도록 홍보와 교육 및 재정상 필요한 조치를 하여야 한다.

답 ④

✔ 응시생들의 선택

| ① 14% | ② 45% | ③ 16% | ④ 14% | ⑤ 11% |

① 여성가족부장관은 다문화가족 지원을 위하여 5년마다 다문화가족정책에 관한 기본계획을 수립하여야 한다.

② 다문화가족의 삶의 질 향상과 사회통합에 관한 중요 사항을 심의·조정하기 위하여 국무총리 소속으로 다문화가족정책위원회를 둔다.

③ 여성가족부장관은 다문화가족의 현황 및 실태를 파악하고 다문화가족 지원을 위한 정책수립에 활용하기 위하여 3년마다 다문화가족에 대한 실태조사를 실시하고 그 결과를 공표하여야 한다.

⑤ 국가와 지방자치단체는 다문화가족에 대한 사회적 차별 및 편견을 예방하고 사회구성원이 문화적 다양성을 인정하고 존중할 수 있도록 다문화 이해교육을 실시하고 홍보 등 필요한 조치를 하여야 한다.

다문화가족지원법상 실태조사 등에 관한 내용이다. ( )에 들어갈 용어를 바르게 짝지은 것은?

(ㄱ)장관은 다문화가족의 현황 및 실태를 파악하고 다문화가족 지원을 위한 정책수립에 활용하기 위하여 (ㄴ)년마다 다문화가족에 대한 실태조사를 실시하고 그 결과를 공표하여야 한다.

① ㄱ: 고용노동부, ㄴ: 3
② ㄱ: 고용노동부, ㄴ: 5
③ ㄱ: 여성가족부, ㄴ: 3
④ ㄱ: 여성가족부, ㄴ: 5
⑤ ㄱ: 보건복지부, ㄴ: 3

답 ③

응시생들의 선택

① 1%	② 1%	③ 70%	④ 20%	⑤ 8%

③ 여성가족부장관은 다문화가족의 현황 및 실태를 파악하고 다문화가족 지원을 위한 정책수립에 활용하기 위하여 3년마다 다문화가족에 대한 실태조사를 실시하고 그 결과를 공표하여야 한다.

덧붙임

다문화가족지원법은 특히 실태조사에 관한 내용이 자주 출제되는데, 다문화가족지원법의 실태조사의 주체는 보건복지부장관이 아닌 여성가족부장관임을 반드시 기억하자.

다문화가족지원법령에 관한 설명으로 옳지 않은 것은?

① 대한민국 국민과 사실혼 관계에서 출생한 자녀를 양육하고 있는 다문화가족 구성원도 이 법의 지원대상이 된다.
② 생활정보 제공 및 교육 지원에 관한 규정을 두고 있다.
③ 다국어에 의한 서비스 제공 규정은 아직 마련되어 있지 않다.
④ 가정폭력 피해자에 대한 보호·지원 규정을 두고 있다.
⑤ 의료 및 건강관리를 위한 지원 규정을 두고 있다.

답 ③

응시생들의 선택

① 9%	② 2%	③ 61%	④ 15%	⑤ 13%

③ 다문화가족지원법에서는 다국어에 의한 서비스 제공(제11조) 규정이 마련되어 있다.

다문화가족지원법의 내용으로 옳지 않은 것은?

① 다문화가족지원법의 관장부처는 법무부이다.
② 국가와 지방자치단체는 다문화가족 내 가정폭력을 예방하기 위하여 노력하여야 한다.
③ 국가와 지방자치단체는 아동·청소년 보육·교육을 실시함에 있어서 다문화가족 구성원인 아동·청소년을 차별하여서는 아니 된다.
④ 국가와 지방자치단체는 사회구성원이 문화적 다양성을 인정하고 존중할 수 있도록 다문화 이해교육을 실시하고 홍보 등 필요한 조치를 하여야 한다.
⑤ 재한외국인처우기본법에 따른 결혼이민자와 국적법에 따라 대한민국 국적을 취득한 자로 이루어진 가족을 다문화가족이라 한다.

답 ①

응시생들의 선택

① 91%	② 2%	③ 2%	④ 1%	⑤ 4%

① 다문화가족지원법의 관장부처는 여성가족부이다.

다음 내용이 왜 틀렸는지를 확인해보자

`16-08-20`

01 여성가족부장관은 다문화가족 지원을 위하여 **3년마다 다문화가족정책에 관한 기본계획을 수립**하여야 한다.

> 여성가족부장관은 다문화가족 지원을 위하여 5년마다 다문화가족정책에 관한 기본계획을 수립하여야 한다.

`15-08-16`

02 여성가족부장관은 다문화가족의 현황 및 실태를 파악하고 다문화가족 지원을 위한 정책수립에 활용하기 위하여 **격년으로 다문화가족에 대한 실태조사**를 실시한다.

> 여성가족부장관은 다문화가족의 현황 및 실태를 파악하고 다문화가족 지원을 위한 정책수립에 활용하기 위하여 3년마다 다문화가족에 대한 실태조사를 실시하여야 한다.

---

03 다문화가족의 삶의 질 향상과 사회통합에 관한 중요 사항을 심의·조정하기 위하여 **여성가족부** 소속으로 다문화가족정책위원회를 둔다.

> 다문화가족의 삶의 질 향상과 사회통합에 관한 중요 사항을 심의·조정하기 위하여 국무총리 소속으로 다문화가족정책위원회를 둔다.

`10-08-24`

04 여성가족부장관이 기본계획을 수립할 때에는 미리 **국무총리와 협의**하여야 한다.

> 여성가족부장관이 기본계획을 수립할 때에는 미리 관계 중앙행정기관의 장과 협의하여야 한다.

---

05 다문화가족지원법상 **보건복지부장관**은 전화센터의 설치·운영을 위탁할 경우 예산의 범위에서 그에 필요한 비용의 전부 또는 일부를 지원할 수 있다.

> 다문화가족지원법상 여성가족부장관은 전화센터의 설치·운영을 위탁할 경우 예산의 범위에서 그에 필요한 비용의 전부 또는 일부를 지원할 수 있다.

빈칸에 들어갈 알맞은 말을 채워보자

01 다문화가족지원법에서 아동·청소년이란 (　　　　　)세 이하인 사람을 말한다.

02 국가와 지방자치단체는 (　　　　　)을/를 설치·운영할 수 있으며, 법인이나 단체에 위탁할 수 있다.

03 다문화가족정책위원회는 위원장 1명을 포함한 20명 이내의 위원으로 구성하고, 위원장은 (　　　　　)가 된다.

 답 01 24　**02** 다문화가족지원센터　**03** 국무총리

다음 내용이 옳은지 그른지 판단해보자

08-08-06

01 재한외국인처우기본법에 따른 결혼이민자와 국적법에 따라 대한민국 국적을 취득한 자로 이루어진 가족을 다문화가족이라 한다.　◎ⓧ

02 여성가족부장관은 결혼이민자등이 대한민국에서 생활하는 데 필요한 기본적 정보를 제공하고, 사회적응교육과 직업교육·훈련 및 언어소통 능력 향상을 위한 한국어교육 등을 받을 수 있도록 필요한 지원을 할 수 있다.　◎ⓧ

03 여성가족부장관은 다국어에 의한 상담·통역 서비스 등을 결혼이민자등에게 제공하기 위하여 다문화가족 종합정보 전화센터를 설치·운영할 수 있다.　◎ⓧ

답 01 ○　**02** ×　**03** ○

(해설) **02** 국가와 지방자치단체는 결혼이민자등이 대한민국에서 생활하는데 필요한 기본적 정보를 제공하고, 사회적응교육과 직업교육·훈련 및 언어소통 능력 향상을 위한 한국어교육 등을 받을 수 있도록 필요한 지원을 할 수 있다.

자원봉사활동기본법

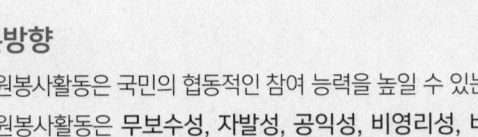

최근 10년간 **3문항** 출제

이론요약

기본방향

- 자원봉사활동은 국민의 협동적인 참여 능력을 높일 수 있는 방향으로 추진하여야 한다.
- 자원봉사활동은 **무보수성, 자발성, 공익성, 비영리성, 비정파성(非政派性), 비종파성(非宗派性)의 원칙** 아래 수행될 수 있도록 하여야 한다.
- 모든 국민은 나이, 성별, 장애, 지역, 학력 등 사회적 배경에 관계없이 누구든지 자원봉사활동에 참여할 수 있도록 하여야 한다.
- 자원봉사활동의 진흥을 위한 정책은 민·관 협력의 기본 정신을 바탕으로 하여 추진하여야 한다.

기본개념

사회복지법제론
pp.526~

자원봉사진흥회와 한국자원봉사협의회

- 자원봉사활동에 관한 주요 정책을 심의하기 위하여 행정안전부장관 소속으로 관계 공무원 및 민간 전문가로 구성된 자원봉사진흥위원회를 둔다. '자원봉사활동의 진흥을 위한 정책방향의 설정 및 협력·조정, 자원봉사활동의 진흥을 위한 국가기본계획과 연도별 시행계획에 관한 사항, 자원봉사활동의 진흥을 위한 제도개선에 관한 사항, 그 밖에 자원봉사활동의 진흥에 관하여 필요한 사항' 등을 심의한다.
- 자원봉사단체는 전국 단위의 자원봉사활동을 진흥·촉진하기 위한 활동을 하기 위하여 한국자원봉사협의회를 설립할 수 있다. '회원단체 간의 협력 및 사업지원, 자원봉사활동의 진흥을 위한 대국민 홍보 및 국제교류, 자원봉사활동과 관련된 정책의 개발 및 조사·연구, 자원봉사활동과 관련된 정책의 건의, 자원봉사활동과 관련된 정보의 연계 및 지원, 그 밖에 자원봉사활동의 진흥과 관련하여 국가 및 지방자치단체로부터 위탁받은 사업' 등의 활동을 한다.

자원봉사단체 및 자원봉사센터

- 국가 및 지방자치단체는 자원봉사단체의 활동에 필요한 행정적 지원을 할 수 있으며 사업비를 지원할 수 있다.
- 국가기관 및 지방자치단체는 자원봉사센터를 설치할 수 있다. 이 경우 자원봉사센터를 법인으로 하여 운영하거나 비영리 법인에 위탁하여 운영하여야 한다.
- 국가는 자원봉사센터의 설치·운영이 활성화될 수 있도록 적극 노력하여야 하며, 지방자치단체는 자원봉사센터의 운영에 필요한 경비를 지원할 수 있다.

01 (19-08-23) 자원봉사활동은 무보수성, 자발성, 공익성, 비영리성, 비정파성(非政派性), 비종파성(非宗派性)의 원칙 아래 수행될 수 있도록 하여야 한다.

02 (16-08-18) 자원봉사활동의 원칙에는 무보수성, 자발성, 공익성, 비영리성, 비정파성(非政派性), 비종파성(非宗派性)이 있다.

03 (14-08-25) 국가기관 및 지방자치단체는 자원봉사센터를 설치할 수 있으며, 이 경우 자원봉사센터를 법인으로 하여 운영하거나 비영리법인에 위탁하여 운영하여야 한다.

04 (11-08-28) 국가와 지방자치단체는 자원봉사활동의 진흥을 위하여 자원봉사단체 및 자원봉사센터가 특정사업을 수행하기 위하여 국·공유재산을 필요로 한다고 인정하는 때에는 이를 무상으로 대여하거나 사용하게 할 수 있다.

05 (10-08-29) 자원봉사활동이라 함은 개인 또는 단체가 지역사회·국가 및 인류사회를 위하여 대가 없이 자발직으로 시간과 노력을 제공하는 행위를 말한다.

06 (06-08-26) 자원봉사활동은 민관협력을 바탕으로 추진해야 한다.

대표기출 확인하기

19-08-23
난이도 ★★★

자원봉사활동의 기본방향에 관한 자원봉사활동기본법 제2조제2호 규정이다. (   )에 들어갈 내용이 아닌 하나는?

> 자원봉사활동은 무보수성, 자발성, (   ), (   ), (   ), (   )의 원칙 아래 수행될 수 있도록 하여야 한다.

① 공익성
② 비영리성
③ 비정파성(非政派性)
④ 비종파성(非宗派性)
⑤ 무차별성

▶ **알짜확인**

• 자원봉사활동기본법과 관련된 주요 내용(자원봉사활동, 자원봉사진흥위원회, 한국자원봉사협의회, 자원봉사센터, 자원봉사단체 등)을 파악해야 한다.

답 ⑤

✔ **응시생들의 선택**

① 29%	② 6%	③ 15%	④ 16%	⑤ 34%

⑤ 자원봉사활동은 무보수성, 자발성, 공익성, 비영리성, 비정파성(非政派性), 비종파성(非宗派性)의 원칙 아래 수행될 수 있도록 하여야 한다.

➕ **덧붙임**

자원봉사활동기본법과 관련해서는 자원봉사센터, 자원봉사단체, 자원봉사활동에 관한 기본적이면서 전반적인 사항에 대해 묻는 문제가 출제되었다.

관련기출 더 보기

16-08-18
난이도 ★☆☆

자원봉사활동기본법상 자원봉사활동의 원칙에 해당하지 않는 것은?

① 무보수성
② 비집단성
③ 비영리성
④ 비정파성(非政派性)
⑤ 비종파성(非宗派性)

답 ②

✔ **응시생들의 선택**

① 4%	② 78%	③ 1%	④ 7%	⑤ 10%

② 자원봉사활동은 무보수성, 자발성, 공익성, 비영리성, 비정파성(非政派性), 비종파성(非宗派性)의 원칙 아래 수행될 수 있도록 하여야 한다.

➕ **덧붙임**

19회, 16회 시험에서 연속으로 자원활동기본법상 자원봉사활동의 기본방향(원칙)이 출제되었다. 자원봉사활동의 무보수성, 자발성, 공익성, 비영리성, 비정파성(非政派性), 비종파성(非宗派性)의 원칙을 반드시 기억하자.

난이도 ★★☆

자원봉사활동기본법상 자원봉사센터에 관한 설명으로 옳지 않은 것은?

① 국가는 자원봉사센터의 설치·운영이 활성화될 수 있도록 적극 노력하여야 한다.
② 지방자치단체는 자원봉사센터의 운영에 필요한 경비를 지원할 수 있다.
③ 국가기관 및 지방자치단체는 자원봉사센터를 설치할 수 있다.
④ 지방자치단체는 설치한 자원봉사센터를 비영리 법인에 위탁하여 운영할 수 없다.
⑤ 지방자치단체로부터 운영경비를 지원받는 자원봉사센터는 그 명의로 특정인의 선거운동을 하여서는 아니 된다.

답 ④

✔ 응시생들의 선택

① 3%	② 1%	③ 3%	④ 92%	⑤ 1%

④ 국가기관 및 지방자치단체는 자원봉사센터를 설치할 수 있으며, 이 경우 자원봉사센터를 법인으로 하여 운영하거나 비영리 법인에 위탁하여 운영하여야 한다.

난이도 ★★☆

자원봉사활동기본법령상의 자원봉사단체에 관한 설명으로 옳지 않은 것은?

① 비영리법인 또는 단체로 설립된다.
② 정치활동 금지의무가 있다.
③ 국·공유재산을 무상으로 대여 받거나 사용할 수 없다.
④ 한국자원봉사협의회를 법인으로 설립할 수 있다.
⑤ 비영리민간단체지원법에 의한 사업비를 지원받을 수 있다.

답 ③

✔ 응시생들의 선택

① 1%	② 14%	③ 61%	④ 17%	⑤ 7%

③ 국가와 지방자치단체는 자원봉사활동의 진흥을 위하여 자원봉사단체 및 자원봉사센터가 특정한 사업을 수행하기 위하여 국유·공유재산을 필요하다고 인정하면 이를 무상으로 대여하거나 사용하게 할 수 있다.

난이도 ★★☆

자원봉사활동기본법에 관한 내용으로 옳은 것을 모두 고른 것은?

> ㄱ. 자원봉사활동이라 함은 개인 또는 단체가 지역사회·국가 및 인류사회를 위하여 대가 없이 자발적으로 시간과 노력을 제공하는 행위를 말한다.
> ㄴ. 학교·직장 등의 장은 학생 또는 직장인 등의 자원봉사활동에 대하여 그 공헌을 인정하여 줄 수 있다.
> ㄷ. 자원봉사활동은 무보수성, 자발성, 공익성, 비영리성, 비정파성, 비종파성의 원칙 아래 수행될 수 있도록 하여야 한다.
> ㄹ. 국가 및 지방자치단체로부터 지원을 받는 자원봉사단체는 그 명의 또는 그 대표의 명의로 특정정당 또는 특정인의 선거운동(공직선거법에 따른 선거운동)을 할 수 있다.

① ㄱ, ㄴ, ㄷ   ② ㄱ, ㄷ
③ ㄴ, ㄹ   ④ ㄹ
⑤ ㄱ, ㄴ, ㄷ, ㄹ

답 ①

✔ 응시생들의 선택

① 88%	② 7%	③ 1%	④ 1%	⑤ 3%

① ㄹ. 국가 및 지방자치단체로부터 지원을 받는 자원봉사단체 및 자원봉사센터는 그 명의 또는 그 대표의 명의로 특정 정당이나 특정인의 선거운동을 하여서는 아니 된다.

다음 내용이 왜 틀렸는지를 확인해보자

14-08-25

01 국가기관 및 지방자치단체는 자원봉사센터를 법인으로 하여 운영하거나 **영리 법인에 위탁하여 운영**하여야 한다.

> 국가기관 및 지방자치단체는 자원봉사센터를 법인으로 하여 운영하거나 비영리 법인에 위탁하여 운영하여야 한다.

02 자원봉사활동에 관한 주요 정책을 심의하기 위하여 행정안전부장관 소속으로 관계 공무원 및 민간 전문가로 구성된 **자원봉사협회**를 둔다.

> 자원봉사활동에 관한 주요 정책을 심의하기 위하여 행정안전부장관 소속으로 관계 공무원 및 민간 전문가로 구성된 자원봉사진흥위원회를 둔다.

11-08-28

03 국가와 지방자치단체는 자원봉사활동의 진흥을 위하여 자원봉사단체 및 자원봉사센터가 대통령령으로 정하는 특정한 사업을 수행하기 위하여 국유·공유 재산이 필요하다고 인정하면 이를 **유상으로 대여하거나 사용**하게 할 수 있다.

> 국가와 지방자치단체는 자원봉사활동의 진흥을 위하여 자원봉사단체 및 자원봉사센터가 대통령령으로 정하는 특정한 사업을 수행하기 위하여 국유·공유 재산이 필요하다고 인정하면 이를 무상으로 대여하거나 사용하게 할 수 있다.

10-08-29

04 자원봉사활동의 활성화를 위하여 자원봉사단체 및 자원봉사센터는 그 명의 또는 그 대표의 명의로 **특정정당 또는 특정인의 선거운동을 적극적으로 참여**해야 한다.

> 자원봉사단체 및 자원봉사센터는 그 명의 또는 그 대표의 명의로 특정정당 또는 특정인의 선거운동을 해서는 안 된다.

05 **보건복지부장관**은 관계중앙행정기관의 장과 협의하여 자원봉사활동의 진흥을 위한 국가기본계획을 5년마다 수립해야 한다.

> 행정안전부장관은 관계중앙행정기관의 장과 협의하여 자원봉사활동의 진흥을 위한 국가기본계획을 5년마다 수립해야 한다.

빈칸에 들어갈 알맞은 말을 채워보자

19-08-23
01 자원봉사활동은 무보수성, 자발성, (　　　　　　　), 비영리성, 비정파성, 비종파성의 원칙 아래 수행될 수 있도록
하여야 한다.

02 한국자원봉사협의회는 정관을 작성하여 (　　　　　　)의 인가를 받아 등기함으로써 설립된다.

10-08-29
03 (　　　　　　　)(이)란 개인 또는 단체가 지역사회·국가 및 인류사회를 위하여 대가 없이 자발적으로 시간과 노력
을 제공하는 행위를 말한다.

답　01 공익성　**02** 행정안전부장관　**03** 자원봉사활동

다음 내용이 옳은지 그른지 판단해보자

01 누구든지 개인 또는 단체에 대하여 자원봉사활동을 강요하여서는 아니 된다.　◎ⓧ

02 부패 방지 및 소비자 보호에 관한 활동, 교통질서 및 기초질서 계도에 관한 활동도 이 법의 적용을
받는 자원봉사활동의 범위에 해당한다.　◎ⓧ

03 국가는 국민의 자원봉사활동에 대한 참여를 촉진하고 자원봉사자의 사기를 높이기 위하여 매년 12
월 5일을 자원봉사자의 날로 하고 자원봉사자의 날부터 1주일간을 자원봉사주간으로 설정한다.　◎ⓧ

답　01 ○　**02** ○　**03** ○

최근 10년간 **5문항** 출제

복습
1 이론요약

가정폭력 실태조사 및 예방교육

- 여성가족부장관은 3년마다 가정폭력에 대한 실태조사를 실시하여 그 결과를 발표하고, 이를 가정폭력을 예방하기 위한 정책수립의 기초자료로 활용하여야 한다.
- 국가기관, 지방자치단체 및 초·중등교육법에 따른 각급 학교의 장, 그 밖에 대통령령으로 정하는 공공단체의 장은 가정폭력의 예방과 방지를 위하여 필요한 교육을 실시하고, 그 결과를 여성가족부장관에게 제출하여야 한다.

기본개념

사회복지법제론
pp.530~

긴급전화센터

여성가족부장관 또는 시·도지사는 '피해자의 신고접수 및 상담, 관련 기관·시설과의 연계, 피해자에 대한 긴급한 구조의 지원, 경찰관서 등으로부터 인도받은 피해자 및 피해자가 동반한 가정구성원의 임시 보호' 등을 수행하기 위하여 긴급전화센터를 설치·운영하여야 한다. 이 경우 외국어 서비스를 제공하는 긴급전화센터를 따로 설치·운영할 수 있다.

가정폭력 관련 상담소

- 국가나 지방자치단체는 가정폭력 관련 상담소를 설치·운영할 수 있다.
- 국가나 지방자치단체 외의 자가 상담소를 설치·운영하려면 특별자치시장·특별자치도지사·시장·군수·구청장에게 신고하여야 한다. 신고한 사항 중 여성가족부령으로 정하는 중요 사항을 변경하려는 경우에도 또한 같다.
- 상담소의 업무로는 '가정폭력을 신고받거나 이에 관한 상담에 응하는 일, 가정폭력을 신고하거나 이에 관한 상담을 요청한 사람과 그 가족에 대한 상담, 가정폭력으로 정상적인 가정생활과 사회생활이 어렵거나 그 밖에 긴급히 보호를 필요로 하는 피해자 등을 임시로 보호하거나 의료기관 또는 가정폭력피해자 보호시설로 인도하는 일, 행위자에 대한 고발 등 법률적 사항에 관하여 자문하기 위한 대한변호사협회 또는 지방변호사회 및 법률 구조법인 등에 대한 필요한 협조와 지원의 요청, 경찰관서 등으로부터 인도받은 피해자등의 임시 보호, 가정폭력의 예방과 방지에 관한 교육 및 홍보, 그 밖에 가정폭력과 그 피해에 관한 조사·연구' 등이 있다.

가정폭력피해자 보호시설

- 국가나 지방자치단체는 가정폭력피해자 보호시설을 설치·운영할 수 있다.
- 사회복지법인과 그 밖의 비영리법인은 시장·군수·구청장의 인가를 받아 보호시설을 설치·운영할 수 있다.
- 보호시설에는 상담원을 두어야 하고, 보호시설의 규모에 따라 생활지도원, 취사원, 관리원 등의 종사자를 둘 수 있다.

- 단기보호시설(피해자등을 6개월의 범위에서 보호하는 시설, 각 3개월의 범위에서 두 차례 연장 가능), **장기보호시설** (피해자등에 대하여 2년의 범위에서 자립을 위한 주거편의 등을 제공하는 시설), **외국인보호시설**(외국인 피해자등을 2년의 범위에서 보호하는 시설), **장애인보호시설**(장애인복지법의 적용을 받는 장애인인 피해자등을 2년의 범위에서 보호하는 시설)
- 보호시설의 업무로는 '숙식의 제공, 심리적 안정과 사회적응을 위한 상담 및 치료, 질병치료와 건강관리를 위한 의료기관에의 인도 등 의료지원, 수사·재판과정에 필요한 지원 및 서비스 연계, 법률구조기관 등에 필요한 협조와 지원의 요청, 자립자활교육의 실시와 취업정보의 제공, 다른 법률에 따라 보호시설에 위탁된 사항, 그 밖에 피해자등의 보호를 위하여 필요한 일' 등이 있다.

기출문장 CHECK

01 (18-08-25) 지방자치단체는 가정폭력 관련 상담소를 외국인, 장애인 등 대상별로 특화하여 운영할 수 있다.

02 (17-08-24) 국가나 지방자치단체는 상담소나 보호시설의 설치·운영에 드는 경비의 일부를 보조할 수 있다.

03 (16-08-16) 긴급전화센터는 피해자의 신고접수 및 상담, 관련 기관·시설과의 연계, 피해자에 대한 긴급한 구조의 지원, 경찰관서 등으로부터 인도받은 피해자 및 피해자가 동반한 가정구성원의 임시 보호 등의 업무를 수행한다.

04 (15-08-14) 가정폭력피해자 보호시설에는 '단기보호시설, 장기보호시설, 외국인보호시설, 장애인보호시설'이 있다.

05 (13-08-19) 단기보호시설은 가정폭력피해자등을 6개월의 범위에서 보호하는 시설이다.

06 (12-08-22) 단기보호시설은 가정폭력 피해자등을 6개월의 범위에서 보호하는 시설을 말하며, 단기보호시설의 장은 보호기간을 각 3개월의 범위에서 두 차례 연장할 수 있다.

07 (08-08-21) 가정폭력의 예방과 방지에 관한 교육 및 홍보는 가정폭력 관련 상담소의 업무에 해당한다.

08 (05-08-27) 국가 또는 지방자치단체는 피해자의 보호 또는 양육을 받고 있는 아동의 취학을 지원해야 한다.

대표기출 확인하기

18-08-25
난이도 ★★☆

가정폭력방지 및 피해자보호 등에 관한 법률의 내용으로 옳지 않은 것은?

① 이 법에서의 "아동"이란 18세 미만인 자를 말한다.
② 국가인권위원회 위원장은 3년마다 가정폭력에 대한 실태조사를 실시하여야 한다.
③ 시·도지사는 외국어 서비스를 제공하는 긴급전화센터를 따로 설치·운영할 수 있다.
④ 지방자치단체는 가정폭력 관련 상담소를 외국인, 장애인 등 대상별로 특화하여 운영할 수 있다.
⑤ 지방자치단체는 가정폭력 관련 상담원 교육훈련시설을 설치·운영할 수 있다.

> ▶ 알짜확인
>
> • 가정폭력방지 및 피해자보호 등에 관한 법률과 관련된 주요 내용(가정폭력 실태조사, 가정폭력 예방교육, 긴급전화센터, 가정폭력상담소, 가정폭력피해자 보호시설 등)을 파악해야 한다.

답 ②

✔ 응시생들의 선택

① 13%	② 42%	③ 18%	④ 19%	⑤ 8%

② 여성가족부장관은 3년마다 가정폭력에 대한 실태조사를 실시하여 그 결과를 발표하고, 이를 가정폭력을 예방하기 위한 정책 수립의 기초자료로 활용하여야 한다.

➕ 덧붙임

가정폭력방지 및 피해자보호 등에 관한 법률과 관련해서는 가정폭력피해자 보호시설의 종류에 관한 문제가 가장 많이 출제되었다. 이 외에도 가정폭력 관련 상담소, 가정폭력 예방교육 등에 관한 내용도 다뤄진 바 있다.

관련기출 더 보기

17-08-24
난이도 ★★☆

가정폭력방지 및 피해자보호 등에 관한 법률의 내용으로 옳지 않은 것은?

① 단기보호시설은 피해자등을 6개월의 범위에서 보호하는 시설이다.
② 국가는 가정폭력 관련 상담소의 설치·운영에 드는 경비의 전부를 보조하여야 한다.
③ 여성가족부장관 또는 시·도지사는 긴급전화센터를 설치·운영하여야 한다.
④ 가정폭력의 예방과 방지에 관한 교육 및 홍보는 가정폭력 관련 상담소의 업무에 해당한다.
⑤ 사회복지법인은 시장·군수·구청장의 인가를 받아 가정폭력피해자 보호시설을 설치·운영할 수 있다.

답 ②

✔ 응시생들의 선택

① 5%	② 60%	③ 4%	④ 15%	⑤ 16%

② 국가나 지방자치단체는 상담소나 보호시설의 설치·운영에 드는 경비의 일부를 보조할 수 있다.

16-08-16
난이도 ★★☆

가정폭력방지 및 피해자보호 등에 관한 법률상 긴급전화센터의 업무에 해당하지 않는 것은?

① 가정폭력상담
② 관련 기관·시설과의 연계
③ 가정폭력 관련 법률자문 및 가해자 조사
④ 경찰관서 등으로부터 인도받은 피해자의 임시 보호
⑤ 피해자에 대한 긴급한 구조의 지원

답 ③

✔ 응시생들의 선택

① 2%	② 6%	③ 54%	④ 36%	⑤ 2%

③ 긴급전화센터의 업무로는 '피해자의 신고접수 및 상담, 관련 기관·시설과의 연계, 피해자에 대한 긴급한 구조의 지원, 경찰관서 등으로부터 인도받은 피해자 및 피해자가 동반한 가정구성원의 임시 보호'가 있다.

가정폭력방지 및 피해자보호 등에 관한 법령상 가정폭력피해자 보호시설에 관한 설명으로 옳은 것은?

① 단기보호시설은 가정폭력피해자를 2년의 범위에서 보호하는 시설을 말한다.
② 보호시설에는 상담원, 생활지도원, 취사원, 관리인을 두어야 한다.
③ 국가나 지방자치단체는 보호시설을 설치·운영하여야 한다.
④ 보호시설의 장은 입소자가 거짓이나 그 밖의 부정한 방법으로 입소한 경우에는 퇴소를 명하여야 한다.
⑤ 보호시설의 장은 가정폭력피해자에 대한 숙식제공 등 보호시설의 업무로 인한 비용의 전부 또는 일부를 가정폭력행위자로부터 구상할 수 있다.

답 ⑤

☑ 응시생들의 선택

① 11%	② 20%	③ 18%	④ 31%	⑤ 20%

① 단기보호시설은 가정폭력피해자등을 6개월의 범위에서 보호하는 시설이다.
② 보호시설에는 상담원을 두어야 하고, 보호시설의 규모에 따라 생활지도원, 취사원, 관리원 등의 종사자를 둘 수 있다.
③ 국가나 지방자치단체는 가정폭력피해자 보호시설을 설치·운영할 수 있다.
④ 보호시설의 장은 입소자가 거짓이나 그 밖의 부정한 방법으로 입소한 경우 퇴소를 명할 수 있다.

가정폭력방지 및 피해자보호 등에 관한 법률에 따른 가정폭력 관련 상담소의 업무가 아닌 것은?

① 가정폭력의 예방과 방지에 관한 교육 및 홍보
② 경찰관서 등으로부터 인도받은 피해자등의 임시 보호
③ 가정폭력을 신고받거나 이에 관한 상담에 응하는 일
④ 가정폭력피해자에게 2년의 범위에서 자립을 위한 주거편의 제공
⑤ 가정폭력으로 정상적인 가정생활과 사회생활이 어려운 피해자를 임시로 보호하는 일

답 ④

☑ 응시생들의 선택

① 9%	② 21%	③ 11%	④ 48%	⑤ 11%

④ 피해자등에 대하여 2년의 범위에서 자립을 위한 주거편의 등을 제공하는 시설은 장기보호시설이다.

가정폭력방지 및 피해자보호 등에 관한 법률에 대한 설명으로 옳은 것은?

① 피해자 보호시설에는 외국인보호시설도 포함된다.
② 신체적·정신적 피해에 대한 치료보호의 비용은 피해자가 부담한다.
③ 여성가족부는 가정폭력 예방 및 방지를 위하여 필요한 교육을 실시하여야 한다.
④ 초·중등교육법의 규정에 따른 각급 학교의 장은 취학아동에 대해 취학을 지원한다.
⑤ 상담소의 장은 피해자 등의 명시한 의사에 관계없이 보호를 할 수 있다.

답 ①

☑ 응시생들의 선택

① 72%	② 4%	③ 7%	④ 13%	⑤ 4%

② 치료보호에 필요한 일체의 비용은 가정폭력행위자가 부담한다.
③ 국가기관, 지방자치단체 및 초·중등교육법에 따른 각급 학교의 장, 그 밖에 대통령령으로 정하는 공공단체의 장은 가정폭력의 예방과 방지를 위하여 필요한 교육을 실시하여야 한다.
④ 국가나 지방자치단체는 피해자나 피해자가 동반한 가정구성원이 아동인 경우 주소지 외의 지역에서 취학(입학·재입학·전학 및 편입학을 포함)할 필요가 있을 때에는 그 취학이 원활히 이루어지도록 지원하여야 한다.
⑤ 상담소나 보호시설의 장은 피해자 등의 명시한 의사에 반하여 보호를 할 수 없다.

다음 내용이 왜 틀렸는지를 확인해보자

15-08-14

01 가정폭력방지 및 피해자보호 등에 관한 법률상 가정폭력피해자 보호시설의 종류에는 **단기보호시설, 장기보호시설, 노인보호시설, 장애인보호시설**이 있다.

> 가정폭력방지 및 피해자보호 등에 관한 법률상 가정폭력피해자 보호시설의 종류에는 단기보호시설, 장기보호시설, 외국인보호시설, 장애인보호시설이 있다.

12-08-22

02 가정폭력방지 및 피해자보호 등에 관한 법률상 단기보호시설의 장은 그 단기보호시설에 입소한 피해자등에 대한 보호기간을 여성가족부령으로 정하는 바에 따라 **3개월의 범위에서 한 차례만 연장**할 수 있다.

> 단기보호시설의 장은 그 단기보호시설에 입소한 피해자등에 대한 보호기간을 여성가족부령으로 정하는 바에 따라 각 3개월의 범위에서 두 차례 연장할 수 있다.

03 가정폭력방지 및 피해자보호 등에 관한 법률상 여성가족부장관은 **5년마다 긴급전화센터, 상담소 및 보호시설의 운영실적을 평가**하고, 그 결과를 각 시설의 감독, 지원 등에 반영할 수 있다.

> 가정폭력방지 및 피해자보호 등에 관한 법률상 여성가족부장관은 3년마다 긴급전화센터, 상담소 및 보호시설의 운영실적을 평가하고, 그 결과를 각 시설의 감독, 지원 등에 반영할 수 있다.

04 가정폭력방지 및 피해자보호 등에 관한 법률상 보호시설의 장이 입소한 자가 **보호의 목적이 달성되거나 보호기간이 끝났다고 하여 퇴소를 명하는 것은 불법**이다.

> 가정폭력방지 및 피해자보호 등에 관한 법률상 보호시설의 장은 입소한 자가 보호의 목적이 달성되거나 보호기간이 끝난 경우에는 퇴소를 명할 수 있다.

05 여성가족부장관은 **매년 가정폭력에 대한 실태조사**를 실시하여 그 결과를 발표하고, 이를 가정폭력을 예방하기 위한 정책수립의 기초자료로 활용해야 한다.

> 여성가족부장관은 3년마다 가정폭력에 대한 실태조사를 실시하여 그 결과를 발표하고, 이를 가정폭력을 예방하기 위한 정책수립의 기초자료로 활용해야 한다.

빈칸에 들어갈 알맞은 말을 채워보자

17-08-24

01 사회복지법인과 그 밖의 비영리법인은 시장·군수·구청장의 (　　　　　)을/를 받아 가정폭력 피해자 보호시설을 설치·운영할 수 있다.

02 외국인보호시설은 배우자가 「대한민국 국민인 외국인 피해자등을 (　　　　　)년의 범위에서 보호하는 시설이다.

03 (　　　　　)은/는 피해 상황에서 신속하게 벗어나 인간으로서의 존엄성과 안전을 보장받을 권리가 있다.

답 **01** 인가　**02** 2　**03** 가정폭력 피해자

다음 내용이 옳은지 그른지 판단해보자

13-08-19

01 보호시설에는 상담원, 생활지도원, 취사원, 관리인을 반드시 두어야 한다.

05-08-27

02 여성가족부는 가정폭력 예방 및 방지를 위하여 필요한 교육을 실시하여야 한다.

03 긴급전화센터, 상담소 또는 보호시설의 장이나 이를 보조하는 자 또는 그 직에 있었던 자는 그 직무상 알게 된 비밀을 누설하여서는 아니 된다.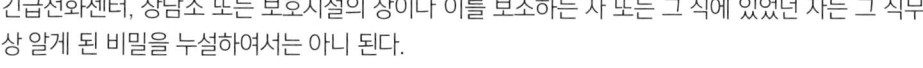

답 **01** ✕　**02** ✕　**03** ○

해설 **01** 보호시설에는 상담원을 두어야 하고, 보호시설의 규모에 따라 생활지도원, 취사원, 관리원 등의 종사자를 둘 수 있다.
　02 국가기관, 지방자치단체 및 초·중등교육법에 따른 각급 학교의 장, 그 밖에 대통령령으로 정하는 공공단체의 장은 가정폭력의 예방과 방지를 위하여 필요한 교육을 실시하여야 한다.

249 성폭력방지 및 피해자보호 등에 관한 법률

★ ★ ★
최근 10년간 **4문항** 출제

복습 1 이론요약

성폭력 실태조사

여성가족부장관은 성폭력의 실태를 파악하고 성폭력 방지에 관한 정책을 수립하기 위하여 **3년마다 성폭력 실태조사를 하고 그 결과를 발표**해야 한다.

기본개념

사회복지법제론
pp.535~

피해자 지원

• 국가와 지방자치단체는 피해자나 피해자의 가족구성원이 초·중등교육법에 따른 각급 학교의 학생인 경우 주소지 외의 지역에서 취학(입학, 재입학, 전학 및 편입학을 포함) 할 필요가 있을 때에는 그 취학이 원활히 이루어지도록 지원하여야 한다.

• 국가는 피해자에 대하여 법률상담과 소송대리(訴訟代理) 등의 지원을 할 수 있다.

성폭력피해상담소

▶ **상담소의 설치·운영**

• 국가 또는 지방자치단체는 성폭력피해상담소를 설치·운영할 수 있다.

• 국가 또는 지방자치단체 외의 자가 상담소를 설치·운영하려면 **특별자치시장·특별자치도지사 또는 시장·군수·구청장에게 신고**하여야 한다. 신고한 사항 중 여성가족부령으로 정하는 중요 사항을 변경하려는 경우에도 또한 같다.

▶ **상담소의 업무**

성폭력피해의 신고접수와 이에 관한 상담, 성폭력피해로 인하여 정상적인 가정생활 또는 사회생활이 곤란하거나 그 밖의 사정으로 긴급히 보호할 필요가 있는 사람과 성폭력피해자보호시설 등의 연계, 피해자등의 질병치료와 건강관리를 위하여 의료기관에 인도하는 등 의료 지원, 피해자에 대한 수사기관의 조사와 법원의 증인신문(證人訊問) 등에의 동행, 성폭력행위자에 대한 고소와 피해배상청구 등 사법처리 절차에 관하여 대한법률구조공단 등 관계 기관에 필요한 협조 및 지원 요청, 성폭력 예방을 위한 홍보 및 교육, 그 밖에 성폭력 및 성폭력 피해에 관한 조사·연구

성폭력피해자보호시설

▶ **시설의 종류**

일반보호시설, **장애인보호시설**(장애인 피해자 대상), **특별지원 보호시설**(19세 미만의 피해자 대상), **외국인보호시설**(외국인 피해자에게 제공하는 시설), **자립지원 공동생활시설**(보호시설을 퇴소한 사람에게 자립·자활 교육의 실시와 취

업정보의 제공 및 그 밖에 필요한 사항을 제공하는 시설), **장애인 자립지원 공동생활시설**(장애인 보호시설을 퇴소한 사람에게 자립·자활 교육의 실시와 취업정보의 제공 및 그 밖에 필요한 사항을 제공하는 시설)

▶ **입소기간**

- 일반보호시설: 1년 이내(1년 6개월의 범위에서 한 차례 연장 가능)
- 장애인보호시설: 2년 이내(피해회복에 소요되는 기간까지 연장 가능)
- 특별지원 보호시설: 19세가 될 때까지(2년의 범위에서 한 차례 연장 가능)
- 외국인보호시설: 1년 이내(피해회복에 소요되는 기간까지 연장 가능)
- 자립지원 공동생활시설: 2년 이내(2년의 범위에서 한 차례 연장 가능)
- 장애인 자립지원 공동생활시설: 2년 이내(2년의 범위에서 한 차례 연장 가능)

▶ **시설의 업무**

피해자등의 보호 및 숙식 제공, 피해자등의 심리적 안정과 사회 적응을 위한 상담 및 치료, 자립·자활교육의 실시와 취업정보의 제공, 피해자등의 질병치료와 건강관리를 위하여 의료기관에 인도하는 등 의료지원, 피해자에 대한 수사기관의 조사와 법원의 증인신문(證人訊問) 등에의 동행, 성폭력행위자에 대한 고소와 피해배상 청구 등 사법처리 절차에 관하여 대한법률구조공단 등 관계 기관에 필요한 협조 및 지원 요청, 다른 법률에 따라 보호시설에 위탁된 업무, 그 밖에 피해자등을 보호하기 위하여 필요한 업무

성폭력피해자통합지원센터 및 성폭력 전담의료기관의 지정

- 성폭력피해자통합지원센터: 국가와 지방자치단체는 성폭력 피해상담, 치료, 기관에 법률상담 연계, 수사지원, 그 밖에 피해구제를 위한 지원업무를 종합적으로 수행하기 위하여 설치·운영할 수 있다.
- 성폭력 전담의료기관: 여성가족부장관, 특별자치도지사 또는 시장·군수·구청장은 국립·공립병원, 보건소 또는 민간 의료시설을 피해자등의 치료를 위한 전담의료기관으로 지정할 수 있다.

기출문장 CHECK

01 (19-08-24) 시장·군수·구청장은 민간의료시설을 피해자등의 치료를 위한 전담의료기관으로 지정할 수 있다.

02 (18-08-24) 성폭력피해자보호시설의 종류로는 일반보호시설, 장애인보호시설, 특별지원 보호시설, 외국인보호시설, 자립지원 공동생활시설, 장애인 자립지원 공동생활시설이 있다.

03 (17-08-23) 피해자에 대한 직업훈련 및 법률구조 등 사회복귀 지원은 성폭력방지 및 피해자보호 등에 관한 법률상 국가와 지방자치단체의 책무에 해당한다.

04 (15-08-17) 일반보호시설에의 입소기간은 1년 이내이나 예외적으로 연장할 수 있다.

대표기출 확인하기

19-08-24   난이도 ★☆☆

성폭력방지 및 피해자보호 등에 관한 법률의 내용으로 옳지 않은 것은?

① 피해자의 의사에 반하여 피해자 상담을 할 수 있다.

② 보호시설의 장이나 종사자는 업무상 알게 된 비밀을 누설해서는 아니 된다.

③ 보호시설에 대한 보호비용의 지원 방법 및 절차 등에 필요한 사항은 여성가족부령으로 정한다.

④ 시장·군수·구청장은 민간의료시설을 피해자등의 치료를 위한 전담의료기관으로 지정할 수 있다.

⑤ 국가 또는 지방자치단체는 이 법 제27조제2항에 따른 치료 등 의료 지원에 필요한 경비의 전부 또는 일부를 지원할 수 있다.

▶ **알짜확인**

• 성폭력방지 및 피해자보호 등에 관한 법률의 주요 내용(성폭력 실태조사, 성폭력 예방교육, 성폭력피해자보호시설, 성폭력 전담의료기관, 피해자 지원 등)을 이해해야 한다.

답 ①

✔ **응시생들의 선택**

① 70%	② 2%	③ 13%	④ 13%	⑤ 2%

① 상담소, 보호시설 및 통합지원센터의 장과 종사자는 피해자등이 분명히 밝힌 의사에 반하여 상담 등의 업무를 할 수 없다.

➕ **덧붙임**

성폭력방지 및 피해자보호 등에 관한 법률은 과거에는 출제되지 않았으나 최근 들어 출제되기 시작하였다. 최근 시험에서 등장한 법률인 만큼 당분간 지속적으로 출제될 가능성이 매우 높기 때문에 법률의 전반적인 사항을 모두 빠짐없이 살펴봐야 한다.

관련기출 더 보기

18-08-24   난이도 ★★★

성폭력방지 및 피해자보호 등에 관한 법률상 성폭력피해자보호시설의 종류가 아닌 것은?

① 일반보호시설

② 상담지원시설

③ 외국인보호시설

④ 특별지원 보호시설

⑤ 자립지원 공동생활시설

답 ②

✔ **응시생들의 선택**

① 11%	② 21%	③ 34%	④ 6%	⑤ 28%

② 성폭력피해자보호시설의 종류로는 일반보호시설, 장애인보호시설, 특별지원 보호시설, 외국인보호시설, 자립지원 공동생활시설, 장애인 자립지원 공동생활시설이 있다.

성폭력방지 및 피해자보호 등에 관한 법률상 국가와 지방자치단체의 책무에 해당하는 것을 모두 고른 것은?

ㄱ. 성폭력 신고체계의 구축·운영
ㄴ. 성폭력 예방을 위한 유해환경 개선
ㄷ. 성폭력 예방을 위한 조사·연구, 교육 및 홍보
ㄹ. 피해자에 대한 직업훈련 및 법률구조 등 사회복귀 지원

① ㄱ, ㄴ
② ㄴ, ㄷ
③ ㄱ, ㄷ, ㄹ
④ ㄴ, ㄷ, ㄹ
⑤ ㄱ, ㄴ, ㄷ, ㄹ

답 ⑤

응시생들의 선택

① 4%	② 1%	③ 7%	④ 1%	⑤ 87%

⑤ 국가와 지방자치단체는 성폭력을 방지하고 성폭력피해자를 보호·지원하기 위하여 '성폭력 신고체계의 구축·운영, 성폭력 예방을 위한 조사·연구·교육 및 홍보, 피해자를 보호·지원하기 위한 시설의 설치·운영, 피해자에 대한 주거지원·직업훈련 및 법률구조 등 사회복귀 지원, 피해자에 대한 보호·지원을 원활히 하기 위한 관련 기관 간 협력체계의 구축·운영, 성폭력 예방을 위한 유해환경 개선, 피해자 보호·지원을 위한 관계 법령의 정비와 각종 정책의 수립·시행 및 평가' 등의 조치를 하여야 한다.

성폭력방지 및 피해자보호 등에 관한 법률상 피해자보호에 관한 설명으로 옳지 않은 것은?

① 일반보호시설에의 입소기간은 1년 이내이나 예외적으로 연장할 수 있다.
② 누구든지 피해자를 고용하고 있는 자는 성폭력과 관련하여 피해자를 해고하여서는 아니 된다.
③ 지방자치단체는 성폭력 전담의료기관의 의료 지원에 필요한 경비의 전부를 지원할 수 없다.
④ 국가는 피해자에 대하여 법률상담과 소송대리 등의 지원을 할 수 있다.
⑤ 미성년자가 피해자인 경우 성폭력행위자가 아닌 보호자가 입소에 동의하는 때에는 그 미성년자는 보호시설에 입소할 수 있다.

답 ③

응시생들의 선택

① 8%	② 7%	③ 75%	④ 1%	⑤ 9%

③ 국가 또는 지방자치단체는 성폭력 전담의료기관의 치료 등 의료 지원에 필요한 경비의 전부 또는 일부를 지원할 수 있다.

다음 내용이 왜 틀렸는지를 확인해보자

15-08-17

01 일반보호시설에의 입소기간은 1년 이내이나 여성가족부령으로 정하는 바에 따라 <u>2년의 범위에서 한 차례 연장</u>할 수 있다.

> 일반보호시설에의 입소기간은 1년 이내이나 여성가족부령으로 정하는 바에 따라 1년 6개월의 범위에서 한 차례 연장할 수 있다.

02 성폭력피해상담소는 <u>**피해자등의 보호 및 숙식을 제공**</u>한다.

> 피해자등의 보호 및 숙식 제공은 성폭력피해자보호시설의 업무에 해당한다.

03 입소자가 거짓이나 그 밖의 부정한 방법으로 입소한 경우에도 보호시설의 장은 <u>**피해자의 퇴소를 명할 수 없다.**</u>

> 보호 목적이 달성된 경우, 보호기간이 끝난 경우, 입소자가 거짓이나 그 밖의 부정한 방법으로 입소한 경우, 그 밖에 보호시설 안에서 현저한 질서문란 행위를 한 경우 보호시설의 장은 피해자의 퇴소를 명할 수 있다.

04 국가 또는 지방자치단체 외의 자가 상담소를 설치·운영하려면 특별자치시장·특별자치도지사 또는 시장·군수·구청장에게 <u>**허가를 받아야 한다.**</u>

> 국가 또는 지방자치단체 외의 자가 상담소를 설치·운영하려면 특별자치시장·특별자치도지사 또는 시장·군수·구청장에게 신고하여야 한다.

05 여성가족부장관은 성폭력의 실태를 파악하고 성폭력 방지에 관한 정책을 수립하기 위하여 <u>**5년마다 성폭력 실태조사**</u>를 하고 그 결과를 발표하여야 한다.

> 여성가족부장관은 성폭력의 실태를 파악하고 성폭력 방지에 관한 정책을 수립하기 위하여 3년마다 성폭력 실태조사를 하고 그 결과를 발표하여야 한다.

빈칸에 들어갈 알맞은 말을 채워보자

18-08-24

01 성폭력피해자보호시설의 종류로는 (   ), 장애인보호시설, 특별지원 보호시설, 외국인보호시설, 자립지원 공동생활시설, 장애인 자립지원 공동생활시설이 있다.

02 (   )(이)란 성폭력으로 인하여 직접적으로 피해를 입은 사람을 말한다.

03 여성가족부장관, 특별자치시장·특별자치도지사 또는 시장·군수·구청장은 국립·공립병원, 보건소 또는 민간의료시설을 피해자등의 치료를 위한 (   )(으)로 지정할 수 있다.

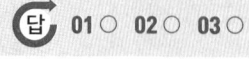 **01** 일반보호시설 **02** 성폭력피해자 **03** 성폭력 전담의료기관

다음 내용이 옳은지 그른지 판단해보자

01 국가 또는 지방자치단체는 보호시설에 입소한 피해자등의 보호를 위하여 필요한 경우 생계비, 아동교육지원비, 아동양육비 등의 보호비용을 보호시설의 장 또는 피해자에게 지원할 수 있다. ◎ ⊗

02 성폭력 피해상담, 치료, 기관에 법률상담 연계, 수사지원, 그 밖에 피해구제를 위한 지원업무를 종합적으로 수행하기 위하여 성폭력피해자통합지원센터를 설치·운영할 수 있다. ◎ ⊗

03 자립지원 공동생활시설의 입소기간은 2년 이내이나 여성가족부령으로 정하는 바에 따라 2년의 범위에서 한 차례 연장할 수 있다. ◎ ⊗

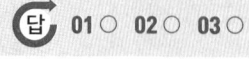 **01** ○ **02** ○ **03** ○

11장

판례

이 장에서는

사회복지와 관련된 주요 판례들의 내용을 다룬다.

10년간 출제분포도

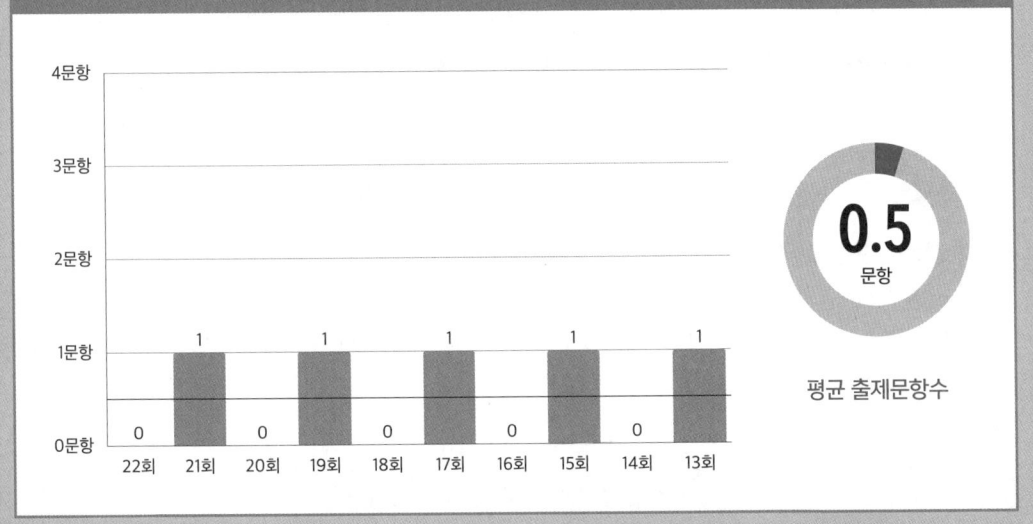

평균 출제문항수

0.5 문항

250 판례

1회독	2회독	3회독
월 일	월 일	월 일

최근 10년간 **5문항** 출제

복습 1 이론요약

장애인고용할당제도가 사업주의 헌법상 권리를 침해하는가(2001헌바96)

대통령령이 정하는 일정 수 이상의 근로자를 고용하는 사업주는 기준 고용률 이상에 해당하는 장애인을 고용해야 한다고 규정한 구 장애인고용촉진등에관한법률 제35조 제1항 본문이 사업주의 행동자유권, 경제활동의 자유, 평등권을 침해하고 포괄위임입법금지원칙에 위배되는지 여부, 장애인고용부담금제도가 사업주의 계약 및 직업수행의 자유, 재산권, 평등권을 침해하는지 여부를 확인해달라는 헌법소원이었으나, 합헌 결정이 내려졌다.

기본개념

사회복지법제론
pp.570~

이사회의 의결 없는 사회복지법인의 기본재산 처분의 효력(대법원2000다20090)

사회복지법인의 대표자가 이사회의 의결 없이 사회복지법인의 재산을 제3자에게 양도한 경우, 그 처분행위는 효력이 없다는 결정이 내려졌다.

국민연금 보험료의 강제징수의 위헌여부(99헌마365)

국민연금 보험료 강제징수 조항이 헌법정신에 위배됨을 확인해달라는 헌법소원이었으나, 보험료의 강제징수 규정은 헌법에 위배되지 않으며, 오히려 헌법상의 사회적 시장경제질서에 부합하는 제도라는 결정이 내려졌다.

국민건강보험 강제가입과 체납시 급여제한의 위헌여부(2000헌마668)

국민건강보험의 의무가입 규정과 보험료 체납 시 급여를 제한한다는 조항이 헌법상 인간다운 생활을 할 권리와 재산권을 침해하는지 확인해달라는 헌법소원이었으나, 그 자체로 직접 자유의 제한, 의무의 부과 또는 권리나 법적 지위의 박탈을 초래하는 것은 아니며, 기본권 침해의 직접성이 없다는 결정이 내려졌다.

저상버스 도입의무 불이행 위헌확인(2002헌마52)

장애인을 위해 저상버스를 도입하지 않는 것은 헌법 제34조제5항에 의거한 국가가 장애인의 복지를 위하여 노력해야 할 의무를 이행하지 않는 것이 아닌지, 헌법소원을 제기하였으나 각하되었고, 저상버스 도입이라는 구체적인 내용의 의무가 헌법으로부터 나오는 것은 아니라는 결정이 내려졌다.

국민연금 가입연령 제한의 위헌 여부(2000헌마390)

국민연금의 가입대상을 경제활동이 가능한 18세 이상 60세 미만의 국민으로 제한하고 있는 이 사건 법률 조항은 노후의 소득보장이라는 연금제도의 입법취지에 따라 국민연금제도를 합리적으로 운영하기 위한 것으로 정당하고 60세 미만의 국민에 비하여 청구인들을 불합리하게 차별대우함으로써 헌법상의 평등원칙을 침해한다고 볼 수 없다.

일부 이사가 참석하지 않은 상태에서 소집통지서에 회의의 목적사항으로 명시한 바 없는 안건에 관한 사회복지법인 이사회 결의의 효력(=무효)(대법원2004마916)

사회복지법인의 정관에 이사회의 소집통지시 '회의의 목적사항'을 명시하도록 정하고 있음에도, 일부 이사가 참석하지 않은 상태에서 소집통지서에 회의의 목적사항으로 명시한 바 없는 안건에 관하여 이사회가 결의하였다면, 적어도 그 안건과 관련하여서는 불출석한 이사에 대하여는 정관에서 규정한 바대로의 적법한 소집통지가 없었던 것과 다를 바 없으므로 그 결의 역시 무효이다.

맞춤형 복지제도 차별적용 위헌 확인(2006헌마186)

지방재정법, 지방교부세법 및 지방자치법 조항 어디에도 피청구인 대한민국 정부에게 지방공무원에 대한 맞춤형 복지제도의 실시를 위한 예산지원의무 등을 규정하고 있지 아니하므로, 그 부작위를 다투는 심판청구 역시 부적법하다.

기출문장 CHECK

01 (21-08-22) 업무상 사유로 근로자가 장착한 의족이 파손된 경우는 산업재해보상보험법상 요양급여의 대상인 근로자의 부상에 포함된다.

02 (19-08-25) 고용부담금제도는 장애인고용의무제의 실효성을 확보하는 수단이므로 입법목적의 정당성이 인정된다.

03 (17-08-25) 60세 이상의 국민에 대한 국민연금제도 가입을 제한하는 것은 헌법상의 인간다운 생활을 할 권리를 침해하는 것이라고 볼 수 없다.

04 (15-08-23) 국민연금의 소득재분배 기능은 고소득자의 재산권을 침해하는 것이 아니다.

05 (13-08-24) 헌법 제34조 제5항의 신체장애자 등에 대한 국가의 보호 의무에서 장애인을 위한 저상버스를 도입하여야 한다는 구체적인 내용의 의무가 발생하는 것은 아니다.

06 (11-08-06) 일부 이사가 참석하지 않은 상태에서 소집통지서에 회의의 목적사항으로 명시한 바 없는 안건에 관한 사회복지법인 이사회 결의의 효력은 무효이다.

07 (09-08-05) 장애인고용부담금은 장애인의 고용촉진이라는 공익에 비추어 볼 때 기업의 재산권을 침해한 것이 아니다.

08 (07-08-16) 국민연금법의 보험료 강제징수는 헌법의 정신에 부합하는 것이다.

09 (04-08-27) 한국 사회복지 판례는 성문 법원의 보충적 기능을 한다.

대표기출 확인하기

21-08-22 　　　　　 난이도 ★★☆

의족 파손에 따른 요양급여 청구사건 대법원 판례(2012두20991)의 내용으로 옳지 않은 것은?

> (개요) 의족을 착용하고 아파트 경비원으로 근무하던 갑이 제설작업 중 넘어져 의족이 파손되는 등의 재해를 입고 요양급여를 신청하였으나, 근로복지공단이 '의족 파손'은 요양급여 기준에 해당하지 않는다는 이유로 요양불승인처분을 한 사안에 대하여 요양불승인처분 취소

① 업무상 재해로 인한 부상의 대상인 신체를 반드시 생래적 신체에 한정할 필요는 없다.

② 의족 파손을 업무상 재해로 보지 않을 경우 장애인 근로자에 대한 보상과 재활에 상당한 공백을 초래한다.

③ 신체 탈부착 여부를 기준으로 요양급여 대상을 가르는 것이 합리적이라 할 수 없다.

④ 의족 파손을 업무상 재해에서 제외한다면, 사업자들로 하여금 의족 착용 장애인들의 고용을 소극적으로 만들 우려가 있다.

⑤ 업무상의 사유로 근로자가 장착한 의족이 파손된 경우는 「산업재해보상보험법」상 요양급여의 대상인 근로자의 부상에 포함되지 않는다.

알짜확인

• 사회복지 관련 주요 판례들의 내용을 사건개요와 결정요지를 중심으로 이해해야 한다.

답 ⑤

✔ 응시생들의 선택

① 9%	② 5%	③ 4%	④ 15%	⑤ 67%

⑤ 의족 파손에 따른 요양급여 청구사건 대법원 판례(2012두20991)는 업무상 사유로 근로자가 장착한 의족이 파손된 경우는 산업재해보상보험법상 요양급여의 대상인 근로자의 부상에 포함된다고 한 사례에 해당한다.

➕ 덧붙임

최근 사회복지 관련 판례들이 증가하면서 판례의 중요성이 부각되고 있는 추세이다. 판례 문제는 격년을 주기로 출제되는 경향을 보인다. 앞서 학습한 사회복지 관련 법률의 내용을 잘 정리해두었다면 판례 문제도 어렵지 않게 해결할 수 있을 것이다.

관련기출 더 보기

19-08-25 　　　　　 난이도 ★★☆

장애인고용부담금 부과처분과 관련한 헌법재판소 결정(2001헌바96)의 내용으로 옳지 않은 것은?

① 기업의 경제상 자유는 공공복리를 위해 법률로 제한할 수 있다.

② 국가는 경제주체 간의 조화를 통한 경제민주화를 위해 규제와 조정을 할 수 있다.

③ 고용부담금제도는 장애인고용의무제의 실효성을 확보하는 수단이므로 입법목적의 정당성이 인정된다.

④ 고용부담금제도는 그 자체가 고용의무를 성실히 이행하는 사업주와 그렇지 않는 사업주 간의 경제적 부담의 불균형을 조정하는 기능을 하기 때문에 고용부담금제도 자체의 차별성은 문제가 되지 않는다.

⑤ 대통령령이 정하는 일정수 이상의 근로자를 고용하는 사업주는 기준고용률 이상에 해당하는 장애인을 고용해야 한다고 규정한 구 장애인고용촉진등에관한법률 제35조 제1항 본문은 헌법에 불합치한다.

답 ⑤

✔ 응시생들의 선택

① 8%	② 3%	③ 3%	④ 23%	⑤ 63%

⑤ 장애인고용의무조항(구법 제35조 제1항 본문 중 "대통령령이 정하는 일정수 이상의 근로자를 고용하는 사업주" 부분)에 대하여는 위헌의견에 찬성한 재판관이 5인이어서 다수이기는 하지만 헌법 제113조 제1항, 헌법재판소법 제23조 제2항 단서 제1호에서 정한 헌법소원에 관한 인용결정을 위한 심판정족수에는 이르지 못하여 위헌결정을 할 수 없으므로, 이 조항에 대하여 합헌결정을 선고하는 것이다(2001헌바96).

국민연금에 관한 헌법재판소의 결정 내용으로 옳지 않은 것은?

① 국민연금제도는 다음 세대에서 현재 세대로 국민 간에 소득재분배의 기능을 한다.
② 국민연금보험료는 조세로 볼 수 없다.
③ 국민연금의 소득재분배 기능은 고소득자의 재산권을 침해하는 것이 아니다.
④ 국민연금제도는 헌법상의 시장경제질서에 위배되지 않는다.
⑤ 공적 연금 수급권은 재산권 보호의 대상이 된다.

답 ①

✔ 응시생들의 선택

① 38%	② 41%	③ 8%	④ 2%	⑤ 11%

① 헌법의 경제질서 원칙에 비추어 보면, 사회보험방식에 의하여 재원을 조성하여 반대급부로 노후생활을 보장하는 강제저축 프로그램으로서의 국민연금제도는 상호부조의 원리에 입각한 사회연대성에 기초하여 고소득 계층에서 저소득층으로, 근로 세대에서 노년 세대로, 현재 세대에서 다음 세대로 국민 간에 소득재분배의 기능을 함으로써 사회적 시장경제질서에 부합하는 제도라 할 것이다(99헌마365).

사회복지에 관한 헌법재판소나 대법원의 결정 또는 판결 내용인 것은?

① 국민연금가입 연령을 18세 이상 60세 미만으로 제한한 것은 헌법상의 행복추구권, 평등권, 인간다운 생활을 할 권리를 박탈한 것이다.
② 사회복지법인의 대표자가 이사회의 의결 없이 법인의 재산을 처분한 경우에 그 처분행위는 이사회의 의결 여부를 알지 못한 선의의 제3자에게는 효력이 있다.
③ 국민건강보험법에서 보험료 체납의 경우에 보험료를 완납할 때까지 보험급여를 실시하지 아니할 수 있도록 한 것은 헌법상 행복추구권 등 기본권의 직접적 침해이다.
④ 헌법 제34조 제5항의 신체장애자 등에 대한 국가의 보호의무에서 장애인을 위한 저상버스를 도입하여야 한다는 구체적인 내용의 의무가 발생하는 것은 아니다.
⑤ 국민연금 보험료의 강제징수는 헌법상 재산권의 침해이다.

답 ④

✔ 응시생들의 선택

① 4%	② 13%	③ 15%	④ 59%	⑤ 9%

① 국민연금의 가입대상을 경제활동이 가능한 18세 이상 60세 미만의 국민으로 제한하고 있는 조항은 헌법상의 평등원칙을 침해한다고 볼 수 없다.
② 사회복지법인의 대표자가 이사회의 의결 없이 사회복지법인의 재산을 처분할 경우에 그 처분행위는 효력이 없다.
③ 국민건강보험법에서 보험료 체납의 경우에 보험료를 완납할 때까지 보험급여를 실시하지 아니할 수 있도록 한 것은 재산권이나 인간다운 생활을 할 권리 혹은 행복추구권을 침해한다고 볼 수 없다.
⑤ 국민연금 보험료의 강제징수는 헌법상 재산권을 침해하는 것은 아니다.

사회복지에 관한 헌법재판소나 대법원의 결정 또는 판결의 내용과 다른 것은?

① 60세 이상의 국민에 대한 국민연금제도 가입을 제한하는 것은 헌법상의 인간다운 생활을 할 권리를 침해하는 것이 아니다.

② 국민연금 보험료의 강제징수는 헌법상 재산권의 침해가 아니다.

③ 일부 이사가 참석하지 않은 상태에서 소집통지서에 회의의 목적사항으로 명시한 바 없는 안건에 관한 사회복지법인 이사회 결의의 효력은 무효이다.

④ 대한민국 정부가 지방공무원에게 맞춤형 복지제도를 시행하기 위한 법규 제정을 하지 아니한 것은 위헌이다.

⑤ 장애인을 위하여 저상버스를 도입해야 한다는 구체적 내용의 의무가 헌법으로부터 나오는 것은 아니다.

답 ④

✔ **응시생들의 선택**

① 13%	② 4%	③ 14%	④ 54%	⑤ 15%

④ 지방공무원법 제77조는 지방공무원의 보건·휴양·안전·후생 기타 능률증진에 필요한 사항의 기준설정 및 실시 의무를 관할 지방자치단체의 장에게 부여하고 있고, 피청구인 대한민국 정부에게는 이를 위한 법령, 규칙 등 세부기준의 제정의무를 부여하고 있지 아니하므로, 그 부작위를 다투는 이 사건 심판청구는 부적법하다. 지방재정법, 지방교부세법 및 지방자치법 조항 어디에도 피청구인 대한민국 정부에게 지방공무원에 대한 맞춤형 복지제도의 실시를 위한 예산지원의무 등을 규정하고 있지 아니하므로, 그 부작위를 다투는 심판청구 역시 부적법하다[맞춤형복지제도 차별적용 위헌확인(006헌마186): 결정요지-각하].

우리나라 대법원 및 헌법재판소의 판결 또는 결정의 내용이 아닌 것은?

① 국민연금법상 병급조정은 평등권을 침해하는 것이 아니다.

② 국민연금 보험료의 강제징수는 재산권의 침해가 아니다.

③ 보건복지부장관이 장애인을 위한 저상버스 도입 요청을 거부한 것은 인간다운 생활을 할 권리를 침해한 것이 아니다.

④ 사회복지법인이 기본재산의 용도변경을 하여 얻은 보상금을 감독관청의 허가 없이 이 사회의 결의에 따라 다른 용도로 사용한 것은 정당행위로 위법성이 조각된다.

⑤ 장애인고용부담금은 장애인의 고용촉진이라는 공익에 비추어 볼 때 기업의 재산권을 침해한 것이 아니다.

답 ④

✔ **응시생들의 선택**

① 22%	② 18%	③ 11%	④ 21%	⑤ 28%

④ 사회복지법인의 대표자가 이사회의 의결 없이 사회복지법인의 재산을 제3자에게 양도한 경우, 그 처분행위는 효력이 없다는 결정이 내려졌다(대법원 2000다20090, 2002.08.15.).

다음 내용이 왜 틀렸는지를 확인해보자

17-08-25

01 국민연금보험료 체납시 국세체납처분의 예에 따라 강제징수하도록 규정한 것으로 보아 **국민연금보험료를 조세로 볼 수 있다.**

> 국민연금제도의 고도의 공익성을 고려하여 법률이 특별히 연금보험료의 강제징수 규정을 둔 것이지 그렇다고 하여 국민연금보험료를 조세로 볼 수는 없다(99헌마365).

02 의료급여 1종 수급권자의 본인부담제를 규정한 조항이 **수급권자의 인간다운 생활을 할 권리, 재산권을 침해한다고 볼 수 있다.**

> 의료급여 1종 수급권자인 청구인들이 부담하게 되는 본인부담금은 이를 과도하다고 단정하기 어렵다. 의료급여 수급권은 공공부조의 일종으로서 순수하게 사회정책적 목적에서 주어지는 권리이므로 개인의 노력과 금전적 기여를 통하여 취득되는 재산권의 보호대상에 포함된다고 보기 어려워, 이 사건 시행령조항 및 시행규칙조항이 청구인들의 재산권을 침해한다고 할 수 없다(2007헌마1092).

03 공무원연금 등의 가입자와 국민연금 가입자 사이에 반환일시금 지급에 차이가 있는 것은 **헌법상의 평등원칙을 침해한다고 볼 수 있다.**

> 공무원연금 등의 가입자와 국민연금 가입자 사이에 일시금 지급에 차이가 있는 것은, 양자에 연금수급에 필요한 요건, 가입대상의 제한 등의 차이가 있고, 당시 공적 연금들 사이의 가입기간의 합산 규정이 없는 것에서 비롯된 것이므로, 이 사건 법률조항이 헌법상의 평등원칙을 침해한다고 볼 수 없다(2002헌바15).

04 사회복지법인의 기본재산을 처분할 때 보건복지부장관의 허가를 받도록 규정한 사회복지사업법의 조항이 **사회복지법인의 운영자유, 재산권을 침해하여 헌법에 위반한다.**

> 이 조항은 헌법에 위반되지 아니한다고 판결하였다(2004헌바10). 국가는 사회복지법인에게 보조금을 지급하는 등 직접적인 지원 외에도 세제혜택을 주는 등 간접적인 지원을 하는 한편, 사회복지법인이 올바르게 운영될 수 있도록 지도·감독할 책임도 있다할 것이므로, 회계감사와 업무감독 뿐만 아니라 사회복지법인의 재산의 운용에 대하여도 일정한 규제를 할 권한이 주어져야 한다. 그렇지 않으면, 사회복지법인의 설립자나 운영자의 자의나 방만한 운영으로 인하여 사회복지법인의 기본재산이 처분된다면 사회복지법인의 시설 및 지원을 이용하는 사회적 약자들에 대한 보호가 방기될 위험이 있다.